국민을 행복하게
만든 대통령들

어떤 손해를 보더라도 용기 있는 행동으로

조지 워싱턴

에이브러햄 링컨

프랭클린 루스벨트

존 F. 케네디

로널드 레이건

국민을 행복하게 만든 대통령들

Contents

들어가며

미국 대통령을 만나면서

저는 미국 대통령들을 운명적으로 만났습니다. 우리나라에서는 대통령을 학문 차원에서 연구 대상으로 삼고 있지 않았습니다. 적어도 20세기가 끝나가는 시기까지는 그러했습니다. 그때까지만 하더라도 감히 '대통령'을 연구 대상으로 삼는다는 것은 일종의 발칙한 발상으로 여겨졌습니다. 하지만 저는 너무나 자연스럽게 미국 대통령들을 만났고 지금까지 거의 미국 대통령만을 연구하여 이른바 '밥벌이'를 하고 있으니 적어도 저에게는 운명적인 만남이라는 생각이 듭니다.

미국사를 공부하면서 '1920년대에 그토록 번영하던 미국이 왜 1929년이 되면서 하루아침에 번영의 시계를 거꾸로 돌려야 했는가?'에 대한 의문이 늘 머리를 맴돌고 있었습니다. 많은 역사가가 대공황의 원인을 이야기하고 있지만 속 시원한 대답은 나오지 않고 있습니다. 대부분의 역사가와 연구자는 단지 경제만을 지적하며 그 복잡다단한 역사의 원인을 간단히 설명하려 하고 있을 뿐입니다. 그렇다고 해서 제가 대공황의 원인을 완벽하게 규명할 수 있는 것은 아닙니다. 단지 저는 대공황에 대한 단순하고 일반적인 해석이 마음에 들지 않았던 것입니다. 왜냐하면 그 원인이 경제이건 아니건 여기에는 분명 그것을 시행한 주체가 존재한다는 생각이 들었기 때문입니다. 말하자면 대공황이 일어나게 된 당시는 물론이고 1920년대를 이끌어간 미국 최고리더들의 정책과 리더십이 문제의 핵심이 아닌가 생각했습니다.

그래서 자연스럽게 1920년대의 미국 대통령들이 누구인가를 살펴보게 되었습니다. 그런데 그것이 저에게 하나의 충격으로 다가왔습니다. 평소 제 생각과 너무나 일치했기 때문이었습니다. 저는 어느 나라, 어느 조직, 어느 시대를 막론하고 국가와 조직의 번영과 실패에는 반드시 그 나라, 그 조직, 그 시대를 책임지는 최고리더의 정책과 리더십이 핵심 요인으로 작용할 것이라 생각하고 있었습니다.

우드로 윌슨 대통령이 1차 대전의 그늘 속에서 씁쓸하게 퇴장한 1920년에는 역대 미국 대통령 중 가장 최악의 대통령인 워렌 하딩이 윌슨의 뒤를 이었습니다. 하딩은 오하이오의 조그만 시골에서 소규모 신문사를 경영하다 주의원을 거쳐 연방 상원의원이 된 인물이었습니다. 중요한 것은 신문사는 물론 주의원, 상원의원 등이 모두 자신의 노력과 힘으로 이루어지지 않았다는 사실입니다. 그것은 아내의 힘과 더불어 늘 만만하게 보이는 하딩을 이용한 지역의 정치 보스들의 꿍꿍이 합작품으로 만들어졌을 뿐입니다. 1차 세계대전의 후유증으로 1920년 대통령 선거에서 민주당의 인기가 하락한 시점에서 미국인의 선택은 무조건 공화당이었습니다. 당시 미국인은 전후(前後)의 혼란 상황을 안정시키고 새로운 미국을 건설할 적임자를 찾는 데 무관심했습니다. 그들은 민주당 후보가 무조건 싫었습니다. 그래서 그들은 공화당 후보라면 누구라도 표를 줄 준비를 하고 있었습니다. 미국 유권자들은 공화당 후보의 리더십, 비전, 정책이 무엇인가에 대한 그 어떤 분별력과 생각도 없었습니다. 이런 때에 일명 '오하이오 갱단(Ohio Gang)'으로 불리는 정치집단은 지금까지 그래 왔듯이 자신들이 요리하기에 가장 편안한 인물인 하딩을 골라 대통령으로 만들었습니다. 말하자면 하딩은 자신의 신념과 실력에 따라 스스로 대통령이 되고자 하지도 않았습니다.

‘금주법(Prohibition)’ 시대에도 불구하고 위스키가 넘치고 담배 연기가 자욱한 어느 보스의 골방에서 공화당의 정치 보스들은 누구를 대통령으로 만들까 고민하다가 새벽 두 시에 하딩을 선택했고 국민 역시 부지불식간에 그를 대통령으로 선택했습니다. 오하이오의 정치 보스로 상원의원이었던 해리 도허티는 "하딩은 아주 잘생기고 말솜씨 또한 좋아 대통령같이 보입니다"라고 말했습니다. 하딩은 부지불식간에 대통령이 되었습니다. 그가 대통령이 되고 나서 한 첫 마디는 "자 이제 무엇을 하지"였습니다.

하딩과 함께 시작한 1920년대의 미국은 실물경제가 따라가지 않았지만, 오늘날과 같이 경제 적신호를 파악하는 장치가 없는 상태에서 막무가내식의 주식과 부동산 투기가 이루어져 전대미문의 경제 번영을 누리게 되었습니다. 하지만 화려한 경제 번영의 이면에는 대통령 하딩의 리더십 부재로 정치가 역한 냄새가 날 정도로 곪아가고 있었습니다. 가장 대표적인 사건은 내무장관 앨버트 폴이 연루된 사건으로 비축 석유 뇌물 사건인 '티폿 돔 스캔들(Teapot Dome Scandal)'과 법무장관 도허티가 연루된 '재향군인회 기금 오용사건'입니다. 하지만 20년대에 포효하던 번영은 이러한 부정부패를 쉽게 잠재워 버렸습니다. 부패한 정치 보스들에 휘둘린 하딩은 임기를 다 채우지도 못하고 병사하고 말았습니다. 화려한 번영의 불빛 속에서 국가 최고리더인 대통령의 리더십이 부재한 가운데 터져 나온 문제점들은 얼마간은 잠잠했지만 궁극적으로 곧 불어 닥치게 되는 대공황의 큰 원인이 되었습니다.

하딩을 이은 캘빈 쿨리지는 그가 부통령이 되기 전 1919년에 발생한 보스턴시 경찰관 파업에 단호히 대처한 매사추세츠 주지사였습니다. 그 역시 자신의 정치적 역량에 의해 부통령이 된 것이 아니라 어찌하다가 보니 경찰관 파업 해체가 가져다준 일시적인 인기 덕분이었습니다. 공화당의 정치 보스들은 하딩과 마찬가지로 만만하고 고분고분한 쿨리지를 선택했습니다. 하딩이 임기 중에 사망하자 쿨리지는 남은 임기를 이어받았고 여전히 경제 번영에 취해 있었던 미국인들은 1924년 선거에서도 무조건 쿨리지를 대통령으로 선출했습니다. 대통령이 된 쿨리지는 이른바 '작은 정부'를 추구하는 인물이었습니다. 하지만 그가 추구한 작은 정부는 후에 레이건 대통령이 추구한 어떤 정치 철학이나 정책 운용의 비전에서 나온 것이 아니었습니다.[1] 그저 게으르고 자신이 감당하기에 너무 벅차다는 생각에 단지 일을 하지 않는 것이었습니다. 쿨리지는 잠이 많기로 유명했습니다. 하딩이 사망할 때 그는 전기도 전화도 없는 아버지의 별장에서 잠을 자고 있었는데 새벽 두 시에 누군가가 문을 두드리는 소리에 깨어나 자신이 대통령이 되었다는 소리를 들었습니다. 지역 판사였던 아버지의 램프 불 선서를 통해 대통령이 된 쿨리지는 다시 잠자리로 돌아갔습니다. 대통령이 사망하고 부통령인 자신이 대통령으로 취임했는데 아무리 깊은 밤이라도 잠이 왔을까요? 그 후 백악관에서도 쿨리지가 가장 많이 한 일은 잠이었습니다. 하딩과 마찬가지로 쿨리지에게는 국가를 어떻게 발전시키겠다는 뚜렷한 비전도 목표도 없었습니다. 그에게는 국민을 어떻게 편안하고 행복하게 이끌 것인가 하는 리더십도 없었습니다. 오죽했으면 쿨리지의 별명이 '침묵(Silent)'이었겠습니까! 쿨리지의 정책은 경제에 대한 정부의 간섭을 가능한 적게 하거나 아예 하지 않는 것이었습니다. 쿨리지의 구호는 "미국의 사업은 사업이다"였습니다. 다시 선거를 앞둔 어느 날 쿨리지는 작은 쪽지에 "나는 차기 대통령 선거에 나서지 않겠습니다"라는 글을 써서 보좌관에게 발표를 시켰습니다. 확인된 바는 없지만 많은 역사가는 쿨리지가 이때 이미 대공황의 낌새를 알고 있지 않았나 의심하고 있습니다.

---

1 1980년에 대통령이 된 레이건은 국민에게 두 가지 목표를 제시했습니다. 하나는 '경제 부흥'이고 다른 하나는 '냉전 종식'이었습니다. 레이건은 정치를 시작하면서 미국경제가 뉴딜 경제체제로 인하여 지나치게 확대되었다는 것을 지적했습니다. 레이건은 정부 지출 축소, 예산 삭감, 세금 인하, 정부 규제 철폐 등으로 개인과 기업이 경제 활동을 자유롭게 할 수 있도록 해야 한다고 주장했습니다. 레이건의 이런 정책은 공급 측면의 경제학으로 일명 '레이거노믹스'로 불렸습니다. 정책 초기에는 상당한 어려움을 겪었지만, 곧 효력을 발휘해 미국이 세계화를 주도하는 계기를 마련해 주었습니다.

대공황의 거대한 태풍과 함께 임기를 시작하여 임기 내내 태풍의 소용돌이에서 허덕인 대통령은 헐버트 후버입니다. 후버는 광산개발업자로 많은 돈을 모은 뒤 상무장관을 지낸 인물이었습니다. 그는 1928년 대통령 선거에서 당연히 현직이었던 쿨리지가 다시 대통령에 나설 것이라 생각했습니다. 그러다 후버는 갑작스러운 쿨리지의 불출마 선언에 준비되지 않은 대통령 선거에 나섰고 여전히 하늘 높은 줄 모르고 치솟는 주식과 부동산이 가져다주는 번영에 취해 있었던 국민은 지난 선거와 마찬가지로 후버를 대통령으로 선출했습니다. 대통령 선거에 나서면서 후버는 "이제 우리 미국에는 무한한 발전과 번영만이 있을 뿐"이라고 외쳤습니다. 후대의 역사가들은 쿨리지가 대공황의 징후를 미리 알았는지 모르지만, 후버는 몰랐다는 데 인식을 같이하고 있습니다. 만약 몰랐다면 갑작스러운 천재지변이 아닌 이상 미래를 예측하고 큰 재앙이 닥치는 것을 미리 방지하여 국가와 국민에게 편안한 생활을 제공하는 것이 국가 최고리더의 자격일진대 후버는 이와 거리가 멀었습니다. 하딩과 쿨리지와 마찬가지로 미래에 대한 비전과 리더십이 부족했던 후버는 미국은 물론 전 세계적인 공황 상태를 유발한 거대한 댐이 무너지고 난 후에도 특별한 대책 없이 그냥 우왕좌왕 했습니다.

　　후버는 후버 빌을 만들어 쏟아져 나오는 빈민들을 수용했지만 문제의 핵심은 여기에 있지 않았습니다. 국민은 절망이라는 블랙홀 속으로 빨려 들어갔고 시간이 갈수록 블랙홀의 소용돌이는 거세졌습니다. 악성종양을 단순 감기라고 진단하는 돌팔이 의사로는 이 문제를 결코 해결할 수가 없었습니다. 당시 미국은 악성종양을 정확하게 진단하고 어떻게 치료할 것인가를 아는 새로운 의사를 필요로 했습니다. 그러기 위해서는 새로운 대통령과 새로운 리더십이 있어야 했습니다. 그것은 건국 후 지금까지의 '자유방임'을 버리고 악성종양을 치료하는 치료제로 전혀 새로운 개념의 '국가간섭'을 제시하는 것이었습니다. 프랭클린 루스벨트는 치료제로 '뉴딜(New Deal)'을 제시한 새로운 의사였습니다.

루스벨트의 별명에 '닥터(Doctor)'가 붙어 있는 것은 결코 우연이 아닙니다.

　이처럼 하딩, 쿨리지, 후버로 이어지는 1920년대 국가 최고리더들의 리더십 부재에서 저는 대공황의 중요한 원인 중 하나를 찾아볼 수 있지 않을까 생각했습니다. 대공황의 원인이 국가 최고리더들의 리더십 부재라는 것을 찾았다는 나름의 기쁨에 젖어 본격적으로 '역사적 관점'[2]에서 미국 대통령들의 리더십에 관한 연구서를 공부하는 데 집중했습니다. 미국 대통령들에 관한 공부를 시작하고 나서 얼마 지나지 않아 저는 놀라지 않을 수가 없었습니다. 이 분야는 미국 학계에서 이미 오랜 연구 과정을 거친 심층적인 연구 분야였기 때문이었습니다. 이미 미국 학계에서 '미국 대통령 중 누가 가장 위대한가?', '어느 대통령이 가장 실패했는가?'와 같은 문제는 일반대중뿐만 아니라 과거의 역사를 정리하고 사건의 중요성을 평가하는 전문 역사가들에게 매우 흥미로운 질문이었고 중요한 연구 주제였습니다. 그래서 대통령을 평가하고 등급을 매기는 일은 반세기 이상을 지나 여러 책과 전문 저널, 그리고 대중 언론을 통해서 발표됐던 것입니다. 클린턴 로시터는 대통령을 평가하는 일을 "역사적인 마음을 가지고 있는 미국인들의 가장 큰 흥미를 끄는 실내 스포츠와 같다"라고 주장했습니다.[3] 베리 리코는 "역사가들이 가장 좋아하는 실내 스포츠는 그동안 너무나 많은 유사(類似) 전문가들이 실외 스포츠로 즐기면서 놀았다고 말하면서, 이제야말로 이 스포츠를 전문가 집단에 넘겨주어야 할 시기라고 주장했습니다.[4] 그러나 이와는 다른 견해로 로버트 머레이와 팀 블레싱은 다음과 같이 말

2　'역사적 관점'이란 그동안 대부분의 리더십 연구가 정치 혹은 경영의 관점에서 다루어졌는 데 비해 필자는 역사적인 전후 관계 맥락에서 미국 대통령들의 리더십을 분석하는 것을 말합니다.

3　Clinton Rossiter, *The American Presidency*(New York: New American Library, 1960), 137.

4　Barry D. Riccio, "The U.S. Presidency and the Ratings Game", *The Historian*, 52(August 1990), 583.

했습니다. "만약 어떤 사람이 운동경기나 임대 자동차 대리점이나 패스트푸드 체인점의 운영에 있어서 일등을 하는 사람으로 선택될 수 있을 진데 대통령직에 있어서는 왜 안 되겠는가?"[5] 말입니다.

미국 대통령에 관심을 가지고 얼마 지나지 않은 시점에 저는 미국 대통령의 리더십을 평가하는 여러 종류 중 당시로서는 가장 최근의 연구서였던 「위대한 대통령 끔찍한 대통령(*Rating the Presidents*)」을 번역 출간했습니다. 이 책은 719명의 미국 역사가를 비롯한 전문 학자들의 설문조사 결과를 반영한 미국 대통령 평가서입니다.[6] 이 번역서는 우리나라 학계는 물론 일반대중에게 큰 반향을 불러일으키지는 못했지만 그런데도 우리나라에서는 이때까지만 하더라도 다소 터부시되고 있었던 대통령을 연구 주제로 삼고 그것도 대통령을 평가하는 연구서, 번역서를 출판하여 처음으로 소개했다는 데 작은 자부심을 가지고 있습니다. 그 후 저는 용기를 내어 미국 대통령 평가에 관한 연구서 몇 권을 더 번역 출간했습니다.[7] 이후 미국 대통령에 관한 수많은 번역서와 연구서들이 쏟아져 나왔습니다.

역사를 조금 공부하면 자신도 모르게 다소 냉소적이고 비판적인 시각이 생기는 경우가 허다한 것 같습니다. 일종의 시건방짐이랄까요? 때로는 이러한 시각을 가져야만 역사 공부를 제대로 한 것으로 생각되는 일도 있습니다. 저도 그랬던 것 같습니다. 저는 미국 대통령의 리더십을 다루는 평가서를 토대로 42명의 대통령 중 실패한 대통령에 대해

---

5   Robert K. Murray and Tim H. Blessing, "The Presidential Performance Study: A Progress Report", *The Journal of American History*, 70(December 1983), 535.

6   William J. Ridings, Jr. and Stuart B. McIver, 김형곤 옮김, 「위대한 대통령 끔찍한 대통령(*Rating the Presidents*)」(서울: 한언, 2000).

7   Nathan Miller, 김형곤 옮김, 「이런 대통령 뽑지 맙시다 – 미국 최악의 대통령 10인(*Star-Spangled Men: America's Ten Worst Presidents*)」(서울: 혜안, 2002), Charles F. Faber and Richard B. Faber, 김형곤 옮김, 「대통령의 성적표(*The American Presidents Ranked by Performance*)」(서울: 혜안, 2002), John B. Robert II, 김형곤 옮김, 「위대한 퍼스트레이디 끔찍한 퍼스트레이디(*Rating the First Ladies: The Women Who Influenced the Presidency*)」(서울: 선인, 2005).

연구를 하는 데 집중했습니다. 솔직히 고백하건대 이때는 성공한 대통령에 관한 연구는 필요성도 느끼지 못했습니다. 그래서 저는 「이런 대통령 뽑지 맙시다 - 미국 최악의 대통령 10인」을 번역했고 그중에서 쿨리지, 하딩, 카터, 닉슨 등 실패한 대통령으로 평가받고 있는 그들의 리더십을 분석하는 연구를 했습니다.[8]

하지만 어느 순간 저는 실패한 대통령들에 관한 연구를 그만두었습니다. 아니 그만두어야 했습니다. 왜냐하면 저도 모르는 사이에 나 자신이 너무나 비판적이고 냉소적으로 변해버린 모습에 놀라지 않을 수가 없었기 때문입니다. 역사를 공부하고 가르치는 사람으로서 당연한 것이 아니냐고 생각할 수도 있겠지만 변해버린 나의 모습에 나는 생각을 달리했습니다. 나 자신이 결코 완벽하지 못한데도 다른 사람을 이렇게 비판하고 이에 더하여 냉소적인 태도를 보이게 된 내가 왠지 부끄러워졌습니다. 물론 잘된 것은 더욱 잘 되게 하는 포(襃)도 해야 하고 잘못된 것은 다시는 그러지 않도록 하는 폄(貶)도 해야 하는 것이 역사의 기능이기는 하지만 이때부터 나 자신이 부족한 사람으로 역사의 폄보다 포의 기능에 더욱 매진해야겠다는 생각이 들었습니다.

현재를 살고 있고 또 미래를 살아가야만 하는 우리에게 역사의 폄의 기능은 분명히 필요하다고 생각합니다. 하지만 저는 역사의 기능에서 폄보다 포를 더 많이 찾고 그것이 구체적으로 무엇인지를 연구하고 그 결과를 학생들과 대중들에게 알려주고 싶었습니다. 미국 대통령은 물론이고 어떻게 해서 그(그녀)가 성공하게 되었지를 역사적으로 규명하는 '리더십'에 깊은 관심이 있는 저로서는 실패한 리더십보다 성공한

8 김형곤, "캘빈 쿨리지의 평가에 대한 당위성" 「서양사학연구」, 제3집(1999.2), 김형곤, "워렌 하딩 대통령의 최악의 평가의 당위성 고찰" 「동서사학」, 제6, 7합집(2000.9), 김형곤, "지미 카터 대통령의 지도력에 관한 소고" 「중앙사론」 제18집(2003.12), 김형곤, "닉슨 대통령의 개인적 성격과 워터게이트" 「중앙사론」 제21집(2005.6).

리더십을 살펴보는 것이 더욱 매력적으로 다가왔습니다.[9] 그래서 저는 실패한 대통령과 이별을 고했습니다. 그리고 미국의 성공한 대통령들을 찾아나섰고 그들을 만나게 된 것입니다.

가장 먼저 에이브러햄 링컨을 만났습니다. 지금까지 각종 평가에서 링컨은 성공한 대통령으로 최고의 평가를 받고 있고 우리나라에서도 가장 익숙한 미국 대통령이기 때문이었습니다. 물론 고등학생 시절 듣게 된 김동길 교수의 링컨에 관한 강연과 그의 책 「링컨의 일생」에서 받은 깊은 감동 때문이기도 합니다. 링컨이 어떻게 하여 가장 성공한 대통령이 되었는가를 공부하면서 저는 그것이 링컨만의 독특한 리더십이 있었기 때문이라는 것을 직감할 수 있었습니다. 그것은 알렉산더나 카이사르와 같은 군사 리더의 강력한 카리스마가 아니었습니다. 한 시대를 뒤흔든 히틀러와 같은 독재자의 강력한 영향력도 아니었습니다. 엄청난 부를 쌓은 어느 기업가의 성공담도 아니었습니다. 위대한 작품을 완성해 낸 어느 학자나 예술가의 업적도 아니었습니다. 인기 있는 가수나 배우의 대중적 인기도 아니었습니다. 링컨의 리더십은 참으로 단순했습니다. 단순하지만 또 그만큼 어려운 것인지도 모르겠습니다.

그것은 리더가 갖추고 지켜야만 하는 일종의 '원칙' 같은 것이었습니다. 학연, 지연, 혈연, 파당, 이념, 종교 등에 좌우되는 것이 아니라 능

---

9 저의 역사관의 변화는 시대 흐름과 동승한 것이라 생각합니다. 새로운 세기가 시작되는 2000년을 전후하여 우리나라의 학계는 물론 일반인들에게 '리더십' 연구와 강의 수요가 급증했습니다. 아마도 신자유주의와 세계화 시대의 도래에 따라 미국 사회에 유행하게 된 리더십 열풍의 영향이 아닌가 생각합니다. 당시 Steven R. Corvey의 「성공하는 사람들의 7가지 습관」은 전 세계적으로 베스트셀러였습니다. 이런 상황에서 대학에서도 리더십 강의를 개설하는 것이 유행했고 제가 재직하고 있는 건양대학도 마찬가지였습니다. 이때 학교 측으로부터 저에게 리더십 강의에 대한 부탁이 들어왔고 그때부터 리더십을 본격적으로 연구했습니다. 사실 처음에 저도 리더십이 무엇인지 전혀 몰랐습니다. 약 5년 이상 리더십과 관련된 책을 읽고 각종 리더십 센터에서 강의를 듣는 등의 교육을 통해 겨우 리더십이 무엇인지 조금 이해하여 이를 책으로 출간했습니다. 「나를 깨우는 위대한 여행」(서울: 매경, 2006), 「나는 세렌디퍼다」(서울: 한언, 2010), 이 두 권의 책은 그동안 리더십에 관한 독서는 물론 제가 미국 대통령의 리더십을 연구하면서 얻은 내용을 잘 녹여두어서 학생들은 물론 일반인들에게 리더십 강의를 하는 데 많은 도움을 주고 있습니다.

력과 자질과 관용으로 사람을 모으고(集賢), 이른바 친링(親 Lincoln)이 아니라 친국(親 국민, 親 국가)을 기준으로 삼는 것이었습니다. 그래서 링 컨은 한 이념이나 한 지역이나 한 정당을 다스리는 단순한 '통령(統領)' 이 아니라 전체 국가와 전체 국민을 대표하는 진짜 '대통령(大統領)'이 었습니다. 사람들은 누구든지 비난보다 칭찬을, 명령보다 설득을, 비판 보다 용서와 화해를, 그리고 유머라는 긍정의 에너지를 좋아한다는 것 을 인정하고 실천하는 것이었습니다. 그것은 위대한 리더들이 가지고 있는 공통적인 특징인 배움, 비전, 협력, 정직, 그리고 누가 뭐래도 이런 원칙을 지켜나간 강한 신념과 실천이었습니다. 링컨은 이러한 리더십 으로 미국의 분단을 막아냈고 노예제도를 폐지했습니다. 저는 링컨의 리더십을 더 많은 사람이 알기를 원했습니다. 미국 대통령이라는 다소 무거운 주제이지만 가능한 쉽게 우리 실정에 적합한 언어로 성공한 대 통령 링컨을 알리고 싶었습니다. 그래서 욕심을 내 「원칙의 힘」이라는 제목으로 링컨의 원칙중심의 리더십을 소개하는 책을 발간했습니다.[10]

다음으로 저는 프랭클린 루스벨트를 만났습니다. 프랭클린 루스벨 트 역시 링컨, 워싱턴과 더불어 각종 평가에서 최고의 평가를 받는 성 공한 대통령입니다. 프랭클린 루스벨트는 불구의 몸 소아마비를 극복 하고, 대공황으로 절망하고 있는 국민에게 희망이라는 최고의 치료 약 을 주어 이를 극복하게 했음은 물론, 2차 세계대전이라는 최악의 고통 에서 자유와 평화는 반드시 승리한다는 확신을 심어준 위대한 리더였 습니다. 루스벨트의 리더십 역시 단순했습니다.

대공황의 소용돌이 속에서, 공화당이 지배한 의회에서, 적대적이었 던 언론 속에서, 그리고 무엇보다 미국의 기본 틀인 '자유방임'을 '국가 간섭'으로 바꾼 루스벨트를 '공산당과 다름없다'라고 생각하는 다수의 국민과 적대적 언론 속에서 그가 보여준 리더십의 핵심은 다름 아닌

---

10 김형곤, 「원칙의 힘」(파주: 살림, 2007).

'소통'이었습니다. 루스벨트는 집안 대대로 내려온 지지 정당인 공화당을 버리고 민주당을 선택했습니다. 그는 다른 사람의 도움 없이는 한 발자국도 움직일 수 없는 장애인이었음에도 경호에 상관없이 노동 현장에서 노동자와 직접 대화했습니다. 그는 부당대우를 받은 노동자와 대화를 하면서 그를 해고한 고용주를 '개새끼'라고 말하기까지 했습니다. 국민과 눈높이를 맞춘 위대한 소통을 이루는 순간이었습니다. 그는 재임 기간 중 약 1,050회라는 역대 미국 대통령 중 가장 많은 기자회견을 했는데 이는 일주일 평균 두 번꼴입니다. 그가 기자회견을 할 때는 여러 대통령은 물론 리더 대부분이 사용한 미리 짜고 질문을 하는 이른바 '죽은 종이(wooden paper)'를 사용하지 않았습니다. 그는 서로가 미리 짜고 하는 그런 기자회견을 철저히 금지했습니다. 기자들 속에 둘러싸여 직접 질문을 받고 그 자리에서 대답하는 그런 살아있는 소통이 그 속에 있었습니다. 그는 중요 사안이 있을 때마다 당시 최고의 소통 수단이었던 라디오를 통해 '노변정담(fireside chat)'이라는 이름으로 국민과 직접 소통했습니다. 루스벨트 역시 위대한 리더들의 공통적인 특징인 배움, 목표, 원칙, 혁신 등 리더십의 특징을 가지고 있었습니다. 저는 루스벨트의 소통 리더십이 대공황과 세계대전의 난관을 극복하게 한 근본적인 이유가 아니었나 생각합니다. 이 내용을 엮은 책이 「소통의 힘」입니다.[11]

위대한 미국 대통령으로 평가받는 트리오 중 조지 워싱턴이 있습니다. 워싱턴 역시 각종 평가에서 앞의 두 대통령과 쌍벽을 이루고 있습니다. 저는 워싱턴을 만나야만 하는 운명을 타고난 것 같습니다. 링컨과 프랭클린 루스벨트에 이어 성공한 대통령인 워싱턴을 만나는 것도 중요하지만 이보다 더 중요한 이유가 있습니다. 2011년 저는 안식년에 워싱턴의 고향인 버지니아에서 그가 많은 자금을 기부하여 성장한 대

---

11   김형곤, 「소통의 힘」(파주: 살림, 2010).

학 중 하나인 〈워싱턴앤드리대학교(Washington & Lee Univ.)〉에서 교환 연구교수로 있었습니다.[12]

하지만 저는 워싱턴을 만나야 하는 이유를 이런 외적인 요인보다 다른 것에서 찾고 싶습니다. 그것은 조지 워싱턴이라는 한 인간이 가지고 있는 어떤 마력과도 같은 힘입니다. 워싱턴에게서 저는 한 인간이 어떻게 하여 위대한 리더로 거듭날 수 있었는가를 찾았습니다. 워싱턴에게서 저는 리더는 다른 사람과의 관계의 산물이라는 것을 알았습니다. 워싱턴에게서 저는 리더는 어떠해야 하며 국가 최고리더인 대통령은 어떠해야 하는가에 대한 답을 얻었습니다. 무엇보다 리더는 솔선수범해야 하며 대통령은 청렴결백해야 한다는 사실입니다. 워싱턴에게도 위대한 리더들이 가지고 있는 공통적인 특징이 있습니다.

배움, 비전, 목표, 권한 위임, 혁신 등 … 하지만 워싱턴의 리더십의 가장 큰 특징은 명예와 청렴결백, 그리고 진정성을 생명보다 소중히 여기는 '정직(integrity)'에 있습니다. 정직한 진실성이 있었기에 워싱턴은 어린 시절의 난관을 뚫고 리더로 성장할 수 있었습니다. 정직한 진실성이 있었기에 그는 오합지졸에 불과했던 '긴급 소집병'을 이끌고 당시 세계 최강의 군대인 영국군을 상대로 독립전쟁에서 승리를 할 수 있었습니다. 정직한 진실성이 있었기에 최고 권력을 가진 사람으로서 역사

---

12 〈워싱턴앤드리대학교〉는 버지니아 작은 도시 렉싱턴에서 1749년에 개교했습니다. 미국에서 많이 알려진 대학은 아니지만 리버럴 아트 교육을 하는 대학으로 미국에서 역사와 전통을 가진 상당히 유명한 대학입니다. 개교 당시는 리버티홀아카데미였다가 1796년 워싱턴이 많은 자금을 기부한 후 대학의 이름이 워싱턴대학으로 바뀌었습니다. 그 후 남북전쟁의 영웅이었던 로버트 리 장군이 총장으로 있으면서 대학의 명칭이 오늘날과 같이 되었습니다. 저는 대학 도서관에서 그리고 아카이브 도서관에서 조지 워싱턴에 대한 많은 자료에 흥분하지 않을 수가 없었습니다. 대학 박물관에서 워싱턴이 영국 총독의 명령을 받고 프랑스군에게 전령으로 갔던 그림이 진품이라고 합니다. 대학 건물 로비와 건물 꼭대기에 로마 공화정의 토가를 입은 워싱턴의 동상을 보고 왜 워싱턴이 토가를 입었는가를 알고 싶어졌습니다. 아마도 그것은 로마의 카이사르와 같이, 영국의 크롬웰과 같이, 그 후의 프랑스의 나폴레옹과 같이 힘과 권력을 가지고 있었음에도 워싱턴은 그것을 독점하지 않고 국민에게 돌려준 것을 기념하기 위한 것이 아닌가 생각합니다. 권력 독점에 맞서 죽음을 택한 로마의 카토에서 그리고 권력을 버리고 다시 농민이 된 킨키나투스에서 진정한 리더의 힘인 명예를 발견한 워싱턴을 기념하기 위한 것이 아닌가 생각합니다. 그것은 아마도 정직의 힘일 것입니다.

상 그 누구도 무한 권력의 유혹을 뿌리치지 못하여 초래한 권력의 비극적 역사를 단절할 수 있었습니다. 정직한 진실성이 있었기에 워싱턴은 초대 대통령으로 아무도 가지 않은 바다를 처음으로 항해하면서 정치체제에 관한 인류의 마지막 정치실험이라고 할 수 있는 공화국을 만들고 그것을 반석 위에 올려놓게 되었습니다. 정직한 진실성이 있었기에 그는 왕의 운명과 종신대통령을 거부하고 인류 역사상 처음으로 피, 쿠데타, 혁명이 아닌 평화로운 방법으로 정권교체를 이룰 수가 있었습니다. 그리고 정직한 진실성이 있었기에 그는 대통령 임기를 마친 후 고향으로 돌아가 다시 농민이 될 수 있었고 그가 가진 많은 것들을 사회에 환원하고 그 당시 누구도 하지 않았던 노예 해방을 할 수 있었던 것입니다.

워싱턴의 마운트버넌과 토머스 제퍼슨의 몬티첼로를 가보면 두 사람의 차이를 알 수 있습니다. 얼핏 보기에는 별 차이가 없는 미국 최고의 건국 아버지들의 공간이 잘 보존된 농장의 저택입니다. 하지만 누구든지 몬티첼로의 지상의 우아함과는 달리 지하에 펼쳐진 노예들의 공간을 보고 기겁하지 않을 수가 없었습니다. 제퍼슨의 화려함 이면에 지하에서 쉴 새 없이 움직인 노예들의 모습을 볼 수 있기 때문입니다. 단지 5명의 백인을 위해 움직이는 60명의 흑인 노예의 끊임 없는 노동의 숨소리를 들을 수 있기 때문입니다. 후대의 역사가들은 워싱턴과 제퍼슨이 다 같이 노예제도를 잘못된 것이라고 인정하면서 워싱턴은 노예를 해방했지만, 왜 제퍼슨은 해방하지 않았는가에 대해 논란을 벌이고 있습니다. 아마도 궁극적으로 워싱턴이 노예를 해방할 수 있었던 것은 누구보다도 그가 정직한 힘을 가지고 그것을 실천했기 때문이 아닌가 생각합니다. 그래서 저는 워싱턴의 리더십의 실체를 설명하는 「정직의 힘」이라는 책을 출간했습니다.[13]

---

13 김형곤, 「정직의 힘」(서울: 새문사, 2012).

이런 일을 하다 보니 저에게 영광스러운 일이 하나 주어졌습니다. 다름 아닌 한국에서 미국사를 연구하고 교육하는 교수와 학자들의 모임인 〈한국미국사학회〉가 창립 20주년과 링컨 탄생 200주년을 기념하기 위해 성공한 미국 대통령 10인을 골라 일반대중들에게 소개하는 책을 서술하여 출간하기로 한 것입니다. 이 일은 미국사에서 대통령이 차지하는 비중이 대단히 중요할 뿐만 아니라 우리나라에서도 대통령에 관한 연구를 본격적으로 해야 한다는 이유를 제시하는 동시에 링컨 탄생 200주년도 기념하는 작업이어서 매우 의미가 있는 일이었습니다. 미국 대통령에 관한 그동안의 연구 성과에 힘입어 저는 이 일을 기획하고 편집을 총괄하는 일을 담당하게 되었습니다. 어려움이 많았지만, 선배 교수님들의 조언과 책임 집필을 해주신 여러 교수님의 노고에 힘입어 성공한 미국 대통령 10인에 대한 시리즈 형식의 전집을 출간했습니다.[14]

우리도 성공한 대통령을 가질 수 있나요?

당(唐)나라의 오긍(吳兢)은 사관(史官)으로 측천무후의 권력남용과 악행[15]을 그냥 보고 있을 수가 없었습니다. 오긍은 국가 최고리더와 그들 둘러싼 위정자 집단의 잘못된 행동은 일반 백성들은 물론 국가 사직에 막대한 재앙을 초래하게 된다는 것을 직접 목격했습니다. 이에 오긍은

---

14 이 시리즈 집필 담당자는 다음과 같습니다. 워싱턴-김형곤, 제퍼슨-정경희, 잭슨-양홍석, 링컨-양재열, 시어도어 루스벨트-최정수, 윌슨-권오신, 프랭클린 루스벨트-김진희, 트루먼-김정배, 케네디-장준갑, 레이건-김남균. 이 시리즈는 2011년에서 2014년 사이에 도서출판 선인에서 출판되었습니다.

15 미모가 뛰어나 당 태종의 후궁으로 궁에 들어온 측천무후는 태종이 죽고 3대 황제 고종의 총애를 받는 중에 황후를 몰아내고 스스로 황후가 되었습니다. 그녀는 무능하고 병약한 고종을 대신하여 정사를 마음대로 농락하고 690년에는 국호를 주(周)로 바꾸어 스스로를 황제라 칭하여 15년간 중국 유일의 여황제가 되었습니다. 황제로서 그녀는 장역지(張易之) 형제와 같은 젊은이들을 욕정을 채우는 데 이용하는 등 자신의 구미에 맞는 사람만 골라 등용하고 반대 세력에게는 잔인한 탄압과 책략으로 권력을 독점했습니다. 오긍은 사관으로 국가 최고리더인 측천무후의 이러한 잘못된 행동을 현장에서 목격했습니다.

당 태종 시절의 올바른 정치를 보여 주는 「정관정요(貞觀政要)」를 집필하여 후대에 알리고자 했습니다. 오긍은 사관으로서 자신이 국가발전에 이바지할 수 있는 길을 고민하면서 나라를 다시 바로 세울 수 있는 정치철학을 담은 책을 집필하여 중종과 현종에게 바쳤습니다. 이 책에서 오긍은 이른바 '정관의 치'를 이룩한 국가 최고리더로서의 당 태종의 모습을 다음과 같이 설명하고 있습니다.

> 그는 현명하고 능력 있는 사람을 선발하여 어진 군주가 되려고 노력했습니다. 그는 허심탄회하게 간언을 받아들려 자신의 잘못된 행동을 바로잡으려고 했습니다. 그는 부역과 세금을 가볍게 하여 백성들을 아꼈습니다. 그는 형법을 신중하고 가볍게 사용하여 법제를 보존시켰습니다. 그는 문화를 중시하여 풍속을 좋게 바꾸었습니다. 그는 농업을 근본으로 삼아 백성들이 농사철을 놓치지 않도록 했습니다. 그는 군주와 신하가 서로 거울이 되어 시종여일 선행을 하려 했고 근면하고 검소했습니다.[16]

여기서 저는 우리나라 대통령의 비극적인 역사를 말하지 않을 수가 없습니다. 초대 대통령 이승만은 독립투사, 건국, 공산화 차단 등 참으로 많은 일을 했지만, 장기 집권과 부정선거로 하야에 이어 추방당하고 이국땅에서 사망했습니다. 박정희 대통령은 가난을 물리치고 경제발전을 이루어 국가와 국민을 잘살게 했지만, 그 역시 장기 집권과 권력 독점으로 가장 믿었던 부하에게 시해당하는 비극을 당했습니다. 전두환 대통령과 노태우 대통령은 군부의 힘으로 장악한 권력이었기 때문에 원초적 한계를 가지고 있었습니다. 권력 남용, 부정부패, 친인척 비리 등으로 재판을 받고 감옥에 가는 신세가 되었습니다. 그 후 김영삼 대통령, 김대중 대통령, 노무현 대통령, 이명박 대통령, 박근혜 대통령은

---

16 오긍 지음, 김원중 옮김, 「정관정요」(서울: 현암사, 2003), 16, 오늘날 중국 사람들은 가장 존경하는 사람으로 두 사람을 꼽고 있습니다. 한 사람은 중국을 개혁개방으로 이끌어 중국을 부자의 나라로 만들어 준 덩샤오핑이고 다른 하나는 당 태종입니다.

측근이나 친인척 또는 스스로 만들어낸 비리로 국민으로부터 좋지 않은 평가를 받고 있습니다. 노무현 대통령은 친인척 비리 수사를 받다가 자살을 하는 비극을 맞았습니다. 이명박 대통령 역시 재판을 받고 감옥에 갔으며, 박근혜 대통령은 여러 이유로 탄핵을 당하여 재판 후 감옥에 투옥되었습티다. "이게 뭡니까?" 어느 노교수의 말을 빌려 봅니다. 정말 이게 무엇이란 말입니까? 우리나라 대통령의 비극이 계속되고 있는 참담한 역사적 현실에서 저는 역사를 공부하고 가르치는 사람으로서 무엇인가를 해야 한다고 생각했습니다.

매번 새로운 대통령을 희망하지만, 매번 성공한 대통령을 꿈꾸지만, 매번 나에게는 다음 칸이 있다고 큰 소리로 외치지만, 매번 자신은 다른 대통령과 다를 것이라 말하지만 그동안 우리나라의 대통령들은 비극이라는 쳇바퀴에서 조금도 벗어나지 못하고 있는 것이 엄연한 현실입니다. 미국사를 공부하면서 저는 운명처럼 만나게 된 성공한 대통령들을, 그들이 보여 준 위대한 리더십을 (오긍이 「정관정요」를 집필했듯이) 우리 국민에게 알리고, 또 알려서 성공한 대통령이 나오기를 간절히 바라는 마음에 이 책을 기획하고 쓰게 되었습니다.[17]

오긍은 측천무후의 악행에서 벗어나 국가와 국민이 행복하게 잘 살 수 있는 좌표를 당 태종의 리더십에서 찾았습니다. 저는 우리나라 대통령의 비극적 역사를 단절시키고 우리나라에도 진정으로 성공한 대통

---

17 오긍은 「정관정요」를 집필하여 측천무후 이후 중종과 현종이 당나라의 아픔을 치료하고 국가와 국민이 행복해하는 새로운 시대를 건설하기를 희망했습니다. 이와 같은 성격의 책들이 시대에 따라 자주 있었습니다. 1513년 피렌체의 니콜로 마키아벨리(Nicolo Machiavelli)는 「군주론(*II principe*)」을 집필하여 로렌초 디 피에로 메디치(Lorenzo di Piero de' Medici)로 하여금 피렌체의 정치 현실을 바로잡고 강한 국가로 발전시키기를 희망했습니다. 1516년 영국의 토머스 모어(Thomas More)는 「유토피아(*Utopia*)」를 집필하여 헨리 8세(Henry XIII)로 하여금 영국 사회의 부정부패를 마감하고 국가와 국민이 행복해하는 나라를 만들기를 희망했습니다. 1656년 제임스 해링턴(James Harrington)은 「대양주(*Oceanes*)」를 집필하여 올리버 크롬웰(Oliver Cromwell)로 하여금 찰스 2세(Charles II) 치하의 영국 사회를 비판하고 그 정치 현실을 고쳐나가기를 희망했습니다. 1749년 헨리 볼링브룩(Henry Bolingbroke)은 「애국적 왕에 대한 개념(*The Idea of Patriot King*)」을 집필하여 조지 2세의 맏아들 프레더릭(Frederick)으로 하여금 간신배들을 물리치고 타락한 영국의 정치 현실을 바로잡아 새로운 영국 사회를 건설하기를 희망했습니다.

령이 나올 수 있도록 하는 좌표를 미국의 성공한 대통령들의 리더십에서 찾고자 합니다. 그동안 어렵사리 미국 대통령들을 공부하고 있는 저에게 의문과 더불어 작은 소망이 하나 있습니다. 왜 우리나라에는 성공한 대통령들이 없는 것일까? 이제는 우리나라에도 성공한 대통령이 나와야 하지 않겠습니까? 정말 이제는 우리나라도 대통령의 비극적 역사를 단절해야 하지 않겠습니까? 그래! 단절이 필요하다고 생각합니다. 그동안 우리나라는 단 한 명의 대통령도 어디 온전히 남아 있지 않았습니다. 하야, 추방, 피살, 감옥, 자식과 측근의 엄청난 비리, 급기야 자살까지, 그리고 이제는 탄핵까지 …. 이제는 우리나라 대통령 역사에서 누군가가 이러한 비극적 역사를 단절하고 국민과 국가를 위한 진정한 애국적 대통령의 소중한 첫 단추를 달아야 하지 않겠습니까?

저는 감히 하나의 예언을 하고 싶습니다. 만약 지금, 이 순간 우리의 비극적 대통령의 역사를 단절하지 않고 또다시 다른 대통령의 역사가 계속된다면 아마도 우리나라는 5년 주기의 대통령의 비극적 역사, 아니 온 국민의 비극적 역사를 또 경험해야만 할 것입니다. 더 이상 비극적 대통령의 역사가 계속되지 않기를 바라면서 저는 성공한 대통령의 표본을 미국의 성공한 대통령들로부터 찾고 싶습니다. 링컨, 프랭클린 루스벨트, 워싱턴, 케네디, 레이건이 그들입니다. 물론 이들이 살았던 시대와 오늘날은 아주 다를 것입니다. 또한 이들이 살았던 공간 역시 우리나라와는 매우 다르다는 것 역시 인정합니다. 그렇다고 해서 성공한 대통령의 표본은 시공간에 따라 절대로 달라지지 않는다고 생각합니다. 위대한 리더십의 원리는 시공간에 따라 변하는 것이 아니기 때문입니다.

우리가 한 가지 고려할 사항은 위대한 대통령들도 슈퍼맨이 아니라는 사실입니다. 이들 역시 인간이고 이들 역시 의사결정에 대해 고심하고 걱정했습니다. 이들 역시 자신의 아내와 아이들이 관련된 여러 문제로 골치가 썩기도 합니다. 이들 역시 내용과 의미는 차이가 있지만,

국민을 행복하게 만든 대통령들

일반 다른 사람들과 마찬가지로 공을 저글링하는 것과 같은 생활을 하며 그들 역시 한 번에 한 다리씩 바지를 입습니다. 하지만 이들이 '성공한 대통령'으로, '위대한 대통령'으로 평가받는 데에는 가장 중요한 공통점이 있습니다. 이들은 훌륭한 선장과 닮았습니다. 훌륭한 선장은 조타장치를 잡고 항해할 항로를 잘 찾아 항구에 도착하는 사람입니다. 백악관에 있었던 이 위대한 사람들은 그들이 선택한 항로를 잘 운행하여 많은 다른 사람들의 운명에 큰 영향력을 미쳤습니다. 그들은 개인도, 어느 지역도, 어느 이념도, 그리고 어느 정당도 대표하지 않았습니다. 그들은 국가와 국민을 대표했습니다. 이것은 진실입니다.

링컨은 공화당이면서 민주당 소속의 인물들을 고위직에 임명했으며 민주당 정책을 채택했습니다. 프랭클린 루스벨트는 민주당이면서 공화당의 정책을 대폭 수용했습니다. 워싱턴은 대통령으로 당파와 이에 따른 이념의 갈등을 가장 경계했습니다. 링컨과 루스벨트와 그리고 워싱턴에게 중요한 것은 정당이나 지역이나 이념이 아니라 오로지 국가와 국민이었습니다. 이것이 이들을 진정으로 위대한 애국적 대통령으로, 성공한 대통령으로 평가하는 가장 중요한 이유입니다.

성공한 미국 대통령들인 링컨, 프랭클린 루스벨트, 워싱턴은 원칙과 소통과 정직을 철학적으로 이해하는 학자가 아닙니다. 그들은 원칙과 소통과 정직을 실질적으로 실천하는 행동하는 리더였습니다. 하지만 무엇보다도 그들은 동시대 사람들은 물론 오늘날까지도 미국인을 넘어 전 세계의 수많은 사람이 따르기를 원하는 리더였습니다. 아마도 이러한 현상은 인류가 살아 있는 동안 영원히 계속되리라 생각합니다. 그래서 링컨과 프랭클린 루스벨트와 워싱턴(여기에 더하여 레이건과 케네디)은 사람들이 따르고 마음을 주는 그런 리더(leader)입니다. 그들은

배우고(learn)/ 목표와 비전을 교육하고(educate)/ 소통하고 협력하고(assist)/
솔선수범하고(lead)/ 권한을 위임하고(empower)/ 혁신하는(renovate) 태도를
실천한 그런 리더입니다.

대통령이 성공하면 국민은 행복해집니다.

저는 여러 사람으로부터 역사가 얼마 되지 않은 미국이 어떻게 하여 세계 최고의 강대국이자 잘 사는 나라가 되었는가? 라는 질문을 자주 받습니다. 이 질문에는 다양한 대답이 있을 수 있습니다. 거대한 영토, 많은 인구, 엄청난 지하자원, 그리고 우월한 무기와 과학기술의 발전 등이 그런 대답들입니다. 하지만 저는 미국의 성공 요인에는 다른 무엇보다도 위대한 리더, 성공한 대통령들이 존재한다고 말하고 싶습니다. 원칙의 힘을 가진 링컨이 있고, 소통의 힘을 가진 프랭클린 루스벨트가 있고, 정직의 힘을 가진 워싱턴이 있습니다.

미국 국민은 행복해합니다. 그들의 나라가 크고 세계무대에서 강력한 힘을 발휘하는 초강대국이어서가 아닙니다. 그들이 정치적으로 안정되어서만도 아닙니다. 그들이 물질적으로 부유해서만도 아닙니다. 자유와 기회균등이 보장되는 공화주의적 사회적 분위기 때문만도 아닙니다. 미국 국민이 행복해하는 이유에는 바로 이러한 정치적, 경제적, 사회적 행복 요인들을 가능케 하는 근본적인 요인이 있기 때문입니다. 그리고 그것에 강한 믿음을 가지고 있기 때문입니다.

도대체 그 근본적인 요인이 무엇일까요? 그것이 무엇이기에 미국 국민이 그토록 강한 믿음을 가지고 있을까요? 미국 국민은 그 요인과 그 믿음을 이른바 '큰 바위' 얼굴로 알려진 마운틴러시모어에 조각해 두었습니다.[18] 영국 식민지로부터 독립을 쟁취하여 미국을 건국하고 인류역사상 최초로 공화주의 국가건설에 초석을 닦은 조지 워싱턴, 미국 민주주의의 지평을 일반시민들에게로 확대하고 교육의 중요함을 인식시킨 르네상스 맨 제퍼슨, 남북전쟁이라는 국가분단의 위기를 극복하고 흑인 노예의 멍에를 벗어던지게 만든 에이브러햄 링컨, 그리고 친기업적

---

18 러시모어산은 원래 아메리카 인디언 종족 중 하나인 라코타 수족(Lakota Sioux)에게 '여섯 명의 할아버지(Six Grandfathers)'로 알려져 있었는데, 1885년 뉴욕의 변호사로 이 지역을 탐험한 찰스 러시모어(Charles E. Rushmore)의 이름을 본떠 러시모어로 부르게 되었습니다.

인 공화당 출신의 대통령임에도 불구하고 정치와 사회의 정의를 실현하기 위해 혁신주의를 기획하고 실천해 간 시어도어 루스벨트가 큰바위 얼굴들의 주인공들입니다.[19] 이미 언급했듯이 무려 44명의 대통령을 가지고 있는 미국인들은 주기적으로 대통령에 대한 평가를 시행해 오고 있습니다. 그럴 때마다 반드시 이루어지는 질문이 하나 있습니다.

러시모어산의 큰 바위에는 아직 공간이 남아 있습니다. 네 명의 얼굴에 더하여 누구의 얼굴을 그곳에 더 조각하면 좋겠습니까?

전문 학자들을 비롯하여 평가에 응한 미국 국민은 이 질문에 다음과 같이 대답합니다. 어떤 사람들은 대공황을 극복하고 2차 세계대전을 승리로 이끈 프랭클린 루스벨트가 러시모어산으로 가야 한다고 말합니다. 어떤 사람들은 신 프런티어를 주창하고 진정한 용기를 가지고 흑인의 자유를 위한 민권법을 시행한 케네디를 그곳으로 보내야 한다고 말합니다. 또 어떤 사람들은 미국의 불경기와 냉전체제를 소통과 유머의 힘으로 해결해 낸 레이건의 얼굴을 조각해야 한다고 주장합니다.

이런 장면을 볼 때마다 혹은 이런 뉴스를 들을 때마다 필자는 미국

---

19 1920년대 미국경제가 최고의 활황기에 있을 때 사우스다코타주의 역사가인 도인 로빈슨(Doane Robinson)이 지역의 관광을 장려하여 지역경제를 활성화하기 위해 하나의 아이디어를 냈습니다. 처음에 로빈슨은 사우스다코타의 블랙 힐스 지역의 명소로 아메리카 인디언들이 신성시하고 있는 니들바위(여러 개의 바늘 모양의 바위)에 미국의 유명한 사람들의 얼굴을 조각하기로 했습니다. 하지만 조각가로 선정된 구즌 보글럼은 니들 바위는 조각하기에 적합하지 않은 화강암이고 인디언들의 반대가 심하여서 조각할 수 없다고 주장했습니다. 결국 지역관광을 활성화하기 위해 시작된 이 사업은 태양의 노출이 잘 되고 여러 방향에서 시야를 확보하기에 좋은 러시모어산(Mount Rushmore)의 바위를 조각하기로 합의를 보게 되었습니다. 처음에는 바위에 조각할 사람으로 서부 개척과 관련하여 유명한 영웅들을 조각하고자 했습니다. 그래서 제퍼슨 대통령 때 루이지애나 지역을 탐험하여 미국인들이 서부 개척정신을 자극한 루이스(Lewis)와 클라크(Clark), 서부를 개척하는 미국 정부와 대로는 전쟁으로 대로는 협상으로 수족을 이끈 전설과 같은 인디언 지도자 레드 클라우드, 개척자, 군인, 들소 사냥꾼, 그리고 서부 개척과 관련한 수많은 내용을 공연한 공연자로 알려진 버팔로 빌 코디(Bufflao Bill Cody) 등이 선정되었습니다. 수많은 논란 끝에 조각품은 더 일반적이고 폭넓은 호소력을 지녀야 한다고 생각했고 결국 사업의 추진단은 당시까지 성공한 미국 대통령으로 평가받고 있는 사람 네 명을 선정했습니다.

이 아니 미국 국민이 참으로 부럽습니다. 이런 부러움은 저만의 부러움이 아니라는 것을 알고 있습니다. 미국 국민은 자신들에게 행복을 가져다주는 요인을 이미 가지고 있고 그것을 러시모어산에 조각해 두었을 뿐만 아니라 나아가 그곳에 갈 수 있는 여러 명의 후보를 가지고 있는 것이 우리의 부러움을 사는 이유입니다. 4년마다 미국은 새로운 대통령을 선출합니다. 그때마다 미국 국민은 다시 한번 행복 바이러스에 전염되기를 원하고 또 전염됩니다. 미국 국민은 그 러시모어산의 큰 바위에 얼굴을 조각할 수 있는 또 다른 대통령을 만나지 않을까 하는 기대와 믿음을 가지고 있기 때문입니다.

대통령이 성공하면 국민은 행복해집니다. 미국 국민은 행복해합니다. 그들은 성공한 대통령을 가지고 있고 또 다른 대통령이 성공할 수 있다는 강한 믿음을 가지고 있습니다. 역사의 기능에서 가장 중요한 것 중 하나는 '타산지석(他山之石)'의 진리와 '포폄(襃貶)'의 교훈을 되새기는 일입니다. 이제 우리나라도 12명의 대통령을 두고 있습니다. 그동안 우리는 희망을 품고 선거 때마다 새로운 대통령들을 맞이했지만, 그 결말은 언제나 희망의 반대 언저리에서 흐느적거린 것이 사실입니다. 이제 우리도 성공한 대통령이 나와야 하지 않을까요? 이제 우리도 러시모어의 큰 바위 얼굴처럼 북한산 큰 바위에 조각할 만한 대통령을 두어야 하지 않을까요? 이제 우리도 선거를 통해 성공한 대통령이 나와 국민에게 행복 바이러스를 퍼트려 줄 수 있다는 희망과 믿음을 가져야 하지 않을까요? 이제 우리 국민도 행복해져야 하지 않을까요? 무엇이 미국 국민을 행복하게 만들어줄까요? 이 저술의 목적은 미국 국민을 행복하게 만드는 데 가장 큰 요인으로 그들 대통령의 성공에 있다는 것을 전제하에 그 성공비결을 찾고 이를 분석하여 우리나라 대통령과 우리나라 국민에게 타산지석의 진리와 교훈으로 삼고자 하는 것입니다.

대통령을 선출하는 선거는 주기적으로 다가옵니다. 학문적 차원에서보다 일반대중의 교양과 인문 소양을 함양하고자 하는 차원에서 미국 대통령의 성공비결을 분석해 보는 일은 매우 시의적절하고 우리 국민의 품격을 높이는 일이라 생각합니다. 이 일은 앞으로 계속 있을 우리나라 대통령 선거에서 과연 우리가 어떤 대통령을 선출해야 하는가에 대한 하나의 등대가 될 수 있을 것이라 확신합니다. 나아가 대통령이 되고자 하는 많은 정치가에게 어떻게 해야 대통령으로 성공하고 국민을 행복하게 만들어줄 수 있는가에 대한 비법을 알려줄 수 있으리라 생각합니다.

이러한 목적을 달성하기 위해 국민을 행복하게 만든 대통령들 - 조지 워싱턴, 에이브러햄 링컨, 프랭클린 루스벨트, 케네디, 레이건 등 - 의 성장배경, 시대적 배경, 주요 업적 등을 통해 그들의 성공비결을 찾는 데 집중했습니다. 그동안의 수많은 평가를 통해서 밝혀진 미국의 성공한 대통령들의 성공비결을 앞에서 'LEADER'와 연관[20]하여 살펴보았

---

20 리더십의 본질은 다른 사람과의 관계의 영역에서 이루어집니다. 아무리 뛰어난 리더가 있더라도 그를 따르는 팔로워(국민)가 없다면 그 리더는 뛰어나다 할 수 없습니다. 그 반대의 경우도 마찬가지입니다. 리더와 팔로워가 조직과 사회와 국가의 목표를 나아가 인류의 목표를 소통이라는 메커니즘 속에서 공유할 때 위대한 리더십이 작용하는 것입니다. 그래서 필자는 리더십의 본질을 '리더(LEADER)'에서 찾고자 합니다. 'L'은 배운다는 의미의 'learn'입니다. 많은 리더는 리더의 자리에 있게 되면 더는 배우기를 멈춥니다. 하지만 성공한 리더들은 다릅니다. 그들은 매사에 배우기를 멈추지 않습니다. 그리고 그 배운 것을 국가와 국민을 위해 아낌없이 내어놓습니다. 'E'는 목표를 위해 팔로워들에게 교육한다는 의미의 'educate'입니다. 목표는 리더와 팔로워를 성공으로 인도하는 리더십 성공의 삼요소 중의 하나입니다. 리더건 팔로워건 달성해야 할 목표가 분명할 때 더욱 성공할 확률이 높은 것입니다. 'A'는 소통과 협력한다는 의미의 'assist'입니다. 아무리 뛰어난 리더라 하더라도 팔로워의 소통과 협력 없이는 성공할 확률은 줄어듭니다. 굳이 '삼인행필유아사(三人行必有我師)'의 교훈을 이야기하지 않더라도 협력을 통한 소통하는 리더십은 성공비법 중의 하나입니다. 'D'는 솔선수범한다는 의미의 'direct'입니다. 목표를 앞에 두고 리더가 뒤로 숨게 되면 더 이상의 리더십의 발휘되지 않습니다. 책임을 두고 리더가 회피하게 되면 팔로워들은 더는 그를 신뢰하지 않습니다. 'E'는 권한을 위임한다는 의미의 'empower'입니다. 진정한 리더는 굳이 수류탄을 만들고 비행기를 조종할 필요가 없습니다. 진정한 리더는 수류탄을 만들 줄 알고 비행기를 조종할 줄 아는 사람을 자기 사람으로 두면 되는 것입니다. 세종대왕이 '집현전(集賢殿)'을 만들고 그렇게 명명한 이유는 "현명한 사람들이 모이는 곳"이라는 의미를 충족한 것입니다. 강철왕 카네기가 자신의 묘비명에 "여기에 나보다 현명한 사람을 모이게 하는 법을 터득한자 잠들다"라고 적게 한 이유는 바로 그들이 권한 위임이라는 리더십의 진리를 터득하고 실천했기 때문입니다. 'R'은 새로움을 혁신해 간다는 의미의 'renovate'입니다. 리더는 급변하는 세계사 속에서 능동적으로 대처하고 시대를 주도하기 위해서는 새로운 피와 새로운 이데올로기에 주목해야 합니다. 새로운 시대정신을 창출하고 미래 사회의 행복을 위해 노력해야 합니다. 성공한 미국 대통령들은 달성해야 할 성공한 리더(LEADER)들로 항상 배우고, 교육하고, 협력하고, 솔선수범하며, 권한 위임에 익숙하고, 혁신하는 리더십을 발휘했습니다.

습니다. 위대한 대통령으로 평가를 받고 있는 다섯 명의 리더십을 분석하여 그들이 어떻게 성공했는가에 대한 비결을 찾았습니다. 그리고 장마다 무엇이 대통령을 성공하게 만들고 국민을 행복하게 만들었는지 해답을 찾는 데 할애했습니다.

위대한 미국 대통령들은 자신의 정치생명에 치명적인 위험이 오더라도 손해를 볼 수 있는 선택을 했습니다. 그들은 자신과 당파의 이익을 추구한 것이 아니라 어떤 선택이 국가와 국민을 위한 올바른 선택인지를 고민하고 용기 있는 결정을 내렸습니다. 그들은 역경과 위기가 왔을 때 개인과 당파의 이익에 집착하지 않았습니다. 그들은 자신의 결정에 책임지는 자세로 국가와 국민을 위해 최선을 다했습니다. 그들은 자신의 선택으로 인해 국민의 지지도가 떨어지고, 선거의 이해관계에서 손해를 보고, 심지어 목숨까지 위협당할 수 있음에도 불구하고 국가와 국민을 행복하게 만드는 길을 선택했습니다.

이 책은 전문 도서라기보다 교양 도서입니다. 그런 만큼 이 책을 통해 일반대중들이 인문 소양을 함양하기를 기대합니다. 우리는 모두 누군가의 리더이고 누군가의 팔로워입니다. 이 책의 핵심 내용은 비록 미국 대통령의 성공비결을 주로 다루고 있지만, 그것은 곧 우리의 이야기이고 우리의 관심사를 함축하고 있습니다. 우리 국민의 행복은 곧 대통령의 성공에 달려 있기 때문입니다. 그동안 우리는 대통령의 성공과 실패가 온 국민의 행복과 불행, 즐거움과 고통을 좌우한다는 사실을 뼈저리게 실감했습니다. 이 책을 마무리하고 있는 2021년 현재에도 그리고 이 책이 출간된 이후에도 여전히 우리는 대통령에 대한 기대감에서 벗어날 수 없고 또 벗어나지 못할 것으로 여겨집니다. 우리는 주기적으로 다가오는 대통령 선거에서 학연, 지연, 혈연을 떠나 오로지 어느 후보가 국가와 국민에게 희망과 행복을 더해줄 수 있는가를 판단해야만 합니다. 이 일은 온전히 우리 국민 개개인의 몫입니다. 누군가의 리더이고 누군가의 팔로워인 우리 스스로가 어떤 리더십을 발휘해야만 성공한 지도자가 되는지를 당연히 알고 있어야만 합니다. "책임은 여기에 있습니다(The buck stops here)"라고 말한 트루먼 대통령의 말처럼 국가와 국민을 행복하게 만드는 일이 대통령의 책임이라면 그런 책임을 다하는 대통령을 뽑는 일은 바로 너, 나, 그리고 우리 국민의 책임이기 때문입니다.

이 책은 우리국민이 이러한 문제에 있어 올바른 판단을 하고 올바른 선택을 하도록 하여 품격과 교양을 갖춘 민주시민으로 생활하는 데 작은 밀알을 주리라 믿습니다. 또한 대학에서 학생들을 교육하는 자료로 활용함으로써 학생들의 올바른 국가관과 가치관 형성에도 이바지하리라 생각합니다. 나아가 기업체 관계자, 대통령을 꿈꾸고 있는 분, 국회의원 등의 정치가, 공무원, 언론 관계자에게도 리더십에 대한 바람직한 개념 정립을 가능하게 해주리라 믿습니다.

국민을 행복하게 만들어주고 싶습니까? 그러고자 한다면 진정성 있는 리더가 되십시오. 그러고자 한다면 자기 지역, 자기 정당, 자기 편, 자기 이념, 자기 진영에만 집착하는 '작은 통령(統領)'이 아니라 국가와 국민 전체를 대표하는 진정성 있는 '큰 대통령(大統領)'이 되십시오. 자신과 자신이 속해 있는 정당이 손해를 보더라도 그것이 국민과 국가에 이익이 되는 것이라면 그 길을 선택하는 용기 있는 대통령만이 국민을 행복하게 만들어줄 수 있습니다. "어려움과 위기의 순간에 국민의 목소리는 하나님의 목소리에 버금갑니다(*The voice of the People in our emergency was next thing to the voice of God*)" 에이브러햄 링컨의 말입니다.

여러 가지로 부족함이 많은 연구임에도 후원과 지원을 아끼지 않으신 '한국연구재단'에 깊은 감사를 드립니다. 더불어 늘 어려운 사정에도 불구하고 인간을 인간답게 만들어주는 일에 적지 않은 공헌을 하는 도서출판 한올의 임순재 사장님과 최혜숙 편집장님과 김주래 부장님의 헌신적인 노력에, 인문학의 중요성을 이야기하면서도 정작 인문학이 천대시되는 현실에도 불구하고 학문발전에 작은 밀알이 되는 일을 하는 한국서양사학회, 한국미국사학회, 그리고 한국세계문화사학회 선후배와 동료 학자의 조언과 사랑에 깊이 감사드립니다. 무엇보다 어려운 학위 과정에서 용기를 주셨던 고(故) 이 영 범 교수님, 미국 대통령 연구의 가능성에 대한 아이디어를 주셨던 강병식 교수님, 은퇴하셨지만 아직도 학문 세계에 대한 풍부한 조언을 아끼지 않으시는 서정복 교수님께, 또 많은 자료와 조언을 해준 미국 워싱턴앤드리대학의 테드 교수께 감사드립니다. 마지막으로 공부하는 길을 가는 데 물심양면으로 도와준 형 수곤과 계순, 동문, 두리 다소 촌스러운 이름을 가졌지만 사랑만은 넘치는 누이들과 늘 묵묵하게 응원해 준 내 아내 영애와 잘 자라 준 두 딸 가영과 지영에게도 감사합니다.

국민을 행복하게 만든 대통령들

01

조지 워싱턴

국민을 행복하게 만든 대통령들

"

과거의 실수를 통해
유용한 교훈을 얻거나
경험이라는 귀한 가치를 통해
이익을 얻을 목적이 아니라면
절대 과거를 돌아보는 행동을
해서는 안 된다.

"

배우는 태도

　성공한 대통령들이 국민을 행복하게 만드는 비결의 첫번째는 그들이 일생을 통해 겸손한 자세로 배우는 태도를 유지했다는 것입니다. 그들은 대통령이 되기 전에는 물론이고 대통령이 된 후에도 다양한 것으로부터 배움의 길을 놓지 않았습니다. 독서를 통해, 다양한 경험과 호기심을 통해, 그리고 실패와 실수를 통해 배웠습니다. 대통령도 실패와 실수를 할 수 있습니다. 하지만 실패와 실수로부터 무엇인가를 배워 다시는 되풀이하지 않는 것은 누구나 할 수 있는 일이 아닙니다.

　조지 워싱턴은 일생을 겸손한 태도로 배웠습니다.[1] 많은 사람은 워싱턴이 큰 귀족 집안에서 수십 개의 은수저를 물고 태어나 좋은 교육을 받고 자연적으로 장군이 되고 대통령이 된 것이라 생각합니다. 하지만 워싱턴은 결코 은수저를 물고 태어나지 않았습니다. 조지 워싱턴은 1732년 2월 11일에 포토맥강가에 있는 조그만 농장에서 그저 평범한 인간으로 태어났습니다. 당시는 이른바 '장자 상속제(primogeniture)'[2]가

1　조지 워싱턴의 배우는 태도는 필자의 졸저 「조지 워싱턴의 정직의 힘」(서울: 새문사, 2012), 30-80에서 재정리하였고 특히 독서를 통한 자기 계발은 졸고, "조지 워싱턴의 리더십의 원천" 「서양 역사와 문화 연구」 제43집(2017.6)에서 재정리했습니다.

2　집안의 재산 대부분은 가장 먼저 태어난 남자에게 유산되어야만 한다는 '장자 상속제'와 본래는 재산을 처분하지 않았지만 그래도 어쩔 수 없이 재산을 처분해야 하면 단지 일부분만을 처분해야만 한다는 '한사법(entails)'은 귀족들이 계속해서 자신들의 재산과 권력을 유지하기 위한 수단으로 사용해 왔습니다.

사회적 관행으로 받아들여지는 시대였는데 조지는 워싱턴 집안에서 장자도 아니었습니다. 그는 아버지 어거스틴의 두 번째 부인 매리 볼의 첫째 아들이었지만 이미 아버지는 상처(喪妻)한 전 부인으로부터 두 명의 아들 - 로렌스와 어거스틴 2세 - 을 두고 있었기 때문이었습니다. 말하자면 워싱턴은 젠트리나 요맨층들의 재산 대물림 혜택을 볼 수 없는 처지였습니다. 사업을 하느라 시간을 낼 수 없었던 아버지는 워싱턴이 기초교육을 마치면 영국으로 유학을 보내고자 했습니다. 두 이복형이 유학을 마치고 돌아올 무렵 워싱턴은 아버지가 영국으로 유학을 보내기로 한 열한 살이 되었습니다. 그런데 갑자기 아버지가 사망했습니다. 아버지의 죽음과 어머니의 냉랭함은 이복형들과 같이 유학을 통해 정식 교육을 받고 성공의 길을 개척하고자 했던 워싱턴의 길을 막아버렸습니다.

부자나 귀족 집에서 태어나 장자가 누릴 수 있는 특권도 없었고 교육을 통한 성공의 길도 차단된 상태에서 조지 워싱턴이 선택한 배움의 길은 무엇일까요? 워싱턴은 겸손을 통한 배움의 길만이 자신의 결핍된 부분을 보상해 줄 수 있으리라는 것을 알았습니다. 지역사회의 일원으로 리더가 되고 나아가 국가를 책임지는 총사령관이자 대통령으로 일을 하는 평생 동안 워싱턴은 일관된 겸손함으로 배우는 자세에 임했습니다.[3] 나이가 들면서 조지 워싱턴은 어머니의 강요와 냉담함으로 가득한 패리 팜을 가능한 한 벗어나고자 했습니다.[4] 후에 그는 아버지가 사

---

3 마운트버넌을 관리하는 총책임자인 제임스 리스(James Lees)는 "워싱턴의 성격 중 가장 감탄할 만한 것 중 하나는 겸손함과 삼가는 태도와 다른 사람에 대한 존경심이다"라고 말했습니다. 오늘날도 마찬가지이지만 18세기 워싱턴이 살고 있던 시대의 버지니아를 비롯한 아메리카 지역에서 '겸손'은 가장 중요한 사회적 가치였습니다. 워싱턴은 두 번이나 거의 만장일치로 대통령에 당선되었습니다. 그는 오늘날과 같은 선거운동을 전혀 하지 않았습니다. 미국헌법을 제정한 건국의 아버지들은 헌법의 여러 조항에서 입법부와 사법부에 대해서는 명확한 정의를 내렸지만, 행정부와 대통령에 대해서는 대강만을 규정했습니다. 이는 곧 있을 대통령 선거에서 워싱턴이 대통령이 되리라는 것을 너무나 당연하게 생각했기 때문이었습니다. 존 애덤스를 비롯한 건국의 아버지들은 워싱턴의 겸손함은 헌법의 규정 그 이상이라는 믿음을 가지고 있었습니다.
4 패리 팜은 아버지가 어머니와 조지에게 남긴 작은 농장이었습니다.

망한 후부터 열다섯 살을 전후한 시기를 "잔인하고 불행한 집"에서 살았다고 회상했습니다. 워싱턴은 애정결핍과 성공으로 가는 기회의 부재 속에서 스스로가 자기 보상을 하도록 하는 세계를 찾아 들어가 그곳에서 배우고 또 배웠습니다. 이와 관련하여 역사가 파울 롱모어는 "18세기 앵글로-버지니아 젠트리들의 가치(Anglo-Virginia gentry values)"로 설명하고 있습니다.[5] 그것의 실체 중 하나는 '경쟁심이 강한 문화(competitive culture)'였습니다. 워싱턴이 살았던 시대의 명예는 무엇일까요? 버트럼 와이어트-브라운은 식민지 버지니아 젠트리들의 명예를 다음과 같이 설명했습니다.

> 명예는 자존심의 내적인 설득입니다. 하지만 명예는 자신만의 개념으로는 평가할 수 없습니다. 모든 개인은 대중들 앞에서 평가를 받아야만 합니다. 대중과 지역사회는 개인의 품행을 관찰함으로써 그(그녀)가 명예를 받을만한가를 평가합니다. 이런 의미에서 젠트리의 명예는 공적인 평판을 의미하는 것입니다. 그러한 평판 중 가장 값진 것은 다른 명예로운 젠트리들로부터 평판을 얻는 것입니다. 어떤 젠트리의 명예심을 확실하게 확보하는 것은 자신의 평가가 반드시 지역사회의 평가와 일치해야만 하는 것입니다. 따라서 한 개인의 정체성은 공적인 평가와 분리할 수 없는 것입니다.[6]

결국 버지니아 젠트리들의 경쟁문화가 워싱턴의 에너지를 불태웠다고 볼 수 있습니다. 또한 워싱턴이 명예를 얻고자 하는 마음에서 자신의 노력, 장점, 그리고 자신의 성격이 다른 사람들로부터 인정받기를 간절히 원했던 것으로 파악할 수 있습니다. 사실 워싱턴은 명예심에 따라 살았다고 해도 과언이 아니었습니다. 명예심이 워싱턴이 사는 지역

5　Paul K. Longmore, *The Invention of George Washington* (Berkeley: University of California Press, 1998), 2.

6　Bertram Wyatt-Brown, *Southern Honor: Ethics and Behavior in the Old South* (New York: Oxford University Press, 2007), 14-15.

사회의 인정을 찾도록 했으며 그것도 진정 가치 있는 최고 젠트리들로 부터의 칭찬을 추구하기 위해서 였던 것입니다. 처음에는 지역사회에서 나중에는 미국 전역에서 워싱턴은 항상 명예롭게 행동하려고 노력했을 뿐만 아니라 그렇게 행동하기 위한 평판을 키워갔습니다.[7]

워싱턴의 야망과 미래에 대한 전망은 버지니아를 지배하고 있는 정치·사회 이념 속에서 구체화하여 갔습니다. 버지니아는 경쟁적인 사회이기는 했지만 그렇다고 경쟁하는 이익집단들의 막무가내식 모임이 아니라 일정한 질서가 유지되는 사회계층으로 이루어져 있는 조직이었습니다. 따라서 버지니아에는 지배집단과 피지배집단을 명료하게 구분시켜주는 일정한 사회질서가 존재했습니다. 그러한 질서 속에 포함된 계층구조는 너무나 자연적인 것으로 마치 신이 정해놓은 것으로 이를 표현하고 강화해 주는 각종 의식과 장식 그리고 상징들이 존재하는 사회였습니다. 예를 들어 '명예'는 백인 젠트리들에게 적용되는 일종의 의무 같은 것이었습니다. 백인 젠트리들은 하층 계층들을 돌보면서 자신들의 명예를 세워나갔습니다. 따라서 18세기 버지니아의 "명예 코드 (code of honor)"는 백인 젠트리들의 헤게모니를 합리화하고 영구화하는데 도움을 주었습니다. 노예와 하인들의 주인은 단순히 지배하는 개념이 아닌 마치 자식을 돌보는 아버지의 개념이었습니다. 그것은 일종의 가부장적인 믿음 체계였습니다. 독립의 바람이 불기 시작했던 1775년에 버지니아인들은 버지니아 하원의장인 페이턴 랜돌프를 두고 "우리 지역의 아버지"로 불렀습니다.[8] 이와 마찬가지로 당시 영국인들은 국

---

7   John C. Fitzpatrick, ed., *The Writings of George Washington form the Original Manuscript Sources*, 1745–1799, 39 vols. (Washington: Government Printing Office, 1931–1944), 32 : 166, 35 : 421–422, 가장 대표적인 경우가 버지니아 민병대 대령으로 인정받고자 큰 노력을 했음에도 불구하고 영국 정부로부터 무시당했을 때와 대통령으로 있을 때 제퍼슨을 비롯한 공화파들로부터 언론을 통한 무한 공격을 받았을 때였습니다.

8   Rhys Isaac, *The Transformation of Virginia, 1740-1790*(Chapel Hill: The University of North Carolina Press, 2012), 20–21.

왕 조지 3세를 "모든 국민의 아버지"로 불렀습니다. 아버지는 단순한 생물학적인 아버지의 개념을 넘어선 가부장적 아버지였습니다. 그래서 그들은 자신의 농장 노동자들을 확대된 가족으로 보았습니다. 강력한 젠트리였던 윌리엄 버드 2세는 다음과 같이 말했습니다.

나는 나의 식구와 나의 부하와 나의 남자 노예와 여자 노예를 데리고 있습니다. 나는 농장에 있는 하인들을 통해 모든 일을 처리합니다. 그래서 나는 신의 섭리를 제외하고 모든 것으로부터 자유롭고 독립된 상태로 살아가고 있습니다.[9]

역사가 롱모어는 바로 이 점에서 "워싱턴이 성장한 버지니아 문화는 죽은 아버지를 대신하는 많은 대체 아버지를 제공했습니다"라고 말하고 있습니다.[10] 성공을 위해 워싱턴은 아버지와 같은 개념으로 후원자의 보호와 인도를 갈구했고 자신이 버지니아 젠트리가 되었을 때 가부장적인 믿음의 아버지가 되었습니다. 그것은 곧 워싱턴이 추구한 명예였습니다. 가부장적인 아버지의 개념을 가진 18세기 버지니아의 젠트리들은 누구로부터 간섭받지 않는 독립된 상태를 원했습니다. 그들은 자신의 농장을 마치 반석 위에 세운 튼튼한 성채로 생각했습니다. 랜돌프나 버드 2세 그리고 또 다른 강력한 젠트리인 랜든 카터와 같은 젠트리들은 철저한 개인적 자치를 원했습니다. 훌륭한 젠트리들은 자신의 재산을 완전히 확보하고 있을 뿐만 아니라 그들은 자신의 통제하에 있는 마치 성채와 같은 농장에서 모든 종류의 외부 영향력에서 벗어난 상태가 되기를 원했습니다.[11]

당시 젠트리들의 독립에는 일종의 정치적이고 사회적인 의미가 함축되어 있었습니다. 재산이 없는 젠트리와 신분적으로 자유롭지만 다

9   T. H. Breen, *Tobacco Culture*(New Jersey: Princeton University Press, 1987), 85 재인용.

10   Longmore, *The Invention of George Washington*, 3-4.

11   Breen, *Tobacco Culture*, pp. 86-88, 재정리, Isaac, *The Transformation of Virginia*, 131.

른 사람의 의지에 따라 살 수밖에 없는 사람들(고용된 사람들이나 재산이 없는 성인)은 지역사회의 일에 완전히 관여할 수 있는 자치력이 부족한 것으로 여겨졌습니다. 또한 감정적으로건 육체적으로건 무능력한 존재로 여겨지는 사람들(여성, 노예, 미성년자, 여러 약점을 가진 사람들)은 실제로 자기통제를 할 수 없는 것으로 여겨졌습니다. 완전한 정치적, 사회적 권리는 존 로크의 말대로 "어떤 다른 사람들의 의지로부터 독립되어 자유롭게 행사할 수 있는 충분한 재산을 소유한 사람에게만 속해 있는 것"이었습니다.[12]

버지니아 젠트리들은 개인적으로는 물론 정치적으로도 독립을 원했습니다. 그래서 그들은 정치적으로 공직의 명예를 추구했습니다. 그들의 자유와 독립을 지켜주는 데 정치적인 공직은 훌륭한 방어 수단이었습니다. 1760년대에 버지니아를 여행한 앤드루 버나비는 "젠트리들은 자신들의 자유를 도도하게 지켜나갔습니다. 그들은 어떠한 제한 조치에도 참지 못했고 자신들보다 강한 세력에 의해 통제받는다는 생각에는 거의 참지 못했습니다"라고 쓰고 있습니다.[13] 하지만 농장주들의 이러한 경향에는 어떤 위기의 씨앗이 늘 존재하고 있었습니다. 그것은 그들이 관리할 수 있는 것을 훨씬 벗어난 외부세계에 의존하고 있었다는 사실이었습니다. 식민지 버지니아 젠트리들은 영국의 제조품에 점점 더 의존했습니다. 말하자면 젠트리들의 번영은 그들이 막연하게만 이해하고 있었던 국제담배 시장의 가격변동과 밀접하게 관련되어 있었습니다.[14] 시간이 지날수록 식민지는 영국제국의 예속지역이 되어갔습니다.

---

12 Jack P. Greene, "The Growth of Political Stability: An Interpretation of Political Development in the Anglo-American Colonies, 1660-1760", in John Parker and Carol Urness, eds. *The American Revolution: A Heritage of Change*(Minneapolis: Associates of the James Ford Bell Library, 1975), 29.

13 Breen, *Tobacco Culture*, 89 재인용.

14 김형곤, "조지 워싱턴의 창조적 리더십의 길(농민)", 「서양사학연구」, 제30집(2014.04), 1-41.

이러한 환경 속에 완전히 노출된 워싱턴은 스스로 배움의 길을 찾아 노력했습니다. 이복형 로렌스와 형의 장인 윌리엄 페어팩스와 같은 성공한 젠트리들을 모델로 삼은 워싱턴은 그들과 같이 독립된 힘이 있는 젠트리가 되는 길을 추구했습니다. 또한 그는 처음에는 자신의 지역사회에서 나중에는 미국 전역에서 자신의 모델과 같이 평범한 시민이나 노예들보다 위에 있는 '아버지'의 이미지를 추구해 나갔습니다. 정규교육의 부족에도 불구하고 몇몇 여건(아버지가 살아 있을 때 가정교사의 가르침, 한두 달 다닌 것으로 여겨지는 초등학교에서의 읽기, 쓰기, 셈하기 능력, 로렌스와 페어팩스의 특별한 보살핌 등)은 워싱턴이 버지니아 지배계층인 젠트리가 되는 데 실질적인 준비를 할 수 있도록 도움을 주었습니다. 이런 것들은 워싱턴이 농장주와 투기업자가 되는 데 필요한 법적·사업적 지식은 물론 측량기술을 배울 수 있게 해주었습니다. 무엇보다 로렌스와 윌리엄 페어팩스의 적극적인 후원은 워싱턴이 버지니아의 성공한 젠트리를 모방하는 데 결정적인 도움을 주었으며 그에게 젠트리에 적합한 성격과 태도, 그리고 공적인 책임감을 키우도록 했습니다. 젠트리다운 예의범절, 사회계층에 대한 예리한 관심, 그러한 계층으로 진입하기 위한 자신의 노력, 그리고 개인적·공적인 덕성을 키우기 위한 진지함 등은 명예를 근본으로 삼는 지역문화의 윤리적·행동적 주요 관심사였습니다. 워싱턴은 이런 것들이 자신이 사는 버지니아 지역문화의 이상으로 받아들여졌기 때문에 이를 배우기 위해 최선을 다했습니다. 워싱턴은 어떻게 해야만 좋은 평판을 얻을 수 있는가에 몰두했습니다.

교육과 적절한 예절이 상류계급을 상징하는 것이라면 복장도 마찬가지였습니다. 젠트리들에게 사람의 외모는 그 사람의 사회 신분뿐만 아니라 내적 가치도 반영하고 있는 것으로 여겨졌습니다. 워싱턴은 어릴 때부터 자신이 입을 옷을 고르는 데 신중했습니다. 1748년 열여섯 살 때 워싱턴은 옷 입는 것에 대한 세밀한 기록을 남겼습니다. 그는 페어팩스 카운티를 방문하면서 자신이 기록한 리스트에 따라 아홉 벌의

국민을 행복하게 만든 대통령들

셔츠, 여섯 벌의 속옷, 한 벌의 코트, 그리고 다른 입을 거리를 준비했습니다.[15] 젠트리들에게는 외적인 외모와 내적인 실체의 일치가 필요했습니다. 하지만 아무리 상류 젠트리라고 하더라도 사람에 따라 겉치장에만 신경 쓰기도 했습니다. 사실 외모에만 신경 쓰는 버지니아의 젠트리들이 다수였습니다. 이런 젠트리들에게 진정한 명예와 덕성을 회복하라는 비판이 뒤따랐습니다. 워싱턴의 멘토로들 중 한 명이었던 랜든 카터는 워싱턴에게 "항상 내면이 충실한 사람"이 되기를 충고했습니다.[16] 가르침에 충실했던 워싱턴은 외모 자체보다 내면에 더욱 신경 썼습니다.

18세기 버지니아 사회는 영국 대도시를 모방하는 문화적인 특성이 있었습니다. 그래서 예의범절, 유행, 자기표현 등에서 버지니아 젠트리들은 적절한 방식으로 영국 스타일을 모방했습니다. 워싱턴은 유년기에 글쓰기 연습용으로 사용했던 「사교와 토론에서 갖추어야 할 행위규범(*Rules of Civility and Decent Behavior in Company and Conversation*)」과 당시 유럽과 신대륙에서 상류 계층들 사이에서 널리 읽혔던 「구경꾼(*Spectator*)」을 구입해 읽었습니다. 이를 통해 워싱턴은 영국 젠트리들의 행동거지와 생활 스타일을 배웠습니다.[17] 워싱턴은 마운트버넌의 건축과 조경을 영국 스타일 농장을 모방하여 꾸몄습니다. 예를 들어 워싱턴은 체사피크만의 뜨거운 여름과 잦은 가뭄에도 불구하고 영국 스타일의 울타리인 "산울타리(live fences, hedgerow)"를 절대로 포기

---

15   William Fairfax to George Washington(May 13–14, 1756), George Washington, *Papers of George Washington, Colonial Series*, ed. W. W. Abbot, Dorothy Twohig, et al.,(Charlottesville: University of Virginia Press, 1995), 1 : 46, 3 : 125.

16   Landon Carter to George Washington(October 7, 1755), Washington, *Papers of George Washington, Colonial Series*, 2 : 82.

17   「구경꾼」은 18세기 초 영국의 조셉 에디슨과 리처드 스틸이 발간된 일간지를 편집한 책으로 정치적으로 중립을 표방했지만, 자유, 도덕 등을 강조하는 휘그당의 철학에 가까운 글을 주로 실었습니다.

하지 않았습니다.[18]

18세기 버지니아 젠트리들은 세속적인 일상생활에서 대단히 경쟁적이었습니다. 승마, 댄스, 여우 사냥, 칠면조 사냥, 도박 등에서 젠트리들은 다른 젠트리들과 경쟁해서 이기는 것을 하나의 명예라고 생각했습니다.[19] 이런 활동들은 영국 상류사회의 관습으로 젠트리계층을 하위계층과 구분시켜 주는 것으로 젠트리계층의 문화 지배력과 단결력을 보장해 주는 것이기도 했습니다. 특히 말을 소유하고 말을 잘 타는 행위는 개인적 과시의 한 수단이었습니다. 당시 버지니아인들은 말에 대해 (말 사육, 말 종자 개량, 말 경주, 승마술 등) 일상 담론으로 끊임없이 이야기했습니다. 거의 모든 사람이 말을 탔습니다. 몹시 가난한 사람들도 다른 것은 하지 않더라도 말을 소유하고 말을 타는 것을 최고로 여겼습니다. 당시 버지니아를 여행한 한 영국인은 "말은 버지니아인들의 기쁨이고 자부심이었습니다. 다른 어떤 활동보다 승마술은 젠트리들을 하위계층과 구분시켜 주는 것으로 보였습니다"라고 썼습니다. 젠트리들은 말을 타고 천천히 뛰는 발놀림인 "농장주의 속도(Planter's Pace)"로 말을 탔습니다. 말과 관련한 것에 엄청난 관심을 집중하고 있는 사회에서 워싱턴은 지역 최고의 기수로 알려졌습니다.[20]

댄스는 젠트리들이 자기표현을 하고 서로의 경쟁심을 자극하는 또 하나의 중요한 요소였습니다. 젠트리들은 자식과 함께 최근 영국과 유럽 등에서 유행하고 있는 댄스를 배우기 위해 훌륭한 '춤 선생'을 고용

---

18 Cecil Wall, "George Washington: Country Gentleman", *Agricultural History*, 43(1969), 5-6, 이러한 산울타리는 오늘날에도 버지니아는 물론 미국의 여러 곳과 런던과 파리 등 유럽의 도시 여러 곳에서 찾아볼 수 있습니다.

19 T. H. Breen, "Horses and Gentlemen: The Cultural Significance of Gambling among the Gentry of Virginia." *The William and Mary Quarterly*. Vol. 34, No. 2(April 1977), 239-257.

20 Breen, "Horses and Gentlemen", 248-249, Isaac, *The Transformation of Virginia, 1740-1790*, 99, 전기작가들은 형의 장인 페어팩스가 사돈총각 조지 워싱턴을 특별히 좋아한 것은 워싱턴이 말을 잘 다루는 자신의 모습과 많은 점에서 닮았기 때문이라고 주장하고 있습니다. 사실 페어팩스는 내성적인 아들 윌리엄 조지 페어팩스보다 자주 워싱턴을 데리고 여우 사냥을 나갔습니다.

하기도 했습니다. 춤을 배우고 추고 하는 활동 역시 젠트리들을 하위계층과 구분해 주는 주요 요소였습니다. 당시 버지니아에서 가장 인기 있는 댄스는 매우 활력 넘치고 경쟁심을 자극하는 3박자의 활발한 춤인 '지그(jig)'였습니다. 공적인 인정을 갈망했던 워싱턴은 버지니아 지역사회에서 에너지 넘치고 기량이 뛰어난 춤꾼으로 이름이 났습니다.[21]

  워싱턴은 승마와 댄스를 통해 공적인 평가를 약간 높일 수 있었습니다. 하지만 젠트리의 명예를 진정 확보할 수 있는 것은 토지와 노예를 많이 소유하는 것이었습니다. 물론 당연하지만 보다 높은 단계(예를 들어 대학)에서 교육을 받는 것도 하나의 명예로 작용했습니다. 그러나 성공한 젠트리로 인정받는 보다 근본적인 판단은 어려운 담배 재배에서 능수능란한 기술을 가지고 있는 것이었습니다. 버지니아에서 담배 재배는 가장 치열한 경쟁이 이루어지는 분야이었습니다. 따라서 젠트리들 사이에서 누가 최고 품질의 담배를 생산하고 최고의 가격을 얻는가 하는 문제는 대단히 중요했습니다. 단순히 돈이 걸려 있기 때문이 아니라 공적인 검증의 대상이 되고 개인적 명예가 달려 있기 때문이었습니다. 당시 가장 성공한 젠트리 중 한 사람으로 '왕'이라 불린 로버트 커터는 "나는 내 농장에서 생산된 산물들을 거래할 때 내가 다른 젠트리들에게 지는 것을 도저히 허락할 수 없습니다"라고 걱정스럽게 말했습니다. 워싱턴은 형 로렌스와 형의 장인을 모방하면서 성공한 젠트리와 최고의 담배 재배자가 되기 위해 노력했습니다. 하지만 워싱턴은 영국과의 사이가 점점 악화되는 가운데 더는 전통적인 담배 재배로는 성공을 담보할 수 없을 것을 확신하고 명예와 독립을 위해 다른 수단을 찾

---

21 Isaac, *The Transformation of Virginia*, pp. 80-87, 도박 역시 젠트리들을 하위계층과 구분할 수 있는 하나의 매개체였습니다. 버지니아 젠트리들은 돈뿐만 아니라, 말, 담배, 심지어 아내나 딸까지 걸고 도박에 몰두했습니다. 워싱턴은 펜싱도 열심히 배웠습니다. 18세기 버지니아에서 펜싱은 사회 하층 계층으로부터 젠트리를 구분해 주었지만 장식 이외는 큰 쓸모가 없었습니다. 물론 워싱턴에게도 펜싱은 자신을 다른 사람과 구분시켜 주면서 스스로 가지고 있는 군사적 야망을 표현할 수 있는 수단이기도 했습니다.

았던 것입니다.[22]

전기작가 프리먼은 워싱턴이 살았던 시기의 버지니아를 "토지를 갈망하는 사회(an ambitious landed society)"로 불렀습니다.[23] 이는 담배보다 토지가 성공한 젠트리들의 부와 독립과 명예의 근본이라는 의미였습니다. 젠트리들은 영국 귀족이나 젠트리들이 버지니아지역에 세운 대농장을 모델로 삼아 가능한 큰 토지를 확보하고 대농장을 세웠습니다. 젠트리들은 인접한 다른 농장을 사들였고 특히 그들은 측량을 통해 부동산으로 편입되는 새로운 서부지역에 투자했습니다. 워싱턴이 유년시절에 버지니아의 주도적 젠트리 그룹들은 오하이오 계곡으로 영국의 진출을 이끌어 인디언들과 모피를 거래하고 토지를 투기하고 내륙 깊숙이 정착을 유도하고자 했습니다. 당시 대표적인 젠트리 집안은 리(Lee), 머스(Mercer), 조지 메이슨(George Mason), 워싱턴(Washington), 그리고 정치적으로나 경제적으로 가장 강력한 집안인 페어팩스(Fairfax) 등이 있었습니다.[24] 당시 영국 귀족인 토머스 페어팩스 경은 버지니아지역을 가로지르는 거대한 산인 블루리지마운틴의 동서지역은 물론 오늘날 수도 워싱턴지역 등을 포함한 약 500만 에이커(2억 평방미터)의 땅을 소유하고 있었습니다. 그의 사촌인 윌리엄 페어팩스 대령은 토머스 경의 재산 관리인으로 버지니아에서 거주하고 있었습니다.

버지니아 유력 젠트리들은 새로 개척되기 시작한 오하이오 계곡의 거대한 땅을 얻기 위해 오하이오 회사(Ohio Company)라고 불리는 회사를 차렸습니다. 워싱턴의 유년시절에 형 로렌스는 이 회사의 사장으로 있었습니다. 회사 창립회원에는 버지니아 총독인 로버트 딘위디

22　Breen, "Horses and gentlemen", p. 245.

23　Douglas S. Freeman, *George Washington: A Biography*(New York: Charles Scribner's Sons, 1948), 1 : 1.

24　그 외에 랜돌프(Randolph), 엡스(Eppes), 제퍼슨(Jefferson), 스완(Swan), 케너(Kenner), 하디먼(Hardiman), 파커(Parker), 코케(Cocke), 배테(Batte), 하윅(Harwick), 율리(Youle) 등도 유명한 젠트리 집안입니다. Breen, "Horses and Gentlemen", 239–257.

와 런던의 뛰어난 상인인 한뷰리 형제가 포함되어 있었습니다. 오하이오 회사는 제국의 영향력을 가진 세력들을 동참시키면서 새로 개척되는 모든 땅에 10년간 세금면제를 얻어냈습니다. 페어팩스 가문의 사람들은 물론 결혼을 통해 페어팩스 가문의 구성원이 된 로렌스는 미국의 미래 수도가 되는 포토맥강을 둘러싼 거대한 지역에 알렉산드리아라는 신도시를 건설하는 사업에 책임 이사로 있었습니다. 이들은 포토맥강과 알렉산드리아가 오하이오 계곡과 대서양을 연결하여 이곳을 물류와 교류의 중심지로 만들 의도를 하고 있었습니다. 워싱턴은 일찍부터 이런 계획에 매료되어 있었고 일생을 통해 그것을 추진했습니다. 워싱턴이 젠트리로 성장하는 데 멘토가 된 형 로렌스와 형의 장인 윌리엄 페어팩스는 워싱턴이 새로운 땅을 측량하고 투기하는 방법을 가르쳐 주었습니다.[25] 덕분에 워싱턴은 열여섯 살이 채 되지 않았던 1748년 초에 포토맥강가에 있는 로렌스와 페어팩스의 땅을 측량하는 경험을 할 수가 있었습니다. 그해 봄에는 페어팩스 소유의 거대한 서부지역 땅을 측량하는 사업에 윌리엄 페어팩스의 아들인 토머스 윌리엄 페어팩스를 따라 동참할 기회를 얻었습니다. 또한 신도시 알렉산드리아의 도시배치를 하는 일에 부 측량사로 일을 할 수가 있었습니다. 이러한 경험으로 1749년 7월에 이제 갓 열일곱 살이 된 젊은 워싱턴은 지역 측량사 자격을 얻었고 쿨페퍼 카운티의 측량사 공무원이 되었습니다. 사실 열일곱 살의 젊은이가 이러한 경험과 직책을 얻는다는 것은 결코 흔한 일은 아니었습니다. 대부분 이 나이에는 수습생이거나 부 측량사가 되는 것이 일반적이었습니다. 하지만 조지는 이미 충분한 경험을 소유한 덕분에 측량사가 될 수 있는 충분한 자격이 있다고 여겨졌고 강력한 페어팩스의 후원이 뒷받침되는 상황에서 그 일은 그렇게 어려운 일이 아

---

25 워싱턴은 형 로렌스와 페어팩스의 도움으로 측량술에 관한 책인 「젊은이의 친구(*The Young Man's Companion*)」를 구해 읽었습니다. 워싱턴은 이 책과 더불어 영국의 수학 교사이자 토지 측량사인 윌리엄 레이번의 「완벽한 측량사(*The Compleat Surveyor*)」(1657)를 구해 읽었습니다.

니었습니다.

측량사는 18세기에 버지니아지역에서 상당한 전문직에 속했습니다. 말하자면 측량사는 의사, 변호사, 성직자 등과 같은 직업과 동등한 사회적 지위가 인정되었습니다. 더더욱 측량사 대부분은 젠트리들이었고 그들은 상당한 수입을 올리고 있었습니다. 워싱턴은 측량사로 일을 한 3년 동안 약 400파운드를 모을 수 있었습니다. 특히 워싱턴은 변경지역에서 측량했고 그것은 자신에게 최고의 땅을 찾을 수 있도록 기회를 제공해 주었습니다. 이런 이유로 워싱턴은 쿨페퍼 카운티에서는 단지 한 차례의 측량만 했고 대부분은 페어팩스 경의 도움으로 변경지역에서 일을 할 수 있었습니다. 워싱턴은 형의 도움으로 오하이오 회사의 측량 일을 책임지고 담당했습니다. 1750년 열여덟 살의 나이로 워싱턴은 소규모이지만 자신 명의의 농장을 샀고 프레더릭스버그에 있는 자신이 측량한 두 필지의 땅을 판매한다고 광고했습니다. 1753년에 그는 2,500에이커의 땅을 더 사들였습니다.[26] 사실 워싱턴은 페어팩스 가문의 도움으로 토지와 부의 획득을 통해 자기 계발을 쉽게 했습니다. 후에 워싱턴은 아우 존 오거스틴에게 "나는 항상 그 집안분들, 특히 어르신 윌리엄 페어팩스에게 깊은 은혜를 입고 있다고 생각합니다"라는 내용이 담긴 편지를 썼습니다.[27]

워싱턴은 버지니아 지역사회의 경쟁문화 속에서 젠트리들의 관습,

---

26 독립군 총사령관으로 발탁될 당시 워싱턴은 오늘날 행정구역으로 버지니아, 뉴욕, 메릴랜드, 오하이오, 켄터키에 총 6만 3,000에이커를 소유하고 있었습니다. 그가 소유한 노예는 300명에 이르렀습니다. 당시 워싱턴은 엄청난 토지를 소유한 부동산 부자로만 만족하지 않았습니다. 그는 단순한 담배농업에서 대규모로 밀 등의 다양한 곡물을 생산 판매하는 기업가적인 농민으로 재산을 모았습니다. 이에 더하여 제분소, 낚시업, 증류 업, 가축 업, 운하 산업 등에서도 성공적인 투자활동을 통해 많은 돈을 벌었습니다. 1774년에 아내 마사의 재산과 마운트버넌을 제외하고도 조지 워싱턴의 총재산은 50만 달러를 넘었습니다. 당시 워싱턴은 아메리카대륙에서 가장 부유한 사람 중 한 사람이었습니다.

27 George Washington to John Augustine Washington(May 28, 1755), George Washington, *Papers of George Washington, Colonial Series.* ed. W. W. Abbot, Dorothy Twohig, et al. (Charlottesville: University of Virginia Press, 1995), 1 : 290.

　국민을 행복하게 만든 대통령들

놀이, 부, 토지 등에서 다른 사람과 구분되기를 원했습니다. 이제 워싱턴은 보다 강한 공적인 명예를 가져다줄 수 있는 분야로 눈을 돌렸습니다. 정치는 버지니아 젠트리들 사이에서 또 하나의 중요한 경쟁 분야였습니다. 정치는 성공한 젠트리로 공적인 평가를 받는 데 핵심적인 영역이었습니다. 성공한 형 로렌스의 모델을 따라가고자 한 워싱턴은 정치 분야로의 진출을 간절히 원했습니다. 로렌스는 1744년 페어팩스 카운티를 대표하는 버지니아 하원의원에 두 명이 겨루어 당당히 당선되었습니다. 4년 뒤에는 로렌스가 다섯 명의 후보 중에서 당선되었습니다. 열여섯 살의 워싱턴은 선거가 있던 1748년 여름날에 선거의 뜨거운 열기를 지켜보았습니다. 선거 날 그가 그토록 존경스럽게 생각하고 있었던 윌리엄 페어팩스 대령은 물론 토머스 페어팩스 경도 참석했습니다. 형 로렌스는 영광스럽게도 다시 당선되었습니다. 이날 이전에는 전혀 경험하지 못했던 정치의 열기가 워싱턴의 가슴 속으로 침투했고 워싱턴은 그 뜨거움을 간직하고 있었습니다. 그는 진정한 성공은 정치 분야에서 다른 사람들로부터 공식적으로 인정받는 것이라고 느꼈습니다. 로렌스에게는 이때의 투표현황을 기록한 서류가 있었습니다. 아마도 다음 선거에 활용하기 위해서겠지만 실상 몇 년 뒤 로렌스가 죽고 워싱턴이 선거에 나설 때 이 서류를 활용했을 것입니다.[28]

워싱턴은 이제 형 로렌스와 같은 여러 젠트리가 추구한 또 다른 길을 따라갔습니다. 그는 군인으로 성공하기를 원했습니다.[29] 버지니아 식민지 사회에서 식민지 민병대 장교가 되는 것은 사회적인 인정을 얻는 데 중요한 요인이었습니다. 당시 민병대 장교직에는 대부분 지역 젠트리들이 독점을 하고 있었습니다. 그런 만큼 군복무는 오늘날만큼은 아니지만, 개인적 덕성은 물론 공공의 정신을 드러내는 데 중요한 역할

---

28 Longmore, *The Invention of George Washington*, 15, 재인용.
29 처음에 워싱턴은 로렌스의 추천으로 영국 해군에 입대하기를 원했지만, 어머니의 반대로 해군이 될 수가 없었습니다.

을 했습니다. 워싱턴은 지역 민병대 장교가 되었지만 이에 만족하지 않았습니다. 그는 군인으로 더욱 성공하고자 했습니다. 제국의 영광스러운 군인으로 인정받아 더욱 큰 영광과 명예를 추구했습니다. 워싱턴은 1740년 초에 영국 정규군 대위로 콜롬비아 북서부의 카르타헤나에 파견되어 싸웠고 궁극적으로 버지니아 주둔 영국군 고급부관이 된 형 로렌스가 간 길을 따라가고자 했습니다. 그러나 워싱턴은 노력에도 불구하고 식민지 출신이라는 이유로 차별대우를 받아 군인으로 성공하고자 했던 꿈을 접어야 했습니다.

조지 워싱턴이 스물한 살이 되던 1752년 성공 가도를 달리고 있었던 이복형 로렌스가 결핵으로 갑자기 사망했습니다. 형의 유언에 따라 조지가 조카와 형수를 대신해서 형의 재산을 위탁받아 관리했고 얼마 후 두 사람이 죽자 조지가 마운트버넌을 유산받게 되었습니다.[30] 형이 죽은 후에도 페어팩스 대령은 조지 워싱턴의 든든한 멘토가 되어주었습니다. 측량사를 통해 적지 않은 부와 명성을 얻을 수 있었지만 워싱턴은 이에 만족할 수가 없었습니다. 페어팩스 대령의 주선으로 사실상 군에 대한 특별한 경험이 없었던 조지 워싱턴은 버지니아 민병대 소령으로 임명될 수 있었습니다. 얼마 후에는 오하이오 계곡을 침범한 프랑스인들에게 최후통첩을 보내는 총독 로버트 딘위디의 전령에 자원하여 임무를 완수했습니다. 이 역시 나이와 경험의 부족은 물론 프랑스어를 못한다는 사실도 그렇게 큰 문제가 되지 않았습니다. 워싱턴에게는 든든한 멘토 페어팩스 대령이 있었기 때문이었습니다.

페어팩스 대령은 워싱턴이 프랑스-인디언 동맹 전쟁에서 크고 작은 문제에 연루될 때마다 멘토가 되어주었습니다. 그의 진급 문제, 영국 정규군과의 차별대우 문제, 사령관 브레독 장군의 부관이 되는 문

---

30 마운트버넌은 형 로렌스가 영국 해군으로 있을 때 사령관 이름을 본떠 지은 이름이었습니다. 워싱턴은 마운트버넌의 주인이 되면서 이곳을 미국 농업의 거대한 실험실로 만들었습니다. 오늘날 마운트버넌은 출생부터 죽기까지 워싱턴의 일생을 생생하게 재현해 둔 미국 최고의 국가 유적공원으로 관리되고 있습니다.

제, 심지어 군을 제대한 후 워싱턴이 버지니아 의회의 의원이 되는 데에도 페어팩스는 워싱턴의 든든한 멘토가 되었습니다. 조지 워싱턴의 멘토에서 빼놓을 수 없는 사람이 있습니다. 다름 아닌 그의 아내 마사 댄드리지 커스티스였습니다. 버지니아 민병대에서 제대할 무렵 워싱턴은 우연한 기회에 들른 무도회에서 당시 버지니아에서 가장 부유한 과부인 마사를 만나게 되었습니다. 당시 워싱턴은 스물일곱 살이었고 마사는 그보다 한 살 많은 스물여덟 살이었습니다. 두 사람은 본능적으로 서로의 짝임을 직감했습니다. 후대의 역사가들은 워싱턴이 사랑보다 마사의 재산에 대한 갈망 때문에 그녀를 선택했다고 폄하하기도 합니다. 하지만 꼭 그렇지만은 않습니다. 워싱턴의 재산에 대한 갈망보다 오히려 마사가 워싱턴을 더욱 절실하게 필요로 했다고 볼 수 있기 때문입니다.

마사와의 결혼으로 워싱턴은 버지니아 최고의 젠트리가 될 수 있었습니다. 결혼 후 두 사람은 서로에게 충실했습니다. 마사는 품위를 가지고 워싱턴을 내조하는 스타일이었습니다. 워싱턴은 아내에게 자신에게 다가오는 수많은 어려운 문제를 허심탄회하게 상의했습니다. 특히 독립군 총사령관으로 임명되었을 때 영광보다는 닥칠 수 있는 어려움에 대해 아내에게 말했습니다. 승리한다면 문제가 없지만, 만약 실패한다면 반란군의 괴수로 취급받아 가족이 몰살될 수도 있고 자신은 런던 다리에 목이 매달릴 수도 있다고 말했습니다. 생각해 보면 불굴의 의지를 다져야 할 총사령관이 이런 말을 누구에게 할 수 있었겠습니까? 워싱턴 역시 한 인간에 불과했고 당시 세계 최강의 군대를 자랑하는 영국을 상대로 불모지와 다를 바 없는 미국 독립군을 이끈다는 것은 두렵지 않을 수가 없었을 것이라 짐작됩니다. 이러한 두려움을 공적으로 표현할 수 없었던 워싱턴은 가장 가까운 사람이자 멘토인 아내에게 자신의 마음을 털어놓았던 것입니다. 그리고 워싱턴은 아내로부터 마음의 안정을 얻고 사실상 불가능하게 보였던 미국의 독립을 끌어냈던 것

입니다.[31]

워싱턴은 개인적인 생활에서 로렌스와 페어팩스 대령을 주요 멘토로 삼았다면 그가 정치를 시작하고 독립군 총사령관이 되고 나아가 미국의 초대 대통령으로 활동하는 공적인 생활에서는 주로 독서를 멘토로 삼았습니다. 워싱턴은 독서를 통해 자신의 부족한 교육을 극복하고 동시에 자신의 경력을 쌓아갔습니다. 워싱턴에게 독서는 배움의 길이었고 지적이고 도덕적인 성장을 위한 수단이었습니다. 아버지가 죽고 어머니의 반대와 학비 부족으로 더는 정규교육을 받을 수 없었던 워싱턴은 어릴 적 배운 읽기, 쓰기, 셈하기를 기초로 삼아 열다섯 살까지 개인 가정교사를 통해 약간의 교육을 더 받았습니다. 개인 가정교사를 통한 워싱턴의 교육은 잘 알려지지 않았지만 1780년 그의 부하였던 데이비드 험프리가 쓴 전기에 따르면 워싱턴은 문법, 논리학, 수사학을 배워 이른바 중세대학 교육과정의 삼교과(문법, 논리학, 수사학)를 공부했으며 여기에 더하여 수학, 기하학, 지리학, 역사학 등도 공부한 것으로 확인됩니다. 물론 이때 젠트리들에게 필수적인 것으로 오늘날 예체능 과목이라 할 수 있는 댄스, 펜싱, 승마 등도 배운 것으로 확인됩니다.[32] 이때 워싱턴이 교육받은 흔적으로 많이 남아 있는 것은 기하학과 삼각법에 관한 내용인데 이는 아마도 그가 측량사를 준비하는 데 필요한 것을 공부한 것으로 보입니다. 워싱턴은 비록 정규교육이나 고전교육을 받지 못했지만, 가정교사를 통한 기본 교육과 독서는 그가 버지니아 지역사회의 젠트리의 일원으로 살아가는 데 필요한 지식과 사회규범들의 밑바탕을 제공해 준 것으로 판단됩니다.

학력이 좋은 사람들이 정규교육을 받지 못한 워싱턴을 비판한 내용

---

31 반면 후에 워터게이트로 대통령직을 사임한 닉슨은 긴박하게 돌아가던 청문회와 의회의 탄핵정국에서 단 한 번도 아내 '팻'과 상의하지 않았습니다.

32 Rosemarie Zagarri, ed., *David Humphreys' "Life of General Washington" with George Washington's "Remarks"* (Athens: University of Georgia Press, 1991), 6–7.

은 워싱턴은 단순히 외부활동에만 치중했고 지적인 일에는 관심을 두지 않았으며 책에 관한 관심은 단지 농업과 군사 등 실용적인 것에만 치중하여 독서를 하더라도 진지함이 없이 피상적으로 했다는 주장입니다.[33] 하지만 워싱턴의 독서가 단지 피상적인 것에 그쳤다면 과연 그가 그 힘들고 어려운 독립전쟁과 아무도 가 보지 않았던 대통령직을 그렇게 성공적으로 이끌 수 있었겠습니까? 만약 그랬다면 좋은 교육을 받고 기라성과 같은 건국의 아버지들이 활동하는 현장에서 최고의 자리에 있을 수 있었겠습니까? 물론 워싱턴은 외부활동을 통해 많은 것을 배우기는 했지만 동시에 지적인 일에도 온 힘을 쏟았습니다. 특히 워싱턴은 스스로는 물론 의붓아들, 의붓손자, 그리고 조카와 친구 자녀들의 교육에 관한 관심, 나아가 새로운 공화국의 교육에 대한 열정은 누구보다 강했습니다. 또한 워싱턴은 농업과 군사 관련뿐만 아니라 정치, 경제, 역사, 철학, 종교, 법, 지리, 과학, 의학, 여행 등 거의 모든 학분 분야에 걸쳐서 독서를 했습니다. 자신의 부족한 교육 때문인지 모르지만 워싱턴은 의붓아들인 존(재키) 파크 커스티스가 적절한 정규교육을 받는 것에 대해 집착했습니다. 처음에 워싱턴은 자신의 어린 시절처럼 아들에게 가정교사를 초빙해 교육했고 곧이어 메릴랜드의 목사 조나단 부셰가 운영하는 학교에 보냈습니다. 1771년 1월에 워싱턴은 부셰에게 다음과 같은 편지를 썼습니다.

대토지 농장을 소유하고 있는 젠트리라면 누구라도 산수와 수학에 익숙해야 합니다. 산수를 배우지 않고는 일상생활의 여러 일을 잘 처리할 수가 없습니다. 프랑스어를 능숙하게 한다는 것은 세련된 교육을 받았다는 것을 의미

---

33 워싱턴을 독립군 총사령관으로 적극적으로 추천한 존 애덤스(애덤스는 워싱턴 대통령 시기에 부통령을 지냈고 그 후 2대 대통령이 되었습니다)는 하버드대학 출신이었습니다. 워싱턴과 같은 고향 버지니아 출신인 토머스 제퍼슨(제퍼슨은 프랑스 대사, 초대 국무장관, 부통령, 3대 대통령을 지냈습니다)은 버지니아 전통 명문인 메리앤드윌리엄스대학을 졸업했습니다. 이 두 사람은 워싱턴이 정규교육을 받지 않은 것과 피상적인 독서를 한 것에 대해 잦은 질투를 했습니다.

합니다. 나는 철학, 과학, 자연과학과 같은 원리는 젠트리에게 아주 바람직한 지식이라 생각합니다.[34]

그러나 재키는 의붓아버지의 바람에도 불구하고 정규교육을 받는 것을 너무도 싫어했고 단순히 여행하는 것을 즐겼을 뿐이었습니다. 이에 워싱턴은 몇 달 뒤 아들의 교육에 대해 부셰에게 다시 편지를 보냈습니다.

재키의 교육은 여행만으로 전혀 충분하지 않습니다. 또 나는 단순히 학자가 되는 것은 젠트리에게 바람직한 교육이라고 생각하지 않습니다. 그러나 나는 독서를 통한 지식은 다른 지식이 세워질 수 있는 근본이 된다고 생각합니다. 그럼에도 여행을 통해 익숙해진 지식은 책 이상의 것을 줄 수 있다고 생각합니다. … 재키가 비록 라틴어를 읽을 수가 있지만, 그는 여러 고전 작품에 대해서는 아는 바가 많지 않습니다. 그는 세상을 이해하는 데 매우 적합한 그리스어도 모릅니다. 여행자로서 절대적으로 필요한 프랑스어도 모릅니다. 재키는 산수도 잘 모르고 더더욱 수학에 대해서는 아주 무지합니다.[35]

얼핏 다른 사람들이 보기에 워싱턴이 어린 의붓아들의 교육에 너무 지나친 관심을 쏟는 것 같기도 합니다. 하지만 이는 아마도 종종 자신을 괴롭힌 부족한 정규교육에 대한 약점을 재키가 느끼지 않도록 하기 위함이었을 것입니다. 1781년 재키가 죽은 후 그의 두 자녀인 넬리와 조지 워싱턴 파크 커스티스가 같이 살기 위해 마운트버넌으로 왔습니다. 의붓할아버지는 아이들이 대학에 가고 제대로 된 교육을 받을 수

---

34 George Washington to Boucher(January 2, 1771), John C. Fitzpatrick, ed. *The Writings of George Washington from the Original Manuscript Source, 1745-1799*(Washington, D. C.: United States Government Printing Office, 1931-1944), 3 : 36–37.

35 George Washington to Boucher(July 9, 1771), *The Writings of George Washington*, ed. John C. Fitzpatrick, 3 : 50–51. 부셰 학교에 있는 재키의 선생님들은 워싱턴의 생각에 동의했습니다. 워싱턴은 재키를 위해 그리스 사전, 그리스 문법, 라틴어 사전, 라틴어 문법, 종교 서적, 철학책, 고대와 현대문학책과 역사책을 주문했습니다.

있도록 최선을 다했습니다. 다시 한번 워싱턴은 농장으로 가정교사를 초빙했고 공부하기를 싫어하는 아이들과 갈등을 겪었습니다. 워싱턴은 아이들이 필라델피아대학이나 뉴저지대학 혹은 다른 대학으로 진학하기를 원했습니다. 그래서 워싱턴에게 고용된 가정교사는 다음과 같은 일을 해야 했습니다.

> 반드시 전형적인 학자여야 했습니다. 대학 수준 이상의 지식을 가지고 있으면 더 좋았습니다. 기본적으로 산수와 수학을 잘 가르쳐야 하고 측량, 부기, 글쓰기, 작문 등도 잘 가르쳐야 했습니다. 외국어에서 그리스어는 제외했지만 이번에도 라틴어와 프랑스어를 강조했습니다. 물론 역사와 정치학도 반드시 가르쳐야 했습니다. 앞으로 설립될 국립대학은 정치학을 중요한 커리큘럼으로 할 것이기 때문입니다.[36]

워싱턴은 손자 커스티스가 뉴저지대학의 총장인 스미스 박사와 함께하는 독서 과정에 참여하겠다고 했을 때 매우 기뻐했습니다. 그러나 워싱턴은 손자에게 "가벼운 독서, 말하자면 중요성이 덜한 독서는 일순간 즐거움은 줄 수 있으나 남는 것이 별로 없단다. 학자로 오랜 경험이 있는 스미스 총장은 의미 있는 작가들과 주제들을 고를 것이고 그런 것은 유용한 지식에 근본이 될 것임이 틀림없어 보인다"라는 편지를 보냈습니다.[37]

독립전쟁 후 워싱턴은 새로 건국될 공화국 정부의 청년들에게 적합한 교육에 대한 의견을 피력하면서 사교육은 물론 공교육의 가치를 강조했습니다. 워싱턴은 자신의 여러 친척과 조카들은 물론 여러 친구의 자녀에게도 대학 교육을 받을 수 있도록 학비를 대주었습니다. 나중에

---

36 Longmore, *The Invention of George Washington*, 215, 재인용
37 George Washington to George Washington Parke Custis(December 19, 1796), *The Writings of George Washington*, ed. John C. Fitzpatrick, 35 : 341.

그는 더는 미국인이 영국에서 교육받는 것은 하나의 치부에 지나지 않는다고 믿었습니다. 그래서 그는 이제 미국인은 미국에서 고등교육을 받아야 한다고 생각하고 이를 위한 많은 일을 했습니다. 워싱턴의 교육에 관한 관심과 책임 의식은 미국 교육에 관한 관심과 책임으로 확대되었습니다. 그는 버지니아 렉싱턴에 있는 작은 대학에 많은 돈을 기부했습니다. 그의 기부는 오늘날 미국의 명문사학 중 하나인 '워싱턴앤드리대학교'가 성장하는 데 결정적인 영향을 주었습니다. 현재 대학 캠퍼스와 도서관에는 워싱턴의 발자취를 볼 수 있는 것들이 여러 가지가 있습니다. 토가를 걸친 워싱턴의 동상, 길버트 스튜어트가 그린 워싱턴 초상화의 진품, 작은 박물관, 워싱턴에 관한 수많은 자료와 책들, 각종 기념품 등에서 워싱턴의 발자취를 속속들이 볼 수 있습니다. 또한 워싱턴은 뉴저지의 작은 항구도시 체스터타운에 '워싱턴대학교'가 설립될 수 있도록 자금과 도움을 아끼지 않았습니다. 그는 비록 대학교육을 받지 못했지만, 대학교육의 필요성과 중요성은 누구보다도 잘 알고 있었습니다. 그는 고향 버지니아의 후배인 제퍼슨과 매디슨의 모교이자 최고의 명문대학인 '윌리엄앤드메리대학교'의 총장직으로 봉사했습니다. 또한 그는 '알렉산드리아 아카데미'를 세우는 데 가장 큰 기부를 했습니다. 유언장에서 워싱턴은 자신의 주식의 50%를 새로 건설되는 수도 워싱턴에 미국 국립대학을 세우는 데 할당했습니다. 하지만 불행히도 그의 주식 대부분을 차지하고 있었던 포토맥 운하 회사가 파산하면서 이 일은 이루어지지 않았습니다.[38]

워싱턴은 학자라기보다 활동가로 평가를 받아왔습니다. 그의 전기 작가들 대부분은 워싱턴의 교육은 외부활동을 통한 경험으로부터 얻었다는 데 동의를 하고 있습니다. 사실 그가 직면한 수많은 도전 - 총사

---

38   Last Will and Testament(July 9, 1799), *The Writings of George Washington*, ed. John C. Fitzpatrick, 37 : 278–281, 김형곤, 「정직의 힘-조지 워싱턴」, 125–126.

령관으로 독립전쟁을 승리로 이끈 일, 건국을 준비한 일, 대농장을 운영하면서 가족을 돌본 일, 후에는 초대 대통령으로 아무도 가보지 않은 새로운 길을 가야 하는 일 등 – 은 때때로 자신이 감당할 수 있는 일상의 책임을 압도했습니다. 그런 중에서도 워싱턴은 새로운 생각과 지혜를 얻기 위해 독서를 손에서 놓지 않았다는 사실을 여러 증거를 통해 확인할 수 있습니다. 워싱턴의 가족과 친한 친구들은 워싱턴이 읽은 책들을 포함해서 그의 일상생활에 관한 이야기를 공유했습니다. 데이비드 험프리는 1786년 워싱턴 전기에서 다음과 같이 쓰고 있습니다.

> 때로는 편지로, 때로는 만나서 이루어지는 그들(워싱턴의 가족과 친한 친구들)의 대화에는 워싱턴이 직접 구해본 것과 그에게 증정된 수많은 정기간행물, 책, 무엇보다 신대륙의 정치정보에 관한 내용에 관한 이야기로 가득했습니다.[39]

워싱턴의 의붓손자인 커스티스는 할아버지에 대해 다음과 같이 회고했습니다.

> 바쁜 중에도 특별히 급한 일이 없을 때 할아버지께서는 새로 출간된 책이나 여러 출판물로부터 흥미 있는 내용을 발췌해 자주 가족들에게 읽어주시곤 했습니다. 할아버지는 책을 읽는 데 많은 시간을 보냈습니다. 겨울에는 동이 트기 전 두어 시간을 여름에는 동이 틀 무렵 한두 시간을 반드시 서재에 앉아 독서를 하셨습니다.[40]

커스티스의 이 회고는 1798년 마운트버넌을 방문한 폴란드의 군인이자 정치가인 줄리안 얼신 님스비츠에 의해 사실로 확인되었습니다.

---

39   Zagarri, ed. D*avid Humphreys*, *"Life of General Washington"*, 35.
40   Benson J. Lossing, *Memoirs of Washington by His Adopted Son George Washington Parke Custis*(New York: Union Publishing House., 1959), 163, 171.

그는 이곳을 방문하고 나서 "워싱턴은 아침 5시에 일어나서 7시까지 책을 읽거나 글을 썼다"라고 밝히고 있습니다.[41] 워싱턴은 심지어 죽어가는 그 순간에도 책을 곁에 두었습니다. 워싱턴의 개인 비서 토비아스 리어는 워싱턴이 죽기 하루 전인 1789년 12월 13일 긴 겨울밤을 회고했습니다.

우체국에서 어른에게 여러 권의 책과 출판물들이 배달되었습니다. 어른은 거실에 앉아서 밤 9시까지 그것들을 읽었습니다. 읽다가 종종 흥미 있거나 유쾌한 것을 보게 되면 몹시 아파서 쉰 목소리임에도 불구하고 자신이 할 수 있는 한 큰 목소리로 그것을 읽어주었습니다. 그는 읽기가 힘들어졌을 때 다른 것은 몰라도 상원의원과 주지사 선거에 관한 내용과 버지니아 의회의 논쟁에 관한 내용에 대해서는 나에게 읽어달라고 요청했습니다.[42]

이처럼 워싱턴의 일상생활에 관한 설명은 그가 책을 가까이하고 책을 읽는 독서가라는 사실을 알려주고 있습니다. 워싱턴의 독서에 대한 동시대인들의 설명은 19세기 중반의 전기작가 워싱턴 어빙에게서 다시 한번 언급되었습니다. 어빙은 "워싱턴은 아침 일찍 일어났습니다. 특히 밤이 긴 겨울이면 동이 트기 훨씬 전에 일어났습니다. 그럴 때면 불을 켜고 촛불 아래에서 책을 읽고 글을 쓰곤 했습니다"라고 말했습니다.[43] 그러나 일부 역사가들과 동시대인들은 워싱턴의 독서 세계와 지식에 대해 편견을 가지고 있었습니다. 역사가 월딩턴 포드는 다음과

---

41 Julian Ursyn Niemcewicz, *Under their Vine and Fig Tree: Travels through America in 1797-1799, 1805*, trans. and ed. Metchie J. Budka(Elizabeth, NJ: Grassmann Publishing Company, 1965), 102–103.

42 Tobias Lear, The Diary Account of George Washington's Last Days(December 14, 1799), Theodore J. Crackel, ed. *The Papers of George Washington Digital Edition*(Charlesottsville: University of Virginia Press, 2008), 298.

43 Washington Irving, *The Life of George Washington*, 5 vols. (New York: G.P.Putnam & Co, 1855–1859), 1, 316.

같이 썼습니다.

워싱턴은 사업, 농업, 군사와 관련 있는 실용적인 목적만을 위해 독서를 했을 뿐입니다. 워싱턴은 거의 독서를 하지 않았습니다. 그의 유일한 열정은 농업에 관한 책을 사서 모으는 것이었습니다. 그는 이런 책을 읽기는 했지만 단지 중요한 부분을 발췌만 했을 뿐입니다. 그가 식민지 민병대 장교로서 군사와 관련된 책에 약간의 관심을 가진 것은 사실입니다. 그러나 그가 역사나 철학에 주위와 관심을 기울였다는 증거는 찾아볼 수 없습니다. 그는 순전히 사업 목적으로만 책을 읽었는데 주로 군대 생활에 도움을 주는 책과 경제적 이익을 위해 농업 관련 책만을 읽었을 뿐입니다.[44]

그 후 워싱턴의 전기작가들은 물론 여러 역사가는 대부분이 포드의 주장에 생각 없이 동의했습니다. 더글러스 프리먼은 "워싱턴의 책 습득은 진지함에서 이루어진 것이 거의 없습니다"라고 주장했으며[45] 새뮤얼 모리슨과 제임스 플렉스너는 "워싱턴은 독서를 거의 강조하지 않았습니다. 단지 그는 당시 여러 사람에게 인기 있었던 책인 로저 러스트레인지의 「세네카의 도덕론(*Seneca's Morals*)」과 조셉 에디슨의 「카토의 비극(*The Tragedy of Cato*)」을 읽었을 뿐입니다. 그는 그저 드물게 책을 읽었을 뿐입니다"라고 말했습니다.[46] 워싱턴과 동시대에 살았던 사람들 역시 워싱턴은 지적인 일에 대해서는 거의 관심이 없었다고 주장했습니다. 특히 하버드 대학을 졸업한 학력을 가졌지만 모든 일에서 워싱턴에게 뒤진 존 애덤스는 이 문제에 대해 워싱턴을 신랄하게

---

44   Worthington C. Ford, "Prefatory Notes to the Inventory of the Contents of Mount Verson 1810", in Eugene Prussing, *The Estate of George Washington, Deceased* (Boston: Little, Brown, and Company, 1927), 402–403.

45   Freeman, *George Washington*, 1 : 229.

46   Samuel E. Morison, "The Young Man Washington", *By Land and by Sea*(New York: Random House, 1953), 168–172, James T. Flexner, *George Washington, The Indispensable Man*(New York: Little, Brown and Co. 1974), 1 : 240–242.

평가했습니다. "워싱턴 그 양반은 읽고 쓰기조차 제대로 하지 못합니다. 그 양반은 무학(無學)으로 자신의 지위나 평판에 걸맞은 배움도 없습니다."[47] 같은 버지니아 출신으로 윌리엄앤드메리대학을 졸업한 토머스 제퍼슨은 "워싱턴은 주로 외부활동을 하는 데 많은 시간을 보냈습니다. 그는 독서는 물론 지적인 활동에는 거의 시간을 할애하지 않았는데 혹시 독서를 하더라도 단지 농업과 영국사에만 관심을 가졌을 뿐입니다"라고 비평했습니다.[48]

하지만 1853년 마운트버넌여성협회(Mount Vernon Ladies' Association)가 창립된 후 이들의 헌신적이고 끈질긴 노력[49]과 그 후의 새로운 시각으로 워싱턴을 연구한 전기작가와 역사가들[50] 덕분에 워싱턴의 독서 세계에 대한 동시대인들과 초창기 역사가들의 오해를 풀 수가 있었습니다. 특히 아만다 아이작은 워싱턴의 서재와 그의 여러 글을 세세히 조사하여 워싱턴이 "평생 독서를 생활화했습니다"라는 사실을 밝혔습니다.[51] 워싱턴은 결코 그의 독서 세계를 비판한 사람들의 주장과 같이 독서에 관심이 없거나 군사와 농업 부분에 국한하여 실용적으로만 책을 읽지 않았습니다. 워싱턴은 버지니아 젠트리들의 서재의 일반적인 현상인 종교 관련 서적은 많이 사지 않았습니다. 워싱턴은 당시 문학작품을 비롯한 베스트셀러와 여행 관련 서적을 적극적으로 구매하여 책을 읽었습니다. 워싱턴은 버지니아 민병대 군인과 독립군 총사령관으

---

47 Marcus Cunliffe, "The Two Georges: The President and The King", *American Studies International*, 24(1986), 53–73, 그 후에도 애덤스는 "우리의 사랑하는 워싱턴 씨는 매우 피상적으로 역사를 읽었을 뿐입니다"라고 썼습니다.

48 Thomas Jefferson to Dr. Walter Jones(January 2, 1814), *Jefferson Writings*, ed. Lipscomb and Bergh(Londen: Facsimile Publisher, 2015), 14 : 50.

49 Amanda C. Isaac, *Take Note! George Washington the Reader*(Mount Vernon: Mount Vernon Ladies Association, 2013).

50 Stanley E. Cushing, *The George Washington Library Collection*(Boston: The Boston Athenaeum, 1997), Longmore, *The Invention of George Washington*, Jeffery H. Morrison, *The Political Philosophy of George Washington*(Baltimore: The Johns Hopkins University Press, 2009).

51 Isaac, *Take Note!*, 138 재인용.

로, 농장주로, 정치가로, 그리고 대통령으로, 나아가 대통령 이후의 국가 원로로 일생을 보내면서 늘 다양한 분야의 책과 함께했습니다. 오늘날 우리가 알다시피 워싱턴이 살아있는 동안 공식적으로 접근할 수 있는 워싱턴 개인의 서재는 존재하지 않았습니다. 단지 워싱턴이 변화하는 세계를 배우고 개인의 직업에 도움이 되는 책이 모이면서 워싱턴의 개인 서재가 만들어졌습니다. 워싱턴의 군사적, 정치적 경력이 확대되어감에 따라 그의 서재가 그만큼 확대되었고 책들도 늘어났습니다. 특히 워싱턴이 1759년 마사와 결혼하면서 워싱턴의 서재의 책은 크게 확대되었습니다.[52] 1797년 건국에 대한 논의가 한창일 때 워싱턴은 한 친구에게 다음과 같은 편지를 썼습니다.

> 나는 너무나 유익한 책들을 많이 가지고 있습니다. 그것들을 다양한 주제의 책들이고 대부분 매우 흥미 있는 것들이고 나는 이 책들로부터 많은 정보를 얻고 있습니다.[53]

1799년 죽음이 임박했을 당시 워싱턴은 다양한 분야 - 정치학, 군사사, 농업학, 문학, 지리학 - 의 1,200가지 이상의 제목을 가진 책을 모았습니다. 2013년에 실시된 워싱턴 서재에 대한 세부조사의 결과는 다음과 같습니다. 워싱턴 서재의 책의 주제 중 정치와 역사가 관련된 분야, 경제 분야, 법 분야가 약 33%로 가장 많은 부분을 차지하고 있었습니다. 종교 분야와 철학 분야의 책은 14%를 약간 넘고 있습니다. 농업 분야는 14%에서 약간 모자라는 비율을 차지하고 있습니다. 군사 관련 분야와 해군의 역사와 소설 등의 문학 분야의 책이 각각 8%씩 차지하고

---

52 부유하고 지적인 젠트리인 대니얼 파커 커스티스의 서재에는 역사, 자연사, 철학, 고대 로마 고전, 영국 문학, 라틴어 사전, 의학, 법, 농업, 말 사육, 종교, 결혼, 가정생활 등에 관한 다양한 책 300권 이상이 포함되어 있었습니다. Longmore, *The Invention of George Washington*, 29-31.

53 George Washington to Lawrence Lewis(August 4, 1797), Crackel, ed. *The Papers of George Washington Digital Edition*, 312.

있습니다. 그 뒤를 이어 과학, 산업, 자연사, 의학 분야가 각각 5%를 남 짓하여 차지하고 있습니다. 각종 사전과 참고도서는 5%에서 약간 모 자라는 비율을 차지하고 있습니다. 여행 관련 서적은 4%를 약간 넘게 차지하고 있습니다. 그리고 각종 신문과 잡지 등이 약 1%를 차지하고 있습니다.[54]

워싱턴 서재에 있는 책들의 구성 비율로 볼 때 이는 워싱턴이 젠트 리로서의 필요한 것들을 책을 통해 얻고자 했다는 사실을 알 수 있습니 다. 또한 그가 군의 장군으로, 의원과 대통령이라는 정치가로, 그리고 농민으로 성공적인 삶을 살아가는 데 필요한 책들을 구매하여 독서했 음을 알 수 있습니다. 제퍼슨이 워싱턴은 "독서를 거의 하지 않았으며 단지 농업과 영국 역사에 대해서만 약간 했을 뿐이다"라고 말했을 때 그는 워싱턴의 독서 세계에 대해 잘못된 해석 – 영향력은 있지만 균형 이 잡히지 않은 사람 – 을 시작했습니다. 시간이 지나면서 제퍼슨의 이 편지가 널리 공표되고 다른 사람들에 의해 인용됨으로써 이것을 논박 하기가 어렵게 되어갔고 대부분의 전기작가들은 제퍼슨의 주장을 맹 목적으로 따르게 되었습니다. 1902년에서 1909년까지 미국 의회 도서 관 필사본 담당 부서장인 월딩턴 포드는 당시에 워싱턴 연구자로서는 최고의 위치에 있는 학자였습니다. 따라서 워싱턴에 대한 포드의 해석 은 다른 사람들에게 급속도의 영향력을 행사할 수 있었습니다. 1909년 에 발표한 「1810년 마운트버넌의 도서 목록(*Inventory of the Contents of Mount Vernon 1810*)」의 서문에서 포드는 이후 수많은 연구자가 워 싱턴의 독서 세계에 대해 잘못된 판단을 하도록 영향력을 행사했습니 다. 그는 제퍼슨의 주장을 반복하고 심지어 과장까지 했습니다.

워싱턴은 사업, 농업, 군사와 관련 있는 실용적인 목적만을 위해 독서를 했

---

54   Longmore, *The Invention of George Washington*, 139 재정리.

을 뿐입니다. 워싱턴은 거의 독서를 하지 않았습니다. 그의 유일한 열정은 단지 농업에 관한 책을 사서 모으는 것이었습니다. 그는 이런 책을 읽기는 했지만 주로 발췌만 했을 뿐입니다.[55]

하지만 워싱턴의 독서세계에 관해 세세하게 검토한 다수의 연구자는 제퍼슨과 포드의 주장을 반박했습니다. 특히 워싱턴의 교육과 사상을 연구한 리처드 브룩하이저는 "워싱턴은 다양한 독서를 통해 정치사상을 터득했습니다"라고 주장했습니다.[56] 사실 워싱턴이 군인이자 정치가로서 뛰어난 경력을 쌓게 됨으로써 그의 서재는 기하급수적으로 늘어났습니다. 독립전쟁이 끝나고 이제는 모든 공직에서 벗어날 것이라 선언하고 마운트버넌으로 낙향했을 때 워싱턴은 많은 책을 주문해서 읽었습니다. 이때 그는 특히 자신이 성공한 젠트리로 살아가는 데 부족하다고 생각한 역사, 철학, 문학 분야의 책을 많이 샀고 그것에 대한 지식을 넓히고자 했습니다. 그 후 워싱턴이 미국의 초대 대통령이 되었을 때 그는 지금까지 어디에도 그 직책(공화국의 대통령)에 대해 명확하게 규정을 한 것도 없고 안내가 될 만한 선례도 없는 역할을 하게 되었습니다.

당시 수많은 작가, 역사가, 과학자, 발명가들이 자신이 쓴 책이 새로운 국가를 대표하는 대통령으로 그리고 국제적인 인물로 막강한 영향력을 가진 워싱턴으로부터 보증을 받아 광고되기를 원했습니다. 그래서 여러 작가는 물론이고 출판업자까지 워싱턴에게 원하지 않은 책을 보내 헌정했고 자신들의 책을 보증해 주도록 워싱턴에게 요청했습니

---

55 Ford, "Prefactory Notes to the Inventory of the Contents of Mount Vernon 1810", 402–403.

56 Brookhiser, *Founding Father*. 워싱턴은 다양한 독서를 통해 정치적, 경제적 이론을 습득했습니다. 헨리 볼링브룩, 「애국적 왕에 대한 개념(*The Idea of a Patriot King*)」 존 애덤스의 「미국 정부 헌법을 위한 변론(*Defense of Constitutions of Government of the United States of America*)」, 몽테스키외의 「법의 정신(*Spirit of the Law*)」, 애덤 스미스의 「국부론(Wealth of Nation)」, 제러미 벤담의 「파놉티콘 (*Panopticon*)」 등입니다.

다. 워싱턴이 공직에서 첫 번째로 은퇴한 시기인 1784년에서 1789년 까지 그와 함께 일을 한 데이비드 험프리는 워싱턴 전기에서 "유럽 저자들이 쓴 많은 종류의 책들이 매년 그에게 증정되었습니다"라고 말했습니다.[57] 사실 2013년 마운트버넌여성협회의 조사에 의하면 워싱턴의 서재에는 그가 원하지 않았던 책이 약 300권에서 400권에 달한다고 밝히고 있습니다. 이는 워싱턴 서재의 약 ⅓가량을 차지하고 있습니다. 워싱턴은 책을 증정한 작가와 출판사 관계자에 대해 정중하게 감사의 표시를 했지만, 대부분은 그것을 읽어보겠노라고 말하지는 않았습니다. 이런 이유에서 그런 것으로 보이지만 워싱턴의 독서세계에 대해 비판적인 월딩턴 포드는 다음과 같이 주장했습니다.

> 워싱턴은 자신의 서재에 있는 책들과 연관성이 거의 없습니다. 워싱턴 서재의 책 대부분은 그가 구매한 것이 아니라 선물로 받은 것들입니다. 사실 많은 책은 작가들이 워싱턴으로부터 인정을 받기 위해 그에게 선물로 보냈거나 혹은 작가와 출판업자들을 돕기 위해 구매한 것들입니다. … 그는 아마도 그런 책을 대충 한번 보았을 것이고 이것은 책에 대한 그의 취향을 반영하는 것이라 할 수 있습니다.[58]

포드가 이러한 주장을 한 지 100년 이상이 흘렀음에도 불구하고 후대의 작가들은 워싱턴 서재의 책 중 구매한 것과 선물 받은 것을 정확히 구분하는 작업을 하지 않았습니다. 아만다 이이작은 "바로 이 점에서 워싱턴의 서재는 더 많이 연구해야 합니다"라고 말했습니다.[59] 사실 워싱턴 서재에 있는 많은 책은 아직도 그것이 구매한 것인지 아니면 선물로 받은 것이지 정확히 알려지지 않은 상태에 있습니다. 이와 관련

---

57 Zagarri, ed., *David Humphreys' "Life of General Washington"*, 35.
58 Ford, "Prefatory Notes to the Inventory of the Contents of Mount Verson 1810", vii.
59 Longmore, *The Invention of George Washington*, 141.

국민을 행복하게 만든 대통령들

하여 아만다 아이작은 다음과 같이 말하고 있습니다.

이러한 작업을 통한 정확한 판단이 이루어지기까지는 포드의 주장은 단지 추측에 지나지 않습니다. 많은 사람이 워싱턴에게 책을 보낸 것은 널리 알려졌지만(대부분은 위대한 사람에게 책을 보낸 것을 자랑스럽게 이야기한 결과로) 워싱턴 스스로가 신중하게 사들인 책에 대한 정보는 그렇게 잘 알려지지 않았습니다. 따라서 시간이 지나면서 원치 않았던 증정된 책들이 워싱턴의 서재 대부분을 채웠다는 해석이 지배하게 되었습니다. 이는 워싱턴 서재는 그에게 별 영향력을 행사하지 못한 책들로 채워져있고 따라서 워싱턴은 책을 읽지 않은 사람이라는 너무나 지나치고 단순한 해석을 낳게 하는 데 이바지했습니다. 워싱턴 서재의 대부분은 선물, 증정, 청탁 등으로 받은 것들로 채워졌기 때문에 단순히 이러한 책들은 워싱턴의 독서세계(워싱턴의 지식과 지혜 형성)에 아무런 영향을 주지 않았다고 해석하는 것은 너무나 잘못입니다.[60]

워싱턴 서재에 대한 포드와 같은 가정, 억측, 오판은 거의 100년 이상에 걸쳐 워싱턴을 독서와 관련 없는 사람으로 판단되게 했습니다. 이에 워싱턴에 대한 오해를 풀고자 하는 학자들을 돕고자 마운트버넌여성협회는 워싱턴이 가지고 있었던 모든 책과 그의 서류들을 데이터베이스 하는 작업을 착수했습니다. 이 작업에는 워싱턴 서재의 책은 물론 각종 기사, 서신, 그리고 그가 책을 샀을 때 작성한 장서표, 서명 등을 모두 분석하는 작업이 동반되고 있습니다. 이 작업은 그동안 몇몇 연구자들에 의해 시도되었던 워싱턴의 독서세계에 대한 올바른 해석을 끌어내는 변화의 시작이 될 것임이 틀림없습니다. 이를 통해 워싱턴에 대한 제퍼슨, 애덤스의 주장과 그들의 주장을 맹목적으로 수용한 몇몇 학자들과 월딩턴 포드의 오판을 바로 잡을 수 있을 것이라 믿습니다.

워싱턴은 스스로 학력이 부족함을 인식하고 이를 극복하는 최대의

---

60 Longmore, *The Invention of George Washington*, 141 재정리.

방안은 독서라는 점을 알고 실천했습니다. 독서를 통해 워싱턴은 위대한 젠트리가 되는 길을 알았고 독서를 통해 진정으로 승리하는 군인이 되는 길을 알았습니다. 그는 총사령관으로 독립전쟁에서 승리하여 크롬웰과 같은 힘을 가졌지만 권력을 정당정부에 돌려주었습니다. 독서를 통해 그는 훌륭한 정치인이 되는 길을 알았고 아무런 선례도 해도(海圖)도 없는 망망대해에서 성공하는 대통령의 길을 찾았습니다. 이런 점에서 독서야말로 워싱턴의 위대한 리더십의 원천이 아닌가 생각합니다. 워싱턴은 독서를 통해 수많은 역사적 인물들과 영웅들을 만났습니다. 어느 순간에는 알렉산더와 카이사르의 군사적 성공에 열광했지만, 그가 궁극적으로 멘토로 삼은 사람은 공화정의 파괴를 가져온 카이사르의 권력 장악과 독재를 비판하여 희생당한 마르쿠스 카토(소 카토)였습니다. 독서를 통해 워싱턴이 만난 또 한 사람의 멘토는 로마 공화정의 킨키나투스였습니다. 로마가 강력한 이큐이안족의 침입을 받자 로마는 농민인 킨키나투스를 총사령관이자 비상대권을 가진 독재관으로 임명하여 나라를 방어하게 했습니다. 킨키나투스는 나라의 부름에 농기구를 버리고 칼을 들고 적을 물리쳤습니다. 독재관으로서 공식적인 임기가 남아있었음에도 킨키나투스는 칼을 버리고 다시 자신의 농기구를 잡았습니다. 워싱턴이 독립군 총사령관이 될 즈음에 그는 로마의 역사서에서 만난 킨키나투스에게 매료되어 있었습니다. 워싱턴은 역시 적을 물리치고 나서 모든 권력이 자신에게 집중되어 있었음에도 자신의 칼을 정부에 반납하고 다시 쟁기를 들었습니다. 영국의 시인 바이런 경은 한때 나폴레옹에 심취했었습니다. 하지만 나폴레옹의 권력 독점에 절망한 그는 「나폴레옹 송시」를 써서 나폴레옹을 혹독하게 비판했습니다. 여기에서 바이런은 "미국의 킨키나투스"로 언급하며 "단 하나, 처음, 마지막, 최고"로 워싱턴을 찬양하고 있습니다.[61]

---

61 큰 인물을 응시하고 있자니 / 어디서 지친 눈이 안식을 얻을까. / 죄 많은 영광 모욕적인 나라가 / 빛나는

국민을 행복하게 만든 대통령들

이 외에도 워싱턴은 카이사르를 반대한 키케로, 스승의 신분으로 진심으로 제자이자 황제인 네로의 폭정을 비판한 세네카, 그리고 영국의 자유주의 사상가 존 로크를 자신의 멘토로 삼았습니다. 특히 워싱턴이 독립에 관한 생각을 하고, 독립군 총사령관이 되고, 새로운 국가의 헌법을 만들고, 초대 대통령을 지내고, 나아가 대통령 이후 자신의 생활에 멘토가 되어 준 책이 있습니다. 그것은 18세기 초 자유주의적 급진 사상가인 볼링브룩의 서간문인 「애국자 왕」입니다. 여기에서 볼링브룩은 왕은 이기적이고 편협해서는 안 되며 진정으로 애국적이어야 한다고 말했습니다.[62]

경험은 워싱턴이 배운 또 하나의 통로였습니다. 정규교육의 기회를 얻지 못한 워싱턴은 처음부터 경험이야말로 진정으로 배울 수 있는 길임을 직감했습니다. 유년시절 워싱턴은 이복형 로렌스의 붉은색의 노란 금장 무늬를 이룬 제복에 매료되었습니다. 작은 젠트리 집안으로 몇몇 노예를 소유한 집안이었지만 정규교육을 받지 못한 워싱턴은 여느 시골 아이들과 마찬가지였습니다. 그런 그에게 형 로렌스와 페어팩스 대령은 그가 경험해야 할 모든 것이었다고 할 수 있습니다. 워싱턴은 「규범」을 읽고 쓰고 그 내용에 따라 경험했습니다. 오늘날까지도 10대 초에 워싱턴이 쓴 「규범」의 여러 필사본 중 한 권이 미국 의회 도서관

곳은 어디에도 없을까? / 그렇다―단 하나―처음이자―마지막―최고― / 서구의 킨키나투스라는 인물 / 질투도 감히 그를 미워하지 못했고 / 워싱턴이란 이름을 후세에 남겼으니 / 한 사람밖에 없다는 것은 사람들을 부끄럽게 함이어라. *Ode of Napoleon* by Lord Byron.

62   애국이란 왕 자신과 자신을 둘러싼 소수 관료집단보다 국민을 먼저 생각하는 것이었습니다. 애국이란 부패하고 방탕하고 아첨하는 관료들을 처단하고 국민을 위한 정치를 하는 것이었습니다. 애국이란 잘못된 제도를 없애고 혹시 있을 수 있는 자신의 잘못을 인정하고 새롭게 시정하는 것이었습니다. 애국이란 모든 국민을 차별 없이 대하며 그동안 받은 상처를 치료해 주고 국민의 자유와 명예를 보장하는 것이었습니다. 애국이란 진정으로 자상한 아버지가 자식을 대하듯 자식이 경제적으로뿐만 아니라 사회적으로 성장하기를 바라는 것이었습니다. 이것은 영국 왕 조지 3세를 자신들의 마지막 왕으로 삼고 싶지 않은 당시 많은 미국인의 진정한 마음이었으며 전형적인 미국인인 워싱턴의 마음이기도 했습니다. 하지만 미국인들에게 조지 3세는 궁극적으로 이기적이고 편협하고 타락하고 사악한 왕이었습니다. 총사령관 워싱턴은 전쟁터를 돌아다니면서 이것을 읽고 또 읽었습니다.

에 보관되어 있습니다.

　워싱턴은 자신 멘토들의 언어와 어법과 걸음걸이를 따라 하며 경험했습니다. 워싱턴은 말타기와 춤추기와 여우 사냥을 따라 하며 경험했습니다. 어린 나이에 측량사가 되어 실전에서 일을 할 수 있었던 것은 멘토들의 도움이 있었겠지만 이보다 앞서 워싱턴 스스로가 이른바 '장롱 운전면허증'을 거부했을 가능성이 큽니다. 아마도 그는 마운트버넌 인근에서 수없이 측량해 보았을 것으로 여겨집니다. 당시 버지니아의 최고 귀족인 페어팩스가 아무리 가깝지만 아무런 경험이 없는 어린 나이의 자격증만 있는 기술자를 자신과 왕의 재산에 대한 측량의 책임을 선뜻 맡기지는 않았을 것으로 생각됩니다.

　워싱턴이 오하이오 계곡을 측량하면서 파악한 그곳의 자연지리에 대한 경험은 이후 그가 프랑스-인디언 동맹 전쟁은 물론 독립전쟁을 하는 동안에도 많은 도움을 주었습니다. 그뿐만 아니라 그가 농장주로 이곳의 토지를 구입하고 버지니아 의원으로 정치를 하는 동안 오대호와 포토맥을 연결하고자 하는 운하 사업의 구상에도 측량사로 활동할 때의 경험 덕분이었습니다. 워싱턴은 버지니아 민병대 군인으로 자신이 원했던 영국 정규 군인으로 성공하지는 못했지만, 이때의 경험은 그후 그가 독립군을 이끄는 동안 최고의 교본이 된 것은 두말할 나위가 없습니다. 민병대 시절 워싱턴은 일찍부터 영국 장교들의 전술이 주로 넓은 들판에서 이루어진 것이라 오하이오 계곡의 산악지역에는 적합하지 않다는 것을 알고 있었습니다. 얼마 있지 않아 식민지 총사령관으로 부임해 온 유럽 전선에서 유능한 장군이었던 브레독은 이를 그대로 증명해 주었습니다.

　당시 일시적으로 군을 떠난 워싱턴은 브레독 장군의 부관으로 전쟁터에 참여하였는데 브레독의 전술은 전형적인 유럽식의 전술이라는 것을 알았습니다. 긴 행렬을 이루어 이동하기 때문에 크고 중요한 전투를 시작하기에는 많은 시간이 소비되었습니다. 인디언과 동맹을 한 프랑스군은 인디언들의 조언에 따라 산악지역 전투에 적합한 전투방식을 택하고 있었습니다. 워싱턴은 전투에 임하는 브레독 장군에게 아메리카 대륙에서는 유럽식의 전투로는 결코 승리할 수 없음을 여러 번 조언했습니다. 또한 긴 행렬은 적에게 노출되었을 때 효과적으로 대응할 수 없음을 강조했습니다. 하지만 브레독 장군은 워싱턴의 말을 무시했고 결과는 자신의 죽음과 함께 처참히 패배하였습니다. 전투하면서 워싱턴은 산악지역에서는 유럽 전선과 달리 참호를 파고 요새를 만들 필요가 없음을 알 수 있었습니다. 산악지역 그 자체가 참호요 곧 요새라는 것을 워싱턴은 알고 있었습니다.

워싱턴은 프랑스-인디언 동맹 전쟁에서 영국군의 전투방식을 사실적으로 경험할 수 있었습니다. 이는 후에 독립전쟁 때 독립군에게 결정적인 도움을 주었습니다. 사실상 독립전쟁 당시 워싱턴이 이끄는 독립군은 참호를 파고 요새를 만드는 일에 시간을 낭비하지 않았습니다. 말하자면 워싱턴 군은 전투에만 집중했습니다. 영국과의 마지막 전투인 요크타운 전투에서도 워싱턴 군은 요새를 고집하는 영국군의 전법을 미리 파악하고 프랑스 해군과 함께 영국의 요새를 공격함으로써 승리를 거둘 수 있었습니다.

버지니아 민병대로 있을 때 워싱턴이 경험한 또 하나의 소중한 배움이 있었는데 워싱턴은 영국 정규군의 군대 규율, 계급구조, 군 보급체계 등의 군 전반에 관한 운영방식 등을 자연적으로 배울 수가 있었습니다. 이 역시 오합지졸이나 다름없는 독립군을 세계 최강의 군대를 상대로 싸울 수 있는 정식군인으로 성장시킨 것 역시 워싱턴의 민병대 경험에서 나온 것입니다.

1751년 워싱턴은 결핵으로 고생하고 있는 형 로렌스를 함께 생애 처음으로 체사피크만을 떠나 서인도제도의 바르바도스로 요양을 떠났습니다. 비록 형의 병세는 호전되지 않았으나 이때 워싱턴의 경험은 후에 농장주로서 담배 농사를 포기하도록 하는 데 결정적인 영향을 주었습니다. 서인도제도에 있는 대부분의 설탕 농장주들이 어떤 특별한 사치를 하지 않는데도 불구하고 많은 빚에 허덕이고 있는 것을 확인했습니다. 당시 워싱턴은 왜 이런 일이 일어나는지 분명한 이유를 알 수가 없었지만, 이 경험은 워싱턴이 얼마 후 자신뿐만 아니라 버지니아의 다른 담배 농장주들도 설탕 농장주들과 같은 운명이라는 것을 직감하도록 만들었습니다.

사실 워싱턴은 버지니아 담배 농장주 중에서 가장 먼저 담배 재배를 포기한 사람입니다. 유년시절 워싱턴은 종종 아버지가 영국의 위탁 상인들을 상대로 몹시도 화를 내는 모습을 보곤 했습니다. 항상 일하느라 바쁜 아버지가 어느 날 가족들 앞에서 화가 난 투로 담배 농사 이외에 철공소를 경영할 것이라 밝히면서 "이제 더는 담배 농사에만 연연하지 않아도 될 것이다"라고 말했습니다. 당시는 그것이 무슨 이유였는지 몰랐지만, 군을 제대한 후 자신이 직접 농장을 경영하면서부터 왜 아버지가 그토록 화를 냈는지를 이해할 수 있었습니다. 그것은 영국 상인들이 버지니아에서 보내는 담배에 온갖 이유를 대고 형편없이 가격을 하락시켰기 때문이었습니다. 이러한 경향은 프랑스-인디언 동맹 전쟁이 끝난 이후 영국이 식민지 아메리카에 대한 차별이 강화되면서 더욱 심화했습니다.

당시 식민지 사회는 제조업이 발달하지 않았기 때문에 담배가격은 식민지인들이 필요한 물건들을 결정짓는 중요한 잣대와 같은 것이었습니다. 따라서 담배가격의 하락은 그동안 풍족하게 사용하였던 생활용품들을 사지 못하거나 영국 상인들에게 굴욕적인 빚을 져야만 하는 상태가 된다는 것을 의미했습니다. 마치 로렌스 형과 서인도제도 여행에서 확인한 설탕 농장주들과 같은 운명이었습니다. 누구보다 독립적이고 자유로운 생활을 원했던 워싱턴은 이런 상태를 가만히 보고 있을 수가 없었습니다. 담배 농사를 짓는 것은 더 많은 빚을 만들어 내는 것을 알았을 때 워싱턴은 식민지인 누구보다 과감하게 담배 농사를 그만

두었습니다.[63]

그리고 워싱턴은 담배를 대치할 수 있는 작물을 찾았습니다. 워싱턴은 그것을 다양한 방향에서 찾았는데 넓디넓은 농장에서는 밀, 옥수수, 귀리, 콩 등의 작물이었고 포토맥강에서는 청어, 송어 등의 다양한 어업이었습니다. 그리고 말, 소, 돼지, 닭 등의 가축도 하나의 대치 상품이었습니다. 여기에 더하여 새로운 형태의 증류소와 방앗간 역시 담배로부터 얻을 수 없었던 부를 워싱턴에게 가져다주었습니다. 워싱턴은 자신의 농업 경험을 다른 사람들과 공유하기를 원했습니다. 워싱턴의 농업 경험은 신대륙이 미래사회의 세계 곡식 창고가 될 것으로 예측했습니다.[64]

이 무렵 영국 정부는 전쟁이 끝난 뒤 식민지 방위 분담금 명목으로 각종 세금을 부과하게 되고 담배가격이 더욱 하락하자 많은 농장주가 담배를 포기하고 워싱턴의 길을 따라갔습니다. 독립군 총사령관으로 임명되기 전 버지니아 하원의원으로 있었던 약 15년 동안 워싱턴은 정치가로서의 소중한 경험을 했습니다. 정치를 하면서 워싱턴은 젊은 시절 다소 무모했던 자신의 성격을 다스리는 법을 배웠습니다. 원칙에 어긋나지 않는 한 타협하는 법을 배웠고 섣부르게 결론을 내리는 것을 자제할 수도 있었습니다. 의견을 종합하고 또 다른 사람에게 의견을 물어보고 하는 종합적인 판단을 하는 정치력도 이때 하원의원으로 있을 때 배웠습니다.

어떤 역사가들은 워싱턴이 총사령관이 되기 전까지만 하더라도 독립운동에서 다소 소극적이었다고 주장하는 사람들이 있습니다. 하지만 이런 주장은 워싱턴에 대한 자료가 공개되기 전에 나온 전기나 연구서를 보고 아무런 비판 없이 그대로 옮겨 적은 글들이 대부분입니다. 워

---

63 Breen, *Tobacco Culture* 참조.

64 이에 관한 연구는 졸고, "조지 워싱턴의 창조적 리더십-농민-" 「서양사학연구」 제30집(2014.4) 39, 졸고, "조지 워싱턴의 창조적 리더십-사업가-" 「서양사학연구」 제32집(2014.9)에 있습니다.

싱턴은 일찍이 영국인들의 담배가격에 대한 악의적 행동으로부터 또 군에서 받은 차별적 처우로부터 식민지인들에 대한 영국의 차별대우와 침략의 의도를 경험했습니다. 농장주로서 애팔래치아산맥 이서지방에서 토지를 구입하기를 원했던 워싱턴은 '1763년 선언법'이야말로 악의에 찬 영국 정부의 식민지인에 대한 침략행위로 직감했습니다. 워싱턴은 다양한 사람들과 접촉하면서 이 선언법이 부당하며 이를 무효화시키기 위해 주도적으로 노력했습니다. 그 뒤 설탕 법, 인지세법, 타운센드법 등 연이어 발표되는 영국 정부의 식민지를 침략하기 위한 각종 조치에 대해서 워싱턴의 반응은 더욱더 적극적이었습니다. 워싱턴은 조지 매이슨을 비롯한 동료들과 각종 결의안을 통과시켜 영국 정부의 부당함을 지적하고 이를 시정할 것을 요구했습니다.

이러한 요구에도 미온적인 태도로 일관한 영국 정부에 워싱턴은 1769년에 식민지인 최초로 무기를 들 가능성에 관해 말했습니다. 대륙회의가 소집되어 워싱턴이 독립군 총사령관에 임명되고 난 후에도 많은 식민지인은 영국 정부에 식민지인에 대한 차별대우를 청원과 시정요구로 해결할 것을 주장하기도 했습니다. 하지만 워싱턴은 이것이야말로 영국 침략자가 식민지인들을 더욱 약탈하게 하는 빌미만을 주게될 것으로 생각했습니다. 워싱턴의 직감과 주장은 그가 급진적이고 호전적인 인물이어서가 아닙니다. 그는 많은 역사가에게뿐만 아니라 동시대인들로부터도 지나치게 온건하다는 소리를 들을 정도였습니다. 어디까지나 워싱턴의 직감은 그가 여러 경험을 통해 배운 결과라 할 수 있습니다.

초대 대통령으로 아무도 가 보지 않은 곳을 간 워싱턴은 자신의 일거수일투족이 후대 대통령들에게 선례가 될 것이고 또 그것이 모범이되어야 한다는 것을 선험적으로 직감했습니다. 내각을 구성하고 내각 인사에게 믿음으로 대하면서 일을 맡기는 것은 물론 외교에 있어서 신생국 미국의 입장을 고려할 때 중립을 지켜야만 하는 것을 직감했습니다. 워싱턴이 종신대통령의 요구를 물리치고 세계 최초로 평화로운 권력을 이양시킨 것 역시 또 한번 킨키나투스를 경험한 결과이기도 합니다.

이처럼 워싱턴은 다양한 경험을 통해서 많은 것을 배웠습니다. 그리고 그 배움을 올바르게 실천했습니다. 동시대인들은 물론 후대의 학자 중 일부는 워싱턴이 지적이지 못하고 지나치게 경험적이라고 주장하는 이들도 있습니다. 하지만 이렇게 주장하는 사람들이야말로 지식에 대한 현학적인 태도를 가진 사람들로 그들은 워싱턴이 경험에서 얻은 소중한 지식과 지혜를 올바른 방향으로 사용한 것에 대해 질투한 사람들이라 생각합니다. 윈스턴 처질은 "성공이란 열정에 대한 손실 없이 하나의 실수와 실패로부터 다른 실수와 실패로 옮겨가는 능력입니다"라고 말했습니다. 2005년 7월 미국 역사가 데이비드 매클로는 「미국의 뉴스 목소리(*Voice of America News*)」와의 인터뷰에서 다음과 같이 말했습니다.

우리 미국은 영국과 싸우는 내내 많은 시간을 소비했습니다. 그것은 대부분 총사령관이었던 조지 워싱턴의 실수와 실패 때문이었습니다. 하지만 그는 참으로 많은 것을 배웠습니다. 그는 항상 실수와 실패로부터 배웠습니다.[65]

그해 9월 데이비드 매클로는 유타주브리검영대학 초청 강연에서 조지 워싱턴의 실수에 대해 다시 한번 언급했습니다.

사실이지 워싱턴은 무시무시한 실수와 실패를 거듭했습니다. 특히 전쟁이 본격적으로 시작된 해인 1776년에는 더욱 많은 실수와 실패를 거듭했습니다. 워싱턴은 뉴욕항으로 다시 쳐들어온 영국을 상대로 용감히 싸웠지만, 그

---

65 "New Book Recalls Year U.S. Was Born", Voice of America News, July 1, 2005 in Lees, *George Washington's Leadership Lessons*, 69.

는 변명도 할 수 없고 설명도 할 수 없는 실패를 거듭했습니다. 그러나 워싱턴은 그런 실패로부터 항상 배웠습니다. 그러면서 워싱턴은 이 전투가 가지는 의미 - 미국의 영광스러운 대의 - 에 대해 절대로 잊지 않았습니다. 워싱턴은 절대로 포기하지 않았습니다. 그는 절대로 멈추지 않았습니다.[66]

식민지 민병대 장교로서뿐만 아니라 독립군 총사령관으로 워싱턴은 수많은 군사적 실수와 실패를 했습니다. 하지만 그는 실수와 실패를 할 때마다 그것으로부터 무엇인가를 배웠습니다. 워싱턴이 식물과 채소를 기르는 일에 관한 연구를 한 맥 그리스월드는 워싱턴이 중국으로부터 약 200여 종의 씨앗을 수입하여 그것을 심었으나 단 하나도 싹을 내지 못한 점을 지적했습니다. 워싱턴은 이러한 실패를 소중한 경험이라 여기고 그것으로부터 새로운 지식을 배웠습니다.[67] 워싱턴은 결코 그런 실패를 시간 낭비라 여기지 않았습니다. 프랑스-인디언 동맹 전쟁은 워싱턴에게 전투에 관한 다양한 지식을 제공해 주었습니다. 이 전쟁에서 프랑스와 영국은 유럽에서의 전투[68]와 마찬가지로 아메리카 대륙에서도 견고하게 요새를 세우는 데 집중했습니다. 일반적으로 당시 요새는 지역을 통제하는 역할을 했습니다. 그러나 워싱턴은 신대륙에서의 요새는 전투를 승리로 이끄는데 필요한 것이 아니라는 것을 알았습니다. 특히 워싱턴은 네세스티 요새에서의 철저한 패배 이후 프랑스에게 항복을 하지 않을 수 없었던 상황에서 요새의 무용함을 인식했습니다.

워싱턴은 독립군 총사령관으로 임명되고 나서 세계 최강의 전력을 자랑하는 영국군을 상대로 전투에 나섰습니다. 전쟁 초기 워싱턴 영국

---

66 David McCullough, "The Glorious Cause of America" speech at Brigham Young University, Stember 27, 2005 in Lees, *George Washington's Leadership Lessons*, 69–70.

67 Mac Criswold, *Washington's Gardens at Mount Vernon*(New York: Houghton Mifflin, 1999).

68 18세기 초 유럽의 여러 나라(영국, 프랑스, 프로이센, 오스트리아 등)는 절대주의와 중상주의 정책의 우위를 다투며 하루를 멀다 하고 7년 동안이나 싸웠습니다. 이른바 '7년 전쟁'에서 100년 전쟁 이후 죽 그랬듯이 프랑스와 영국은 항상 적이었습니다. 오늘의 적이 내일의 동지가 되는 '외교혁명'의 시대에 7년 전쟁의 신대륙 판이 '프랑스-인디언 동맹 전쟁'이었습니다.

군이 점령하고 있었던 보스턴을 탈환하게 되는데 이는 순전히 '행운'이라고 해야 맞을 것 같습니다. 왜냐하면 폭풍우가 아니었으면 역사가 플렉스너가 말한 것처럼 아메리카의 농촌 출신의 병사들은 전문적인 전사 수준의 영국군의 적수가 되지 못했을 것입니다. 미국 측에서 볼 때 보스턴 탈환은 승리였지만 영국 측에서 볼 때 그것은 하나의 작전상 후퇴였습니다. 영국은 보스턴을 빠져나와 아메리카를 전략적으로 지배할 수 있는 곳으로 판단한 뉴욕을 완전히 점령했기 때문입니다. 워싱턴군은 뉴욕을 방어하고자 했지만 연전연패했습니다. 뉴욕을 점령한 영국군은 파죽지세로 뉴저지를 점령하고 펜실베이니아마저 위협했습니다. 1776년 12월 바람 앞의 등불과도 같았던 독립군을 이끌던 워싱턴은 무엇인가를 해야 했습니다. 워싱턴은 그동안 뉴욕과 뉴저지 전투에서 연전연패했지만, 결코 절망하거나 미국의 대의를 포기하지 않았습니다. 그는 수없는 패배로부터 승리하는 길을 배우고 그 배움을 실천했습니다. 영국군은 그동안 유럽 전선에서는 추운 겨울에는 전투하지 않는 것이 일반적이었기 때문에 전투가 없을 것으로 생각했습니다. 또한 자신들이 진을 치고 있는 뉴저지 지역은 델라웨어강이 가로막고 있어서 지형적으로도 안전하다고 생각했습니다. 하지만 눈보라가 거세진 겨울 어느 날 워싱턴은 병사들을 깨워 수십 마일을 행군하여 얼음으로 뒤덮인 델라웨어강을 건너 헤센 용병 3천 명을 죽이거나 생포했습니다. 이 트렌턴 전투는 독립전쟁이 시작된 후 워싱턴의 변화된 전투방식의 전형이었습니다. 그 후 밤을 틈타 트렌턴을 몰래 빠져나온 후 기습한 프린스턴 전투의 승리는 독립군에게 어떻게 하면 승리를 할 수 있는가를 보여준 좋은 사례입니다.[69]

보스턴 승리에 워싱턴 스스로가 어느 정도 상기되었을 수도 있었습

---

69 김형곤, 「델라웨어 도강작전에 나타난 조지 워싱턴 장군의 리더십」 『서양사학연구』 제28집(2013.6), 41-82.

니다. 어쩌면 워싱턴은 뉴욕도 보스턴과 같을 것으로 생각했을 수도 있습니다. 워싱턴의 성급함이 지난 프랑스-인디언 동맹 전쟁에서 경험한 영국군의 전투 특징을 잠시 잊게 했을 수도 있었습니다. 뉴욕 전투는 지형상 대부분 넓은 곳에서 이루어졌습니다. 이는 주로 전투를 넓은 곳에서 했던 영국군에게 당연히 유리하게 작용했습니다. 그래서 영국군은 독립전쟁 초기 뉴욕과 필라델피아 등 식민지의 대도시를 포함하여 여러 지역을 점령했습니다. 그런데도 영국군은 독립군을 궁극적으로 패퇴시키지 못했습니다. 워싱턴은 뉴욕과 뉴저지 전투에서의 연이은 패배 이후에 두 가지를 뼈저리게 느꼈고 또 이것으로부터 새로운 것을 배웠습니다. 하나는 워싱턴이 '영국군은 살림이 우거진 산악지대에서는 전투를 잘하지 못한다'라는 것을 알았습니다. 일반적으로 리더가 자신의 실패를 다른 사람에게 인정하기란 참으로 어렵습니다. 하지만 워싱턴은 자신의 실패를 다른 사람에게 인정하기를 주저하지 않았습니다. 워싱턴은 왜 뉴욕과 필라델피아에서 패배했는가를 부하들과 논의했고 실패에 변명하지 않았습니다. 그리고 워싱턴은 다시는 그런 실패를 하지 않기 위해 어떻게 해야 하는가를 알게 되었고 그것을 실천으로 옮겼습니다. 그래서 델라웨어 도강작전 이후부터 워싱턴은 전략을 완전히 바꾸었습니다. 가능한 그는 영국군과 직접 대적하지 않고 원거리를 유지하며 적군을 산악지역으로 끌어들여 게릴라전을 중심으로 싸웠습니다. 다른 하나는 '영국군이 아무리 식민지의 대도시를 점령하고 아메리카의 대부분 지역을 점령하였더라도 그들의 승리는 워싱턴 군을 파괴해야만 가능하다'라는 것을 워싱턴이 알았습니다. 그 후부터 워싱턴은 전투에서의 승리보다 자신의 생존 그 자체에 목적을 두었습니다. 세계 최강의 전력을 자랑하는 막강한 영국군과 직접 대적해서는 승리할 수 없다는 것을 알게 된 워싱턴은 이후부터 명예롭게 후퇴하는 방법과 적을 효과적으로 교란하는 방법과 그리고 정보와 역정보를 이용해 적의 기선을 잡아채는 방법을 독립군의 핵심 전략으로 삼았습니다. 후퇴는 워싱턴과 같은 진취적인 리더에게 잘 어울리지 않을 수도 있습니다. 하지만 시간이 지나면서 워싱턴은 그동안의 실패로부터 배움을 얻어 자신의 감정을 통제하고 보다 전략적으로 생각하게 되었습니다. 때로는 어둠을 틈타 몰래 빠져나오기도 하고 아무도 예상하지 못하는 환경에서 전혀 새로운 작전을 개시하기도 했습니다. 워싱턴은 전쟁에서는 다른 무엇보다 이기는 것이 중요하다는 것을 알았습니다. 이후부터 워싱턴은 영국군의 명예로운 전투방식인 이른바 '라인 베틀(line-battle)'을 과감하게 버렸습니다.

델라웨어 도강작전에서 패배한 영국군은 총공격을 감행했습니다. 워싱턴은 이번에도 적을 대적하지 않고 파지계곡으로 알려진 깊은 산속으로 숨어들었습니다. 이에 영국군은 공격을 멈추었습니다. 사실 그들은 필라델피아 도시가 주는 겨울의 안락함을 떨쳐버릴 수가 없었습니다. 또한 영국 장교들은 아무리 산악지역에 능숙한 아메리카인이라도 이 혹독한 겨울을 견디기는 힘들 것으로 생각했습니다. 하지만 워싱턴 군은 한겨울 깊은 산속에 고립된 가운데 모든 것이 부족했지만 이를 잘 견뎌냈습니다. 워싱턴은 고립 속에서 그냥 있지 않았습니다. 그는 훈련 교관으로 유명한 프레더릭 스토이벤을 초빙해 그동안 촌티가 나는 민병대를 정규군 수준으로 변모시켰습니다. 이는 그동안 각 지역을 대표하는 군인에서 이제 통합된 미국군으로의 변화를 의미했습니다. 또한 그는 대륙회의 의원들과 원활한 대화를 통해 더욱 효과적으로 그 후의 전투에 임할 수 있었습니다.

워싱턴은 농장주로 농사일에 무수한 실패를 거듭했습니다. 워싱턴은 누구보다도 먼저 담배 농사의 무용성을 인식하고 이를 포기했습니다. 담배를 포기하고 그 대신 다른 작물을 심어야 하는데 처음에 특별한 대안이 떠오르지 않았습니다. 밀, 콩, 보리 등의 여러 작물을 재배해보았지만 예상했던 만큼의 소득이 나오지 않았습니다. 하지만 워싱턴은 실망하지 않았습니다. 그리고 왜 그런가를 분석했습니다. 그는 다양한 방법을 사용했습니다. 파종 시기를 바꾸어보기도 하고 포토맥강 바닥의 진흙과 동물의 분뇨를 활용해 새로운 거름을 만들어 사용했습니다. 또 여러 농업 관련 책을 사서 탐독하고 여기에서 돌려짓기의 힌트를 얻어 돌려짓기를 실험했습니다. 그 결과 만족스럽지는 않지만, 어느 순간 옛날 담배 농사를 대치할 수 있는 수준까지 소득이 나왔습니다. 워싱턴은 다양한 사업을 하면서도 수없는 시행착오를 겪었습니다. 그는 방앗간, 밀가루, 양조업, 어업, 쟁기, 그물, 가축, 그리고 마케팅 등의 다양한 일을 하면서 어느 것 하나 한두 번의 실패를 하지 않고 순조롭게 집행된 일은 거의 없었습니다. 실패할 때마다 워싱턴은 그 실패의 원인을 분석하고 다시는 그런 실패가 일어나지 않도록 노력했습니다.

거의 18세기 말까지 논과 밭을 가는 주 동력원은 말과 소가 주류를 이루었습니다. 하지만 스페인을 비롯한 유럽에서는 일찍부터 노새라는 새로운 잡종을 주로 이용하고 있었습니다. 노새는 말과 소보다 훨씬 우수한 동력원을 제공했습니다. 당시 워싱턴은 말은 교통수단으로는 적합하지만, 농사에는 적합하지 않다는 것을 알았습니다. 그래서 그는 오랫동안 일을 하면서도 지치지 않는 새로운 동력원을 찾고자 노력했습니다. 몇 번의 시행착오 끝에 워싱턴은 해답을 찾았습니다. 바로 암말과 수탕나귀를 교배시켜 거기에서 나오는 놈이 농사일에 적합하다는 정보를 얻었습니다. 하지만 당시 미국에는 말을 많았지만, 당나귀가 없었습니다. 여러 수소문 끝에 스페인에는 질 좋은 수탕나귀가 있다는 것을 알았습니다. 그런데 당시 스페인은 당나귀의 해외반출을 금지하고 있었습니다. 워싱턴은 프랑스의 귀족으로 자신의 양아들인 라파예트를 통해 스페인 왕정의 줄을 넣어 수탕나귀를 손에 넣을 수가 있었습니다. 기대에 부풀어 자신의 암말과 왕족과 같은 수탕나귀를 만나게 해 교배를 시도했지만 고귀한 그놈은 암말에 전혀 관심도 없이 먹이만 축내고 있었습니다. 그것도 6개월이나 말입니다. 기다리다 지친 워싱턴은 다른 방법을 썼습니다. 워싱턴은 백방으로 노력하여 이탈리아로부터 또 다른 튼튼한 당나귀를 구매하여 그 암말 가까이에 데려다 놓았습니다. 질투를 느낀 그 왕족 수탕나귀가 바로 교배를 했고 얼마 후 워싱턴의 말은 튼튼한 새끼를 낳았습니다. 그리고 자라난 노새는 말의 노동력의 세 배 이상의 효과를 발휘했습니다.[70]

총사령관으로 미국의 독립을 이끌면서 더욱 성숙해진 워싱턴은 실패와 성공의 메커니즘이 어떻게 작용하는지를 알았습니다. 독립전쟁 종결 후 그는 최고의 군사적 힘을 가졌고 그래서 자신에게 몰려온 왕이나 황제가 되라는 유혹을 물리쳤습니다.[71] 그래서 그는 가능한 자유와 평등의 원리가 헌법 속에 녹아 있는 공화국을 원했습니다. 워싱턴은 독립전쟁을 이끌면서 연합정부의 나약함을 누구보다도 뼈저리게 느꼈습니다. 그래서 그는 중앙정부의 필요성과 그것의 지속적 유지가 새로운 국가의 필수요건임을 잘 알고 있었습니다. 대통령으로 워싱턴은 하나로 통합된 연방정부를 이끌었고 정부에는 가능한 한 서로 의견을 달리하는 정당이 생성되지 않기를 원했습니다. 자칫하면 정당의 난립은 이전의 연합정부와 같은 혼란과 이기심과 나약함이 발생할 수 있다고 생각했습니다. 또한 워싱턴은 대통령이 되기 전의 다양한 경험을 통해 신생국 미국이 일방적으로 유럽의 어느 강대국의 편을 들어서는 안 된다는 것을 알았습니다. 워싱턴은 새로운 세계사의 무대에 올라온 신생국 미국이 성공하기 위해서는 내적으로 단결된 연방 유지와 외교적으로 중립을 유지해야 한다는 생각과 충언을 자신의 '고별 연설'에 담았습니다. 카이사르와 크롬웰의 권력 독점의 폐해와 그래서 실패할 수밖에 없었다는 것을 잘 알고 있었던 워싱턴은 종신대통령의 유혹을 물리

70　거의 알려지지 않았지만, 이 수탕나귀와 관련된 워싱턴에 관한 또 다른 재미있는 이야기가 있습니다. 워싱턴의 노새에 관한 이야기를 전해 들은 이웃의 농민들은 자신들도 노새를 갖기를 원했습니다. 그것은 수탕나귀의 씨가 필요하다는 것을 의미했습니다. 많은 사람이 수탕나귀 씨를 원했고 워싱턴은 그 수탕나귀를 모시고 그놈의 씨를 팔기도 했습니다. 교배가 이루어지지 않으면 될 때까지 말입니다.

71　워싱턴은 로마의 카이사르가 군사적 힘으로 공화정을 무너뜨리고 권력을 독점한 것을 알고 있었습니다. 그는 100년 전 영국의 크롬웰이 정당정부를 무시하고 독재자가 된 것을 알고 있었습니다.

쳤습니다.

최근에 몇몇 학자들은 노예제도는 워싱턴의 위대함에 손상을 주는 유일한 아킬레스건이라고 주장하기도 했습니다. 워싱턴이 비인간적인 노예를 소유했고 리더로 대통령으로 잘못된 노예제도를 없애지 않았다는 것이 비판의 핵심입니다. 하지만 이러한 비판에는 몇 가지를 고려해야만 한다고 생각합니다. 우선 18세기에 유럽과 아메리카 대륙에서의 노예제도는 보편적이었습니다. 워싱턴은 아버지가 죽은 후 열한 살에 자신의 노예를 소유했습니다. 정치활동을 하면서 양심적 지식인인 조지 메이슨의 영향을 받기까지 워싱턴은 노예제도에 대해서 특별히 다르게 생각해 보지 않았습니다. 당시 버지니아에서 노예제도는 너무나 당연한 것으로 받아들여지고 있었기 때문이었습니다. 하지만 워싱턴은 시간이 지나면서 노예제도가 정당하지 못한 것이라는 점을 인식했습니다. 백인들이 흑인 노예들을 부당하게 취급하는 것은 영국 식민지에 부당한 정책을 실행하는 것과 마찬가지라고 인식하게 되었습니다. 그는 영국 국왕에게 보낸 청원서에서 노예제도의 부당함을 지적하였고 1774년 페어팩스 결의안에서 노예제도의 전면적 금지를 주장했습니다. 그뿐만 아니라 워싱턴은 독립전쟁 당시 흑인들이 용감하게 싸우는 것을 보고 노예제도에 대해 더욱 깊은 성찰을 하며 언젠가 사라져야만 하는 제도라고 인식했습니다.

이후부터 워싱턴은 자신의 집에 있는 모든 노예의 집, 음식, 의복, 교육, 결혼, 치료 등에 대해 각별한 신경을 썼습니다. 그리고 그는 대통령으로서 논의된 헌법에서 노예제도를 없애고자 하는 제도와 정책을 마련하고자 했지만, 당시 노예제도를 없애는 것은 곧 연방의 분리를 의미한다는 것을 알고 있었습니다. 당시 개인재산 중 중요한 위치를 차지하고 있었던 노예를 해방한다는 것은 엄청난 자금이 들어감을 의미했습니다. 워싱턴은 국가를 위한 최선의 길이 무엇인가를 선택했던 것입니다. 자신이 노예를 소유한 것이 잘못이라는 것을 알게 된 워싱턴은 대

국민을 행복하게 만든 대통령들

통령을 마친 후 자연인이 되었을 때 마운트버넌의 있는 자신의 노예들을 해방시켰습니다. 그리고 원하는 해방 노예들을 임대 노동자로 다시 고용했습니다. 유언장에서 워싱턴은 아내 마사가 죽고 나면 아내의 노예도 해방된다는 것을 명시했습니다. 워싱턴을 제외한 다른 건국의 아버지 그 누구도 자신의 노예를 해방하지 않았습니다. 독립선언서의 초안을 작성하고 인간의 자유 가치를 소리 높여 외친 몬티첼로의 토머스 제퍼슨은 워싱턴이 죽고 27년 후에 죽었지만 그는 단 한 명의 노예도 해방하지 않았습니다.[72]

　워싱턴이 「논어」를 읽었으리라 생각하지 않습니다. 하지만 워싱턴은 공자가 말한 '과즉물탄개(過則勿憚改)' 즉, 잘못을 고치기에 머뭇거리지 않았습니다. 워싱턴은 자신의 약점과 자신의 실패를 인정하고 이를 고치는 데 주저하지 않았습니다. 진짜 잘못은 자신의 약점이 무엇인지를 알면서도 이를 보완하지 않고 자신의 실패를 알고서도 또다시 같은 실패를 하는 것입니다. 그래서 워싱턴은 실패를 부끄럽게 생각하지 않았습니다. 그는 실패를 감추지 않았습니다. 그는 실패를 두려워하지 않았습니다. 그는 일생을 통해 실패로부터 배웠습니다. 아마도 이것이 국민을 행복하게 만드는 필수요건 중 하나가 아닌가 생각합니다.

72　그 후로부터 약 70년이 지난 후 에이브러햄 링컨은 노예제도를 폐지했습니다. 링컨 역시 대통령으로서 급진적인 조치를 통한 노예제도 폐지가 아니라 어떻게 하면 연방의 분리를 막을 수 있는가가 우선순위였습니다. 말하자면 링컨은 어쩔 수 없이 노예제도를 놓고 전쟁을 하지 않을 수가 없었습니다. 아마도 당시 링컨은 왜 워싱턴이 대통령으로 노예제도를 폐지하지 않았는가를 충분히 이해했으리라 생각됩니다. 일생을 통해 워싱턴은 실패는 성공으로 가는 간이역이라는 것을 알고 있었습니다.

목표에 집중

위대한 리더는 달성하고자 하는 명확한 목표를 가지고 있습니다. 아무리 능력 있는 리더라 하더라도 그를 따르는 팔로워가 없다면 그는 이미 리더가 아닙니다. 또한 훌륭한 리더가 있고 그를 따르는 팔로워가 있다 하더라도 그들이 추구해야 할 목표가 없고 불분명하다면 거기에는 리더십이 작용하지 않습니다. 목표는 명료해야만 합니다. 추구하는 목표가 무엇인지 팔로워들이 쉽게 이해하고 그것에 대해 리더와 같은 마음으로 추구할 때 리더십이 작용합니다. 목표는 명백한 것이어야 함은 물론이고 구성원 대부분이 공유할 수 있는 공동의 것이어야 합니다. 리더십에서 자신만을 위한 목표 설정과 추구는 논의의 대상조차 될 수 없습니다. 리더십은 리더와 팔로워가 공동의 목표를 달성하기 위해 상호관계를 유지하며 이루어가는 고도의 기술과도 같은 것입니다.

성공한 대통령들이 국민을 행복하게 만드는 두 번째 비결은 자신들이 달성코자 하는 목표를 명확히 알고 이에 집중한 것입니다. 성공한 대통령들은 달성해야 할 목표를 미리 국민에게 알리고 자신의 참모들과 국민과 함께 목표를 달성하기 위해 최선을 다했습니다. 목표에 집중하는 태도는 그들이 대통령이 되기 이전부터 자기 계발에서 또 다양한 경험에서도 잘 나타나고 있습니다. 누구든지 특히 대통령이라면 달성해야 할 목표가 무수히 많을 것입니다. 하지만 성공한 대통령들은 자신

앞에 놓인 수많은 목표 중 중요한 것부터 해결하는 우선순위의 원리를 선택하고 집중했습니다.

어린 워싱턴의 눈에 이복형 로렌스와 사돈어른 페어팩스 대령은 마치 모든 것을 가진 완벽한 존재로 보였습니다. 형은 당시 버지니아 사회에서 모든 사람이 선망하는 영국 유학을 마치고 영국 정규군 장교가 되어 있었습니다. 형은 장자로서 아버지의 재산을 물려받아 마운트버넌의 농장주가 되어있었습니다. 형은 식민지 사회에서 가장 영향력이 있는 영국 귀족의 사위가 되어 버지니아 하원의원으로 정치 생활을 시작했습니다. 형은 교회의 교구 위원이 되어 지역사회에서 봉사하고 있었습니다. 이들은 부자이고 영향력이 뛰어난 사람들이었지만 결코 오늘날 졸부들과 같은 이기적이거나 천박한 사람이 아니었습니다. 이들은 자신의 부와 영향력을 다른 사람과 사회를 위해 봉사하는 데 사용했습니다. 특히 가난한 백인, 여성, 흑인 노예 등을 무시하고 착취하는 것이 아니라 어떻게 하면 사회적 약자를 잘 돌보고 인간다운 생활을 할 수 있도록 도울 수 있을까 고민한 사람이었습니다. 이들은 이른바 '노블레스 오블리주' 정신을 실천하고 살아가고 있었습니다. 당시 버지니아 지역사회에서 가장 성공한 사람들의 생활방식 중 하나였던 '명예'는 버지니아 젠틀맨들의 궁극적인 삶의 코드이기도 했습니다.

18세기 식민지 버지니아 사회에서 명예롭게 산다는 것은 무엇일까요? 그것은 무작정 명예롭게 행동해서 되는 것이 아니었습니다. 말하자면 무작정 다른 사람을 위해 또 공적인 사회를 위해 이타적인 삶을 산다고 해서 명예롭게 사는 것이 아니었습니다. 당시 버지니아에서 명예롭게 살기 위해서는 우선 명예로운 사람의 자격을 갖추어야만 했습니다. 명예롭게 살기를 원하는 사람은 다른 평범한 사람들과 달라야 한다는 것을 인식하고 달라지기 위해 끊임없이 노력해야만 했습니다. 이는 오늘날도 마찬가지가 아닌가 생각합니다. 그것이 공부이건, 독서이건, 현장에서 배우는 지식이건, 또 멘토를 통해 배우는 것이건 상관이 없었습니다. 비록 정규교육을 받지 않았지만 워싱턴은 독서를 통해 다양한 경험을 통해 또 무엇보다 너무나 닮고 싶은 두 사람을 통해 명예롭게 살아가는 것을 터득했습니다.

다른 사람과 다른 인생을 산다고 해서 명예로운 사람이 되는 것은 아니었습니다. 여기에 두 번째 단계가 있습니다. 자신의 삶이 다른 사람으로부터 인정을 받아야만 하는 조건이 충족되어야 했습니다. 지역사회에서 영향력이 뛰어난 사람들로부터 인정을 받을 때 비로소 명예로운 사람이 되는 것이었습니다. 단순히 돈과 권력과 영향력이 많아서 다른 사람들로부터 인정받는 것이 아니라 사회적 약자를 배려함으로써 인정받는 것이었습니다. 워싱턴은 이미 다른 사람과 다르고 다른 사람들로부터 무한한 인정을 받는 형과 사돈어른의 명예로운 삶을 동경하며 자신도 그런 삶을 살 수 있는 사람이 되기를 간절히 원했습니다. 어린 워싱턴의 목표는 자신도 형과 사돈어른과 같은 사람이 되는 것이었습니다. 정규공부도 하지 못했고 아버지로부터 재산도 물려받지 못했고 부모로부터 특별한 애정도 받지 못한 워싱턴이 어떻게 하여 명예로운 삶을 살 수 있었을까요?

성장하면서 워싱턴은 자신의 멘토들은 물론 명예롭게 사는 다른 사람들의 삶을 자세히 관찰했습니다. 우선 워싱턴은 당시 버지니아 젠틀맨들이 읽는 책을 읽고 그들을 따라 모방하고 실천했습니다. 모방과 실천을 하던 중에 워싱턴은 두 가지의 키워드를 발견했습니다. 자신의 멘토들은 물론 성공한 젠틀맨들은 이미 두 가지를 누리고 있었습니다. 하나는 '독립'이었고 다른 하나는 '자유'였습니다. 처음에 워싱턴은 개인적 성공을 위해 독립과 자유를 추구했습니다. 그래서 그는 측량사가 되어 돈을 벌고 그 돈으로 땅을 샀습니다. 당시 버지니아에서, 많은 땅을 가지고 농장주가 되는 것은 다른 사람들과 다른 길을 가는 것 중 하나였습니다. 결혼과 갑작스러운 형의 죽음으로 워싱턴은 미국 최고의 땅 부자가 되었습니다. 1799년 사망할 당시 워싱턴은 오늘날 행정구역으

로 버지니아, 뉴욕, 메릴랜드, 오하이오, 켄터키 등에 총 6만 3천 에이커를 소유하고 있었습니다.[73]

워싱턴 역시 당시 모든 버지니아 농장주들이 그랬듯이 담배 농사를 지어 그것을 영국에 수출하고 거기에서 나오는 소득으로 생활하는 것을 최고라고 생각했습니다. 워싱턴 역시 아버지가 그랬듯이 어떻게 하면 담배 농사를 잘 지어 영국 시장에 팔아 1등급 판정을 받아 보다 많은 수입을 올린 것인가 고심했습니다. 당시 담배 농사를 잘 지어 1등급 판정을 받는 것은 버지니아 사회에서 아주 중요한 명예로운 일이었습니다. 왜냐하면 1등급 판정은 그만큼 많은 소득을 의미했고 그것은 다른 사람들과 다른 농사를 지어 다른 사람들로부터 인정받는 것을 의미했기 때문이었습니다. 물론 1등급 판정에는 더 많은 소득이 따르기 때문에 경제적인 독립도 의미했습니다.[74] 그러나 상황이 변했습니다. 신민지 경영의 우위권을 놓고 싸운 이른바 프랑스-인디언 동맹 전쟁이 종결되어가는 시점을 전후로 영국의 담배 위탁 상인은 각종 변명으로 일관하면서 식민지에서 생산한 멀쩡한 담배를 질이 나쁜 형편없는 담배로 취급했습니다. 판정이 등외로 나오는 것은 다반사였습니다. 때로는 너무나 튼튼하게 만든 담배통이 운반과정에서 파손되어 담배의 상품 가치가 떨어졌다는 거짓말까지 일삼았습니다. 그 결과는 담배 농장주들의 소득이 급감하는 것을 의미했고 나아가 영국의 위탁 상인에게 빚지는 상태가 되는 것을 의미했습니다. 옛날이나 지금이나 다른 사람들에게 혹은 은행에 빚진다는 것은 명예로운 '독립'이 아니라 명예와 멀어지는 '의존'을 의미했습니다. 워싱턴은 담배 농사로 소득을 올려 명예롭게 살고자 했던 꿈이 빚으로 산산조각이 나버렸습니다. 말하자면 경제적 독립이 사라지면서 동시에 자유도 박탈당하는 꼴이 되었습니다.

---

73 김형곤, "조지 워싱턴의 창조적 리더십(사업가)", 「서양사학연구」 제32집, (2014.9): 111-136.

74 식민지 버지니아의 담배 농사에 대해서는 Breen, *Tobacco Culture*이 매우 의미 있는 연구입니다.

많은 토지를 가진 워싱턴은 다른 농장주보다 담배 농사의 후유증이 더 클 수밖에 없었습니다. 처음에 워싱턴은 어떻게 해서라도 이 어려운 상태를 막아보려고 노력했습니다. 하지만 그러면 그럴수록 영국 위탁 상인에게 갚아야 할 빚이 불어났습니다. 빚이 늘어날수록 영국 상인들의 빚 독촉은 심해졌고 급기야는 정직과 진실성마저 의심받게 되는 상태까지 되자 워싱턴은 이를 벗어날 수 있는 다른 생각을 하지 않을 수가 없었습니다. 어떻게 하면 이 지긋지긋한 담배 농사의 불합리성으로부터 독립할 수 있을까? 어떻게 하면 간절한 소망인 명예를 지키면서 살아갈 수 있을까? 워싱턴은 식민지인 누구보다도 먼저 이 문제를 고민했고 고민의 결과로 그는 담배 농사를 포기했습니다.

워싱턴이 개인적 성공을 위해 걸어간 두 번째 길은 군인의 길이었습니다. 워싱턴은 식민지 버지니아 연대를 지휘하면서 단 한 번도 자신이 영국 시민이 아니라고 생각하지 않았습니다. 그래서 워싱턴의 목표는 군인으로 큰 공을 세워 영국 왕립위원회의 인정을 받고 화려한 영광 속에서 명예를 얻는 것이었습니다. 그는 영국에 충성을 다했고 충성을 다한 만큼 다른 사람으로부터 특히 영국 정부로부터 인정을 받고자 했습니다. 하지만 군에서의 워싱턴의 노력의 결과는 자신의 소망과 달리 전개되었습니다. 식민지 군과 영국 정규군과 차별이 그 이유였습니다. 영국 정부는 정규군과 비교해 식민지 군에게는 형편없는 보급품과 형편없는 봉급을 지급했습니다. 더더욱 워싱턴이 참을 수 없었던 것은 식민지군 대령은 영국 정규군 대위와 같은 계급이라는 것이었습니다. 군인의 길을 감으로써 성공의 길을 개척하고자 했던 워싱턴은 식민지 태생의 한계를 느끼고 군을 제대해 버렸습니다. 1759년 그가 군을 제대할 무렵 식민지 독립군을 생각했는지 모르겠습니다. 워싱턴은 식민지인으로 군대에서 성공하기란 어렵다는 사실을 노골적으로 경험한 사람이었습니다.

워싱턴은 그동안 몇 번에 걸쳐 군을 제대하고자 했지만 그렇게 쉽지

국민을 행복하게 만든 대통령들

않았습니다. 워싱턴이 무엇보다도 군인으로 성공하고자 하는 욕망이 컸기 때문이기도했만 여기에는 자신의 고향 버지니아가 적의 위협에 노출되어 있었다는 현실적인 이유도 있었습니다. 이는 적의 위협이 있는 가운데 자신의 바람이 이루어지지 않는다고 해서 제대를 해버리면 많은 사람으로부터 비난을 받을 것이 분명했습니다. 이제 적의 위협이 사라진 현실에서 제대한다고 해서 비난받을 걱정이 없었습니다. 워싱턴은 군인으로 성공하고자 하는 미련이 가득함에도 불구하고 군을 제대했습니다. 1759년 1월 제대를 하고 난 후 버지니아 연대 장교들에게 워싱턴은 "이 넓고 복잡한 세계(군 생활)에서 제대하고 더 많은 행복을 찾기 원합니다"라고 말했습니다.[75] 이루지 못한 꿈에 대해 자기 보상을 원한 워싱턴의 솔직한 말이라 여겨집니다.[76]

워싱턴이 추구한 개인적 성공의 세 번째 길은 정치가였습니다. 그는 버지니아 하원의원이 됨으로써 지역의 정치인으로 사람들과 다른 사람이 되고자 했습니다. 시간이 지나면서 그는 형 로렌스가 갔던 길을 그대로 따라가고 있었습니다. 농장주로 군인으로 정치인으로 지역의 젠틀맨이 되어 명예를 중하게 여기는 생활을 하고 있었습니다. 이 무렵 각종 세금을 통한 영국의 식민지 침략 상은 더욱더 노골적이었습니다. 식민지에 대한 영국의 침략이 강화되는 가운데 워싱턴은 정치를 시작했고 그 무렵 워싱턴은 개인적 차원을 넘어 사회적 혹은 국가적 차원의 독립과 자유를 추구하는 길을 가기 시작했습니다. 노골화되어간 영국의 침략 정책은 식민지인의 경제는 물론 정치 그 어떤 것도 독립된 생활을 할 수 없게 만들었습니다. 영국은 각종 세금으로 식민지인의

---

75 George Washington to the Officers of the Virginia Regiment(January 10, 1759).

76 김형곤, "조지 워싱턴의 성장 과정(1732~1775)에 관한 해석적 논의", 33~69, 심리적 결핍이나 애정결핍을 겪은 인물들이 성장하면서 일반적인 다른 사람보다 자기 보상을 더욱 간절히 원한다는 연구에 대한 분석이 되어 있습니다.

경제를 침탈했습니다.[77] 식민지인들은 영국 정부의 특허와 허락을 통해 서만이 새로운 경제활동을 할 수 있었습니다. 차별대우에 대한 식민지 인들의 청원은 단 한 번도 받아들여지지 않았습니다. 식민지인들의 정당한 정치적 항의마저 번번이 무시당했습니다. 워싱턴은 식민지 정치인으로서 담배 농사와 군인 생활 중에 느꼈던 차별적 모멸감을 느꼈습니다. 이에 워싱턴은 식민지 정부가 영국 정부로부터 독립할 수 있다는 가능성을 생각했습니다. 그는 누구보다도 먼저 독립을 위해 무기를 들 가능성을 생각했습니다. 이제 워싱턴의 간절한 소망은 식민지 사회가 영국 정부의 각종 간섭과 차별대우로부터 독립하는 것이었습니다. 워싱턴은 이러한 생각을 페어팩스 결의안과 같은 각종 결의안으로 구체화했고 이는 독립을 위한 대륙회의의 씨앗이 되었습니다.[78] 워싱턴은 처음에는 개인적 성공을 위한 독립을 추구했지만 궁극에는 사회적 국가적 성공을 위한 독립을 추구했습니다.

그가 실패할 수도 있었던 전쟁에서 기꺼이 독립군 총사령관이 되고 승리 후 왕이나 황제가 되어달라는 것을 온몸으로 거부하고 쿠데타를 무산시키고 고향으로 돌아간 것은 자신의 간절한 소망이 성숙됨을 의미했습니다. 다시는 공직에 나서지 않겠다고 했음에도 조국의 부름에 다시 일어나 제헌의회 의장으로 또 초대 대통령으로 일을 하고 종신대통령을 거부한 것은 워싱턴의 간절한 소망이 다시 한번 성숙해진 이유입니다. 의존된 나라가 아닌 독립된 나라에서 권력자가 아니 자유인으로 살고자 한 것이 그의 간절한 소망이었습니다. 나아가 워싱턴은 인류 역사상 처음으로 미국과 미국인이 그런 독립과 자유를 영원히 누릴 수 있는 국가와 국민이 되기를 간절히 바랐습니다. 그래서 그는 역사상 처음으로 혈연이나 쿠데타가 아닌 평화로운 방법으로 정권이 교체되기

---

77 영국 정부는 1764년 설탕법으로부터 시작해서 인지세법, 군대 주둔법, 타운센드법 등으로 아메리카 식민지의 주권을 침해했습니다.

78 김형곤, "조지 워싱턴의 꿈의 실현을 위한 준비된 리더십", 「미국사연구」 제37집, (2013. 5): 1-45.

국민을 행복하게 만든 대통령들

를 간절히 원했고 그것을 이루어 놓았습니다. 이것이 진정한 명예로운 삶이었고 그의 목표였습니다.

워싱턴은 자신이 되고자 하는 목표를 명백히 설정하고 그것을 달성하기 위해 온 힘을 쏟았습니다. 사실상 워싱턴은 버지니아 하원의원으로 일을 하면서 영국 정부의 식민지 침략 정책에 구체적인 저항운동을 시작하기 전까지만 하더라도 자신이 달성한 개인적 목표에 만족하고 살고자 했는지 모릅니다. 하지만 역사는 워싱턴을 버지니아 사회에서만 성공한 사람으로 남겨두지 않았습니다. 유럽과 신대륙에서 전쟁을 마무리한 영국은 식민지에 대한 침략과 약탈 정책을 강화했기 때문이었습니다. 아니 오히려 워싱턴 스스로가 버지니아 지역사회에 남아있는 것을 원하지 않았을 것으로 생각됩니다. 워싱턴은 일생을 통해 평범한 사람과 사람이 되기를 원했고 다른 사람으로부터 인정받기를 간절히 원했기 때문입니다. 사실 워싱턴은 전쟁이 기정사실로 받아들여지는 분위기에서 개최되었던 제2차 대륙회의 대표로 참석하면서 자신이 독립군 총사령관이 되기를 간절히 원했습니다.[79] 워싱턴은 회의에 참석하면서 평상복을 벗고 옛날 대령 복장을 갖추어 입었습니다. 그것도 몇 달 전부터 여러 수선집을 돌아다니면서 견장과 군복의 줄무늬를 새로 수선하고 옆구리에 차는 칼도 잘 정비해서 준비한 것이었습니다. 말하자면 워싱턴은 자신이 다른 사람에게 총사령관이 되기를 원한다고 직접 말하지는 않았지만, 그가 갖춘 복장은 자신의 의도에 대한 무언의 표시였습니다. 그뿐만 아니라 워싱턴은 자의 반 타의 반으로 당시 주마다, 또 지역마다 독립적으로 지역 방어군의 군사적 자문역할을 기꺼이

---

79 독립군 창설이 기정사실로 받아들여지고 난 후 총사령관을 누구로 하느냐 하는 문제가 대두되었습니다. 총사령관으로 거론된 후보군은 워싱턴 이외에 세 명이 있었습니다. 대륙회의를 주도하고 있던 뉴잉글랜드지역 장군 출신으로 아트마스 워드와 영국출생이지만 세계 여러 지역에서 장군으로 명성을 떨친 노련한 경험의 소유자 찰스 리가 유명했습니다. 또한 군인은 아니었지만, 대륙회의 의장이었던 존 핸콕 역시 후보군에 올라와 있었습니다.

담당했습니다. 물론 워싱턴은 몇 달 전부터 전투와 군에 대한 도서를 구매해 탐독하고 있었습니다. 워싱턴의 마음 한구석에 군인으로 성공하지 못한 과거를 보상받고 싶은 마음이 간절했을지도 모르겠습니다.[80]

대륙회의 의원들은 독립군 총사령관으로 찰스 리와 아트마스 워드, 그리고 존 핸콕은 물론 워싱턴 역시 검증했습니다. 워싱턴은 워드와 리보다 군사 경험은 물론 장군으로서의 능력이 뛰어나지 않은 것으로 인식되었습니다. 하지만 워싱턴은 당시 식민지 중에서 매사추세츠 이상으로 중요한 위치를 차지하고 있었던 버지니아 출신이었습니다.[81] 비록 지역감정을 드러낸 소수가 워싱턴을 반대했지만 이내 지역은 큰 문제가 되지 않았습니다. 코네티컷의 대표 엘리팔렛 다이어가 "우리는 대의를 앞두고 식민지 상호 간의 지역적 이기심을 가장 경계해야만 합니다. 총사령관은 단결을 유지하고 남부와 북부 식민지를 강하게 통합시킬 수 있는 후보여야 합니다"라는 발언에 매사추세츠주 대표 존 애덤스는 물론 여러 대표가 동의했습니다.[82] 이와 더불어 대륙회의가 열리는 당시 워싱턴은 이미 일생 동안 가장 소중하게 여기고 그렇게 되고자 노력했던 명예로운 사람이 되어있었습니다. 존 애덤스는 워싱턴을 염두에 두고 다음과 같은 말로 그를 추천했습니다.

(독립군 총사령관직은) 장군으로서의 능력보다 인격이 본질적인 요소입니다. 여기에 자신의 뛰어난 능력에도 항상 겸손하고 도덕적이며 상냥하며 용감한 사람이 있습니다. 그는 명예를 중히 여기며 상호 간에 신뢰를 존중합니다. 그는 공익을 우선하고 분파를 거부하며 국민을 단결시킬 수 있습니다. 또한 그는 권력에 대한 식을 줄 모르는 탐욕과 군사독재의 위험으로부터 자유로운 사람임이 틀림없습니다. … 그는 지역 경쟁자와 이기심을 극복하고 대륙의

---

80 이와 관련된 연구는 김형곤, "조지 워싱턴의 꿈의 실현을 위한 준비된 리더십"을 보면 됩니다.

81 당시 식민지 중 버지니아는 남부지역을 대표하는 주로서 미국이 본국 영국과 전쟁을 하는 데 북부의 매사추세츠주와 더불어 필요했습니다.

82 Eliphalet Dyer to Jonathan Trumbull, Sr. (June 16, 1775).

통일을 촉진하고 유지할 수 있는 가장 적합한 사람입니다. … 그는 바로 조지 워싱턴이라 생각합니다.[83]

애덤스의 워싱턴 추천에 대해 반대하는 사람이 아무도 없었습니다. 메릴랜드 대표 토머스 존슨이 워싱턴을 지명하고 만장일치로 그를 독립군 총사령관으로 선출했습니다. 후에 존 애덤스는 자신이 이 발언을 할 때 "항상 그랬듯이 겸손한 워싱턴이 뒷문으로 서둘러 나가 회의장 옆 도서관으로 들어갔습니다"라고 회상했습니다.[84] 여기에서 우리는 워싱턴을 추천한 애덤스의 말을 유의할 필요가 있습니다. 당시 애덤스는 가장 영향력 있는 사람이었고 대륙회의에서 그의 발언은 거의 반대 없이 받아들여졌습니다. 애덤스와 다른 대륙회의 대표들이 워싱턴의 인격에 대해 어떻게 알게 되었는가에 대한 구체적인 연구는 없지만, 애덤스가 추천한 내용을 보면 이미 그가 워싱턴에 대해 많은 것을 알고 있었음을 시사해 주고 있습니다. 말하자면 애덤스가 사용한 "인격, 겸손, 명예, 신뢰는 물론 권력에 대한 식을 줄 모르는 탐욕과 군사적 독재의 위험으로부터 자유로운 사람 등"의 표현은 결코 같은 장소에서 몇 날을 같이 보냈다고 해서 얻어지는 것이 아니기 때문입니다.

당시 식민지인 대부분은 약 1세기 전의 영국의 올리브 크롬웰을 알고 있었습니다. 특히 애덤스와 대륙회의 대표들은 왕당파를 상대로 의회파를 이끌고 승리한 크롬웰이 권력을 의회에 돌려주지 않고 독재자가 된 사실을 누구보다도 잘 알고 있었습니다.[85] 당시 대륙회의 대표들은 총사령관을 선출하는 데 있어 카이사르나 크롬웰과 같은 독재자가

83 Ron Chernow, *Washington: A Life*(New York: Penguin Books, 2010.), 186.

84 James Grant, *John Adams: Party of One*(New York: Farrar, Straus and Giroux, 2005), 156.

85 Jim Piecuch, "Washington and the Specter of Cromell", in *George Washington: Foundation of Presidential Leadership and Character*, ed. Ethan Fishman, and William D. Pederson, and Mark J. Rozell(Westport, Connectcut: Praeger, 2001), 193–207을 보면 당시 대륙회 의원들의 크롬웰에 관한 생각을 잘 파악할 수 있습니다.

아니라 그들이 가장 신뢰할만한 사람을 찾고 있었습니다. 그들은 애덤스가 말한 "독재와 권력의 위험으로부터 자유로운 사람"을 찾고 있었던 것이 분명했습니다. 대륙회의 의원들은 비록 군사적 능력은 부족하지만 워싱턴이 바로 그런 인물이라는 사실을 알고 있었던 것입니다.

1775년 6월 16일 아침 존 핸콕은 워싱턴을 "미국 식민지 군 장군이자 총사령관"을 선출했다고 공식적으로 발표했습니다. 이에 워싱턴은 자리에서 일어나서 다음과 같은 수락연설을 했습니다.

> 저를 총사령관에 임명해 주신 것은 크나큰 명예이지만 이 중차대한 일을 맡기에는 저의 능력과 군사 경험이 너무나 미천하지 않은가 참으로 걱정됩니다. 그래서 저는 능력보다 명예가 손상되지 않도록 직분을 다할 것입니다. … 저는 여러분들의 정치적 동기에 근거하여 편파적인 지지를 얻었습니다. 저는 의회가 임명한 이 중대한 임무를 제가 가진 모든 힘을 다해 성심성의로 임할 것입니다. … 그리고 저는 이 중대하고 힘든 일에 혹시 저를 유혹할 수 있는 대가(봉급)를 전혀 받지 않을 것입니다. 저는 이 직책으로부터 어떠한 이익도 바라지 않습니다. 단지 정확한 근거를 남긴 저의 비용만 받을 것입니다.[86]

워싱턴은 자신이 총사령관직을 수락하는 것에 한 점의 오점이 없기를 바랐습니다. 그는 수락의 동기가 군인으로서의 능력과 경험이 뛰어나서도 아니고 이 직책을 수행함으로써 경제적 이익을 얻을 수 있어서도 아님을 분명히 했습니다. 워싱턴은 중대한 일을 하게 된 최고의 동기로 명예를 말하고 있습니다. 아마도 이 순간 워싱턴은 군인으로 다른 사람에게 인정받는 명예로운 인생에 대한 못다 이룬 꿈을 이루는 순간으로 생각했는지 모르겠습니다. 워싱턴의 사심 없는 수락 연설에 애덤스는 다음과 같이 말했습니다.

---

86 Address to the Continental Congress (16 June 1775).

워싱턴 씨의 행동에는 나를 감동시키는 무엇인가가 있습니다. 이 대륙의 젠틀맨이자 최고 부자 중 한 사람인 워싱턴 씨는 자신의 달콤한 은퇴 생활과 모든 편안함을 버리고 가족과 친구를 떠나고자 합니다. 이는 분명히 나라의 대의를 위해 그 어떠한 위험도 감수하고자 하는 것입니다. 워싱턴 씨의 견해는 참으로 고귀하며 사심이 없습니다. 그가 우리의 큰 신뢰를 받아들일 때 우리 앞에서 그는 정확한 기록을 남긴 자신의 비용만 청구하겠다고 했습니다. 그는 단 1실링의 돈도 받지 않는다고 선언했단 말입니다.[87]

워싱턴의 총사령관 수락 연설에 대한 감동적인 반응은 애덤스뿐만이 아니었습니다. 코네티컷주의 실라스 디에나는 "그는 조국의 부름에 개인재산과 모든 편안을 희생했습니다. 군인으로서의 용기와 완벽한 절제와 도덕성이 다른 사람의 모범이 되고 있습니다"라고 말했습니다.[88] 당시 미국에서 가장 영향력 있는 사람 중 한 사람인 벤저민 프랭클린은 "이 사심 없고 고귀한 마음을 가진 사람 때문에 우리 시민군은 절대군주와 용병들에 의해 절대로 정복되지 않을 것입니다"라고 주장했습니다.[89] 총사령관 당선과 관련해서 워싱턴이 명예로운 모습은 단순한 돈 문제를 넘어 더욱 고귀한 문제로 나타났습니다. 이미 앞에서 말했듯이 당시 대륙회의의 많은 의원은 권력을 가진 자의 궁극적인 속성을 너무나 잘 알고 있었습니다. 뉴욕과 매사추세츠를 비롯한 대부분의 식민지 대표들은 이전의 역사에서 인기가 뛰어난 군사력을 가진 사람은 쉽게 독재자로 변할 수 있다고 보고 있었습니다. 그들은 워싱턴의 인격을 믿었지만 그래도 자신들의 걱정을 다음과 같이 표현했습니다.

87   John Adams to Elbridge Gerry, 18 June 1775, Paul H. Smith and Garald W. Gawalt and Ronald M. Gephart, eds. *Letters of Delegates to Congress, 1774-1789*(Washington, D. C.:United States Government Printing, 1976), 1:504.

88   Silas Deana to Elizabeth Deane, 16 June 1775, Smith and Gawalt and Gephart, eds. *Letters of Delegates to Congress, 1774-1789*, 1:494.

89   Benjamin Franklin to Silas Deane, 27 August 1775, Smith and Gawalt and Gephart, eds. *Letters of Delegates to Congress, 1774-1789*, 1:710.

우리는 당신의 능력과 당신의 고귀한 도덕성을 높게 사고 있습니다. 그러나 완전한 보장을 위해 당신에게 다음과 같은 것을 요구합니다. 우리가 어떤 중요한 결정을 해야 할 때마다 당신은 우리가 당신의 손에 쥐어준 그 힘을 내려놓아야 합니다. 이때 당신은 가장 가치 있는 시민으로 돌아가야 합니다.[90]

워싱턴은 이 말이 무슨 뜻인지를 잘 알고 있었습니다. 그리고 그는 자신의 꿈도 이들이 요구하는 차원을 벗어나지 않는다는 것을 잘 알고 있었습니다. 그는 이제 젊었을 때와 같이 군인으로서 성공하고자 했던 초조한 마음이 없었습니다. 여러 사람의 군사적 독재에 대한 두려움을 줄여주기 위해 워싱턴은 그들의 요구에 다음과 같은 신중한 말로 대답했습니다.

나는 군인이 될 때 군인 역시 시민이라는 사실을 잊어본 적이 없습니다. 그리고 나는 가장 행복한 시간에 여러분과 함께 진정한 기쁨을 나눌 것입니다. 미국의 자유가 확립될 때 자유와 평화와 행복이 가득한 가운데 나는 기꺼이 개인의 입장으로 돌아갈 것입니다.[91]

워싱턴은 자신의 이 말을 여러 신문에 공개해 알렸습니다. 워싱턴은 자신의 말이 단순한 선언이거나 거짓이 아님을 모두가 알기를 원했습니다. 농장주로 젊은 시절 워싱턴에게 많은 도움을 준 랜든 카터는 "당신이 장군이면서 시민이라는 사실을 모든 사람의 기억 속에 계속해서 각인시키십시오"라고 충고했습니다.[92] 그 후 워싱턴은 총사령관으로

---

90 Address from the New York Provincial Congress(June 6, 1775), 아메리카 식민지가 독립전쟁을 시작하기 약 100년 전 영국에서는 의회파가 자유를 위해 왕당파를 상대로 청교도 혁명을 일으켰습니다. 혁명에서 승리한 올리브 크롬웰은 군사적 권한을 의회에 돌려주지 않고 스스로 '호국경'이 되어 독재자가 되었습니다. 이는 고대 로마의 카이사르의 망령이 되살아난 것이기도 했습니다. 당시 대륙회의 의원들은 이런 사실을 잘 알고 있었습니다.

91 Address to the New York Provincial Congress, 26 June 1775.

92 Landen Carter to George Washington, 9 May 1776.

있는 8년 동안 단 한 번도 '장군의 영역'이 '시민의 영역' 위에 있게 생활한 적이 없었습니다. 1783년 초 사실상 전투는 끝났지만, 아직 전쟁의 완전한 종결을 선언하지 않은 상태에서 독립군 장교들 일부가 워싱턴에게 군사 쿠데타를 제안했습니다.[93] 부하 대령이 찾아와 왕이 되어 달라는 청원도 있었습니다. 이에 워싱턴은 쿠데타에 대한 제안도 왕이 되어 달라는 청원을 한 적도 조용히 잠재웠습니다. 이때 워싱턴은 카이사르와 크롬웰을 다시 한번 생각했는지 모르겠습니다. 하지만 군인으로서 워싱턴의 꿈은 카이사르와 크롬웰과 같은 독재자의 길이 아니라 진정한 명예를 지키고 사는 것이었습니다. 전쟁이 끝나자 워싱턴은 자신을 독립군 총사령관으로 임명해 준 대륙회의에 찾아가 힘의 상징인 칼을 반납했습니다. 그는 자신이 약속한 대로 일개 시민으로 돌아갔습니다.

독립군 총사령관으로 임명되고 나서 워싱턴은 삶의 방향을 완전히 바꾸었습니다. 더 이상 그는 개인적인 목표에 집착하지 않았습니다. 그 이후부터 워싱턴의 새로운 목표는 공적인 목표로 전환되어 미국이라는 새로운 나라와 미국인이라는 국민의 운명을 함께하게 되었습니다. 워싱턴은 자칫 패배할 수도 있는 전쟁의 총사령관직을 기꺼이 수락했습니다. 사령관직을 수락하면서 그는 봉급을 거절했습니다. 워싱턴은 영국을 물리친 후 자신의 소망대로 더 이상 공적인 일을 하지 않고 고향에서 편안한 생활을 할 수 있었습니다. 하지만 그는 또다시 조국의 부름에 가만히 있을 수가 없었습니다. 워싱턴은 아내 마사에 대한 미안함과 자신이 돌보아야만 하는 마운트버넌의 일, 그리고 다시는 공직에 나서지 않겠다고 약속한 것에 대한 비난의 가능성도 공적인 목표를 위해 접어두었습니다.

---

93 미국의 군사 쿠데타에 연구는 다음의 논문에 잘 연구되어 있습니다. Richard H. Kohn, "The Inside History of Newburgh Conspiracy: America and the Coup d'Etat", *The William and Mary Quarterly*, Vol 27, No. 2(April, 1970), 187–220, 40. 김형곤, "독립전쟁기 뉴버그 쿠데타 음모 미수사건과 조지 워싱턴", 「서양사학연구」 제36집(2015.9): 103–152.

총사령관이 된 워싱턴의 목표는 분명했습니다. 그것은 전쟁에서 영국군을 물리치고 미국을 독립시키는 것이었습니다. 나아가 승리를 한 후 자신에게 주어진 비상대권을 시민 정부에 물려주는 것이었습니다. 목표는 분명했지만, 이 목표를 달성하기가 그리 쉽지 않았습니다. 단순히 외형만 보더라도 그러했습니다. 영국은 세계 최강의 군대를 가지고 있는데 반해 독립군은 훈련 한 번 제대로 받지 못한 지역에서 자원한 민병대가 고작이었습니다. 워싱턴은 독립전쟁을 시작하고 난 뒤 한동안 민병대 내에 존재했던 '지역감정' 때문에 적지 않은 어려움을 겪었습니다.[94] 무기 또한 영국군은 화약과 대포 등 당시 전쟁에서 가장 효과적인 무기체계를 갖추고 있었지만, 독립군은 고작 다람쥐나 작은 동물을 잡는 사냥총으로 무장했고 그것도 인원수와 비교해 턱없이 부족했습니다. 여기에 더하여 영국군은 능숙한 장교와 세련된 보급체계가 잘 갖추어져 있었던 것에 반해 독립군은 장교도 없었고 군복과 음식 등의 보급체계도 엉망이었습니다. 심지어 독립군이 집결해 있는 곳에는 화장실이 없어 기본적인 생리 욕구를 해결하는 데도 많은 어려움을 겪었습니다.

94　김형곤, "델라웨어 도강작전에 나타난 조지 워싱턴 장군의 리더십", 「서양사학연구」 제28집(2013, 6): 41–82, 대륙회의에 참석한 각 주의 대표들은 미국 식민지의 느슨한 연합체를 구성하여 겉으로는 헌신한다고 했지만 정작 그들은 자신의 지역을 위한 이익에만 몰두해 있었습니다. 워싱턴은 혁명에 가입한 순간부터 자신의 모든 지역성을 던져버렸는데 이런 현상이 남아있는 것을 보고 짐짓 놀라지 않을 수가 없었습니다. 5월 3일 그는 동생 존 어거스틴에게 "이렇게 단결되지 못하고 아직도 많은 지역성을 보이는 것은 몹시도 불결한 징조"라고 말했습니다. 당시 대륙군에는 대체로 6개 지역에서 온 군인들로 이루어졌습니다. 우선 워싱턴이 소속되어 있는 버지니아 페어팩스를 중심으로 하는 버지니아 북부지역, 매사추세츠주를 중심으로 하는 뉴잉글랜드 도시지역, 마블헤드(Marblehead)로 불리는 매사추세츠주 동북부 해안지역, 펜실베이니아주와 버지니아주 서부를 아우르는 산악과 농촌 오지지역, 필라델피아를 중심으로 하는 펜실베이니아주 도시지역, 그리고 볼티모어를 중심으로 하는 메릴랜드지역 등이 그것입니다. 어떤 지역은 나름의 자체적인 군대를 형성하고 있었지만 엄격하게 말하면 군대라고 할 수 없는 그야말로 긴급하게 소집된 민병대 수준이었습니다. 다양한 지역으로부터 막 달려온 이들은 많은 면에서 서로 달랐습니다. 그들은 우선 외적으로 달랐습니다. 외모가 다르다는 것은 생김새가 다르다는 것이 아니라 입고 있는 옷과 신발 등의 복장이 제각각이었습니다. 또한 그들이 가지고 온 총과 총검을 비롯한 무기 역시 서로 달랐습니다. 무엇보다 큰 차이를 보인 것은 지역감정 문제였습니다. 제각기 자기 지역이 최고라고 생각하며 자기 지역과 다른 점을 인정하지 않았습니다.

하지만 워싱턴은 절망하지 않았습니다. 워싱턴은 목표를 달성하기 위한 작은 목표부터 설정하고 이를 해결했습니다. 그는 우선 부대 내 화장실을 만들고 군대의 규율을 제정하고 군인들을 훈련했습니다. 무엇보다 그는 장교를 선발하여 독립군의 위계질서를 바로 세워나갔습니다. 목표를 달성하기 위해 워싱턴이 해결해야 할 일은 이것만이 아니었습니다. 전투하면서 부사령관 찰스 리, 믿었던 부관 조셉 리드, 콘웨이 등의 배반과 하극상이 있었지만 워싱턴은 이를 잘 극복했습니다. 사소한 일이 대의를 해칠 수 없다는 것이 워싱턴의 생각이었습니다.

워싱턴 군은 몇몇 전투에서는 승리했으나 대부분의 전투에서는 패배했습니다. 하지만 워싱턴은 포기하지 않았습니다. 워싱턴은 전투에서 질 수도 있다고 생각하면서도 그 패배로부터 무엇인가를 배웠습니다. 영국군은 육전보다 해전에서는 강하지만 산악지역에서 벌이는 게릴라전은 약하다는 것을 알았습니다. 또한 이 전쟁은 하나하나의 전투에서 승리한다고 해서 끝나는 것이 아니라 자신이 체포되거나 죽게 되면 끝난다는 사실을 인식했습니다. 워싱턴은 목표를 달성하는 방법을 새롭게 창조해 냈습니다. 영국군과 직접 마주하여 싸우는 기존의 방식을 포기하고 새로운 전법으로 싸우는 것이었습니다. 워싱턴은 전투를 하는 상대끼리 서로 마주하고 총질하며 신사답게 싸우는 방법을 포기했습니다. 그는 게릴라전, 기습전, 매복전, 유인작전, 위장전, 심리전 등 영국군들은 도저히 생각할 수 없는 방법으로 전투에 임했습니다. 이 전쟁에서 워싱턴의 목표는 신사답게 싸우는 것이 아니라 전쟁에서 이기는 것이었습니다.

1781년 10월 드디어 영국군 총사령관 콘월리스는 요크타운에서 워싱턴의 위장전술에 걸려들었습니다. 그동안 거드름을 피우던 프랑스 해군이 때마침 퇴로를 차단하자 워싱턴은 요크타운의 영국 요새를 총공격했고 콘월리스로부터 항복을 받아냈습니다. 전쟁에서 승리했지만 워싱턴은 군을 해산시킬 수가 없었습니다. 그것은 영국군이 아직 본국으로 돌아가지 않고 뉴욕항에 정박해 있었기 때문이었습니다. 비록 항복은 했지만, 영국군은 언제라도 마음을 달리 먹고 다시 공격을 할 수 있는 처지였습니다. 전투가 없는 지루한 대치 정국이 2년 동안이나 계속되자 대륙회의에서 독립군에게 제공하던 보급품과 봉급도 끊어져버렸습니다. 이런 상황에서 월급과 연금을 받지 못할 것으로 의심한 부대 내 장교들을 중심으로 쿠데타의 기운이 나돌았습니다. 부관 루이스 니콜라와 뛰어난 재능을 가진 알렉산더 해밀턴 등이 워싱턴에게 와서 왕이 되거나 쿠데타를 승인해 달라고 요청했습니다. 의회는 의회대로 워싱턴이 미국의 크롬웰이 되지 않을까에 대해 의심했습니다. 하지만 워싱턴은 흔들리지 않았습니다. 왕이 되어 달라는 요구도 쿠데타에 대한 선동도 의회의 의심도 흔들리지 않은 그의 목표 - 국가를 독립시키고 비상대권을 시민 정부에게 물려주는 것 - 에 의해 사라졌습니다.

1783년 가을을 지나면서 드디어 영국군이 물러가자 워싱턴은 대륙회의에 무기를 반납하고 고향으로 돌아갔습니다. 다시는 공직에 나서지 않을 것이라 공표하고 스스로 살아가기를 원했던 일개 농민으로 돌아갔습니다. 하지만 이제 막 독립한 신생국은 워싱턴으로부터 더 많은 목표를 설정하고 그것을 달성해 주도록 요구했습니다. 몇 번에 걸친 사양을 했지만, 국가의 부름에 워싱턴은 침묵만 하고 있을 수가 없었습니다. 워싱턴은 독립한 새로운 국가가 안정을 유지하고 발전하기 위해서는 명백한 기준이 필요하다고 생각했습니다. 이 기준을 마련하는 것이 워싱턴의 새로운 목표였습니다. 그것은 지금까지 인간들이 만들어낸 그런 정치형태가 아니었습니다. 왕정도 제정도 참주정도 과두정도 아니었습니다. 권력이 개인이나 소수에게 집중되지 않는 제도였습니다. 자유로운 시민이 진정한 권력의 주인이 되는 공화국이었습니다.

워싱턴은 다시는 공직에 나서지 않겠다고 선언한 자신의 주장을 버리고 제헌의회 의장으로 있으면서 어떻게 하면 이 신생 독립국에 공화국을 수립할 수 있을까 노심초사했습니다. 그는 각 주에서 온 대표들의

국민을 행복하게 만든 대통령들

수많은 논란 끝에 타협과 양보의 산물을 도출해 냈습니다. 공화국을 만드는 기초토대인 미국헌법을 만들어냈습니다. 그리고 워싱턴은 그 헌법에 따라 미국 초대 대통령이 되었습니다. 워싱턴은 다시 한번 국가로부터 부름을 받았습니다. 대통령으로서 워싱턴의 목표는 더욱 분명했습니다. 그것은 공화국의 정신에 따라 미국의 안전과 영원한 발전을 위한 든든한 토대를 마련하는 것이었습니다. 헌법에 따라 그는 정부를 구성하고 국내외 문제를 원만하게 해결했습니다. 두 번의 임기를 마친 뒤 존 애덤스가 새로운 대통령으로 선출되었습니다. 역사상 처음으로 혈연이나 쿠데타의 방법이 아닌 평화로운 방법으로 정권교체가 이루어졌습니다.

조지 워싱턴은 지금까지 그 어떤 리더보다도 큰 그림을 그린 사람이었습니다. 그는 더욱 멀리 영향을 주는 원대한 비전을 가지고 있었고 이를 위해 일생을 노력했습니다. 오늘날 미국이 세계 강대국이 된 이유는 다른 무엇보다 워싱턴의 원대한 비전 때문이라 할 수 있습니다. 워싱턴은 농장주로서 목표를 세우고 이를 달성하면서 동시에 그 이후에 펼쳐질 원대한 비전을 가지고 있었습니다. 그는 당시 영국 정부에 의해 금지되어 있었고 인디언의 위협이 산재하여 있던 서부 땅에 대한 투자를 아끼지 않았습니다. 당시 워싱턴은 신대륙이 어떻게 발전하고 어느 방향으로 발전해 갈 것인가에 대해서는 잘 알지 못했지만, 이 나라는 분명히 확장되어 갈 것이라는 것을 확신했습니다. 그래서 그는 오늘날 미국의 7개 주에 해당하는 땅의 크기인 무려 7만 에이커의 땅을 사들였습니다. 워싱턴은 자신의 일기에 다음과 같이 기록했습니다.

앞으로 이 나라의 가장 중요한 자원은 창조적이고 근면하며 열정을 가진 사람들입니다. 그리고 땅은 이 나라의 두 번째로 중요한 자원이 될 것입니다.[95]

---

95 김형곤 지음, 「정직의 힘」, 104-105 재인용.

많은 땅을 소유한 워싱턴은 비전 있는 농부였습니다. 그는 일찍부터 담배 농사를 포기해야 한다는 것을 직감했습니다. 그는 끊임없는 실험을 통해 윤작, 농기구 개량, 토질 향상 등에 힘썼습니다. 실험하면서 워싱턴은 두 가지 목표를 동시에 달성해야 했는데 이는 서로 모순이 되었습니다. 즉, 담배를 포기하고 새로 재배하는 곡식을 최대로 생산해야 하고 다른 하나는 토양의 질을 높여야 했기 때문입니다. 하지만 워싱턴은 다양한 실험을 할 때는 비록 상당한 수확량이 감소할지언정 장기적으로 볼 때 이것은 훨씬 이익이라는 것을 알고 있었습니다. 이를 통해 워싱턴은 미국은 궁극적으로 "미래 세계의 창고와 곡창지대"가 될 것이라 확신했습니다. 오늘날 미국의 식량 생산은 워싱턴의 비전을 증명해 주고 있다고 하겠습니다.[96]

총사령관으로 워싱턴은 원대한 비전을 가지고 있었습니다. 전쟁 초기에 여러 사람이 영국과의 타협을 원했지만 워싱턴은 무수한 경험으로부터 독립만이 이 나라가 발전할 길이라는 것을 굳게 믿었습니다. 워싱턴은 왜 질 수도 있었던 전쟁을 기꺼이 감당했을까요? 독립된 나라에서만이 이 나라 국민이 자유로운 경제활동과 정치활동은 물론 진정한 자유를 누리고 살 수 있다고 굳게 믿었기 때문이었습니다. 워싱턴은 인간에게 가장 포괄적이고 가장 중요한 권리인 자유는 독립이 보장되지 않고서는 누릴 수 없다는 것을 잘 알고 있었습니다. 말하자면 독립 후 자유 미국에 대한 비전이었습니다. 워싱턴은 인간의 자유를 침해한 경우를 잘 알고 있었습니다. 그는 개인의 자유를 침해할 수 있는 왕정이나 제정을 거부했고 권력을 가진 소수가 힘을 휘두르는 쿠데타를 거부했습니다. 그래서 그는 군인으로 조국의 부름에 목표를 달성한 후에 시민 정부에 권한을 넘겨준 것이었습니다.

워싱턴은 정치가로서도 원대한 비전을 가지고 있었습니다. 그는 새

---

96   김형곤, "조지 워싱턴의 창조적 리더십-농민-", 「서양사학연구」, 제30집(2014.4): 1-42.

로운 나라에 적용할 새로운 기준은 지금까지 있었던 인류의 정치체제와는 달라야만 한다고 생각했으며 그는 그러기 위해서 권력이 핵심 문제라는 것을 알고 있었습니다. 그는 권력이 개인이나 소수에게 집중된 지금까지의 정치체제의 폐해 현상을 누구보다도 잘 알고 있었습니다. 워싱턴에게는 권력이 어느 개인이나 소수에 집중되는 것이 아니라 자유로운 국민이 주인인 독립된 국가에서 영원한 발전을 구가하며 살아가도록 하는 기준이 필요했습니다. 이와 관련하여 그는 이것을 "하나의 위대한 실험"이라고 말했습니다. 워싱턴은 캐서린 그래함에게 다음과 같은 편지를 보냈습니다.

> 우리의 새로운 정부 수립은 시민사회에서 합리적인 계약과 합의에 따라 인간의 행복을 증진시키기 위한 위대한 실험이 될 것입니다.[97]

이 위대한 실험의 핵심 내용은 권력을 제도적으로 분산시키는 것이었습니다. 워싱턴은 권력의 분산만이 이 실험을 성공시킬 수 있다고 믿었습니다. 그것도 개인과 소수의 자의적인 해석으로 좌우될 수 있는 기준이 아니라 모든 국민이 기꺼이 동의하는 성문화된 헌법을 만들어야 한다고 생각했습니다. 수많은 논란이 있었지만 워싱턴의 생각은 궁극적으로 하나의 합의문(미국헌법)으로 만들어졌고 이 합의된 기준에 워싱턴은 누구보다도 먼저 서명했습니다. 그는 이 문서는 위대한 실험을 성공으로 이끄는, 다시 말해 민주주의를 위한 최고의 로드맵으로 절대로 손상되어서는 안 된다고 생각했습니다. 동시에 워싱턴은 미국은 자유로운 기업 활동이 보장되어야 한다고 생각했습니다. 워싱턴은 자유기업 체제는 새로운 국가가 빠른 성장을 위한 신선한 자극제를 주게 될 것이라 믿었습니다. 그래서 그는 미국인들은 지나친 간섭으로부터 독립해서 자신

---

97 김형곤 지음, 「정직의 힘」, 107 재인용.

의 의지대로 부와 행복을 추구해야 한다고 믿었습니다. 워싱턴은 항상 중앙정부는 전체를 통합하기 위해 필요한 것이지만 개개인의 자유가 최우선으로 중요하다는 것을 단 한 번도 잊지 않았습니다. 후대 역사가들은 워싱턴이 강조한 기업 활동의 자유가 미국을 번영하게 만들었다는 데 아무도 이의를 제기하지 않고 있습니다.

대통령이 된 후 워싱턴은 미국의 안전과 영원한 발전을 위한 토대를 마련하는 데 최선을 다했습니다. 이 토대의 마련이 대통령으로서의 달성해야만 하는 핵심 목표이자 비전이었습니다. 그는 대륙회의가 가지고 있었던 중앙정부의 약점을 너무나 잘 알고 있었습니다. 그는 더욱 강력한 중앙정부의 필요성을 누구보다도 잘 알고 있었습니다. 이를 위해 새로운 행정부를 조직하고 각 행정부에 적합한 일을 분배하고 자신보다 많이 배우고 능력 있는 사람으로 인선을 마무리했습니다. 강력한 중앙정부를 위해서는 능력을 갖춘 사람들이 필요했습니다. 워싱턴은 인사에서 지역 안배를 해야만이 지역적 갈등을 피할 수 있다고 생각했습니다. 제퍼슨, 해밀턴, 애덤스, 매디슨, 제이 등이었습니다.

워싱턴은 새로운 정부가 성장의 활기를 띠기 위해서는 무엇보다 경제문제의 해결이 우선시되어야 한다는 것을 알고 있었습니다. 그는 새로운 미국이 발전하기 위해서는 국가의 신용체계가 건전해야 한다고 생각했습니다. 이에 워싱턴은 해밀턴의 부국강병책을 지지하여 이 문제를 해결해 나갔습니다. 또한 워싱턴은 세이스의 반란과 위스키 반란을 통해 만약 정부가 이것을 제때 통제하지 않으면 이 나라는 다시 혼란 상태로 빠질 수 있다는 것을 예견했습니다. 그는 미국이 연방 체제 속에서 발전하기 위해서는 프랑스에서 경험하고 있는 지나친 혁명과 무정부 상태로 빠져서는 안 된다고 확신했습니다. 나아가 워싱턴은 영국과 프랑스를 중심으로 점화된 국제 전쟁에서 철저한 중립 정책을 유지해 나가야 한다고 생각했습니다. 이것이 신생국의 안전을 보장하는 길이라 믿었습니다. 그래서 워싱턴은 프랑스와 제퍼슨을 중심으로 하는 공화파로부터 터무니없을 정도의 비난을 받으면서도 철저한 중립 정책을 펼쳐나갔습니다. 워싱턴의 중립 정책이 당시 미국 외교를 반석 위에 올려놓은 것은 자명한 사실입니다. 그의 중립 정책은 19세기 동안 미국 외교의 핵심축으로 작용했고 미국이 내적으로 힘을 길러 국제 사회에서 강대국으로 성장할 수 있는 근원으로 작용했습니다. 200년이 훨씬 지난 오늘날에도 초대 대통령으로 워싱턴의 비전은 참으로 빛을 발하고 있습니다. 그는 친구에게 보낸 편지에서 다음과 같이 말했습니다.

> 나는 아무도 가지 않았던 길을 가고 있습니다. 나의 행동의 그 어떤 것에도 선례가 없습니다. 나의 행동과 말과 신념과 의지의 일거수일투족은 더욱 장기적인 영향력을 가지고 있으며 그 의미 또한 클 것입니다. 나의 모든 것이 미래세대의 전통과 선례가 될 것입니다.[98]

워싱턴은 대통령직의 중요성을 본능적으로 알고 있었습니다. 그는 미래세대가 자신의 행동과 말에서 선례와 영감을 찾을 것이라 예견했습니다. 워싱턴의 3선 거절은 그의 원대한 비전을 확인시켜 주는 좋은 선례가 되었습니다. 워싱턴은 역사상 처음으로 평화로운 정권교체를 원했습니다. 그는 미래의 리더는 혈통이나 쿠데타에 의한 무력에 의해서가 아니라 능력에 따라 국민이 선출한 사람이어야 한다고 생각했습니다. 워싱턴이 종신대통령을 거부하고 권력을 애덤스에게 평화롭게 넘겨줌으로써 그가 원했던 위대한 실험이 궁극적으로 완성되었습니다.

대통령으로서 워싱턴이 세운 비전 중에는 잘 언급되지 않는 두 가지가 있습니다. 하나는 오늘날 수도 워싱턴이 탄생하게된 내용입니다. 건국의 아버지들은 새로운 나라의 수도를 어디에 건설할 것인가를 놓고

---

98 김형곤 지음, 「정직의 힘」, 109 재인용.

논란을 거듭했습니다. 워싱턴 행정부의 두 거장인 제퍼슨과 해밀턴 사이에 밀고 당기는 많은 논란이 있었지만 워싱턴은 미래의 수도는 복잡한 뉴욕이나 필라델피아를 벗어난 다른 곳이어야 한다고 생각했습니다. 그리고 워싱턴은 미국의 수도는 몇 십 년이 아니라 몇 세기 동안 계속되어야 하며 그것은 단순히 미국인을 위한 것이 아니라 세계인을 위한 것이어야 한다는 비전을 가지고 있었습니다. 이를 바탕으로 그는 당시 세계 최고의 건축가인 피에르 랑팡을 초대해 수도 워싱턴을 설계하도록 했습니다. 워싱턴은 자신이 기획한 수도이자 자신의 이름을 기리는 이름을 가진 수도 워싱턴의 완성을 보지 못하고 죽었습니다. 다른 하나는 노예제도에 대한 워싱턴의 비전입니다. 많은 사람은 오늘날의 시각에서 노예를 소유한 워싱턴을 비판하고 있지만 워싱턴 시대에 노예제도는 너무나 자연스러운 것이었습니다. 하지만 워싱턴은 공적인 활동을 시작하면서부터 노예제도의 불합리성을 인식했으며 이 제도는 궁극적으로 사라져야 한다고 믿었습니다. 대통령으로서 워싱턴은 노예제도를 폐지하고자 간절히 원했지만 이를 실행에 옮길 수가 없었습니다. 왜냐하면 사우스캐롤라이나주와 조지아주 등의 남부 주들은 노예제도를 너무나 당연하게 여기고 있었고 이것은 엄청난 재산을 의미했기 때문에 중앙정부에서 강제로 노예제도를 폐지하면 아메리카 합중국의 단결에 결정적인 어려움을 줄 수 있었기 때문이었습니다. 국가 전체를 책임지고 있는 워싱턴에게 우선순위는 연방을 유지하는 것이었습니다. 그리고 1796년에 대통령직을 마치면서 워싱턴은 개인 차원에서 노예제도를 없애고자 했습니다. 워싱턴은 여러 사람으로부터 방해를 받고 많은 경제 손실을 입었지만 궁극적으로 그는 자신의 노예 헤라클레스와 평생을 친구로 동반한 윌리엄 리를 비롯한 124명의 모든 노예를 해방했습니다.[99] 오늘날 워싱턴의 생가 마운트버넌을 가보면 워

---

99 워싱턴은 유서에서 자신이 죽는 즉시 자신의 노예들을 해방하도록 했고 아내 마사 소유의 노예는 그녀

싱턴이 노예들을 얼마나 평등하게 대우했나를 알 수 있습니다. 당시 대부분의 젠트리들이 노예들의 생활공간을 백인들의 생활공간과 구분해 지하나 멀리 떨어진 외딴곳에 배치한 것에 비해 워싱턴은 바로 이웃집에 노예들의 공간을 배치했음을 알 수 있습니다. 모든 인간의 자유와 평등을 외친 언어의 마술사인 토머스 제퍼슨의 생가 몬티첼로에 가보면 노예들의 생활공간이 어두컴컴한 지하라는 사실에 아연실색합니다.

워싱턴은 목표를 달성하기에 앞서 높은 수준의 기대를 했습니다. 기대가 높을수록 그것을 달성하지 못할 때 실망도 크겠지만 반대로 높은 기대는 그만큼의 노력을 끌어내는 원동력이 되기도 합니다. 기대 수준과 관련하여 흥미로운 심리학 용어가 있습니다. '자기충족적 예언'이라는 말은 다른 사람의 기대나 관심으로 인해 능률이 오르거나 결과가 좋아지는 현상을 의미입니다. 또한 '기대 진술 이론'은 어떤 개인이 집단에 참여하거나 영향력을 발휘할 때 자신의 수행에 대한 상대적인 기대치를 근거로 행동하는 것을 말합니다. 이는 어떤 사람이 다른 사람의 기대에 부응하려 한다는 것을 의미하지만 또 다른 의미로 자신에게 기대감을 형성하고 이에 부응함으로써 어느 순간 진정한 리더십의 지위를 획득한다는 의미이기도 합니다. 조지 워싱턴이 이런 심리학 용어를 알고 있지는 않았을 것입니다. 하지만 그는 자신을 충족시키기에 너무나 어려운 높은 기대 수준을 가지고 있었습니다. 그는 스스로 보다 높은 기대에 부응하도록 자신의 기대치를 높게 또 높게 설정했습니다. 이 높은 기대 수준이 정통적인 귀족 집안의 자녀도 아니고 교육도 받지 못한 그에게 한계를 뛰어넘어 최고의 성공을 길을 가도록 자극한 원동력이 되었다고 할 수 있습니다. 워싱턴은 아버지의 죽음과 함께 사라진 성공으로 가는 기회를 다시 찾기를 기대했습니다. 아버지가 살아 있었을 때 그가 다분히 의존적이었다면 이제는 기대하는 것들을 스스로

가 죽고 나서 해방할 것을 명시했습니다.

찾아야만 했습니다. 워싱턴은 당시 버지니아 사회에서 성공한 사람들을 보고 배웠습니다. 독서와 멘토를 통해 그들을 배우고 모방했습니다. 워싱턴은 자신도 언젠가 그들처럼 성공한 사람이 될 수 있을 것이라는 높은 기대 수준을 설정하고 자신에게 박차를 가했습니다. 어느새 워싱턴은 성공한 농장주, 군인, 정치가가 되어있었습니다.

일생을 통해 배움이 모자라다는 것을 느낀 워싱턴은 누구보다도 교육의 중요성을 강조했습니다. 그래서 워싱턴은 자신의 양아들은 물론 여러 명의 조카와 친구의 아들까지 교육을 지원하는 데 아끼지 않았습니다. 1769년 2월 29일 그는 학비가 부족해 대학에 진학하지 못하는 친구 윌리엄 램지의 아들 소식을 들었습니다. 워싱턴은 램지에게 다음과 같은 편지를 썼습니다.

> 이보게. 자네 아들이 공부하기를 좋아하고 그렇게 열심이라는 소리를 들었네. … 내가 자네 아들의 학비를 보태주면 어떨까? 공부하고 나면 자네 아들은 분명히 이다음에 자신의 행복을 증진할 뿐만 아니라 다른 사람들도 잘 살 수 있으리라 생각하네.[100]

이처럼 워싱턴의 교육의 기대는 한결같았습니다. 나중에 워싱턴은 흑인 노예들도 백인과 똑같은 교육이 필요하다는 것을 인식하고 그들에게도 교육 기회를 제공했습니다. 사실 1775년에 시작한 전쟁은 워싱턴 스스로가 높은 기대를 하지 않았다면 결코 승리할 수 없는 전쟁이었습니다. 왜냐하면 세계 최고로 부유한 국가로 최강의 군대를 보유하고 있었던 당시 영국은 아메리카 식민지보다 모든 면이 뛰어났기 때문이었습니다. 영국군은 식민지군보다 군인 수도 물자도 훨씬 많았으며, 훨씬 많은 전투 경험과 훈련으로 다져진 역전의 용사들이었습니다. 나

---

100 김형곤 지음, 「정직의 힘」, 114 재인용.

아가 군 보급체계와 군의 운영 면에서도 식민지군은 비교가 되지 않았습니다. 워싱턴은 누구보다도 영국군의 막강한 전력을 잘 알고 있었습니다. 지난 프랑스-인디언 동맹 전쟁에서 워싱턴은 영국군의 힘을 경험했습니다. 워싱턴은 당시 아메리카가 이 막강한 영국을 전쟁에서 상대하기에는 턱없이 부족하다는 것을 잘 알고 있었습니다. 그런데도 워싱턴은 대륙회의 대의원들의 요구에 자신의 말대로 정말 "중차대한 일"을 수락했습니다.

> 영광스럽게도 저를 총사령관으로 임명해 주셨지만 사실 제가 이 일을 잘 감당할 수 있을지 모르겠습니다. … 하지만 여러분들의 말처럼 우리가 모두 생명과 재산을 바칠 각오로 이 일을 저와 함께 수행한다면 감히…[101]

워싱턴은 있는 사실을 그대로 받아들이고 이 중차대한 일을 감당하리라 자신을 재촉했습니다. 그리고 워싱턴은 아직은 오합지졸에 불과한 미국 독립군들을 믿었습니다. 워싱턴은 전문적인 군인도 아니었고 뛰어난 전략가도 아니었습니다. 하지만 그는 사람들을 따르게 하는 진정한 리더였습니다. 워싱턴이 질 수밖에 없었던 전쟁에서 승리를 쟁취한 것은 오합지졸의 독립군이 세계 최강의 군대를 이길 수 있도록 완벽한 리더십을 발휘한 결과입니다. 워싱턴은 역사를 통해 자유로운 시민은 궁극적으로 승리한다는 것을 잘 알고 있었습니다. 그는 병사들에게 아메리카군은 군주국 영국군과 다르다는 것을 자주 역설했습니다. 그는 자유로운 군사들이 반드시 승리하리라는 높은 기대 수준을 가지고 있었습니다.

제헌의회 의장으로서, 대통령으로서 워싱턴은 새로 탄생하는 이 나라는 자유로운 국민이 주인이 되어야 한다는 것을 누구보다도 강조했

---

101 김형곤 지음, 「정직의 힘」, 115 재인용.

습니다. 워싱턴은 독서와 자신의 경험을 통해 자유를 억압하는 체제는 궁극적으로 몰락할 수밖에 없다는 것을 알고 있었습니다. 그래서 왕도 황제도 종신대통령에 대한 권유도 거절할 수 있었던 것입니다. 워싱턴은 지금까지 역사상 존재하지 않았던 정치체제인 공화국을 생각해 냈습니다. 권력이 자유로운 국민에게 있는 그런 체제는 이 지구상에서 영원히 발전할 수 있으리라는 것을 워싱턴은 알고 있었습니다.

워싱턴은 뛰어난 정치가는 아니었지만 자유로운 국민의 마음을 얻은 뛰어난 리더였습니다. 그는 자유로운 국민이 새로 탄생하는 미국을 세계 최고의 나라로 만들어줄 것을 기대했습니다. 이러한 워싱턴의 높은 기대는 역사를 통해 증명되었습니다. 공인으로서 워싱턴이 이루고자 했던 모든 것들은 모든 사람이 인정하는 정의로운 대의였습니다. 경제활동의 자유, 독립, 언론의 자유, 기업 활동의 자유, 노예해방 등이 그러했습니다. 워싱턴은 이런 일이 이루어지도록 사심을 던져버리고 공익을 위한 정의로운 결정을 했습니다. 그는 자신에게 그리고 국민에게 높은 기대를 했습니다.

소통과 협력은 기본

리더의 성공조건 중 다른 사람과 소통하고 협력하는 태도는 너무나 중요합니다. 리더십에서 소통과 협력의 의미는 리더가 따르는 사람들과 단순히 힘을 합치는 물리적인 절차를 훨씬 뛰어넘습니다. 리더십에서 협력은 벽과 칸막이를 없애는 변화로부터 가능합니다. 여기에는 리더의 개방적이고 겸손한 태도, 기자회견과 진솔한 커뮤니케이션으로 팔로워들과 소통하고자 하는 진정성 있는 노력, 현장 방문 등으로 다른 사람들과 어울리고자 하는 노력, 그리고 무엇보다도 자신보다 뛰어난 능력과 지질을 갖춘 사람들을 가까이하는 것 등이 포함되어 있습니다.

국민을 행복하게 만든 미국의 성공한 대통령들은 한결같이 겸손하고 개방적인 태도로 국민과 소통했습니다. 가능한 한 국민에게 가깝게 다가가고자 노력했고 그들과 다양한 방법으로 소통하고자 했습니다. 그들은 백악관을 나와 국민이 살아가고 있는 '현장 속으로' 가서 그곳에서 국민의 목소리를 들었습니다. 무엇보다 그들은 사람을 쓰는 데 있어서 학연, 지연, 혈연을 초월하여 인사를 했습니다. 그들은 당파와 노선과 이데올로기를 초월하여 인사를 했습니다. 그들의 인사기준은 오로지 국민과 국가에 도움이 되는 자질과 능력을 갖춘 사람들이었습니다. 그들은 이런 사람을 찾는 데 온 마음을 다했습니다.

당시 버지니아 사회에서 교육과 장자상속의 기회가 박탈된 워싱턴이 성공하기 위한 선택지는 많지 않았습니다. 하지만 워싱턴은 마치 스펀지와 같았습니다. 그는 자신이 닮고 싶은 사람의 말과 행동을 모방했습니다. 정규교육을 받지 못한 워싱턴은 그것이 성공을 담보해 줄 수 있는 길일 수 있다고 생각했습니다. 워싱턴은 이복형 로렌스와 형의 장인어른인 페어팩스 대령의 말과 행동을 마치 스펀지와 같이 흡수했습니다. 로렌스는 비록 이복동생이고 또 나이 차이가 크게 났지만 자신들을 너무나 잘 따르는 워싱턴을 사랑하지 않을 수가 없었습니다. 페어팩스 대령에게는 워싱턴보다 몇 살 위의 아들이 있었지만, 매사에 소극적이고 수동적인 아들보다 적극적이고 자신을 잘 따르는 사돈총각을 특별히 사랑했습니다. 누가 워싱턴을 사랑하지 않을 수 있겠습니까? 누가 워싱턴을 도와주고 싶지 않겠습니까? 이것은 워싱턴이 습득한 일종의 소통 능력이었다고 할 수 있습니다.

워싱턴은 당시 버지니아에서 통용되는 사회규범 역시 누구보다도 잘 습득했습니다. 워싱턴은 자신의 뛰어난 흡수력으로 성공으로 갈 수 있는 새로운 길을 모색했습니다. 워싱턴은 측량사가 되었고 돈을 벌었고 자신 명의의 땅을 살 수 있었습니다. 워싱턴은 군인이 되었고 정치가와 교회 교구위원이 될 수 있었습니다. 워싱턴은 이런 생활을 통해 당시 버지니아 사회의 젠틀맨들에게 요구되는 사회규범을 자연스럽게 배우고 그것을 자신의 것으로 만들었습니다. 그것은 자신의 말과 행동을 책임지는 것이었습니다. 나아가 자신과 관련 있는 모든 사람의 선(善)과 발전을 위해, 마치 아버지와 같은 입장으로 그들을 돕는 것이었습니다. 또한 겸손과 자기통제를 통해 다른 사람과 소통을 원활하게 하는 것이었습니다.

워싱턴은 일생을 통해 말하기보다 듣기를 충실히 한 리더였습니다. 워싱턴은 이 사람 이야기도 듣고 저 사람 이야기도 듣고 나서 무엇이 사회와 국민과 국가를 위한 최선의 길인가를 판단했습니다. 담배 농사를 포기하고 다른 농사로 전환하면서, 영국제국의 침략에 어떻게 대응할 것인가를 논의하면서, 또 독립전쟁을 치르면서, 나아가 헌법을 만들고 대통령직을 수행하면서 워싱턴은 다른 사람의 말을 경청하고 가장 적합한 사람을 찾고 항상 최선의 길을 선택했습니다. 이것은 소통으로 성숙해진 워싱턴의 모습이었습니다.

진정한 소통으로 성숙해진 워싱턴은 매사에 책임을 지는 리더였습니다. 워싱턴은 자신의 잘못된 말과 행동으로 그들을 실망시키는 것은 자신의 책임을 다하지 못하는 불명예라고 생각했습니다. 그래서 워싱턴은 더욱 철저하게 그들을 배우고 따라 했습니다. 워싱턴은 개인적인 생활에서도 철저하게 책임을 진 남편이었고 아버지였고 한 집안의 가장이었습니다. 워싱턴은 아내 마사에게 충실했습니다. 비록 결혼하기 전 친구의 아내 샐리에게 추파를 던지는 일이 있었고 대통령을 마치고 난 뒤 영국에 가있는 샐리에게 안부 편지를 보낸 일이 있었지만, 이는 여느 스캔들하고는 전혀 다른 것이었습니다. 워싱턴은 남편으로서 일생 동안 아내를 사랑했고 그녀를 배려했습니다. 워싱턴은 비록 마사와의 사이에서 자녀가 없었지만, 그는 마사가 데리고 온 잭과 패시를 자신의 자녀로 만들었습니다. 워싱턴은 두 아이의 성장과 교육을 자신이 책임져야 할 일로 생각하고 그렇게 실천했습니다. 그는 두 자녀에게 친아버지 이상으로 관심과 사람을 쏟았습니다. 워싱턴은 얼마 후 패시의 죽음에 몹시도 슬퍼했습니다. 워싱턴은 빗나간 행동을 일삼았던 잭을 위해 어떻게 하면 이 아들을 바른길로 인도할까 고민했습니다.[102]

---

102 워싱턴의 교육에 관한 관심과 책임 의식은 미국 교육에 관한 관심과 책임으로 확대되었습니다. 그는 버지니아 렉싱턴에 있는 작은 대학에 많은 돈을 기부했습니다. 그의 기부는 오늘날 미국의 명문사학 중 하나인 〈워싱턴앤드리 대학교〉가 성장하는 데 결정적인 영향을 주었습니다. 현재 이 대학 캠퍼스와 도서관에는 워싱턴의 발자취를 볼 수 있는 것들이 여러 가지가 있습니다. 토가를 걸친 워싱턴의 동상, 길버트 스튜어트가 그린 워싱턴 초상화의 진품, 작은 박물관, 워싱턴에 관한 수많은 자료와 책들, 각종 기념품 등에서 워싱턴의 발자취를 볼 수 있습니다. 또한 워싱턴은 뉴저지의 작은 항구도시 체스터타운에 〈워싱턴대학교〉가 설립될 수 있도록 자금과 도움을 아끼지 않았습니다. 워싱턴의 교육에 대학 관심은 여기서 그치지 않았습니다. 그는 비록 대학교육을 받지 못했지만, 대학교육의 필요성과 중요성은 누구보다도 잘 알고 있었습니다. 그는 고향 버지니아의 후배인 제퍼슨과 매디슨의 모교이자 최고의 명문대학인 〈윌리엄앤드메리대학교〉의 총장직으로 봉

워싱턴은 집안의 가장의 책임을 다했습니다. 그가 담배 농사를 포기하고 밀 등의 새로운 작물로 농사를 바꾸고 어업과 양조업 등으로 수입의 다변화를 꾀한 이면에는 일차적으로 마운트버넌을 경제적으로 안전하게 만들기 위함이었고 나아가 지역사회의 경제 안정을 위함이었습니다. 젠틀맨이 빚이 있어 자신의 식구들을 먹이지 못하고 경제적으로 독립하지 못하는 것은 하나의 불명예였습니다. 워싱턴은 이 불명예를 죽기보다 더 싫어했습니다.

독립전쟁이 시작되자 사실상 건국의 아버지 중에서도 다수가 포함된 많은 사람은 그동안 거래에서 영국에 진 빚을 나 몰라라 했지만 워싱턴은 그렇지 않았습니다. 워싱턴은 런던의 자신의 위탁 상인인 로버트 커리에게 한 푼의 빚도 남기지 않고 모두 다 갚았습니다. 워싱턴을 제외한 많은 건국의 아버지들은 경제적으로 독립을 이루지 못했습니다. 특히 제퍼슨, 매디슨, 먼로 등은 대통령을 마치고 많은 빚을 진 상태로 죽었습니다. 대통령을 지낸 사람이 빚을 진다고 의아하게 생각하지만, 이것은 엄연한 사실이었습니다. 그들이 국가로부터 많은 월급을 받았음에도 불구하고 왜 빚을 지게 되었나 하는 것은 분명히 밝혀지지는 않았지만 대부분 과소비가 가장 큰 이유였습니다. 하지만 워싱턴은 마운트버넌을 경제적으로 잘 관리했고 그 결과 그는 건국의 아버지 중 유일하게 자금이 많이 소요되는 노예해방을 할 수가 있었습니다. 그리고 많은 돈을 사회에 환원시킬 수가 있었습니다.[103]

너무나 당연한 일이겠지만 워싱턴은 공적인 생활에서 책임을 다했습니다. 워싱턴이 버지니아 하원의원으로 있으면서 영국제국의 식민지

사했습니다. 또한 그는 〈알렉산드리아아카데미〉를 세우는 데 가장 큰 기부를 했습니다. 유언장에서 워싱턴은 자신의 주식의 50%를 새로 건설되는 수도 워싱턴에 미국 국립대학을 세우는 데 할당했습니다. 하지만 불행히도 그의 주식 대부분을 차지하고 있던 포토맥 운하 회사가 파산하면서 이 일은 이루어지지 않았습니다.

103 미국 독립선언서를 기초하고 초대 국무장관과 3대 대통령을 지낸 토머스 제퍼슨은 생전에 진 빚을 청산하지 못한 채 사망했기 때문에 그의 큰딸이 아버지의 서재 중 다수를 국가에 처분하여 빚을 청산했습니다. 이때 처분한 제퍼슨의 서재가 오늘날 미국 의회 도서관의 기본이 됩니다.

침략에 침묵하지 않은 것은 거창한 조국의 독립을 위한 대의에 있지 않았습니다. 그것은 어디까지나 지역을 대표하는 의원으로 식민지 지역사회가 받는 부당한 차별대우를 시정하고 식민지인들도 똑같은 국왕의 식민임을 확인받기 위함이었습니다. 인지세법과 차세 등에 대한 반발로 워싱턴은 영국 상품에 대한 수입금지 활동을 적극적으로 주도했으며 각종 결의안을 통과시켰습니다.

독립군 총사령관이 된 처지의 워싱턴은 이제 그 책임의 폭이 확대되었습니다. 지역 차원의 책임자에서 이제 미국 전체의 운명을 책임지게 되었습니다. 아마도 워싱턴은 1775년 독립군 총사령관이 되면서 적어도 다음 세 가지에 대해 고민 했을 것으로 생각됩니다. 첫째, 워싱턴은 지금까지 자신이 이룬 모든 것을 걸어야 했습니다. 그는 자신의 목숨까지도 담보해야만 했습니다. 그는 가족의 안전도 걸어야만 했습니다. 그는 자신의 소중한 땅도 재산도 걸어야만 했습니다. 둘째, 독립전쟁 당시 식민지인의 약 25%만이 혁명에 동참했습니다. 50%는 방관자였고 상당수가 영국의 충성파였습니다. 셋째, 영국군은 세계 최강의 군대인 반면에 독립군은 오합지졸에 불과했습니다. 워싱턴은 어느 것 하나 유리한 것을 찾을 수가 없었습니다. 하지만 워싱턴은 운명과도 같이 자신에게 주어진 총사령관직을 거부할 수가 없었습니다. 그것은 책임감이 있었기 때문이었습니다. 하지만 워싱턴 역시 인간인지라 가장 가까운 아내에게 자신의 어려움과 불평을 털어놓았습니다.

나는 이 일을 피하고자 했소. 사실 이 일은 내가 책임지기에는 나의 능력을 훨씬 초월하지만 내가 이 일을 거절하는 것은 죽기보다 더 싫은 불명예라고 생각합니다.[104]

---

104 김형곤, 「정직의 힘」, 129 재인용.

워싱턴은 더는 물러날 곳이 없었습니다. 워싱턴은 '배수의 진'을 쳐야만 했습니다. 그리고 반드시 승리해야만 했습니다. 누가 보아도 질 수밖에 없었던 전쟁에 승리하게 된 이유 중 하나는 전쟁 중 워싱턴이 강조한 군인의 책임이었습니다. 전쟁이 시작되고 심지어 전쟁이 마지막 단계까지 갈 때까지 많은 아메리카 시민들은 친(親)영국이었습니다. 이런 상태에서 전쟁을 빌미로 민간인들의 재산과 생명에 손상을 주는 것은 전쟁을 치르는 과정에서 크고 작은 많은 문제를 낳게 될 것이 분명했습니다. 사실 후대의 연구가들은 "독립전쟁의 방향을 바꾼 것은 영국군들이 민간인들의 재산과 생명에 위협을 가했기 때문이었습니다. 특히 사우스캐롤라이나주와 조지아주 등의 남부 주에서 영국군의 민간인 약탈이 심했습니다"라고 지적하고 있습니다. 붉은 옷을 입은 영국군들이 농장을 약탈하는 동안 워싱턴군은 철저하게 질서를 유지하고 어떠한 경우라도 민간인들을 해하는 경우가 없었습니다. 1778년 전쟁이 한창일 때 워싱턴은 남부지역을 책임지고 있었던 이스라엘 푸트남 장군에게 다음과 같은 편지를 보냈습니다.

> 장군은 군인들이 민간인들의 재산을 약탈하거나 어떠한 신체적 위해를 가하는 행위를 막고 그런 행위에 대해 철저한 처벌을 가하는 모든 조치를 동원해 주시기 바랍니다.[105]

한 달 뒤 워싱턴은 독립군 전체에게 일반명령을 내려 군인들의 약탈을 금지했습니다.

> 모든 장교는 군인들이 농장을 약탈하거나 공공시설을 파괴하고 불태우는 것을 막고 만약 이런 일을 한 군인이 있으면 반드시 찾아내 즉시 처벌하시오. 군인으로서의 명예는 민간인들의 재산과 생명을 보존해 줄 때 지켜지는 것입

---

[105] 김형곤, 「정직의 힘」, 130 재인용.

니다.[106]

전쟁이 끝난 후 부하들이 쿠데타를 선동할 때도 워싱턴은 군인의 책임을 생각했습니다. 군인에게는 시민 정부의 명령에 따라 움직이는 것이 최고의 명예임을 그는 알고 있었습니다. 승리한 군인으로 모든 권력과 칭찬을 한 몸에 받고 있었던 그가 과연 그 권력을 내려놓을 것인지 많은 사람이 의심했습니다. 하지만 워싱턴은 그것을 실천했습니다. 더는 공직에 있지 않겠다고 선언했으며 어떤 공직보다 마운트버넌에 사는 것을 원했던 그가 다시 제헌의회 의장과 대통령이 된 이유는 새롭게 탄생한 나라에 대한 공적인 책임 때문이었습니다. 그는 친구인 데이비드 스튜어트에게 다음과 같은 편지를 썼습니다.

나는 그 어떤 공직보다, 유럽에 있는 모든 권력을 가지는 것보다 한두 명의 친구들과 마운트버넌에서 지내는 것이 훨씬 좋습니다.[107]

워싱턴이 제헌의회 의장이 된 것은 순전히 그가 나라를 사랑하는 마음과 국가 원로의 책임 때문이라는 것이 분명했습니다. 수많은 설득에도 아무런 반응을 보이지 않았던 워싱턴이 세이즈의 반란(Sayes Rebellion)[108]이 일어나는 것을 보고 마음의 동요를 일으켰습니다. 매디슨은 국가를 위한 마음이 흔들리는 워싱턴의 행동에 대해 제퍼슨에게 다음

---

106 김형곤, 「정직의 힘」, 131 재인용.
107 김형곤, 「정직의 힘」, 132 재인용.
108 벙커힐 전투와 새러토가 전투 등에서 싸운 독립투사인 대니얼 세이즈는 1786년 매사추세츠주의 평범한 농민으로 살고 있었는데 당시 주 정부가 통화관리실패(당시는 각 주가 독자적으로 통화를 관리했습니다)로 많은 채무자가 아무리 열심히 일해도 빚을 청산할 수가 없었습니다. 이에 세이즈가 주동이 되어 약 만 명 정도의 폭도들이 법원을 위협하고 대륙 군 병기고를 탈취할 것이라 위협했습니다. 하지만 워싱턴, 헨리 녹스 등의 국가 원로들의 우려와 주 정부에서 파견한 민병대에 의해 이내 진압되었습니다. 비록 이 반란은 한 지역에서 일어났지만, 독립 후 제대로 된 중앙정부가 마련되어 있지 않은 상태에서, 많은 사람에게 혹시 무정부 상태가 되지 않을까 하는 적지 않은 두려움을 심어주었습니다.

과 같이 편지를 보냈습니다.

우리는 나라를 위해 수많은 업적을 남기신 그분께 더는 희생을 요구할 수 없습니다. 이것은 그분의 명예로운 은둔생활을 포기하게 만들 수 있으며 지금까지의 명성에 흠집을 남길 수도 있습니다. 그런데도 이번 회의에 참석하신다고 하니 이것은 그분이 국가 원로로서 우리 국민과 국가를 얼마나 생각하고 있는가를 잘 보여준다고 생각합니다.[109]

워싱턴이 3선을 거부하고 평화로운 정권교체를 이룬 것은 고귀한 공화 정신의 나라를 위한 기초를 든든히 다져야 한다는 책임 때문이었습니다. 대통령을 마치고 마운트버넌에 있을 때 프랑스와의 외교적 마찰이 일어났습니다. 대통령 존 애덤스는 워싱턴에게 다시 미국군의 총사령관이 되어달라고 요청했습니다. 이에 워싱턴은 조금도 망설이지 않고 총사령관직을 수락하고 전쟁 준비를 했습니다. 하지만 전쟁은 일어나지 않았습니다. 책임은 리더에게 결코 뗄 수 없는 조건 중 하나입니다. 워싱턴은 사적으로건 공적으로건 책임을 지는 리더였습니다. 리더가 책임질 때 팔로워들은 진심으로 그와 소통을 한다고 생각합니다. 소통은 말로 이루어지는 것이 아닙니다. 그것은 책임으로 이루어지는 것입니다. 따라서 책임은 소통하는 리더의 최고의 덕성 중 하나라고 할 수 있습니다.[110]

조지 워싱턴의 생애는 겸손 그 자체입니다. 독립전쟁이 한창일 때 워싱턴 장군의 겸손과 관련된 재미있는 일화가 하나 있습니다. 군사들이 병영을 짓기 위해 분주히 움직였습니다. 한 부사관이 병사들을 향해 소리쳤습니다. "이봐 빨리빨리 통나무를 저 위로 올리란 말이야." 병사들

---

109   정형근 옮김, 「조지 워싱턴」, 249 재인용.
110   19세기 이탈리아 통일의 주역인 주세페 마치니는 "위대한 리더는 부하의 잘못을 자신의 책임으로 돌립니다. 하지만 어리석은 리더는 자신의 잘못까지도 부하에게 책임을 돌립니다"라고 말했습니다.

은 최선을 다했지만, 힘이 모자라 부사관의 명령대로 따를 수는 없었습니다. 그때 마침 그곳을 지나던 한 사람이 병사들을 도와 통나무를 원하는 곳으로 올려놓았습니다. 그리고 그 사람은 명령만 하던 부사관에게 "이보게 앞으로도 이런 일이 있으면 사령관을 부르게나."라고 말했습니다. 워싱턴이 오합지졸의 독립군을 이끌고 세계 최강의 영국군을 물리친 이유에는 바로 이러한 겸손의 리더십이 숨어 있었기 때문이었습니다. 워싱턴은 자신의 성공을 위해 노력할 때도 겸손한 태도를 잃지 않았습니다. 겸손은 젠틀맨이 갖추어야 할 가장 기본적인 태도였습니다. 워싱턴은 「규범」을 통해 또 자신의 멘토들을 통해 겸손을 배웠습니다. 비록 성공을 위해 초기에 다소 성급한 태도가 없지는 않았지만 워싱턴은 매사 다른 사람에게 무례하게 행동하지 않기 위해 배려를 했습니다.

버지니아 하원의원으로 있을 때도 워싱턴은 항상 겸손한 태도를 유지했습니다. 워싱턴은 모든 현안을 단 한 건도 독단적으로 처리하지 않았습니다. 매번 동료 의원인 조지 메이슨과 상의했습니다. 워싱턴이 아이디어를 내면 메이슨이 그것을 글로 쓰고 또 그 반대의 경우도 마찬가지였습니다. 내용을 발표하기 전에는 다른 동료들과 함께 검토하고 숙고했습니다. 영국의 제국주의 침략을 거부하는 결의안인 페어팩스 결의안을 비롯한 영국 상품 수입 금지조항을 만들어낼 때도 마찬가지였습니다. 대륙회의에서 워싱턴은 버지니아주 대표로 자신도 역시 다른 식민지 주와 같이 영국을 상대로 군사적 행동을 한다는 데는 동의했지만 단 한 번도 자신이 총사령관이 되겠다는 의도를 표현한 적이 없었습니다. 그뿐만 아니라 워싱턴은 총사령관이 되고자 다른 대표들을 상대로 로비를 하지 않았습니다.

비록 워싱턴이 군복을 차려입고 대륙회의에 참석했지만, 이것은 영국을 상대로 단호한 행동을 하겠다는 의지의 표현이었지 결코 자신을 총사령관으로 뽑아달라는 무언의 압력은 아니었습니다. 처음에 대륙회의는 뉴잉글랜드지역의 군사 책임자였던 워드나 유럽 전선에서 노련한 군사 경험을 가진 찰스 리 등을 총사령관으로 고려했습니다. 전쟁을 한다는 것은 승리를 목표로 삼아야 하고 그러기 위해서는 유능한 사령관이 필요한 것은 당연했습니다. 하지만 당시 상당한 영향력을 행사하고 있었던 존 애덤스를 비롯한 다수의 대륙회의 의원들은 역사가 주는 교훈을 너무나 잘 알고 있었습니다. 그것은 권력을 가진 자, 특히 군사적 권력을 가진 자는 반드시 모든 권력을 자신의 것으로 만든다는 것이었습니다. 그들은 가깝게는 올리버 크롬웰에게서 멀리서는 로마의 카이사르에게서 그것을 보아왔습니다. 후대의 역사가 중 몇몇은 존 애덤스가 독립군의 지역적 안배를 위해 남부 버지니아 출신의 워싱턴을 총사령관으로 임명했다는 단순한 결론을 내리기도 하지만 이는 반드시 그렇지 않았습니다. 왜냐하면 당시 존 애덤스와 다른 대륙회의 의원들은 수많은 논란 끝에 독립군 총사령관의 자질로 능력과 명성보다 성격을 최고로 고려했기 때문이었습니다. 비록 당시 워싱턴은 능력과 명성 면에 있어서 워드나 찰스 리에 뒤졌지만, 그의 겸손한 성격 면에서는 타의 추종을 불허했습니다. 이미 당시에도 워싱턴의 겸손은 동료 버지니아 의원들뿐만 아니라 뉴욕주를 비롯한 다른 주의 의원들에게도 알려져 있었습니다. 결국 워싱턴은 대륙회의 의원 중 단 한 명의 반대도 없이 만장일치로 독립군 총사령관에 임명되었습니다.[111]

1782년 5월 부하 루이스 니콜라는 워싱턴을 찾아와 새로운 나라의 왕이 되어 달라고 말했습니다. 니콜라는 이는 자기 혼자만의 생각이 아

---

111 매사추세츠주 대표인 존 애덤스는 다음과 같이 말했습니다. "장군으로서의 능력보다 인격이 본질적인 요소입니다. 여기에 뛰어난 능력에도 항상 겸손하고 도덕적이며 상냥하며 용감한 사람이 있습니다. 그는 명예를 중히 여기며 상호 간에 신뢰를 존중합니다. 그는 공익을 우선하고 분파를 거부하며 국민을 단결시킬 수 있습니다. 또한 그는 권력에 대한 식을 줄 모르는 탐욕과 군사적 독재의 위험으로부터 자유로운 사람임이 틀림없습니다. … 그는 지역적 라이벌과 이기심을 극복하고 대륙의 통일을 촉진하고 유지시킬 수 있는 가장 적합한 사람입니다. … 그는 바로 조지 워싱턴이라 생각합니다." 김형곤, "조지 워싱턴의 꿈의 실현을 위한 준비된 리더십" 「미국사연구」 제37집(2013.5): 1-45 재인용.

니라 다수의 장교와 많은 군인의 의견임을 애써 강조했습니다. 니콜라의 주장은 틀린 것만은 아니었습니다. 왜냐하면 당시까지 왕정과 군주정이 정부형태의 모든 것이었기 때문이었습니다. 하지만 워싱턴은 다음과 같이 말했습니다.

나는 당신의 편지를 보고 비통한 마음을 가눌 길이 없습니다. 이것은 이 나라에서 일어날 수 있는 가장 불행한 사건이라고 믿습니다. 그런 헛된 생각을 버리시기를 바랍니다.[112]

조지 워싱턴의 겸손의 극치는 뉴버그 쿠데타 음모사건과 관련한 내용입니다. 요크타운 전투의 승리로 전쟁은 끝난 것과 마찬가지였습니다. 온갖 역경을 딛고 독립전쟁에 승리했지만, 대륙회의는 장교들과 군인들에게 약속한 봉급과 연금을 지급하지 못하고 있었습니다. 견디다 못한 몇몇 장교들은 쿠데타를 음모하는 무명으로 된 전단을 뿌리며 1783년 3월 뉴욕의 뉴버그에 있는 병영에서 쿠데타를 위한 최종 회합을 하고자 했습니다. 이에 워싱턴은 장교들의 최종화합에 앞서 자신이 먼저 회의를 소집했습니다. 장교들의 눈에는 원한과 분노가 섞여있었습니다. 냉랭한 분위기 속에서 등장한 워싱턴은 무슨 말로 그들을 달래야 할지 몰랐습니다. 워싱턴은 "그동안 참으로 수고했으며 아마도 대륙회의는 곧 여러분들에게 어떤 조처를 해줄 것입니다"라는 내용의 준비한 원고를 읽다가 멈추었습니다. 한참을 머뭇거리다 워싱턴은 자신의 바지 왼쪽 주머니를 뒤적여 뭔가를 꺼냈습니다. 그것은 대륙회의 의원으로부터 온 편지였습니다. 워싱턴은 그것을 읽으려다 말고 다시 다른 쪽 주머니를 뒤져 안경을 꺼냈습니다. 그리고 다음과 같이 말했습니다.

---

112 George Washington to L. Nocola, May 22, 1782, Fitzpatrick, *The Writings of George Washington*, vol. 26, 272–273.

여러분! 여러분들은 저를 용서해 주시기 바랍니다. 조국을 위해 봉사하는 동안 머리도 희고 이제 눈도 제대로 보이지 않으려고 합니다. 여러분, 제가 안경을 쓰는 것을 용서해 주시기 바랍니다.[113]

모든 권력을 한 손에 가지고 있는 군 총사령관의 조금도 가식이 없고 겸손하며 순수한 인간적인 이 말에 모든 장교가 감동했습니다. 어떤 이는 눈물을 흘리고 어떤 이는 자신들의 섣부른 행동을 자책했습니다. 그들은 다시 한번 대륙회의에 충성을 맹세했습니다. 워싱턴은 그 자리를 떠나 대륙회의에 가서 자신의 칼을 반납했습니다. 곧바로 워싱턴은 자신이 그토록 원했던 고향 마운트버넌으로 돌아가 다시 농부가 되었습니다. 워싱턴의 사심 없는 행동에 온 세계가 감탄을 마지않았습니다. 영국 왕 조지 3세는 워싱턴이 칼을 대륙회의에 반납했다는 소리를 듣고 다음과 같이 말했습니다.

워싱턴이야말로 지구상에서 가장 위대한 사람이며 가장 위대한 성격을 가진 사람입니다.[114]

또한 프로이센의 프리드리히 대왕은 스스로 권력을 포기한 워싱턴을 크게 찬양하면서 "유럽의 가장 위대한 노장의 장군으로부터 전 세계의 위대한 장군에 이르기까지"라는 문구가 새겨진 칼을 선물로 보내왔습니다. 매사에 지적이지 못하다고 워싱턴을 무시했던 제퍼슨 역시 "우리의 독립혁명은 역사상 대부분의 다른 혁명과 달리 단 한 사람의 겸손과 덕성에 힘입어 새롭게 건설하려는 자유를 파괴하려는 것을 막음으로써 완성되었습니다"라는 말을 했습니다.[115] 한 세대가 흐르고

---

113 Dave Richards, *Swords in Their Hands: George Washington and the Newburgh Conspiracy*(New York: Pisgah Press, 2014), 240–241.

114 Gordon S. Wood, *Radicalism of American Revolution*(New York: Vintage, 1993), 206.

115 Thomas Jefferson to George Washington, April 16, 1784, Julian P. Boyd, ed. *The Papers of*

100일 천하가 실패로 끝나고 추방당한 보나파르트 나폴레옹이 죽음에 임박해서 다음과 같이 말했습니다.

그들은 내가 또 다른 워싱턴이 되기를 기대한 것 같습니다.[116]

이 유명한 프랑스인은 죽음이 임박해서도 과연 권력을 가진 사람으로서 워싱턴과 같은 행동을 할 수 있는가를 의심했던 것 같습니다. 앞에서도 보았듯이 나폴레옹을 몹시도 흠모했던 바이런이 「나폴레옹 보나파르트 송시」를 통해 그를 여러 '폭군' 중 한 명으로 묘사했지만 워싱턴은 역사상 유일한 '서양의 킨키나투스'로 묘사했습니다.

이미 살펴보았듯이 전쟁 후 워싱턴은 더는 공직에 나서지 않겠다고 다짐했고 그것을 만천하에 공표했습니다. 하지만 시대는 워싱턴의 리더십을 더 필요로 했고 워싱턴은 어쩔 수 없이 제헌의회에 참석하게 되었으며 만장일치로 의장직에 올랐습니다. 그는 새로 탄생하는 나라의 통치 기준이 되는 원칙만을 제시했을 뿐 회의가 진행되는 동안 단 한마디도 하지 않았습니다. 이 역시 워싱턴의 겸손함의 본보기라 할 수 있습니다. 그가 제시한 원칙은 '국민이 주인이 되는 것'이었습니다. 새로 만든 헌법에 따라 대통령을 선출하게 되었습니다. 그러나 워싱턴은 단 한 번도 자신이 대통령을 할 것이라고 표명하지 않았습니다. 그뿐만 아니라 워싱턴은 대통령이 되기 위한 어떠한 선거운동도 하지 않았습니다. 워싱턴은 그저 다시 고향 마운트버넌에 와있었을 뿐이었습니다. 선거인단은 만장일치로 워싱턴을 초대 대통령으로 선출했습니다. 한

Jefferson(Princeton: Princeton University Press, 1958), vol. 7, 106–107, 그런데도 존 애덤스는 워싱턴에 대한 질투의 목소리를 버리지 않았습니다. 그는 워싱턴의 사퇴를 찬양하면서도 애써 다음과 같이 말했습니다. "워싱턴의 행동은 어쩔 수 없는 것이었을 것입니다. 이 혁명은 국민의 선을 위한 것이지 위대한 개인의 평판을 위한 것이 아니었습니다. 만약 미국 국민이 철저하리만큼 자유에 이기적이지 않았다면 워싱턴 역시 독재자의 반열에 들어갔을 것입니다."

116   김형곤, 「정직의 힘」, 141 재인용.

번의 임기를 잘 마무리한 워싱턴은 다시 공직에서 벗어나고자 했지만, 선거인단은 또다시 만장일치로 그를 대통령으로 선출했습니다.

3선의 이야기가 나오고 또 종신대통령의 이야기가 나오기 전에 워싱턴은 임기종료 9개월을 남겨두고 이른바 '고별 연설'을 발표했습니다. 다시 한번 권력의 핵심 틀에서 벗어나는 순간이었습니다. 당시 미국헌법 그 어디에도 대통령의 임기에 관한 규정은 없었습니다. 따라서 워싱턴은 자신이 원한다면 종신대통령이 될 수가 있었습니다. 하지만 워싱턴은 이것을 원하지 않았습니다. 그토록 원했던 '세계 최초의 평화로운 정권 교체식'에 워싱턴이 참석했습니다. 워싱턴의 자리가 새로운 대통령 존 애덤스의 옆자리에 마련되었습니다. 하지만 워싱턴은 부통령으로 당선된 제퍼슨을 앞쪽으로 오게 하고 자신은 뒷줄로 물러났습니다. 이에 제퍼슨은 몹시도 난처해했지만 워싱턴의 태도는 단호했습니다.

당신은 부통령이니 대통령 옆자리가 당연합니다.[117]

워싱턴은 존 애덤스 대통령의 취임식이 끝나고 행진을 할 때도 새로운 주인공들과 멀리 떨어져 걸었습니다. 워싱턴은 정식 교육을 통한 것은 아니지만 수많은 독서와 다른 경험을 통해 많은 것을 알고 있었습니다. 하지만 그는 항상 많은 말을 하지 않았습니다. 워싱턴은 당대 최고의 재산을 가진 젠틀맨이 되었습니다. 하지만 그는 많은 재산을 빌미로 다른 사람을 무시하지 않았습니다. 심지어 노예들에게까지 예의와 친절로 대했습니다. 워싱턴은 군사적 힘을 가진 최고의 권력자였습니다. 하지만 그는 군사력은 어디까지나 시민들의 힘 아래 존재해야 한다는 것을 알고 있었습니다. 워싱턴은 왕도 종신대통령도 될 수 있었지만, 무엇이 국가와 국민을 위한 겸손의 길인가를 알고 이를 실천했습니다.

---

117 김형곤, 「정직의 힘」, 143 재인용.

사람들이 리더를 따르는 이유는 어디에 있을까요? 그것은 리더의 강한 힘도 아니고 리더의 돈과 명예도 아닙니다. 물론 그것은 리더의 강압과 폭력의 두려움 때문은 더더욱 아닙니다. 그것은 다른 사람들로부터 마음을 얻는 것입니다. 다른 사람들의 마음은 리더의 겸손이 있을 때만 주어집니다. 조지 워싱턴은 국민에게서 마음을 얻었습니다. 워싱턴은 항상 자신의 교육이 부족하다는 것을 알고 있었습니다. 워싱턴은 비록 독학을 통해 배움의 욕구를 불태웠지만, 이것만으로 늘 부족하다고 생각했습니다. 이 사실을 두고 제퍼슨과 애덤스 등의 당대의 인물들과 몇몇 후대의 연구자들은 워싱턴이 자신의 부족한 교육 때문에 혹시 실수하지 않을까 하여 혹은 알고 있는 지식이 부족하여 말을 많이 하지 않고 듣는 것을 주로 했다고 주장하기도 합니다. 이러한 주장은 완전히 틀린 것은 아니지만 워싱턴이 다른 사람과의 관계에서 말하기보다 듣기를 주로 한 것은 반드시 이것 때문만은 아니었습니다. 지식이 부족한 사람이 그 많은 책을 읽고 그렇게 많은 글을 썼다는 것은 있을 수 없습니다. 워싱턴은 독서를 통해 또 자신의 멘토를 통해 명예를 지키고 지역사회에 봉사하는 최고의 젠틀맨의 덕목이 무엇인가를 몸소 터득했습니다. 따라서 워싱턴은 분명하지도 않은 것에 대해 미리 말을 하고 의견을 내는 것은 명예롭지 못한 행동이라 생각했습니다.

워싱턴은 가정생활에서도 아내와 아랫사람들의 이야기를 경청했습니다. 심지어 워싱턴은 노예들의 말에도 귀를 기울였습니다. 워싱턴은 어떻게 하면 마운트버넌의 생산을 늘리고 모든 '식구'가 좀 더 윤택하게 살 수 있는가를 농사를 짓는 노예들과 상의했습니다. 주인으로서 워싱턴은 부지런히 일하는 관리인과 노예에게는 합의를 통해 더 많은 물고기와 돼지고기, 더 많은 밀가루를 포상으로 주기도 했습니다. 워싱턴이 노예들과 직접 대화를 했다는 아주 중요한 증거가 있습니다. 독립군 총사령관에 임명된 직후 노예였던 여성 시인 필립 위틀리가 마운트버넌에서 노예들에 대한 워싱턴의 배려에 감사하는 의미로 시를 지어 보냈습니다. 이에 워싱턴은 그녀를 병영 막사로 불러 그녀의 재능을 칭찬하고 다음과 같이 말했습니다.

나는 당신을 존경합니다.[118]

당시 노예를 소유한 주인은 누구도 이런 말을 할 수가 없었습니다. 대통령직을 마치고 노예들을 임금노동자로 바꾸기 위해서 워싱턴은 직접 자신의 노예들과 상의했습니다. 워싱턴은 진심이었지만 노예들은 이를 이해하지 못했습니다. 당시 버지니아 사회에서 노예는 엄청난 돈이 되는 재산이었는데 이를 포기한다는 것은 이해가 되지 않았습니다. 그리고 마운트버넌의 워싱턴 소유의 노예들은 비록 노예의 신분이지만 자유인 못지않은 자유를 누리고 있었던 터였습니다. 하는 수 없이 워싱턴은 유언장에 죽음과 함께 자신의 모든 노예를 해방하고 그들이 안전하게 생활할 수 있도록 명시했습니다. 노예들의 목소리를 직접 들은 워싱턴은 말로만 평등과 자유를 외치는 사람들보다 노예들의 생활을 잘 이해할 수가 있었고 당시 건국의 아버지들과 다른 노예 소유자들은 누구도 할 수 없었던 노예해방을 할 수 있었던 것이 아닌가 생각합니다.

버지니아 하원의원으로 있었던 약 15년 동안 워싱턴은 말하기보다 주로 듣는 정치인이었습니다. 워싱턴은 이 사람 저 사람의 의견을 경청하고 나서 생각을 정리했습니다. 식민지 세금 등을 통한 아메리카 식민지 침탈에 대응할 때 워싱턴은 주로 듣는 편이었습니다. 이를 두고 어떤 역사가들은 워싱턴은 독립운동에 소극적이었다고 주장하기도 합니다. 하지만 워싱턴은 항상 올바른 이유를 가지고 올바른 결정을 하는

---

118 김형곤, 「정직의 힘」, 158 재인용. 워싱턴은 마운트버넌에 사는 노예를 포함한 모든 사람을 '식구'라고 표현했습니다.

편에 서있었습니다. 워싱턴은 독립군 사령관을 할 때 부하들의 이야기에 귀를 기울였습니다. 특히 워싱턴은 프랑스의 젊은 귀족 라파예트와 그린, 녹스의 말을 경청했습니다. 오합지졸에 불과했던 민병대가 중심이었던 독립군이 세계 최강의 군대를 상대로 승리한 이유에는 최고 사령관의 개방적이고 경청하는 리더십이 있었기 때문이었습니다. 뉴욕전투 패배 이후 절대절명의 위기 속에서 델라웨어강 도강작전으로 트렌턴과 프린스턴 전투의 승리는 고사 상태에 있던 독립운동에 다시 생기를 불어넣어 주었습니다. 이 작전의 성공 이면에는 워싱턴이 여러 참모와 장교들은 물론 신분과 지위에 상관없이 그 지역에 살고 있던 농부와 어부를 비롯한 토박이가 대거 참석하는 개방적이고 민주적인 '전쟁위원회'를 이끌었기 때문이었습니다.[119] 이는 영국의 콘월리스를 중심으로 하는 소수의 귀족 중심의 '전쟁위원회'와는 너무나 대조적이었습니다. 독립전쟁 최대의 위기였던 파지계곡에서의 성공적 생존은 워싱턴이 특별 초대한 훈련 교관 스투이벤과의 끊임없는 대화와 경청을 통해 촌티 나는 독립군을 정예군으로 만든 결과였습니다.

제헌의회 의장을 지낼 때 워싱턴은 새로운 헌법의 기준만을 제시했을 뿐 어떤 의견도 내지 않았습니다. 단지 논란이 극심했던 하원의원 수를 정하는 데 의원이 대표하는 지역구를 축소하자는 의견을 냈을 뿐이었습니다. 이는 워싱턴이 버지니아 하원의원을 지내면서 경험한 바로 하원의원들은 지역민의 뜻을 전달하고 또 그 결과를 지역민들에게 보고해야 하는 처지라는 것을 잘 알고 있었기 때문이었습니다. 대통령으로서 워싱턴은 그야말로 완벽한 경청자가 되었습니다. 워싱턴은 전쟁이 끝나고 다시 농부가 되어버린 자신을 보고 이제는 별 볼 일 없다고 여기고 자신을 떠나버린 해밀턴을 다시 불러 재무장관으로 임명했

---

119 이는 오늘날 어떤 기업이 새로운 지역을 개척할 때 그 지역민을 종업원으로 대거 발탁하는 경우와 같습니다.

습니다. 워싱턴은 해밀턴과 함께 시기로 늘 불만에 찬 얼굴을 하는 부통령 애덤스와 대통령에 대한 공식 명칭, 대통령이 내각 인사들이나 외부 사람들을 만나는 관행과 내각 인사에 대해 상의했습니다. 워싱턴은 항상 서로 반대 관점에 있었던 재무장관 해밀턴과 국무장관 제퍼슨의 이야기를 동시에 경청했습니다. 그리고 국가와 국민을 위한 최선의 길이 무엇인지 생각하고 결정했습니다. 워싱턴은 내각 장관들을 임명하고 그들의 일에 일절 간섭하지 않았습니다. 단지 워싱턴은 장관의 이야기를 경청하고 무엇이 최선의 길인가를 그들과 상의했습니다.

워싱턴은 사람들을 모을 때 학연, 지연, 혈연과 관계없이 누가 가장 국가와 국민을 위해 좋을 일을 할 수 있는가에만 집중했습니다. 워싱턴은 재능 있고 현명한 사람을 모으는 일이 리더의 일임을 본능적으로 이해하고 있었습니다. 총사령관으로 있을 때 워싱턴의 집현(集賢) 능력은 참으로 빛났습니다. 1775년 제2차 대륙회의의 결정으로 총사령관에 임명된 워싱턴은 가장 먼저 독립전쟁의 진원지인 보스턴으로 출발했습니다. 보스턴 전투는 이미 밝혔듯이 독립군과 워싱턴의 능력에 의해서라기보다 기상이변으로 영국군을 물러가게 했습니다. 하지만 워싱턴은 이곳에서 최고의 재능을 가진 두 사람을 발견하고 그들을 자기 사람으로 만들었습니다. 한 사람은 나다니엘 그린으로 그는 보스턴지역에서 독립군에 지원한 민병대원으로 주물업자로 일을 했습니다. 하지만 당시 대부분의 미국인은 그린을 달가워하지 않았습니다. 그가 절름발이자 퀘이커 교도였기 때문입니다. 그러나 독립운동에 헌신적이고 지역 민병대원이지만 군대를 통솔하는 뛰어난 능력을 확인한 워싱턴은 그를 장군으로 임명하고자 했습니다. 하지만 워싱턴 휘하의 다른 장교들을 비롯하여 심지어 의회까지도 그린의 신체조건과 퀘이커 교도라는 이유로 장교 임명을 거부했습니다. 하지만 워싱턴은 그린의 정직과 뛰어난 능력을 알아보았고 1776년 3월에 그를 장군으로 임명하며 보스턴지역을 담당하게 했습니다. 다른 한 사람은 헨리 녹스였습니다. 녹스는 보스턴시에서 조그만 서점을 경영하다가 민병대로 독립군에 자원입대했습니다. 워싱턴은 녹스를 만나자마자 그의 재능을 알아보았습니다. 하지만 다른 장교들과 의회가 이번에도 그가 배움이 부족하고 군에서의 경험이 부족하다는 이유로 장교 임명을 거부했습니다. 그러나 워싱턴은 녹스의 폭넓은 독서지식에 감탄했고 특히 그의 대포와 병참에 대한 군사 지식은 타의 추종을 불허한다는 것을 직감했습니다. 워싱턴은 많은 반대에도 불구하고 그를 장군으로 임명하여 독립군의 대포운영과 병참운영을 책임지도록 했습니다. 사실상 무기와 보급품 등이 턱없이 부족했던 독립군이 전쟁에서 이길 수 있었던 것은 녹스의 지휘 아래 영국군으로부터 빼앗을 대포의 원활한 운영과 병참 활동의 성공이 기인한 바가 적지 않습니다. 특히 워싱턴의 델라웨어강 도강작전에서 녹스의 신기에 가까운 대포 운영은 전쟁의 베테랑들인 헷센군을 무찌르는 데 결정적인 역할을 했습니다. 그 후 녹스는 미국 최초의 전쟁 장관으로 일을 하면서 신생국 미국의 방위를 훌륭하게 담당했습니다. 녹스는 애덤스 대통령 때 이루어졌던 미국해군 창설의 주역이기도 합니다.

역사가 디어메이드 맥컬록은 여러 연설을 통해 미미했던 워싱턴 군이 승리할 수 있었던 이유 중 하나로 그린과 녹스의 역할을 지적했습니다. 혁명전쟁이 시작되면서 종결되기까지 이 두 장군만이 워싱턴과 함께 했습니다. 맥컬록은 이들이 있었기에 워싱턴이 승리할 수 있었다고 말하고 있습니다. 하지만 대륙회의가 독립군 장군으로 임명하여 워싱턴이 받아들인 장군 중 여러 명이 문제를 일으켰습니다. 부사령관 찰스 리는 워싱턴을 질투하고 명령에 불복종했으며 총사령관을 무고(誣告)하기까지 했습니다. 장군 호레이쇼 게이츠 역시 워싱턴을 근거 없이 비판하고 의회에 친구들을 통해 그를 총사령관직에서 물러나도록 획책했습니다. 베네딕트 아놀드는 독립군의 중요한 정보를 영국군에게 넘기고 워싱턴을 배반한 장군이었습니다. 만약 절름발이이며 퀘이커

교도라고 해서 또 학력이 부족하다고 해서 워싱턴이 그린과 녹스를 등용하지 않았다면 어떻게 되었겠습니까?

워싱턴의 뛰어난 집현의 리더십을 보여준 한 사람이 또 있습니다. 그는 이제 막 열아홉 살이 된 프랑스 귀족 라파예트였습니다. 워싱턴은 1777년 프랑스 의용군으로 미국 독립전쟁에 자원한 라파예트를 독립군 소장으로 임명했습니다. 다른 장교들과 의회 의원들은 라파예트가 너무 어리다는 이유를 들어 임명을 반대했습니다. 하지만 워싱턴은 라파예트를 장군으로 임명해야 하는 두 가지 이유를 예측했습니다. 하나는 전쟁에서 승리하고 새로운 국가를 세우기 위해서는 국제관계에서 우위에 있어야 한다고 생각한 것입니다. 워싱턴은 영국이 아닌 또 다른 유럽의 강대국인 프랑스의 도움이 필요하다는 것을 직감했습니다. 다른 하나는 비록 나이가 어리지만, 라파예트는 정의와 자유의 신념을 가진 청년으로 미국의 대의를 이해하고 있었다는 것이었습니다. 사실 그 후 라파예트는 프랑스 지원군과 프랑스의 전비 지원을 끌어낸 최고의 일등 공신이었습니다. 워싱턴과 라파예트의 관계는 전쟁 때는 물론 대통령을 마치고 난 후까지 계속되었고 두 사람의 개방적인 태도는 나이를 뛰어넘어 아버지와 아들 관계로까지 발전했습니다.

전쟁은 군인들의 몫이지만 전쟁을 하게 하는 작전은 총사령관의 몫입니다. 독립전쟁 동안 두 나라는 작전 사령부와 같은 일종의 전쟁위원회를 운영했습니다. 하우와 콘윌리스 등이 이끄는 영국의 전쟁위원회는 구성원이 화려했습니다. 소수의 장군, 귀족, 의원이 아니면 위원이 될 수가 없었습니다. 위원회의 진행은 회의라기보다 총사령관의 생각을 일방적으로 통보하는 요식행위였습니다. 회의의 생명인 자유로운 의견제시나 토론 같은 것이 없었으며 오로지 위계와 질서만 존재하고 총사령관의 명령과 생각을 추인하는 것으로만 이루어졌습니다. 반면 워싱턴이 이끄는 미국의 전쟁위원회는 구성원이 다양했습니다. 전투를 앞두고 어떻게 하면 전투를 승리로 이끌 수 있을까 하는 것에 초점을 맞추어 전쟁위원회가 구성되었습니다. 장군, 주요 장교들, 병참장교, 포병장교 등은 물론이고 심지어 작전지역을 잘 알고 있는 농민과 상인과 더불어 지역전문가들이 위원회에 참석했습니다. 위원회의 진행은 그야말로 자유로운 의견제시와 토론이었습니다. 워싱턴은 가능한 말을 하지 않았고 다른 사람들의 말을 많이 들었습니다. 후대의 역사가들은 오합지졸의 농민군을 가지고 세계 최강의 군대를 상대하여 승리할 수 있었던 요인 중 하나로 워싱턴의 전쟁위원회 운영을 꼽고 있습니다. 워싱턴이 운영한 전쟁위원회는 소통과 협력의 본질을 보여준 사례였습니다.[120]

그린, 녹스, 라파예트가 독립전쟁 때 워싱턴이 조합한 드림팀이라면 그가 대통령으로서 보여준 집현의 리더십은 드림팀 중의 드림팀의 구성이었습니다. 워싱턴은 대통령으로서의 행동과 내각인사를 구성하는 문제에 대해 매사에 질투심에 불타는 부통령 존 애덤스와 아직은 이념적 성향을 보이지 않았던 제임스 매디슨과 상의했습니다.[121] 외교업무가 주 담당인 국무장관은 당연히 제퍼슨의 몫이었습니다. 경제 관념이 뛰어난 해밀턴이 나라의 살림을 책임지는 재무장관이었습니다. 그리고 독립전쟁 때 뛰어난 군사 실력을 보여준 녹스가 전쟁장관이었습니다. 누구보다 진실하고 믿음직스러운 에드먼드 랜돌프가 법무장관으로 임명되었습니다. 후대의 역사가들은 워싱턴의 내각을 가장 성공적인 내각 구성이라 평가하고 있습니다.

비록 제퍼슨이 해밀턴에 대한 시기와 질투는 물론 이념적 차이로 국무부 일을 소홀히 한 점이 없지 않았지만 그런데도 그의 뛰어난 업무 능력은 신생국 미국이 국제무대에 등장할 수 있는 기틀을 마련해 주었

---

120 김형곤, "델라웨어 도강작전에 나타난 조지 워싱턴 장군의 리더십"「서양사학연구」 제28집(2013. 6): 41-82.

121 워싱턴 행정부 초기에 당시 연방 하원의원이었던 제임스 매디슨은 대통령에게 많은 도움을 주었으나 시간이 지나면서 제퍼슨 등과 함께 이른바 공화파를 형성하여 워싱턴 정책에 반하는 노선으로 갔다.

습니다. 너무나 기회주의적이고 실리에 밝다는 것을 알고 있었지만 워싱턴은 해밀턴을 재무장관으로 임명하는 데 주저하지 않았습니다. 워싱턴은 신생국은 재정문제가 무엇보다 중요하다는 것을 알고 있었고 그 일에 적합한 자는 해밀턴이라는 것을 직감했습니다. 하지만 해밀턴과 제퍼슨은 철저하리만큼 서로를 반대하고 질투하는 태도였습니다. 해밀턴은 연방 중심의 중앙집권적이고 친(親)영국적인 데 반해 제퍼슨은 주 중심의 지방분권적이었고 친프랑스파이었습니다. 해밀턴이 원칙적이고 고지식한 데 비해 제퍼슨은 자유롭고 개방적이었습니다. 워싱턴은 두 사람을 화해시켜 보려고 시도하기도 했지만, 굳이 이것을 성사시키고자 노력하지는 않았습니다. 워싱턴은 두 사람의 서로 다른 의견을 경청하는 리더였습니다. 워싱턴은 국가를 운명하는 데 있어 서로 다른 의견은 자연적이고 또 필요불가결한 것으로 생각했습니다. 그는 국가를 성공적으로 이끄는 데는 나약한 '예스맨'은 오히려 해가 된다는 것을 본능적으로 알고 있었습니다. 그래서 워싱턴은 두 사람의 의견을 경청하고 나서 무엇이 국가와 국민을 위한 최선의 방향인가를 선택했습니다. 워싱턴은 이제 막 건국한 나라는 무엇보다 재정적으로 안정이 되어야 한다고 생각했습니다. 독립전쟁 때 워싱턴은 대륙회의가 돈이 부족하여 힘이 부족했다는 것을 누구보다도 잘 알고 있었습니다. 결국 워싱턴은 강한 중앙정부와 경제구조의 안정성을 확보하고자 하는 해밀턴의 주장을 받아들였습니다. 시간이 지나면서 워싱턴의 이 선택은 너무나 타당하고 적합했다는 것이 입증되었습니다. 제퍼슨의 질투는 형언할 수가 없었습니다. 제퍼슨은 무려 세 번이나 사표를 내면서 대통령에게 항의했습니다. 하지만 그때마다 워싱턴은 제퍼슨의 사표를 만류하고 그를 내각에 두어 국가와 국민을 위해 일을 하도록 했습니다. 워싱턴이 두 번째 임기에 들어가고 얼마 있지 않아 제퍼슨은 자신의 도당(공화파)을 만들고 워싱턴이 친프랑스파인 외교 노선을 걷지 않는 것에 불만을 품고 아무런 근거도 없이 대통령을 비난했습니다. 워싱턴

국민을 행복하게 만든 대통령들

은 자신에 대한 비판의 진원지가 제퍼슨이라는 것을 알고 있었지만 침묵했습니다.

GE의 잭 웰치는 "조직의 변화발전은 어떤 구호나 연설로 이루어지지 않습니다. 그것은 리더가 올바른 사람을 올바른 장소에 배치할 때 가능해집니다. 사람이 먼저입니다. 전략과 다른 것들은 그 사람 다음의 문제입니다"라고 말했습니다. 워싱턴은 일생을 통해 개인적이건 공적이건 아랫사람들과 대화와 경청을 통해 소통하면서 최적의 사람을 모았습니다. 워싱턴이 질 수밖에 없었던 전쟁을 승리로 이끌고 미약한 신생국 미국을 영원히 발전할 수 있도록 초석을 다진 것은 그의 경청과 집현을 통한 소통과 협력적 리더십 때문이었습니다.

솔선수범하는 자세

대통령이 국민을 행복하게 만드는 비법 중 또 하나는 그들이 일은 물론이고 삶 전반에서 솔선수범했다는 점입니다. 솔선수범은 리더가 다른 사람보다 먼저 행동하여 스스로 다른 사람의 모범이 되는 것을 말합니다. 성공한 미국 대통령들은 하나같이 솔선수범으로 참다운 권위와 리더십을 발휘했습니다. 어떤 리더가 솔선수범한지 아닌지를 구분하는 기준에는 그가 정직한가? 그가 주도적이고 실천적인가? 그가 기필코 책임을 지는가? 등이 포함되어 있습니다.

리더십은 리더 혼자만의 영역으로 작용하지 않습니다. 리더십은 반드시 다른 사람과의 관계 속에서 이루어지는 상호작용의 영역입니다. 한두 번의 거짓과 책임회피는 다른 사람들을 속일 수 있습니다. 하지만 리더의 거짓은 '여름날의 하루살이'만큼의 생명력을 가지지 못합니다. 거짓과 책임회피는 리더에 대한 불신을 낳고 그 불신은 리더는 물론 그들이 속해 있는 조직을 와해시키는 악의 요소가 되는 것입니다. 리더의 자리에 있는 사람이 주도적이지도 실천적이지 않고 말만 앞세운다면 그 리더 역시 다른 사람들로부터 신뢰를 얻지 못하는 것은 당연합니다. 국민을 행복하게 만든 미국 대통령들은 정직하고 실천적이고 책임을 지는 인물들이었습니다.

성공한 미국 대통령은 정직을 생명과도 같이 생각했습니다. 누구나 한두 번 정직하지 못한 일을 하고 그것을 교묘하게 위장할 수도 있습니다. 하지만 이것은 오래갈 수 없습니다. 세상에 정직하지 않은 사람을 따르는 사람은 아무도 없기 때문입니다. 간혹 정직하지 못한 사람을 따르기도 하는데 이는 진정성을 따른 것이 아니라 십중팔구 '권력'과 '돈'을 따르는 것이고 아니면 따르는 사람 역시 틀림없이 정직하지 못합니다. 따라서 대통령이 정직하지 못하면 국가는 성장을 멈추고 궁극적으로 망하는 길로 가게 되어있습니다. 일찍이 인도의 마하트마 간디는 "모든 일에 정직이 없으면 국가가 망하게 된다"라고 역설했습니다. 리더십 연구로 유명한 제임스 번즈 역시 "정직하지 못한 리더십은 단순한 관리기술과 정치기술에 불과하다"라고 말하고 있습니다.

조지 워싱턴은 정직한 사람입니다. 그는 자신뿐만 아니라 사람은 누구나 정직해야 한다고 믿었습니다. 그래야만 모든 인간관계가 바르게 이루어진다고 생각했습니다. 그래서 워싱턴은 일생을 통해 "정직을 최고의 정책"으로 여기고 살았습니다. 워싱턴은 자신의 일기장에는 물론 자주 보는 여러 책에 다음의 문구를 적어 놓았습니다.

정직이 항상 최고의 정책입니다.

18세기 중반 버지니아 사회에서 젠트리가 되는 것이 꿈이었던 워싱턴은 당시 젠트리들이 갖추고 있었던 개인적이고 사회적인 덕목들 - 정직, 청렴, 솔선수범, 용기 등 - 을 책과 멘토들을 통해 배웠습니다. 워싱턴은 이러한 덕목들을 실천하고 사는 것이야말로 사람으로서 가장 명예로운 삶이라 생각했습니다. 워싱턴은 항상 자신은 물론 다른 사람들에게도 사람은 위대해지기 전에 먼저 정직해질 것을 주문했습니다. 워싱턴은 오로지 정직한 사람만이 부끄럽지 않은 평판을 유지할 수 있다고 믿었습니다. 명예로운 삶과 다른 사람으로부터의 평판을 너무나 소중하게 여긴 워싱턴은 일생을 통해 자신이 어디에 있건 어떤 처지가 되건 정직한 생활을 했습니다. 가정에서부터, 젠트리로, 정치가로, 총 사령관으로, 제헌의회 의장으로, 대통령으로, 그리고 죽는 그 순간까지 워싱턴은 정직했습니다. 말하자면 요람에서 무덤까지 정직은 워싱턴의 상징이었습니다. 워싱턴의 전기작가로 유명한 파슨 윔스는 워싱턴의 정직을 하나의 일화로 설명했습니다. '워싱턴은 호기심이 아주 많은 아이였습니다. 워싱턴은 노예들이 쓰던 도끼를 보고 이것을 시험해 보고 싶었습니다. 그래서 워싱턴은 아버지가 아끼던 정원의 체리나무를 도끼로 찍었습니다. 이 일을 두고 어머니와 유모는 아버지에게 비밀로 하자고 했지만 워싱턴은 '아버지께 나는 거짓말을 할 수 없어요'라고 말했습니다. 이 이야기는 어린 워싱턴을 이야기할 때 가장 잘 알려진 이야기이지만 이것은 작가에 의해 꾸며진 이야기로 밝혀졌습니다. 하지만 우리는 이 이야기를 단순히 꾸며낸 이야기로 혹은 영웅의 어린 시절을 신화로 만들기 위한 이야기로 치부해 버릴 수가 없다고 생각합니다. 왜냐하면 워싱턴의 일생은 바로 "나는 거짓말을 할 수 없어요"였기 때문입니다.

정직이 바탕이 된 워싱턴은 인류역사상 최고의 권력을 가진 사람으로 그 누구도 실천하지 못한 유일한 덕목 - 청렴결백 - 을 실천한 유일한 사람이 되었습니다. 워싱턴은 군사적 힘을 가진 총사령관으로서 전쟁을 승리로 이끌어 모든 권력을 가졌지만, 그 권력을 버렸습니다. 워싱턴은 대통령으로 죽을 때까지 종신대통령이 될 수 있었지만, 그 특권을 버렸습니다. 워싱턴은 많은 재산과 노예를 소유하고 있었지만, 이것 또한 청렴의 이름 속에 포함해 궁극적으로 자신의 노예를 해방하고 수많은 재산을 사회에 기부했습니다.

학력도 힘도 배경도 없는 사람이 성공하기 위해서는 어떻게 해야 할까요? 어떻게 살아가야만 할까요? 아버지가 죽고 난 뒤 워싱턴은 아마도 이 문제에서 심각한 딜레마에 빠졌을 것이라 생각합니다. 어떻게 해야 할까? 어떻게 해야만 나도 18세기 중반 버지니아 사회에서 성공한 사람이 될 수 있을까? 워싱턴의 이런 고민은 당시 버지니아 사회에서 성공한 사람들을 찾아보게 했고 성공한 사람들이 추천하는 책을 읽도록 했을 것입니다. 그리고 마치 스펀지와 같이 성공한 사람들의 조언을 받아들이거나 생활방식을 모방했습니다. 그런 과정에서 워싱턴은 성공한 젠트리로부터 성공한 정치인과 군인으로부터 그들의 생활의 근저에 뿌리하고 있는 하나의 윤리를 찾게 되는데 그것이 바로 '정직'이었습니다. 워싱턴의 눈에 정직은 하나의 명예로 다른 사람들로부터 좋은 평가를 받게 하는 기조로 보였습니다. 그래서 워싱턴은 자신의 멘토와 책을 통해 정직을 배우고 실천하며 성장했습니다. 워싱턴은 평생 정직에서 벗어나지 않았습니다. 1755년 프랑스-인디언 동맹 전쟁이 한창일 때 병사들을 지휘하던 스물네 살의 워싱턴은 로버트 스파츠우드라는 부하 장교에게 편지를 보내 다음과 같이 명령했습니다.

> 귀관은 부하들을 곧바로 컴블랜드 요새로 행군하게 하십시오. 그곳에서 귀관은 옷과 무기를 병사들에게 제공해야 합니다. 귀관은 병사들이 행군하는 동안 주의 깊게 잘 살펴보아야 합니다. 말하자면 귀관의 부하들이 사람들이 버리고 가버린 집이나 다른 어떤 물건 혹은 농장을 약탈하지 않도록 주의해야 합니다.[122]

워싱턴은 보급품이 부족하고 특히 영국 정규군과 차별이 만연한 버지니아 민병대를 이끌면서 민간인들에 대한 약탈을 철저하게 금지했습니다. 워싱턴은 어쩔 수 없는 경우에는 자신의 개인 돈을 털어 황을 충당했습니다. 워싱턴의 민간인 재산 약탈 금지는 그 후 독립전쟁 때에 더욱 철저한 군령으로 지켜졌습니다. 워싱턴은 브레독 장군의 패배 이후 그동안 잘 지내던 버지니아 총독 딘위디와 불화가 생겼습니다. 워싱

---

[122] 김형곤, 「정직의 힘」, 175 재인용.

턴은 브레독 장군의 시신을 거두어 장례까지 치렀는데 영국인들은 패배의 책임을 워싱턴에게 돌리는 상황이었습니다. 전투에서 부하들을 지휘하느라 여러 번 죽을 고비를 넘긴 그에게 칭찬은커녕 오히려 워싱턴이 주지사에게 버릇없이 굴고 욕을 했다는 소문을 접하게 되었습니다. 이에 누구보다도 명예를 중요시하고 있었던 워싱턴은 흥분을 하지 않을 수가 없었습니다. 그는 직접 총독을 찾아가 자신의 정직을 따지고 싶었지만 이를 억누르고 1757년 9월 17일 다음과 같은 편지를 썼습니다.

> 나는 지금까지 살면서 자신보다 이 나라의 이익을 위해서 충심과 정직으로 살아왔습니다. 만약 어떤 사람이 나의 공적인 생활에서 나의 정의롭지 못한 일을 발견한다면 나는 기꺼이 이 세상에서 가장 수치스러운 처벌을 받겠습니다.[123]

리더의 자리에 있는 사람은 사람들로부터 칭찬과 함께 비난도 받게 마련입니다. 아마도 당시 아직 20대에 지나지 않았던 워싱턴은 자신에 대한 터무니없는 비난 몹시도 참기가 어려웠던 것으로 생각됩니다. 하지만 후에 총사령관과 대통령으로 있을 때 워싱턴은 자신에 대한 작고 사소한 비판에 크게 신경 쓰지 않았습니다. 나이가 들면서 워싱턴은 가장 좋은 대응은 정직 그 자체라는 것을 터득했기 때문이었습니다. 워싱턴은 젠틀맨으로 일을 할 때 누구보다도 정직했습니다. 영국의 위탁 상인에게 보내는 자신의 담배가 터무니없는 낮은 가격으로 매겨졌을 때도 워싱턴은 영국의 상인을 의심하기보다 자신의 상품이 잘못되지 않았나 먼저 생각했습니다. 하지만 이런 경우가 잦아지고 어쩔 수 없이 빚이 늘어나자 워싱턴은 담배를 포기하고 다른 작물 재배로 방향을 틀었습니다. 그리고 워싱턴은 그때까지 진 빚을 모두 다 갚았습니

---

123 김형곤, 「정직의 힘」, 176 재인용.

다. 워싱턴에게 빚을 지고 사는 것은 하나의 불명예였고 이는 죽기보다 더 싫은 경우였습니다. 워싱턴은 농사를 지으면서 또 사업을 하면서 꼼꼼하리만큼 정직했습니다. 그의 일기에는 한 부셸의 티모시 씨앗은 총 1억 3천 4백 10만 개라고 기록했습니다. 워싱턴은 밀가루와 물고기를 판매할 때 정확함을 우선으로 했습니다. 또 노예 중에서 누가 부지런하고 누가 게으른가를 정확하게 기록했습니다. 워싱턴의 이런 행동이 너무 사소하고 쩨쩨한 것으로 여겨지는지요? 워싱턴의 이런 행동이 노예들의 노동을 착취하기 위한 것으로 생각되는지요? 아닙니다. 이는 워싱턴의 정확함과 정직함이 생활 속에 묻어난 것이라 말할 수 있습니다.

이미 살펴보았듯이 대륙회의에서 워싱턴이 총사령관에 임명된 이유는 그의 정직한 성격 때문이었습니다. 특히 존 애덤스를 비롯한 북부를 대표하는 대의원들은 한 세기 전 영국 크롬웰의 악행을 잘 알고 있었던 터라 혹시 워싱턴이 권력을 잡더라도 그는 절대로 크롬웰의 전철을 밟지 않을 사람으로 인정했습니다. 전쟁을 이끄는 총사령관은 장군으로서 승리할 수 있는 능력이 선발 기준이 되어야 했는데 워싱턴의 경우는 그렇지 않았습니다. 말하자면 당시 미국의 건국의 아버지들은 최고리더의 자질은 제임스 번즈의 말처럼 기술이나 능력이 아니라 정직이라는 것을 알고 있었던 것입니다.

독립전쟁이 일어나고 나서 초기에 많은 전투에서 패배하고 수많은 병사가 죽어가는 상황에서 총사령관 워싱턴의 정직에 대한 평판은 너무나 중요했습니다. 연일 패배의 소식을 접하게 된 대륙회의 의원들은 물론 여러 부하 장교들까지 장군으로서의 워싱턴의 능력과 조직을 이끄는 리더의 판단력에 대해서 적지 않은 의문을 제기했습니다. 심지어는 부사령관이었던 게이츠 장군 등은 몇몇 의원들과 합심하여 워싱턴을 총사령관직에서 물러나게 하려고 모종의 음모까지 꾸미기도 했습니다. 하지만 그런 상황에서도 워싱턴의 정직에 대해서 감히 문제를 제기하는 사람은 아무도 없었습니다. 대륙회의 의원들은 물론 여러 사람에게 워싱턴은 부패하지 않을 사람으로 여겨졌으며 적당한 타협으로 문제의 본질을 흐리는 것이 그의 기준이 아니라는 것을 그들은 알고 있었던 것입니다.

총사령관으로 독립전쟁을 이끌면서 워싱턴은 독립군이 영국군을 상대로 우위에 있는 것이 무엇인지를 생각했습니다. 워싱턴은 독립군이 군사 수와 무기 보급체계와 전투력 등이 군사력에 미치지 못한다는 것을 잘 알고 있었습니다. 워싱턴은 미국군이 영국군의 우위에 있는 유일한 것은 바로 군인으로서의 정직임을 알고 있었습니다. 그래서 워싱턴은 시간이 지나면서 더욱 엄격하게 군 규율을 만들고 지켰습니다. 워싱턴이 부하들에게 무엇인가를 말하면 부하들은 그것을 진정성 있는 진리로 받아들였습니다. 워싱턴은 전쟁하는 동안 병사들에게 아무리 배가 고프더라도 다른 사람들의 농장을 약탈하지 못하도록 명령했습니다. 훔치는 것은 훔치는 그 자체이지 어떤 변명도 허락되지 않았습니다. 또한 워싱턴은 병사들이 평범한 시민들의 재산을 약탈하고 괴롭히면 곧 약탈을 일삼는 영국군과 같은 취급을 받을 것이라 경고했습니다. 워싱턴은 1777년 초에 이러한 내용을 특별 훈령으로 전체 독립군에 하달했습니다. 하지만 이즈음 영국군 사령관 윌리엄 하우는 군인들이 채다스포드지역에 있는 퀘이커 교도들의 마을을 습격하여 수천 달러에 달하는 물품을 약탈하도록 했습니다. 이를 계기로 그때까지 종교적 교리를 이유로 전쟁의 중립을 지키고 있었던 퀘이커 교도들이 영국군에게 완전히 등을 돌려 독립군을 돕게 되었습니다.

전쟁은 끝났지만, 아직 총사령관으로서 군사 권력을 가지고 있었던 워싱턴이 칼을 대륙회의에 반납하고 살아 있는 권력을 내려놓은 것 역시 그의 정직 때문이었습니다. 워싱턴은 8년 전 총사령관으로 임명될 당시 대륙회의 의원들 앞에서 약속했을 뿐더러 그렇게 하는 것이 올바른 선택임을 알고 있었습니다. 워싱턴은 본래의 신분(농민)으로 당연히 돌아가야 한다고 생각했고 그것을 실천에 옮겼습니다. 상황이 변화했다고 해서 약속을 어기고 자신의 신념을 버리는 행위는 졸장부들이 하는 짓이고 비열한 행동입니다. 그것은 역사의 진리를 저버리는 행위입니다.[124]

워싱턴은 제헌의회 의장으로도 만장일치로 선출되었습니다. 전쟁을 시작할 때보다 그들의 리더로 선택할 수 있는 후보자가 훨씬 많았을 때임에도 불구하고 사람들은 지역과 나이, 빈부를 초월하여 왜 워싱턴을 의장으로 선출했을까요? 의원들이 독립한 새로운 나라에 적용될 헌법을 만들면서 입법부와 사법부에 관한 규정은 복잡다단하게 마련해 두었는데 삼권분립의 한 축인 행정부 중 대통령에 관한 규정은 너무나 단순하게 만든 이유는 무엇일까요? 이것에 대한 대답은 단 하나라고 생각합니다. 사람들이 워싱턴을 믿었기 때문이었습니다.

1787년 필라델피아에서 열린 제헌의회에 참석한 의원들은 헌법을 만들면서 자신들이 속해 있는 주에 유리하게 만들고자 했습니다.[125] 그들은 다양한 생각으로 의견이 분분했지만 그런데도 워싱턴이 타협과 협조를 통해 그들의 의견을 통합해 줄 수 있으리라 믿었습니다. 그들은 굳이 행정부를 대표하는 대통령직에 대해 상세하게 규정하지 않아도 워싱턴이 이를 잘 수행하리라 믿었습니다. 워싱턴은 제헌회의장의 문을 닫고 조용히 말할 수가 있는 힘이 있었습니다.

우리는 함께 일할 수 있습니다. 우리는 타협할 수 있습니다. 왜냐하면 우리의 문제는 새로운 기준(헌법)을 만드는 것입니다. 그 기준은 우리 개인을 위한

---

124 카이사르가 군사적 권력으로 민간 권력을 빼앗았고 크롬웰이 그러했습니다. 그 후 나폴레옹이 그러했고 우리나라의 박정희와 전두환, 노태우가 그러했습니다.

125 비교적 작은 주를 대변하는 '뉴저지 안'은 윌리엄 패터슨이 주장한 것으로 단원제 국회로 주마다 의원을 한 명씩 선발하자는 주장이었습니다. 반면 큰 주를 대변하는 '버지니아 안'은 제임스 매디슨과 에드먼드 랜돌프가 주장한 것으로 양원제로 주의회에서 상원을 선발하고 하원은 국민 직접선거를 하자는 안이었습니다. 수없는 논란 끝에 워싱턴의 노력으로 이른바 '대타협 안(Great Compromise)'이 나왔는데 이는 코네티컷주의 로저 셔먼이 주장한 것으로 양원제를 선택하고 상원은 각 주에서 각각 두 명을 선출하고 하원은 국민 직접선거를 하자는 것이었습니다.

것이 아니라 국민에 의한 국민을 위한 진정한 정부를 구성하는 것이기 때문입니다.[126]

워싱턴의 이 발언 이후 제헌의회 의원들은 타협안을 구상하기 시작했고 곧바로 코네티컷주의 로저 셔먼이 발의한 '대 타협안'이 채택되었습니다. 후에 에이브러햄 링컨 대통령은 '87년 전'으로 시작하는 그 유명한 게티즈버그 연설에서 "국민의 국민에 의한 국민을 위한 정부"를 언급했습니다. 링컨은 이 주옥과 같은 문장을 만들면서 제헌 회의에서 '대타협안'을 끌어냈던 워싱턴의 발언에서 영감을 얻었습니다.

워싱턴은 최고 권력자인 대통령이 되어서 퇴임 후 죽을 때까지도 정직했습니다. 워싱턴은 다시 한번 만장일치로 당선된 두 번의 대통령직을 마치고 조금도 미련 없이 고향으로 돌아갔습니다. 워싱턴은 죽음이 가깝다는 것을 알고 노예제도와 재산에 대한 자신의 신념을 유언장에 기록했습니다. 워싱턴은 한 가족의, 한 지역사회의, 한 국가의 리더가 어떻게 행동해야 하는가를 알고 그렇게 실천하다 죽음을 맞이했습니다.

리더는 정직해야 합니다.
그래서 '리더'를 다른 말로 표현하라면 그것은 바로 '정직'입니다.

정직한 사람만이 진정한 용기를 발휘할 수 있습니다. 워싱턴은 정직한 사람으로 강한 용기를 가진 사람이었습니다. 워싱턴의 용기는 두려움을 모르는 그런 용기가 아니었습니다. 그 역시 많은 다른 사람들과 마찬가지로 일과 행동에 두려움을 가지고 있었습니다. 하지만 워싱턴은 항상 정직한 사람이었고 무슨 일을 해야 대의를 위한 올바른 길을 갈 수 있는가를 먼저 생각했습니다. 워싱턴은 두려웠지만, 대의를 위해

---

126 김형곤, 「정직의 힘」, 179 재인용.

국민을 행복하게 만든 대통령들

행동하는 사람이었습니다. 교육받을 기회가 부족한 사람 중 대부분은 그것을 자신의 운명으로 생각하는 경우가 많습니다. 운명적인 생각은 자체의 노력을 통한 교육의 기회마저 박탈시켜 자기 성장을 멈추게 합니다. 하지만 워싱턴은 그렇지 않았습니다. 워싱턴은 자신에게 정규교육의 기회가 없었지만 어떻게 자신을 스스로 교육할까 고민했습니다. 그의 고민이 이복형 로렌스와 형의 장인인 페어팩스 대령을 만나도록 만들었습니다. 그의 고민이 버지니아 젠틀맨으로 성장할 수 있는 기본을 가르쳐주는 많은 책을 만나게 해주었습니다. 말하자면 워싱턴이 주도적으로 멘토를 만들고 책을 구해 본 것은 정직하게 살아가고자 하는 태도에서 나온 그의 타고난 용기 때문에 이루어진 것이라 할 수 있습니다.

1753년 늦은 가을에 워싱턴에게는 자신의 용기를 다른 사람에게 보여줄 기회가 찾아왔습니다. 당시 유럽에서 전쟁하고 있었던 프랑스가 신대륙을 점령할 목적으로 오하이오 계곡에 요새를 만들고 있었던 것입니다. 이에 영국 정부는 버지니아 총독 딘위디에게 특사를 파견해서 프랑스군에게 이 땅이 영국 것임을 알리고 물러나도록 하는 외교적 임무를 수행하도록 했습니다. 하지만 이 일은 그리 쉬운 일이 아니었습니다. 무엇보다 프랑스군이 어떻게 나올 것인가를 몰랐습니다. 더더욱 호전적인 인디언들과 이제 막 다가오는 겨울철에 황무지나 다름없는 오하이오 계곡으로 여행을 한다는 것은 두려움이 앞서는 일이었습니다. 하지만 워싱턴은 이 일이 자신에게 온 좋은 기회임을 직감했습니다.

자신의 노력과 페어팩스 대령의 도움으로 특사의 자격을 얻은 워싱턴은 크리스토프 기스트라는 가이드와 함께 여행을 떠났습니다. 프랑스 요새까지 가는 길은 비교적 수월했습니다. 또 그곳에서의 특사 일 역시 어렵지 않았습니다. 하지만 돌아오는 길에는 우려했던 두 가지 일이 일어났습니다. 하나는 안내인으로 고용했던 인디언 두 사람을 향해 총을 발사했습니다. 다행히도 총알이 빗나갔고 그 인디언을 사로잡은 워싱턴은 그를 살려주었습니다. 다른 하나는 혹독한 겨울 날씨였습니다. 식량은 이미 떨어졌고 타고 갔던 말도 추위에 동사해 버렸습니다. 그들은 오하이오 계곡에서 버지니아로 돌아오기 위해서는 반드시 건너야 할 알레게니강가에 다다랐습니다. 그들은 뗏목을 만들어 타고 강을 건너고 있었는데 떠다니는 큰 얼음덩이가 뗏목을 때렸고 그만 두 사람은 차가운 강물에 빠지고 말았습니다. 구사일생으로 강 중턱에 있는 작은 섬으로 올라온 두 사람은 죽음의 문턱까지 데리고 간 살을 에는 겨울밤을 보냈습니다. 그들이 어떻게 밤을 보냈는가에 관한 이야기는 어디에도 없지만 죽을 고비를 넘긴 것은 분명합니다. 어쨌든 워싱턴과 기스트는 그다음 날 길을 재촉해 버지니아로 돌아왔습니다.

　워싱턴은 여행 이야기를 책으로 발간했습니다. 처음에는 버지니아에서 그리고 다른 식민지 지역에서 그리고 영국과 프랑스에서 발간된 이 책으로 워싱턴은 버지니아의 작은 인물에서 전국적인 인물로 나아가 세계적인 인물로 알려지게 되었습니다. 정규교육을 받지도 않은 워싱턴이 또 나이도 그리 많지 않았던 워싱턴이 이러한 책을 발간한 것이 겸손하지 못한 무모한 행동일까요? 저는 여기에서도 당시만 하더라도 철저한 영국 시민이기를 원했던 워싱턴이 오하이오 계곡의 진상을 여러 사람에게 알리고자 한 순수한 용기에서 비롯된 것이 아닌가 생각합니다.

　젊은 나이에 버지니아 민병대 대령으로 진급한 워싱턴은 좀 더 많은 공을 세워 자신의 꿈인 영국 정규군으로 성공하고 싶었습니다. 그래서 워싱턴은 영국 지원군을 기다리지 않고 자신의 병사만을 이끌고 프랑스군을 소탕하기 위해 오하이오 계곡으로 들어갔습니다. 처음에 워싱턴이 이끄는 병사들은 소규모의 프랑스군을 상대로 승리를 했지만 궁극적으로 프랑스군에게 패배했습니다. 이 전투에 대해 워싱턴은 한 친구에게 다음과 같은 편지를 썼습니다.

진짜 너에게 말할 수 있는데 나는 총알이 날아오는 소리를 들었고 그 소리에서 묘한 매력을 느꼈어.[127]

워싱턴이 그토록 성공하고 싶었던 '군인의 길'을 포기한 것은 그가 실천한 용기 중 하나입니다. 철저한 영국 시민으로 영국 정규군이 되고자 했지만, 또 누구 못지않게 많은 공을 세웠지만, 오히려 영국 정부는 식민지 군에 대한 차별대우를 더 강화했습니다. 차별대우를 참고 계속 군에 남아있을지 아니면 군인으로 성공하고자 한 자신의 목표를 포기할지는 당시 젊은 나이의 워싱턴에게 너무나 중요하고 어려운 결단의 순간이었을 것입니다. 결국 워싱턴은 군을 떠났습니다.

결혼 후 농장주가 되었을 때 워싱턴은 당시 버지니아 농사의 대부분이었던 담배 농사의 현실을 바로 보게 되었습니다. 이미 당시 식민지의 담배 농사는 영국 위탁 상인들의 농간에 더 이상의 이익을 주는 작물이 아니었습니다. 하지만 그런데도 버지니아 농장주 사이에는 담배 농사를 잘 지어 그것을 영국 위탁 상인에게 판매하고 최상의 등급을 받아 식민지에서 필요한 물건들을 사는 것이 유능한 농장주로 여겨지고 있었습니다. 그뿐만 아니라 유능한 농장주가 된다는 것은 지역에서 보편화된 명예로운 일이었습니다. 명예를 누구보다도 중요하고 생각했던 워싱턴은 담배 농사를 포기할 것인가를 놓고 고민하고 갈등했음이 틀림없습니다. 하지만 워싱턴은 무엇이 올바른 길인가를 생각했고 그 길을 선택했습니다. 그는 버지니아 농장주 중 누구보다 먼저 담배 농사를 포기하고 다른 작물을 선택했습니다. 이 또한 워싱턴의 용기가 아닌가 생각합니다.

워싱턴은 군사력을 비롯한 모든 면에서 비교도 안 될 정도로 부족한 상태에서 세계 최강의 군대를 상대로 싸워야 하는 독립군의 총사령관

---

127 김형곤, 「정직의 힘」, 184 재인용.

직책을 어떻게 승인했을까요? 워싱턴은 독립군과 영국군의 전력과 상태를 너무나 잘 알고 있었습니다. 그 역시 승리하지 못했을 때 자신이 어떻게 될 것인가에 두려움을 가지고 있었습니다. 하지만 그 길이 바른 길이었고 워싱턴은 당연히 바른길을 가야 한다고 생각했습니다. 독립전쟁을 치르면서 수많은 전투에서 워싱턴은 용기 있게 행동했습니다. 1778년 명령에 불복종하여 독립군을 후퇴시킨 부사령관 찰스 리의 결정에 워싱턴은 스스로 최전선에 나가 후퇴하는 군에게 다시 적을 공격하도록 명령했습니다. 총알이 빗발치는 가운데서도 후퇴하지 않은 워싱턴의 용기는 병사들에게 길이길이 각인되었습니다. 당시 워싱턴을 보좌하던 해밀턴은 다음과 같이 기록했습니다.

> 장군은 혼란 속에서 공격 명령을 내렸습니다. 병사들에게 용기를 주고 승리를 이끌었습니다. 장군은 이날 독립전쟁의 운명을 바꾸어 놓았습니다.[128]

독립전쟁 중에 총사령관 워싱턴의 용기 있는 선택에 관한 이야기가 하나 있습니다. 이 사실은 거의 알려지지 않은 것입니다. 초기 독립군의 병영은 화장실도 제대로 마련되어 있지 않았을 정도로 위생 상태가 엉망이었습니다. 그래서 일찌감치 위생이 엉망인 독립군 병영에 당시 유행했던 천연두가 창궐했습니다. 수십 명이 감염되었고 워싱턴은 감염자들을 격리했지만 창궐하는 질병을 이겨 낼 수가 없었습니다. 당시는 이미 종두법이 알려진 상태였고 워싱턴은 형과 함께 서인도제도를 여행할 때 이 병에 걸렸다가 회복이 된 상태라 면역력을 가지고 있었습니다. 문제는 모든 사병에게 동시에 우두접종을 해야 한다는 것이었습니다. 이 일이 실행 가능한가 하는 문제와 치료를 하는 동안 적군이 공격할 가능성이 문제였습니다. 의사들은 우두접종을 권고했지만, 전

---

128 김형곤, 「정직의 힘」, 186 재인용.

투가 우선인 총사령관으로서는 이 거대한 일을 결정하기가 쉽지 않았습니다. 하지만 워싱턴은 궁극적으로 위험에도 불구하고 접종을 결정했습니다. 부대별로 철저한 계획을 세워 일부는 경계근무를 서고 일부는 차례로 접종을 시행했습니다. 이를 두고 역사가 엘리자베스 펜(Elizabeth Penn)은 다음과 같이 말했습니다.

> 미국 역사상 처음으로 가장 큰 규모로 국가 차원의 접종을 했습니다. 이는 총사령관의 담대한 용기 덕분에 이루어질 수 있었습니다.[129]

제헌의회 의장과 대통령으로 있는 동안 워싱턴이 한 선택 하나하나가 모두 그의 용기로 만들어낸 결과입니다. 인류역사상 그동안 존재하지 않았던 전혀 새로운 정치체제가 성공적으로 만들어질 수 있을지 워싱턴은 고민했습니다. 새로운 정치체제로 신생국 미국이 인류 세계라는 무대에서 성공적으로 안착할 수 있을지 고민했습니다. 이러한 고민이 워싱턴이 올바른 길을 가도록 했고 올바른 것을 선택하도록 했습니다.

두 번째 임기를 보내고 있을 때 워싱턴은 자신의 용기를 시험받는 일에 봉착했습니다. 제퍼슨을 비롯한 공화파들이 또 많은 미국 국민이 프랑스혁명으로 촉발된 유럽의 전쟁에서 영국과 프랑스 두 나라 중 프랑스를 지지해야 한다고 강하게 주장했습니다. 그들의 논리는 독립전쟁 때 프랑스가 우리를 도와주었으니 이제 미국이 프랑스를 도와야 한다는 것이었습니다. 국민의 뜻에 따라 프랑스를 지원하면 인기가 상승하는 것은 당연했습니다. 그들의 뜻에 따르면 자신을 향한 비난과 의심도 사라질 것이었습니다. 하지만 워싱턴이 생각하기에 이들의 주장이 틀린 것은 아니었지만 대통령으로서 자신의 인기보다 국가의 대의를 먼저 생각해야만 했습니다. 워싱턴은 이제 막 시작된 신생국이 어느 한

---

129 김형곤, 「정직의 힘」, 187 재인용.

쪽을 지지할 때 받을 수 있는 장기적인 치명타를 생각했습니다. 그래서 워싱턴은 자신의 인기 하락에도 불구하고 중립을 유지하는 길을 선택했습니다. 리더가 자신의 인기를 버릴 수 있는 것은 너무나 어렵고 용기 있는 행동 중 하나입니다.

워싱턴은 일생을 정직 속에서 살면서 용기 있게 행동했습니다. 그 행동이 실리와 영광을 준다는 보장 때문이 아니라 그 길이 대의를 위한 길이었기 때문에 워싱턴은 그 길을 갔습니다. 그래서 워싱턴은 주어진 권력에서 벗어날 수 있었고 자신의 노예를 해방하고 자신의 재산 중 많은 부분을 사회에 환원시킬 수 있었습니다.

국민을 행복하게 만든 대통령들

권한을 위임하는 용기

'역린(逆鱗)'이라는 말이 있습니다. '용은 무섭게 생겼지만 친하기만 하면 목에 탈 수도 있는 동물입니다. 그런데 용의 목에 조그만 비늘 하나가 거꾸로 되어있는데 이것을 만지면 용은 반드시 그 사람을 죽인다'라는 중국의 고전 중 하나인 「한비자(韓非子)」에 나오는 말입니다. 용은 왕을 의미하고 역린은 왕이 바라지 않거나 감추고자 하는 치부(恥部)를 말합니다. 아마도 지금까지 수많은 독재자는 나름의 거꾸로 난 비늘을 가지고 있었을 것입니다. 자신의 권력을 영원한 것으로 만들고 그 권력을 혼자 독점하고자 하는 것이 바로 그들의 역린입니다.

우리가 일반적으로 사용하고 있는 '권력(權力)'과 '권한(權限)'은 한 단어씩 생략되어 사용되고 있습니다. '권력' 앞에는 무한(無限)이라는 말이 생략되었고 '권한' 앞에는 유한(有限)이라는 말이 생략되었습니다. 그러나 참으로 이상합니다. 글자의 의미는 무한이지만 동서고금을 막론하고 그 어떤 독재자의 권력도 무한한 예는 없었습니다. 글자의 의미는 유한이지만 유한한 권한을 행사한 사람은 무한하게 그 가치를 인정받고 있기 때문입니다.

대통령에 당선이 된 링컨은 자신은 잠시 권한을 부여받은 사람임을 국민에게 말했습니다.

저는 미합중국이라는 큰 배의 선장으로 이 배가 순항할 수 있도록 최선을 다해왔습니다. 저는 잠시 이 백악관을 차지하게 되었습니다. 언젠가 때가 되면 저보다 훨씬 능숙하고 성공적으로 이 배를 운항할 수 있는 선장이 나올 것이며 그에게 제 임무를 기쁘게 넘겨주고 싶습니다.[130]

역사 속에서 권한위임을 실패한 가장 대표적인 사례는 로마제국의 5현제의 마지막 황제인 마르쿠스 아우렐리우스의 경우입니다. 영화 '글라디에이터'에서는 아들 코모두스가 황제의 자리를 물려주지 않는 아버지를 암살한 것으로 나오지만 역사적 실상은 이와 다릅니다. 마르쿠스 앞의 현명한 황제 네 명은 모두 혈통이 아닌 최고의 능력과 자질을 갖춘 리더를 찾아 그에게 후계자의 정당성[131]을 부여했지만, 마르쿠스 아우렐리우스는 자기 아들인 코모두스에게 후계자의 정당성을 먼저 부여하고 능력과 자질을 가진 사람들에게 이것을 보충해 주기를 기대했습니다. 하지만 능력과 자질이 턱없이 부족한 코모두스는 자신의 권한을 권력으로 생각했습니다. 비록 로마는 476년 게르만 용병대장 오도아케르에 의해 멸망했지만, 로마 멸망의 시작은 바로 코모두스 때부터였습니다. 영국의 역사가 에드워드 기번은 바로 이 점을 지적하고 있습니다.[132]

워싱턴의 조상들은 대체로 오래 살지 못했습니다. 신대륙에 첫발을 내린 증조할아버지 존 워싱턴이 44년, 할아버지 로렌스 워싱턴이 39년, 아버지 어거스틴 워싱턴이 51년, 그리고 너무나 좋아하고 따랐던 이복

---

130 김형곤, 「정직의 힘」, 202–203 재인용.
131 고대 로마에서 권력의 정당성은 두 가지가 충족될 때 가능해졌습니다. 하나는 리더로서 능력과 자질을 갖추는 것이었습니다. 능력과 자질은 시민들에게 먹거리를 확보해 주고 적으로부터 안전을 가장 잘 보장해주는 것으로 이해됩니다. 다른 하나는 정당성 또는 정통성을 갖추는 것입니다. 오늘날 대부분의 나라에서의 정당성은 선거를 통해 확보될 수 있지만, 로마에서는 능력과 자질을 갖춘 사람 중에서 전임자가 후임자를 지명함으로 확보될 수 있었습니다.
132 Edward Gibbon, *The Decline and Fall of the Roman Empire* 1–6(New York: Everyman's Library, 2010).

형 로렌스 워싱턴이 겨우 34년을 살았습니다. 조지 워싱턴은 집안 내력을 너무나 잘 알고 있었습니다. 그래서 그런지 몰라도 워싱턴은 젊은 시기에 성공을 하기위해 고군분투의 시간을 보낸 이후에는 항상 자신의 삶 자체를 겸허하게 받아들이고 살았습니다. 특히 그가 독립전쟁이라는 참으로 무거운 짐을 내려놓은 1784년 이후의 생활은 더욱 그러했습니다. 대륙회의에 칼을 반납하고 더는 모든 공직에 나서지 않겠다고 선언한 후 고향에서 생애 가장 한가한 생활을 보내고 있었던 그가 자신의 조상들에 대해 생각하지 않았을 리가 없었을 것입니다.

당시 쉰두 살이된 워싱턴은 일기에 다음과 같은 글을 썼습니다.

> 문득 오늘 내가 직접 심은 저 나무들이 너무나도 많이 자라난 것을 보니 나도 그만큼 늙었다는 생각이 든다. 그래 저것들이 더욱 자라나서 무성하게 되면 나는 영원히 돌아올 수 없는 몸이 될거야. 그래 내가 살아있는 한 저 나무들의 성장에 조금이라도 보답할 수 있도록 잘 키워야지.[133]

워싱턴은 이 일기에서 표현이 부족했던 마음을 담아 전쟁할 때부터 줄곧 자식처럼 친하게 지냈던 프랑스의 라파예트에게 다음과 같은 편지를 보냈습니다.

> 이봐요. 우리 조상들은 대대로 명이 짧아요. 그래서 아마 나도 얼마 후면 우리 조상 곁으로 돌아가리라 생각하오. 하지만 나는 후회 같은 건 하지 않소. 나에게는 정말 화려한 전성기가 있었지 않소.[134]

사실 독립전쟁 이후 워싱턴은 죽는 날까지 어떠한 공직보다 개인적인 생활을 더욱 간절히 원했습니다. 그런데도 그가 마지못해 새로운 국

---

133 김형곤, 「정직의 힘」, 201 재인용.
134 김형곤, 「정직의 힘」, 201 재인용.

가의 기틀을 세우는 원칙을 만들고 그 원칙에 따라 초대 대통령이 된 것은 지금까지의 자신의 삶을 완성하고 새로운 나라가 영원히 발전할 수 있도록 튼튼한 기틀을 마련하고자 했던 것이었습니다. 워싱턴은 제헌의회 의장이자 대통령으로서 새로운 일을 시작하면서 집안의 짧은 생명의 내력을 잠시 잊었는지도 모를 일입니다.

워싱턴은 독립전쟁으로 아메리카 합중국(미국)이라는 국가를 새로 만들어냈지만, 그것으로 부족하다는 것을 알았습니다. 국가가 영원히 발전할 수 있고 세계무대에서 당당히 설 수 있는 어떤 원칙이 필요하다는 것을 알았으며 마련한 그 원칙 - 무한 권력이 아닌 제한된 권한과 원칙에 따른 권한 위임 - 이 잘 운영될 수 있는가를 시험해 볼 필요가 있다는 것을 알았습니다. 인류 최초의 공화국이 그것이었습니다. 워싱턴은 두 번의 대통령 임기를 마치고 아무런 미련 없이 그 자리를 벗어날 수 있었습니다. 죽음에 임박해 사랑하는 아내 마사를 불러놓고 "다 이루었습니다. 나는 만족합니다"라는 마지막 말을 남기고 죽을 수 있었던 것입니다. 죽으면서 '만족'을 이야기하는 사람이 과연 워싱턴 이전과 이후로 몇 명이나 될까요?

워싱턴은 권력이 아닌 권한을 실천하며 살았습니다. 존경받는 명예로운 젠틀맨이 되고자 했던 워싱턴은 젠틀맨이 되는 조건이 무엇인지 누구보다도 잘 알고 있었습니다. 그것은 경제적으로 독립하고 자신에게 주어져 있는 힘을 남용하지 않고 지역사회와 나아가 국가에 봉사하는 것이었습니다. 워싱턴은 자신의 멘토로부터 가부장적인 젠틀맨의 전형을 보았고 그 역시 가부장적 젠틀맨으로 성장했지만, 그는 흔히 생각할 수 있는 가부장적 권력을 행사하는 사람과는 거리가 멀었습니다. 사실 당시 버지니아 젠틀맨의 가부장적 성향 자체가 집안에서 혹은 사회에서 자신들의 권력을 행사하기보다 집안과 사회에 봉사하고 책임지는 것에 초점이 맞추어져 있었고 이것이 유능한 젠틀맨으로 평판을 받는 길이기도 했습니다. 여기에 더하여 전쟁 때 혹은 의원 생활 때 그리고 후에 공직생활을 하면서 자주 집을 비우게 된 워싱턴은 집안의 권한을 아내와 다른 사람들에게 위임했습니다.

이미 살펴보았듯이 독립전쟁에서 승리한 후 모든 권력이 집중되어 있었던 총사령관 워싱턴은 기꺼이 권력의 주인인 국민의 대표기관인 대륙회의에 돌려주었습니다. 워싱턴은 권력이 개인에게 집중되어 있을 때 빚어지는 비극적인 현상을 누구보다도 잘 알고 있었습니다. 워싱턴은 수많은 독서를 통해 카이사르의 길과 크롬웰의 길이 국가와 국민에게 얼마나 해가 되는지를 익히 알고 있었습니다. 그래서 워싱턴은 이들과 다른 길을 가고자 했습니다. 워싱턴은 권력은 무한한 것 같지만 유한하고 권한은 유한한 것 같지만 무한하다는 사실을 본능적으로 알고 있었습니다. 현실적 이익보다 명예와 다른 사람들의 평판을 너무나 소중하게 여기고 있었던 워싱턴은 권력이 가져다 줄 수 있는 일순간의 달콤함과 화려함보다 그것을 포기함으로써 얻게 되는 무한한 명예와 평판을 간절히 원했습니다.

총사령관에 임명될 때도 마찬가지였지만 두 번째로 대통령을 지냈을 때도 워싱턴은 오늘날 공직자들처럼 광고나 로비를 통해 선거운동을 하지 않았습니다. 역사가들은 이를 두고 워싱턴의 지나친 거만으로 표현하는 사람들도 있지만, 전혀 그렇지 않습니다. 사실 워싱턴은 진정으로 대통령보다 단순한 농부가 되기를 더 원했기 때문입니다. 또한 워싱턴은 4년의 임기에도 불구하고 처음에는 2년만 하고 물러나고자 했습니다. 하지만 막상 대통령에 취임하고 나자 워싱턴은 산적한 국내외 문제를 내버려두고 떠날 수가 없었습니다.

임명될 때부터 그랬지만 워싱턴은 총사령관으로 지내는 동안 대륙회의가 지정한 '전쟁위원회' 위원들과 전쟁 수행을 논의하고 협조를 구했습니다. 전쟁 초기 뉴욕 전투를 연전연패하고 독립군이 풍전등하에 있을 때 워싱턴은 '델라웨어 도강작전'을 계획했습니다. 이 작전에서 워싱턴은 전장 중에 꾸려진 '전쟁위원회'에 군장교들은 물론 그 지역을 잘 알고 있는 지역 농민과 상인들과 다양한 계층의 사람들을 참가시켰습니다. 그리고 그들로부터 추운 12월의 델라웨어강 자연지리의 특징을 듣고 어떤 작전을 펼쳐야 하는가를 수렴했습니다. 워싱턴은 전쟁 내내 대포와 병참에 관한 문제는 헨리 녹스에게 전적으로 일임했습니다. 또한 전쟁하는 동안 세계 최강국인 영국을 상대로 하는 외교문제에 대해서는 철저하게 라파예트에게 조언과 의견을 청취하고 이를 '전쟁위원회' 위원들과 다시 논의했습니다. 사실 독립전쟁의 결정적인 승리를 안겨준 프랑스의 개입과 막대한 전쟁자금에는 라파예트의 숨은 공로가 적지 않습니다.

워싱턴은 대통령으로서도 권력이 아니라 권한을 행사했습니다. 워싱턴은 장관들을 선발하면서 자신보다 자질과 능력이 훨씬 뛰어난 사람들을 선발 기준으로 삼았습니다. 워싱턴은 많이 배우지 못한 것을 평생 의식하고 살았습니다. 물론 그렇다고 해서 워싱턴이 기가 죽거나 패배감과 질투 속에서 살았다는 것은 아닙니다. 워싱턴은 자신의 부족한 부분을 책 또는 멘토와 친구들을 통해 보완해 나갔습니다. 대통령이 되었을 때 워싱턴은 새로운 국가에 무엇이 필요하고 무엇을 우선순위로 처리해야 하는가를 생각했습니다. 워싱턴이 생각한 것은 지난 독립전쟁에서 절실하게 느낀 것들로 대륙회의가 태생적으로 가지고 있던 약점이었습니다. 말하자면 중앙정부는 적어도 두 가지 면에서 강력한 권한이 필요하다는 것이었지만 대륙회의는 그것을 가지고 있지 못했습니다. 하나는 세금과 관세를 징수하는 것이고, 다른 하나는 외교의 권한을 가지는 것이었습니다.

워싱턴은 이 두 가지가 국가 운영에서 가장 중요하다는 것을 알고 있었지만 아는 것이 거의 없었습니다. 일생을 살면서 워싱턴은 간단한 산수 문제는 꼼꼼하게 처리했지만 복잡한 경제문제는 잘 이해하기가 어려웠습니다. 또한 워싱턴은 프랑스어를 몰랐기 때문에 영국을 대적할 가장 강력한 나라인 프랑스를 상대로 펼쳐야 할 여러 외교문제에서

국민을 행복하게 만든 대통령들

많은 어려움을 느끼고 있었습니다. 워싱턴은 국가 운영의 근본인 재정문제와 외교문제를 어떻게 풀어가야만 하는지 고민했습니다. 그는 어떻게 해야만 새로운 국가가 발전할 수 있는 튼튼한 기틀을 마련할 수 있는지를 고민했습니다. 여러 사람의 이름이 떠올랐지만 워싱턴의 고민은 그렇게 오래 지속되지 않았습니다.

재정문제에 대해서는 해밀턴만큼 적합한 사람이 없었습니다. 하지만 해밀턴은 이기심이 강한 사람이라 인간적인 면에서 단점이 많았습니다. 해밀턴은 독립전쟁 때 워싱턴을 보좌하면서 쿠데타를 선동했으며 워싱턴이 쿠데타를 반대하고 고향으로 돌아가자 워싱턴 곁을 떠나버린 인물이었습니다. 그뿐만 아니라 해밀턴은 뉴욕에서 의원과 변호사를 지내면서 워싱턴을 비하하는 발언을 자주 한 인물이었습니다. 언젠가 해밀턴은 친구들에게 지난 독립전쟁 때를 회상하면서 "나는 바보짓을 한 것 같아. 그 늙고 무감각한 사람에게 내 청춘의 소중한 시간을 다 허비했으니 말이야"라고 한탄하기도 했습니다. 하지만 워싱턴이 제헌의회 의장으로 다시 공적인 생활을 시작하자 해밀턴은 워싱턴에게 추파를 던지기 시작했습니다. 워싱턴이 해밀턴의 성향을 모를 리가 없었습니다. 많은 사람이 해밀턴의 인간성을 들어 그의 재무장관 임명을 반대했습니다. 하지만 워싱턴은 새로운 국가의 재정문제는 해밀턴 같은 경제문제에 뛰어난 사람이 담당해야 한다고 믿었습니다. 워싱턴은 개인적인 감정을 묻어두고 해밀턴을 재무장관으로 임명하여 신생국의 재정 권한을 전적으로 위임했습니다.[135]

워싱턴은 다른 나라와의 관계를 다루는 외교문제에는 제퍼슨만큼

---

135 김형곤, "조지 워싱턴 대통령의 공공(公共) 리더십 – 제임스 매디슨, 협력적 조언자에서 당파(黨派)의 원조로 – " 「역사와 실학」 제72집(2020.9), 433~478. 초대 재무장관이 된 해밀턴은 전쟁하는 동안 대륙회의가 진 엄청난 빚을 연방정부가 '변제', '재원 조달', '인수'의 절차를 통해 해결하도록 했습니다. 해밀턴은 오늘날 연방준비은행의 초창기 격인 합중국은행을 설립하여 이 문제를 해결했습니다. 오늘날 미국의 달러 중 10달러 지폐에서 해밀턴의 초상을 볼 수 있습니다.

적합한 사람이 없다고 생각했습니다. 하지만 제퍼슨 역시 워싱턴이 보기에 약점이 있었습니다. 제퍼슨은 현명하고 재능이 뛰어났지만, 말과 행동이 일치하지 않는 사람이었습니다. 1789년 워싱턴이 대통령 임기를 시작할 당시에 제퍼슨은 프랑스에 머물면서 같은 고향 출신인 워싱턴이 자신에게 가장 신뢰하는 자리(재무장관)를 부탁하리라 생각했습니다. 겉으로는 표현하지 않았지만 존 애덤스와 더불어 제퍼슨은 교육을 받지 못한 워싱턴을 은근히 무시하고 질투하고 있었습니다. 하지만 국가와 국민을 우선순위에 두고 있었던 워싱턴에게 이러한 것들은 아무런 문제가 되지 않았습니다. 워싱턴에게 가장 중요한 문제는 누가 가장 이 나라의 외교업무에 적합한가 하는 것이었습니다. 그래서 워싱턴은 제퍼슨을 국무장관에 임명하는 데 머뭇거리지 않았습니다. 워싱턴은 제퍼슨에게 신생국의 외교 권한을 전적으로 위임했습니다.

워싱턴은 신생국의 안전을 보장하는 군사문제도 녹스의 재능을 인정하고 그에게 일임했습니다. 워싱턴은 각 부서의 장관에게 권한을 위임하고 주어진 현안을 해결하도록 했습니다. 단지 워싱턴은 각 부서의 문제를 조정하고 총괄하는 일에만 관여했습니다. 후대의 역사가들 대부분은 워싱턴이 꾸린 내각이 역대 미국의 내각 중 가장 강력한 내각임을 인정하고 있습니다. 워싱턴은 리더가 해야 할 일과 중간 리더가 해야 할 일을 본능적으로 알고 있었고 그것을 실천했습니다. 워싱턴은 권한을 자신보다 능력 있는 중간 리더에게 위임할 때보다 강력한 성과가 나타난다는 것을 알고 있었습니다.

워싱턴은 사실 첫 번째 임기를 마치고 대통령에서 물러날 작정이었지만 해밀턴을 비롯해 본 마음이 아닌 것으로 여겨지는 제퍼슨과 매디슨까지도 또 한 번의 임기를 강력히 요구하였고 새로운 국가의 복잡한 외교문제가 현안으로 드러나 있었기 때문에 다시 한번 대통령직을 수행했습니다. 하지만 워싱턴은 두 번째 임기가 끝나갈 무렵 3선의 이야기가 나오기 전에 대통령직에서 물러날 것을 생각했습니다. 그래서 위싱턴은 첫 번째 임기 말에 매디슨의 도움으로 작성해 두었던 '고별 연설'을 다시 한번 손을 봐 자신의 고별 연설을 썼습니다. 워싱턴은 해밀턴을 비롯한 여러 사람의 종신대통령 요구를 강력히 물리치고 자신이 작성한 고별 연설을 해밀턴에게 보여준 뒤 수정하도록 했습니다. 이에 해밀턴은 미세한 조사 몇 가지만 수정했을 뿐 원본 그대로를 워싱턴에게 주었고 그것은 임기 6개월을 앞둔 1796년 9월 19일에 「아메리칸 데일리 애더버타이저(*American Daily Advertiser*)」에 실어 널리 공고했습니다. 워싱턴의 고별 연설은 신생국 미국과 미국민에 대한 자신의 소망과 철학을 담은 내용이었습니다. 이것은 워싱턴이 죽기 전에 작성한 한 집안의 유언장과 같은 성격의 것으로 그가 미국과 미국민에 남긴 일종의 유언장이었습니다. 다음과 같이 시작된 워싱턴의 고별 연설은 그의 권한 이임의 진수를 보여주고 있습니다.

미국 행정부를 관리할 시민을 새롭게 선출할 시일이 이제 멀지 않았습니다. 또 여러분들이 그처럼 중요한 신임을 받을 사람의 선출에 대해 생각해야 할 때인 지금 선출대상이 될 몇 사람 중에 포함되는 것을 사양하기로 한 제 결심을 여러분께 알리는 데 적절하다고 생각합니다. 여러분을 한 국민으로 구성하게 하는 통일된 정부는 지금 여러분에게 너무나 소중합니다. … 저는 대통령직을 원치 않았습니다. 이제 저는 늙었고 은퇴하고자 합니다. 저는 단지 이 나라가 자유를 보장하는 영광된 길로 발전하는 모습을 보고 싶습니다. … 연방과 헌법이 미국 자유의 토대이고 보호막이기 때문에 이를 잘 지켜나가십시오. 당파의식은 지역 분열을 조장하고 외국인의 음모가 개입될 수 있으므로 이를 경계하십시오. 외교문제에 있어 신생국인 미국은 어느 한 나라를 지지하지 않아야 합니다.[136]

고별 연설을 접한 미국인들은 감탄에 마지않았습니다. 특히 워싱턴

---

136 George Washington' Farewell Address(1796).

의 장기 집권을 의심하고 뒤에서 쑥떡 공론을 일삼은 제퍼슨, 존 애덤스, 매디슨, 먼로 등도 워싱턴의 고별 연설이 발표된 이후부터는 침묵하지 않을 수가 없었습니다. 물론 제퍼슨을 중심으로 한 공화파들은 워싱턴이 끝까지 친프랑스 정책을 표방하지 않는 것에 불만이 있었지만 이들 역시 고별 연설 이후 적어도 워싱턴에게만은 침묵했습니다.

사실 초기 미국헌법 어디에도 대통령의 임기에 대해서 언급된 곳은 없습니다. 말하자면 워싱턴이 원하면 죽을 때까지 종신대통령에 있을 수 있었습니다. 하지만 워싱턴이 바라는 것은 이것이 아니었습니다. 워싱턴은 미국은 인류역사상 처음으로 혈연이나 유혈에 의한 정권교체가 아닌 평화로운 방법으로 정권이 교체되는 것을 보고자 했습니다. 한 가지 더 욕심이 있었다면 자신이 그 정권교체가 이루어지는 것을 보는 것이었습니다. 그래서 워싱턴은 철저하게 중립적 입장에서 새로운 선거를 지켜보았습니다. 비록 자신이 국가정책상 연방파에 근접해 있었지만 워싱턴은 연방파도 공화파도 지지하지 않았습니다. 그리고 새로 당선된 존 애덤스의 취임식에 국가 원로로 참석해 공화국의 새로운 주인들에게 진심으로 축하를 했습니다. 두 번의 임기를 마치고 워싱턴이 물러나고 선거를 통해 존 애덤스가 새로운 대통령이 당선되자 미국은 인류 최초로 평화롭게 정권교체가 이루어진 나라가 되었습니다. 그리고 워싱턴은 고향으로 돌아갔습니다. 방문객과 비서에 의해 또 신문에 의해 새로운 정부의 이러저러한 소식을 들었지만 워싱턴은 새로운 행정부의 정책과 정치 행위에 일절 관여하지 않았습니다. 워싱턴은 '새 술은 새 부대에'라는 의미를 철저하게 실천했습니다.

혁신하는 자신감

국민을 행복하게 만든 대통령들의 또 하나의 공통적 특징은 그들이 현재 상황에 머물지 않고 끊임없이 더 나은 것을 위해 변화하고 혁신한다는 점입니다. 독립된 나라의 첫 번째 대통령으로 '아무도 가보지 않은 해로'를 처음으로 간 워싱턴은 그가 하는 것 일거수일투족이 새로운 것이고 혁신적이라 할 수 있습니다. 하지만 워싱턴은 단순한 변화에 그치지 않았습니다. 워싱턴은 보다 나은 미국 건설, 더욱 나은 세계 속의 국가 건설을 위해 지금까지 어느 나라도 경험해보지 않은 평화로운 정권교체를 이루어냈습니다.

여기서 저는 이제는 많이 알려진 '솔개 이야기'를 해볼까 합니다. 일반적으로 솔개는 40년을 산다고 합니다. 하지만 어떤 솔개는 70년을 산다고 하는데 왜 그럴까요? 40년이 되면 솔개의 부리와 발톱이 무뎌져서 더는 먹이 사냥을 할 수 없다고 합니다. 또 가슴에 난 털이 너무 뻣뻣하여 비상(飛上)하는 데 아무 도움을 주지 못한다고 합니다. 이렇게 되면 솔개는 두 가지 중 하나를 선택해야 합니다. 하나는 가만히 굶어 죽거나, 다른 하나는 가죽을 벗기는 정도의 갱생(更生)의 삶을 사는 것입니다. 솔개의 갱생의 삶은 그렇게 단순한 것이 아닙니다. 그것은 솔개가 자신의 부리를 수십 번이나 바위에 부딪쳐 뽑아내고 새로운 부리가 나기까지 수십 일을 기다리고 있다가 다시 난 그 부리로 자신의 발톱과 오래된 가슴 털을 뽑아내는 것입니다. 그리고 또다시 수일간 새로운 발톱과 가슴 털이 자라도록 기다린 후 비로소 새로운 30년을 더 살게 된다고 합니다.

고대문화가 즐비한 그리스는 다양한 종류의 조각품으로 유명합니다. 이러한 조각품 중 유독 눈에 들어오는 조각품이 하나 있습니다. 그것은 '카이로스(Kairos)'라는 이름을 가진 기회라는 작품입니다. 카이로스는 참으로 묘한 생김새를 가졌습니다. 조각상 기회는 앞머리를 길게 늘인 상태로 있지만, 뒷머리는 대머리 상태에 있습니다. 그리고 양팔과 양다리의 겨드랑이 사이에는 날개가 나있습니다. 작가 시오오노나나미의 말처럼 역시 그리스인들은 조각품에도 철학적인 의미를 잔뜩 넣어 만들었다고 하는 생각이 듭니다.

누구에게나 기회가 옵니다. 기회란 놈은 그것이 올 때 앞에서 바로 잡아야 합니다. 잠시 머뭇거리면 기회는 더는 잡을 곳이 없고 날개를 펴서 날아 가버리는 것입니다.

어떻게 하면 '기회(CHANCE)'를 잡을 수 있을까요? 그것은 '변화(CHANGE)'하는 것입니다. 변화란 솔개처럼 자신에게 있는 '문제(TROUBLES)'를 없애고 새로운 삶을 시작하는 것입니다. 세계적인 기업 제너럴 일렉트릭(GE)은 160년에 이르고 있습니다. 지금까지 어떤 기업도 GE만큼의 오랜 역사를 가진 기업은 없습니다. GE만의 특별한 비결이 있을까요? 오랫동안 GE의 CEO를 지낸 잭 웰치는 다음과 같이 말했습니다.

GE는 끊임없이 변화했으며 지금도 변화를 준비합니다. 이것이 유일한 비결입니다.

CEO가 되면서 잭 웰치는 거대 공용 GE가 가지고 있었던 모든 문제를 철저한 구조조정으로 정리하고 GE의 변화를 주도했습니다.

일등, 아니면 이등, 아니면 팔아버리든지! 문 닫든지!

위 구호처럼 GE의 혁신은 철저했습니다. 역사를 통해 위대한 리더들의 여러 공통점 가운데 가장 많이 찾아볼 수 있는 것이 그들은 하나같이 변화와 혁신의 한복판에 있었다는 사실입니다. 비록 시대와 장소와 내용은 다르지만 그들이 변화를 주도하여 새로운 역사의 장을 마련했다는 점은 같습니다. 알렉산더 대왕은 그리스인과 마케도니아인만이 우수 민족이고 나머지는 미개인이라는 통념을 깨뜨렸습니다. 예수는 유대인만이 선택받은 민족이라는 통념을 깨뜨렸습니다. 코페르니쿠스는 지구가 사각이라는 수천 년에 걸친 고정된 우주관을 깨뜨렸습니다. 루터는 선행으로 구원받을 수 있다는 중세의 종교관을 깨뜨렸습니다. 간디는 인도인이 독립할 수 없다는 영국 제국주의자들의 오만과 무지를 깨뜨렸습니다. 킹 목사는 흑백이 평등할 수 없다는 사회적 통념을 파괴했습니다. 세종은 일반백성들은 글을 읽고 쓰게 되면 기존 지배 질서가 어지러워진다는 조선 지배계층의 생각을 깨뜨렸습니다. 혁신은 위대한 리더들의 변수가 아니라 상수입니다.

워싱턴은 성공을 위해 수많은 책과 다양한 경험을 통해 그리고 자신의 멘토를 통해 끊임없이 준비했습니다. 워싱턴은 비록 정규공부는 하지 못했지만, 독서와 멘토를 통해 존경받는 사회인으로서의 길을 준비했습니다. 워싱턴의 준비는 나름의 뼈를 깎는 노력이었습니다. 이러한 준비가 워싱턴에게 궁극적인 기회로 다가왔고 워싱턴은 일생을 통해 다가온 기회를 놓치지 않았습니다.

워싱턴만큼 다이내믹한 변화의 삶을 살아간 인물은 많지 않습니다. 그것도 단순히 스쳐 지나가는 수준이 아니라 개인적으로 혹은 공적으로 큰 발자취와 의미를 남겼다는 점에서 워싱턴은 다른 사람과 남다르다고 하지 않을 수 없습니다. 워싱턴의 삶은 변화의 연속이었습니다. 영국 유학을 통해 학문적으로 성공의 길을 가지 못한 워싱턴은 형 로렌스와 같이 농장주가 되고 군인이 되고 정치가가 되어 성공하기를 원했습니다. 워싱턴은 누구보다도 어린 나이에 측량사가 되어 많은 돈을 벌고 있었지만, 이것보다 새로운 일을 통해 자신의 멘토들과 같은 성공과 명예를 얻고자 했습니다. 워싱턴은 자신의 형과 같이 군인이 되는 것이 좋다고 생각했습니다. 그래서 워싱턴은 형과 페어팩스 대령에게 도움을 요청하여 단지 21세에 불과했지만 식민지 버지니아의 민병대 대장이 되었습니다.

워싱턴은 비록 식민지 버지니아 출신으로 민병대 대장이었지만 단한 번도 단 한 순간도 자신이 영국인이 아니라고 생각해 본 적이 없었습니다. 그래서 워싱턴은 하루라도 빨리 많은 공(功)을 세워 영국 정규군 신분을 획득하고 싶었습니다. 당시 버지니아 사회에서 영국 정규군이 된다는 것은 가장 성공한 경우로 여겨지고 있었고 이것은 개인은 물론 집안의 명예로 여겨졌습니다. 워싱턴은 군인으로 성공하기 위해 위험한 특사 임무를 자원하고 스스로 군대를 모집하여 적 프랑스군을 소탕하러 갔습니다. 전투에서 패하는 때도 있었지만 대부분은 워싱턴이 군인으로서의 용기와 지혜를 보여주어 명예를 높일 수 있었습니다. 워싱턴은 식민지 민병대 대장으로 군 생활을 하면서 언젠가 영국 정규군 장교로 성공하기를 간절히 원했지만 그럴 수 없다는 것을 알게 되었습니다. 가장 큰 이유는 영국 정부의 식민지 군에 대한 차별대우가 너무나 노골적이었기 때문이었습니다. 영국 정부는 정규군과 식민지 군을 차별하여 월급과 보급품을 달리 지급했습니다. 식민지 군의 월급은 정규군보다 절반도 채 되지 않았으며 보급품 역시 질과 양이 형편없는 것이었습니다. 이것까지도 좋았습니다. 이것까지 참을 수 있었습니다. 하지만 워싱턴이 정작 참을 수 없었던 것은 식민지 출신의 군인은 아무리 좋은 공을 세워도 대위 이상의 계급으로는 진급할 수 없다는 사실이었습니다. 여기에 더하여 식민지군 대령인 자신에게 댁위디를 비롯한 정규군 대위들의 하극상은 아무리 군인으로 성공하고 싶어도 도저히 참을 수 없는 행위였던 것입니다. 처음에 워싱턴은 식민지 사회에서는 물론이고 영국 정부에도 막강한 친분이 있는 페어팩스 대령을 통해 로비와 청원을 넣어보기도 했습니다. 하지만 그럴수록 정규군 장교가 되기 위해서는 엄청난 액수의 돈이 들어가고 여기에 간과 쓸개를 내놓지 않으면 불가능하다는 사실을 알게 되었습니다. 누구보다도 명예를 중히 여기던 워싱턴은 이러한 상태로 군에 있다는 것은 죽기보다 싫은 불명예라고 생각했습니다. 하지만 영국은 아무리 능력과 자질이 있더라도 식민지 청년을 평등하게 대우하지 않았습니다. 워싱턴은 군인으로 성공하기를 간절히 원했지만 결국 그것을 포기해야 했습니다.

워싱턴은 과감하게 혁신이라할 만한 인생의 변화를 시도했습니다. 워싱턴은 곧바로 군을 제대하고 당시 버지니아 지역사회에서 가장 성공한 직업 중 하나인 농장주가 되었습니다. 워싱턴은 농장주로 지역사회에 봉사하며 명예를 지키면서 살고자 했습니다. 당시 버지니아 농장주의 주 소득원은 담배로부터 나왔습니다. 18세기에 들어 버지니아의 담배는 버지니아의 생활 그 자체였습니다. 담배 농사의 특성상 농한기가 없이 1년 내내 농부의 손이 가는 일이었습니다. 농사일이 힘들었지만 담배는 곧 돈이었고 생활 그 자체였습니다. 당시 식민지 사회는 제조업이 발달하지 않았기 때문에 거의 모든 물건은 영국으로부터 수입했습니다. 농장주들이 담배 농사를 잘 지어 그것을 영국의 위탁 상인에게 보내고 자신이 필요한 물건을 적어 보내면 다시 그 상인이 주문한 물건을 식민지로 보내는 식으로 경제가 돌아가고 있었습니다. 그래서 당시 식민지 사회에서는 담배 농사를 잘 지어 영국 시장에서 1등급을 받아 보다 좋고 보다 많은 물건을 사오게 되면 그것은 성공한 농장주로 명예를 가지는 것이었습니다. 버지니아 농장주들은 담배를 통해 자유를 얻고 독립된 생활을 하고 있었던 것입니다. 이러한 시장구조에서 가장 중요한 것은 바로 영국 상인과 식민지 농장주 사이의 상호신뢰였습니다.

그런데 담배를 통한 경제구조가 변화하기 시작했습니다. 아니 욕심 많은 영국 상인들이 기존의 경제구조를 변화시켰다는 말이 더 타당할 것 같습니다. 특히 프랑스-인디언 동맹 전쟁이 끝난 이후 영국 정부가 각종 세금으로 식민지에 침략 상을 드러내기 시작하면서 식민지 담배는 영국에서 제대로 된 가격을 받지 못하게 되었습니다. 당시 영국 정부의 중상주의적 정책이 영국 상인들에게 영향을 미쳤는지 모르지만, 영국 상인들 역시 지금까지 믿음과 신뢰가 바탕이 되었던 담배 위탁거래를 위반하기 시작했습니다. 워싱턴을 비롯한 거의 모든 식민지 농장주들이 옛날보다 훨씬 더 담배 농사를 잘 지어 그것을 정성스럽게 포장하여 보내었는데도 불구하고 그들이 받는 소식은 이해하기 어려운 것으로 가득했습니다. 가령 이러한 대답이었을 것입니다.

워싱턴 씨의 담배는 수송과정에서 상품으로서 많은 손상을 입었습니다. 폐기처분을 할 수밖에 없었지만, 최하등급을 매겼습니다. 따라서 워싱턴 씨가 이번에 주문한 물건을 이 비용으로 충당하기는 어렵습니다. 만약 그래도 주문한 물건들을 구입하기를 원한다면 외상으로 구매해 가십시오.

하지만 식민지 농장주들이 갑자기 생활 수준을 줄일 수도 없는 것이었고 그럴수록 영국 상인에게 점점 더 빚이 늘어만 갔습니다. 이것은 식민지 농장주들이 너무나 중요하게 생각하고 있었던 독립과 자유를 위협하는 것이었습니다. 누구보다도 많은 토지를 가지고 많은 담배 농사를 지었던 워싱턴은 특히 더 많은 어려움을 당했습니다. 처음에 영국 상인을 의심도 해보았지만, 매번 돌아오는 결과는 더욱 악화한 현실뿐이었습니다.

이런 상황에서 조지 워싱턴은 다시 한번 과감하게 인생의 변화를 시도했습니다. 워싱턴은 담배 농사를 그만두고 다른 작물을 심기 시작했습니다. 이것은 성공한 농장주의 기준이 담배 농사였는데 명예를 중시한 워싱턴이 이를 포기한다는 것은 그렇게 단순한 일이 아니었습니다. 하지만 워싱턴은 과감한 변화를 시도했습니다. 그는 농업에 관한 책을 사서 보기도 하고 농업 전문가들을 찾아가 조언도 구해 담배 농사를 포기하고 어떤 다른 작물을 심어야 할지 연구했습니다. 처음에 워싱턴은 밀과 콩을 심고 다른 작물들의 씨앗을 구해 심었습니다. 여러 번 실패했지만 워싱턴은 이에 굴하지 않았습니다. 본래부터 그랬지만 그동안 담배를 재배하느라 황폐해진 토지의 질을 높이기 위해 워싱턴은 중세의 농사법인 윤작을 도입하고 포토맥 강바닥에 있는 침전물을 모아두엄을 만들어서 뿌렸습니다. 수많은 가축을 사육하여 두엄을 얻는 데 온 힘을 기울였습니다. 그러는 과정에서 앞에서 말했듯이 마운트버넌은 식민지 버지니아의 새로운 농업의 연구실과도 같았습니다. 몇 번의 실패 끝에 워싱턴은 밀을 비롯한 다른 작물로 담배 농사보다 더 많은 수입을 올릴 수 있게 되었습니다. 새로운 농업의 성공은 워싱턴이 그동안 찾을 수 없었던 농장주로서의 명예를 다시 찾게 해주었습니다. 그뿐만 아니라 그의 성공은 다른 농장주들에게 모범이 되었습니다. 워싱턴은 분명 식민지 버지니아는 영국과 다른 위대한 가능성을 가지고 있다는 것을 확인했을 것으로 추측됩니다.

새로운 농작물을 재배하여 성공을 거두고 명예를 회복했던 워싱턴은 형 로렌스가 갔던 정치가의 길을 추구했습니다. 워싱턴은 버지니아 하원의원에 출마하여 당선되었습니다. 워싱턴은 버지니아 하원의원을 지내면서 영국 정부의 식민지에 대한 침략 상을 누구보다도 절실하게 느꼈습니다. 그것도 그럴 것이 워싱턴은 지난 군대 생활을 통해 또 농장주로서 경험한 것을 통해 영국 정부의 침략 정책이 동일선상에 있다는 것을 잘 인식하고 있었기 때문입니다. 영국 정부가 식민지에 대한 각종 세금을 부과하고 애팔래치아산맥 이서지역으로의 진출 금지를 했을 때 식민지 사람들은 그 정책의 부당함에 흥분을 감추지 못했습니다. 비록 워싱턴은 식민지가 영국으로부터 독립해야 한다는 급진적인 입장은 아니었지만 무엇이 잘못되고 이에 어떻게 대처해야 하는가를 알고 있었습니다.

워싱턴은 먼저 동료 의원들과 논의를 통해 영국 정부의 잘못된 정책을 시정해주길 청원서를 작성해서 보냈습니다. 이것이 되지 않자 워싱턴은 때로는 자신의 지역구인 페어팩스 차원으로 때로는 버지니아주 차원으로 결의안을 작성해 영국 정책에 도전했습니다. 영국 상품의 수입을 금지하고 세금은 정당한 이유가 있을 때 낼 수 있다는 그런 도전이었습니다. 식민지에 부과한 차(tea) 세에 대한 갈등이 고조하는 가운데 시간이 흐르고 대륙회의가 소집되고 워싱턴은 독립군 총사령관이 되었습니다. 능력이 부족하고 경험이 부족한 워싱턴은 자신의 총사령관 임명을 '운명'으로 받아들였습니다. 총사령관이 된 워싱턴의 운명은 단순한 변화가 아니었습니다. 그것은 지금까지의 개인적 생활 혹은 버지니아 차원의 생활에서 미국 전체의 차원으로의 변화를 의미했습니다. 그것은 식민지라는 기존 질서 속의 변화였다면 이제는 새로운 국가를 만들어 내는 혁명적인 변화였습니다. 그것은 과거와의 단절을 통하여 이제야 비로소 진정한 의미의 독립과 자유를 가질 수 있는 혁명의 순간이었습니다.

세계 최강의 국가이자 세계 최강의 군대를 소유한 영국을 상대로 식민지 아메리카가 독립을 시도한다는 것은 달걀로 바위를 치는 격이었습니다. 하지만 총사령관 워싱턴을 중심으로 한 독립군은 궁극적으로 승리를 견인해 냈습니다. 독립전쟁 초기에 워싱턴 군은 연전연패를 거듭했지만 패배를 통해 많은 것을 배우고 그것을 활용해서 영국을 물리쳤습니다.

승리한 워싱턴은 당시 아메리카 대륙에서 가장 큰 권력과 재산을 소유한 이른바 가장 힘이 센 사람이었습니다. 워싱턴은 이러한 힘을 바탕으로 무엇이든지 할 수 있었습니다. 또 당시 18세기의 인류사회는 왕이나 황제가 지배하는 사회였습니다. 최고 권력을 가진 자가 당연히 최고의 자리에 오르는 것이 너무나 당연하게 받아들여지는 사회였습니다. 그리고 최고의 자리는 피를 부르는 유혈 쿠데타나 혁명이 아니면 혈연을 통해 영원히 후대에 연결되는 자리였습니다. 하지만 워싱턴은 이러한 기존 지배 질서를 원하지 않았습니다. 워싱턴은 권력이 개인에게 집중된 질서는 수많은 고귀한 생명을 바친 이 혁명전쟁에서 적으로 싸운 영국과 다를 바가 없다고 생각했습니다. 헌법이 만들어지기 전에 워싱턴 자신도 분명치 않았지만, 그는 그 모델을 로마의 공화정에서 찾았습니다.[137] 워싱턴은 새로운 국가에서 시민들이 선거를 통해 자신들을 이끌어가는 리더를 결정하는 공화국의 가능성을 찾고자 했던 것입니다. 자신의 부하들이 도모한 쿠데타를 막아내고 왕의 운명을 거부하고 나아가 새로운 헌법을 만들고 종신대통령을 거부한 워싱턴의 행동 하나하나는 모두 혁신 그 자체라고 할 수 있습니다. 지금까지 인류 역사에서 최고 권력자가 주어진 권력을 거부한 것은 워싱턴이 유일무이합니다. 종신대통령을 거부한 워싱턴은 선거를 통해 존 애덤스에게 권력을 이양함으로써 인류 역사상 처음으로 혈연과 피를 흘리지 않은 평화로운 정권교체를 실현하게 했습니다.

워싱턴은 종신대통령을 거부하고 조금의 사심이나 자기 이후의 사람들에 대한 선거 개입 없이 자신을 이을 다음 주자에게 평화롭게 정권을 이양하고 고향으로 돌아갔습니다. 그리고 워싱턴은 자신이 가지

---

137 워싱턴은 당시 영국과 식민지 버지니아에서 베스트셀러로 읽고 있었던 「카토의 죽음」이라는 책을 너무나 좋아했습니다. 또한 워싱턴은 이 책을 바탕으로 만들어진 연극도 자주 보았고 심지어 이 연극을 하는 가난한 극단을 후원하기도 했습니다. 카토는 철저한 공화주의자로서 독재자가 된 카이사르의 여러 차례의 꾐에도 불구하고 자살로 생을 마감한 인물입니다.

고 있는 모든 것을 아낌없이 내려놓았습니다. 워싱턴은 그동안 소중하게 모은 모든 재산을 내려놓았습니다. 나아가 그는 아무도 실천하지 못한 노예 해방을 실현했습니다.

워싱턴은 '아낌없이 주는 나무'였습니다. 그 나무는 친구가 되어주고 그늘과 열매, 땔감과 쉼터를 주었습니다. 미국과 미국인에게 아니 이제는 미국을 넘어 자유와 정의와 정직을 사랑하는 모든 세계인에게 조지 워싱턴은 친구와 같은 그늘이자 열매였으며 땔감이자 쉼터였습니다.

죽음을 앞두고 워싱턴은 1799년 7월 9일 29페이지에 달하는 유언장을 작성했습니다. 그중에 중요한 몇 군데만 살펴보면 다음과 같습니다.

- 50만 달러에 달하는 부동산을 아내 마사에게 줄 것. 여기에는 내가 일군 재산도 있지만 원래 아내의 소유가 더 많이 있으므로 나의 처분보다 아내의 처분을 존중할 것
- 윌리엄 리를 비롯한 나의 소유로 되어있는 모든 노예를 즉각 해방할 것. 아내 소유의 노예는 아내의 죽음과 동시에 해방할 것. 그리고 해방되는 모든 노예에게 살아가는 데 어려움이 없도록 연금을 줄 것. 그들이 원하면 임금 노동자로 채용할 것
- 알렉산드리아 은행 주식은 이 지역의 가난한 아이들의 교육을 위해 사용할 것. 일부는 지역 아카데미를 세우는 데 사용할 것
- 포토맥 회사의 주식은 국립대학의 건설을 위한 비용에 사용할 것
- 제임스 강 회사의 주식을 처분하여 록브리지 카운티에 있는 리버티홀아카데미에 기부할 것
- 동생 새뮤얼 가족과 친척 바톨로뮤 댄드리지의 부채를 청산해 줄 것
- 보좌관 토비아스 리어가 평생 살 수 있도록 집과 연금을 줄 것
- 조카 버시로드 워싱턴에게 나의 개인적 글과 서류, 서재의 책을 줄 것
- 손녀 넬리 루이스와 손자 조지 워싱턴 파커 커티스에게 상당한 부동산을 줄 것
- 벤저민 프랭클린이 선물한 황금 지팡이는 동생 찰스에게 줄 것
- 내가 사용한 책상과 의자는 주치의인 크레이크에게 줄 것

- 전쟁 때 영국군에게서 배앗은 권총은 라파예트에게 줄 것
- 내가 사용한 칼 다섯 자루는 자신을 보호하고 국가를 방어하고 나아가 정당한 일을 위한 목적 이외에는 절대로 사용하지 않을 것을 규정하여 조카들에게 나누어 줄 것[138]

　워싱턴은 자신이 가지고 있는 모든 것을 조금도 아낌없이 다 주었습니다. 그리고 1799년 12월 12일! 이날도 다른 날과 다름없이 워싱턴은 아침 일찍 일어나 옷을 차려입고 농장을 둘러보고 집으로 돌아왔습니다. 아침 식사를 마치고 난 워싱턴은 아내에게 목이 아프다고 말한 뒤 이층으로 올라갔습니다. 의사들이 최선을 다했지만 워싱턴의 부은 목은 호전되지 않았습니다. 주치의는 후두개염이라 진단했습니다. 이틀이 지나고 죽음이 임박한 워싱턴은 아내와 주치의 크레이크와 몇몇 손자와 손녀와 몇몇 조카와 노예들이 지켜보는 가운데 다음과 같은 마지막 말을 남겼습니다.

　　나는 이제 죽습니다. 나를 잘 매장해 주십시오. 내가 죽고 난 후 이틀이 지나기 전에 관에 넣어주시기 바랍니다. 모두 아시겠지요? 참으로 … 그래요. 나는 … 만족합니다. (Tis well).[139]

　즉시 애도 기간이 선포되었고 그의 유언대로 장례식은 간소했습니다. 장례식은 간소했지만, 그가 죽은 이후는 전혀 간소하지 않았습니다. 장례식이 끝나고 나서부터 지금까지 미국인들은 물론이고 전 세계의 수많은 사람이 워싱턴을 만나기 위해 그의 영원한 고향 이곳 '마운트버넌'을 찾고 있기 때문입니다. 또한 그에 관한 수많은 연구서와 논문들이 지금도 쏟아져 나오고 있기 때문입니다. 아마도 앞으로도 그럴

138　George Washington's Last Will and Testament(July 9, 1799).
139　Tobias Lear's Narrative Accounts of the Death of George Washington.

것입니다.

한 달 전 워싱턴은 라파예트로부터 프랑스의 나폴레옹이 쿠데타로 총재정부를 무너뜨리고 프랑스의 독재자가 되었다는 소리를 들었습니다. 워싱턴은 아무 말도 하지 않았지만 아마도 그는 또 한 명의 카이사르와 크롬웰을 보았을 것입니다. 워싱턴이 죽자 나폴레옹은 프랑스에서 일주일 동안을 '워싱턴 애도 주간'으로 선포했습니다. 심지어 적으로 싸웠던 영국도 '워싱턴 애도 주간'을 선포했습니다. 나폴레옹과 영국은 아마도 이 세상 그 누구도 실천하지 못한 최고 권력자의 진정한 청렴결백을 워싱턴에게서 보았기 때문이 아닌가 생각합니다. 12월 28일 독립전쟁 때 워싱턴에 의해 발탁되어 큰 공을 세운 장군 해리 리가 의회에서 워싱턴 추도사를 읽었습니다. 그의 추도사는 짧았지만 너무나 함축적이고 강한 의미를 내포하고 있었습니다.

워싱턴은 전쟁에서도 최고, 평화에서도 최고, 그리고 이 나라 국민의 마음에서도 최고입니다.[140]

오늘날 워싱턴의 유산들이 마운트버넌 기념관에 잘 전시되어 있습니다. 그뿐만 아니라 워싱턴의 유산들은 마운트버넌을 넘어 미국 전역에 그리고 전 세계까지 전파되었습니다. 그의 이름이, 그의 정신이, 그의 고귀한 청렴결백과 정직한 인생이….

---

140 Harry Lee, *Funeral Oration on the Death of George Washington* (December 28, 1799).

국민을 행복하게 만든 대통령들

어떤 손해를 보더라도 용기 있는 워싱턴의 행동

제이조약을 둘러싼 갈등, 그리고 워싱턴의 선택

'프로크루스테스(Procrustes)'를 아시나요? 그는 길 가는 사람을 잡아다가 자신의 침대에 눕힌 뒤 침대의 길이에 맞게 다리를 늘이거나 잘라낸 악명 높은 도둑입니다. 그는 오늘날 이른바 '구조주의적인 가치관'을 가지고 자신의 생각과 일치하는 것만이 옳고 그렇지 않은 것은 '적폐'로 보고 모두 없어져야 할 것으로 취급하는 (리더 아닌) 가짜 리더와 다를 바 없습니다.

국민을 행복하게 만든 대통령들은 자신의 생각과 다르고 자신의 정치생명에 치명적인 위험이 되고 큰 손해를 볼 수 있더라도 그 길이 진정으로 국가와 국민을 위한 길이라면 기필코 그 길을 선택했습니다. 그들은 학연, 지연, 혈연, 자파 이데올로기 등에 바탕을 두고 자신과 당파의 이익을 추구한 것이 아니라 어떤 선택이 국가와 국민을 위한 올바른 선택인지를 고민하고 용기 있는 결정을 내렸습니다. 그들은 역경과 위기가 왔을 때도 개인과 당파적인 이익에 집착하지 않았습니다. 그들은 자신의 결정을 책임지는 자세로 국가와 국민을 위해 최선을 다했습니다. 그들은 자신의 선택으로 국민의 지지도가 떨어지고, 선거의 이해관계에서 손해를 보고, 심지어 자신의 목숨까지 위협을 당할 수 있음에도 불구하고 국가와 국민을 행복하게 만들 수 있는 길을 선택했습니다.

워싱턴은 영국과 프랑스의 갈등으로 빚어진 신생국 미국의 외교적 군사적 위협이 최대의 위기로 다가오고 있음을 직감했습니다. 워싱턴은 신생국 미국이 유럽의 강대국들과 어떻게 전쟁을 막고 평화를 유지하며 국가를 발전시킬 수 있는가에 온 힘을 쏟았습니다. 제이조약(Jay Treaty)은 미국의 안전보장을 위한 길이었지만 동시에 공화파와 연방파의 갈등이 심화되는 와중에 오랫동안 '국부'로 인정받고 있는 자신의 명예와 정치역정에 큰 손해를 끼칠 수 있었습니다.

부르주아 중심으로 시작되었던 프랑스혁명이 민중혁명으로 변질되어 가고 있을 무렵 워싱턴은 만장일치로 대통령에 재선되었습니다. 그때까지만 하더라도 워싱턴은 전체 미국인으로부터 압도적인 지지를 받는 존경과 믿음 그 자체였습니다. 하지만 민중혁명으로 치닫고 있는 프랑스혁명은 신생국 미국의 정치 현상을 변화시켰습니다. 프랑스혁명 초기만 하더라도 다수의 미국인은 독립전쟁에서 미국을 도와준 프랑스에 대해 상당한 지지와 성원을 보냈습니다. 하지만 귀족들을 몰아내고 반혁명 세력을 무자비하게 처형하는 프랑스혁명에 친프랑스파인 제퍼슨과 그를 추종하는 세력(공화파)은 너무나 열광했습니다.[141] 반면 독립 후 사회경제 전반에 걸쳐 영국을 모방하고 명확한 질서를 유지하면서 국가가 발전되기를 원했던 친영국파인 해밀턴과 그의 추종 세력(연방파)은 프랑스의 과격한 사태변화와 공포정치를 두려워했습니다. 대통령으로서 워싱턴은 어느 편도 들지 않았지만 그런데도 피를 흘리며 고통 속에 죽어가는 사람들의 모습을 수없이 보았던 워싱턴은 프랑스의 과격한 변화에 열광하지도 않았고 자극을 받지도 않았습니다. 그

---

141   민중혁명으로 바뀌고 있는 프랑스에 대해 제퍼슨은 "자유의 나무에는 인간의 피를 뿌려주어야 합니다. 지구의 반이 황폐해져도 좋습니다. 모든 나라에 남녀 각 한 명씩만 남더라도 독재와 억압이 가고 자유가 찾아온다면 차라리 지금보다는 나을 것입니다"라는 편지를 프랑스에 있는 지인에게 보냈습니다. Conor C. O'Brien, *The Long Affair; Thomas Jefferson and The French Revolution*, 1785-1800(Chicago: The University of Chicago Press, 1996), 69-113.

는 냉정한 이성만이 항구적이고 평등한 나라를 만들 수 있다고 확신했습니다.[142]

프랑스혁명의 과격화는 유럽 군주국들과의 전쟁을 촉발하게 했습니다. 대(對)프랑스 동맹에 가입한 영국은 다시 한번 프랑스와 싸우지 않으면 안 되는 상황에 놓이게 되었습니다. 문제는 이제 막 새로운 국가를 시작한 미국 내에서 대통령 워싱턴의 바람과 달리 친영국 세력과 친프랑스 세력 간의 갈등이 고조되어 간 것입니다. 양국의 전쟁 무대 중 하나가 될 수밖에 없는 미국이 이 전쟁에서 어느 나라를 지원해야만 하는가 하는 문제가 발생했습니다. 대통령 워싱턴은 신생국 미국이 어떤 선택을 해야 하는가를 너무나 잘 알고 있었습니다. 워싱턴은 미국이 자연환경과 주변 정세를 잘 이용해 아무 일 없이 발전해 간다면 빠른 시일 내에 존경받고 행복한 국가가 되리라 생각했습니다. 그래서 워싱턴은 어느 편도 들지 않는 '중립'을 선택했습니다. 하지만 미국의 중립은 막강한 해군력은 물론 아직 캐나다와 미국 서부지역에 해군기지와 항구가 있었던 영국에게 일방적으로 유리했습니다. 미국이 중립으로 프랑스에게 항구 사용을 허용하지 않는다면 프랑스 해군은 영국과의 싸움에서 불리하지 않을 수 없었기 때문입니다. 그뿐만 아니라 미국의 중립은 독립전쟁에서 미국을 도와준 프랑스를 배반하는 것으로 여겨지고 있었습니다. 그런 와중에 미국 내 친프랑스파와 친영국파의 갈등은 격화되었고 그 수장들인 제퍼슨과 해밀턴이 장관을 사임하여 워싱턴 곁을 떠나버렸습니다. 제퍼슨은 워싱턴이 해밀턴의 말만 듣고 일방적으로 영국 편을 든다고 생각했습니다. 제퍼슨은 내각을 떠나면서 대통령 워싱턴에 관해 다음과 같이 말했습니다.

---

142 공화파들은 워싱턴이 조국을 위해 헌신한 것은 사실이지만 한 사람의 욕망을 채워주기 위해 자신들의 권리와 존엄성을 버릴 수 없음을 미국 자유인은 알게 되었다고 주장했습니다.

그분의 그토록 강인했던 정신력도 점차 흐려지고 있었고 기력 또한 감소한 무기력한 모습이 눈에 띄게 늘어났으며 조용함을 찾고자 하는 증세가 어느덧 그분을 엄습했습니다. 다른 사람이 그분을 대신해서 행동하거나 심지어는 냉정하게 심사숙고하지 않고 그냥 다른 사람의 생각을 수용하는 일도 비일비재했습니다.[143]

워싱턴의 중립 정책은 전쟁 당사국으로부터 대포를 비롯한 전쟁물자와 전시 규정에서 금지한 품목을 제외한 다른 물품을 운반 판매할 수 있었습니다. 하지만 바다에서 절대적인 우위를 자랑하고 있었던 영국은 중립국의 지위를 일방적으로 무시하고 자국에 유리한 정책을 시행했습니다. 영국 정부는 '예비명령'이라는 포고령을 내려 프랑스 화물을 싣고 있거나 프랑스 항구로 항해하는 모든 미국 선박을 나포할 권한을 영국군에게 부여했습니다. 명령을 받은 영국 사략선들은 아무런 잘못도 없는 미국의 선박을 무조건 나포하여 화물을 몰수하고 선원을 영국 수병으로 강제 징집했습니다. 이에 공화파들은 대통령의 중립정책이 이런 사태를 불러왔다고 비난하면서 영국에 내야 할 부채를 무효로 하고 영국과의 모든 무역 관계를 단절하자고 주장했습니다. 워싱턴은 공화파들의 주장대로 하게 되면 영국과의 전쟁은 불가피하다는 것을 알았습니다. 고심 끝에 워싱턴은 영국에 특사파견을 결정했습니다. 처음에는 제퍼슨이나 해밀턴을 고려했지만 결국 중립적인 인사로 생각되는 대법원장 존 제이를 선택했습니다.

해를 넘겨 1795년 3월 초가 되어서야 제이조약의 내용이 전달되었습니다. 워싱턴은 그렇게 큰 기대는 하지 않았지만 제이가 영국에 그토록 많은 것을 양보할 줄을 몰랐습니다. 워싱턴은 이 조약을 준수하면 전쟁은 피할 수는 있지만 그 내용이 미국에 너무나 불리하다는 것을

---

143 정형근 옮김, 「미국의 역사를 창조한 대통령 조지 워싱턴」, 369 재인용, 제퍼슨이 말하는 다른 사람은 해밀턴입니다. 제퍼슨은 초기에는 해밀턴을 비난했다가 나중에는 대통령을 비난했습니다.

알았습니다. 핵심 내용은 다음과 같습니다.

- 캐나다 국경지역과 서부에 주둔하고 있는 영국군은 1796년 6월 1일 기점으로 철수한다.
- 영국은 미국 영토 내에서 인디언들과 자유롭게 교역을 할 수 있다.
- 미국은 과거에 부과된 국제적 의무에 반드시 구속력을 갖지 않아도 된다.
- 영국은 미국 선박이 프랑스에 이득이 되는 화물(미국 선원들 포함)을 금제품으로 간주하여 즉각 포획할 수 있다.
- 미국은 미국 내에 있는 영국인의 사유재산을 몰수 할 수 없다.
- 미국 선박들은 서인도제도에서 무역하되 대형 선박으로는 안 되고(70톤 이하 소형 선박으로만 가능) 서인도제도의 토산물을 수출할 수 없다.[144]

조약 내용의 핵심은 독립했지만 아직 남아있었던 영국군이 아메리카 대륙에서 완전히 철수하는 것은 미국에 적지 않은 성과였습니다. 하지만 미국의 통상과 무역이 영국에게 완전히 종속되는 듯한 내용이었습니다. 고심 끝에 워싱턴은 연방상원의 결정에 따르고자 했습니다. 조약안에 동의를 받지 못하면 영국과의 전쟁은 불가피한 것이고 설사 동의를 받더라도 일방적으로 미국에 불리한 내용이어서 국론분열의 위험이 너무나 컸습니다. 워싱턴은 조약의 내용이 사전에 공개된다면 급격한 혼란이 우려되어 상원이 가능한 비공개로 토론을 해주기를 원했습니다. 18일간의 토론 끝에 1795년 6월 24일 연방상원은 20대 10으로 '서인도제도에서의 미국의 무역에 관한 내용'이 수정되어 통과되었습니다. 이를 두고 공화파로 워싱턴을 몹시도 싫어했던 벤저민 프랭클린 바체[145]가 필라델피아에서 발행하고 있었던 「오로라(*Aurora*)」에서 "상

---

144 https://en.wikipedia.org/wiki/Jay_Treaty(2019. 3. 16), 예비명령 중 미국인들이 가장 크게 분노한 것은 미국 선원들을 강제로 영국 수병에 징집하는 것이었습니다. 제이조약은 이 문제를 해결하지 못했습니다.
145 바체는 워싱턴의 독립전쟁을 적극적으로 도왔던 벤저민 프랭클린의 손자입니다.

원의 밀실 논의는 국민 주권에 대한 모독이며 어둠의 악마이자 제이의 사생아"라고 비난했습니다.[146] 공화파의 수장 제퍼슨은 몬티첼로에서 제이조약에 대해 다음과 같이 말했습니다.

> 이 나라의 영국 숭배자들에 의한 형편없고 악독한 처사이며 또한 모욕을 당하고 참는다고 해서 전쟁을 피할 수 있는 것이 아닙니다.[147]

제이조약이 연방상원을 통과하자 프랑스에서 조약에 관해 문제 삼았지만 노련한 변호사 출신인 제이는 프랑스인들의 분노를 잘 다독였습니다. 워싱턴은 처음에 제이조약이 비준되면 이를 둘러싼 갈등이 줄어들 것이라 생각합니다. 하지만 비준 후 공격 화살이 대통령 자신에게 쏟아진다는 것을 알았습니다. 공화파 신문들은 "워싱턴이 지금처럼 존경받는 것은 과대평가된 것이고 이제 나이가 들어 노환 증세가 나타나고 있고 늘상 그랬지만 지금도 군주처럼 생활하고 있다"고 비난했습니다.[148] 더 나아가 공화파들은 조약을 준수하기 위해서는 약 9만 달러의 예산이 필요하다는 것을 알고 예산에 대한 결정권을 가진 연방하원을 움직이게 했습니다. 연방하원은 공화파가 다수를 차지하고 있었기 때문에 그들은 제이조약에 대한 마지막 일격을 가할 수 있을 것이라 생각했습니다. 공화파가 지배하고 있었던 하원은 예산 심의를 위해 필요하다는 핑계를 대고 대통령에게 제이조약과 관련한 모든 서류를 제출할 것을 요구했습니다. 연방상원의 권한과 행정부의 권한을 침범하는 이러한 무도한 행동에 워싱턴은 조약에 관한 권리를 승인하는 것은 상원만이 할 수 있다는 헌법을 근거로 삼아 하원의 요구를 거부했습니다.

---

146 Michael Beschloss, 정상환 옮김, 「대통령의 리더십(*Presidential Courage*)」(서울: 넥스서 BIZ, 2016), 17–18, 7월 4일 독립기념일을 앞두고 필라델피아의 군중들은 조약의 사본과 제이의 허수아비를 불태웠고 이런 현상은 전국으로 퍼져갔습니다.

147 정상환 옮김, 「대통령의 리더십」, 19 재인용.

148 정형근 옮김, 「조지 워싱턴」, 407 재정리.

워싱턴은 그동안의 공화파의 이러한 행동에는 제퍼슨이 연루되어 있음을 알았습니다. 몹시도 화가 났지만 워싱턴은 제퍼슨에게 다음과 같은 편지를 보내는 것으로 자신을 달랬습니다.

이 나라의 정파들은 내가 기대한 정도까지 나아가지 않으려고 하고 또 그런 능력이 없음을 최근에 와서야 알게 되었습니다. 그리고 우리나라의 의무와 정의에 어긋나지 않는 한 내가 이 지구상 모든 나라의 간섭을 받지 않는 독립 국가를 만들어보려고 심혈을 기울임과 동시에 어느 나라에도 치우치지 않고 중립을 지킴으로써 이 나라가 전쟁의 참화 속에 빠지지 않도록 지키려고 하지만, 어떤 나라의 적이 되기도 하고 또 다른 나라에 굴복되었다는 등의 비난을 받고 있음을 최근에야 알게 되었습니다. 통치와 관련한 나의 모든 행위가 왜곡되고 온갖 추잡하고 음흉한 말로 비난받고 있음도 - 어느 한 문제의 일면만을 가지고 흑인이나 악명 높은 범법자 혹은 소매치기들에나 어울릴 법한 과장되고 저질스러운 말로 - 최근에야 알았습니다. 그러나 이것으로 되었습니다. 내가 뜻했던 이상으로 나의 감정을 표현하였으니까요![149]

대통령의 서류제출 거부에도 불구하고 하원은 표결을 위해 4월 14일 논의를 시작해 4월 30일에 매듭을 짓기로 했습니다. 이런 상황에서 워싱턴의 편지에 자극을 받은 것인지 모르지만 제퍼슨은 몬티첼로에서 틀어박혀 이탈리아에 있는 친구에게 다음과 같은 편지를 써서 애써 자신을 위로했습니다.

전장에서는 삼손이었고 의회에서는 솔로몬이었지만 이제는 영국 창기에게 머리를 깎이고 저 이단자에게 넘어간 배반자의 이름을 이야기한다면 자네는 흥분할 걸세.[150]

149　정형근 옮김, 「조지 워싱턴」, 416 재인용, 워싱턴이 이 편지에서 흑인을 범법자와 소매치기와 같은 반열에서 이야기하고 있는데 이는 당시에는 너무나 당연한 관행적인 말이었던 것 같습니다. 죽을 때 워싱턴은 자신의 흑인 노예를 해방했습니다.

150　정상환 옮김, 「대통령의 리더십」, 44 재인용.

하원 공화파 의원들의 비난이 쇄도하는 가운데 조약의 자금지원에 대한 마지막 표결을 앞둔 4월 28일 매사추세츠주 하원의원 피셔 에임스가 하원 본회의장 앞으로 걸어가 의장에게 발언권을 신청했습니다. 당시 에임스는 병에 걸려 몹시도 아팠지만 제이조약으로 국론이 분열되고 있고 어떠한 경우라도 전쟁은 막아야 한다는 명연설을 했습니다.

제이조약은 치명적으로 나쁜 것이라는 외침이 있습니다. 그것이 미국의 이익과 미국의 명예와 독립을 희생시키고 나아가 프랑스와의 연대마저 희생시켰다고 주장하고 있습니다. … 그러나 조약이란 한 나라의 약속입니다. 우리의 믿음을 저버려도 좋을까요? 만약 영국이 계속해서 인디언들과 음모를 꾸민다면 미국 변경지대 주민은 위태로운 상태로 남아 있을 것입니다. 아직 아물지 않은 상처가 다시 찢어질 것입니다. 낮에는 숲으로 가는 길이 매복상태에 있을 것입니다. 한밤중에는 불타는 집들의 화염으로 번쩍일 것입니다. 당신은 아버지입니까? 아이들의 피가 옥수수밭을 짙게 물들일 것입니다. 당신은 어머니입니까? 전쟁의 함성이 요람 속에 잠자는 아이를 흔들어 깨울 것입니다. … 이 조약에 반대하기 위해 한 손을 들고 있는 동안에 다른 손은 도끼를 잡고 있을 것입니다. … 야만스러운 복수의 외침과 고문의 비명이 제 귀에 들립니다. 만약 제이조약이 통과된다면 미국인들은 대서양을 넘어 영국 해군의 보호 아래 자유롭게 무역을 할 수 있을 것이고 방해받지 않고 서부를 개척할 것입니다. 바로 얼마 전까지만 해도 사람들은 전쟁이 불가피하다고 생각했습니다. 이제 구름 끝에 걸린 무지개처럼 이 조약은 햇빛을 약속하고 있습니다. 우리가 거부한다면 그 생생한 색깔은 빛을 잃을 것입니다. 그것은 대혼란과 전쟁을 예고하는 해로운 유성이 될 것입니다.[151]

에임스의 이 명연설에 연방파는 물론 공화파 의원들까지 감동하여 눈물을 흘렸습니다. 그 후 투표 결과는 49 대 49가 나왔고 이제 최종결정은 하원의장인 공화파의 프레더릭 머렌버그에게 달렸습니다. 공화

---

151 Fisher Ames' Speech on the Treaty with Great Britain(April 28, 1796).

파는 환호를 질렀습니다. 머렌버그 역시 지난여름 필라델피아에서 제이조약 서류를 함께 불태운 사람이었기 때문입니다. 하지만 머렌버그의 이름이 호명되었을 때 그는 조약의 자금지원에 찬성표를 던졌습니다. 말도 많고 탈도 많았던 제이조약이 완전 통과됨으로써 워싱턴은 조국에 독립전쟁만큼이나 중요한 평화를 선물로 주었습니다.[152] 워싱턴은 제이조약이 통과된 후 피셔 에임스에게 깊은 감사를 드리며 다음과 같이 말했습니다.

국가가 하찮은 것 때문에 조급하게 전쟁에 뛰어들었다가 당황하는 일이 생겨서는 안 됩니다. 그러나 20년간의 평화 후에는 인구와 자원이 우리가 기대하던 대로 급격히 증가하여 미국인은 지구상 어떤 강국과도 능히 싸울 준비가 될 것입니다.[153]

대통령 워싱턴의 말은 예언이 되었습니다. 1812년 미국은 영국과 전쟁을 할 수 있을 정도로 강력해졌고 결국 승리했습니다. 우리가 1812년 전쟁을 '제2의 독립전쟁'이라고 하는 이유입니다.

---

152 워싱턴은 에임스를 대통령 관저로 불러 감사를 표하고 자신의 고향 마운트버넌에서 요양할 수 있도록 특별 배려를 했습니다.

153 정상환 옮김, 「대통령의 리더십」, 50 재인용.

02

에이브러햄 링컨

국민을 행복하게 만든 대통령들

> 대부분의 사람은
> 마음먹은 만큼 행복하다

배우는 태도

조지 워싱턴과 마찬가지로 위대한 대통령 에이브러햄 링컨[1] 역시 은수저를 물고 태어나지 못했습니다. 여러 사람이 알고 있는 사실에 비추어 링컨은 어느 것 하나 내세울 만한 것이 없었습니다. 이른바 비주류였던 링컨은 오늘날은 물론 당시에도 일반적인 리더의 조건으로 인식되고 있는 요소에 제대로 충족되는 것이 없었습니다. 링컨은 화려한 집안 배경도 없었습니다. 자신을 "아마도 이류 가정 정도"라고 소개했지만 사실상 이류 가정이란 다소 모호한 표현이었습니다.[2] 아마도 초라한 자신의 집안 배경을 모호한 말로 얼버무린 것이 아닌가 생각합니다. 링컨은 켄터키주의 시골 오두막집에서 가난한 농부 토머스의 아들로 태어났습니다. 링컨은 아홉 살이 되던 해에 어머니 낸시 행크스가 죽었고 늘 화전(火田)을 일구는 일과 다름없는 일을 하는 가난하고 무지렁이 같은 아버지의 돌봄 없이 그는 새어머니 사라 부시에게서 어린 동생들과 성장했습니다.

1　김형곤, "링컨 대통령의 리더십의 실체", 「미국사연구」, 제25집(2007.5)에서 링컨 대통령이 어떤 환경에서 자란 사람이었나를 살펴보는 내용은 본 논문의 일부를 수정 보완했습니다.
2　링컨은 1809년 2월 12일 당시로는 서부 변경지역에 불과했던 켄터키의 하딘 카운티 후젠빌이라는 작은 마을의 통나무집에서 태어났습니다. 두 살이 채 되기 전에 링컨 가족은 오하이오강을 건너 인디애나로 이사를 했지만, 링컨이 성장하는 내내 링컨 집안은 가난한 집안이었습니다.

링컨은 어머니와 새어머니에게 약간의 글을 배웠지만 정규교육을 받지 못해 글을 제대로 읽고 쓸 수가 없었습니다. 1824년 교사 아젤 도시가 링컨이 사는 궁핍한 곳을 돌아다니면서 학교를 세워 아이들을 가르쳤습니다. 링컨은 매일 4마일을 걸어 다니면서 공부를 했지만, 그것도 1년을 채우지 못했습니다. 궁핍한 과정과 아버지 토머스의 자식 교육에 관한 무관심은 링컨의 정규교육을 그 정도에서 마치도록 만들었습니다. 심지어 아버지 토머스는 일을 돕지 않고 책만 읽는 아들 링컨에게 주먹을 날린 적도 있습니다. 그것 때문만은 아니겠지만 어쨌든 링컨은 줄곧 아버지와의 관계가 좋은 편이 아니었습니다. 그래서 링컨은 당시 많은 남자들처럼 군인이 되거나 교육을 통해 사회에 진출하는 일자리를 마련하지도 못했습니다. 링컨이 1846년에 연방 하원의원에 입후보했을 때 그는 이력서 학력란을 공란으로 남겨두었습니다. 의회 사무처 직원이 학교 교육에 관하여 묻자 링컨은 "아주 조금, 거의 받지 못했습니다"라고 대답했습니다. 1860년 공화당 대통령 후보로 지명된 후 링컨은 미국 국민에게 자신을 다음과 같이 소개했습니다.

사실 저는 성년이 되어서도 아는 게 별로 없었습니다. 하지만 세 가지, 읽고, 쓰고, 외우는 것은 계속해 왔습니다. 그게 전부입니다. 그 뒤로 학교에 다닌 적은 없습니다. 제가 조금이라도 계속해서 지식을 쌓은 것은 필요에 따라 공부를 했기 때문입니다.[3]

대통령이 된 이후에도 워싱턴 정가에서는 그를 가리켜 '교양이 없는 사람'으로 취급하기가 일쑤였습니다. 그래서 링컨에게는 그 흔한 동문도 동창도 없었습니다. 정치를 하는 사람들에게 동문과 동창이 없는 것은 불리하게 작용할 수도 있지만 어떻게 생각하면 이 때문에 더 많

---

3 Dail Carnegie, 임정재 옮김, 「링컨, 당신을 존경합니다(*The Unknown Lincoln*)」(서울: 함께하는 책, 2003), 23–24 재인용.

이 노력하게 되고 후에 학연에 연연하지 않아도 된다는 것을 의미했습니다. 링컨은 대통령이 된 후 학연, 지연, 혈연은 물론 정치이념에 얽매이지 않고 오로지 능력과 자질을 기준 삼아 사람들을 쓸 수 있었습니다. 링컨은 잘생긴 미남도 아니었습니다. 당시는 물론 오늘날의 기준으로 볼 때도 너무나 큰 키인 192㎝로 비쩍 마른 몸매, 움푹 파인 볼, 쑥 들어간 눈은 다른 사람들 눈에 결코 매력적으로 보이지 않았습니다. 그래서 일찍부터 링컨은 '못생긴 기린'이라는 별명을 얻었습니다. 거기에다 너무나 가난하여 입고 다니는 옷[4]도 형편없어 매력이란 단 한 군데도 없었습니다. 링컨이 태어나고 자라난 곳은 지역적으로도 일반적인 리더 탄생의 조건에 부합하지 않았습니다. 링컨은 당시 리더 대부분이 태어나고 자란 지역인 매사추세츠, 버지니아, 뉴욕, 노스캐롤라이나 등 당시 미국의 정치와 경제 중심지와는 전혀 관련이 없었습니다. 링컨과 관련된 지역은 당시로서는 황무지와 다를 바가 없는 켄터키와 인디애나가 고작이었습니다. 나이가 들면서 링컨은 당시 상당히 개발되어 있었지만 동부의 주요 지역과는 비교도 할 수 없는 일리노이에서 사회와 정치 기반을 닦기 시작했습니다.

대통령이 되는 과정에서도 링컨은 유리한 점이 없었습니다. 그가 속한 정당인 휘그당은 어느 정도 전통이 있는 정당이었지만 1854년을 기점으로 해체되었고[5] 새롭게 결성된 조직인 공화당으로 오랜 역사와 전통을 가지고 있는 민주당에 비하면 많은 면에서 불리했습니다. 그뿐만 아니라 링컨은 당내에서의 입지도 좋지 않았습니다. 그는 연방 하

---

4 유년기에 이미 키가 큰 링컨은 한결같이 정강이가 드러난 짧은 사슴 가죽 바지와 다람쥐 가죽 모자를 쓰고 다녔습니다. 링컨의 습관은 성년이 되고 난 후에도 별로 달라진 것이 없었습니다. 메리 토드와 결혼한 후 링컨은 모든 면에서 아내의 잔소리를 들었지만 가장 많은 잔소리는 옷과 관련된 것이었습니다.

5 김형곤, "남북전쟁의 원인 제공자: 대통령 프랭클린 피어스", 「세계역사와 문화연구」 제57집(2020.12), 1-52, 1852년 대통령 선거에서 민주당의 프랭클린 피어스에게 패배하여 전열이 분열된 휘그당은 1854년 민주당의 스티븐 더글러스가 주도한 것으로 1820년 미주리 타협을 파괴한 캔자스-네브래스카법의 통과를 막지 못하자 급격하게 쇠퇴했습니다.

원의원을 지낸 후 거의 10년 이상을 공직에 있지 않았습니다. 특히 지역구인 일리노이주는 멕시코전쟁의 승리를 원해서 수많은 청년을 참전시켰음에도 링컨이 멕시코전쟁을 노골적으로 비난한 경력으로 인하여 절대적인 지지를 얻지 못하고 있었습니다. 링컨을 연구한 데이비드 로널드는 "링컨은 비록 헌법과 건국 아버지들의 유산을 잘 보존하고자 하는 사람으로 공화당 창당 멤버 중 한 사람이었지만 인구가 많은 북동부 출신의 친구는 없었습니다"라고 밝히고 있습니다.[6] 공화당 내 대통령 후보 경선에서도 10년 이상 연방 상원의원을 지낸 경쟁자 윌리엄 시워드에 비하면 링컨의 정치경력은 보잘것없었습니다.[7] 1, 2차 후보 경선에서 시워드가 링컨을 이겼지만, 당시 공화당을 좌지우지하고 있었던 '공화당 급진파들(Radical Republicans)'은 중도 입장의 시워드를 달갑게 여기지 않았고 결국 링컨이 공화당 대통령 후보로 당선되었습니다. 링컨에게 유리한 점이 있었다면 그것은 1860년 선거에서 민주당이 지역적으로 사분오열되었다는 점이었습니다.

대통령이 된 후에도 상황은 마찬가지였습니다. 링컨이 대통령에 당선되자 남부는 무조건 연방을 탈퇴할 것이라고 위협했습니다. 그가 대통령에 취임하지 못할 것이라는 소문과 심지어 당선자에 대한 살해 위협까지 공공연하게 나돌았습니다. 링컨이 대통령에 취임하는 1861년 3월 4일이 되기까지 남부 7개 주가 연방을 탈퇴하였고 웨스트포인트 출신으로 전쟁장관을 지낸 제퍼슨 데이비스가 앨라배마 몽고메리에

---

6   David H. Donald, *Lincoln*(London: Jonathan Cape, 1995), 236. 후에 남부 대통령 선거에서는 투표 용지에 링컨의 이름을 삭제한 경우가 대부분이었습니다. 사실 링컨은 남부에서는 단 한 석도 얻지 못했습니다. 그는 민주당이 남과 북으로 분열된 덕분에 일반투표에서 단지 39.8%만으로 대통령에 당선되었습니다.

7   시워드는 뉴욕 출신으로 유니언대학을 졸업하고 변호사가 되었습니다. 그는 뉴욕주 상원의원, 주지사, 연방 상원의원 등을 지내면서 휘그당에서 화려한 정치경력을 쌓아 1856년에 공화당 대통령 후보에 출마하여 존 프리몬트에게 패배하였지만 다가오는 선거에서 공화당 대통령 후보 선두자리를 선점하고 있었습니다. 이에 비해 링컨은 서부 켄터키 태생의 일리노이주를 지역 배경으로 하고 있고 거의 독학으로 변호사가 되었으며 정치경력은 주의회 의원과 연방 하원의원 한 차례를 지낸 것 외에는 특별한 것이 없었습니다.

서 남부 연합의 대통령으로 취임했습니다.[8] 링컨의 전임자 제임스 뷰캐넌은 악몽을 떨쳐버리지 못하고 스스로 "미합중국의 마지막 대통령이 되었습니다"라고 선언한 다음 워싱턴을 떠났습니다.[9] 의회 역시 반란을 진압하는 어떠한 방안도 내놓지 않았습니다. 오히려 연방하원은 대통령이 민병대를 소집할 수 있는 법안을 계류 중에 두었고 연방상원은 군비삭감을 요구하는 결의안을 통과시켰습니다.[10] 당시 워싱턴을 지키는 연방군의 수는 고작 만 6천 명에 지나지 않았고, 전쟁 무기와 요새 등도 형편없었으며, 지휘관인 윈필드 스콧은 늙고 무능했습니다. 스콧을 뒤이어 사령관에 임명된 조지 매클렐런을 비롯한 여러 장군은 뒤늦게 찾은 율리시스 그랜트를 제외하고 적극적으로 전쟁에 임하라는 링컨의 요구에 하나같이 부응하지 못했습니다.[11] 또한 불행히도 남부 출신의 유능한 군사 지휘관인 로버트 리와 스톤월 잭슨이 남군을 선택했습니다.

전쟁이라는 위기 속에서 대통령에 취임한 링컨에게 또 다른 불리한 일들이 일어났습니다. 대통령에 취임하고 링컨이 가장 먼저 한 일은 백악관을 개방하는 것이었습니다. 수많은 사람이 이러저러한 이유로 백악관을 방문하여 대통령을 만나고자 했습니다. 이 일은 팔로워와 함께하지 않으면 진정한 리더가 아니라고 생각한 링컨의 선택으로 이루어진 것이었습니다. 하지만 수많은 시민이 백악관을 출입하는 것이 대통

---

8 제퍼슨 데이비스와 비교해 링컨의 군 경력은 주 민병대에 3개월 남짓 복무한 것뿐이었습니다. 그는 대위 계급장을 달고 사병들의 훈련을 주로 담당했는데 사병들이 분열하다가 장애물을 만나자 이를 어떻게 처리할지를 몰라 "일단 해산하고 장애물 건너편으로 다시 모여!"라는 명령을 내릴 정도였습니다. 군에 있었던 시절을 회상하면서 링컨은 "단지 모기와 싸웠을 뿐입니다"라고 말했습니다.

9 Philip S. Klein, *President James Buchanan: A Biography* (New York: American Political Biography Press, 1996), 27.

10 당시 의회 활동에 관한 내용은 *Congressional Globe*, 36th Congress. 2nd SESS. 46, 1001, 1225–1232에서 볼 수 있습니다.

11 Donald T. Philips, *Lincoln on Leadership: Executive Strategies for Tough Times*(New York: Warner Books, Inc. 1993), 114–135.

령에게 편안한 일만은 아니었던 것 같습니다. 방문객 중에는 백악관의 양탄자와 천을 기념품으로 가지고 가는 일종의 '유물 사냥꾼'도 있었고 대부분이 사면을 요청하거나 일자리를 부탁하는 사람들이었습니다. 링컨은 백악관을 떠나 자주 전쟁부의 전신국에서 많은 시간을 보냈는데 "내가 여기에 오는 것은 박해자를 피하기 위해서입니다"라고 말했습니다.[12] 하지만 링컨 대통령은 근본적으로 자신이 할 수 있는 한 많은 사람과 만나는 것을 원칙으로 삼고 있었습니다.

아내 토드 링컨은 링컨에게 또 다른 압박이었습니다. 데일 카네기는 링컨의 '불행한 결혼생활'을 이야기하면서 다음과 같이 말했습니다.

> 안타깝게도 그녀(토드 링컨)는 자신의 조언을 상대방이 기분 나쁘지 않게 받아들이도록 하는 요령이나 재치는 전혀 없었습니다. 그녀는 학교에서 사교춤이나 추는 것을 배웠을 뿐 사람을 다루는 요령은 전혀 배우지 못한 터였습니다. 그래서 그녀는 남자가 여자에게 가장 빨리 정 떨어지게 하는 방법, 즉 잔소리를 늘어놓았던 것입니다.[13]

토드 링컨은 남편이 옷 입는 것뿐만 아니라 코와 귀 등의 외모, 구부정한 어깨, 걸음걸이, 심지어 목소리까지 문제 삼았습니다. 무엇보다 그녀의 사교생활을 충분히 할 만큼의 돈을 가져다주지 못하는 링컨의 수입에 대해서 끊임없이 불평했습니다. 그런 그녀가 미국의 퍼스트레이디가 되자 그동안 억눌렸던 낭비벽이 발동하여 미국 최고의 상점에서 외상으로 물건을 사들이기 시작했습니다. 심지어 그녀는 군 요직과 공무원에 대한 인사 청탁에 따른 대가로 외상값을 해결하기도 했습

---

12 Chris Wallace, 정성묵 옮김, 「대통령의 위기(*Character: Profiles in Presidential Courage*)」 (서울: 이가서, 2005), 46.

13 데일 카네기 지음, 「링컨, 당신을 존경합니다」, 68, 그녀는 프랑스의 마담 몽텔레 훈육학교(Madame Mantelle's Finishing School)에서 유학을 했습니다. 여기에서 프랑스어, 문학, 사교춤 등을 배웠습니다.

니다.[14]

　링컨 대통령의 각료 역시 문제였습니다. 국정운영에서, 그것도 전쟁을 치르고 있는 상황에서 가장 중요한 직책인 국무장관 시워드, 전쟁장관 에드윈 스탠턴, 재무장관 샐먼 체이스가 링컨과의 관계를 정상화하기 전까지는 비록 그들이 링컨 아래에서 장관을 하고 있었지만 '촌뜨기 서부 시골 출신'의 대통령에게 회의적이었습니다. 이들은 하나같이 링컨을 '지적 능력이 형편없는 삼류 변호사' 출신으로 비하했고 비판적인 태도로 임했습니다. 전쟁기에 가장 큰 능력을 보여주어야 할 군 지휘관도 링컨이 자신의 비전을 완수하는 리더인 그랜트를 찾기까지 거의 모든 장군은 무사안일 그 자체였습니다. 특히 '젊은 나폴레옹'으로 많은 사랑을 받았던 매클렐런은 적극적인 전쟁 수행에 대한 링컨의 바람을 무참히 짓밟았습니다. 그는 링컨의 인간적 만남에 관한 노력도 노골적으로 무시했으며 심지어 1864년 대통령 선거에서 민주당 후보로 링컨과 겨루었습니다. 민주당을 비롯해 링컨을 반대한 남부 언론들은 링컨을 "괴상하게 생긴 추하고 야비한 놈", "언젠가 장작을 쪼개고 이제는 연방을 쪼개는 삼류 시골 변호사", "거칠고 천박한 농담꾼," "독재자", "원숭이", "기린", "광대" 등으로 비난했습니다. 심지어 「일리노이 스테이트 레지스터(*Illinois State Register*)」는 "미국의 대통령직을 불명예스럽게 만든 가장 간계하고 정직하지 못한 정치인"으로 평가했습니다.[15]

　정규교육을 제대로 받지 못한 링컨은 우선 독서를 통해 배웠습니다. 링컨은 어머니와 새어머니로부터 겨우 읽는 것을 배웠고 주로 성경을

14　William H. Herndon & Jesse W. Weik, *Herndon's Life of Lincoln: The History and Personal Recollections of Abraham Lincoln* (New York: Da Capo Press, 1983), 76. 변호사 시절 링컨의 동료였던 윌리엄 헌돈(William H. Herndon)은 "링컨은 모든 면에서 검소했습니다. 그러나 쾌락에 깊이 빠져있던 그의 아내는 대통령 모르게 막대한 돈을 썼습니다"라고 기록했습니다.

15　Paul F. Boller, Jr. *Presidential Campaign* (New York: Oxford University Press, 1984), 102. 링컨은 비난을 무시하거나 비난의 글을 읽지 않았습니다. 그리고 자주 편지 쓰기로 마음을 달랬지만 편지를 보내지는 않았습니다.

읽는 것으로 읽기 공부를 했습니다. 아버지 토머스의 반대에도 불구하고 새어머니는 링컨이 글을 읽고 쓸 수 있도록 특별히 관심을 쏟았습니다. 새어머니 사라는 자신의 아이 이상으로 링컨에게 큰 관심과 사랑을 가지고 대했고 그것은 링컨의 독학에 큰 힘이 되었습니다. 후에 링컨은 새어머니 사라에 대해 "영혼이 아름다운 사람"이라고 말했습니다. 링컨이 읽고 쓸 수 있다는 소문은 금방 지역으로 퍼졌고 문맹인들은 링컨에게 편지를 읽고 써달라고 요청했습니다. 링컨은 종이와 연필이 귀했기 때문에 널빤지와 벽에 숯으로 글을 쓰고 산수 문제를 풀었습니다. 교사 아젤 도시는 링컨이 다른 아이들에 비해 책과 공부에 큰 관심이 있을 뿐만 아니라 월등한 능력을 갖춰 주어진 주제에 대해 자신의 견해를 밝히고 종종 시와 산문을 쓰기도 했다고 밝혔습니다.

링컨이 책에 대해 갈증을 느끼고 있다는 것을 안 새어머니는 어려운 가정형편과 남편의 반대에도 불구하고 어떻게 하더라도 링컨이 꿈과 희망을 품을 수 있는 책들을 마련해 주었습니다. 그래서 링컨은 유년 시절을 지나면서 「성경」, 「이솝이야기」, 「로빈슨 크루소」, 「천로역정」, 「신밧드의 모험」 등을 읽고 또 읽었습니다. 이런 책들은 링컨에게 값으로 매길 수 없는 보물 중 보물이었습니다. 사실 후에 링컨은 "독서는 보물이 가득 들어 있는 창고로 들어가는 것과 같습니다"라고 말했습니다. 특히 링컨은 「성경」과 「이솝이야기」를 늘 가지고 다니면서 읽고 또 읽었습니다. 결국 시간이 지나면서 링컨은 정규학교에서 배우는 능력 이상의 말하기 능력뿐만 아니라 자신의 주장을 펼치는 방법과 더불어 글 쓰는 방법도 터득했습니다. 나이가 들어가면서 링컨은 책만으로 지적 갈증을 풀 수가 없었습니다. 다른 책을 보고 싶었지만, 링컨은 책을 살 돈이 없었습니다. 그래서 링컨은 다른 사람의 책과 신문을 비롯해 인쇄된 것이라면 무엇이든지 빌려 읽었습니다. 그러던 중 자신의 오두막집에서 멀리 떨어진 곳에 인디애나주 소속 변호사 한 사람이 이사를 왔고 링컨은 그에게 가서 여러 책과 인쇄물을 빌렸습니다. 그중에서는 '인디애나주 법률'과 '미국독립선언서'와 '미국헌법'이 있었는데 링컨은 이것들을 읽고 난 후 어슴푸레하게나마 자신의 앞날에 관해 생각했습니다. 시간이 지나면서 인디애나주로 여러 개척민이 몰려들었는데 그들 중 한 사람이 많은 책을 가지고 있었습니다. 링컨은 그에게 가서 파슨 윔즈가 쓴 「워싱턴 전기」를 빌려 읽었습니다. 링컨은 이 책에 매료되어 읽고 또 읽었습니다. 어느 날 링컨은 책을 읽다가 오두막집 통나무 틈새에 끼워두었는데 밤새 불어 닥친 폭풍우로 인하여 책이 망가져 버렸습니다. 책 주인의 용서에도 불구하고 링컨은 그 집에서 3일 동안 노동을 해주어 책값을 대신했습니다.

당시 링컨이 빌려 본 책 중 윌리엄 스콧이 편집한 「웅변술 교훈(*Lessons in Elocution*)」은 링컨에게 가장 큰 영향을 주었습니다. 이 책은 당시 청소년들이 읽고 쓰는 능력을 향상하도록 주옥과 같은 시와 산문의 일부분을 모아놓은 것이었습니다.[16] 링컨은 이 책을 거의 외우다시피 했고 이를 통해 대중에게 연설을 하는 방법을 터득했습니다. 이 책에서 링컨은 그리스 아테네 최고의 장군이자 웅변가인 데모스테네스[17]를 만났고 로마 공화정 최고의 지성인이자 변호사인 키케로[18]를 만날 수 있었습니다. 그뿐만 아니라 링컨은 이 책에서 서양 세계의 언어의

---

16 William Scott, *Lessons in Elocution*(New York: Andesite Press, 2015).

17 역사가이자 전기 작가인 플루타르크는 데모스테네스에 대해 다음과 같이 기록하고 있습니다. "그는 말을 더듬고 발음이 부정확하여 스스로 머리를 깎고 지하에 방을 만들어 끊임없는 발성 연습을 했습니다. 그는 입에 자갈을 문 채 시를 암송했으며 달리기를 할 때도 멈추지 않았습니다. 그는 큰 거울 앞에서 끊임없는 연습을 거듭했습니다." 데모스테네스는 젊은 시절 시민들 앞에서 연설했으나 비웃음을 샀지만 끊임없는 노력 끝에 아테네 최고의 연설가가 되었습니다. 아테네 몰락기 북방의 마케도니아가 세력을 펼치자 마케도니아 왕으로 알렉산더의 아버지인 필리포스를 탄핵하는 연설 「필리포스 탄핵(*Philippika*)」은 그의 최고의 연설입니다.

18 키케로는 로마 공화정 말기 최고의 웅변가이자 변호사로 활동하면서 카이사르의 독재를 막고자 했지만 실패했습니다. 그의 웅변술, 수사학, 철학은 당대는 물론 오늘날까지도 영향을 주고 있습니다. 특히 그의 변호기법에서 유래한 것 중 하나인 '키케로 논법'은 정곡을 향해 밖에서 안으로 문제를 해결해 들어가는 방식으로 장애물을 하나씩 헤쳐가면서 시민들로부터 동의를 구하는 방식으로 오늘날까지도 법정에서 크게 사용되고 있습니다. 링컨은 말하기의 규칙과 체계를 논리적이고 설득력 있게 기록한 키케로의 글들에 많은 것을 배웠습니다.

달인이자 영국 최고의 지성인 셰익스피어의 목소리를 직접 들을 수가 있었습니다.

　　친구들이여, 로마인들이여, 동포들이여! 나의 말에 귀를 기울여주십시오. 나는 카이사르를 칭송하러 온 것이 아니라 장사 지내기 위해 왔습니다. 인간이 저지른 악행은 그가 죽은 후에도 살아남습니다. 하지만 선행은 종종 그의 유골과 함께 묻혀버립니다. 그러므로 카이사르를 그대로 두시기를 바랍니다.[19]

링컨은 카이사르의 장례식에서 안토니우스가 연설한 내용을 외우고 또 외워 자신의 것으로 만들었습니다. 링컨은 「햄릿」과 「리어왕」과 「로미오와 줄리엣」의 대사도 마치 자신의 것과 같이 만들었습니다. 링컨이 후에 농민들과 노동자들 앞에서 웅변 연습을 한 것은 이때 책에서 배운 것을 그대로 실천했던 것입니다. 이 연습은 후에 그가 변호사와 정치가, 명연설가가 되는 데 완벽한 밑거름이 되었습니다. 데일 카네기의 말처럼 링컨은 글을 읽고 쓸 수 있게 되면서 "인간이 가질 수 있는 가장 가치 있는 자산"을 개발했습니다. 이제 링컨은 이전에는 꿈도 꾸지 못했던 새롭고 신비로운 세계를 볼 수 있었습니다. 링컨은 세상을 보는 눈이 바뀌었고 미래에 대한 희망을 품게 되었습니다.[20] 링컨은 지역에서 순회재판이 열리면 변호사들의 변론을 듣기 위해 먼 거리를 달려가 그들의 변론을 듣곤 했으며 끝난 후 자주 나무그루터기에 올라가 변호사의 흉내를 내기도 했습니다. 이때 링컨은 어렵사리 구한 유머집인 「벌거벗은 여왕: 당신을 숨 막히게 만드는 농담(*Undressing The Queen: Jokes to make you choke*)」을 소리 높여 읽어 주위 사람들

19　데일 카네기 지음, 「링컨, 당신을 존경합니다」, 25-26 재정리, 데이비드 M. 권 지음, 신미숙 옮김, 「로마 공화정」(서울: 고유서가, 2015), 참조.

20　데일 카네기 지음, 「링컨, 당신을 존경합니다」, 24 재정리.

을 즐겁게 해주었습니다.

링컨이 스물두 살이 되던 해에 링컨 집안은 인디애나주를 떠나 좀 더 인구가 많은 일리노이주의 디케이터라는 곳으로 이사했습니다. 링컨은 이곳으로 오자마자 근처 뉴세일럼이라는 곳에 별 하는 일 없이 놀고 있었지만, 시를 좋아하고 셰익스피어의 작품에 심취해 있던 잭 켈소라는 남자와 가깝게 지냈습니다. 그에게는 셰익스피어의 전집이 있었기 때문에 책 읽기를 좋아하는 두 사람은 자연스럽게 친해졌습니다. 링컨이 켈소로부터 셰익스피어의 4대 비극은 물론 「로미오와 줄리엣」과 「베니스의 상인」 등 셰익스피어의 다른 책들을 빌려 읽은 것은 당연했습니다. 링컨은 이때부터 언어가 빚어내는 교향곡이 어떤 것인지 감탄하면서 다음과 같이 말했습니다.

> 언어가 빚어낼 수 있는 가없는 아름다움은 어찌 이리 오묘한 것인지! 감각과 감성을 어찌 이리도 한 번에 휩쓸어버릴 수 있는 것인지![21]

스물세 살이 되던 1832년에 링컨은 일리노이주 의원선거에 출마했지만 낙선했습니다. 그러다 만나 친구가 된 뉴세일럼의 목사 아들인 윌리엄 베리와 동업하여 잡화점을 개업했습니다. 이때 길을 가던 어떤 사람이 가게 앞을 지나가면서 자신의 살림살이 중 일부를 링컨에게 팔았습니다. 링컨은 그런 것들이 필요치 않았지만, 그 사람이 측은해 보여 50센트를 주고 그것을 샀습니다. 그런데 그 속에 링컨은 상상도 못한 물건이 들어있었습니다. 바로 당대 최고의 법률책인 윌리엄 블랙스톤의 「영국 법 주해(*Commentaries on the Laws of England*)」 전집 4권이 들어 있었습니다. 링컨은 이 책을 단숨에 읽고 완전히 소화했으며 비로소 변호사가 되겠다는 결심을 했습니다.

---

21 데일 카네기 지음, 「링컨, 당신을 존경합니다」, 40 재정리.

국민을 행복하게 만든 대통령들

책을 좋아했지만 먹고사는 문제가 어려웠던 링컨은 워싱턴처럼 측량사가 되고자 했습니다.[22] 그러던 중 링컨에게 측량술을 가르쳤던 뉴세일럼의 교장인 윌리엄 그레이엄이 정치를 하거나 변호사가 되려면 정확한 문법을 사용해야 한다고 조언했습니다. 링컨은 그레이엄의 도움으로 당시 문법책으로 가장 유명했던 새뮤얼 커크햄의 「커크햄 문법(*Kirham's Grammar*)」을 구해 읽고 단번에 통달했습니다. 30년 동안 교편을 잡고 있었던 그레이엄은 당시 링컨의 독서 능력을 보고 다음과 같이 회고했습니다.

5천 명 이상의 학생을 가르쳐보았지만, 링컨만큼 지식과 문학을 탐구하는 데 학구적이고 열심이고 올곧은 젊은이는 없었으며 한 가지 생각을 세 가지로 나타내기 위해 몇 시간이고 공부에 매달렸습니다.[23]

그 후 변호사가 되기까지 링컨은 에드워드 기번의 「로마제국의 멸망사」와 총 6권으로 되어있는 찰스 롤린스의 「고대사…(*The Ancient History*…)」를 구해 읽었습니다.[24] 그리고 토머스 제퍼슨, 헨리 클레이, 대니얼 웹스터, 토머스 페인 등의 주옥같은 글을 구해 모조리 읽었습니다. 그 후 변호사와 정치가가 되어서도 링컨은 책을 손에서 떼지 않았습니다. 링컨은 항상 셰익스피어의 책들과 게오르그 바이런의 「차일드 해럴드의 여행(*Childe Harold's Pilgrimage*)」을 비롯한 여러 작품, 에드거 앨런 포의 수많은 작품을 들고 다니면서 탐독했습니다. 링컨은 순회재판소를 다니면서 변호 일을 할 때 링컨은 총 13권으로 되어있는 유클리드의 「기하학 원론」을 구해 읽었습니다. 이때 링컨은 천문학과 언

---

22 아마도 링컨은 워싱턴이 인생의 출발점을 측량사로 시작했던 점을 생각했던 것으로 여겨집니다.

23 데일 카네기 지음, 「링컨, 당신을 존경합니다」, 48 재정리.

24 이 책의 원제목은 「이집트, 카르타고, 앗시리아, 바빌로니아, 미디아, 페르시아, 마케도니아, 그리스 고대사(*The Ancient History of the Egyptians, Carthaginians, Assyrians, Babylonians, Medes and Persians, Macedonians and Grecians*)」입니다.

어학 관련 책도 공부했지만, 셰익스피어의 작품만큼 흥미를 느끼지는 못했습니다. 링컨이 연방 하원의원 재선에 낙방한 후 순회 재판소를 따라다닐 때의 일이었습니다. 영원한 동료 헌돈은 당시 링컨에 대해 다음과 회상했습니다.

> 조그만 시골 여인숙에서 우리는 항상 같은 침대에서 잠을 잤습니다. 대부분 침대가 링컨에게 지나치게 작았기 때문에 정강이뼈가 밖으로 튀어나오거나 링컨의 발이 발판에 걸쳐졌습니다. 링컨은 침대 머리 의자에 초를 놓고 몇 시간이고 독서에 전념했고 새벽 2시까지 그런 자세로 책을 읽었습니다. 링컨이 책을 읽는 동안 저를 비롯한 링컨과 우연히 같은 방을 쓰게 된 동료들은 안심하고 깊은 잠을 잘 수 있었습니다. 이런 식으로 그는 순회 재판소에서 「유클리드」 6권에 나오는 모든 정리를 증명할 수 있게 되었습니다.[25]

대통령이 되어 취임사를 쓸 때 독서는 많이 했지만, 자신의 장서를 가지지 못했던 링컨은 동료 변호사 헌돈으로부터 여러 책과 연설문을 빌렸습니다. 링컨이 대통령에 취임한 후 그가 어떤 독서를 했는지는 잘 알려지지 않고 있습니다. 링컨은 대통령이 되자마자 전쟁이 주는 고통 때문에 고뇌와 번뇌를 겪지 않을 수가 없었습니다. 그럴 때마다 링컨은 셰익스피어의 글을 읽으면서 마음을 달래곤 했습니다. 이처럼 링컨은 정규교육을 받지 않았지만, 독서를 통해 정규교육 이상의 지적재산을 소유하게 되었습니다. 대통령이 되어서도 시간이 잘 나지 않았지만 링컨은 단 5분의 시간이 있더라도 책을 손에서 떼지 않았습니다. 링컨이 백악관에서 아이들에게 책을 읽어주는 모습은 사람들에게 익숙한 장면일 것이라 생각합니다.

은수저와 거리가 먼 링컨은 성공적인 삶을 살기 위해서는 무엇인가

---

25 데일 카네기 지음, 「링컨, 당신을 존경합니다」, 111-112 재인용.

를 해야만 했습니다. 하지만 유년 시절부터 링컨은 가난을 운명처럼 받아들이고 사는 아버지를 닮고 싶지 않았습니다. 링컨은 아버지와 같은 농부가 되고 싶지 않았습니다. 그래서 링컨은 성인이 되자마자 일자리를 찾아 집을 떠났습니다. 처음에 링컨은 항구에서 뉴올리언스로 향하는 배 출항을 돕는 일을 했고 얼마 후에는 새어머니에게서 태어난 이복형제들과 배를 빌려 미시시피강을 오르내리며 각종 물건을 팔았습니다. 이때 링컨은 자신의 인생을 송두리째 흔들어버린 것을 목격했는데 바로 노예제도의 실상이었습니다. 당시 뉴올리언스는 아프리카나 남아메리카 대륙으로부터 흑인 노예들이 짐짝처럼 운송되어 그들을 물건처럼 매매하는 노예 경매 시장으로 크게 번성하고 있었습니다. 헌돈은 링컨의 경험을 다음과 같이 회상했습니다.

링컨은 뉴올리언스에서 처음으로 무시무시한 노예제도의 실상을 알게 되었습니다. 그는 두 눈으로 직접 '사슬에 묶인 채 심하게 채찍질 당하는 흑인들'을 보았던 것입니다. 비인간적인 현실에 링컨은 분노했습니다. 지금까지 알고 듣기만 했던 실상을 실제로 보며 완전히 깨닫게 되었던 것입니다. 그 친구는 "노예제도가 내 마음 여기저기를 쑤셔놓았다"라고 말했습니다. 어느 날 아침 그들 세 명(링컨, 이복형제, 육촌 형제)은 노예매매 현장을 지나치게 되었습니다. 그들이 본 노예는 활기차고 예쁘장하게 생겼으며 백인과 흑인 사이에서 태어난 트기 처녀였습니다. 노예를 사려는 사람들은 그녀를 철저하게 살폈습니다. 직접 살을 꼬집고, 말처럼 빨리 뛰게 하고, 몸을 움직여보라고 했습니다. 그리고 팔려는 사람이 사려는 사람의 마음에 차도록 행동하라고 그녀에게 명령했습니다. 그것을 지켜본 링컨은 '도저히 참을 수 없는 분노'에 치를 떨며 그 자리를 떠나면서 같이 간 사람들에게 "이런 일은 맹세코 없어져야만 해, 노예제도를 없앨 기회가 온다면 반드시 없애고 말겠어"라고 말했습니다.[26]

---

26 데일 카네기 지음, 「링컨, 당신을 존경합니다」, 35-36 재정리.

링컨은 이때의 경험을 통해 변호사로서, 정치가로서, 대통령으로서 자신이 해야 할 일이 무엇인지 정확히 알게 되었습니다. 뱃일하면서 알게 된 상인 덴턴 오풋은 링컨의 성실성과 정직함이 너무나 마음 들어 뉴세일럼에 가게를 열어 링컨이 운영하도록 했습니다. 하지만 당시 뉴세일럼은 단지 20가구만이 사는 작은 마을이어서 장사가 잘될 리가 없었습니다. 하지만 뉴세일럼에서의 생활에서 링컨은 여러 사람 앞에서 연설하는 기회를 얻었습니다. 링컨은 여기에서 그동안 인디애나 촌에서 농부들 앞에서 변호사와 목사의 흉내를 내는 정도를 뛰어넘어 자신만의 목소리를 내기 시작했습니다. 비로소 링컨은 연설이 가지는 영향력을 인식했습니다. 1832년 이제 겨우 스물세 살이 된 링컨은 내친김에 자신의 연설하는 능력을 시험하기 위해 일리노이주 주의회 의원에 출마하기로 마음먹었습니다. 링컨은 그동안 자신의 멘토 역할을 해주고 있었던 그레이엄 선생으로부터 다시 한번 도움을 받아 스스로 출마 연설문을 작성했습니다.

저는 미천한 집안에서 태어나 지금도 미천하게 살아가고 있습니다. 저에게는 저를 추천해 줄 부자 친구도, 유명한 친척도 없습니다. 하지만 지혜로운 사람이 제게 입후보하지 말라고 한다면 너무나도 실망스러워서 매우 부끄러워할 것입니다.[27]

그러던 중 추장 블랙호크가 주동이 된 인디언들이 일리노이주 변경 지역을 침입하여 약탈과 살해를 저지르는 사건이 일어났습니다. 주 정부는 인디언을 토벌하기 위한 민병대를 모집했고 돈이 한 푼도 없었던 링컨은 혹시나 선거에 들어갈 돈을 마련할 수 있지 않을까 생각하고 4월 21일에 자원입대했습니다. 당시 입대자 중 글을 읽고 쓸 수 있

---

27 데일 카네기 지음, 「링컨, 당신을 존경합니다」, 38 재정리.

는 사람은 링컨이 유일했고 링컨은 자연적으로 민병대 대장이 되었습니다. 하지만 링컨은 군에 대해 아는 바가 단 하나도 없었습니다. 심지어 일렬로 행진하다가 "좌향 앞으로 가"나 "우향 앞으로 가" 등의 명령어가 필요한데, 그 말이 기억나지 않아 군인들의 줄이 엉망이 된 경우도 많았습니다. 그뿐만 아니라 인디언도 싸우기 위해 군인이 되었지만, 링컨이 이끄는 부대는 단 한 명의 인디언도 마주치지 못했고 단지 "모기와 수없는 전투를 했을 뿐"이었습니다. 링컨은 입대 80일이 되던 7월 10일에 부대가 해산되어 군을 제대했습니다.[28] 링컨은 이때의 경험으로 군문제처럼 자신이 잘 알지 못하는 분야는 이를 잘 아는 사람의 몫이라는 것을 뼈저리게 느꼈습니다. 짧은 군 생활에서 특별한 것을 얻지 못했지만, 링컨은 자신의 인생을 바꿔줄 소중한 사람을 만났습니다. 변호사이자 정치에 큰 관심이 있는 동료 장교인 존 스튜어트가 링컨에게 새로운 희망의 메시지를 던져주었습니다. 그것은 변호사 공부를 하라는 것이었고 그는 링컨에게 변호사가 되는 데 필요한 법률 서적을 비롯하여 여러 가지 도움을 주었습니다.

어쩔 수 없이 군을 제대한 링컨은 주의회 선거에 전념했습니다. 하지만 링컨이 출마한 지역의 총유권자 수가 208표였는데 링컨은 단지 3표만을 확보했을 뿐이었습니다.[29] 어찌 보면 이것은 당연한 결과인 것 같기도 합니다. 비록 글을 읽고 쓸 수 있고 지역의 몇몇 친구들이 있기는 했지만 학연, 혈연, 지연 등 아무것도 내세울 것이 없는 젊은이에게 표를 줄 이유는 만무했습니다. 링컨은 비록 낙선했지만, 첫 선거 경험에서 그 후 계속 이어질 선거에서 연설을 어떻게 하고 어떤 전략으로 유권자들에게 다가가야 하는가를 어렴풋이나마 알게 되었습니다.

첫 번째 선거에서 낙방한 링컨은 목사 아들이지만 술주정뱅이인 윌

---

28   군을 제대한 링컨은 60일이 지난 후 일리노이주 정부로부터 80일 복무의 대가로 95달러의 임금을 받았습니다.

29   링컨의 지역구에는 총 13명이 출마했는데 링컨은 3표 득표로 8위를 차지했습니다.

리엄 베리와 잡화점을 인수해 먹고사는 문제를 해결하고자 했습니다. 하지만 마을이 워낙 작았던 데다 동업자 베리는 술에, 링컨은 독서에 집중했으므로 상점이 잘 될 턱이 없었습니다. 결국 1년이 안되어 동업자 베리는 죽고, 가게는 파산하고, 링컨은 무려 천 100달러에 달하는 동업자 빚을 떠맡게 되었습니다. 링컨은 이른바 '빚잔치'를 하면서 언젠가 반드시 갚아줄 것이라 맹세하고 실제로 14여 년에 걸쳐 모든 빚을 청산했습니다. 하는 수 없이 링컨은 당시에는 조금만 성실하고 그렇게 평판이 나쁘지만 않다면 원하는 사람 누구나 임명될 수 있는 지역 우체국장 자리를 얻어 일을 했습니다. 우체국 일을 하면서 링컨은 뉴세일럼의 거의 모든 유권자를 알게 되었고 이는 1834년에 다시 주의회 의원에 출마하여 당선되는 데 큰 도움이 되었습니다. 링컨은 그 후 2년마다 총 3번이나 더 당선되었습니다. 의원으로 있으면서 링컨의 노력에 힘입어 이웃 스프링필드가 일리노이주 주도가 되면서 링컨은 스프링필드로 이사를 했습니다. 비록 작은 지역구 의원이었지만 이때의 경험은 링컨이 어떻게 민의를 모으고 그것을 실천으로 옮길 수 있는지를, 나아가 정치 생명의 힘은 국민임을 깨닫게 해주었습니다.

1836년 링컨은 드디어 변호사 자격을 획득했고 이듬해 스튜어트와 동업으로 변호사 사무실을 열었습니다. 당시 스튜어트는 일리노이주 연방 하원의원으로 사실상 사무실 일은 링컨에게 맡겨놓다시피 했습니다. 비록 지역 의원을 하고 있었지만 단단한 연줄 하나 없는 시골 출신의 변호사가 일하는 사무실이 잘될 이유가 없었습니다. 처음 6개월 동안 링컨은 총 5건의 사건을 처리했습니다. 2달러 50센트짜리 1건, 5달러짜리 2건, 10달러짜리 1건, 그리고 다른 1건은 오버코트로 수임료를 대신했습니다.[30] 경제적으로 어려웠지만 이때의 의원과 변호사 생활은 링컨이 가치 있는 일을 하며 사는 데 도움을 주는 수많은 사람을 만

---

30 데일 카네기 지음, 「링컨, 당신을 존경합니다」, 60 재정리.

날 수 있게 해주었습니다. 이때쯤 링컨은 아내 메리 토드를 만나 결혼했고, 영원한 적인 스티븐 더글러스도 만났습니다. 죽을 때까지 동료이자 헌신적인 친구였던 윌리엄 헌돈을 만난 것도 이 시기였습니다.

1840년 대통령 선거에서 휘그당 후보로 지명된 윌리엄 헨리 해리슨이 비록 유권자 수는 많지 않았지만 일리노이주의 주도인 스프링필드에 와서 유세전을 펼쳤습니다. 그동안 의원이자 변호사로서 큰 무대에서 선 경험은 없었지만 훌륭한 연설가로 평가를 받고 있었던 링컨은 최초로 전국민이 관심을 집중하고 있는 선거전에서 정치연설을 할 수 있었습니다. 앤드류 잭슨에 이어 마틴 벤 뷰런까지 연이어 3명의 대통령을 배출한 민주당은 강력한 적수로 떠오른 윌리엄 헨리 해리슨에 대해 경계의 끈을 놓지 않았습니다. 자연히 해리슨을 지원 연설하는 링컨에게 민주당이 "귀족적인 분위기를 풍기면서 서민들에게서 표를 받으려 한다"라고 비난하자 링컨은 다음과 같이 자신의 의견을 피력했습니다.

일리노이주로 왔을 때 당시 저는 가난하고 낯설고 아는 사람이 아무도 없는 무식한 소년에 지나지 않았습니다. 그래서 한 달에 8달러를 받고 배에서 일하는 것부터 시작했습니다. 사슴 가죽으로 만든 짧은 바지 외에는 갈아입을 바지도 없었습니다. 바지가 젖어 햇빛에 말리면 가죽으로 만든 바지는 쪼그라들어 발목에서 점점 멀어져갔습니다. 그러다 제 키가 더 커지고 바지가 더 쪼그라들어 결국 다리에 시퍼런 자국이 생기게 되었는데 지금까지도 그 자국이 그대로 남아있습니다. 여러분이 그런 옷을 입은 사람을 귀족이라고 한다면 저는 그 혐의를 부인할 수 없습니다.[31]

링컨의 연설은 시골 변호사 출신의 지역의원을 일약 전국적인 스타로 만들어주었습니다. 1842년 주의회 의원직을 그만두고 한동안 변호

---

31 데일 카네기 지음, 「링컨, 당신을 존경합니다」, 66-67 재인용.

사 일에만 집중했습니다. 그러던 중에 새로운 대통령인 민주당의 제임스 포커는 멕시코전쟁을 일으켰습니다. 링컨에게 이 전쟁은 노예제도를 확대할 목적으로 더 많은 의원을 확보하기 위한 수치스러운 침략전쟁으로밖에 보이지 않았습니다. 이에 대한 부당성을 지적하면서 전국적인 정치가가 되기 위해 링컨은 1846년에 일리노이주 연방 하원의원 휘그당 후보로 출마하여 당선되었습니다. 링컨은 전쟁이 끝나가고 있던 1848년 1월 12일에 그동안 멕시코전쟁을 미화하고 정당성을 강조한 대통령 포커의 정책에 오랫동안 벼르고 벼른 공격을 가했습니다.

> 이 전쟁은 약탈과 살인의 전쟁이며 몹시도 불명예스러운 전쟁입니다. …
> 이 전쟁은 약자와 아무런 죄가 없는 사람들을 보호해야 하는 사실을 망각하도록 만들었으며, 강력한 살인자 무리와 지옥의 악마와 같은 이들이 어린이를 비롯하여 사람을 살인하도록 방관하고 정의의 땅을 약탈하도록 수수방관했습니다.[32]

하지만 사실상 무명에 가까운 시골 변호사 출신의 초선의원에 불과 링컨의 이 연설은 워싱턴에서 큰 반향을 불러일으키지 못했습니다. 당시 링컨의 지역구인 일리노이주 스프링필드는 '자유'의 명분 아래 이 전쟁에 6천 명을 선발하여 파견했는데 링컨은 이들을 '지옥의 악마'로 표현했습니다. 결국 선거구민들은 링컨을 "천하고, 비열하고, 파렴치하고, 게릴라 같다"라고 비난했습니다.[33] 그리고 다음 재선을 위한 선거에서 링컨은 여지없이 고배를 마시게 되었습니다. 10년이 지난 후에 휘그당이 없어지고 새로운 정당 공화당이 탄생하고 나서야 링컨은 다시 지역구 선거에 출마할 수 있었습니다. 그러나 이때의 경험에서 링컨은

---

32 The War With Mexico: Speech in the United States House of Representatives by Abraham Lincoln(January 12, 1848).

33 데일 카네기 지음, 「링컨, 당신을 존경합니다」, 110 재인용.

'자고로 정치가란 개인적 손해를 보더라도 자신이 옳다고 생각하는 일은 추진해야 한다'는 점을 느꼈습니다. 그런데도 유권자들의 표를 의식하지 않을 수 없었던 링컨은 후에 당시를 회고하면서 "나는 정치적으로 자살했다"라고 고백했습니다.

링컨도 사람인지라 분노한 지역 유권자들이 두려웠고 휘그당 소속 대통령 제크리 테일러 정부에서 정부 토지 관리소 소장직을 얻어보려고 했으나 뜻대로 되지 않았습니다. 나아가 그는 일리노이로부터 멀리 떨어진 준주인 오리건 지사가 되고자 노력했으나 그마저도 되지 않았습니다. 하는 수 없이 링컨은 스프링필드로 돌아와 변호사 일에만 전념했습니다. 이때 링컨은 스프링필드에서 변호사 일이 많지 않은 것도 이유였지만 그보다 아내 토드의 간섭과 잔소리를 피해 일부러 집을 떠나 순회 재판소를 따라 여러 곳을 다녔습니다. 누군가가 '정치는 생물(生物)'이라고 했던가요? 1854년에 일어난 일련의 사건들이 그동안 침묵하며 변호사 일에만 충실했던 링컨이 다시 정치 일선에 나서도록 만들었습니다. 링컨과 같은 일리노이주 출신의 민주당 연방 상원의원 스티븐 더글러스가 1854년 당시 우유부단하고 친남부적인 프랭클린 피어스 대통령과 야합(野合)하여 1820년 이후 유지되어온 '미주리 타협'[34]을 폐기하는 법안 - 캔자스-네브래스카법 - 을 제안하여 수많은 논란 끝에 통과시켰습니다.

그러나 캔자스-네브래스카법 통과는 대륙 간 횡단철도 문제인 이른

---

34 독립 이후 노예제도를 둘러싼 갈등은 1920년에 미주리주의 경계선인 "36도 30분 이북에는 어느 지역에도 노예제도가 도입될 수 없다"라는 내용으로 북부와 남부가 합의를 보았고 그 합의에 따라 약 30년 넘게 큰 갈등이 없었습니다. 그러나 멕시코전쟁 이후 얻게 된 서부의 거대한 영토와 대륙횡단철도 건설은 일부 야심을 가지고 있는 정치가들이 미주리 타협을 지키기 어렵게 만들었습니다. 스티븐 더글러스는 그런 야심가 중 한 사람으로 미주리 타협의 원칙을 없앰으로써 1856년 대통령 선거에서 남부가 자신을 지지해 주리라 확신했습니다. 하지만 상대적으로 북부의 반응이 너무나 거셌고 민주당은 반대 여론을 강하게 받고 있었던 더글러스를 대통령 후보로 선출하지 않았습니다. 이때 촉발된 남과 북의 갈등으로 국가는 남북전쟁의 거대한 소용돌이 속으로 휘말려 들어갔습니다.

바 '개즈던 매입'[35]과 맞물리면서 민주당의 통합을 바라는 피어스 대통령과 차기 대통령이 되기를 바라는 더글러스 상원의원의 소원을 전혀 다른 방향으로 바꾸어버렸습니다. 캔자스-네브래스카법과 개즈던 매입은 그동안 유지되었던 민주당의 통합전선을 철저하게 남북으로 분열토록 만들었습니다. 이는 또한 1852년 대통령 선거에서 패배한 후 쇠약해져 간 휘그당의 생명을 종결시키고 '노예제도 확대 반대'라는 핵심 강령으로 등장한 새로운 정당인 '공화당'을 탄생케 했습니다. 이런 상황에서 링컨은 1848년에 잃어버린 대중의 지지를 다시 얻을 수 있는 기회가 오지 않을까 생각했고 공화당에 입당하여 정치활동을 시작했습니다. 다시 정치를 시작하자마자 링컨은 자신이 무엇을 해야 하는가를 알았습니다. 링컨은 새로운 영토에 노예제도를 가능케 한 캔자스-네브래스카법이 통과된 이후 당시 논란의 핵심이었던 노예제도와 미주리 타협을 철저히 연구했습니다.[36]

공화당이 탄생하고 얼마 되지 않은 1856년에 대통령 선거가 다가왔고 링컨은 준비되지 않은 공화당 부통령 후보로 출마를 했지만, 민주당의 후보에게 패배했습니다. 이제 당시 미국인의 시각은 "노예제도는 각 주의 주민의 결정에 따라야 한다"라고 주장하고 있는 더글러스와 "노예제도가 도덕적으로 너무나 잘못된 제도이기 때문에 언젠가는 없어져야 한다"라고 주장하는 링컨에게로 모아졌습니다. 두 사람은 1858

---

35 당시 대륙 간 횡단철도 건설문제는 의회 내 중요한 의제 중 하나였습니다. 문제는 그 노선을 북부로 할 것인가 남부로 할 것인가 였습니다. 대통령 피어스는 자신의 오랜 친구이자 미시시피 상원의원을 지내고 전쟁장관을 맡은 제퍼슨 데이비스가 노선이 남부지역으로 선정되기를 원했기 때문에 이 문제를 해결해 주고자 했습니다. 그런데 남부 노선은 전쟁으로 멕시코로부터 빼앗은 뉴멕시코 땅 일부가 멕시코 영토로 되어있어 이를 미국 땅으로 사들여야만 했습니다. 이에 피어스는 멕시코주재 미국대사 개즈던으로 하여금 멕시코와 거래를 성사시키도록 했는데 문제는 외국 땅을 사들이는 일은 의회를 통과해야만 했습니다. 일리노이 시카고를 중심으로 북부 노선이 되기를 바라는 더글러스가 이를 반대한 것은 분명합니다. 결국 대통령과 상원의원의 야합으로 더글러스는 개즈던 매입을 양보하고 피어스는 캔자스-네브래스카법을 양보했습니다.

36 김형곤, "남북전쟁의 원인 제공자: 대통령 프랭클린 피어스"를 보면 피어스와 더글러스의 '더러운 야합' 정치의 실체를 확인할 수 있습니다.

년 연방 상원의원직을 놓고 격돌했습니다. 당시 더글러스는 전국적인 인물이었고 링컨은 아직도 가난한 시골 변호사에 불과했습니다. 두 사람은 1858년 여름을 달군 유명한 '링컨-더글러스 논쟁'으로 대결했습니다. 두 사람이 대결하기 전에 "다수의 주민이 원한다면 어떤 주, 어떤 장소, 어떤 때를 가리지 않고 노예제도를 유지해야 한다"라고 하는 더글러스의 주장에 대해 링컨은 스프링필드에 있는 일리노이주 의사당에서 다음과 같이 연설했습니다. "스스로 갈라진 집은 서있을 수 없습니다"라는 유명한 연설입니다.

> 스스로 갈라진 집은 서있을 수 없습니다. 저는 이 정부가 반은 노예주 상태이고 반은 자유주 상태로 영원히 지속될 수 없다고 생각합니다. 저는 이 연방이 무너지기를 바라지 않습니다. 저는 집이 무너지기를 바라지 않습니다. 저는 진정 연방이 분쟁을 중단하기를 바랄 뿐입니다. 분쟁은 어느 일방의 완전한 승리로 끝날 것입니다.[37]

이 연설을 들은 대중들의 반응이 엇갈렸습니다. 어떤 이는 너무나 적절한 것이라고 했고 어떤 이는 너무 과격하다고 말했습니다. 어쨌든 이 연설은 무명에 가까운 링컨을 전국적인 인물로 끌어올리는 견인차가 되었습니다. 뒤이어 7차례에 걸쳐서 진행된 '링컨-더글러스 논쟁'은 사람들이 링컨을 전국적인 인물에서 나아가 국가의 운명을 책임질 수 있는 인물 중 한 사람으로 생각하도록 만들었습니다. 11월에 치러진 상원의원 선거에서 더글러스에게 패배했지만 2년 후 링컨은 미국 대통령에 당선되었습니다.

링컨은 다양한 경험 – 단순 뱃일, 잡화점 점원, 잡화점 경영, 군인, 우체국장, 변호사, 의원 – 에서 결코 정규교육에서 배울 수 없는 것들을

---

37 Lincoln's House Divided Speech(June 16, 1858).

배웠습니다. 그는 이러한 경험에서 성실함, 정직, 솔직함, 상대에 대한
배려, 연설하는 방법, 다른 사람을 설득하는 방법, 국민의 마음과 표를
얻는 방법, 무엇보다 멕시코전쟁 반대와 노예제도 반대 등과 같이 인기
와 지지도가 떨어뜨리는 사안이라도 그것이 대의를 위해 올바른 일이
라면 바른말을 해야만 하는 원리, 즉 손해 보는 용기가 필요하다는 것
을 알았습니다.

링컨 역시 위대한 리더들처럼 실패와 실수로부터 배웠습니다. 링컨
에게 실패는 성공을 위해 내는 세금과 같았습니다. 실패를 거치지 않고
성공을 꿈꾸는 것은 복권을 사서 막연한 희망을 거는 것과 같습니다.
실패는 성공으로 가는 과정이며 발판입니다. 실패를 통해 개선점을 찾
지 않으면 발전할 수 없습니다. 자기만의 실패학을 세우는 것은 좀 더
확실한 성공을 보장하는 것입니다. 1844년 스프링필드에 있을 때 자신
의 동료 헌돈이 「과학 연보(*The Annual of Science*)」를 흥미 있게 읽는
것을 보고 링컨은 그 책을 빌려 읽었습니다. 다양한 실험과 시도에서
얻은 실패 경험을 서술한 내용을 보고 난 후 링컨은 과학이 가지고 있
는 묘한 매력에 빠졌습니다. 링컨은 헌돈에게 다음과 같이 말했습니다.

> 우리는 과학 분야와 철학 분야에서 성공한 사례를 많이 접하게 됩니다. 마
> 찬가지로 우리 삶에서 경험하게 되는 실패와 역경 역시 대단히 중요합니다.
> 그것이 문제해결을 위한 시간뿐만 아니라 고된 노력과 비용도 줄여주기 때문
> 입니다.[38]

링컨은 성공보다 실패에서 오는 경험인 시행착오가 과학 지식을 발
전시켜 준다는 것을 알게 되었습니다. 링컨은 인생도 과학과 마찬가지
라 생각했습니다. 그래서 링컨은 실패를 거듭한 자신의 인생여정에 절

---

38 Emanuel Hertz, ed. *The Hidden Lincoln: From the Letters and Papers of William H. Herndon*(New York: Viking Press, 1938), 172, 김형곤, 「원칙의 힘」, 81-82.

대 실망하지 않았습니다. 오히려 링컨은 실패에서 사람을 성공으로 이끄는 무엇인가를 배웠습니다. 사실 링컨의 인생은 실패의 연속이라 해도 과언이 아닙니다. 링컨은 선거에서 8번이나 실패했습니다. 어지간한 사람이면 선거 출마를 포기했을 것입니다. 하지만 링컨은 선거 실패를 실패로 보지 않고 궁극적인 승리로 가는 소중한 경험이라 여겼습니다. 1832년에 주의회 의원으로 출마했지만 낙방했습니다. 1834년에 다시 출마하여 당선되고 연이어 3번이나 당선되었습니다. 하지만 1838년에 주의회 의장에 출마했지만 실패했습니다. 또한 1840년에는 선거인단에 출마했지만 또 실패했습니다. 그러다 1844년에 연방 하원의원에 출마했지만 낙방했습니다. 1846년 또다시 도전하여 연방 하원의원에 당선되었습니다. 1848년 선거에서 재선을 노렸지만 멕시코전쟁 비난 발언으로 인해 실패했습니다. 6년 후 미주리 타협의 무효가 진행되어 미국의 정치지형이 바뀌게 되자 링컨은 연방 상원의원에 도전했지만 실패했습니다. 2년 후 새롭게 결성된 공화당 부통령 후보로 나섰지만 역시 실패했고 2년 후 1858년 연방 상원의원 자리를 놓고 더글러스와 대결했지만 역시 실패했습니다. 링컨은 1860년 대통령 선거에 출마하여 당선되었고 그에게 이전의 실패는 대통령이라는 목표를 달성하는 데 간이역에 불과했습니다.

링컨은 선거에서뿐만 아니라 다른 직업에서도 여러 차례 실패했습니다. 1848년 연방 하원의원 재선에 낙방하고 토지 관리 소장직과 오리건 준주 지사가 되고자 했지만, 이 역시 여의치 않아 실패했습니다. 1831년에 작은 사업을 시작했으나 실패하고 이듬해 로스쿨에 입학하고자 했지만 뜻을 이루지 못했습니다. 1832년에는 돈을 빌려 친구 베리와 잡화점을 시작했지만, 그 빚을 청산하는 데 오랜시간이 걸렸습니다. 어렵사리 변호사가 되었지만 사실상 링컨의 변호사 수입은 그렇게 좋은 편이 아니었습니다. 씀씀이가 큰 아내 토드의 잔소리는 링컨의 외모는 물론 남편의 변변치 않은 수입 때문이기도 했습니다.[39] 링컨이 변호사로서 수입을 어느 정도 올리기 시작한 것은 1850년 중반 이후부터였습니다. 변호사가 되고 나서도 링컨은 당시로서는 더 수입이 좋은 목수나 대장장이를 해볼까도 생각했습니다. 먹고사는 문제가 녹록지 않았던 링컨은 군인이 되고 측량사 일을 해보고자 했지만, 자신에게 어울리지 않은 직업이었습니다.

모든 사람이 마찬가지겠지만 링컨에게 죽음은 남다른 의미로 다가왔습니다. 그토록 사랑했던 어머니는 링컨이 아홉 살 때 죽었습니다. 열아홉 살 때는 하나밖에 없는 누이동생 사라가 사망했습니다. 스물여섯 살 때는 첫사랑 앤이 죽었습니다. 사랑하는 사람의 죽음에 링컨은 실성하다시피 한 엄청난 정신적 고통을 겪었습니다. 마흔한 살때는 아들 에드워드가 죽었고 마흔두 살 때는 아버지가 죽었습니다. 대통령이 되어 남북전쟁이 본격적으로 진행되기 전인 1862년 2월 아들 윌리엄이 사망했습니다. 링컨은 가족은 아니지만, 가족 이상으로 그들의 죽음에 번뇌를 느끼게 한 사람들의 죽음을 맛보았습니다. 1837년 스물여덟 살의 나이에 주의회 의원으로 재선되고 변호사 자격증을 얻었을 때 노예제도 폐지를 주장하는 신문 「엘턴 옵저브(Alton Observer)」의 주필인 일라이자 러브조이가 노예제도를 찬성하는 폭도들에게 살해당했습니다.[40] 1852년에 자신의 정치 스승인 헨리 클레이와 대니얼 웹스터가 사망했습니다. 1861년 6월 남북전쟁이 시작된 직후 오랫동안 링컨의 정적(政敵)인 더글러스가 사망했습니다. 링컨은 더글러스의 사망에 30일간의 조의 표명을 공표했습니다. 하지만 이제 본격적으로 시작되는 남북전쟁에서 매일 같이 들려올 죽음에 비하면 아무것도 아니었습니다.

대통령이 되어 전대미문의 위기에 부딪히고 매일같이 죽음의 소식

---

39 데일 카네기 지음, 「링컨, 당신을 존경합니다」, 55-104 참조.

40 대통령을 지낸 존 퀸시 애덤스는 이 살인사건을 두고 "미국 전역에서 발생한 가장 큰 지진과도 같은 사건"이라고 말했습니다.

국민을 행복하게 만든 대통령들

을 접하면서 엄청난 번민에 휩싸였지만 링컨은 정당한 대의를 위해 타협하지 않았습니다. 처음에는 연방 보존이라는 대의와 전쟁이 진행됨에 따라 노예해방이라는 대의가 명확한 목표로 함께 정해진 이상 전쟁에서 반드시 승리해야만 했습니다. 자칫 실패할 수도 있는 전쟁이었지만 링컨은 궁극적인 승리를 위해서 실패의 위험을 감수해야만 한다는 것을 알고 있었습니다. 링컨은 실패에 대한 두려움이 있었지만 그 두려움 때문에 행동하지 않으면 이루어질 수 있는 것이 아무것도 없다는 것을 너무나 잘 알고 있었습니다. 그래서 링컨은 실패할까 봐 두려워하면서 머뭇거리는 매클렐런 장군에게 몇 번에 걸쳐 "시도하지 않으면 성공할 수도 없습니다. 바로 전투에 임하십시오"라고 독려했습니다.

링컨은 전투에 패한 장군들에게도 책망이나 책임추궁을 하지 않았습니다. 링컨은 오히려 패전의 책임이 자신에게 있음을 인정하고 장군들에게 지원과 격려를 아끼지 않았습니다. 링컨은 1차 불런전투에서 패한 맥도웰 장군을 몸소 찾아갔습니다. 그리고 맥도웰 장군에게 "장군을 향한 나의 믿음은 언제나 똑같습니다"라고 말했습니다. 프레드릭스버그 전투에서 패한 번사이드 장군에게, 챈셀로스빌 전투에서 패한 후커 장군에게, 와일드니스 전투에서 패한 그랜트 장군에게 링컨은 한결같은 지원과 격려를 약속했습니다. 특히 그랜트 장군의 패배 후 장군에 대한 의회와 시민들의 무거운 처벌을 요구했지만 링컨은 "나는 장군을 믿습니다"라는 말로 요구를 일축했습니다. 전쟁터로 그랜트를 찾아간 링컨은 "장군의 제안을 언제든지 환영합니다. 승리를 위해서라면 무엇이든지 지원하겠습니다"라고 격려했습니다.

리더가 구성원들의 실패에 관대하다면 그 조직은 혁신적 성장을 할 수 있습니다. 반대로 리더가 실패에 옹졸하다면 그 조직은 성장을 멈출 것입니다. 링컨은 실패를 용인하는 관대한 리더였습니다. 링컨은 실패를 새로운 성장을 위한 학습 기회로 보았습니다. 그는 실패를 올바른 방향으로 가는 디딤돌로 여겼습니다. 링컨은 구성원들이 실패했을 때도 그들에게 믿음을 바꾸지 않았습니다. 오랫동안 링컨과 같은 정치 노선을 걸었지만, 링컨의 중도 정책에 대한 비판적이었던 「뉴욕 트리뷴(New York Tribune)」의 편집자인 호레이스 그릴리는 링컨에 대해 다음과 같이 말했습니다.

그는 모든 영감과 영향에 마음의 문을 열고 있었습니다. 그리고 역경과 고난이 얼마나 큰지에 관계없이 사건과 주위 환경이 가르쳐주는 것을 놓치지 않고 기쁘게 받아들였습니다. 해가 가면 갈수록 그가 배우고 깨닫는 것이 많아 그만큼 링컨이 성숙해져 가는 것에는 아무도 부인할 수 없습니다.[41]

사람들이 연설문에 대한 자료를 어디에서 구하느냐고 질문을 하자 링컨은 "그동안 나는 많은 실패를 했습니다. 하지만 나는 실패를 실패로 두지 않고 그것을 활용해 성공의 밑거름이 되도록 했습니다. 이런 경험을 통해 많은 자료를 찾습니다"라고 말했습니다.[42] 위대한 리더들은 배우기를 멈추지 않습니다. 최고의 리더들에게 배움은 언제나 현재진행형입니다. 링컨은 계속 배웠으며 그에게는 실패도 배움의 연속이었습니다. 이것이 바로 국민을 행복하게 만들어준 원동력이 된 것입니다.

---

41 G. 그리스만 지음, 김동미 옮김, 「위대한 지도자 링컨」(서울: 작은 씨앗, 2005), 115 재인용.

42 김형곤, 「원칙의 힘」, 82–85 재정리.

국민을 행복하게 만든 대통령들

목표에 집중

    국민을 행복하게 만든 대통령의 비결 중 하나는 목표와 관련한 것입니다. 링컨 대통령은 반드시 이루어야만 하는 목표를 가지고 있었습니다.[43] 링컨의 목표는 그의 첫 번째 취임사와 다른 중요한 연설에서 구체적으로 나타나 있었습니다. 그것은 팔로워들과 함께 추구해 나가야 할 공동의 목표였습니다. 그것은 그가 밝혔듯이 "헌법보다 훨씬 오래된 것"이었습니다.[44] 바로 '연방 보존'이었습니다. 링컨은 오랫동안 미국인을 결집해 왔던 두 가지의 근본적인 가치인 자유와 평등의 추구를 꾸준히 공유하고 강조하고 또 강조해 왔습니다. 그는 "독립선언서에서 구체화된 내용에서 생겨나지 않은 생각은 정치적으로 단 한 번도 한 적이 없습니다"라고 말했습니다.[45] 그래서 링컨에게 연방 분리는 독립선언서와 연방헌법을 부정하는 것과 같았습니다. 연방의 연속성은 법적으로 역사적으로 보장된 것이었습니다. 대통령에 취임할 때 이미 남

---

43 김형곤, "링컨 대통령의 리더십의 실체"「미국사연구」제25집(2007.5) 재정리.

44 Abraham Lincoln, First Inaugural Address(March 4, 1861), 링컨은 1차 취임사에서 연방은 법적으로는 물론 역사적으로 영원한 것으로 생각했습니다. 연방은 헌법이 만들어지기 전 1774년의 단순한 정관(Articles of Association)에서 형성되고, 1776년 독립선언과 1778년의 연합규약(Articles of Confederation)으로 강화되었고, 1788년 헌법의 목적을 "보다 완전한 연방을 형성하기 위한 것"으로 규정했습니다.

45 Basler, *The Collected Works of Abraham Lincoln*. 4:240.

부의 7개 주가 연방을 탈퇴했고 다른 4개 주도 연방정부에 위협을 가하고 있었습니다. 위협은 링컨에게는 물론 미국이라는 국가 그 자체에도 위협이었습니다. 이런 상황에서 대통령이 된 링컨의 태도는 분명했습니다.

> 어느 주도 단순한 행동만으로 연방으로부터 합법적으로 탈퇴할 수 없습니다. 그런 일(연방에서 탈퇴하는 일)을 행하겠다는 결의와 포고는 법적으로 무효입니다. 그리고 미합중국의 권위에 반대하여 어느 주나 주들 사이에서 일어나는 폭력행위는 때에 따라 폭동이며 반란입니다…. 물리적으로 말해서도 우리는 분리될 수 없습니다. 우리는 서로에게서 각각의 지역을 없앨 수도 없으며 그들 사이에 통과할 수 없는 벽을 쌓을 수도 없습니다.[46]

아직 전쟁이 시작되지 않았던 때에 링컨은 최선을 다해 전쟁을 피하고자 노력했습니다. 전쟁이 임박한 상황에서 어떻게 하면 전쟁을 피하고 연방을 보존할 수 있는가 하는 문제가 대통령 링컨의 최대 목표이자 역사적 사명이었습니다. 그래서 그는 서로가 친구이기를 간절히 원했습니다. 링컨은 취임사 마지막에서 "우리는 적이 아닙니다. 우리는 적이 되어서도 안 됩니다. 격정이 긴장되어 있지만, 이것이 우리의 애정의 유대관계를 깨어서는 안 됩니다"라고 호소했습니다.[47]

그러나 전쟁은 일어났고 링컨은 전쟁의 최대 목표로 건국 아버지들의 유산인 '연방을 보존'하는 것으로 삼았습니다. 연방 보존을 위해서는 전쟁에서 승리해야만 했습니다. 링컨은 변호사를 하다가 확대된 1850년대의 지역감정의 격정 속 - 캔자스-네브래스카법의 통과 - 에서 자칫하면 분리될 수 있는 연방의 운명을 걱정하며 다시 정치를 시작했습니다. 그래서 대통령에 당선되기 전이나 후나 링컨의 목표는 연방 보

---

46 Abraham Lincoln, First Inaugural Address(March 4, 1861).

47 Abraham Lincoln, First Inaugural Address(March 4, 1861).

존이었습니다. 그것은 어쩔 수 없이 하게 된 전쟁에서 반드시 승리함으로써 얻게 되는 연방 보존이었습니다. 링컨은 1862년 7월에 노예해방선언의 초안을 장관들에게 낭독해 보였지만 그때까지만 하더라도 노예해방을 전쟁의 근본적인 목표로 삼지 않았습니다. 그는 1862년 8월에 당시 호레이스 그릴리에게 "전쟁의 최대 목표는 연방을 구원하는 것입니다. 이것은 노예제도를 유지하거나 파괴하는 것이 아닙니다"라는 편지를 보냈습니다.[48]

어떤 사람은 노예제도에 대한 링컨의 미지근한 태도를 문제로 삼지만, 링컨에게 노예제도 자체는 분명히 악(惡)이었고 언젠가 폐지되어야 할 것이었습니다. 링컨의 친구이자 장군이었던 워드 라몬이 "노예제도 찬성론자들이 링컨의 노예제도 반대 관점을 문제 삼을 것"이라고 말하자 링컨은 "저는 흥분한 대중들은 겁나지 않습니다. 저는 인간을 사고파는 노예제도의 비열하고 저속한 면을 솔직하게 말하는 데 조금도 방해받지 않을 것입니다"라고 말했습니다.[49] 링컨이 초기에 노예제도 폐지를 전쟁의 목표로 삼지 않은 것은 아직 노예제도를 유지하고 있는 경계 주들을 고려해서였습니다. 대통령이 되고 연방 보존이 최대의 목표였던 링컨을 아주 곤혹스럽게 만든 것은 노예해방을 주창하는 북부 사람과 노예를 소유하고 있으면서 아직 탈퇴하지 않은 남부 사람을 동시에 만족시켜야 하는 일이었습니다. 특히 변경의 4개 주 - 메릴랜드, 델라웨어, 켄터키, 미주리 - 중 어느 하나가 연방을 탈퇴하고 남부 연합에 가입할지 모르는 상황에서 링컨은 불안할 수밖에 없었습니다. 따라서 링컨이 대통령 초기에 노예제도를 적극적으로 반대하지 않았고 오

---

48 Lincoln to Greeley(August 22, 1862), 링컨은 남부의 연방 탈퇴를 인정하지 않았습니다. 그는 남북전쟁을 '전쟁'이라 하지 않고 '반란'으로 규정했습니다. 이는 연방 분리를 인정하지 않겠다는 링컨의 강력한 의지 표명이기도 합니다.

49 Ward H. Lamon, *Recollection of Abraham Lincoln: 1847-1865* (Chicago: A. C. McClurg, 1895), 23.

히려 찬성했다고 하는 비판은 링컨의 전략상 선택으로 보는 것이 타당할 것으로 여겨집니다. 왜냐하면 "노예제도는 악이며 근본적으로 없어져야 할 제도"로 보고 노예해방령을 선언한 링컨의 입장은 변하지 않았고 결국 연방은 보존되었기 때문입니다. 링컨은 앤티텀 전투 이후 연방 보존과 전쟁의 승리라는 목표에 노예제도 폐지라는 목표를 명백히 밝혔습니다.[50] 또한 링컨은 인간으로서는 동등하다는 생각은 분명히 가지고 있었지만, 당시 미국 사회의 현실에서 흑인과 백인은 절대 동등하지 않았습니다. 그래서 링컨은 노예해방을 서두르지 않았고 점진적인 폐지에 역점을 두었던 것입니다.[51] 그러나 링컨은 생각과 달리 전쟁이 장기전으로 고착상태에 빠져들자 전쟁의 목표를 발전시켜야 할 때가 왔다고 생각했습니다. 링컨은 이미 두 달 전 노예해방령에 대한 초안을 장관들에게 읽어 보였는데 시워드의 건의에 따라 앤티텀 전투 승리 후 1862년 9월 22일에 내각회의에서 공식 발표했습니다. 이것은 1863년 1월 1일부로 세계에 선언될 것이었습니다.

이 반란을 진압하기 위해 적합하고 필요한 전쟁 조치로…. 현재 미합중국에 대하여 반란상태에 있는 주의 지역 내에서 노예로 있는 모든 사람은 이제부터 자유의 몸이 될 것이라고 명령하고 선언합니다…. 적합한 조건을 가진 사람은 미국 군대에 편입되어…. 저는 이 행동(노예해방)이 헌법이 보장하며 군사상 필요한 것으로 정당하다고 믿습니다.[52]

링컨 대통령은 전쟁의 작전 변경에 마음을 굳힌 상태에서 7월 22일

---

50 Basler, *The Collected Works of Abraham Lincoln*, 7:281, 링컨은 대통령이 되기 이전이나 이후에 "만약 노예제도가 잘못되지 않았다면 어떤 다른 것도 잘못된 것이 없습니다"라고 말했습니다.

51 1862년 9월 22일 노예해방령을 발표한 데 이어 그해 12월 1일에는 노예해방에 따르는 보상을 요구하는 교서를 의회에 보냈습니다. 링컨은 연방군이 승리가 확실해진 1865년 2월 1일에 전국적으로 노예제도를 폐지하는 수정헌법 13조에 서명했습니다.

52 The Emancipation Proclamation of Abraham Lincoln(January 1, 1863).

내각 인사들을 백악관으로 불렀습니다. 자신이 준비한 노예해방선언의 초안을 읽어주기 위함이었습니다. 화가 프랜시스 카펜터에게 이 장면을 그리도록 부탁했습니다. 링컨이 선언문 초안을 들고 중앙에 앉아 있습니다. 급진파들 - 에드윈 스탠턴, 샐먼 체이스 - 은 링컨의 오른편에 있습니다. 보수파들 - 칼렙 스미스, 몽고메리 블레어, 에드워드 베이츠 - 은 링컨의 왼편에 있습니다. 중도파들 - 제데온 웰스, 윌리엄 시워드 - 은 링컨과 같은 테이블에 앉아 있습니다. 여기저기에 전쟁지도와 책들이 놓여 있습니다. 카펜터는 자신이 이 장면을 그리면서 그림의 목적은 "사람들에게 지금까지 이 세상에 없었던 영속적인 명성을 주기 위함"이라고 말했습니다.[53]

링컨은 노예해방령에 대한 초안을 장관들에게 읽어 보였는데 내각 모두가 심각한 표정으로 굳어있습니다. 급진파는 급진파대로, 보수파는 보수파대로 링컨의 작전 변경(방향 전환)에 대한 우려의 표시였습니다. 내각 인사의 반대가 심했지만, 링컨은 "우리는 밧줄의 마지막을 동여매고 꽉 잡아야만 합니다. 나는 유용한 카드를 쓰지 않고 내버려두어 이 게임(전쟁)에서 지고 싶지 않습니다"라고 말했습니다.[54] '연방 보존'과 '전쟁 승리'라는 목표에 이제 '노예해방'이 첨가되었습니다. 링컨에게 노예해방은 본래의 목적 달성에 충실함을 더해주는 결과를 낳았습니다. 전면적인 노예해방을 하지 않고 군사상의 필요성에서 노예해방을 한정한 것은 해방된 흑인의 연방 군대에 참전을 노린 링컨의 목표 달성을 위한 훌륭한 전략이었습니다. 노예해방이 남부의 노동력 - 당시 남부 노동력의 대부분은 흑인 노예들이 담당하고 있었습니다. - 을 분열시키고 그 노동력의 일부를 북부의 군사력으로 전환하는 결과를

---

53 Francis B. Carpenter, *Six Months at the White House with Abraham Lincoln*(Lincoln: University of Nebraske Press, 1995), 11, 김형곤, "링컨, 세종에게 한 수 배우다", 「세계역사와 문화연구」 제52집(2019.9), 191–241.

54 Basler, ed. *The Collected Works of Abraham Lincoln*, 5:343.

초래함으로써 남부 연합은 전쟁 수행에 큰 타격을 입었습니다. 이와 관련하여 링컨을 연구한 제임스 맥퍼슨은 다음과 같이 말했습니다.

> 해방된 노예로 구성된 북부군은 남부에 궁극적으로 악몽과도 같은 것이 되었습니다. 이전의 주인과 싸워 그들을 죽인 흑인 군인은 링컨의 노예해방 정책의 가장 혁명적인 차원의 결과를 가져다주었습니다.[55]

1863년 말 경에 연방 군대에는 해방된 흑인이 약 10만 명 이상 복무하고 있었습니다. 링컨은 1863년 8월에 일리노이주 스프링필드 시장인 제임스 콩클링에게 보낸 편지에서 "나는 지금까지 승리한 중요한 전투 중에서 노예해방 정책으로 흑인들이 참전한 전투가 반란 세력을 다루는 가장 성공적인 결과를 낳았다고 생각합니다"라는 의견을 피력했습니다.[56] 링컨에게 노예해방은 단순한 전략적인 차원을 넘어 결과적으로 전쟁의 새롭고 혁명적인 목표로 작용했던 것입니다. 연방 보존과 더불어 노예해방은 링컨의 목표였습니다.

남북전쟁은 링컨의 대중적 입지를 강화하고 대통령의 권한을 확대하는 결과를 낳았습니다. 그뿐만 아니라 전쟁은 링컨이 연방과 노예제도는 양립할 수 없으며 본래부터 이 나라는 모든 인간은 법 앞에 평등하다는 원리로 세워졌다는 사실을 국민에게 설득하는 기회를 제공해주었습니다. 1863년 11월 19일 게티즈버그 연설에서 링컨은 일부러 헌법을 인용하지 않고 독립선언서를 언급했습니다.

---

55 James M. McPherson, *Abraham Lincoln and the Second American Revolution*(New York: Oxford University Press, 1991), 35. 이 외에도 노예해방은 영국을 비롯한 대유럽 외교에 '북부의 정의'를 어필할 수 있었고 그동안 문제가 되었던 도망 노예 문제를 해결하는 데 많은 도움을 주었습니다.

56 Lincoln to James C. Conkling(August 26.1863).

지금부터 87년 전 우리의 조상들은 이 대륙에 자유를 신봉하고 모든 사람은 평등하게 창조되었다는 명제에 헌신하는 새로운 국민을 창조했습니다. 지금 우리는 그렇게 신봉하고 헌신하는 국민이 오랫동안 지속할 수 있는가를 실험하는 전쟁 속에 있습니다…. 하나님의 사랑 아래 우리 국민은 자유를 새롭게 탄생시켜야 합니다. 그리고 국민의 국민에 의한 국민을 위한 정치가 지구상에서 사라지지 않도록 해야 합니다.[57]

링컨은 국민을 설득하기 위해 엄격히 말해 헌법을 위반하고서라도 노예해방의 정당성을 부여하고자 했습니다. 신중하게 선택되어 272자로 구성된 이 연설을 통해 링컨은 "종래 목표였던 연방 보존에 새로운 자유와 평등의 원리를 확장"했습니다.[58] 여기에서 언급한 '국민'은 흑인과 백인이 포함된 개념이었습니다. 인간 평등 실현이라는 숭고한 목표의 당위성을 제공하는 순간이었습니다. 이것은 국민에게 미래 비전을 제시하는 것이었습니다.

리더십에서 목표와 비전을 세우고, 이를 팔로워가 알도록 하고, 그들이 함께 일하도록 설득하는 것은 너무나 중요합니다. 목표를 통해 팔로워는 동기를 부여받고 목표 달성을 위해 자신의 재능과 에너지를 집중하게 됩니다. 연방을 보존하고 이를 위해 불가피하게 전쟁을 선택하지 않을 수가 없었으며 전쟁 승리를 위해 처음에는 군사상의 목적에 따라 노예해방령을 발표했지만, 궁극적으로 새로운 자유와 평등의 원리가 보장되도록 하는 목표는 링컨 개인의 목표가 아니라 팔로워와의 공동의 목표였습니다. 두 번째로 대통령에 당선되고 머지않아 전쟁이 끝나리라는 것이 명백한 가운데 링컨은 또 한 번의 숭고한 목표와 비전

57 The Gettysburg Address of Abraham Lincoln(November 19, 1863), 사실 링컨은 연방헌법에 따른 드레드 스콧(Dred Scott) 판결에 대해 비록 판결이 잘못되지 않았음은 인정했지만 궁극적으로 이 판결은 링컨의 생각과는 어긋나는 것이었습니다. 대통령이 되고 난 후 링컨은 인신보호영장 청구권을 금지하는 것을 비롯하여 여러 번에 걸쳐 헌법에 어긋나는 정책을 내렸습니다.

58 David H. Donald, *Lincoln*(London: Jonathan Cape, 1995), 553.

을 국민에게 알렸습니다. 링컨은 "그 누구도 악의를 가지고 대하지 맙시다. 모든 사람을 사랑합시다"에서 보듯이 서로를 용서하고 사랑으로 평화를 이루기를 원했습니다.

링컨은 연방을 보존하고 전쟁을 성공적으로 수행하는 목표를 달성하기 위해 대통령으로서 할 수 있는 모든 방법을 생각했습니다. 링컨은 섬터요새 전투 이후 군대 동원령을 내렸으며, 버지니아와 텍사스까지 봉쇄하는 선전포고문을 발표했고, 나아가 인신보호영장 청구권을 중지시키는 일까지 선포했습니다. 이에 대법원장 로즈 태니는 오직 의회만이 인신보호영장을 일시 중지할 수 있다고 주장하면서 링컨을 비난했습니다. 심지어 링컨을 '독재자'나 '전제군주'로 표현하기도 했습니다. 하지만 목표 달성을 위한 링컨의 노력은 단호했습니다.[59] 자신에 대한 비난에 대해 링컨은 다음과 같은 말로 일축했습니다.

국가를 잃으면서 헌법을 지키는 것이 가능합니까? 일반적으로 볼 때 생명과 팔다리는 보호되어야 합니다. 그런데 종종 생명을 구하기 위해 팔다리를 잘라내야 할 때가 있습니다. 이와 달리 팔다리를 구하기 위해 생명을 버리는 행위는 현명하다고 생각하지 않습니다. 저는 생명을 구하기 위해 팔다리를 절단하는 행위가 국가를 보존하여 헌법을 지키는 데 절대적으로 필요한 것이 되게 함으로써 헌법을 위배하는 것이 아니라 합법화될 수 있다고 생각합니다.[60]

목표 달성을 위한 링컨의 열정은 누구보다도 강했습니다. 링컨의 친구 변호사 윌리엄 헌돈은 "그는 항상 앞서서 예상했고 미리 계획을 세웠습니다. 그의 야망은 마치 휴식을 모르는 작은 엔진과도 같았습니

---

59 이에 관한 내용은 황혜성, "남북전쟁기 링컨 대통령의 리더십", 「미국사연구」 제17집(2003): 27–48에 잘 나타나 있습니다.

60 Basler, *The Collected Works of Abraham Lincoln*, 7:281–282 재인용.

다"라고 썼습니다.[61] 잡화점 운영, 우체국장, 측량기사, 변호사, 정치가, 그리고 대통령이 되면서 링컨은 한결같이 헌돈이 말한 작은 엔진을 달고 다녔습니다. 대통령이라는 목표 달성을 위해 링컨은 수차례에 걸친 실패와 좌절을 맛보았지만, 이에 절대 굴복하지 않았습니다. 링컨은 1858년 상원의원 선거에서 더글러스에게 패한 뒤 친구인 알렉산더 심슨에게 다음과 같이 말했습니다.

> 궁극적으로 저는 우리가 이길 수 있다는 확실한 믿음이 있습니다. 리더의 목표는 단계적으로 이루어집니다. 사람들은 그것이 너무나 평범해서 목표가 이루어지는 것을 기다리지 못합니다…. 저는 절대로 죽지 않았고 죽어가지도 않습니다.[62]

우리는 링컨이 사람들에게 자주 이야기했던 내용에서 목표를 달성하고자 하는 그의 열정이 얼마나 강했나를 이해할 수 있습니다. "자기보다 덩치가 큰 개를 제압하는 작은 개가 있었는데 이 개가 다른 개를 이기는 이유는 단순하답니다. 다른 개들은 싸우기를 망설이는데 그 작은 개는 곧바로 미친 듯이 싸우기 시작하기 때문입니다."[63] 링컨은 전쟁을 수행하면서 자주 장군들과 내각 인사들에게 이 이야기를 해주었습니다.

리더는 목표를 세우고 그 목표를 팔로워들이 적극적으로 추진할 수 있도록 동기를 부여하고 그들을 설득해야만 합니다. 링컨 대통령은 바로 그런 리더였습니다. 또한 링컨은 자신이 제시한 목표를 성공적으로 수행할 수 있는 인재를 발굴하는 데 열정을 다했습니다. 대통령이 되어 내각을 구성하면서 링컨이 핵심으로 삼은 인사 규정은 목표 달성에 적

61 Herndon and Weik, *Herndon's Life of Lincoln*, 304.
62 Basler, *The Collected Works of Abraham Lincoln*, 3:346 재인용.
63 Paul M. Zall, *Abe Lincoln Laughing*(Berkeley: University of California, 1982), 76 재인용.

합한 인재였습니다. 따라서 링컨에게 이전의 적이나 라이벌이라도 문제가 되지 않았습니다. 그는 대통령 예비선거에서 최대 라이벌이었던 시워드를 국무장관에, 변호사 시절 자신을 무시하고 비난했던 스탠턴을 전쟁장관에, 사사건건 반대를 하고 다음 대통령에 도전하겠다는 체이스를 재무장관에 임명했습니다. 링컨은 전쟁을 승리로 이끌 수 있는 장군을 찾는 데도 끊임없는 노력을 기울였습니다. 링컨에게 연공 서열은 무의미했습니다. 자신에 대한 무시나 도전도 문제가 되지 않았습니다. 링컨은 오로지 전쟁을 승리로 이끌 장군을 필요로 했습니다. 스콧에서 시작하여 그랜트를 찾기까지 여러 명의 장군을 해임하고 임명한 것을 보더라도 링컨이 얼마나 목표 달성에 진력했나를 이해할 수 있습니다.

성공하는 리더십에는 목표에 집중하는 능력 또한 필요합니다. 링컨은 전쟁 승리를 통해 연방을 보존하는 궁극적인 목표 달성을 위해 매 단계별로 집중했습니다. 전쟁 초기에는 군대를 재건하고 남부의 항구와 미시시피강을 장악하는 데 집중했습니다. 전쟁이 계속되자 그는 남부 연합의 수도인 리치먼드를 공략 목표로 삼지 않고 남군 사령관 리 장군에게 집중했습니다. 링컨은 1863년 6월 후커 장군이 리치먼드로 진격하겠다는 주장에 "장군의 진정한 목표는 리치먼드가 아니라 리 장군입니다"라고 충고했습니다.[64] 링컨은 목표 달성을 위한 핵심이 무엇인지를 알았습니다. 전쟁이 끝날 무렵 링컨은 전후 평화로운 미국의 재건에 집중했습니다. 전쟁이 끝난 상태에서 더는 서로에게 적대감을 표출하거나 누구를 미워해서는 미국이 재건될 수 없었던 것입니다.

링컨에게는 명확한 목표와 비전이 있었습니다. 미국을 수호하는 목표는 독립선언서와 헌법의 정신을 부활시키는 것으로 국민에게 자긍심과 애국심을 다시 심어주는 계기가 되었습니다. 노예제도에 대한 투

---

64 Basler, *The Collected Works of Abraham Lincoln*, 6:257 재인용.

쟁은 이미 오래된 문제였고 전쟁이라는 것을 통해 이 문제점에 종지부를 찍은 계기가 되었습니다. 그리고 서로를 용서하는 새로운 미국 건설에 대한 비전 제시는 국민이 또다시 평화롭고 발전적인 성장을 할 수 있다는 용기를 주었습니다.

소통과 협력은 기본

링컨에게 벽과 칸막이는 어울리지 않습니다. 링컨에게는 학연, 지연, 혈연으로 생기는 벽이 없었습니다. 링컨에게는 워싱턴 정가에서 존재하고 있던 기존 권력의 벽도 없었습니다. 어느 조직이라도 리더라고 생각하는 사람에게는 정말 단순하고 단순한 벽일지 모르지만 다른 사람에게는 만리장성보다 더 높은 장벽이 될 수 있습니다. 링컨은 다른 사람과의 관계를 형성할 때 바로 이 점을 잘 알고 있었습니다.

개방적으로 소통하고 협력하는 태도는 링컨 리더십의 핵심이라 할 수 있습니다. 링컨은 대통령 첫 취임사에서 분리와 벽이 아니라 소통과 협력으로 하나가 되어야 함을 강조하고 있습니다.

물리적으로 우리는 분리될 수 없습니다. 우리는 각각의 지역을 서로 떼어 놓을 수 없고 그 사이를 건널 수 없는 벽을 쌓을 수도 없습니다. 부부는 이혼하고 서로 보지 않은 채 멀리 갈라설 수 있지만, 우리나라의 지역과 지역은 그럴 수 없습니다. 우리는 서로 얼굴을 맞댈 수밖에 없고 우호적이든 적대적이든 서로 간의 교류 관계가 유지되어야 합니다. 분리한 후에 과연 이 관계를 분리 이전보다 더욱 이롭고 만족스럽게 만들 수 있을까요? 같은 나라의 국민으로서 법률을 제정하는 것보다 외국인 관계로 조약 맺기가 더욱 쉬울까요? 국가 간의 조약이 국민의 법률보다 과연 더 충실하게 이행될 수 있을까요? 전쟁을 치른다고 상상해 보십시오. 계속해서 싸울 수만은 없습니다. 양측에 중

대한 손실이 발생하고 서로 더는 얻을 것이 없어 싸움을 멈추게 되면 그들은 함께 살아가는 조건에 더해 이전과 똑같은 문제에 다시 봉착하게 됩니다.[65]

북부지역과 남부지역으로 나누어지고 노예제도 찬성자와 반대자로 나뉘어 끼리끼리 집단을 형성하여 서로를 불신하는 것에 대한 위험성을 경고한 것입니다. 링컨은 게티즈버그 연설에서 "국민의, 국민에 의한, 국민을 위한 정치가 지구상에서 사라지지 않도록 해야 합니다"라고 호소했습니다. 여기에서 링컨이 말하는 국민은 단순히 북부연방에 속해있는 사람만을 의미하지 않았습니다. 링컨이 말하는 국민은 단순히 노예제도를 반대하는 사람들만을 의미하지 않았습니다. 링컨이 말하는 국민은 백인만을 의미하지 않았습니다. 링컨이 말하는 국민은 자신을 지지해 준 사람만을 의미하지 않습니다. 링컨이 말하는 국민은 북부와 남부 사람 모두와 백인과 흑인 모두, 노예제 찬성자와 반대자 모두, 그리고 자신을 지지해 준 사람과 반대한 사람 모두를 의미했습니다. 그래서 링컨은 단순히 자기 지역, 자기 편, 자기 정당, 자기 이념, 자기 진영만을 대표하는 단순한 '통령'이나 '보스'가 아니라 국가 전체를 대표하는 진정한 '대통령'이었습니다.

링컨은 두 번째 취임사에서 그 유명한 말인 "누구에게도 악의를 가지고 대하지 맙시다"라는 말을 함으로써 전쟁 후 새로운 미국에는 벽과 칸막이가 없는 개방된 소통과 협력의 필요성을 제시했습니다. 하지만 링컨은 얼마 후 암살되었고 그가 제시한 소통과 협력은 실현되지 않았습니다.

대통령이 되면서 링컨이 가장 먼저 한 일은 백악관을 개방하는 일이었습니다. 백악관 집무실에는 아침부터 저녁까지 다양한 방문객이 들끓었습니다. 어떤 사람은 대통령에게 새로운 일자리를 부탁하기 위해

---

65   Abraham Lincoln, First Inaugural Address(March 4, 1861).

왔고, 어떤 사람은 단순히 인사하기 위해 왔습니다. 대통령으로 취임한 날 다음부터 방문객들이 어찌나 많았는지 백악관 정문 층계까지 사람들이 열을 지어 앉아있었습니다. 「새크라멘토 유니언(Scramento Union)」은 당시 백악관 풍경에 대해 "사람들의 출입을 통제하는 사람은 아무도 없습니다. 씻은 사람이나 씻지 않은 사람이나 할 것 없이 누구나 자유롭게 백악관을 오가고 있습니다"라고 썼습니다.[66] 사실 링컨은 시간이 허락하는 한 많은 사람과 만났습니다. 백악관 1층 전체는 일반대중에게 완전히 공개되었고, 2층도 반 정도는 일반인에게 공개되어 링컨 가족들이 쓰기에도 협소할 정도였습니다. 링컨의 비서인 존 니콜라이와 존 헤이는 "링컨이 자기 시간의 75% 이상의 시간을 사람들을 만나는 데 썼습니다"라고 회고했습니다.[67] 니콜라이와 헤이가 방문객들에게 대통령께서 바쁘시니, 다음에 와달라고 하면 집무실 안에서 이를 듣고서 링컨이 직접 문을 열고 그들을 반겼습니다. 경호 문제로 자주 대통령과 갈등을 빚었지만, 링컨은 "내가 아무런 두려움 없이 국민에게 다가간다는 것을 그들이 아는 것은 너무나 중요한 일입니다"라며 근접 경호를 마다했습니다.[68] 링컨 대통령은 국민과 어떠한 거리도 두려고 하지 않았습니다. 링컨은 1863년 "여러 사람이 찾아와 만남을 요구하면 성가시지 않으냐"라고 질문하는 인디애나주에 사는 한 남자에게 "나는 나를 방문하는 사람과의 만남을 거절하는 경우는 거의 없습니다. 만약 당신이 나를 찾아오면 기쁘게 당신을 만날 것입니다"라는 편지를 보냈습니다.[69]

---

66 Sacramento *Union*(March 9, 1861).

67 Stephen B. Oates, *With Malice None: The Life of Abraham Lincoln*(New York: Harper & Row, 1977), 266.

68 Oates, *With Malice Toward None*, 453.

69 당시 북부 사람들은 미국 역사상 처음으로 백악관의 대통령이 자기들의 대변인으로 생각하여 그들은 링컨을 아버지 아브라함으로 부르고 백악관에 정이 넘치는 작은 선물과 수많은 편지를 보냈습니다. 선물 중에는 버터, 뉴잉글랜드 연어, 한쪽 다리가 부러진 독수리 등이 있었습니다. 이 당시 링컨이 받은 편지는 하루

링컨의 벽이 없는 개방적 협력 정책은 연방을 수호하는 목표를 달성하는 데 가장 중요한 세력인 군인들과의 관계에서 쉽게 찾아볼 수 있습니다. 링컨은 전장에 가기 위해 수도 워싱턴을 행군하는 군인들을 직접 만나 그들을 격려하고 용기를 불어넣어 주었습니다. 그는 지나가는 군인들을 향해 "만약 여러분이 전쟁을 승리로 이끌 수 있다면 나도 할 수 있습니다"라고 말했습니다.[70] 링컨은 군인이 있는 곳이면 어디라도 직접 가서 그들을 만났습니다. 링컨은 요새, 해군 조선소, 야전병원, 장례식, 심지어 전투가 벌어지는 전장에서 군인들을 만나 악수를 하고 군대를 사열하면서 그들을 자랑스럽게 생각한다고 말했습니다. 「뉴욕 타임스(New York Times)」는 "대통령은 병사들 개개인과 손을 잡고 진심에서 우러나는 악수를 했고 군인들의 노고에 감사한다고 말했습니다"라고 보도했습니다.[71]

링컨은 집무실에서 장벽에 휩싸여 서명만 하는 그런 대통령이 아니었습니다. 로널드 필립스는 링컨 리더십의 특징 중 가장 핵심적인 것은 그가 "집무실 밖으로 나와 현장에서 사람들을 만난 것"이라고 설명했습니다.[72] 링컨은 변호사 시절 스프링필드에서 많은 시간을 할애해 현장에서 직접 정보를 얻고자 노력했습니다. 대통령은 되었지만 사실상 워싱턴 정가에서 아웃사이더였던 링컨은 더 많은 시간과 열정으로 직접 사람들과 만나고자 했습니다. 링컨은 현장에서 사람들을 만날 때 어떤 형식이나 규정에 집착하지 않았습니다. 그는 대통령으로서 각료회

평균 2천 300통에 달했다고 합니다. 이에 관한 내용은 Donald, *Lincoln*, 19–34에 있습니다.

70   Oates, *With Malice Toward None*, 418.

71   Earl S. Miers, ed. *Lincoln Day by Day* (Washington: U.S. Government Publication, 1969), 3:48.

72   Philips, *Lincoln on Leadership*, 13–25, 링컨의 현장을 방문해 다른 사람을 만나 그들과 소통 속에서 협력을 끌어낸 것을 오늘날 "배회 경영(MBWA, Managing by Wandering Around)"으로 부르고 있습니다. 이는 고객과 공급업자들을 직접 만나고 부하 직원들과 직접 만나는 것을 말합니다. 이로써 혁신을 조장하고 조직의 모든 구성원에게 가치를 제시하는 것입니다. 다시 말해 가치를 경청하고 조장하며 가르치고 강화하는 것입니다. 이것이 리더십이 아니고 무엇이겠습니까? 이러한 까닭에 MBWA는 리더십 기술입니다.

의를 해군 조선소나 전장에서 주재하기도 했습니다. 링컨은 장관들이 방문하기를 기다리지 않고 오히려 장관 개개인을 직접 찾아갔습니다. 링컨이 가장 자주 찾은 장관은 전쟁장관인 에드윈 스탠턴이었습니다. 링컨은 중요한 전투가 있을 때마다 스탠턴과 함께 전쟁부 전보실에서 많은 시간을 보냈는데 전쟁에 관한 정보를 빨리 접하여 이에 대한 대책을 신속히 내려주기 위함이었습니다. 대통령이 되고 난 후 죽을 때까지 링컨은 단지 세 차례를 제외하고 거의 모든 날을 백악관에서 나와 현장에서 생활했습니다. 링컨은 1862년 2월 아들 윌리가 사망했을 때와 1864년 초와 말에 링컨이 아팠을 때 어쩔 수 없이 백악관에 머물러 있었습니다.[73]

드레드 스콧 판결[74]과 존 브라운 습격 사건[75]은 남부와 북부가 돌아올 수 없는 강을 건너도록 만들었습니다. 드레드 스콧 판결에 대해서는 북부인과 노예제 폐지론자와 흑인이 불만을 품도록 만든 판결이었습니다. 이들은 이 판결로 남부인과 노예제 찬성론자를 불신하고 비난했습니다. 반면 존 브라운 사건은 남부인이 노예제 폐지를 당론으로 삼고 있는 새로운 정당인 공화당은 물론 북부 전체를 비난하고 그들을 불신했습니다. 특히 존 브라운이 사형되던 날에 북부는 '애도의 날'로 정해 그를 예수와 같은 성자로 칭송하자 남부와 노예제 찬성론자의 민심을 극도로 악화했습니다. 당시 한 언론은 이 습격 사건은 "북부의 정서와

---

73 Philips, *Lincoln on Leadership*, 23.

74 1857년 3월 6일 연방 대법원은 북부인들과 노예제 폐지론자들에게 불리한 판결을 내렸습니다. 드레드 스콧은 미주리주 노예였다가 주인을 따라 노예제도가 없는 위스콘신주로 가서 노예 신분을 벗어나 자유인이 되었습니다. 그러나 그는 주인을 따라 한참 후에 다시 미주리주로 돌아와 노예가 되었습니다. 자신의 신분은 자유인이라고 주장하면서 이를 연방 대법원에 호소하였는데 당시 대통령이 된 친 남부 성향의 뷰캐넌은 대법원 판사들에게 영향력을 행사하여 스콧이 노예로 판결받도록 했습니다. 결국 당시 대법원장이었던 로저 토니는 "흑인 노예는 시민이 아니므로 대법원에 호소할 권리가 없습니다"라는 판결을 내렸습니다.

75 "유혈의 캔자스" 사건이 발생했을 때 노예제도 반대 세력을 이끌었던 백인 노예제 폐지론자인 존 브라운이 1859년 10월 18명의 추종자(백인 13명, 흑인 5명)를 이끌고 남부 버지니아 하퍼스 페리에 있는 연방 무기고를 점령하여 흑인 폭동을 종용했습니다. 그러나 기대했던 폭동은 일어나지 않았고 이들은 출동한 연방군에 의해 체포되어 처형되었습니다.

연결되어 연방의 결속력을 파괴했습니다. 거의 모든 사람이 조만간 분열의 날이 올 것이라 확신했습니다"라고 보도했습니다.[76] 심지어 테네시주 주의회는 하퍼스 페리의 침략자를 옹호하는 북부인을 반역자로 비난했습니다. 또한 반역자 브라운의 목에는 5만 달러의 상금을 내걸었고, 다른 급진주의자들에게는 각각 2만 5천 달러의 상금을 내걸었습니다.[77] 노예반란에 대한 공포 분위기가 고조되는 가운데 남부인은 만약 이번 선거에서 공화당 후보가 대통령으로 당선되면 연방이 분열될 것이라고 위협했습니다.

링컨이 대통령에 당선되고 난 후 분열의 위기가 더욱 고조되었습니다. 북부 중심의 즉각적인 노예제 폐지를 주장하는 사람이 운집해 있는 공화당이 승리한 것을 몹시도 불안하게 지켜보고 있었던 남부가 드디어 연방 탈퇴를 감행했습니다. 1860년 12월 20일 사우스캐롤라이나주를 시작으로 남부의 다른 6개 주 - 미시시피주, 루이지애나주, 앨라배마주, 조지아주, 텍사스주 - 가 연방을 탈퇴했습니다. 이제 남부의 여러 곳에서 공공연하게 링컨을 미합중국의 대통령이 아니라 "최초의 북부 연맹 대통령"이라 불렀으며[78] 여러 곳에서 링컨 인형이 화염에 휩싸였습니다. "연방 유지"라는 목표가 산산이 파괴되는 연방 분열이 기정사실로 되는 가운데 링컨의 고통은 이루 말할 수가 없었습니다. 당시 링컨은 자신의 괴로운 마음을 다음과 같이 표현했습니다.

대통령 당선과 취임 사이에 불안했던 몇 달을 지울 수만 있다면 저는 그 기간에 해당하는 몇 년의 생명을 기꺼이 줄일 수 있습니다."[79]

---

76 *Richmond Enquirer*(November 25, 1859).

77 Doris K. Goodwin, *Team of Rivals; The Political Genius of Abraham Lincoln*(New York: Simon and Schuster Paperbacks, 2005), 227.

78 *Richmond Enquirer*(November 16, 1860).

79 Katherine Helm, *The True Story of Mary, Wife Of Lincoln* (New York: Harpers and Brothers, Publishers, 1928), 161.

공화당[80]내 다양하고 까다로운 속성을 통합하고 분열되어 가는 연방을 어떻게 통합할 것인가 하는 문제는 연방을 유지하고자 하는 링컨에게 너무나 중요했습니다. 링컨은 이 문제를 자신보다 현명한 사람을 자기 주위에 모이게 하는 방법을 활용하여 실행에 옮겼습니다. 대통령에 당선된 후 링컨은 친구들에게 다음과 같은 말을 했습니다.

저는 곧바로 저보다 뛰어난 사람들의 도움이 필요하다는 것을 느꼈습니다. 저는 저와 이 어려운 문제를 함께 해결할 수 있는 현명한 사람들이 필요하다는 것을 알았습니다.[81]

누가 자신과 함께 이 어려운 문제를 해결할 수 있는 현명한 사람인가? 링컨은 친인척은 물론 충성스러운 측근, 특정 지역, 특정 학교, 특정 인맥, 특정 부류에 집착하지 않았습니다. 링컨의 삶의 여정이 그러했듯이 인사에 얽매일 수 있는 여건이 전혀 없었습니다. 링컨은 공화당에 소속되어 있었지만, 정당이 다르다고 해서 자신의 인사기준에서 제외하지 않았습니다. 나아가 과거의 사회적 정치적 라이벌이나 굴욕감을 주었던 사람이라고 해서 자신의 인사에서 제외하지 않았습니다. 분열을 막고 연방 보존이라는 목표를 달성하는 일에 적합한 사람이면 되었지, 아무런 조건이 없었습니다. 대통령에 당선되고 나서부터 링컨은

---

80 공화당은 1856년에 과거의 휘그당, 자유당, 자유 토지당, 부지주의당, 민주당 등 다양한 정치적 배경을 가진 사람들이 모여 만든 정당입니다. 공화당 지지 세력의 대부분은 북부를 중심으로 형성되었습니다. 당시 공화당의 전체 당론은 노예제도를 폐지하는 것이었지만 이것은 하나로 통일된 당론은 아니었습니다. 크게 보면 노예제도의 완전 폐지를 주장하는 급진주의자들, 점진적으로 폐지하자는 보수주의자들, 그리고 공화당원의 다수로 차지하는 중도주의자들로 구분되었습니다. 1860년 공화당 전당대회에서 대통령 후보 출마를 선언한 시워드를 제외한 체이스, 카메론, 베이츠는 대표적인 급진주의자들이었습니다. 여기에 찰스 섬너, 태디우스 스티븐스, 칼 슈르츠, 벤 웨이드, 윌리엄 페센던 등의 급진주의자들이 공화당에서 의회를 장악하고 있었습니다. 링컨은 온건주의자로 분류되기는 했지만 사실 중도주의적 태도를 보이고 있었습니다. 그동안 링컨은 노예제도 폐지에 대한 분명한 태도를 보이지 않고 있었습니다.

81 Howard K. Beale, ed. *Diary of Gideon Welles: Secretary of the Navy Under Lincoln and Johnson* (New York: W. W. Norton, 1960), 1 : 82.

이 적합한 사람들을 찾는 데 온 힘을 쏟았습니다.

대통령으로 인사를 하는 데 있어 링컨은 철저하게 개방적인 소통과 협력을 이루고자 했습니다. 무엇보다도 링컨은 이전의 공화당 대통령 후보 경선에서 최대 경쟁자를 국무장관에 임명하고자 했습니다. 하지만 윌리엄 시워드는 자신이 너무나 뛰어났기 때문에 대통령이 자신을 국무장관에 임명하고자 한다고 생각했습니다. 사실 국무장관에 임명된 시워드는 링컨이 국가를 책임질 수 있는 리더가 아니라고 생각했습니다. 그래서 그는 인사를 비롯한 여러 문제에 독자적인 행동을 서슴지 않았습니다. 심지어 섬터요새 문제를 링컨의 의견을 전혀 고려하지 않고 남부에 양보할 것이라는 의견을 내놓았습니다. 이에 링컨이 제동을 걸자 시워드는 일도 시작하기 전에 장관직 사표를 던졌습니다. 그러나 링컨은 시워드 집을 직접 찾아가 그를 설득했습니다. 몇 차례 링컨을 만난 후 시워드는 아내에게 "링컨 대통령의 행정력과 강인한 열정은 그가 가지고 있는 진기한 자질입니다. 대통령은 우리 중의 최고입니다"라고 고백하는 편지를 보냈습니다.[82]

또한 링컨은 누가 보아도 사회적으로 정치적으로 적일 수밖에 없었던 사람을 전쟁장관에 임명했습니다. 링컨은 초기 전쟁장관인 시몬 카메런을 "부적절하고 투명하지 않은 군사 계약을 수행했다"라는 이유로 해임하고 대신 에드윈 스탠턴을 임명했습니다. 링컨이 대통령이 될 때까지 스탠턴은 링컨과 같은 공화당원이 아니라 민주당원이었습니다. 더더욱 1855년에 이미 동부의 저명한 변호사로 이름을 날리고 있었던 스탠턴은 매코믹-맨니 소송사건(McCormick-Manny Case)[83]에서 맨니 사 소속의 변호인단으로 활동하면서 같은 변호인단에 속해있는 링컨을

---

82   Benjamin B Thomas, *Abraham Lincoln*(New York: Alfred A. Knopf, 1952), 269.

83   곡물 수확기 회사인 매코믹(McCormick)이 경쟁사인 맨니(Manny)를 상대로 맨니 사가 매코믹 사의 특허권이 있는 수확기를 복제했다고 하면서 손해배상으로 40만 달러를 요구했습니다. 이 소송에서 맨니 사가 승리했습니다.

무참히 무시하고 비난했습니다. 스탠턴은 "서부 촌뜨기 출신"으로 "무명 변호사"인 링컨과 같은 변호인단에서 활동한다는 것을 몹시도 불쾌하게 생각하면서 링컨을 그림자처럼 취급했습니다. 그는 링컨을 보고 "지적 능력이 형편없는 키 큰 기린과 같다"라고 비웃었습니다.[84] 이에 다른 각료를 비롯한 많은 사람이 스탠턴의 장관 임명을 반대했습니다. 링컨도 스탠턴이 자신을 무시하고 있다는 사실을 알고 있었습니다. 하지만 링컨은 전쟁장관에 스탠턴이 가장 적합한 인물이라 생각했습니다. 링컨은 전쟁 부에 관한 일에 대해서는 전적으로 스탠턴에게 위임했습니다. 링컨은 거의 매일 쌓여있는 군 관련 서류들을 꼼꼼하게 살펴보았습니다. 그러나 링컨이 꼼꼼하게 본 것은 군사와 관련한 내용이 아니라 스탠턴의 서명이었습니다. 링컨이 스탠턴이 서명했다면 그 서류는 아무런 문제가 없을 것이라 굳게 믿었습니다. 스탠턴은 링컨을 도와 전쟁을 승리로 이끈 유능한 장관이었습니다. 스탠턴은 자신에 대한 링컨의 믿음에 감동했습니다. 스탠턴은 링컨의 유능하고 충성스러운 장관으로 전쟁을 승리로 이끌었습니다. 링컨이 암살되고 난 후 국가 비상사태를 안정되게 만든 후 스탠턴은 진심 어린 눈물을 흘리면서 "이제 당신은 역사의 한 페이지가 되었습니다"라고 말했습니다.[85]

또한 샐먼 체이스의 관계에서도 우리는 링컨의 열린 마음과 협력을 이루고자 하는 노력을 볼 수 있습니다. 체이스는 자신이 잘났기 때문에 당연히 장관 중 최고 자리인 국무장관직에 임명되어야 한다고 생각했습니다. 하지만 국무장관이 시워드에게 돌아가자 재무장관이 자신의 자리라 생각했습니다. 우여곡절 끝에 재무장관에 임명된 체이스는 대통령으로서의 링컨의 능력을 문제 삼았을 뿐만 아니라 노골적으로 차

---

84 Carl Sandburg, *Abraham Lincoln: The Prairie Years and The War Years*(New York: Harvest Book, 2002), 78. 링컨이 당을 초월하여 개방적인 소통과 협력을 이끌고자 한 경우는 1864년 선거에서 남부 민주당 출신인 앤드루 존슨을 부통령 후보로 지명한 일에서도 볼 수 있습니다.

85 Oates, *With Malice Toward None*, 458–459.

기 대통령에 도전하겠다고 공언했습니다. 그뿐만 아니라 체이스는 재무부 직원의 인사를 마음대로 하고자 했으며 심지어 전쟁 수행을 위한 대통령의 자금 준비가 헌법에 어긋난다고 반대하기까지 했습니다. 이일에 대해 링컨은 대통령의 권한을 이용해 체이스의 행동을 일축할 수 있었지만 그렇게 하지 않았습니다. 링컨은 체이스가 업무능력이 뛰어나고 전쟁 수행을 위한 비용조성에 최고의 적임자로 생각했습니다. 링컨은 체이스에게 "남부 연합이 미합중국을 파괴하기 위해 헌법을 유린하고 있습니다. 저는 미합중국을 구할 수만 있다면 기꺼이 헌법을 위반할 것입니다"라고 말하면서 그를 설득했습니다.[86]

링컨은 전쟁에서 승리해야만 했습니다. 그래서 링컨은 전쟁을 승리로 이끌어줄 적합한 장군을 필요로 했습니다. 전쟁의 기운이 일자 링컨은 장군을 찾는 데 최선을 다했습니다. 링컨은 건국의 아버지 중 한 사람인 해리 리의 아들로 당시 가장 유능한 장군으로 정평이 난 로버트 리를 찾아가 연방군의 총사령관이 되어달라고 간청했습니다. 하지만 로버트 리는 고향이 남부 주에 속해있는 버지니아주이고 고향 주를 배신할 수 없다는 이유로 링컨의 제안을 거절했습니다. 이에 링컨은 멕시코전쟁의 영웅 스콧 장군의 의견을 수렴하여 어빈 맥도웰을 연방군 사령관으로 임명했습니다. 하지만 맥도웰은 링컨이 바라는 장군이 아님이 이내 드러났습니다. 그는 준비도 없이 전투에 임했고 불런 전투에서 남부 연합군에게 철저하게 패배했습니다.

결국 링컨은 젊고 잘생기고 우수한 실력이 갖춘 것으로 알려진 조지 매클렐런을 총사령관에 임명했습니다. 링컨은 전쟁을 조기에 끝낼 생각으로 매클렐런을 총사령관에 임명하고 그에 대한 기대와 관심을 남달리 표현했습니다. 하지만 매클렐런은 대통령의 기대와 명령을 노골적으로 무시했습니다. 더더욱 그는 전투에 임하지 않고 훈련과 준비에

---

86 Hertz, *Lincoln Talks*, 211–222.

만 치중했습니다. 하지만 링컨은 대통령이 가지고 있는 여러 정보를 제공하고 그와 인간적인 관계를 더 돈독하게 하려고 수시로 만나 대화하기를 원했습니다. 그러나 매클렐런은 링컨의 행동을 전혀 다르게 생각했습니다. 그는 링컨이 군에 대한 지식과 능력이 없어서 자신에게 매달린다고 생각했습니다. 1861년 11월 밤에 링컨이 시워드와 비서 존 헤이를 데리고 평상시와 같이 매클렐런의 집을 찾았습니다. 마침 장군은 출타 중이었고 대통령 일행은 응접실에서 그를 기다리고 있었습니다. 매클렐런은 한 시간 정도 지나 집에 도착했고 그는 대통령이 와있다는 비서의 말에도 아랑곳하지 않고 2층으로 올라가 버렸습니다. 그리고 30분이 지나 잠이 들었다는 소식이 내려왔습니다. 헤이와 시워드는 몹시도 화를 냈지만 링컨은 두 사람에게 "지금은 예절이나 개인적인 권위를 따지지 않는 것이 좋을 것 같다"라고 말하고 그냥 장군의 집을 나왔습니다.[87] 그 이후 링컨은 매클렐런의 집을 찾지 않았지만 그를 해임하는 1862년 7월까지 끊임없는 지원을 아끼지 않았습니다.[88]

매클렐런 이후 링컨은 행동으로 승리를 가져다줄 장군을 찾는 데 온 힘을 기울였습니다. 조셉 후커, 조지 미드, 존 매클러넌드, 윌리엄 로즈크랜스, 앰브로즈 번사이드, 내서니얼 뱅크스 등의 장군을 임명했지만, 대부분이 링컨의 요구에 부응하지 못했습니다. 전쟁은 계속되었고 행동하고 승리하는 장군을 찾고자 하는 링컨의 노력은 1863년에 가서야 결실을 보게 되었습니다. 그동안 그랜트 장군이 서부전선에서 꾸준한 전과를 올리고 있었습니다. 그랜트는 테네시 전투에서 승리하여 연방군의 교두보를 확보했습니다. 나아가 남군의 요충지인 빅스버그를 점

---

87 Tyler Dennett, ed. *The Diaries and Letters of John Hay*(New York: Dodd, Mead & Company, 1939), 33, 의회와 장관들의 매클렐런에 대한 비난에 링컨은 "그가 싸움에 이기기만 한다면 나는 그의 말고삐를 잡아주는 사람이 되어도 상관없습니다"라고 말했습니다.

88 총사령관에서 해임된 매클렐런은 끊임없이 링컨을 비난했고, 결국 1864년 선거에서 민주당 후보로 출마하여 링컨과 경쟁했습니다.

령하여 전략적으로 중요한 미시시피강을 연방군의 작전지역으로 바꾸어 놓았습니다. 전쟁은 모든 전선에서 일어났지만, 대부분의 시각은 남부와 북부의 수도(북부는 워싱턴, 남부는 리치먼드)가 있는 동부전선에 집중되어 있었습니다. 링컨 역시 마찬가지여서 오랫동안 링컨은 그랜트의 존재조차 잘 몰랐습니다. 그러던 링컨이 비록 서부전선이지만 지역사령관으로 그동안 크고 작은 전투에서 혁혁한 전과를 올린 그랜트를 주목하여 1864년 3월에 그를 연방군 총사령관에 임명했습니다. 링컨은 그랜트 장군에 대한 칭찬을 아끼지 않았습니다.

> 그랜트 장군이야말로 최고의 장군입니다. 그는 다른 장군에게 자극제가 될 것입니다. 지금까지 다른 장군들은 내가 장군의 역할을 대신해 주기를 바라왔습니다. 이제 나 없이도 승리할 수 있는 장군을 찾았다니 기쁘기 그지없습니다.[89]

그러나 링컨은 의회와의 관계에서 마찰이 전혀 없었던 것은 아닙니다. 특히 의회의 승인을 받지 않은 노예해방령 발표문제와 그의 너무나 온건한 재건계획은 자신이 속해있는 공화당 급진파들과 갈등을 유발했습니다. 2013년에 개봉한 영화 '링컨'은 노예를 해방하는 문제를 보장하는 '헌법 수정조항 13조'의 통과를 위해 고군분투하는 링컨의 모습을 그리고 있습니다. 우리는 여기에서 링컨역을 맡은 대니얼 루이스가 의원 한 사람 한 사람을 설득하는 모습에서 대통령의 진정성을 볼 수 있습니다. 특히 급할 때는 맨발로 의원 집을 찾아가는 모습은 감동을 주기까지 합니다.[90] 하지만 링컨은 대부분 의회와 우호적인 관계를

---

89 Philips, *Lincoln on Leadership*, 66 재인용.
90 노예해방을 헌법으로 보장하는 수정조항 13조는 1864년 6월에 연방 상원을 통과했고 1865년 1월에 연방 하원을 통과했습니다. 1865년 1월은 링컨이 재선이 되어 두 번째 취임을 앞둔 시기이기도 해서 의회와 갈등이 잠재되어 있었기도 하지만 당시는 남북전쟁의 종결을 예상하고 전후 재건 문제를 두고 의회와 갈등이 가장 큰 문제였습니다. 특히 연방을 탈퇴한 남부 주들에 대한 연방 복귀 문제를 두고 일찍부터 링컨은 10%

유지했습니다. 로널드 필립스는 다음과 같이 말하고 있습니다.

링컨은 정기적으로 의회를 방문했습니다. 링컨은 지난 25년 동안 처음으로 정기 의회에 참석한 유일한 현직 대통령이었습니다. 링컨은 자신의 목표를 달성하기 위해서 의원들의 도움이 필요하다는 것을 알고 있었습니다. 링컨은 눈으로 볼 수 있는 이상으로 의원들의 진정한 지지를 얻어내는 더 좋은 방법이 무엇인지를 알고 있었습니다. 링컨은 의원들과 단순한 일 이상의 인간적인 친분을 유지하기 위해 노력했습니다…. 그러나 링컨은 의원들이 자신의 정책을 무조건 반대하거나 회기를 지연하고 활동을 하지 않을 때는 그들과 마찰을 빚기도 했습니다…. 하지만 대부분의 의원은 연방을 수호하고자 하는 그의 노력을 인정했습니다.[91]

링컨은 현장을 방문하고 다른 사람들을 백악관으로 찾아오게 하는 등 가능한 많은 사람을 만나고 열린 인간관계를 유지하는 것을 스스로 "여론 목욕(public opinion baths)"이라 불렀습니다.[92] 리더가 팔로워에게 쉽게 다가간다는 사실을 안다면 그들은 리더에 대해 더욱 긍정적으로 생각하게 되어 있습니다. 링컨은 바로 이점을 알고 실천했습니다. 대통령이 직접 다가가는 것만큼 국민에게 친근감과 믿음을 주는 것은 없다는 것을 링컨은 잘 알고 있었습니다. 그래서 대통령이 되어 링컨은 백악관을 개방하여 사람을 만났으며 스스로 전장을 비롯한 여러 현장을 찾아갔습니다. 링컨은 전쟁이 끝나는 그 순간에도 전쟁터에 있었습니다. 1865년 4월 9일 링컨은 남부 연합의 수도 리치먼드에서 워싱턴으로 돌아오는 길에 그랜트 장군으로부터 로버트 리가 항복했다는 소식

안을 제시하고 있었지만, 공화당 급진파들은 50% 안을 고수하고 있었습니다.

91 Philips, *Lincoln on Leadership*, 20, 링컨은 다른 사람과의 만남에 대해 "사실 나는 신문을 읽을 시간도 없어서 이런 방법으로 국민의 의견을 듣고 있습니다. 물론 의견이 별로 좋지 않은 때도 있지만 전반적으로 그 효과는 혁신적이고 힘을 내게 합니다"라고 말했습니다.

92 Carl Sandburg, *Abraham Lincoln: The Prairie Years and War Year*(New York: Harvest Book, 2002), 237.

을 받았습니다. 링컨의 개방적이고 소통과 협력적인 리더십이 가져온 승리였습니다.

우리는 여기서 링컨이 개방적인 소통과 협력적인 리더십을 통해 더욱 효과를 발휘할 수 있었던 하나의 요인을 간과해서는 안 됩니다. 그것은 평상시 링컨이 다른 사람들을 대하는 태도가 너무나 부드럽고 상냥하다는 사실입니다. 당시 한 신문기자는 링컨의 상냥한 태도에 대해 다음과 같이 쓰고 있습니다.

링컨 대통령과 개인적으로 만난 사람은 하나같이 그처럼 성품이 온화하고 부드러운 사람은 없다고 말합니다. 그를 만나본 이들은 대통령이 사람에게 공손하게 말하고, 미소로써 힘을 북돋아주며, 유머 넘치는 말을 한다는 점에 동의할 것입니다. 나아가 그의 인간성에 깊은 인상을 받지 않고 접견실에서 나온 사람은 별로 없을 것입니다.[93]

다른 사람과의 관계에서 상냥한 태도, 가벼운 아첨, 유쾌한 행동은 너무나 중요합니다. 링컨은 사람들이 이러한 것들을 좋아한다는 것을 잘 알고 있었습니다. 링컨은 사람들이 이런 사람을 좋아할 뿐만 아니라 다른 사람에 대한 태도에 더욱 유연해지고 편해지며 자신의 사고와 감정을 스스럼없이 드러낸다는 것도 잘 알고 있었습니다. 링컨이 위대한 대통령이 될 수 있었던 요인은 그가 이러한 것을 알고 있는 데 그친 것이 아니라 그것을 사람과의 관계에서 적용했다는 데 있습니다. 말하자면 링컨은 마치 뛰어난 심리학자처럼 인간 본성을 잘 알고 이를 실천했습니다.

모든 사람은 본성적으로 비난과 질책보다 칭찬과 격려를 더 좋아합니다. 사람들은 명령이나 강요보다는 설득을 더 좋아합니다. 사람들은

---

93   Philips, *Lincoln on Leadership*, 37 재인용.

복수와 적의와 처벌보다 관용과 용서를 더 좋아합니다. 사람들은 냉랭하고 딱딱한 분위기보다 부드럽고 유연한 유머를 더 좋아합니다. 링컨은 이런 인간의 본성을 잘 알고 있었고 그것을 실제 생활에 적용했습니다. 「뉴욕 헤럴드(New York Herald)」는 1864년에 링컨의 본성에 대해서 "누구나 알고 있는 아주 평범한 상식, 친절한 마음, 목표를 향한 열정, 그리고 가난한 사람과 사회적 약자를 배려하는 예민한 감각을 가진 링컨의 본성이 다른 사람이면 수렁에 빠지게 할 어려움을 극복할 수 있게 해주었습니다"라는 논평을 내놓았습니다.[94] 다른 사람을 움직이게 하는 진정한 리더십의 정의에 비난과 질책은 포함되지 않습니다. 링컨은 대통령이 되기 전부터 비난과 질책보다 칭찬과 설득이 다른 사람들의 마음을 얻고 그들을 따르게 만드는 유용성을 알고 있었습니다. 1842년 스프링필드 워싱턴 금주회(Springfield Washington Temperance Society)에서 링컨은 다음과 같이 연설했습니다.

사람의 행동은 어떻게든 다른 사람에게 영향을 미칩니다. 그러므로 설득, 친절, 칭찬, 그리고 상대방을 배려하는 겸손한 태도가 필요합니다. '한 방울의 꿀은 한 통의 쓸개즙보다 더 많은 파리를 잡는다'라는 말은 진리 중의 진리라 생각합니다. 사람도 마찬가지입니다. 만약 당신이 당신의 대의에 다른 사람들을 따르게 하려면 먼저 당신이 그의 진정한 친구라는 것을 확신시켜야 합니다. 다른 사람의 마음을 사로잡는 한 방울의 꿀은 그의 마음을 자극하는 수단입니다. 일단 다른 사람의 마음만 얻게 된다면 당신의 대의가 정당하다고 그를 확신시키는 데 아무런 어려움이 없습니다. 반대로 다른 사람을 명령하고, 지배하고, 강요해 보십시오. 그러면 그는 자신의 진실한 생각과 의견을 감출 것이고 마음을 닫아버릴 것입니다.[95]

---

94 Basler, *The Collected Works of Abraham Lincoln*, 6:500 재인용.
95 Basler, *The Collected Works of Abraham Lincoln*, 1:273 재인용.

대통령이 되어서도 링컨은 칭찬과 격려를 아끼지 않았습니다. 일찍 끝날 것이라 기대했던 전쟁이 장기전에 돌입하게 되고 연방군은 뚜렷한 승리를 담보하지 못한 채 있었습니다. 이미 살펴보았듯이 링컨은 장군들에게 전쟁에 적극적으로 나서주기를 간절히 원했지만, 그랜트가 등장하기 전까지 모든 장군은 하나같이 링컨의 요구에 부응하지 못했습니다. 그런 와중에 1863년 7월에 미시시피강 부근의 멤피스와 뉴올리언스 중간지점에 있는 빅스버그에서 남북전쟁의 전환점이 되는 전투가 치러졌습니다. 이 전투에서 연방군은 남부 연합을 둘로 갈라놓는 승리를 거두었습니다. 애당초 링컨은 전투에 임하는 그랜트가 적극적으로 공략하여 승리하기를 간절히 원했지만 사실 큰 기대를 하지 않았습니다. 하지만 승리를 끌어낸 그랜트 장군에게 링컨은 승리에 대한 진솔한 칭찬과 자신의 의심에 대해 솔직하게 사과했습니다.

나는 당신과 내가 이전에 개인적으로 만난 적이 있는지 잘 기억이 나지 않습니다. 나는 지금 이 나라를 위한 당신의 이루 헤아릴 수 없는 헌신에 깊이 감사하고 있습니다. 몇 마디 더 할까 합니다. 빅스버그 근처에 당신이 도착했을 때 사실 나는 당신이 전투에서 나보다 유능하다는 것 외에 당신에게 그 어떤 큰 희망도 하지 않았습니다. 그래서 나는 혹시 전투에 실패하지 않을까 하는 두려움이 있었습니다. 그러나 이제 나는 당신이 옳았고 내가 틀렸다는 것을 솔직히 인정합니다.[96]

이 편지를 받은 그랜트 장군의 심정은 어떠했겠습니까? 대통령의 진솔하고 무한한 칭찬에 그랜트가 자신의 뚜렷한 존재의 가치를 느끼지 않았겠습니까? 그래서 그랜트가 전쟁 승리라는 대통령의 목표에 부응하고자 노력하지 않았겠습니까? 1865년 4월 9일 남부 연합이 항복하고 전쟁이 끝난 것에 링컨은 가슴이 벅찼습니다. 암살당하기 3일 전에

---

96 Basler, *The Collected Works of Abraham Lincoln*, 6:326 재인용.

링컨은 백악관 마당에 모인 군중들에게 마지막이 될 연설을 했습니다.

전쟁을 수행한 그 어떤 계획도 작전도 저로부터 이루어진 것이 아닙니다. 승리의 명예 역시 저의 것이 아닙니다. 이것은 모두 그랜트 장군과 그의 유능한 장교와 용감한 군인들의 것입니다.[97]

링컨은 칭찬과 격려를 싫어하는 사람은 아무도 없으며 모든 사람은 자신에 대한 긍정적인 말을 좋아한다는 것을 알고 있었고 이를 실천했습니다. 국민은 대통령의 칭찬과 격려를 아끼지 않는 태도에 감동했습니다. 링컨은 다른 사람을 억압으로 명령하고 강제로 일을 시키는 사람은 폭군이나 압제자와 다를 바가 없다고 생각했습니다. 링컨은 변호사 시절에 상대방을 설득하는 기술을 향상했습니다. 1850년 한 연설에서 그는 "가능한 소송을 하지 마십시오. 어떻게 해서든 상대를 설득하십시오"라고 말했습니다.[98] 대통령이 되어서도 링컨은 다른 사람들에게 명령하지 않았습니다. 그는 제안하고 권고를 통해서 상대를 설득했습니다. 대통령에 취임하면서 링컨은 군사적 위기에 직면했습니다. 남부지역에 남아 있는 북부의 유일한 요새인 섬터가 반란군에게 포위되어 있었고 설상가상으로 보급품이 고갈되고 있었습니다. 이런 위기에서 어떤 조처를 해야만 가장 현명한 조치가 될 수 있을까요? 링컨은 내각의 유능한 인사들과 소통 속에서 협력과 조언을 부탁했습니다. 백전노장 스콧 장군은 요새를 포기하라고 충고했습니다. 스콧은 이곳을 구하기 위해 지원할 만큼의 군사적 가치가 크지 않다고 말했습니다. 해군장관 지데온 웰즈 역시 이 요새를 포기하는 것이 좋다고 말했습니다. 심지어 국무장관 시워드도 같은 견해를 피력했습니다. 그들은 하나같이 피비린내 나는 전쟁을 피하려면 남부 연합의 요구를 들어주어야 한

---

97 Basler, *The Collected Works of Abraham Lincoln*, 8 : 400 재인용.

98 Basler, *The Collected Works of Abraham Lincoln*, 2 : 81 재인용.

다고 링컨에게 말했습니다.[99]

그러나 링컨은 이들과 달리 생각했습니다. 링컨은 섬터에서 군대를 철수하지 않고 보급대를 파견하는 것이 훨씬 올바른 선택이라 생각했습니다. 이것이 연방 유지에 대한 의지를 피력하는 것이고, 혹시 있을 수 있는 전쟁을 먼저 시작하지 않는 길이라 판단했습니다. 이러한 의사결정 과정에서 평범한 리더는 자기 생각과 다른 의견에 대한 명령이나 강요로 무시하는 것이 일반적입니다. 하지만 이런 상황에서도 링컨은 이솝우화 - 사자가 나무꾼의 딸을 너무나 사랑한 나머지 이빨과 발톱을 모두 뽑아주어 결국 나무꾼에게 잡히는 이야기 - 를 들어 아랫사람들을 설득하며 보급대를 파견하겠다고 선언했습니다.[100] 결과적으로 링컨의 선택은 탁월한 것이었습니다. 링컨 연구가로 특히 남북전쟁 초기 링컨 연구가로 유명한 돈 페런바처는 링컨의 선택에 대해 "남부 연합의 선제공격으로 이제부터 링컨은 강력히 대응할 수 있는 합법적 정당성을 가질 수 있었고 의회의 동의 없이 독자적으로 행동할 기회를 받았다"라는 견해를 피력했습니다.[101]

링컨이 포토맥지역 사령관으로 번사이드 장군을 해임하고 후임에 후커 장군을 임명하면서 건네준 편지는 명령이 아니라 상대를 설득하여 따르게 만드는 리더십의 진수를 보여주고 있습니다. 이미 매클렐런을 비롯한 여러 장군에게서 적극적인 행동을 보지 못해 애를 태웠던 링컨은 과감한 공격을 가하는 '투사 조'라는 별명을 가진 후커 장군을 눈여겨보았습니다. 하지만 후커 장군에게는 한 가지 문제가 있었습니다. 후커는 상급자를 자주 비난했으며 말다툼까지 했습니다. 심지어

---

99 Taranto & Leo, ed. *Presidential Leadership*, 81. 당시의 언론들 역시 섬터 요새 문제에 대해 비관적인 시각을 가지고 있었습니다. 특히 「뉴욕 타임스(New York Times)」는 "정책 구함"(*WANTED: A POLICY*)이라는 제목으로 링컨의 생각을 비꼬았습니다. New York *Times*(April 3, 1961).

100 Zall, *Abe Lincoln Laughing*, 77–78; Hertz, *Lincoln Talks*, 262.

101 Don E. Fehrenbacher, "Lincoln's Wartime Leadership: The First Hundred Days", *Journal of the Abraham Lincoln Association* 9, (1987), 1–18

그는 전쟁 중에 미국은 독재자를 원한다고 주장하기도 했습니다. 링컨은 후커를 사령관에 임명하지 않을 수도 있었지만 자신이 추구하는 일 - 전쟁 승리 - 을 수행하는 데 그가 적격이라고 생각했습니다. 1863년 1월 26일에 링컨은 후커를 백악관으로 불러 임명장을 주면서 한 통의 편지를 건네주었습니다. "나는 장군을 포토맥지역 사령관에 임명했습니다"로 시작되는 이 편지의 앞부분에는 칭찬을 통해 임명 이유를 설명했습니다. 링컨은 후커의 용감성, 전략 전술, 정치에 기웃거리지 않고 군인의 길을 가는 모습, 원대한 야망 등을 칭찬했습니다. 이어 그는 후커가 '상급자를 비난한 일'과 '독재자를 원한다'라고 한 말에 대해 그것이 잘못된 말임을 지적하고 다음과 같이 편지를 마무리했습니다.

> 나는 당신을 사령관으로 임명했습니다. 성공하는 장군만이 독재자에게 권력을 줄 수 있습니다. 지금 내가 당신에게 부탁드리는 것은 군사적 성공입니다. 당신이 성공만 한다면 나는 독재를 해볼 수도 있습니다. 이 정부는 지금까지 해온 일 이상의 능력이 다하기까지 당신을 지원할 것입니다. 부탁드리오니 경솔하지 마십시오.[102]

편지에 감동한 후커 장군은 몇 달 후 언론에 편지를 공개하면서 "마치 아버지가 아들에게 보내는 편지와 같은 느낌을 받았습니다"라고 말했습니다.[103] 후커는 링컨에게서 당근과 채찍을 가진 리더가 아니라 설득하고 배려하는 아버지 같은 인상을 받았음이 틀림없습니다. 사람들은 복수와 적의와 처벌보다 관용과 용서를 더 좋아합니다. 1862년 7월 28일 루이지애나를 연방에 다시 가입시키는 문제와 관련하여 링컨은 "나는 악의를 가지고는 어떤 일도 하지 않을 것입니다. 내가 하는 일은 악의를 가지고 처리하기에는 너무나 중요하고 방대합니다"라고 말

---

102   Basler, *The Collected Works of Abraham Lincoln*, 6:78–79 재인용.

103   Mark E. Neely, Jr. *The Abraham Lincoln Encyclopedia* (New York: McGraw-Hill, 1981), 151.

했습니다.[104] 또한 1864년 두 번째 임기를 위한 선거가 끝난 후 한 보좌관이 링컨에게 현 정부에 대해 가장 악랄하게 비난했던 두 사람을 철저하게 보복하자고 건의하자 링컨은 "당신은 나보다도 그 사람들에게 개인적인 혐오감을 더 느끼는 모양인데 내가 이상한 것인지 모르겠으나 나는 그런 일을 생각해 본 적이 없습니다"라고 대답했습니다.[105] 링컨은 역대 어느 대통령보다 많은 사면을 단행했습니다. 휘하 장군들로부터 올라온 탈영병에 대한 사형집행 서류를 놓고 링컨은 종이에 "적 앞에서 두려움", "두려움에 떨고 있는 다리", "도망가려는 욕망", "취약한 발" 등으로 적었습니다. 그리고 장군에게 "전지전능하신 하나님께서 그 사람에게 겁 많은 다리를 주셨는데, 그가 도망치는 두 다리를 어떻게 하겠습니까"라는 의견을 내놓았습니다.[106] 사면을 너무 많이 해주는 일에 대해 보좌관들이 염려하자 링컨은 "우리는 가능한 모든 수단을 동원하여 정부를 전복하려는 행위는 막아야 하지만 동시에 우리는 공동체라는 가슴에 너무나 많은 가시를 심고 그것이 자라나게 하는 일은 반드시 피해야만 합니다"라고 말했습니다.[107] 사면을 받은 군인들은 연방군의 대의에 최선을 다했음은 물론 링컨을 자신들의 진정한 리더로 받아들였음은 두말할 나위도 없습니다.

링컨은 연방을 탈퇴하고 수많은 사람의 목숨을 앗아간 전쟁의 책임자인 남부 연합에 대해서도 일찍부터 관용과 용서로 수용하고자 노력했습니다. 1863년 10월 8일 의회에 보낸 연두교서에서 링컨은 '10% 안'을 밝혔습니다. 이는 연방을 탈퇴한 남부 주들 가운데 유권자의 10% 이상이 충성을 서약하는 주에 대해서는 다시 연방 소속의 주로 인

104   Basler, *The Collected Works of Abraham Lincoln*, 5:346 재인용.
105   Donald, *Lincoln*, 462.
106   Paul F. Boller, *Presidential Anecdotes* (New York: Oxford University Press, 1981), 139.
107   Basler, *The Collected Works of Abraham Lincoln*, 7:255 재인용.

정한다는 것이 핵심이었습니다.[108] 승리를 눈앞에 두고 링컨은 남부 연합의 지도자들도 용서하고자 했습니다. 심지어 남부 연합의 대통령인 제퍼슨 데이비스가 도망을 가도록 셔먼 장군에게 다음과 같은 말로 암시를 주었습니다.

극기를 실천하는 한 사람이 있었는데 더운 날씨에 친구가 레모네이드를 권했습니다. 친구가 그에게 힘을 나게 하는 알약을 넣을 것이라고 하자 '원칙적으로 원하지는 않지만 내가 모르게 넣는다면 괜찮을 것 같다'라고 말했습니다. 데이비스 문제도 이와 같습니다. 데이비스가 도망치는 것은 원치 않지만 내가 알지 못하게 도망가도록 하는 것도 나쁘지는 않다고 생각합니다.[109]

스스로 말했듯이 링컨은 복수와는 거리가 먼 사람이었습니다. 그는 복수심과 원한을 가지고는 아무 일도 못 할 사람이었습니다. 총 703단어로 아주 짧지만 불후인 연설이 그의 두 번째 취임식에서 나왔습니다. 무시무시한 전쟁에서 승리를 눈앞에 둔 마당에 전쟁의 책임을 당연히 운운하여야 할 것입니다. 하지만 링컨은 이 전쟁의 책임이 누구에게 있는가는 문제 삼지 않았습니다. 그리고 국민에게 악의를 멀리하고 용서와 관용으로 새로운 시대를 맞이하자고 호소했습니다. 그의 두 번째 취임식 연설의 마지막 부분에서 우리는 관용의 리더십의 진수를 볼 수 있습니다.

그 누구에게도 악의를 가지고 대하지 맙시다. 모든 사람을 사랑합시다. 하나님이 우리에게 정의를 보여준 것과 같은 정의에 대해 확신합시다. 이제 우리 이 일(전쟁)을 끝내는 데 최선을 다합시다. 이 나라가 입은 상처를 동여맵시다. 전쟁으로 사망한 사람, 그의 아내, 그의 고아들을 돌봅시다. 그래서 우리

---

108 링컨의 10% 안은 공화당 급진파에 많은 비판을 받았습니다. 그들은 Wade-Davis Bill을 제시했는데 이는 50%의 충성을 요구하는 것이었습니다. 링컨은 이에 거부권을 행사했습니다.

109 Hertz, *Lincoln Talks*, 369-370 재인용.

사이에서 나아가 모든 나라에서 정의롭고 영원한 평화가 달성되고 지속될 수
있도록 모든 일을 합시다.[110]

링컨의 소통과 협력의 리더십에는 칭찬, 격려, 설득, 관용, 용서, 부드
러움이 있었습니다. 모든 사람은 이런 것들을 좋아한다는 것을 알고 있
었던 링컨은 다른 사람과의 소통 속에서 협력을 끌어냈습니다.

---

110 Second Inaugural Address of Abraham Lincoln(March 4, 1865).

솔선수범하는 자세

다른 사람의 마음을 얻는 것이 리더십이라면 리더는 무엇보다 먼저 정직을 우선해야 합니다. 리더의 주식은 정직이기 때문에 궁극적으로 정직이라는 음식을 먹지 않으면 성장이 멈추게 되어있습니다. 정직을 먹지 않는 리더십는 성장을 멈추는 정도가 아니라 곧바로 생명력을 다 하게 되어있습니다. 이와 관련하여 제임스 번즈는 "윤리가 모자란 리더십은 단순한 관리기술과 정치 기술이 되고 맙니다"라고 말했습니다.[111] 링컨은 리더십의 속성을 잘 알고 있었습니다. 링컨은 항상 올바른 일을 했으며 최소한 그렇게 하고자 노력했습니다. 그는 "올바른 상황에 있는 사람이라면 무조건 지지하십시오. 그가 올바른 일을 하면 지지하고 그가 올바르지 않을 때는 떠나십시오"라고 말했습니다.[112] 링컨은 거짓말을 일삼는 사람과 사기꾼을 다른 식물을 죽이는 덩굴식물과 같다고 말하면서 "덩굴식물은 어떤 면에서 사람의 습성과 비슷합니다. 덩굴식물은 자기가 파괴한 것을 교묘하게 위장합니다"라고 말했습니다.[113] 또한 링컨은 잘못해 놓고 그것을 다른 사람에게 뒤집어씌우는 사

---

111 James M. Burns, *Leadership* (New York: Harper & Row, 1979), 389.

112 Roy P. Basler, ed. *The Collected Works of Abraham Lincoln*. 1–8(New Brunswick, N.J.: Rutgers University Press, 1953), 2:273.

113 Emmanuel Hertz, *Lincoln Talks: A Biography in Anecdote* (New York: Random House Value

람을 길거리에서 아무런 죄가 없는 사람을 공격하는 깡패와 같다고 비난했습니다.

> 범죄자가 권총을 뽑자 위협을 당한 사람이 갑자기 일어나 범죄자의 손에서 권총을 빼앗는 일이 있었습니다. 그러자 범죄자가 "멈춰! 권총을 돌려줘. 너는 내 재산에 아무런 권리가 없어."라고 말했다고 합니다.[114]

우리는 링컨의 말에서 그가 옳은 것과 옳지 않은 것에 너무나 명백한 기준을 가지고 있음을 알 수 있습니다. 알다시피 링컨은 '정직한 에이브(Honest Abe)'라는 별명을 가지고 있습니다. 이 별명은 그가 1830년대에 윌리엄 베리와 함께 잡화점을 운영한 후 얻게 되었습니다. 그는 잡화점을 운영하는 동시에 지역 우체국장직을 지내면서 주위 사람들로부터 정직한 사람으로 평판을 받았습니다. 그런데 1835년 술고래인 베리가 죽자 그들의 잡화점은 1천 100달러의 빚을 남기고 파산했습니다. 링컨은 그 후 몇 년에 걸쳐 빚을 모두 다 상환했습니다. 이 일로 링컨은 정직한 사람이라는 이미지를 가지게 되었는데 1860년 5월에 열린 공화당 전당대회에서 동료인 리처드 오글레스비가 '정직한 에이브'를 홍보문구로 사용하면서 링컨의 트레이드마크가 되었습니다. 링컨이 죽고 난 후 출간된 수많은 전기에서 '정직한 에이브'는 링컨을 신화로 만드는 데 크게 기여했습니다. 그러나 링컨의 정직에 대해서는 당대 사람들이 이미 인정했던 것 같습니다. 엠브로즈 번사이드 장군은 매클렐런 후임으로 사령관에 임명되었는데 그만 프레드릭스버그 전투에서 남부의 리 장군에게 크게 패하고 부하에게 많은 비난을 받았습니다. 그는 스스로 사령관 자리에서 물러나면서 부하에게 "지구상에서 지금까지 정직한 사람이 있다면 그는 바로 에이브러햄 링컨입니다"라고 말했

Publishing, 1987), 568 재인용.

114 Hertz, *Lincoln Talks*, 338.

습니다.[115] 심지어 남부의 총사령관인 리는 그랜트에게 항복하고 나서 "나는 그랜트의 군대에 항복했다기보다 오히려 링컨의 정직과 선의 때문에 항복했습니다"라고 고백했습니다.[116]

어떤 조직이나 국가를 이끄는 리더는 사람들로부터 칭찬을 받지만 비난으로부터도 자유롭지 않습니다. 링컨 역시 마찬가지였습니다. 링컨도 대통령이기 이전에 사람인지라 자신에 대한 터무니없는 중상모략에는 여느 사람과 마찬가지로 분노를 참을 수 없었던 것 같습니다. 하지만 링컨은 사람들에게 다음과 같이 말했습니다.

자신에 대한 이유 없는 중상모략이 생기면 분노가 치밀어 오르는 것은 당연합니다. 그러고 나서 중상모략을 일삼는 사람들에게 복수하고 싶은 욕구가 치밀어 오르기도 합니다. 하지만 명심하십시오. 가장 좋은 복수는 정직 그 자체입니다.[117]

링컨의 정직에 관해 로널드 필립스는 "링컨의 출신, 학력, 기타 정치성향(전쟁 책임, 노예제도 찬반, 헌법 위반 등)을 비난하고 문제 삼은 사람들도 링컨의 정직과 성실에 대해서는 아무도 의심하지 않았습니다"라고 말했습니다.[118] 이는 링컨의 정직이 어느 정도인가를 알 수 있는 말입니다. 정직하지 않는 리더를 따르는 팔로워는 없습니다. 혹시 있더라도 그들 역시 정직하지 못한 사람에 불과할 것입니다. 왜 그토록 많은 사람이 링컨을 따를까요? 그것은 링컨이 정직한 사람이기 때문입니다. 전쟁이 계속되자 의원들은 물론 다수의 사람이 링컨에게 불만을 토로

---

115   T. Harry Williams, *Lincoln and His Generals* (New York: Alfred A. Knopf, 1952), 110.

116   Taranto & Leo, *Presidential Leadership*, 86. 컴블랜드지역 사령관 윌리엄 로즈크랜스는 1864년 대통령 후보 지명전에서 링컨과 경쟁을 하려 한 사람에게 "링컨은 늘 정직의 편에 있답니다"라고 말하면서 그를 자제시켰습니다.

117   김형곤, 「원칙의 힘」, 145 재인용.

118   Philips, *Lincoln on Leadership*, 56.

했습니다. 이에 링컨은 다음과 같이 말했습니다.

저는 이 전쟁에서 승리하지 않아도 좋습니다. 하지만 저는 결코 잘못된 길을 가지 않을 것입니다. 저는 성공하지 않아도 좋습니다. 하지만 저는 결코 양심에서 벗어난 길을 가지 않을 것입니다.[119]

누구든지 정직하지 않은 리더는 다른 사람을 안내할 수 없습니다. 정직하지 않은데 다른 사람들을 잘 안내하는 것같이 보이는 사람도 있을 수 있습니다. 이 경우 안내하는 그가 분명 강압적이거나 실리를 동원하는 사람이거나 혹은 거짓을 일삼는 사기꾼일 것입니다. 혹은 안내를 당하는 사람들이 강압이 두려워 침묵하거나 실리에 눈이 멀어 아부하는 그 이상 그 이하의 것도 아닙니다. 분명히 말하지만 정직하지 않은 사람의 안내는 순간의 영향력뿐입니다. 왜 그토록 많은 사람이 시간과 공간을 초월하여 링컨을 따르고 있을까요? 그것은 링컨이 정직한 사람이기 때문입니다. 사람들이 자신의 리더에게 바라는 첫 번째 요소는 '정직'입니다. 정직이 빠진 리더십은 그저 얄팍한 기술에 그치고 맙니다. 올바른 처지에 있는 사람만이 사람들의 마음을 움직이고 나아가 더 큰 무리를 이끌 수 있습니다.

"스스로 깨면 병아리요, 남이 깨면 계란프라이다"라는 말이 있습니다. 성공한 리더들은 물론 국민에게 행복을 주는 미국 대통령들의 공통적인 특성 중 하나는 자신의 인생을 주도적으로 이끌었다는 것입니다. 그들은 자신이 원하는 것이 무엇인지를 알고 그것을 이루어가기 위해 스스로 많은 위험과 실패를 감수하였습니다. 링컨은 자신이 무엇을 원하는지 알았고 그것을 위해 살았습니다. 링컨은 때때로 어려움이 다가왔고, 실패가 길을 가로막았지만 스스로 선택한 길이었기에 열정을 가

---

119 김형곤, 「원칙의 힘」, 145~146 인용.

지고 최선을 다했습니다.

20세를 전후하여 집을 떠난 링컨은 모든 일을 혼자서 결정했습니다. 잡화점 점원, 뱃일, 군대 생활, 잡화점 사업, 주의회 의원 출마, 우체국장, 측량기사 등의 다양한 일을 하면서 많은 실패를 거듭했습니다. 윌리엄 베리와 동업한 사업도 실패했습니다. 군대에 입대해 군인의 길을 모색해 보았지만 스스로 자질이 없음을 확인하고 3개월 만에 제대해 버렸습니다. 우체국장과 측량기사 일은 실패하지 않았지만 그렇다고 성공한 것도 아니었습니다. 젊은 나이에 출마한 주의회 선거에서도 고배를 마셨습니다. 하지만 링컨은 좌절하지 않았습니다. 링컨은 또다시 도전했습니다. 스물다섯 살에 다시 도전한 두 번째 주의회 선거에서 당선되었습니다. 이때부터 링컨은 변호사가 되기 위해 법률 공부를 했고 본격적으로 정치가의 길을 모색했습니다. 링컨은 당시 휘그당에 가입해 정당 생활을 하면서 정치가 무엇인지 정치가가 시민들을 위해 무엇을 해야만 하는지를 익혀나갔습니다. 링컨은 연이어 네 번이나 주의회 의원에 당선되었고 변호사 시험에 합격하여 변호사를 개업했습니다. 그 후 링컨의 활동무대는 전국적으로 확대되었습니다. 연방 하원의원에 출마하여 한 번은 당선되었지만 멕시코전쟁 반대로 인해 다음 선거에서는 그 후에는 낙선했습니다. 한동안 변호사 업무에만 집중하다가 1854년 캔자스-네브래스카법 통과로 정치를 재개하여 1856년에 새롭게 탄생한 공화당 부통령 후보로 나섰지만 실패했고 2년 뒤 연방 상원의원에도 출마하여 낙선했습니다. 그럼에도 링컨은 대통령이 되는 길을 선택했고 마침내 대통령에 당선되었습니다.

이전에도 그랬지만 대통령에 당선된 후 링컨은 더더욱 주도적인 삶을 살았습니다. 여기서 말하는 주도적인 삶은 옳고 그름에 상관없이 일을 혼자서 독단적으로 처리하는 독재자의 삶과는 다릅니다. 링컨에게 주도적인 삶이란 정당하고 올바른 일을 선택하고 그 일을 이루기 위해 열정을 다하는 것을 의미했습니다. 대통령으로서 링컨의 주도적인 삶은 취임식 전부터 시작되었습니다. 취임식이 있기 전 링컨에 관한 좋지 않은 소문이 나돌았습니다. 대통령 당선인에 대한 협박이 난무하는 가운데 심지어 어떤 언론은 암살음모가 있을 것이라고 보도했습니다. 그런데도 링컨은 스프링필드를 떠나 워싱턴으로 향하는 특별열차를 탔습니다. 어떤 언론은 링컨이 겁을 먹고 몰래 워싱턴으로 잠입할 것이라고 보도했지만 이는 잘못된 보도였습니다. 보좌관들은 링컨에게 아무도 모르게 워싱턴으로 향하자고 했습니다. 하지만 링컨은 주민들과 작별하기로 되어있는 스프링필드 기차역으로 향했습니다. 링컨은 운집한 사람들과 공개적으로 작별 인사를 했습니다. 링컨은 그들에게 감사와 당부의 즉흥 연설을 했습니다.

> 사람들의 친절함에 저는 많은 것을 빚지고 떠납니다. … 지금까지 했던 일보다 훨씬 큰일이 제 앞에 놓여있어서 지금 떠나는 시점에서 과연 언제 제가 돌아올 수 있을지 미지수입니다. 저는 결코 하느님과 하느님의 부름을 받은 존재의 도움 없이 성공할 수 없습니다. 그분의 도움이 지속되는 한 저는 실패할 수도 없다고 생각합니다. 저와 늘 함께하시고, 여기 계시는 여러분과도 함께하시며, 세상의 선을 지켜주시고, 우리에게 모두가 잘될 것이라고, 희망을 안겨주시는 거룩한 그분을 믿습니다.[120]

이미 연방을 탈퇴하여 남부 연합을 결성한 주는 물론 남부에 속한 여러 주는 링컨이 대통령에 취임하면 전쟁을 불사하겠다고 으름장을 놓았습니다. 사실 링컨은 1860년 선거에서 남부로부터 단 한 표도 얻지 못했습니다.[121] 링컨이 1860년 3월 4일 대통령에 취임하자 남부의 위협은 갈수록 커졌습니다. 그즈음 섬터요새 문제가 터졌습니다. 시워드를 비롯한 링컨의 각료들 대부분은 물론 백전노장 스콧 장군까지

120   김형곤, 「원칙의 힘」, 149~150 인용.
121   https://en.wikipedia.org/wiki/1860_United_States_presidential_election(2019. 1. 28)

피비린내 나는 전쟁을 피하고자 남부의 요구를 들어주자고 주장했습니다. 링컨이 생각하기에 요새를 남부에 넘겨주는 것은 올바르고 정당한 일이 아니었습니다. 남부의 탈퇴를 당연한 것으로 인정하는 꼴이 되며 그렇게 되면 연방정부가 취할 수 있는 선택안이 거의 아무 없게 되었습니다. 비록 전쟁으로 인한 고통과 실패의 위험이 있었지만, 링컨은 고난의 길을 선택했습니다. 연방 보존은 미국이 존재하는 이유였고 미국의 역사 그 자체였기 때문이었습니다.[122] 링컨이 섬터요새를 포기하지 않고 보급품을 보냄으로써 남부가 요새를 점령하여 전쟁이 시작되었습니다. 결국 링컨의 주도적인 결정은 전쟁 발발의 책임을 남부가 질 수밖에 없도록 만들어 전쟁의 도덕적 우위를 차지하도록 했습니다.

나아가 링컨은 연방 수호라는 존재 이유를 확보하기 위해 대통령으로서 최선을 다했습니다. 심지어 링컨은 의회의 동의 없이 전쟁에서 승리하기 위한 수단과 방법을 마련했습니다. 링컨은 군대 동원령, 선전 포고문, 임시 보호 영장 청구권 일시 중지, 계엄령 등을 선포했습니다. 이에 연방 대법원장 로즈 테니를 비롯한 언론들과 여러 시민이 링컨을 독재자로 몰아세웠습니다. 하지만 링컨은 이에 굴하지 않았습니다. 링컨은 전쟁을 승리로 이끌기 위한 새로운 노력을 시도했습니다. 바로 노예해방을 위한 노력이었습니다. 그동안 이 문제에 분명한 견해를 밝히지 않은 것을 놓고 많은 사람이 비난했지만 사실상 링컨의 입장은 한결같았습니다. 링컨은 항상 "노예제도가 악이 아니라면 무엇이 악이겠습니까?"라고 하며 지금 당장은 아니더라도 노예제도는 언젠가 반드시 없어져야만 하는 '악'이라고 생각했습니다. 링컨이 대통령이 되고 전쟁이 생각보다 길어지자 링컨은 노예제도를 없앨 기회가 왔음을 직감했습니다. 링컨은 노예제도를 없애기 위해 이른바 "노예해방선언"을 스스로 준비하고 발표하고자 했습니다. 이 문제 역시 많은 사람이 반

---

122 연방 유지는 미국헌법이 보장하고 있습니다.

국민을 행복하게 만든 대통령들

대했습니다. 이제 링컨에게 노예제도는 없어져야만 할 뿐만 아니라 전쟁을 승리로 이끌기 위해 전략상으로도 사라져야만 하는 것이었습니다.[123] 시기와 방법이 문제일 뿐이었습니다. 링컨은 1862년 3월에 노예를 소유하고 있는 주인에게 보상을 조건으로 하는 노예해방을 요구했고 9월에는 노예해방 예비선언에 이어 이듬해 1월에 노예해방을 선언했습니다. 그리고 1865년 전쟁의 승리를 눈앞에 두고 링컨은 전국적으로 노예제도를 폐지하는 헌법(헌법 수정조항 13조)을 통과시켰습니다.

링컨의 보좌관들은 링컨이 죄지은 사람들을 너무나 많이 사면한다고 걱정했습니다. 하지만 링컨은 가능한 사람을 살리는 길을 선택했습니다. 링컨은 "살고 싶은 마음", "달아나는 다리"라는 짧은 문구와 함께 교수형을 받은 탈영병을 사면하곤 했습니다. 링컨은 사람은 누구나 죽기보다 살기를 더 원한다는 것을 알고 있었고 이를 실천했습니다. 링컨은 사람들에게 "언젠가 때가 되면 죽겠지만 그때까지 나는 꽃이 자랄 수 있는 곳이라면 어디든지 잡초를 뽑고 꽃을 심을 것입니다"라는 말을 자주 했습니다.

링컨의 주도적인 또 다른 정책은 전쟁 책임 문제인 대사면과 재건에 관한 내용이었습니다. 북부의 여러 정치가는 물론 경제인과 군인들이 남부의 반란을 철저하게 응징해야만 한다는 여론을 형성하고 있었습니다. 특히 의회 내 "공화당 급진파"는 남부에 대한 혹독한 처벌과 전쟁 보상을 원하고 있었습니다. 하지만 링컨의 생각은 이들과 달랐습니다. 링컨은 용서와 관용이 둘로 쪼개진 미국을 다시 하나로 봉합시켜주는 특효약이라는 것을 알고 있었습니다. 그는 전쟁 후 온건한 재건을 위해 '10% 안'을 설계했고 그러한 노력의 최고봉이 그의 두 번째 취임사에 고스란히 녹아있습니다.

---

123 노예해방은 북부연방이 남부 연합과 비교해 전쟁 중 도덕적 우위를 점할 수 있는 중요한 계기가 되었습니다. 당시 유럽은 이미 노예제도를 모두 폐지하고 있었기 때문에 링컨이 노예해방을 선언함으로써 노예제도를 찬성하고 있는 남부 연합을 군사 외교적으로 지원하기란 명분상 어려워졌습니다.

그 누구에게도 악의를 가지고 대하지 맙시다. 모든 사람을 사랑합시다.[124]

사람은 위협과 실패의 두려움 속에서 아무 일도 하지 않을 수 있습니다. 적당히 타협을 보고 어렵고 힘든 길을 선택하지 않을 수도 있습니다. 하지만 링컨은 아무리 위험하고 두렵더라도 아무 일도 하지 않고 가만히 있지 않았습니다. 링컨의 주도적인 삶을 두고 역사가들은 링컨이 "미국 대통령의 권한을 신장시켰다"라고 말하고 있습니다. 하지만 이러한 평가는 링컨의 주도적인 삶의 결과만을 고려했을 뿐 진정한 의미를 이해하지는 못했다고 생각합니다. 링컨은 미국 역사상 가장 어렵고 힘든 일을 피하지 않았습니다. 링컨은 아무 일도 하지 않고 가만히 있었던 때가 없었습니다. 링컨은 늘 정당하고 올바른 길을 선택했고 이를 위해 온몸을 불살랐습니다. 진정한 리더의 길은 바로 이와 같은 길이고, 이러한 길이 국민을 행복하게 만드는 비결이 아닌가 생각합니다. 다른 사람을 이끄는 태도를 배울 때 가장 어려운 것은 바로 다른 사람을 안내하는 것입니다. 다른 사람을 안내하는 리더는 무엇보다도 정직해야 합니다. 리더는 다른 사람보다 먼저 솔선하고 다른 사람의 모범이 되어야만 합니다. 많은 사람이 안내하는 것을 실천하지 못해 리더가 되는 것을 포기합니다. 하지만 링컨은 안내하는 리더십을 보여주었습니다. 링컨은 정직했고 자신이 해야 할 일을 솔선했습니다. 링컨의 솔선은 다른 사람들에게 모범이 되었습니다. 링컨의 주도적인 칭찬, 용서, 설득, 소통과 협력, 목표 중심의 삶 등은 많은 사람에게 모범이 되었습니다. 시간 관리 또한 다른 사람들에게 모범이 되었습니다. 링컨은 사람들에게 자주 이런 말을 했습니다.

시간을 덧없이 보내는 것만큼 사악한 일은 없습니다. 우리는 이 나쁜 습관

---

124 Second Inauguration of Abraham Lincoln(March 4, 1865).

으로부터 하루빨리 벗어나야 합니다.[125]

링컨은 어린 시절에 성경을 읽어주시던 어머니와 잠시 만났던 선생님과 존경하던 목사로부터 매순간 최선을 다하라는 가르침을 받았습니다. 이때부터 링컨에게 게으름은 악의와 결탁하는 위험 요소였습니다. 링컨은 누구보다도 근면하고 성실했습니다. 그는 공부할 때도 사업과 정치를 할 때도 또 변호사 일을 할 때도 근면했습니다. 링컨은 근면이 자신을 성공의 길로 이끌어줄 것이라 확신했습니다. 변호사 일을 하면서 링컨은 변호에 필요한 증거를 구하기 위해 수 마일의 거리를 마다하지 않고 돌아다녔고 밤새 자료를 준비했습니다. 대통령이 되어서도 마찬가지였습니다.

링컨은 누구보다도 검소했습니다. 그의 옷차림과 외모는 여느 대통령의 경우와 어울리지 않았습니다. 대통령이 되어 워싱턴에 도착했을 때 워싱턴의 주류 인물들은 링컨의 촌스러움을 비웃었습니다. 대통령이라고 해서 젠체하지 않고 스스로 솔선수범을 보여준 재미있는 에피소드가 하나 있습니다. 어린 시절부터 자기 신발을 손수 닦았던 링컨은 대통령이 되어서도 마찬가지였습니다. 링컨이 스스로 구두를 닦는 모습을 본 프랑스 기자가 다음과 같이 말했습니다. "각하! 체통을 지키십시오. 미국 대통령이 자기 구두를 닦다니요?" 링컨은 빙그레 웃으면서 대답했습니다. "아니 그럼, 미국 대통령에게 남의 구두를 닦으라는 말입니까?" 링컨의 검소한 모습은 대통령을 부르는 명칭에도 잘 나타나 있습니다. 그는 늘 단순히 'A. 링컨'으로 불리기를 원했습니다. 혹시 친구들이 '대통령 각하' 등의 존칭으로 부르면 "이봐요, 그거는 너무 사무적이지 않아요?"라고 말했습니다. 링컨은 서류 대부분에 단순히 'A. 링컨'으로 서명했습니다.

---

125   김형곤, 「원칙의 힘」, 154 재인용.

링컨의 준법정신은 또 하나의 모범이 되어 다른 사람들을 안내하도록 만들었습니다. 그는 사람들에게 "무슨 일이 있어도 법을 지켜야 합니다"라고 말했습니다. 그가 엄청난 희생이 예상되는 전쟁을 선택한 이유는 남부가 숭고한 '독립선언서'와 '연방헌법'을 위반했다고 보았기 때문이었습니다. 지금 살펴보고 있는 리더십 실체가 바로 그의 솔선수범의 지표들입니다. 책임감, 권한 위임, 믿음, 혁신 등에서도 링컨은 다른 사람들에게 모범을 보여주는 인생을 살았습니다.

우리는 때로는 정직하지 못해서, 때로는 다른 사람에게 모범을 보이지 못해서 리더로 성장하는 데 실패합니다. 실패하지 않을까 두려워 아예 시도조차 하지 않습니다. 하지만 진정한 리더는 실패에 굴하지 않습니다. 링컨의 삶은 그러했습니다. 언제부터인가 우리 사회는 책임을 지는 사람이 없어졌습니다. 큰 사건이든 작은 사건이든 분명 책임자가 있게 마련입니다. 하지만 우리 사회에서 "그 일은 내 책임입니다"라며 나서는 사람을 거의 볼 수 없습니다. "잘되면 내 탓, 못되면 조상 탓"이라는 속담이 있습니다. 조심스럽지만 아마도 우리 사회에 진정한 리더가 없어서 생긴 말이 아닌가 생각합니다. 사실 우리 사회에 책임전가와 책임회피를 일삼은 사람이 리더 행세를 하는 경우가 적지 않습니다. 책임을 지지 않는 사람의 공통된 성향은 성공은 자신의 공(公)으로 돌리지만 실패는 다른 사람의 책임으로 돌리는 경우가 허다하다는 것입니다. 책임을 지지 않는 리더는 이미 리더가 아닙니다. 리더는 비록 실패하더라도 책임을 질 줄 압니다. 진정한 리더는 다른 사람에게 책임을 전가하지 않습니다. 진정한 리더는 온몸으로 그 일을 책임집니다.

링컨은 책임지는 리더였습니다. 책임을 지는 리더만이 자신감 넘치는 정책을 펼칠 수 있습니다. 남북전쟁 중 링컨이 내린 주요한 정책은 하나같이 자신감에 찬 결정이었습니다. 섬터요새 문제에 대해 링컨은 책임 있는 결정을 내렸습니다. 철수를 할 것인가? 지원을 할 것인가? 링컨은 철저한 조사를 통해 어차피 전쟁이 발발할 상황임을 파악했습니다. 이런 상황에서 누가 먼저 공격을 시작했는가가 대단히 중요했습니다. 링컨은 지원을 결정했고 남부 연합의 선제포격으로 남북전쟁이 일어났습니다. 링컨의 결정은 시워드를 비롯한 보좌관들의 반대로 자칫 실패할 수도 있는 결정이었습니다. 하지만 링컨은 대통령으로서 책임을 지고 내린 결정이었습니다. 노예해방에도 링컨은 책임을 지는 리더였습니다. 링컨은 전략상 노예해방을 일찍부터 결정하지 않았습니다. 링컨은 노예제도는 반드시 폐지되어야 할 것으로 보았고 전쟁 과정을 보면서 가장 적절한 시기가 무르익을 때를 기다려야 한다고 생각했습니다.

링컨은 믿었던 팔로워가 목적을 달성하지 못하더라도 이것을 문제삼지 않았습니다. 링컨은 전투에서 패배한 장군을 문책하지 않았습니다. 장군의 패배는 곧 장군을 임명한 대통령의 책임임을 공공연하게 밝혔습니다. 존 포프 장군의 지원 시기를 놓쳐버려 2차 불런전투에 패배한 매클렐런 장군에게 비난과 해임 요구서가 빗발쳤습니다. 그러나 링컨은 기대를 아끼지 않았던 매클렐런을 해임하지 않고 오히려 사령관에 임명했습니다. 전쟁장관 스탠턴은 이러한 임명은 전례가 없다고 링컨에게 항의했습니다. 하지만 링컨은 패배의 책임을 매클렐런에게만 돌릴 수 없다고 생각했습니다. 링컨은 전쟁장관에게 "장관님! 그 명령은 내가 내렸습니다. 그 명령에 대한 책임은 내게 있습니다"라고 말했습니다. 게티즈버그 전투에서 조지 미드 장군에게 공격을 미루지 말고 로버트 리가 이끄는 남부 연합군이 강을 건너가기 전에 추격하라고 명령하는 편지를 보냈습니다.

지금 곧바로 리 장군을 공격하면 반드시 우리 연방군이 승리할 것입니다. 승리의 명예는 장군 것입니다. 혹시 패배한다면 그 책임은 저의 것입니다.[126]

---

126   김형곤, 「원칙의 힘」, 158 재인용.

하지만 미드는 미적거렸고 리는 안전하게 도망쳤습니다. 그 결과 지겨운 전쟁은 계속되었습니다. 이에 링컨은 미드 장군을 질책하는 편지를 썼지만 보내지 않았습니다.

친애하는 장군님! 저는 당신이 로버트 리를 잡을 수 있었는데 그가 도피하도록 그냥 둔 것이 얼마나 불행한 것인지 알기를 바랍니다. 리는 당신이 손쉽게 잡을 수 있는 거리에 있었고 크고 작은 성공이 함께 어울렸다면 전쟁은 아마 끝이 났을 것입니다. 그러나 그렇게 하지 못했기 때문에 전쟁은 무기한 연장될 것입니다. 지난 월요일에 리를 안전하게 공격할 수 없었는데 어찌 남부로 진격하여 승리를 끌어낼 수 있겠습니까? 그때가 오더라도 당시 우리가 가지고 있던 힘의 2/3 이상이라도 가져갈 수 있겠습니까? 기대하기가 무리일 것이고 저는 당신이 지금 전투의 성과를 많이 낼 수 있다고 기대하지 않습니다. 당신의 절호 기회는 사라졌고 저는 그로 인해 헤아릴 수 없이 번민했습니다.[127]

총사령관으로 임명된 그랜트 장군 역시 와일드니스전투를 비롯한 여러 전투에서 막대한 손실을 낳고 결정적인 승리를 끌어내지 못하고 있었습니다. 여러 의원과 보좌관들은 링컨에게 그랜트를 해임하고 처벌하라고 압력을 가했습니다. 하지만 링컨은 그랜트의 끈기와 투지를 믿고 있었습니다. 링컨은 그랜트 장군에게 다음과 같은 전보를 보냈습니다.

장군은 어떤 정치적 문제도 신경 쓰지 않아도 됩니다. 그 문제는 저의 책임입니다.[128]

링컨은 패배에 대한 책임은 자신이 졌고 승리에 대한 공은 팔로워들

---

127   Lincoln to Meade(July 14, 1863).

128   Telegram to General Grant(August 17, 1864).

에게 주었습니다. 빅스버그 공략에서 승리한 그랜트 장군에게 서배너를 점령한 셔먼 장군에게 링컨은 솔직하게 무한 감사를 보냈습니다. 링컨은 전쟁이 끝난 뒤 승리의 공을 용감한 장병들에게 돌렸습니다. 링컨은 의원들에게 다음과 같이 말했습니다.

아무리 노련한 정치가라 하더라도 대통령직에 있을 때의 삶이 장밋빛만은 아닐 것입니다. 저는 국민에게, 기독교 세계에, 역사에, 그리고 저의 최종 보고자인 하나님께 강한 책임을 느끼고 있습니다.[129]

또한 링컨은 대통령의 책임에 대해 다음과 같이 말했습니다.

책임회피는 대통령을 '밀짚모자를 쓴 농부'로 만들어버리는 아주 부당하고 위험한 일입니다. 이런 일만은 막아야 합니다. 대통령이라면 영원한 분이신 하느님 앞에서 종종 이렇게 고백해야 합니다. '책임을 통감합니다'.[130]

'팔로워가 실패했을 때 리더가 책임을 묻지 않는다'는 것을 알 때 조직은 활기가 넘칠 것입니다. 또 승리의 공을 리더가 가지지 않고 팔로워에게 돌린다는 것을 알 때 조직은 힘찬 탄력을 받을 것입니다. 이런 조직의 구성원들은 위험을 감수하고 혁신을 추구할 것입니다. 링컨은 실패의 책임은 리더의 몫이고 성공의 결과는 팔로워의 몫이라는 점을 사람들에게 인식시켰습니다. 링컨이 모든 어려움을 극복하고 궁극적으로 승리를 이끌 수 있었던 것은 그의 책임감과 칭찬의 랑데부라 할 수 있습니다.

존 맥스웰은 "리더는 무엇이든지 포기할 수 있습니다. 단 마지막 책임을 제외하고"라고 말했습니다. 책임을 감수하는 리더만이 팔로워가

---

129   김형곤, 「원칙의 힘」, 159 재인용.
130   김형곤, 「원칙의 힘」, 159 재인용.

따르는 것입니다. 국가 최고 리더가 책임을 야당에, 언론에, 사법부에, 그리고 국민에게 전가한다면 그 나라에는 리더십이 작동하지 않게 됩니다.

링컨이 지금 우리나라의 대통령이라면 이렇게 말했을 것입니다.

그 책임은 대통령인 저에게 있습니다. 어떻게 하면 이 문제를 해결할 수 있을까요?

권한을 위임하는 용기

링컨은 전쟁터의 군인들에게 각별한 관심을 쏟았습니다. 링컨은 군인들이 전쟁터로 가기 위해 워싱턴을 지날 때면 기꺼이 백악관 밖으로 나와 그들에게 위로와 용기를 불어넣었습니다. 한번은 오하이오주 출신의 신병들이 워싱턴을 지나가고 있을 때였습니다. 링컨은 그들에게 가까이 가 다음과 같이 말했습니다.

저는 잠시 백악관을 차지하게 되었습니다. 우리 아버지의 아들이 지금 그러하듯이 저는 여러분의 산증인입니다. 언젠가 여러분의 자녀도 이곳에 와서 지내는 날이 있기를 바랍니다.[131]

만약 권력과 지배를 생각한 사람이라면 이런 말을 할 수 없었을 것입니다. 링컨은 자신이 가지고 있는 힘을 권한으로 생각했고 그것도 잠시 책임을 지게 되었다고 말하고 있습니다. 링컨은 자신에게 권한을 맡긴 국민을 누구보다도 믿었습니다. 1차 취임식에서 링컨은 연방을 수호하는 일에 대해 다음과 같이 말했습니다.

---

131 김형곤, 「원칙의 힘」, 164 재인용.

이렇게 하는 것(연방을 수호하기 위해 충실히 노력하는 것)은 저의 명백한 의무라고 생각합니다. 저의 상관인 국민이 필요한 수단을 보류하지 않는 한, 또 어떤 권위 있는 방식으로 정반대의 일을 지시하지 않는 한 실천 가능한 한도에서 이 의무를 수행할 것입니다.[132]

여기에서 링컨은 연방 수호를 위한 노력은 미국 국민이 자신에게 위임한 권한임을 다시 한번 밝히고 있습니다. 링컨은 "국민의, 국민에 의한, 국민을 위한 정치"를 위해 열정을 다했습니다. 2차 취임사에서도 링컨은 자신에게 또 한 번의 권한을 위임한 국민에게 "정의와 영원한 평화를 위해 다 같이 힘써 노력하자"라고 호소했습니다.

링컨은 국민을 믿었습니다. 링컨은 국민으로부터 권한을 잠시 위임받았다고 생각했습니다. 링컨은 누구보다 국민을 믿었고 그것이 위임받은 권한에 대한 보답이라고 생각했습니다. 링컨은 국민이 함께하는 한 그 어떤 어려운 위기라도 극복할 수 있다고 믿었습니다. 전쟁 초기 링컨은 북부에서 활동하고 있는 스파이를 색출하고 전쟁을 승리로 이끌기 위해 몇 가지 헌법의 한계를 넘는 일을 단행했습니다. 의회의 동의 없이 군대 동원령을 내리고, 전쟁을 선포하고, 인신보호 영장 청구를 금지하는 등의 조치가 그것입니다. 대통령의 조치에 대해서 대법원을 비롯한 수많은 언론이 비난을 쏟아냈습니다. 이에 링컨은 다음과 같이 말했습니다.

결국 국민은 모든 것을 이해할 것입니다. 우리 국민은 보편적이고 궁극적인 정의를 실현하고 있습니다. 이러한 국민에게 어떻게 참을성과 자신감이 없겠습니까?[133]

---

132 First Inauguration of Abraham Lincoln(March 4, 1861), 김형곤, 「원칙의 힘」, 164 재인용
133 김형곤, 「원칙의 힘」, 166 재인용.

링컨은 국민을 믿고 백악관을 개방했습니다. 링컨은 누구든지 백악관에 오는 것을 막지 않았습니다. 어떤 사람들은 일자리를 얻기 위해서 백악관에 왔습니다. 어떤 사람들은 억울함을 호소하기 위해 왔습니다. 또 어떤 사람들은 사면을 부탁하기 위해 왔습니다. 심지어 어떤 사람들은 대통령과 단순히 악수하기 위해 몇 시간이고 줄을 서서 기다렸습니다. 링컨은 일부러 시간을 내서 그레이스 베델 양에게 "턱수염을 기르라는 충고에 감사합니다"라는 편지를 보냈습니다. 링컨은 국민을 믿었고 국민 역시 그들의 대통령 링컨을 신뢰했습니다. 미국 국민은 링컨이 전쟁을 수행하면서 의회와 약간의 마찰을 겪기도 했지만 대통령이 국민을 괴롭히거나 국민을 속이리라 생각하지 않았습니다. 미국 국민은 역사상 처음으로 백악관의 대통령이 자기들의 대변인이라고 생각했습니다. 수많은 사람이 링컨을 아버지 에이브러햄이라 불렀고 백악관에 정이 담긴 선물과 이루 헤아릴 수 없는 많은 편지를 보내왔습니다. 선물은 집에서 만든 버터, 뉴잉글랜드 연어, 한쪽 다리가 부러진 독수리 등 단순하고 소박한 것이었습니다. 대통령 자리에 있으면서 링컨이 받은 편지는 하루에 평균 2천 300통에 달했다고 합니다.

대통령의 개방정책에 보좌관들은 적지 않은 걱정을 했습니다. 어떤 보좌관은 "일반 국민을 무작정 만나는 것은 시간 낭비일 뿐"이라고 말했지만 링컨은 개의치 않았습니다. 다만 그는 이렇게 대답했습니다.

국민을 만나는 시간은 제가 일하는 시간입니다. 주어진 업무시간의 틀 속에서만 일하려고 하는 사람은 말 그대로 업무적인 일밖에 할 수 없습니다. 어떤 조직의 대표만이 이러한 특권을 가질 수 있다고 생각하지 마십시오. 자, 저는 일주일에 두 번 직접 국민과 만나는 모임을 즐기려 합니다. 그들은 자신에게 생긴 문제를 저에게 호소하러 옵니다.[134]

---

[134] 김형곤, 「원칙의 힘」, 167 재인용.

링컨은 백악관에서 직접 국민과 만났을 뿐만 아니라 여러 곳을 찾아 다녔습니다. 링컨은 산업현장은 물론 특히 전쟁터에서 고생하는 군인들이 있는 곳이면 아무리 어렵더라도 그곳을 방문하여 그들과 함께 호흡했습니다. 인정했듯이 군과 관련한 문제에 문외한이다시피 한 링컨이 전쟁에서 승리를 거둔 수장이 된 것은 아이러니가 아닐 수 없습니다. 이는 링컨이 승리할 것이라는 믿음을 가지고 군인들에게 권한을 위임했기 때문이기도 합니다.

국민을 신뢰한 링컨은 어떠한 어려움도 극복할 수 있다고 확신했습니다. 링컨은 연방수호와 노예해방과 전후 재건에 대해 누구보다 확신에 차있었습니다. 확신에 찬 리더만이 팔로워에게 권한을 위임할 수 있습니다. 확신에 찬 리더로부터 권한을 위임받은 팔로워는 승리할 수 있습니다. 확신에 찬 대통령만이 국민에게 권한을 위임할 수 있습니다. 확신에 찬 대통령으로부터 권한을 위임받은 국민은 어떠한 어려움도 극복하고 결국 승리할 수 있습니다. 이것이 리더십의 진정한 작동원리입니다. 링컨은 케네디와 클린턴처럼 외모에서 풍기는 매력을 가지고 있지 않았습니다. 하지만 군인들과 일반 국민은 현장에서 링컨을 직접 만나게 되었을 때 열렬히 환호했습니다. 사람들은 어떻게 하면 좀 더 가까이서 링컨을 볼 수 있을까 애태웠습니다. 대통령이 그들을 믿고 있다는 사실을 확신하고 있었기 때문에 그들 역시 대통령을 자신의 리더로 믿어 의심치 않았던 것입니다.

어떻게 보면 링컨의 죽음은 국민과 가까이한 데에서 원인을 찾을 수 있습니다. 사실 링컨의 보좌관들과 경호원들은 대통령의 경호문제에 관해 늘 걱정을 했습니다. 하지만 링컨은 엄격한 경호는 국민이 자신에게 다가오는 것을 어렵게 만든다고 생각했습니다. 링컨은 항상 근접 경호를 멀리했습니다. 국민에 대한 믿음 때문이었습니다. 링컨은 암살을 당한 그날도 담당 경호원 없이 포드 극장으로 향했고 그의 믿음은 주검으로 돌아왔습니다. 혹시 링컨을 또 다른 세계에서 만나 이야기할 수

있다면 아마도 그는 이렇게 말했을 것입니다. '

> 저는 국민에 대한 믿음을 죽음과 바꿨지만 조금도 후회하지 않습니다.

사람과 사람, 기업과 개인, 정부와 국민 등 국가와 사회를 단단하게 결속시키는 가장 중요한 요소는 바로 믿음입니다. 링컨은 대통령이라는 직책을 국민이 만들어준 것이라 확신하고 국민을 믿고 가까이하려고 노력했습니다. 링컨이 전쟁이라는 가장 어려운 시기에도 흔들리지 않을 수 있었던 것은 국민이 자신을 든든하게 지지하고 있다는 강한 믿음 때문이었습니다. 존 맥스웰은 「리더십의 21가지 불변의 법칙」에서 여러 리더가 권한을 위임하지 못하여 리더십을 발휘하지 못하는 이유를 다음과 같이 설명했습니다.

> 첫째, 지위의 안정성에 대한 욕구입니다. 그들은 자신이 가지고 있는 기존 지위에 욕구가 너무나 강하여 팔로워에게 권한을 위임하면 자신은 필요 없는 사람이 되고 말 것이라 생각합니다.
> 둘째, 변화에 대한 거부입니다. 변화에 대한 거부는 인간의 본성인데 권한 위임은 본질에서 지속적인 변화를 요구하기 때문에 그들은 권한을 위임하지 못합니다.
> 셋째, 자기 가치에 대한 인식 부족입니다. 많은 사람은 자신의 가치와 평가를 자신의 직업이나 지위에서 얻으려 하는데 권한을 위임하지 못하는 사람일수록 이런 경향이 짙습니다.[135]

하지만 링컨에게는 이 세 가지가 없었습니다. 링컨은 대통령이라는 지위에 집착하지 않았습니다. 그는 "잠시 대통령 자리에 있게 되었다"라고 여러 사람에게 자주 말했습니다. 그는 언제라도 자신보다 더 나은

---

135 John Maxwell, 채천석 옮김, 「리더십의 21가지 불변의 법칙(*The 21 irrefutable laws of leadership : follow them and people will*)」(경기: 청우, 1999), 116–117.

사람이 백악관의 새 주인으로 오기를 기대했습니다. 링컨은 자신이 원하는 바를 실현하기 위해 자신보다 능력 있는 인재를 찾는 데 주저하지 않았습니다. 적합한 사람이라 판단되면 그에게 권한을 위임하는 것을 조금도 머뭇거리지 않았습니다. 나아가 그는 사소하게 간섭하지 않고 권한을 위임한 사람을 기다릴 줄도 알았습니다. 링컨은 대통령 후보 경선에서 자신을 한없이 무시하고 심지어 링컨이 자신을 국무장관에 임명하려 하는 것을 너무나 당연하게 여긴 시워드를 국무장관에 임명했습니다. 링컨은 많은 사람의 반대에도 불구하고 자신을 촌놈이나 하급 서부 변호사로 무시했던 스탠턴을 전쟁장관에 임명했습니다. 또한 링컨은 사사건건 꼬치꼬치 따지는 체이스를 재무장관에 임명하는 데 주저하지 않았습니다. 링컨은 전쟁에서 승리할 장군을 찾는 데 몰두했습니다. 스콧, 맥도웰, 매클렐런, 할렉 등 여러 장군을 거쳐 마침내 그랜트 장군을 찾아 그를 신뢰하고 그에게 권한을 위임했으며 전쟁에서 승리하도록 만들었습니다. 링컨은 누구보다도 변화를 좋아했습니다. 권한을 권력으로 착각하고 이를 움켜쥐고 있는 사람들은 본능적으로 변화를 싫어합니다. 그러나 링컨은 인생 자체가 변화의 연속이었습니다. 링컨은 권한 위임을 통해 변화를 이끌었고 궁극적으로 승리했습니다. 링컨은 대통령이라는 지위에서 자신의 가치를 찾지 않았습니다. 링컨은 '독립선언서'와 '연방헌법'이 보장하는 자유, 민주주의, 인간 평등을 실현하는 일에 작은 보탬이 되는 것에 자신의 가치를 두었습니다. 이를 위해 연방을 수호하고 노예를 해방하는 일이야말로 그가 추구한 최대의 목표가 되었습니다. 링컨은 자유, 민주주의, 인간 평등을 실현하기 위해 잡초를 뽑고 꽃을 심은 사람이었습니다. 이것이 링컨이 추구하는 가치였습니다.

참모와 국민에 대한 링컨의 신뢰와 권한 위임은 오늘날 여러 기업과 조직 운영에도 모범이 됩니다. 현대의 기업들은 조직의 역량을 확대하기 위해 적극적으로 권한 위임을 활용합니다. 권한 위임은 한 조직원의 역량과 책임 의식을 키우고 이를 주변까지 확산시켜 조직 전체의 역량을 키우게 합니다. 이러한 권한 위임은 기존의 고정관념을 거부하게 하여 인간의 역량을 무한하게 키워주게 됩니다. 진정한 권한 위임은 단순히 권한의 수직적 이동이나 배분을 의미하지 않습니다. 그것은 구성원을 믿고 그들이 가지고 있는 지식, 의욕, 잠재능력을 발휘할 수 있도록 자유를 주어 추진력 있고 책임감 있는 행동을 끌어내는 행위입니다.[136] 대부분의 사람은 '권력'이라는 옷을 입게 되면 세상을 다 얻은 듯 착각을 하게 됩니다. 그 달콤함에 빠져 살다 보면 마음은 황폐해지고 맙니다. 링컨은 자신에게 주어진 대통령이라는 지위를 절대로 남용하지 않았습니다. 인간 링컨은 미국의 헌법에 따라 대통령의 권한을 잠시 위임받았다는 사실을 잊지 않을 만큼 현명하고 냉철한 사람이었습니다.

역사적으로 우리나라의 여러 대통령은 물론 미국의 여러 대통령들도 자기와 동일한 생각을 하는 사람으로 내각을 구성하고 책임자로 임명했습니다. 이른바 '근친상간 교배 증식'의 한계를 벗어나지 못했습니다. 하지만 링컨은 자신의 내각을 전혀 다른 입장에서 구성해 그들에게 권한을 위임했습니다. 링컨의 권한 위임에 관해 전기 작가 벤저민 토머스는 다음과 같이 설명했습니다.

그동안 역대 대통령이 정치적으로 경쟁자를 정부 각료로 임명한 사례는 전

---

136 UPS 택배회사에 배짱이 두둑한 직원이 있었습니다. 그는 크리스마스 시즌에 배달 물량이 넘쳐나자 고객들에게 제때 선물을 보내기 위해 보잉 737기를 주문했습니다. 물론 이러한 행동은 직원의 권한 밖의 일입니다. 그러나 회사는 그 직원을 제재하기보다는 그가 주도적으로 일을 처리하려고 노력한 것을 높이 평가하고 격려했습니다. 3M사는 불황기에도 불구하고 권한 위임을 활용하여 큰 효과를 보았습니다. 3M사는 1990년대 초반의 불황을 극복하기 위해 영업 종사자에게 최초로 가격협상 추가조정권을 행사할 수 있도록 조처했습니다. 또 거래 협상이나 고객 유치 활동에 필요한 결정 권한을 보장하고 영업활동 범위도 확장해 주는 등 다양한 부분에서 사원들에게 영업 결정의 재량권을 넓혀주었습니다. 재량권이 확대되자 영업활동이 그만큼 더 활성화되었습니다. 고객과의 관계가 가까워져서 고객의 욕구를 잘 파악할 수 있었습니다. 그 결과 고객의 불만과 의견을 충분히 반영한 제품들이 개발될 수 있었고 잘못된 제품의 위치도 과감하게 조정할 기회가 생겨났습니다. 3M사는 권한 위임을 통해 불황에도 불구하고 매출의 30%를 신제품으로 채울 만큼 활발하게 움직였고 그 결과 호황기 못지않게 많은 이익을 신장시켰습니다.

혀 없었습니다. 링컨이 자신과 여러 면에서 생각이 다른 적대자를 각료로 불러 모은 것에 관해 사람들은 스스로 파멸을 자초하는 것이라 생각했습니다. 하지만 링컨의 결정은 자신과 비슷하거나 혹은 자신보다 더 강하고 능력 있는 보좌관을 원한다는 진정한 의도에서 이루어졌습니다. 링컨은 자신과 다른 반대의 생각을 하는 사람에게 무시당하고 이용당할 수 있다는 두려움을 전혀 가지고 있지 않았습니다. 이는 링컨이 리더십을 행사하는 데 있어 옹졸하거나 확신이 부족한 사람이 아니라는 것을 보여줍니다.[137]

대통령 취임 초기 건국 이래 누구도 가보지 못한 가장 어려운 항해를 하게 된 링컨은 오로지 하나의 목적에 충실했습니다. 바로 연방 보존이었습니다. 연방 보존을 위해 링컨은 자기와 다른 주장을 하는 사람[138], 자기를 비방하고 깔보았던 사람[139], 끊임없이 차기 대통령 자리에 도전하는 사람[140], 심지어 자신과 정당이 다른 사람[141]을 각료로 임명하여 내각에 합류시켰습니다. 그리고 이들에게 자신의 권한을 과감하게 위임함으로써 그들로부터 최고의 능력을 끌어냈습니다.

확신에 차서 과감하게 권한 위임을 했던 시어도어 루스벨트 대통령은 다음과 같은 말을 했습니다.

가장 유능한 리더는 자신이 하고자 하는 것을 잘 수행할 수 있는 뛰어난 능력을 갖춘 사람을 찾아내는 감각을 가진 사람입니다. 또한 찾아낸 사람들이

---

137 김형곤, 「원칙의 힘」, 173-174 재인용.

138 국무장관에 임명된 시워드의 경우입니다. 자신의 국무장관 임명을 당연하게 여기고 있는 시워드는 남부 연합의 요구 조건을 들어주자는 의견을 내놓았습니다. 하지만 링컨은 전쟁이 일어나더라도 남부 연합의 요구를 들어줄 마음이 없었습니다.

139 전쟁장관에 임명된 스탠턴의 경우입니다. 스탠턴은 링컨을 '기린 같은 사람', '시골 촌놈'이 백악관을 장악했다고 비꼬았습니다.

140 재무장관에 임명된 체이스의 경우입니다. 체이스는 공화당 급진파로 자신이 차기 대통령이 되어야 한다고 공공연하게 떠들고 다녔습니다.

141 링컨의 두 번째 임기에서 부통령이 된 앤드루 존슨의 경우입니다. 앤드루 존슨은 테네시주 출신의 연방 상원의원으로 민주당 출신이지만 1961년 연방을 탈퇴한 여러 주의 상원의원 중 유일하게 남부 연합에 합류하지 않았습니다.

국민을 행복하게 만든 대통령들

각자 책임감을 느끼고 일할 때 일일이 간섭하지 않는 자기 절제력을 지닌 사람입니다.[142]

링컨은 시어도어 루스벨트가 말하는 것처럼 했습니다. 링컨은 자신이 하고자 하는 바를 잘 수행할 사람을 찾는 데 최고의 감각을 지니고 있었습니다. 또한 링컨은 찾아낸 사람이 일할 때 일일이 간섭하지 않았습니다. 그들에 대한 굳은 믿음을 통한 권한 위임은 링컨 리더십의 또 하나의 핵심입니다. 링컨의 시워드에 대한 믿음과 이에 따른 과감한 권한 위임이 가장 좋은 사례입니다. 링컨은 외교문제에 있어서는 거의 모든 문제를 시워드에게 일임했습니다. 그뿐만 아니라 링컨은 국정 전반에 걸쳐 시워드에게 권한을 위임하고 수시로 그를 칭찬했습니다. 남북전쟁 당시 영국과의 관계를 비롯하여 복잡한 외교문제를 시워드 혼자 힘으로 해결한 것은 분명 아닙니다. 하지만 링컨으로부터 절대적인 신뢰를 받으며 권한을 위임받은 시워드는 대통령의 목적을 달성하기 위해 최선을 다한 것은 분명한 사실입니다.

링컨은 전쟁을 수행한 최고 리더였지만 군사문제 있어서는 문외한과 마찬가지였습니다. 하지만 링컨은 전쟁을 승리로 이끌었습니다. 이는 군사문제에 뛰어난 능력을 갖춘 사람을 찾아 그에게 권한을 위임한 링컨의 리더십 때문에 가능했습니다. 전쟁장관에 임명된 스탠턴은 링컨의 변호사 시절은 물론 대통령에 당선된 후에도 링컨을 무시했습니다. 아마도 무학의 가난한 배경을 가진 링컨을 깔본 결과였을 것입니다. 거기에다 스탠턴은 민주당원이었습니다. 그런데도 링컨은 링컨의 초대 전쟁장관 카메런의 부정행위를 수습하고 철저한 국방개혁을 주도해 궁극적으로 전쟁에서 승리를 끌어낼 수 있는 사람은 스탠턴만 한 인물이 없다고 생각했습니다. 여러 보좌관의 반대에도 불구하고 링컨

---

142   김형곤, 「원칙의 힘」, 174-175 재인용.

은 그를 전쟁장관에 임명했습니다. 한때 스탠턴은 여전히 링컨을 얕보고 있었던 매클렐런 장군과 친밀한 관계를 유지했습니다. 하지만 그는 제대로 된 전투를 한 번도 하지 않고 군사작전을 지연하기만 하는 매클렐런으로부터 멀어졌습니다. 스탠턴이 보기에 전쟁에서 승리하기 위해서는 과감한 행동과 작전을 펼쳐야 한다는 링컨의 주장이 옳았기 때문입니다. 전쟁장관이 된 스탠턴은 링컨의 생각대로 전쟁부를 효율적으로 개혁해 나갔고 전쟁의 승리를 위해 최선을 다했습니다. 링컨 역시 스탠턴에게 군사 문제와 관여한 거의 모든 것을 위임했습니다. 링컨은 스탠턴이 서명을 했다면 그 내용은 문제가 없을 것이라고 믿었습니다.

전쟁 중에 링컨은 여러 장군을 사령관에 임명했습니다. 하지만 누구보다도 전쟁을 승리로 이끌어줄 사람이라 믿었던 총사령관 매클렐런은 링컨의 기대에 부응하지 못했습니다. 매클렐런의 지연 작전에 의원들과 보좌관들은 책임을 물어 그를 사령관직에서 해임해야 한다고 주장했습니다. 이에 링컨은 다음과 같이 말했습니다.

> 저는 그를 믿습니다. 그가 전쟁에서 이기기만 하면 저는 그의 말고삐를 잡아주는 사람이 되어도 상관없습니다.[143]

링컨은 의원들의 해임 요구를 방어했지만 그 역시 매클렐런의 머뭇거림에 안타까워하면서 그에게 다음과 같은 편지를 보냈습니다.

> 저는 어느 때보다도 장군에게 강한 믿음과 우의를 느끼고 있으며 중대한 임무를 맡기니 더는 머뭇거리지 말고 공격을 하십시오.[144]

하지만 매클렐런은 대통령의 말을 무시하고 자신의 방법을 고수했

143　김형곤, 「원칙의 힘」, 177 재인용.
144　김형곤, 「원칙의 힘」, 177 재인용.

　　　　　　　　　　　　　　국민을 행복하게 만든 대통령들

습니다. 하는 수 없이 링컨은 그를 해임했습니다. 링컨이 포토맥 지역 사령관에 임명한 미드 장군에게 보낸 편지는 권한 위임으로 리더십을 발휘하는 링컨의 모습을 너무나 잘 보여주고 있습니다.

장군은 총사령부로부터 어떤 작고 사소한 제한도 받지 않을 것입니다. 장군의 군대는 어떤 상황에 직면하게 되든지 타당하고 적절한 장군의 판단에 따라 자유롭게 작전을 펼치십시오.[145]

이 편지를 받은 미드 장군은 남북전쟁의 이정표를 만들어준 게티즈버그 전투를 승리로 이끌었습니다. 전쟁 말기에 총사령관에 임명된 그랜트에 대한 믿음 또한 링컨의 권한 위임의 좋은 예입니다. 그랜트의 호언장담에도 불구하고 전쟁의 끝은 좀처럼 보이지 않았습니다. 심지어 링컨의 기대에 마지않았던 와일드니스 전투에서 그랜트 장군은 막대한 인명 손실까지 냈습니다. 북부의 여러 언론을 비롯한 많은 사람이 그랜트를 해임할 것을 요구했습니다. 하지만 링컨은 "장군은 끈기로 반드시 승리할 수 있다"라는 믿음을 버리지 않았습니다. 그리고 링컨은 그랜트가 하고자 하는 일을 전폭적으로 지원했고 그의 일에 일일이 간섭하지 않았습니다. 링컨의 믿음에 결국 그랜트는 남부 연합의 수도 리치먼드를 점령했고 마지막 전투를 승리로 이끌고 남군 사령관 로버트 리로부터 '무조건 항복'을 받아 전쟁을 종결시켰습니다.

국가는 물론 기업과 일반 조직에서도 구성원들에 대한 리더의 신뢰와 권한 위임은 대단히 중요합니다. 오늘날 많은 기업과 조직들이 비즈니스 리엔지니어링, 학습팀 운영, 팀제 운용, 자율경영 등 많은 혁신적인 활동을 하지만, 대개의 기업은 실패를 거듭합니다. 여기에는 여러 가지 이유가 있습니다. 준비 미흡, 구성원의 능력 부족, 최고 경영층

---

145 김형곤, 「원칙의 힘」, 178 재인용.

의 열정과 헌신 부족, 시스템 미비 등이 이유로 제시됩니다. 하지만 무엇보다 중요한 원인은 리더와 구성원 사이의 신뢰가 부족한 탓입니다. 조직 내부의 신뢰는 매우 중요합니다. 신뢰가 있어야 충성심도 생기고 스스로 노력하려는 의지도 생깁니다. 또한 신뢰는 협동과도 밀접하게 연관되어 있습니다. 그것은 리더와 구성원 사이의 상호협동을 가능하게 합니다. 특히 조직이 어려운 불확실한 상황에서는 더욱 중요하게 작용할 수 있습니다. 유능한 인재를 찾고 굳건한 신뢰를 바탕으로 그에게 권한을 위임하여 원하는 목표를 달성하는 것이 위대한 리더의 자질입니다. 바로 링컨 대통령이 그 모델입니다. 오케스트라 지휘자는 정작 아무 소리도 내지 않습니다. 그는 연주자가 얼마나 소리를 잘 내게 하는가에 따라 능력을 평가받습니다. 사람에 대한 확신이 없으면 명지휘자도 위대한 리더도 아닙니다. 링컨은 사람에 대한 확신으로 권한 위임의 리더십을 발휘했습니다.

혁신하는 자신감

　에이브러햄 링컨의 인생은 변화의 연속이었습니다. 링컨은 켄터키주의 가난한 농부의 아들로 태어나 학교에 다닐 기회가 없었습니다. 아홉 살 때 어머니의 사망으로 링컨은 그나마 조금 가까이할 수 있었던 책조차 볼 수 없었습니다. 하지만 새어머니 사라는 천사 같은 존재였습니다. 새어머니의 도움으로 링컨은 독서를 할 수 있었고 비록 1년이 채 되지 않았지만 그나마 학교라는 문턱을 넘는 경험을 할 수 있었습니다. 글을 읽게 되면서부터 링컨은 가난과 힘든 농사일에서 벗어나는 길은 독서라고 생각했습니다. 링컨은 독서를 통해 당시 정규학교에 다닌 아이들보다 더 풍부한 지식과 지혜를 가진 청년으로 성장했습니다. 나아가 정치 또한 풍부한 독서를 통해 결심한 것이 아닌가 생각됩니다. 링컨은 「워싱턴 전기」를 읽고 그의 영웅적인 삶과 개척정신의 숭고함에 깊은 감동을 받고 대통령을 꿈꾸었을 것으로 여겨집니다.

　청년기로 접어들면서 링컨은 주어진 생활에서 자신을 변화시키려고 기회를 엿보았고 스물한 살이 되자 집을 떠났습니다. 처음에는 이것저것 닥치는 대로 일을 하다가 가게에서 점원으로 일을 시작했습니다. 링컨은 시간이 조금 지나면서 잡화점을 세어내어 친구 윌리엄 베리와 동업을 시작했습니다. 하지만 잡화점은 잘 운영되지 않았습니다. 동업자 친구는 늘 술에 절어있었고 링컨은 독서에 빠져있었기 때문에 사업이 잘

될 리가 만무했습니다. 동업자가 죽자 결국 잡화점은 파산했고 링컨은 친구의 빚까지 짊어지게 되었습니다. 하지만 그런데도 링컨은 지역에서 상당한 인기를 얻고 있었고 그것에 힘입어 스물세 살의 젊은 나이에 휘그당 소속으로 주 의회 의원에 도전했습니다. 하지만 링컨은 낙선했습니다.

링컨은 새로운 변화의 생활을 꿈꾸며 군에 입대했습니다. 당시 서부 변경지역에는 인디언과의 갈등이 격화되어 있었기 때문에 지역 민병대에 입대하여 군인이 되면 적지 않은 돈을 벌 수도 있었습니다. 링컨이 생활비라도 벌기 위해 군대에 입대한 것인지 확실치 않지만, 당시 특별한 직업이 없었던 링컨이 선택한 최선의 길이 아니었나 생각됩니다. 하지만 링컨은 군대에 관한 지식이 미천해서 겨우 3개월 남짓 후에 스스로 제대를 해버렸습니다. 후에 그는 자신이 싸운 상대는 "모기"였다고 고백했습니다. 얼마 후 링컨에게 또다시 새로운 변화가 찾아왔습니다. 링컨은 군에서 맺은 인연으로 지역 측량기사로 일을 할 수 있었고 동시에 우체국장 일도 할 수 있었습니다.[146] 우체국장직을 맡게 된 링컨은 돈은 벌지 못했지만 편지와 소포를 잘 관리한 덕분에 여러 사람을 알게 되었고 이는 후에 그가 선거에 출마했을 때 적지 않은 도움이 되었습니다.

링컨은 다른 사람들보다 두 배 이상으로 일을 했고 그러면서도 손에서 책을 놓지 않았습니다. 링컨은 또다시 새로운 변화를 시도했습니다. 링컨은 스물다섯 살에 다시 주 의회 의원에 도전하여 당선되었습니다. 비록 주 의회였지만 의원이 되자 링컨은 자신이 진정으로 하고 싶

146　당시는 '엽관제도'라는 이름으로 대통령을 어느 당이 배출하느냐에 따라 고위 장관직에서부터 지역의 말단 우체국장까지 완전히 바뀌는 관행이 일반적이었습니다. 1833년 당시는 민주당의 앤드루 잭슨이 대통령에 있었기 때문에 휘그당원이었던 링컨은 사실상 우체국장을 할 수가 없었습니다. 하지만 당시 뉴세일럼의 민주당 출신으로 우체국장에 임명받은 사람이 별 소득도 없고 일만 많은 우체국장 자리를 포기하는 바람에 그 자리가 링컨에게 돌아갔습니다.

었던 일을 찾을 수가 있었습니다. 그것은 책을 읽고 싶은 대로 읽는 것이었습니다. 링컨의 독서 습관과 의정활동을 살펴본 동료 의원이자 변호사인 존 스튜어트는 이왕에 책을 읽을 바에 법률 책을 읽어 변호사 시험을 보라고 권유했습니다. 링컨은 스튜어트의 권유를 받아들여 법률 책을 읽고 3년 만에 변호사 시험에 합격했습니다, 그 후 링컨은 변호사 생활을 하면서 연속으로 4번이나 주 의회에 의원에 당선되었습니다. 그런 중에 링컨은 메리 토드와 결혼하고 변호사 일에 전념했습니다. 1846년 서른일곱 살에 링컨은 연방 하원의원에 출마하여 당선되어 민주당의 포커 대통령이 주도한 멕시코전쟁을 강력하게 반대했습니다. 하지만 링컨의 지역구인 일리노이주는 멕시코전쟁을 찬성했기 때문에 주민들로부터 다시 표를 얻기가 어려웠습니다. 링컨은 몇 차례 하원의원에 도전했지만 패배의 쓴잔을 마셨습니다. 생명이 다한 휘그당의 운명과 함께하여 새로 탄생한 공화당의 창립 멤버로 1856년 선거에서 부통령 후보로 출마했으나 패배하고 2년 뒤 연방 상원의원에 또 출마했으나 역시 실패했습니다.

하지만 링컨은 삶의 변화를 포기하지 않았습니다. 학연, 지역, 혈연 등 거의 모든 면에서 인맥이 턱없이 부족했지만 링컨은 1860년 대통령 선거에 도전장을 냈습니다. 준비하고 변화를 하면 반드시 기회가 온다는 신념을 가진 링컨은 다시 한번 변화를 시도해 당당히 대통령에 당선되었습니다. 대부분의 사람은 자신이 간절히 원하는 것을 성취하고 나면 더 이상의 변화를 꺼리는 경향이 왕왕 있습니다. 하지만 링컨은 대통령이 되었다고 해서 변화를 멈추지 않았습니다. 대통령 링컨은 어떻게 하면 위기에 처해있는 연방을 구하고 건국이념을 실현해 나갈 수 있을까 온 정신을 쏟았습니다. 링컨은 이상적인 정치와 현실정치는 똑같은 의미여야만 한다고 생각했습니다. 이러한 정신이 전쟁을 피하여 안정을 선택하기보다 누구도 예측할 수 없는 변화의 소용돌이인 전쟁을 선택하도록 했습니다. 링컨은 항상 노예제도를 '악'으로 생각했지만 급격한 변화는 연방을 해칠 수 있다는 것을 알고 있었기에 '언젠가는 사라질 제도', '노예제도가 악이 아니라면 무엇이 악인가'라는 견해를 가지고 있었습니다. 전쟁 중 노예제도를 없앨 기회가 왔을 때 링컨은 노예해방을 선언했습니다.

전쟁 책임 문제를 두고 공화당 내 급진파들은 남부를 철저하게 응징하고자 했지만 링컨의 생각은 달랐습니다. 링컨은 응징과 보복은 또 다른 보복을 낳을 수 있다는 것이 링컨의 생각이었습니다. 링컨은 용서와 관용만이 전쟁까지 한 미국을 다시 통합할 수 있다고 생각했습니다. 사우스캐롤라이나주, 아칸소주, 테네시주 등 연방군에게 접수된 탈퇴 주들을 연방에 재가입시키는 문제를 두고 공화당 급진파들은 총 유권자의 50% 이상이 연방정부에 충성맹세를 해야만 한다고 주장했습니다. 하지만 링컨은 '10%'를 주장하며 공화당 급진파들의 요구를 반대했습니다. 전쟁 중에 어렵사리 두 번째 대통령에 당선된 링컨은 취임사에서 "누구에게도 원한을 품지 말고 모든 사람에게 자비를 베풀어야 한다"라는 용서와 관용의 메시지를 발표했습니다.

링컨은 어느 한곳에 머물러있지 않았습니다. 직위든 직업이든 링컨은 끊임없이 변화를 추구했고 그것은 링컨에게 항상 새로운 기회를 주었습니다. 그것은 링컨이 국민을 행복하게 만드는 일을 하도록 했습니다. 어떤 일을 할 수 있고 또 해야 한다고 생각하면 길은 열리게 마련입니다. 국민을 행복하게 만든 대통령들은 한결같이 "시도하라, 그러면 얻을 것입니다"라는 나폴레온 힐의 말을 실천했습니다. 성경에 나오는 "두드려라, 그러면 열릴 것이요"와 일맥상통하는 말입니다. 링컨은 본능적으로 시도하지 않으면 어떤 것도 얻지 못한다는 것을 알고 있었습니다. 링컨이 아홉살 때 어머니 낸시가 죽자 시골 촌구석에는 목사가 없어서 장례식도 치를 수가 없었습니다. 아버지는 어머니 시체를 거적으로 동여매어 차디찬 땅바닥에 묻어줄 수밖에 없었습니다. 며칠 후 링컨은 이제 막 깨우친 짧은 글 실력으로 시내에 있는 목사에게 편지를 썼습니다. 고사리 같은 손으로 이웃집 일을 해주고 얻은 종이와 연필로 링컨은 목사에게 어머니의 무덤까지 와서 장례식을 집전해 주십사 부탁했습니다. 목사에게서 그렇게 해주겠다는 답장이 왔고 눈이 녹은 뒤 어머니의 무덤 앞에서 장례식을 치렀습니다. 어린 링컨이 시도를 통해 얻은 최초의 열매였습니다.

연방 보존이라는 목표를 위해 어쩔 수 없이 시작했던 전쟁에서 노예 해방이라는 또 다른 목표가 돌출되었습니다. 링컨은 여러 사람의 반대에도 불구하고 노예제도를 끝낼 기회가 도래했음을 직감하고 노예해방령을 발표했습니다. 이때 프랑스의 바벨이라는 기자가 다음과 같은 질문을 했습니다.

전임 대통령인 피어스와 뷰캐넌 역시 노예해방을 생각했지만 그들이 이 일을 하지 않고 당신에게 넘겼기 때문에 당신이 노예해방을 하게 된 것이 아닌가요?[147]

이에 링컨은 이렇게 대답했습니다.

그럴 수도 있습니다. 하지만 펜을 잡고 서명을 하는 데는 조그만 용기가 필요합니다. 용기는 두려워하지 않는 것이 아니라 두려움에도 불구하고 시도하는 것이랍니다.[148]

두려움에도 불구하고 시도하는 링컨의 용기는 그 시도가 옳은 일이라는 확신 때문입니다. 링컨은 옳은 일을 시도할 때 세상이 바뀌어간다는 것을 알고 있었습니다. 링컨은 평상시 '옳음'에 대해 다음과 같이 말했습니다.

147 김형곤, 「원칙의 힘」, 189 재인용.
148 김형곤, 「원칙의 힘」, 189 재인용.

옳음을 위해 일하는 어떤 사람과도 함께하십시오. 그 사람이 옳음의 편에
설 때 함께하시고 그가 그릇된 길로 나가면 곧장 헤어지십시오. … 우리가 옳
고 그름 사이에 중간지대를 설정하는 것은 살아있지도 죽어있지도 않은 사람
을 찾는 일만큼 허망한 일입니다.[149]

'삶의 의미'에 대한 질문에 링컨은 "나로 인해서 세상이 조금이라도
더 좋아지는 것을 보는 것"이라고 대답했습니다. 링컨 연구가로 유명
한 로널드 필립스는 링컨은 미국의 역대 대통령 중 그 누구보다도 혁
신을 추구한 대통령이었다고 술회하고 있습니다. 사실 링컨은 특허권
을 가진 유일한 대통령입니다. 1849년 3월 10일 링컨은 '정박해 있는
배를 더 잘 뜰 수 있게 만드는 새로운 방법'으로 특허권을 획득했습니
다. 특허권을 받고 난 후 링컨은 혁신에 대한 자신의 열정을 다음과 같
이 표현했습니다.

이 나라의 특허제도는 기간이 한정되어 있지만 일정 기간 발명가가 자신의
발명을 독점적으로 사용할 수 있도록 보장하고 있습니다. 이 보장에 따라 천
재들의 열정에 이익이라는 연료를 더해줌으로써 새롭고 유용한 것을 발명하
고 생산할 수 있도록 하고 있습니다.[150]

대통령이 되어 어쩔 수 없이 전쟁하고 있을 때 링컨은 유능한 장군
들과 군인들이 북부연방 군에 남아주기를 간절히 원했습니다. 하지만
링컨의 간곡한 부탁에도 불구하고 자신의 고향을 배반할 수 없음을 이
유로 내건 로버트 리를 비롯한 유능한 장군들이 남부 연합을 선택하자
링컨은 전쟁에서 승리를 위해 한층 더 노력하지 않으면 안 되었습니다.
하나는 전쟁을 수행할 유능한 장군을 찾는 것이고, 다른 하나는 거의

---

149 존 홈스·카린 바지, 김성웅 옮김, 「링컨처럼 말하라」(서울: 생명의말씀사, 2006), 106–108 재인용.
150 로널드 필립스, 이강봉·임재정 옮김, 「신념의 CEO 링컨 비전을 전파하라」(서울: 한스미디어, 2006),
194 재인용.

알려지지 않은 사실로 새롭고 혁신적인 무기를 만들어내는 것이었습니다. 링컨은 새롭고 혁신적인 무기야말로 하루빨리 전쟁을 끝낼 수 있는 요인이라 보았습니다.

　전자의 경우 스콧에서 매클렐런을 거쳐 그랜트를 찾기까지 링컨은 열정을 가지고 노력했습니다. 후자의 경우 혁신적인 무기를 발명하기 위해 링컨은 새로운 아이디어에 대한 열망을 불태웠습니다. 링컨은 대통령이 되면서 국민에게 백악관을 개방했는데 이때 여러 기업가와 발명가들이 백악관을 찾아들었습니다. 링컨은 전쟁을 빨리 끝낼 수 있는 새로운 무기와 발명품을 개발했으니 이를 구매해 달라는 수백통의 편지를 받았습니다. 편지의 내용 중 대부분이 의미가 없는 것이었지만 그런데도 이를 통해 링컨은 전쟁에서 이기기 위해서는 새롭고 효과적인 무기가 필요하다는 것을 충분히 인식했습니다. 새로운 무기에 대한 링컨의 열정과 관심으로 만들어진 발명은 다음과 같은 것들이었습니다. 아직 공군에 대한 개념이 없었을 때 링컨은 '정찰용 열기구'가 만들어져 이륙하는 것을 직접 보았습니다. 링컨은 포토맥강을 빠르게 건널 수 있는 '배다리'를 직접 건너보았습니다. 당시 연방군의 해군에는 목조 전함이 전부였는데 링컨의 적극적인 후원으로 연방군 최초의 철갑선인 '모니터 호'를 건조할 수 있었습니다. 이뿐만 아니라 링컨은 수소 로켓, 새로운 형태의 탄환, 화염방사기, 화약 등 많은 무기와 그 외 군수 물자를 직접 살펴보았습니다. 특히 링컨은 새롭고 성능이 월등한 신형 후장식 대포와 후장식 소총의 개발에 따른 지원을 아끼지 않았습니다. 링컨은 발명품을 만든 발명가를 만나 격려를 했고 발명품이 투입된 현장에 직접 참가하여 시현해 보기도 했습니다. 링컨은 후장식 소총을 직접 쏘아보고 이것이 전쟁의 방향을 결정지을 수 있다고 생각하여 이를 연방군의 주력 무기로 사용했습니다. 사실상 아무런 준비가 없었던 전쟁에서 연방군이 승리할 수 있었던 배경에는 링컨의 새로운 무기에 대한 끊임없는 열정이 자리하고 있었습니다.

리더의 자질 중 일관성의 유지는 매우 중요합니다. 따르는 사람에게 제시한 목표와 비전이 실현될 때까지 일관성을 유지하는 것은 리더가 가져야 할 자질 중 하나입니다. 리더가 제시하는 목표가 자주 바뀔 때 따르는 사람은 방향을 잃게 되고 그 조직은 실패로 끝이 납니다. 이런 면에서 링컨은 누구보다도 원칙과 일관성을 주지하고 있는 뛰어난 리더였습니다. 링컨은 연방 보존과 노예해방이라는 목표와 비전 그리고 휴머니즘의 실현에 대해서는 단 한치의 타협의 여지도 남겨두지 않았습니다. 링컨에게 연방 보존과 노예해방은 반드시 실현되어야만 하는 대의적 원칙이었습니다. 링컨은 대의적 원칙을 실현하는 방법에 대해서는 누구보다도 유연했습니다. 링컨의 유연성은 수단과 방법을 가리지 않고 본래의 목적까지 흐리는 그런 유연성이 아니었습니다. 링컨의 유연성은 어디까지나 목표 달성을 위한 것이었습니다. 링컨의 유연성은 목표 달성에 보다 근접할 수 있는 제일 나은 방법을 새롭고 혁신적으로 선택하는 것이었습니다. 링컨은 누구보다도 전쟁을 두려워했지만 전쟁이라는 혁신을 선택했습니다. 이는 연방 보존이라는 타협할 수 없는 절대적인 목표 달성을 위한 링컨의 유연성입니다. 어쩔 수 없이 선택한 전쟁에서 목표를 위해 승리해야 했고 승리를 위해 링컨은 유연한 방법을 선택했습니다.

링컨이 창안하고 선언한 노예해방선언도 마찬가지였습니다. 비록 자신의 행동이 헌법에 어긋나는 여지가 없지 않았지만 링컨에게 헌법보다 연방 보존이 우선순위였습니다. 링컨은 전쟁이라는 긴급한 상황에서 혁신적인 자세로 대통령의 권한을 재해석했습니다. 1864년 4월에 시종일관 대통령의 전쟁 노력에 대해 비판적인 자세로 일관해 온 켄터키주의 신문 중 하나인 「프랭크포트 컴먼웰스(*Frankfort Common-wealth*)」의 편집자인 앨버트 하지스에게 다음과 같은 편지를 보냈습니다.

국민을 행복하게 만든 대통령들

제가 한 선서는 최선을 다해 헌법을 지키고 제에게 꼭 필요한 수단을 동원하여 헌법을 기본법으로 하는 정부와 국가를 보존하라는 의무를 부과했습니다. 그런데 국가를 잃으면서 헌법을 보존하는 것이 무슨 소용이 있겠습니까? 일반 법에 따라 생명과 사지는 보호되어야 합니다. 하지만 생명을 구하기 위해 사지를 절단해야 할 때도 있습니다. 그런데 사지를 구하기 위해 생명을 버리는 행위는 결코 현명하지 못한 결정이 아닐까요? 이처럼 생명을 구하기 위해 사지를 절단하는 것이 헌법을 위반하는 것이라면 국가를 지키고 헌법을 지키기 위해 필요한 조치는 합법화되어야 한다고 생각합니다.[151]

이처럼 링컨은 헌법을 규정대로 지키는 것보다 대의적인 목표 달성과 휴머니즘의 실현이 더욱 중요하다고 생각했습니다. 링컨은 노예해방령을 반대하고 자신을 무작정 비난하는 사람들에게 다음과 같이 말했습니다.

저의 정책은 정책이 없는 것입니다. 저에게는 하늘의 북극성과 같이 고정된 정책은 없습니다. 저는 사용할 수 있는 카드를 사용하지 않은 채로 이 게임을 포기하지 않을 것입니다.[152]

이 말에서 우리는 링컨이 얼마나 유연한지를 알 수 있습니다. 링컨은 법적으로 사형을 집행할 수밖에 없는 탈영병들을 자주 석방해 주었습니다. 나아가 링컨은 아직 전투에 미숙한 소년 병사와 가정을 전적으로 책임져야만 하는 군인은 제대를 시켜주었습니다. 물론 이러한 조치는 군사령관의 동의하에 시행했습니다. 링컨의 유연성은 그의 인사 스타일에서도 잘 드러나고 있습니다. 남부 연합은 처음부터 끝까지 로버트 리를 총사령관으로 삼았지만 연방군 총사령관은 수시로 바뀌었습니다. 승리하는 장군을 찾는 데 열정을 쏟은 링컨은 유연하게 장군들의 인사

---

151 Letter to Albert Hodges(April 4, 1864)
152 김형곤, 「원칙의 힘」, 196 재인용.

를 집행했습니다. 내각을 구성하는 문제에도 링컨은 기존의 관행을 뛰어넘은 혁신을 보여주었습니다. 링컨은 이전의 적을, 서로 당이 다른 사람을, 반대를 일삼은 사람을 각료로 받아들였습니다.

링컨은 전쟁 승리가 간절했지만 휴머니즘을 파괴하면서까지 승리하고 싶지 않았습니다. 링컨은 응징과 보복보다 관용과 용서를 방법론으로 채택했습니다. 승리가 예견되는 가운데 전후 처리 문제는 공화당 급진파에게 큰 기대감을 주었습니다. 많은 사람이 연방을 배반한 남부 연합에 철저한 처벌과 손해배상을 기대했습니다. 하지만 링컨은 관용과 용서만이 전쟁의 상처를 아물게 하고 새로운 출발을 할 수 있게 한다는 통합의 리더십을 발휘했습니다. 역사적으로 전쟁에서 승리한 세력이 패배한 세력에게 보복하는 것은 당연한 일이었습니다. 하지만 링컨은 보복과 처벌은 또 다른 보복을 낳을 수 있다는 것을 알고 있었습니다. 링컨은 역사와 전통과 관행에서 벗어난 혁신을 선택했습니다.

어떤 손해를 보더라도 링컨의 용기 있는 행동

노예제 폐지와 연방 회복을 고집한 링컨, 재선 패배의 가능성

대통령에 취임하자마자 시작한 전쟁은 애초 생각했던 것[153]보다 훨씬 오래 지속되었습니다. 남부 연합은 링컨과 북부 주요 지도자가 생각한 것과 달리 훨씬 강했습니다. 북부는 불런전투 등 초기 동부전선의 크고 작은 전투에서 연전연패했습니다. 하지만 서부전선의 그랜트 장군은 간절히 승리를 원했던 링컨에게 전투마다 승리를 가져다주었습니다. 1862년 9월의 동부전선 앤티텀전투의 승리[154]와 이듬해 3월 서부전선 빅스버그전투[155]와 7월의 게티즈버그전투의 승리는 북부연방의 승리로 전쟁이 끝날 것이라는 큰 희망을 낳게 했습니다. 그런데도 해가 바뀌어 1864년 새해가 되어도 전쟁의 끝은 보이지 않았습니다. 아직 남부의 주요 물자 생산지인 조지아주와 남부 연합의 수도로 로버트 리가 지휘하고 있는 버지니아주는 여전히 건재했습니다.

1864년은 선거가 있는 해로 재선을 바라고 있었던 링컨은 가능한 11

---

153 링컨은 북부연방의 압도적인 인구, 경제력, 도덕적 우위로 전쟁이 조기에 끝날 것으로 생각했습니다.

154 링컨은 앤티텀전투 승리 이후 노예해방령을 발표했습니다.

155 전략적으로 '물의 아버지' 미시시피강을 완전히 장악하는 것은 전쟁의 끝을 바라볼 수 있게 해주는 일로 너무나 중요했습니다. 남부 연합의 남서부지역(미주리, 루이지애나, 아칸소, 텍사스)을 다른 남부 주들로부터 분리할 뿐 아니라 남군의 전쟁물자 수송을 근본적으로 어렵게 만들 수 있었기 때문이었습니다. 그랜트는 몇 번의 실패에도 불구하고 미시시피강의 전략적 요충지인 빅스버그를 점령하는 데 성공했습니다.

월 선거 전에 전쟁이 끝나기를 기대했습니다. 링컨은 겸손이라는 것을 전혀 모르는 매클렐런과 달리 그동안 승리를 안겨주면서도 겸손한 그랜트 장군을 연방군 총사령관으로 임명하여 남부 연합군에 무조건의 승리를 담보해 주기를 원했습니다.[156] 대통령으로부터 무한한 지원을 약속받은 그랜트는 주력군을 이끌고 로버트 리를 상대로 버지니아주로 진격해 들어갔습니다. 총사령관은 조지아주 전선에는 윌리엄 셔먼 장군에게 일임하여 애틀랜타를 공략하도록 했습니다. 하지만 5월에 시작된 전투는 6월, 7월, 그리고 8월이 끝나가도록 계속되었습니다. 무더운 여름 햇볕 아래 그랜트 장군에 대한 북부연방 사람들의 신뢰도가 바닥을 치고 있었지만 링컨은 한순간도 그랜트에 대한 신뢰의 끈을 놓지 않았습니다. 링컨은 그동안 모든 장군이 퇴각을 거듭했지만 "후퇴는 없습니다. 여름 내내 전투가 계속된다 해도 이 전선에서 끝까지 싸우겠습니다"라고 말하는 그랜트를 절대적으로 신뢰했습니다.

1864년의 여름은 링컨에게 너무나 중요한 시기였습니다. 하루빨리 전쟁을 끝내 연방을 회복시키고 노예제를 폐지하기를 원했지만 전쟁은 끝날 줄 몰랐고 링컨의 재선에 위협적인 문제가 연이어 일어났습니다. 먼저 재무장관 체이스의 지칠 줄 모르는 도전이 문제였습니다. 체이스는 지난 선거에서 공화당의 유력주자였지만 경선에서 링컨에게 패배했습니다. 링컨 대통령은 능력을 높이 사 그를 재무장관에 임명했습니다. 그런데도 그는 자신을 장관으로 임명한 대통령이 재선을 염두에 두고 있고 한창 전쟁이 진행 중인데도 불구하고 차기 대선에 도전하겠다고 공공연하게 떠들고 다녔습니다. 체이스는 툭하면 사직서를

---

156 링컨은 그랜트에게 워싱턴 장군 이후 아무도 달지 못한 중장 계급장을 달아주었습니다. 선거의 해인 만큼 북부연방의 많은 사람으로부터 큰 인기를 얻고 있는 그랜트가 대통령에 나서지 않을까 생각했습니다. 하지만 그랜트는 '전쟁 종식'이라는 임무를 완수하는 것 외에 바라는 것은 아무 것도 없다고 말하면서 자신은 대통령직에 욕심이 없을 뿐만 아니라 링컨 씨가 대통령의 의자에 계속 앉아있기를 전적으로 바란다고 공개적으로 선언했습니다.

내면서 링컨과 각을 세우고자 했지만 그럴 때마다 대통령은 지혜를 발휘해 그를 달래며 전쟁이라는 중차대한 시기에 힘들고 고통스럽겠지만 조국을 위해 다시 일해 달라고 요청했습니다.[157] 시간이 지나면서 공화당 내 급진파 그룹의 영향력이 커지면서 급진파였던 체이스는 선거해가 되자 다시 조급증을 드러냈습니다. 펜실베이니아주 연방 하원의원이자 언론인으로 활동했던 알렉산더 맥클루어는 체이스의 태도에 대한 링컨의 견해를 다음과 같이 말하고 있습니다.

체이스 지지자들이 조급하게 의도를 드러내고 있는 동안 링컨은 체이스에 대한 분노를 신중하게 감추고 유연하게 대처하며 체이스를 유력한 경쟁자 자리에서 밀어내거나 노련한 정치적 술수로 그를 재기불능의 정치가로 만들 때가 무르익기를 기다리고 있었습니다.[158]

조급하기로는 체이스 지지자들도 마찬가지였습니다. 일찍이 철도산업에서 돈을 많이 벌어 정치에 관여하고 있었던 제이 쿠크와 헨리 쿠크는 필라델피아의 삼류 잡지에 불과한 「아메리칸 익스체인지 앤 리뷰(*American Exchange and Review*)」의 발행인에게 수천 달러를 주고 재무장관 체이스를 돋보이게 하는 짧은 일대기를 싣도록 했습니다.[159] 하지만 체이스의 다른 친구들은 일대기가 아무리 훌륭하고 정확하다고 하더라도 돈을 내기만 하면 아무에게나 지면을 파는 악명 높은 잡지에 전기를 싣는 것은 참으로 우스꽝스러운 정치적인 계략에 불과하다고 말했습니다. 생각과 달리 심상찮은 분위기를 느낀 체이스는 대통령 링컨에게 일대기에 관한 변명을 했습니다. 체이스는 잡지 발행인

---

157   그동안 재무장관에 있으면서 체이스는 3번의 사직서를 냈지만, 링컨은 3번 모두 사직서를 반려했습니다.
158   Alexander McClure, *Abraham Lincoln and Men of War-times: Some Personal Recollections of War and Politics During the Lincoln Administration*(New York: Times Publishing Company, 1895), 87.
159   John Nevin, *Salmon P. Chase, A Biography*(New York: Oxford University Press, 1995), 358.

으로부터 유명 인사의 일대기를 연재한다는 이야기를 듣고 반대를 할 수 없었고 자신은 재무부 일 때문에 그 문제에 대해서 신경을 쓸 겨를이 없었는데 쿠크 형제가 자신도 모르게 자발적으로 그 일을 했고 만약 자신에게 동의를 구했다면 자신은 반대했을 것이라는 내용이었습니다.[160] 링컨은 제 발이 저린 체이스의 변명에 대해 한마디도 대꾸하지 않았습니다.

체이스는 쿠크가 자신도 모르게 그 일을 했다고 변명했지만 그것은 거짓말이었습니다. 곧바로 제이 쿠크는 캔자스주 연방 상원의원 새뮤얼 폼로이와 성공한 철도업자 제임스 윈첼을 후원하여 체이스를 후보로 공천하기 위한 위원회를 구성했습니다. 이에 체이스는 고향 주인 오하이오주를 중심으로 지지 세력을 모으며 링컨이 '우유부단'하여 전쟁을 질질 끌고 있다고 주장했습니다. 조급하고 서툴고 뻔뻔스럽기까지 한 폼로이가 이끄는 위원회는 역시나 링컨을 비난하면서 체이스 지지 세력을 모으는 내용으로 비밀전단을 만들어 북부 전역의 유력한 공화당원에게 배포했습니다. 위원회가 이미 전단을 뿌린 것은 비밀이 아니라 공공연한 선거운동인데도 굳이 비밀이라고 한 것은 참으로 아이러니한 일입니다.

링컨 씨의 재선이 바람직하다 해도 반대 세력이 너무나 많아 사실 불가능합니다. 안 그래도 링컨의 정책은 타협의 성향이 뚜렷한데 재선되면 첫 번째 임기 때보다 타협의 성향이 더욱 뚜렷해질 것입니다. 링컨이 재선되면 전쟁의 고통이 계속될 것이고, 나라는 파산할 것이며, 국가 권위는 손상될 것입니다. 전쟁에서 이기고 평화를 정착시키며, 공화국의 영광을 유지하기 위해서는 차후 4년 동안 대통령으로서 필요한 자질을 갖춘 단 한 사람, 샐먼 P. 체이

---

160   이수연 옮김, 「권력의 조건」, 645 재정리, 그런데도 체이스는 1864년 여름 내내 자신을 알리기 위한 간단한 자서전을 출판하기 위해 공을 들였습니다.

국민을 행복하게 만든 대통령들

스를 공천해야 합니다.[161]

비밀 아닌 비밀전단이 언론에 공개되어 전국으로 퍼지게 되자 링컨 지지자들은 체이스의 비열한 행동에 분노했습니다. 링컨의 오랜 친구인 데이비드 데이비스 판사는 "체이스가 다른 사람의 빵을 얻어먹으면서 동시에 그를 찌르고 있다"라고 비난했습니다. 또한 그는 "정신이 똑바로 박힌 사람이라면 누구나 여기에 체이스가 연루되었다는 걸 알 것입니다. 그들은 문서가 이렇게 공개되면 체이스가 내각에서 쫓겨날 거라고 예상하지 못한 것 같습니다"라고 말했습니다. 선거를 앞두고 민주당은 공화당의 내분을 즐겁게 바라보고 있었습니다. 다급해진 체이스는 이번에도 자신은 전혀 몰랐다고 발뺌했습니다. 이제 그동안 체이스에게 우호적이었던 언론까지 체이스에 대한 지지를 철회했습니다. 「뉴욕 타임스(New York Times)」는 "이는 비열한 행동입니다. 우리는 이러한 움직임에 반대합니다"라는 논평을 내놓았습니다. 나아가 "링컨의 재선을 지지하는 것은 이 시대의 보편적인 여론이 되었습니다. … 역사상 에이브러햄 링컨에 견줄만한 자질을 갖춘 이는 거의 없습니다"라고 썼습니다.[162] 이렇게 되자 폼로이의 고향 주인 캔자스주는 물론 심지어 체이스의 고향 주인 오하이오를 비롯하여 대부분의 주에서 만장일치로 링컨을 공화당 후보로 다시 공천하는 결의안을 통과시켰습니다. 당황한 체이스는 링컨에게 자신은 이런 위원회가 있는지조차 몰랐고 위원회의 전단 내용은 자신의 의견과는 전혀 다른 것이라고 변명했습니다. 체이스의 변명에 링컨은 자신은 모든 것을 알고 있었고 "친구들이 한 일을 우리가 책임질 수 없다"라는 체이스의 말을 존중하여 이일을 문제 삼지 않을 것이라 말했습니다. 또한 링컨은 체이스가 공직에

---

161 이수연 옮김, 「권력의 조건」, 647 재정리.
162 이수연 옮김, 「권력의 조건」, 646-648 재정리.

계속 남아있어야 하는 문제에 대해서는 오로지 공익에 관한 판단으로만 근거할 것이고 지금은 변화를 줄 시기가 아니라고 생각한다고 말했습니다. 곧바로 체이스는 출마를 철회했습니다.

하지만 링컨의 재선 전선에 말썽꾸러기 같은 체이스의 문제는 여기서 그치지 않았습니다. 6월 7일 볼티모어에서 개최된 공화당 전당대회는 미주리주 대표들이 약간의 반란표를 조장했지만 큰 이변 없이 첫 번째 투표에서 링컨을 대통령 후보로 공천했습니다. 체이스는 비록 지난 폼로이 위원회 사건 이후 대통령 출마를 철회했지만 그런데도 혹시 전당대회에서 자신을 후보로 선정하지 않을까 고대했습니다. 하지만 그런 일은 없었고 실망한 체이스는 재무부의 인사를 마음대로 바꾸어버렸습니다. 링컨이 제동을 걸고 나서자 체이스는 네 번째로 사직서를 제출했습니다. 체이스는 이번에도 링컨 대통령이 자신을 달래며 위기의 시기에 국가를 위해 같이 일하자고 하며 사직서를 반려할 것이라 생각했습니다. 하지만 대통령은 이번에는 생각을 달리했고 체이스의 사직서를 즉시 수리해 버렸습니다. 체이스의 사직서 수리는 워싱턴 정가에 빠르게 퍼졌습니다. 공화당 급진파를 중심으로 하는 체이스의 지지 세력이 백악관으로 몰려가 링컨에게 사직서 수리를 문제 삼고 체이스를 대신할 사람이 없다고 주장했습니다. 하지만 링컨은 이미 마음을 정했고 결정을 번복할 생각이 없었습니다. 링컨은 의원들에게 체이스에게는 나쁜 버릇이 하나 있는데 "자신이 나라에 없어서는 안 되는 존재라고 생각하는 것"이라고 말했습니다. 이어 링컨은 체이스의 후임으로 역시 공화당 급진파에 속해있는 윌리엄 페센든[163]을 지명하고 공직

---

163 공화당 급진파들은 재무장관을 체이스에서 페센든으로 바꾼 것에 전반적으로 우려와 불만이 있었지만, 자신들의 동료 체이스를 대법원장으로 임명하고 페센든을 선택한 링컨의 이유 – 세상일에 통달해 있고 상원 재정위원회 의장으로 재무부의 일을 체이스만큼 알고 있으며, 전국적으로 유명하고 국민에게 신뢰를 받고 있으며 비록 급진주의자이긴 하지만 오만하거나 악의적이지 않은 사람 – 를 듣고 나서 그것이 대통령의 지혜로운 판단임을 인정했습니다.

에서 떨어져나간 체이스는 연방 대법원장에 임명했습니다. 이로써 링컨은 점점 영향력이 커지는 공화당 급진파의 불만을 호의로 바꾸고 그동안 골칫거리였던 체이스 문제를 매듭지었습니다.

하지만 또 다른 문제가 링컨의 재선 가도의 발목을 잡았습니다. 그동안 급진파들은 지난해 12월에 링컨 대통령이 선포한 남부 재통합 방안에 적지 않은 불만을 나타내고 있었습니다. 링컨은 탈퇴한 남부 주들이 각자 빨리 연방에 복귀하는 것이 중요하다고 생각했습니다. 탈퇴 주 하나하나가 연방에 복귀하면 남부 연합은 사기가 저하되어 전쟁이 빨리 끝날 수 있다고 믿었기 때문이었습니다. 링컨은 전쟁이 끝나기 전에 가능한 빨리 통합 전 모든 주민의 10%가 헌법에 대한 충성을 맹세하면 연방에 복귀하도록 조치했습니다. 또한 링컨은 단순 노예해방이 아니라 노예제도가 영원히 복구될 수 없도록 헌법을 수정하여 보장해야 한다고 주장했습니다.[164] 하지만 오하이오주 상원의원으로 공화당의 급진파를 이끌고 있었던 벤저민 웨이드는 링컨이 악마적인 전쟁을 하기에는 너무 천사 같은 사람이라고 말하면서 전쟁에서 단순한 승리를 넘어 남부를 초토화해 전쟁 책임을 묻고자 했습니다. 체이스 문제가 일단락되고 7월이 되면서 웨이드는 또 다른 급진파로 메릴랜드주 하원의원인 헨리 윈터 데이비스와 함께 대통령과 다른 새로운 남부 재통합 법안을 제출했습니다. 이 법안은 링컨의 재건안과 달리 남부에 가혹한 내용을 담았습니다. 가능한 빨리가 아니라 전쟁이 완전히 끝날 때까지 남부 재통합에 대한 모든 시도를 미루고 통합 전 주민의 과반수가 헌법에 대한 충성을 맹세하고 나아가 남부 연합에서 공직이나 군 내부에 있었던 사람은 물론 타의에 의해 강제로 남부 연합에 가담했음을 증명하지 못하는 사람에게는 투표권을 주지 않는다는 내용을 담았습니다. 또한 의

164　The ten percent plan, formally the Proclamation of Amnesty and Reconstruction (December 8, 1863).

회의 명령으로 남부의 노예해방이 이루어져야 한다고 명시했습니다.[165]

이에 링컨은 웨이드-데이비스 법안의 내용이 헌법의 권한을 넘어서는 것으로 전반적으로 남부에 너무나 가혹하다고 생각했습니다. 특히 링컨은 이 법안을 남부 각 주에 일괄적으로 적용하는 것은 현명하지 못하다고 생각했습니다.[166] 링컨은 이 법안에 대해 공식적으로 거부하지 않으면서 이른바 '포켓 거부권'을 이용하여 법안에 서명하지 않은 채로 대통령 책상 위에 두어 효력을 갖지 못하도록 했습니다. 이에 웨이드와 데이비스를 비롯한 공화당 급진파들은 체이스 건으로 가까워졌던 대통령과의 관계가 다시 급속도로 냉각되었습니다. 의사당을 나서면서 데이비스는 "독재적인 대통령이 재선 가능성을 높이기 위해서 탈퇴한 주들을 성급하게 연방으로 복귀시키려고 합니다"라는 혹독한 비난을 했습니다.[167] 또한 리치먼드의 어느 신문은 공화당의 분열을 환호하면서 다음과 같이 논평했습니다.

저속한 일리노이 원숭이는 곧 폐위될 것입니다. 더는 백악관에서 그의 시시껄렁한 유머가 들리지 않을 것입니다.[168]

이에 링컨은 "가장 쓰라린 상처는 친구의 집에서 당한 것"이라고 비통해했습니다. 당의 대통령 후보가 엄연히 정해졌음에도 불구하고 웨이드와 데이비스는 링컨을 버리고 그랜트 장군처럼 국민의 신망을 얻을 수 있는 후보자를 고르자고 주장하자 링컨은 그랜트에게 정치적 야심이 있는지를 알아보고자 했습니다. 이에 그랜트는 "그들은 나를 강

---

165 The Wade-Davis Bill(July 2, 1864).
166 링컨은 이 법안을 고대 그리스의 강도인 프로크루스테스(Procrustes, 프로크루스테스는 여행자들을 잡아다가 침대에 누이고 침대보다 큰 몸을 잘라 맞추고 침대보다 작으면 몸을 늘려 맞추었습니다.)의 악명 높은 침대에 비유했습니다.
167 정상환 옮김, 「대통령의 리더십」, 169 재인용.
168 정상환 옮김, 「대통령의 리더십」, 169 재인용.

요할 수 없습니다. 링컨의 재선은 대의를 위해 중요합니다"[169]라고 말하면서 선거에 관심이 없음을 확실히 밝혔습니다. 링컨은 그랜트의 반응에 안도했지만 선거를 앞둔 시기에 급진파의 요구와 자신의 계획이 너무나 달라 당이 분열되는 모습에 가슴 아파했습니다. 결국 남부 재통합 방안을 놓고 링컨과 급진파 간의 골이 좁혀지지 않은 채 수면으로 가라앉았습니다. 더 크고 심각한 문제가 일어나 관심을 그쪽으로 끌고 갔기 때문입니다.

그랜트와 셔먼의 총공격이 이렇다 할 전과를 올리지 못한 가운데 7월로 접어들었습니다. 당시 북부의 많은 사람은 링컨의 북부연방 군이 전쟁에서 승리할 수 없을 것이라며 두려워했습니다. 이미 언급했듯이 셔먼은 애틀랜타를 점령하기 위해 공략했지만 남부 연합의 명장 조셉 존스턴의 5만 3천 병력은 무기와 물자가 부족했음에도 불구하고 셔먼의 9만 대군을 효과적으로 방어하고 있었습니다. 총사령관이 된 그랜트는 11만 5천 대군을 이끌고 북부 버지니아에 주둔하고 있는 로버트 리의 7만 5천 남부 연합군을 찾아나섰습니다. 전투는 연방군이 패배했던 지역인 윌더니스에서 벌어졌습니다. 리는 그랜트를 일부러 그곳으로 유인해 북군에 엄청난 인명 손실이 나도록 만들었지만 그랜트의 진격 의지는 꿈쩍도 하지 않았습니다. 그랜트는 그동안 연방군의 장군들과 달리 작은 규모의 패배에도 불구하고 전진만을 했을 뿐이었습니다. 링컨과 북부 사람은 그랜트의 승전고를 간절히 기다리고 있었습니다. 답답해진 몇몇 의원은 그랜트의 이전 술버릇을 빌미로 그가 전투에 전념하지 않고 위스키를 마신다고 비난했습니다. 이에 링컨은 "위스키 종류가 무엇인지 알면 그에게 위스키를 보내겠다"라는 말로 강한 신뢰를 보냈습니다. 한 달 동안 계속된 윌더니스 전투에서 연방군은 5만 5

---

169   정상환 옮김, 「대통령의 리더십」, 169 재인용.

천의 병력 손실을 보았지만[170] 그랜트는 남부 연합 역시 마찬가지라 생각했습니다. 그는 크고 작은 전투에서 공방을 주고받긴 했지만 패배한 전투가 더 많았습니다. 그런데도 그랜트는 리치먼드로 향하는 발길을 멈추지 않았습니다. 이렇게 하면 남부 연합은 더는 병력과 물자를 보충할 수 없을 것이고 결국은 고갈되어 항복할 것이라 생각했습니다. 이제 그랜트는 전쟁을 끝내기 위한 전투를 위해 남쪽으로 이동하여 피터즈버그를 먼저 공격하고 리치먼드로 입성하고자 했습니다. 그랜트의 이런 전략을 눈치챈 리는 수도 워싱턴을 불시에 점령하는 전략을 세웠습니다. 리는 주벌 얼리 장군에게 리치먼드에 남아있는 전체 남부 연합 15만 병력을 이끌고 북쪽으로 진격하도록 했습니다. 얼리는 몇 주 동안 연방군에게 들키지 않고 7월 5일에 포토맥강을 건너 메릴랜드주로 진격해 들어갔습니다. 수도를 방어하고 있던 연방군은 소수의 병력으로 워싱턴으로 진격해 들어오는 남부 연합을 잠시라도 막기 위해 노력했습니다. 이때 국무장관의 아들 윌리엄 시워드 2세가 모노커시강에서 남부 연합의 진격을 막기 위해 최선을 다해 싸우다 다쳐 가까스로 도망쳤습니다. 훗날 그는 당시를 "전투는 거의 온종일 지속되었고 결국 우리 부대가 월등한 숫자에 제압될 때까지 쉴 새 없이 맹렬히 싸웠습니다"라고 회상했습니다.[171]

남부 연합의 대통령 제퍼슨 데이비스는 얼리의 공격이 북부 유권자들을 자극해 이번 선거에서 호전적인 링컨을 몰아내고 좀 더 유순한 상대를 고를 수 있도록 자극해 주기를 기대했습니다. 그러나 거친 성격과 거친 입(욕설) 때문에 "나쁜 늙은이"로 불리는 얼리 장군은 남부 대통령의 기대와 달리 전혀 다른 목적이 있었습니다. 얼리와 병사들은 연

---

170 그동안 좀처럼 울지 않았던 링컨은 군사들의 사망 소식에 "도저히 견딜 수가 없습니다"라고 말하면서 몹시도 슬퍼했습니다.

171 정상환 옮김, 『대통령의 리더십』, 184 재인용, 이때 얼리의 군사들을 막는 데 노력한 사람 중에는 훗날 『벤허』의 작가로 유명해진 류 윌리스(Lou Wallis) 장군도 있었습니다.

방 재무성을 습격해서 배낭에 지폐와 금괴를 가득 채우기를 원했습니다. 그들은 닥치는 대로 상점과 공장과 집을 약탈했습니다. 그들은 모노커시강 주변을 약탈하고 나서 실버 스프링에 도착해 그곳에 있는 고급 저택 한 곳에 들어가 모조리 약탈했습니다. 부사령관 존 브레킨리지 장군이 이 모습을 보고 기겁하여 약탈을 멈추라고 명령했습니다. 그리고 그는 부하가 약탈한 물건을 모두 제자리에 가져다 두도록 명령했습니다. 이에 사령관 얼리가 왜 약탈을 금지하느냐 추궁하자 브레킨리지는 어려웠던 시절에 이 집 주인이 자신을 이곳에서 편하게 쉬도록 해주었다고 말했습니다. 남부 연합이 물러나고 후에 집으로 돌아온 몽고메리 블레어는 망토에서 메모 한 장 – "이 집이 피해를 입어 죄송하게 생각합니다. 특히 여인들의 물건에 폐를 끼쳐 유감입니다." - 을 발견했습니다.[172]

얼리의 여러 병사가 모노커시강가와 실버스프링강가에서 약탈로 시간을 낭비하는 사이 수도 워싱턴은 방어태세를 갖추었습니다. 처음에 공황 상태에 빠졌던 전쟁장관 스탠턴도 이내 안정을 찾아 링컨과 손발을 맞추었습니다. 링컨과 스탠턴은 그랜트에게 워싱턴으로 달려와 수도를 방어하라고 전보를 보냈고 민병대를 소집했으며 정부 직원들에게도 무기를 지급하고 다친 군인들에게 부대로 복귀하라는 명령을 내렸습니다. 그러면서 대통령과 전쟁장관은 두려움에 떨고 있는 워싱턴 시민들을 안정시키기 위해 함께 무게 마차를 타고 거리로 나가 사람들에게 침착한 모습을 보여주었습니다. 정부가 침착하게 대응하자 혼란에 빠졌던 워싱턴 사람들도 안정을 찾아갔습니다. 링컨은 군사의 사기를 진작시키기 위해 소규모 전투가 일어나는 전쟁터까지 국무장관 시워드와 아내 메리와 함께 방문했습니다. 총알이 날아다니는 가운데 큰

---

172 정상환 옮김, 「대통령의 리더십」, 185 재인용, 남부 연합 병사들은 이 집 주인이 자신들의 총사령관 로버트 리와 사돈지간- 체신 장관 몽고메리 블레어 집안 – 이라는 사실을 알고 잔뜩 겁을 먹었습니다.

키에 실크 모자를 쓴 링컨은 망원경으로 적군을 살펴보았습니다. 대통령인 줄도 모르고 링컨이 위험에 노출되는 것을 본 연방군 대위인 올리브 W. 홈즈[173]가 "야! 앉아, 이 멍청한 자식아!"라고 외쳤습니다. 남부 연합군이 머뭇거리는 사이에 그랜트의 증원부대가 도착했습니다. 링컨이 구축한 방어 전선에다 그랜트의 증원부대까지 도착하자 얼리는 워싱턴을 점령할 수 없음을 인지하고 빠르게 퇴각했습니다.

링컨은 퇴각하는 얼리를 잡지 못한 것을 몹시도 아쉽게 생각했습니다. 그런 중에 스탠턴은 물론 자신의 집이 약탈당한 것을 알게 된 몽고메리 블레어는 워싱턴을 방어하고 있었던 할렉 장군에게 유감을 표시했습니다. 이에 할렉은 자신을 비롯하여 목숨을 걸고 싸운 장교들을 비난한 장관을 향해 강하게 반발하면서 링컨에게 그를 해임할 것을 요구했습니다. 링컨도 얼리를 놓친 것을 너무나 안타까워하고 있었던 터라 할렉의 요구에 바로 대응했습니다. 링컨은 할렉에게 "누군가의 해임 시기를 결정할 수 있는 사람은 대통령뿐이며 더욱이 각료 해임을 판단하는 것은 저의 일입니다"라는 편지를 보냈습니다. 물론 이 문제에 대해서 다시는 거론하지 말 것을 함께 부탁했습니다.

남부 연합의 워싱턴 침략문제가 일단락되자 7월 중순에 링컨은 50만 명의 추가 지원병을 모집할 것이라 발표했습니다. 링컨의 친구들은 물론 많은 공화당원이 이 병력 추가 결정이 가을 선거에서 부정적인 영향을 줄 수 있을 것이라 우려했습니다. 그들은 많은 유권자가 병력 추가는 전쟁이 곧 끝나지 않을 것이라는 신호로 볼 수 있기 때문이라고 말했습니다. 링컨은 이와 같은 우려를 인정했지만 그런데도 병사가 반드시 더 필요한 것이 우선이라고 판단했습니다. 징병문제를 놓고 북부연방을 갈등 속으로 끌고 간 것은 징집 그 자체보다 징집을 대체하는 복무 수단이 북부에서 공공연하게 행해지고 있는 것이었습니다. 당

173　그 후 홈즈는 20세기 초의 연방 대법원 판사이자 법학자로 이름을 날렸습니다.

시 북부인들은 대체복무자를 위해 일인당 300달러를 내면 징집을 피할 수 있었습니다. 특히 일부 특권층은 일부러 대체복무를 선택해 합법적으로 징집을 피했습니다. 이런 사람 중에는 미래에 미국 대통령에 당선되는 그로버 클리블랜드와 역시 미래 대통령의 아버지인 시어도어 루스벨트 시니어가 포함되어 있습니다. 시어도어 루스벨트 주니어는 아버지를 존경했지만 아버지가 남북전쟁 징집 기피자라는 것에 대해 대단히 안타까워했습니다. 시어도어는 이것을 의식하여 미서전쟁이 일어나자 곧바로 의용기병대를 이끌고 전장에 참가했습니다.

합법적이기는 하지만 대체복무로 병력을 피하는 일이 늘어나자 일반대중의 비난이 쏟아졌습니다. 의회는 곧바로 "양심적 병역기피자를 제외하고는 대체 복무자를 위해 비용을 내는 것을 금지시켰습니다."[174] 하지만 링컨에 반대하는 선동가들은 특권층을 제외하고 대부분의 북부 사람에게 "대통령의 보안관들이 당신을 사랑하는 가족으로부터 억지로 떼어내 남부의 작열하는 태양 아래에서 죽도록 할 것"이라고 경고했습니다.[175] 이에 링컨은 다음과 같이 말했습니다.

국민이 이 문제를 잘 이해하리라고 믿습니다. 저의 재선은 군대의 힘으로 반란군이 섬멸되는 것을 의미합니다. 각료들은 저에게 새 징집안을 연기하자고 졸랐지만 저는 거부했습니다. 설사 제가 (선거에서) 패배하더라도 그럴 수 없습니다. 나라가 없다면 대통령직이 제게 무슨 소용이 있습니까?[176]

8월이 되어도 링컨에게 가을 선거를 확실하게 담보해 줄 일이 생기지 않았고 여전히 불안함을 더해주는 일이 계속되었습니다. 웨이드-데

---

174 The 38th United States Congress(March 4, 1863, to March 4, 1865).
175 정상환 옮김, 「대통령의 리더십」, 171 재인용, 오하이오주의 한 신문사 편집인은 "링컨이 11월 선거 전에 위협적인 징병 요구를 거두지 않는다면 그는 열두 번도 더 죽은 것입니다"라고 하여 선거를 집중하여 겨냥해 비난했습니다.
176 정상환 옮김, 「대통령의 리더십」, 171 재인용.

이비스 법안을 둘러싼 당내 갈등, 50만 명 추가 지원병 요구에 대한 부정적인 시각, 수도 워싱턴이 공격당한 일, 더불어 얼리와 반란군을 추적하여 생포하지 못한 일 등은 사람들의 관심을 집중시키는 현안으로 도드라지지는 않았지만 그래도 많은 사람이 대통령의 리더십에 의문을 품도록 만들었습니다. 그러나 이런 일들보다 링컨을 더욱 괴롭힌 것은 그토록 기다리고 있는 전선의 결과 - 그랜트 장군과 셔먼 장군의 승전보 - 가 올라오지 않고 있는 것이었습니다. 그런데다가 그랜트가 피터즈버그를 무리하게 공격하다가 한꺼번에 약 4천 명의 군사를 잃는 일이 발생했습니다. 고통스러운 그랜트는 "이 전쟁에서 해왔던 일 중 가장 슬픈 일"이 벌어졌다는 내용의 전보를 할렉에게 보냈습니다. 소식을 접한 해군장관 기디언 웰스와 법무장관 에드워드 베이츠는 그랜트가 과연 링컨이 바라는 전쟁을 종결시킬 수 있는 인물인지를 의심했습니다. 하지만 링컨은 그랜트에 대한 믿음을 버리지 않고 곧바로 그랜트가 있는 먼로 요새를 방문해 그를 위로했습니다. 링컨의 방문에 그랜트는 다시 용기를 내어 리치먼드 공략에 심혈을 기울였습니다. 나아가 그랜트는 유능한 부하인 필립 셰리던 장군을 셰넌도어 계곡으로 보내 얼리의 남부 연합을 추적하도록 했습니다.

전선이 교착상태에 빠진 가운데 링컨의 정책 전반에 사사건건 개입하기를 좋아했던 「뉴욕 트리뷴(New York Tribune)」의 호레이스 그릴리는 남부 연합 대표단이 화평을 위한 전권을 가지고 캐나다의 나이아가라폭포 근처에서 기다리고 있으니 링컨에게 반드시 만나보라고 권고했습니다. 그러면서 그릴리는 다음과 같은 말로 링컨에게 경고하는 편지를 보냈습니다.

많은 국민이 피를 흘리며 파산했고 거의 죽어가는 우리나라는 평화를 원하고 있습니다. 대부분의 국민은 정부가 평화를 원치 않으며 평화를 이룰 기회도 활용하지 않는다고 믿고 있습니다. 이 같은 국민 정서는 (당신의 재선에) 큰

해가 될 것입니다.[177]

미덥지 않았지만 그릴리의 권고에 링컨은 시워드와 논의를 한 후 그를 나이아가라로 파견했습니다. 링컨은 물론 그릴리에게 남부 대통령 제퍼슨 데이비스가 평화를 위한 어떤 정당한 제안을 가지고 왔다면 그들을 데리고 워싱턴으로 올 것을 요구했습니다. 동시에 링컨은 젊은 비서 존 헤이에게 대통령의 친필 기밀 편지를 들려 보냈습니다. 이 편지에는 "평화 회복, 전체 연방의 통합, 그리고 노예제도의 포기를 받아들이는 어떠한 고위급 남부 연합의 제안도 심각하게 고려하겠습니다"라고 쓰여있었습니다.[178] 이 내용은 평화를 위해 어떠한 전제조건을 포기해야 한다는 그릴리의 주장을 거부한 것이었습니다. 그릴리와 헤이는 남부 대표단을 만났지만 그들은 링컨의 예상대로 남부를 대표하는 어떤 신임장도 가지고 있지 않았으며 제퍼슨 데이비스가 전쟁을 멈출 준비가 되어있다는 어떤 근거도 보여주지 못했습니다. 링컨은 이로써 자신이 평화를 막고 있다는 주장에 근거 없음을 확인했지만 상황이 엉뚱하게 전개되어 링컨을 괴롭혔습니다.

그릴리는 성급하게 링컨의 편지를 남부 대표단에 공개했고 그들은 그릴리에게 사전에 링컨의 전제조건을 말하지 않은 것을 비난하고 곧 그 편지를 언론에 누설했습니다. 그들은 링컨의 "노예제 폐지"라는 용납할 수 없는 요구가 협상을 결렬시켰다고 주장했습니다. 그릴리도 링컨에게 "휴전도 없다. 협상도 없다. 오직 항복뿐이다! 이런 터무니없는 요구는 난생처음입니다"라는 편지를 보냈습니다. 민주당계 신문들은 일제히 "링컨이 노예해방이라는 목적만을 위해 전쟁을 지속시키고 있다"라고 비난했습니다. 이에 공화당계 언론들은 "대통령이 노예제도를

---

[177] 이수연 옮김, 「권력의 조건」, 689-690 재정리.
[178] 이수연 옮김, 「권력의 조건」, 690, 정상환 옮김, 「대통령의 리더십」, 163 재인용.

포기한다는 조건의 평화조항에만 귀를 기울인다"라고 걱정하면서 11월 선거에서 패배할 것이라 예측했습니다. 웰스와 블레어 등 내각 인사들도 "남부가 본질에서 용납할 수 없는 조건을 대통령이 요구하고 있다"라고 주장했습니다. 이러한 반응 중 링컨을 가장 괴롭힌 것은 「뉴욕타임스(*New York Times*)」의 편집장이자 공화당 집행위원회 회장인 헨리 레이먼드의 말이었습니다.

저는 모든 주에 있는 각하의 충실한 친구와 많은 편지를 주고받았습니다. 그리고 그들에게서 들은 이야기는 단 하나, 형세가 각하에게 불리하게 돌아가고 있다는 것뿐이었습니다. … 민심의 반응에는 두 가지 원인이 있습니다. 하나는 군사작전의 실패이고, 또 다른 하나는 남부 연합이 노예제 폐지라는 절대적 요구를 제외하고 재통합과 평화를 위한 준비만 하고 있다고 생각한다는 것입니다. … 즉시 관심을 끌만큼 대담한 당국의 조치가 있어야만 이를 일소할 수 있습니다. 그리고 제퍼슨 데이비스에게 헌법의 우위를 인정한다는 조건으로 명확하게 평화를 제안하고 그 밖의 문제는 나중에 해결하도록 사절을 보내십시오.[179]

링컨은 이 일과 관련하여 침묵을 유지하다가 레이먼드의 편지에 즉각 반응했습니다. 링컨은 초대 전쟁장관에서 해임했지만 여전히 친하게 지내고 있는 시몬 캐머런과 공화당의 강력한 펜실베이니아주 연방 하원의원인 타데우스 스티븐스에게 다음과 같이 말했습니다.

솔직히 저는 재선을 원합니다. 저도 여느 사람처럼 지난 4년을 인정해 주기를 바랍니다. 반란을 잠재우고 평화와 나라의 번영을 회복하려는 이 임무를 제 손으로 완수하고 싶습니다.[180]

179 Henry J. Raymond to Abraham Lincoln(August 22, 1864).
180 이수연 옮김, 「권력의 조건」, 691-692 재인용.

그러면서도 링컨은 자신의 재선 실패를 연관하여 평화협상을 요구하는 목소리에 그냥 있을 수가 없었습니다. 우선 링컨은 남부 대표들에게 보낸 자신의 기밀 편지 폭로 이후 자신에 대한 비난이 쏟아지고 있을 때인 8월 19일에 흑인사회의 대표 격인 프레더릭 더글러스를 백악관으로 초대해 이야기를 나누었습니다. 링컨은 "평화에 대한 광적인 요구가 전쟁을 조급하게 끝내게 하여 우리 측으로 넘어오지 않은 흑인 모두가 노예 상태로 남게 될지 모른다"라고 말했습니다. 또한 링컨은 "노예해방선언이 그들을 남부에서 탈출하도록 자극할 텐데도 기대했던 것만큼 많은 수가 우리에게 오고 있지는 않다"라고 한탄했습니다. 이에 프레더릭 더글러스는 "아마도 노예소유주들이 노예들의 눈과 귀를 막는 법을 잘 알기 때문에 사실상 선언서를 아는 노예는 많지 않을 것"이라 말했습니다. 그런 중에 링컨은 3일 전에 자신에게 온 민주당계 신문 편집자 찰스 로빈슨의 진심 어린 편지를 더글러스에게 보여주었습니다.

저는 전쟁을 지지하는 민주당원으로서 대통령님의 내각을 지지해 왔습니다. 우리는 노예해방이 건전한 전쟁 정책이며 이를 통해 남부에서 그 노동력을 빼앗으면 반란군의 힘도 약화할 것이라 여겼습니다. 많은 이들이 이 주장을 인정했습니다. 하지만 노예제도 폐지 없이는 어떤 평화조차도 없을 것이라는 나이아가라폭포 선언을 들으니 우리가 더는 설 자리가 없는 것 같습니다. 지금 저는 흠을 찾기 위해서가 아니라 대통령님이 우리 주전과 민주당원의 설 자리를 만들어주시고 그 해명을 제안해 주시리라는 희망으로 이 편지를 씁니다.[181]

링컨은 더글러스에게 편지에 답장을 보내야 할지 말아야 할지 조언

---

181   Abandoning Emancipation? Charles Robinson to Abraham Lincoln(August 17, 1864).

을 구했습니다. 또한 링컨은 이미 두 종류의 답장[182]을 마련해 두었다고도 말했습니다. 이에 더글러스는 보내지 않는 것이 좋을 것 같다고 조언했습니다. 링컨은 자신의 답장에서 평화협상에 대한 일시적인 동요를 해소했고 더글러스의 조언으로 완전히 해결했습니다. 링컨을 만난 후 더글러스는 사람들에게 "그는 나를 한 사람으로 대해주었습니다. 잠시도 피부 색깔이 다르다고 느끼게 하지 않았습니다. 대통령은 대단히 훌륭한 사람입니다. 그가 최선을 다하리라고 생각하니 만족스럽습니다"라고 말했습니다.

공화당 집행위원회 회장 레이먼드의 편지가 공개된 다음 날 링컨은 재선에 패배할 것으로 예측하며 내각 인사들을 백악관으로 초대해 자신이 쓴 각서 – 블라인드 각서(Blind Memo) – 에 무조건 서명하라고 부탁했습니다. 물론 11월 선거가 끝나면 공개할 것이라고도 말했습니다.

> 며칠 전부터 이 행정부가 재선되지 않을 가능성이 대단히 큽니다. 그러면 선거와 취임식 사이에 연방을 구하기 위해 대통령 당선인을 포함한 다른 사람과 소통하고 협력하는 것이 저의 의무가 될 것입니다. 아마도 대통령 당선인은 그 후 연방을 구할 수 없는 공약을 통해 당선될 것입니다.[183]

이 각서는 링컨이 재선 패배의 가능성을 정면으로 맞서겠다는 각오였습니다. 민주당이 승리하면 남부와 즉각 타협해서 평화를 얻자는 엄청난 압력에 저항할 수 없을 것이고 그러면 남부에는 노예제도가 사라지지 않을 것이라는 점을 스스로에게는 물론 내각 인사들에게 주지시키는 것이었습니다. 이틀 후 8월 25일 링컨은 레이먼드의 요구에 답하

---

182 핵심 내용은 다음과 같습니다. 노예해방정책을 폐기한다는 약속으로 남부를 달랜다는 민주당의 전략은 연방을 더 큰 위험에 빠트릴 것이고, 노예해방에 대한 약속이 무효가 되면 그들은 즉시 무기를 버릴 것이며, 흑인 전사들을 주인에게 돌려보내면 링컨은 영원히 저주받을 것이고, 노예해방 없이 이 반란을 진압할 수 있을지와 노예해방 없이 연방을 복원할 수 있을지를 묻는 것이었습니다.

183 Lincoln's Blind Memo(August 23, 1864).

기 위해 그를 백악관으로 초대했습니다. 당시 레이먼드는 링컨의 선거를 주관하는 공화당 전국위원회 회장이면서도 링컨의 당선 가능성을 의심하고 있었습니다. 링컨은 이 만남에 시워드, 스탠턴, 페센든을 참석시켰고 레이먼드 위원회의 위원들도 참석시켰습니다. 링컨의 비서인 존 니콜라이는 레이먼드와 링컨의 회동에 좋은 결과가 있을 것으로 예측했습니다. 그날 니콜라이의 메모에는 대통령과 각료들이 "리치먼드로 사절을 보내자는 계획은 대선에서 패배하는 것보다 나쁜 일이고 더 나아가 미리 대선을 포기하는 일"임을 주장하여 레이먼드를 설득했다고 적었습니다.[184] 대통령을 직접 만나고 난 뒤 레이먼드와 위원들은 생기를 불어넣은 듯 기뻐했으며 그들은 링컨의 재선을 더는 의심하지 않는다고 말했습니다. 링컨은 다시 한번 "연방 보존"과 "노예해방"이라는 두 가지 목표를 포기하지 않으면서 여기저기서 불어온 위기를 극복했습니다.

링컨은 레이먼드의 편지를 받은 날 이미 자신의 생각을 정리했습니다. 링컨은 전쟁터에서 고향 오하이오로 돌아가는 오하이오 연대 대원들에게 다음과 같은 말로 자신의 결정을 밝혔습니다.

저는 이 전쟁에서 당신이 한 복무에 무한 감사를 드립니다. 저는 군인들에게 몇 가지 말을 할 때 이 전쟁의 중요성에 대해 말합니다. 우리가 우리의 삶을 누려왔던 이 위대하고 자유로운 정부를 단순히 오늘까지가 아니라 우리의 자녀들의 자녀들이 영원히 누릴 수 있도록 영속시켜야만 합니다. … 저는 잠시 커다란 백악관에 살고 있습니다. 저는 저의 아버지의 자녀들이 그랬듯이 여러분들의 자녀들이 여기에 올 것이라 믿는 살아있는 증인입니다. 여러분들 각자가 우리가 누리고 있는 이 자유 정부를 통해 개방된 분야와 산업과 기업과 지능에 대한 공정한 기회를 누리고 있다고 확신합니다. 여러분 모두는 인생에서 모든 바람직한 인간의 열망을 가지고 평등한 특권을 누릴 수 있습

---

184   이수연 옮김, 「권력의 조건」, 696 재인용.

니다. 우리는 우리의 타고난 권리를 잃지 않기 위해 이 투쟁을 계속해야 합니다. 그것은 1년 아니면 혹은 2, 3년일 것입니다. 이 나라는 더할 나위 없는 보석을 지키기 위해 싸울만한 가치가 있습니다.[185]

이 연설은 레이먼드 위원회와의 만남 전의 일이고 심지어 9월 초 셔먼 장군의 승전보 전의 일이어서 연방과 자유에 대한 링컨의 용기와 원칙 중심의 리더십이 더욱 빛이 납니다. 애틀랜타에서 승전보가 들어오기 전에 링컨의 재선 성공에 청신호를 주는 일이 일어났습니다. 8월 29일 그동안 지연되었던 민주당 전당대회가 일리노이주 시카고에서 개최되었습니다. 대통령직에 여러 후보가 등록했지만 일찌감치 조지 매클렐런에게 돌아갔습니다. 하지만 부통령 후보를 선정하는 문제를 놓고 민주당은 전쟁을 바라는 주전파와 평화를 바라는 주화파로 갈라졌습니다. 옥신각신 끝에 주화파는 극단적 친 남부 경향을 가진 오하이오주 하원의원인 조지 펜들턴을 선정했습니다. 문제는 정작 대통령 후보인 매클렐런이 원하지 않는 후보였다는 사실입니다. 이와 함께 민주당을 갈라놓은 것은 주화파의 강요에 따라 채택할 수밖에 없었던 강령 – 연방을 복원하기 위한 4년간의 전쟁이 실패로 돌아간 지금 즉각 휴전을 위한 노력을 해야 한다. – 이었습니다.[186] 이 강령은 주전파이자 (링컨과 헤어져 비록 그의 상대자가 되었지만) 장군 출신인 매클렐런이 수용하기에는 너무나 어려운 것이었습니다. 고심 끝에 매클렐런은 다음과 같이 말했습니다.

저는 대통령을 1천 번 한다고 해도 당의 강령을 받아들일 수 없습니다. 만약 연방의 회복 없이 평화를 얻는다면 저는 도저히 용감한 동료들의 얼굴을 쳐다보면서 살해당하고 상처를 입은 수많은 우리 형제의 희생은 쓸모없는 것

---

185 Lincoln's Speech to Ohio Regiments(August 22, 1864).

186 1864 Democratic Nation Convention(August 29–31, 1864).

　　　　　　　　　　　　　　　　　　　　국민을 행복하게 만든 대통령들

이라고 말할 자신이 없습니다.[187]

　　대통령 후보의 말에 주전파와 주화파의 갈등은 심화하여 민주당은 11월 선거에서 패배했을 뿐만 아니라 그 후 오랫동안 백악관을 차지하는 데 실패했습니다.[188] 민주당의 분열은 링컨의 재선 가도를 환하게 비춰주는 작은 등불에 불과했습니다. 진짜 횃불은 9월 1일에 시작된 애틀랜타 점령 작전이 9월 3일에 완승으로 종결되었다는 소식이었습니다.[189] 링컨은 기쁨에 겨워 워싱턴과 12개의 다른 도시에서 승전을 기념하는 100발의 예포를 발사하도록 했습니다. 이어 얼마 후 9월 19일에는 더욱 희망적인 소식이 전해졌습니다. 셰넌도어계곡으로 간 필립 셰리던 장군이 마침내 주벌 얼리군대를 대파시킨 소식이 전해졌습니다. 셔먼의 애틀랜타 점령은 남부 연합과 민주당 주화파 세력에게는 치명타였습니다. 연방군의 군사적 성공은 남부 연합과 민주당 주화파에는 비극이었지만 북부연방과 공화당, 특히 링컨에게는 하나의 선물이자 축복이었습니다. 애틀랜타의 점령은 공화당의 분위기를 완전히 바꾸었고 링컨을 위해 대동단결하는 결과를 낳았습니다.[190]

　　11월 8일 선거에서 링컨은 압승했습니다. 며칠 후 11월 11일 링컨은 각료들을 소집한 후 여름에 서명하게 했던 봉투를 서랍에서 꺼냈습니다. 각료들은 그것을 보면서 링컨이 얼마나 솔직하고 국가를 사랑하는지를 알았습니다. 링컨은 만약 매클렐런이 당선되었다면 "장군 이번 선거는 당신이 나보다 더 국민의 신임을 받고 있다는 것을 보여주었습

187　정상환 옮김, 「대통령의 리더십」, 185 재인용.

188　민주당은 1886년에 가서야 그로버 클리블랜드가 대통령이 되었습니다.

189　남부 연합의 명장 존스턴은 수차례에 걸쳐 셔먼의 애틀랜타 진격을 늦추었지만, 대통령 데이비스와의 갈등으로 지휘관에게서 해임되었습니다. 새로 지휘관이 된 존 후드 장군은 존스턴과 같은 신중함이 부족했습니다. 그는 방어적인 입장을 버리고 셔먼의 군대를 향해 돌진했습니다. 하지만 셔먼의 연방군은 효과적으로 남부 연합을 물리쳤고 9월 2일에 드디어 애틀랜타를 점령했습니다.

190　링컨에게 늘 떨떠름했던 체이스도 "그렇다면 이건 역사의 선택인가"라는 말을 하며 링컨의 재선을 돕기 위해 워싱턴을 방문해 진심으로 링컨의 재선을 위해 노력했습니다.

니다. 이제 우리가 소통하며 협력해서 나라를 구하도록 합시다"라고 말했을 것이라 했습니다. 이에 시워드는 "장군은 당신에게 '물론입니다!'라고 대답했을 것이고 그러고는 영원히 아무 일도 하지 않았을 것입니다"라고 말했습니다.[191]

---

191 정상환 옮김, 「대통령의 리더십」, 190 재인용.

국민을 행복하게 만든 대통령들

03

프랭클린 루스벨트

국민을 행복하게 만든 대통령들

66

인간은 운명의 포로가 아니라
단지 자기 마음의 포로일 뿐이다.

99

배우는 태도

프랭클린 루스벨트(FDR)는 워싱턴과 링컨과는 달리 은수저를 물고 태어났습니다. 프랭클린은 미국에 귀족이 있다면 귀족 가문 그 자체인 루스벨트가(家) 출신으로 "빅토리아 시대의 신사 전통을 답습한 미국의 상류 문화"[1]를 구가하는 집안에서 태어났습니다. 또한 그는 뉴욕이라는 강한 지역적 기반 위에 성장했습니다. 비록 공립학교는 다니지 않았지만 미국 최고의 사립 고등학교를 마치고 하버드와 컬럼비아대학 로스쿨에서 정규교육을 받은 엘리트였습니다. 프랭클린 루스벨트는 학연, 지연, 혈연에서 누구에게 꿀리지 않는 인물이었습니다. 언뜻 우리는 은수저의 배경을 가지고 태어난 프랭클린은 위대한 리더로 타고났다고 생각할 수 있습니다. 하지만 프랭클린 역시 은수저를 물고 태어나지 못한 여타 다른 리더들과 비슷한 성장 과정을 가지고 있습니다.

프랭클린은 대통령이 되고 난 후 자주 이런 말을 했습니다. "내 힘의 원천은 고향마을의 허드슨강입니다." 이는 하이드파크의 고요하고 아름다운 경치나 그곳의 크고 편안한 집을 의미하지 않았습니다. 그것은 어린 시절 프랭클린을 감싸고 있었던 하이드파크 분위기의 무한하고 헌신적인 사랑을 의미했습니다. 세상 그 어느 집에서도 귀하지 않은

---

1 김진희, 「프랭클린 루스벨트; 제32대 대통령」(서울: 선인, 2012), 12 재인용.

자식은 없겠지만 프랭클린 루스벨트는 부모에게 참으로 특별한 아이였습니다. 프랭클린은 귀족으로 대지주이자 부자이며 하버드를 졸업했지만 나이가 들어 몸이 불편했던 아버지와 무역으로 엄청난 부를 쌓은 젊고 야심만만한 어머니의 유일한 자식이었습니다. 그런 만큼 그는 애정과 존경이 가득하고, 공정하고, 사랑스러운 원칙이 존재하며, 언제나 자기표현의 기회가 풍부한 환경에서 자라났습니다. 여섯 살 때의 일이었습니다. 프랭클린은 비뚤배뚤한 글씨로 "만일 나에게 말이 한 마리 있다면 목욕을 시키고 잘 돌볼텐데"라고 썼습니다. 이를 본 프랭클린의 어머니와 아버지는 다음 해 일곱 살 생일 때 말을 선물했습니다. 프랭클린은 말에게 '데비'라는 이름을 지어주었고 사냥개 막스맨처럼 잘 돌볼 것이라 약속했습니다.

어머니 사라는 아들을 정성을 다해 양육했습니다. 보모나 유모가 있었지만 프랭클린을 실제로 돌보는 일은 어머니 몫이었습니다. 프랭클린은 단 한 번도 공립학교에 다니지 않았습니다. 공립학교에 다닐 수 있는 형편이 되지 못하여 다니지 않은 것이 아니라 유일한 자식에게 최고의 개인 교육을 하고자 한 어머니와 아버지의 판단 때문이었습니다. 그래서 일찍부터 유능한 가정교사가 고용되어 하이드파크를 방문했습니다. 프랭클린은 오전 8시에 아침을 먹었고 9시부터 오후 1시까지 공부를 했습니다. 2시까지 점심을 먹고 오후 시간은 다시 공부해야만 했습니다. 프랭클린이 가장 잘 따랐던 가정교사는 그가 부모와 함께 유럽을 여행할 때 동행한 스위스 출신의 잔 샌도즈였습니다. 그녀는 프랭클린에게 자연과학과 인문과학 과목을 주로 가르쳤는데 놀이식으로 하는 그녀의 교육방식을 프랭클린이 무척 좋아했습니다. 또 다른 가정교사는 아서 덤프였는데 그는 프랭클린에게 체육활동을 비롯한 외부활동을 주로 교육했습니다. 아서는 프랭클린이 진지한 독서보다 외부에서 활동하고 다른 사람과 대화하기를 더 좋아했다고 말했습니다. 프랭클린의 가정교육에 꾸중이란 있을 수 없었습니다. 어머니와 아버지가 그랬듯이 대부분 가정교사는 칭찬과 격려로 프랭클린을 대했습니다. 이런 교육이 후에 프랭클린이 세상을 낙관적으로 보게 한 원인으로 작용한 것이 아닌가 여겨지고 있습니다.[2] 프랭클린의 부모는 어린 프랭클린을 데리고 유럽을 자주 여행했습니다. 열 살이 되기 전까지 그는 여덟 번이나 유럽 여행을 다녔는데 가정교사 샌도즈의 도움으로 프랑스어와 독일어를 익숙하게 구사하게 되었습니다.

프랭클린이 가장 좋아한 과목은 독서와 그림 그리기와 무용이었습니다. 하지만 음악 수업은 지겨워했는데 특히 피아노 치는 것을 몹시도 싫어했습니다. 프랭클린은 하루 수업이 끝나야만 선물로 받은 말을 탈 수 있었고 하이드파크 밖에 사는 다른 아이들을 만나 놀 수가 있었습니다. 어린 프랭클린은 책 읽기를 즐겼습니다. 어머니 사라는 교육열이 뛰어났고 어린 프랭클린에게 책의 중요성을 일깨워 주었습니다. 어머니, 가정교사, 그리고 가끔 아버지를 만나는 것이 세계의 전부였던 프랭클린은 책을 통해 더 많고 큰 세상을 접할 수가 있었습니다. 그래서 어릴 때부터 프랭클린이 가장 좋아하는 선물은 책이었습니다. 그가 처음으로 받은 책 선물은 「유치원의 아이들」이라는 책이었습니다. 그 후 그는 새를 좋아해서 새에 관한 책인 「동북 아메리카에서 사는 새들」을 사들여 탐독했습니다. 나이가 들면서 프랭클린은 독서의 폭을 넓혀나 갔습니다. 한동안 프랭클린은 마크 트웨인의 「톰 소여의 모험」, 「허클베리 핀의 모험」, 「왕자와 거지」 등을 너무나 좋아했고 이는 후에 유머 넘치는 말솜씨는 물론 유쾌한 태도를 보이는 데 적지 않은 도움을 주었습니다. 그는 역사와 해군에 관한 책, 워싱턴과 링컨의 전기 등을 즐겨 읽었습니다.

프랭클린은 정규교육 기관인 그로턴, 하버드, 컬럼비아를 다니면서

---

2 Alexander Kennedy, *FDR: Nothing to Fear*(New York: CreateSpace Independent Puishing Platform, 2016), Jean E. Smith, *FDR*(New York: Random House, 2008).

국민을 행복하게 만든 대통령들

도 교과목보다 일반 책을 더 좋아했습니다. 소아마비는 프랭클린이 독서에 더욱 집중하도록 만들었는데 혼자서는 움직일 수 없는 발을 가지고 다른 세상을 볼 수 있는 길 중 하나가 독서였던만큼 책을 좋아했습니다. 그래서 항상 프랭클린의 서재에는 많은 책이 있었습니다. 하지만 프랭클린 루스벨트는 워싱턴, 링컨, 또 자신의 본보기였던 시어도어 루스벨트만큼의 독서광은 아니었던 것 같습니다. 사실 프랭클린 루스벨트를 연구한 책과 논문은 물론 그에 관한 대부분의 전기에는 어릴 적 읽었던 책의 목록 외에 특별하게 언급되는 것이 없습니다.

집에서 가정교사를 통해서만 교육을 받다가 2년 늦게 고등학교에 입학한 프랭클린은 처음에 다른 아이들과 잘 어울리지 못했습니다. 하지만 이내 친구들과 잘 어울렸습니다. 프랭클린은 공부보다 고통받는 사람들을 위한 상류계급의 봉사 정신을 교육이념으로 삼고 있는 그로턴의 교장 엔디콧 피버디의 가르침을 존중했습니다. 피버디의 영향을 많이 받은 프랭클린은 피버디를 일생에서 가장 존경하는 사람으로 여겼습니다. 후에 그는 피버디에게 결혼식 주례를 부탁했고 인생의 중요한 멘토로 삼았습니다. 학과 공부보다 과외활동을 즐긴 프랭클린은 그로턴에서의 성적은 중간 정도였습니다. 그는 풋볼, 복싱, 야구, 기숙사 감독, 합창단, 연극반 등의 활동에 적극적으로 참여했고 이런 활동을 할 때면 시간 가는 줄을 모르고 즐겼습니다. 어머니 사라는 기숙학교에 있는 외동아들을 늘 걱정했지만 프랭클린은 그동안 지나친 사랑이 간섭과 구속으로 여겨졌던 어린 시절을 탈출하듯이 새로운 세상을 마음껏 즐겼습니다.

그런데도 프랭클린은 어머니의 헌신적인 사랑을 잘 알고 있었고 사랑에 실망을 주는 일은 하지 않았습니다. 하버드와 컬럼비아에서도 프랭클린은 학과 공부보다는 과외활동에서 두각을 나타냈습니다. 고등학교 때의 활동에 더하여 요트, 학생회장, 학생 잡지 「크림슨」의 편집장 등으로 활동했습니다. 프랭클린은 1903년에 하버드를 졸업할 수 있는 자격을 가졌지만 스스로 1년을 연장하여 학교를 더 다녔습니다. 편집장을 하면서 다양한 사람을 만나 대화하는 것을 너무나 좋아했기 때문이었습니다. 이러한 경험이 그가 대공황기에 수많은 사람을 만나 다정다감하게 이야기를 나눌 수 있는 배경이 된 것으로 판단됩니다. 또한 문제가 있을 때마다 난롯가에 앉아 마치 이웃 아저씨처럼 다정한 목소리로 '노변정담'을 하는 데 밑바탕이 된 것으로 여겨집니다.

프랭클린은 어느 특정 학과에 치중되어 배우는 것을 싫어했습니다. 그가 가장 좋아한 교과목은 역사였고 정치학에도 관심을 가졌습니다. 일률적인 교과서나 미리 짜인 커리큘럼을 싫어했던 프랭클린은 자신을 스스로 가르치고 배웠습니다. 이는 하나님을 믿고 보호자로 여겼지만 복잡한 교리를 몹시도 싫어한 그의 종교관과도 일치합니다. 사실 프랭클린은 정규교육에서 크게 두각을 나타내지 못했습니다. 하버드와 컬럼비아에서의 프랭클린의 성적은 C가 대부분이었고 B를 종종 받았을 뿐이었습니다. 하지만 그는 과외활동을 통해 다른 사람들과 어울리는 법을 스스로 터득했고 봉사활동을 통해 스스로 리더가 되는 방법을 터득했습니다. 아마도 유년기에 부모와 그로턴 교장 피버디에게 배운 계급의 사회적 책임을 스스로 실천한 것이 아닌가 생각됩니다.

흥미로운 것은 컬럼비아 로스쿨에서 두 학기나 낙제를 당했던 프랭클린이 대통령에 출마할 당시 가장 도움을 받은 지식인 그룹이 컬럼비아대학 교수들이었다는 사실입니다. 레이 몰리, 렉스 투그웰, 아돌프 벌리 등 여러 명의 교수가 일명 '브레인트러스트'를 구성하여 프랭클린 루스벨트의 선거를 도왔습니다. 이들은 프랭클린의 연설문과 정책 구상을 담당했습니다. 이런 사실은 그가 과목 위주의 배움보다 인간관계에 더욱 관심을 가지고 치중했다는 점을 보여줍니다. 누구의 말을 들어보아도 젊은 시절 프랭클린 루스벨트는 공부는 물론 거의 모든 일을 단순 취미 수준으로 즐기는 정도였다고 합니다. 아마도 부족한 것 없이 무엇이든 자기표현을 할 수 있었던 어린 시절의 경험 때문이었으리라 짐작됩니다. 하지만 어린 시절이든 나이가 들어서든 그리고 그가 어떤 일을 하든 프랭클린의 뒤에는 이른바 '든든한 물주'가 있었기 때문이 아닌가 생각됩니다. 프랭클린이 무엇을 하든 어머니 사라가 그 뒤에서 무엇이라도 감당할 수 있도록 도움을 주었습니다.

대통령이 되었을 때 사실 프랭클린은 행동하는 데 있어 정치철학이나 종교 혹은 사상적으로 엄격한 통치이념을 따르지 않았습니다. 얼핏 생각하기에 이것은 약점으로 보일지 모르나 궁극적으로는 그의 가장 큰 장점으로 작용했습니다. 만약 프랭클린이 지식인이거나 몽상가였다면 그는 아마도 시대가 요구하는 유연성과 실험정신을 발휘하지 못했을 것입니다. 프랭클린의 폭넓은 배움이 그 후 이루 말할 수 없는 대공황기의 복잡함을 잘 중재하고 조절하는 능력의 밑바탕이 되었다고 생각합니다. 미국 역사상 유일한 4선 대통령이 된 사실 또한 그의 유연성 덕분이었을 것입니다. 세계를 지배하려는 히틀러의 야욕에도 불구하고 '고립주의' 사슬에 얽매여있는 미국의 정치 현실을 부드럽게 헤쳐나가 전체주의의 전면 공격에 당황하지 않고 민주주의를 수호한 것 역시 그 근본에는 프랭클린의 유연성에 힘입은 바가 크다 할 것입니다. 프랭클린 루스벨트를 싫어했던 사람들은 그의 정책을 "원칙 없는 실험의 연속"이라고 비판했지만 오히려 그것이 대공황과 세계대전을 이겨낼 수 있게 한 원동력으로 작용했다고 생각합니다.[3]

프랭클린은 컬럼비아 로스쿨을 그만두고 변호사 시험에 합격하여 가족을 위해 돈을 벌었지만 이내 일에 싫증을 느꼈습니다. 그가 일하고 있었던 법률회사 사장인 루이스 레드야드는 결국 어머니 사라에게 아들의 게으름에 관해 말해야 했습니다. 레드야드는 "프랭클린은 좋은 변호사가 되고자 하는 의지도, 열심히 하고자 하는 태도도 없는 것

---

3 김진희, 「프랭클린 루스벨트: 제32대 대통령」, 20 재인용.

같습니다"라고 말했습니다.[4] 변호사로 취직을 하고 얼마 지나지 않은 1907년 여름에 프랭클린은 동료 변호사에게 "나는 미국 대통령이 되기를 원해, 이것은 시어도어를 따라가는 길이기도 해"라고 말했습니다. 그러자 동료 변호사는 "그러면 넌 우선 뉴욕주지사가 되어야 해, 네가 그 일을 잘해낼 때 대통령이 될 수 있는 좋은 길이 보일 거야"라고 충고했습니다. 후에 프랭클린 루스벨트는 뉴욕주지사가 되었고 이어 미국 대통령에 당선되었습니다.

뉴욕 하이드파크를 포함한 오이스터만에 터전을 잡고 사는 루스벨트 가문은 전통적으로 공화당을 지지해 왔습니다. 사실 26번째 지역구인 이 지역은 전통적으로 공화당이 중심이 된 지역이었습니다. 하지만 아버지 제임스는 부유한 자산가였지만 공화당의 지나친 친기업적이고 친자본적인 입장을 좋아하지 않았습니다. 특히 그가 주로 활동했던 시대는 마크 트웨인이 말한 공화당 중심의 권력과 기업 세력이 결탁한 이른바 '도금시대'의 전형을 보여주었던 시대였습니다. 그래서 제임스는 루스벨트 집안의 사람들과 달리 정치적으로 민주당을 지지했습니다. 그런데 프랭클린이 닮고자 하는 시어도어는 공화당 대통령이었습니다. 가문의 내력을 따라 또 존경하는 시어도어의 정당을 따라 처음에 프랭클린은 공화당을 선택하려고 했습니다. 하지만 그는 이내 마음을 고쳐먹고 아버지 제임스가 지지한 정당을 선택했습니다. 사실 민주당은 공화당 일색의 26번째 지역구에 프랭클린 루스벨트를 공천한 것에 큰 기대를 하지 않았습니다.

프랭클린은 민주당 후보가 되어 집안사람들로부터 적지 않은 비난을 샀지만 불만은 이내 사라졌습니다. 정치 세계에 뛰어든 프랭클린의 진지함과 신선한 태도 때문이었습니다. 프랭클린이 단순한 취미 수준

---

4 그도 그럴 것이 당시 남자 교사의 연봉이 500달러 정도였는데 프랭클린과 부인 엘리나는 상속받은 재산에서 연간 1만 2천 달러가 들어오고 있었습니다.

을 뛰어넘어 진지해진 것은 이때가 처음이었습니다. 그런데도 사실 프랭클린에게 정당은 그렇게 중요하지 않았습니다. 그에게는 정책의 목표와 실천이 더욱 중요했습니다. 이는 늘 그래왔듯이 그가 고착된 교육이나 엄격한 교리, 관념적인 생각 따위를 좋아하지 않는 것과 일맥상통합니다. 이런 의미에서 프랭클린은 확고한 실용주의자라고 할 수 있습니다. 프랭클린은 명목상 아버지의 정당을 선택했지만 실질적으로는 시어도어 루스벨트의 정치노선을 추구했습니다. 시어도어는 혁신주의적 개혁가로서의 이미지를 가지고 있었습니다. 시어도어는 친기업적인 공화당 출신이면서도 기업의 독점적 횡포를 차단하고 경제와 사회에 정의를 실현하고자 했던 대통령이었습니다. 프랭클린은 바로 시어도어의 이런 면을 닮고자 했고 그런 정치를 배우고자 했습니다.

정치를 하기로 마음을 먹자 누구보다도 좋아한 사람은 아내 엘리나였습니다. 당시 엘리나는 시어머니 사라로부터 엄격한 '시집살이'를 당하고 있었기 때문이었습니다. 엘리나는 지긋지긋한 시집살이에서 벗어나기 위해서는 뉴욕을 떠나는 길이 최선의 길이라고 생각했습니다. 하지만 늘 아들과 가깝게 지내고자 했던 사라는 아들이 정치 세계에 뛰어드는 것을 달가워하지 않았습니다. 당시 뉴욕 민주당 지도부는 하이드파크를 포함한 골수 공화당 우세지역에서 출마할 주 상원의원을 찾고 있었습니다. 당시 민주당 역시 지역 정치는 그 지역의 정치 보스가 판을 치고 있었습니다. 말하자면 민주당 지도부의 그 누구도 이 지역에서 민주당 후보가 승리하리라 생각하지 않았습니다. 그들이 찾고 있었던 후보는 일종의 희생타였습니다. 이는 아들이 정치 세계에 뛰어드는 것을 원치 않았던 사라의 생각과도 일치했습니다.

하지만 프랭클린 루스벨트는 민주당 보스들이 출마 제안을 하자마자 신선한 개혁가의 이미지로 지칠 줄 모르는 선거전에 돌입했습니다. 문제는 뉴욕에서 깊이 자리 잡은 민주당의 기존 정치조직인 태머니홀

(Tammany Hall)[5]의 간섭을 잘 이겨내야만 했습니다. 사사건건 간섭하는 태머니홀에 반기를 들며 보스정치 세계를 타파하기 위해 싸우겠다고 선언한 프랭클린에게 강력한 정치 보스인 티모시 셜리번은 "풋내기 대학생 같은", "진정한 정치 세계를 전혀 모르는 사이비 정치인"에 불과한 "아주 거만한 친구 루스벨트"라고 비난했습니다.[6] 이에 프랭클린 루스벨트는 조금도 굴하지 않고 "나는 멋진 싸움을 최고로 좋아합니다. 내가 옳으므로 재미있는 싸움이 될 것입니다"라고 응수했습니다.[7] 정치 신인이 거대한 조직에 도전하는 다소 무모한 행동으로 보일 수 있었습니다. 하지만 시대정신이 변화하고 있었습니다. 때마침 당시는 미국 사회에서 혁신주의 물결이 고동치고 있었던 시기였습니다. 사회정의를 실현하고 부정부패를 추방하며 법원을 개혁하고자 하는 운동이 전개되고 있었습니다. 여기에 더하여 주 상원의원을 선출할 때 몇몇 정당 보스들의 조작에 의해서가 아니라 주민들이 투표하는 직접민주제를 채택하고자 하는 바람이 크게 불고 있었습니다. 이런 흐름은 신인 정치가 프랭클린에게 너무나 유리하게 작용했습니다. 아직 서른이 되지 않은 프랭클린은 선거에서 승리를 확신했습니다. 당시 「뉴욕 타임스」는 다음과 같이 보도했습니다.

그는 큰 키에 유연한 몸매를 가졌습니다. 수려한 용모와 잘생긴 얼굴과 유연한 몸매로 보아 그는 정치계에서 성공할 것입니다.[8]

---

5 1786년에 시작하여 1789년에 결성된 뉴욕을 중심으로 한 정치 세력들로 구성된 태머니 협회가 19세기 중반이 되면서 지역 의원과 시장 등의 정치 후보를 결정하고 당선을 좌우하는 세력으로 성장했습니다. 프랭클린 루스벨트가 뉴욕주 상원의원에 출마할 당시 찰스 머피와 티모시 셜리번 등이 강력한 정치 보스로 활동하고 있었습니다. 이들은 1924년 뉴욕주지사 알프레드 스미스의 당선에 절대적인 영향을 미쳤습니다.

6 Russell Freedman, 손풍삼 옮김, 「미국 역사상 가장 정직한 대통령 루스벨트(*Franklin Delano Roosevelt*)」(서울: 고려원, 1992), 56-57.

7 프리드먼, 「미국 역사상 가장 정직한 대통령 루스벨트」, 57-58.

8 프리드먼, 「미국 역사상 가장 정직한 대통령 루스벨트」, 56 재인용.

프랭클린이 처음으로 나선 정치판에서 '루스벨트'라는 가문과 그의 잘생긴 외모가 승리를 견인하는 데 크게 작용한 것은 분명했습니다. 하지만 보다 근본적인 것은 기존의 정치세력과 다른 후보자의 개혁 성향이었습니다. 잘생긴 외모에 더한 그의 개혁적인 이미지는 넥타이를 꽉 동여맨 올버니의 구접스러운 정치가들과는 너무나 대조되었습니다. 결국 프랭클린은 태머니홀의 방해를 극복하고 궁극적으로 공화당 후보를 물리치고 승리했습니다. 초선의 주 상원의원으로 프랭클린은 노력 끝에 1911년에 여성과 어린이를 위한 주 54시간 노동제를 도입하는 법안을 통과시켰습니다. 1912년 다시 선거철이 다가왔는데 그해 프랭클린은 장티푸스에 걸려 적극적인 선거운동을 하지 못했습니다. 하지만 그의 신선하고 개혁적인 이미지가 워낙 강하게 작용하고 있었고 신문기자 출신의 유능한 루이스 하우의 전략적인 도움으로 그는 다시 한번 주 상원의원에 당선되었습니다.

그런 중에 1912년 대통령 선거가 다가왔습니다. 프랭클린은 민주당 소속으로 당연히 윌슨을 지지했습니다. 그런데 대통령직에서 물러났던 시어도어가 '혁신당'을 만들어 대통령에 출마했습니다. 당시 시어도어는 자신이 만들다시피하여 믿었던 윌리엄 태프트 대통령이 혁신주의를 버리고 보수주의 노선을 선택한 것을 못마땅하게 생각하고 있었기 때문에 다시 대통령에 출마했습니다. 아무리 존경하는 정치 스승이라고 해도 프랭클린은 시어도어를 지지할 수가 없었습니다. 이미 그는 윌슨을 지지하고 있었고 윌슨 역시 혁신주의적인 노선을 채택하고 있었기 때문이었습니다. 이 선거에서 윌슨의 지지연설자로 공을 세운 프랭클린은 해군차관에 임명되어 워싱턴으로 갔습니다. 프랭클린은 정당은 달랐지만, 자신의 정치 스승인 시어도어가 갔던 길을 따라갔습니다. 프랭클린은 초기 정치 경력을 통해 아무리 강하고 어려운 적이라도 자신의 생각이 옳은 것이라면 반드시 도전해야 한다는 것을 몸소 배웠습니다. 이러한 경험은 후에 자신의 건강을 망가뜨린 소아마비와 국가를 망가뜨린 대공황과 세계를 망가뜨리려는 전체주의의 발호를 물리치게 한 원동력으로 작용했습니다.

하이드파크에서 받은 무한 사랑, 그로턴, 하버드, 컬럼비아, 변호사, 주 상원의원, 해군차관, 부통령 후보를 경험한 프랭클린은 인생에 강한 확신을 가지고 살았습니다. 그러나 프랭클린은 1921년 여름 서른아홉드의 나이에 몸을 마비시켜 버린 소아마비에 걸렸습니다. 그는 회복하기 위한 고된 노력에도 불구하고 누구의 도움 없이는 더는 한 발자국도 걸을 수가 없었습니다. 그의 인생에서 처음으로 확신이 깨지는 순간이었습니다. 갑자기 찾아온 소아마비로 프랭클린은 처음으로 자신도 할 수 없는 무언가가 있다는 것을 깨닫게 되었습니다. 비록 부통령에 떨어졌지만 큰 기대는 하지 않았기 때문에 충격은 거의 없었습니다. 하지만 뒤이어 걸리게 된 소아마비는 그의 인생을 근본적으로 변화시켰습니다.

프랭클린은 처음으로 진정성을 가지고 다른 사람을 돌아보게 되었습니다. 자신과 같은 부족함이 없는 사람들이 아닌 가난하고 불쌍한 사람들을 돌아보게 되었습니다. 그들의 생각이 무엇인지, 그들의 고통이 무엇인지, 그들이 진정 바라는 것이 무엇인지를 생각했습니다. 소아마비는 프랭클린 루스벨트를 겸손한 사람으로 만들었고 겸손이 정치가에게 절대적으로 필요한 덕목이라는 것을 알게 했습니다. 처음으로 그는 자신보다 못 배우고, 자신보다 가난하고, 자신보다 약한 사람들로부터도 무엇인가를 배울 수 있다는 것을 알게 되었습니다. 그래서 프랭클린은 여성, 노동자, 농민, 어린이, 이민자 등의 사회적 약자들로부터 무엇인가를 배웠습니다. 특히 소아마비가 찾아온 이후 많은 시간을 같이 있을 수밖에 없었던 아내 엘리나로부터 많은 것을 배웠습니다. 엘리나는 사회활동을 통해 그동안 프랭클린이 경험하지 못한 세계를 이미 호흡하고 있었고 그녀의 경험은 남편의 우주관 변화에 큰 영향을 주었습니다. 그도 사람인지라 소아마비에 걸린 뒤 모든 것이 무너지는 절망 속에서 고통의 시간을 보냈지만, 프랭클린은 점차 고통에서 벗어나 치료에 전념했습니다. 그는 여러 사람으로부터 소아마비 치료에 온천이 효과가 있다는 소리를 들었습니다. 이 소리를 듣자마자 프랭클린은 온천으로 유명한 조지아주에 있는 웜스프링스로 갔습니다. 프랭클린은 개인 비용을 들여 자신 소유의 별장에다 소아마비 환자들을 위한 치료시설과 요양시설을 만들어 이것을 개방했습니다.[9]

이곳에서 프랭클린은 의사 가운을 입고 소아마비 환자들과 대화하며 지냈습니다. 이 대화를 통해 소아마비 환자들도 일반 사람과 똑같은 성적인 감정과 충동은 물론이고 이성적인 감정을 느낀다는 점을 이해했습니다. 프랭클린은 소아마비 환자들과 직접적으로 접촉하며 그들이 어떤 문제를 겪고 있는지를 알게 되었습니다. 소아마비 환자가 있는 집에서는 가족들이 그 사실을 수치스럽게 여긴다는 점이었습니다. 프랭클린의 어머니 사라와 아내 엘리나의 극진한 보살핌에도 불구하고 자신도 이 질병에 걸린 뒤 곧바로 느낀 감정 중 하나라는 것을 인정했습니다. 이를 간파하고 만든 웜스프링스는 사회가 소아마비 환자들에게 강요한 일반적인 기준을 완전히 거부했다는 점에서 다른 곳과 달랐습니다. 프랭클린을 연구한 휴 갤러허는 다음과 같이 말했습니다.

처음부터 프랭클린은 소아마비 환자의 갱생이 의학적 문제라기보다는 사회적 문제임을 명백히 알고 있는 듯 보였습니다. 프랭클린도 사람인지라 다른 곳에서는 자신의 장애를 숨기려고 했지만 이곳에서만큼은 모든 약점을 드러냈습니다. 다른 환자들과 같이 운동하고, 이야기하고, 수다를 떨었습니다. 그는 소아마비 환자들도 성적으로 표현하기를 원한다는 사실을 알고 있었습니다. 그리고 이를 어떻게 위로해야 하는지를 알고 있었습니다. 그는 휠체어

---

9 2005년에 조셉 사젠트 감독이 만든 영화 '웜스프링스'는 프랭클린 루스벨트가 소아마비에 걸린 후 조지아주 웜스프링스에 소아마비 환자를 위한 치료와 요양시설을 만들어 개방한 내용을 사실적으로 보여주고 있습니다.

를 타고 병상을 오가며 환자들을 위로하고 그들의 목소리를 들었습니다. 그는 진짜 '의사'였습니다.[10]

소아마비 이후 프랭클린은 완전히 진지한 사람으로 환생한 모습이었습니다. 그는 다른 사람과의 대화에서 이전에는 볼 수 없었던 태도를 보였습니다. 바로 다른 사람들의 말을 진지하게 '경청'하는 태도였습니다. 프랭클린은 그의 눈과 귀 그리고 발이 되어준 아내 엘리나의 말을 가장 많이 들었습니다. 비로소 시어머니의 간섭에서 벗어나 독립적인 인간으로 생활할 수 있었던 엘리나는 남편의 경청을 너무나 좋아했습니다. 프랭클린의 이러한 태도가 많은 사람이 하이드파크로, 올버니로, 그리고 백악관으로 모이도록 했던 것입니다. 그의 주위에 사람들이 모였고 그들로부터 프랭클린은 세상의 모든 것을 배웠습니다. 그는 가정교육과 정규학교에서 배우지 못한 세상에 대해 배웠습니다. 경청의 태도가 역사상 가장 고통스러운 경제위기를 극복하고 역사상 가장 위험한 전쟁을 승리로 견인한 근원이 된 것이 아닌가 생각합니다.

사람은 누구나 실수와 실패를 합니다. 대통령도 마찬가지입니다. 실수와 실패를 하는 것은 나쁜 것이 아닙니다. 단지 그것을 감추고 자신은 실수와 전혀 관계없는 완벽한 사람으로 보이려고 하는 것이 나쁜 것입니다. 루스벨트 집안은 언제나 부족함이 없고 실수나 실패를 하지 않는 완벽한 집안으로 보이려고 했습니다. 어떤 이유인지 분명치 않지만 루스벨트 가문의 남자들은 선천적으로 건강한 몸을 가지고 태어나지 못했습니다. 대통령이 된 시어도어 루스벨트도 청소년 시절 자신의 유약한 몸을 다듬기 위한 부단한 노력을 했습니다. 프랭클린의 아내로 후에 미국 최고의 퍼스트레이디가 되는 엘리나의 아버지이자 시어도

---

10   Hugh G. Gallagher, *FDR's Splendid Deception: The Moving Story of Roosevelt's Massive Disability-And the Intense Efforts to Conceal It from the Public*(New York: Vandamere, 1999), 53-54, 그 후 프랭클린 루스벨트는 사람들로부터 '의사 루스벨트'라는 별명을 얻었습니다.

어의 동생인 엘리엇은 몸이 나약해 요양원을 떠돌다가 엘리나가 열 살이 되었을 때 알코올 중독과 이러저러한 병 때문에 사망했습니다. 시어도어 루스벨트와 가까운 친척이었던 제임스 역시 늘 심장병과 협심증의 일종인 '앙기나'라는 질병을 앓고 있었습니다. 프랭클린이 아홉 살이 되었을 때 아버지의 병은 더욱 심해졌고 이것은 어머니와 어린 아들의 관계를 더욱 밀접하게 만들었습니다. 협심증으로 자주 쓰러지는 아버지를 본 어린 프랭클린은 아버지를 자신의 보호자가 아니라 오히려 자신이 보호해 주어야 할 대상이라고 판단했습니다. 그래서 어머니와 프랭클린은 어떤 놀랄만한 일에 대해서는 절대로 제임스에게 알리지 않기로 암묵적으로 약속했습니다. 프랭클린은 새로운 보모인 '낸시'를 몹시도 무서워했습니다. 하지만 아버지가 어렵게 고용한 사실을 알고 있었기 때문에 프랭클린은 이 생각을 드러내지 않았습니다. 한번은 전용 철도차량을 타고 여행을 하고 있었는데 커튼 봉이 떨어져 이마에 상처를 입는 일이 발생했습니다. 마침 아버지는 다른 식당차에서 손님을 만나고 있었습니다. 프랭클린은 피가 흐르는 상처를 모자로 가리고 아버지를 피해 무개화차에서 구경한다고 하며 어머니와 함께 나왔습니다. 이런 일도 있었습니다. 가족이 별장이 있는 캄포벨로로 휴가를 갔는데 친구가 조약돌을 잘못 던져 프랭클린의 앞니를 부러뜨리는 일이 발생했습니다. 프랭클린은 몹시도 아팠지만 울지도 않고 이 사실을 어머니에게만 알렸으며 아버지에게는 감추었습니다. 후대에 역사가들과 심리학자들은 프랭클린과 같은 어린 시절을 보낸 아이들은 대부분 신경과민이나 불안정한 사람으로 성장할 수 있다는 점을 지적하고 있습니다. 하지만 프랭클린은 그렇지 않았습니다. 병을 앓고 있는 아버지에 대한 배려와 관심은 프랭클린이 후에 소아마비를 극복하는 힘이 되었을 뿐만 아니라 대공황의 고통을 겪는 국민들을 보살피는 리더로 성장하는 밑거름이 되었다고 평가받고 있습니다.

프랭클린이 실패의 쓴맛을 경험한 것은 공부와 관련된 것이 아니라 더 많은 관심을 가지고 좋아했던 과외활동과 관련한 것이었습니다. 사실 프랭클린은 공부보다 여러 가지 과외활동에 몰두했습니다. 요리클럽, 합창단, 요트클럽, 풋볼팀 등 자신이 가입할 수 있는 모임에는 모조리 가입하여 활동했습니다. 하지만 그는 여기에서 너무나 실망스러운 패배를 맛보았습니다. 그는 하버드에서 가장 명성 높은 사교 클럽인 포셀리언(Porcellian)에 입회를 할 수가 없었습니다.[11] 이 클럽은 아버지는 물론 존경하는 시어도어 루스벨트도 정회원이었습니다. 후에 프랭클린은 포셀리언으로부터 적지 않은 모욕을 당했다고 자주 이야기하곤 했습니다. 몹시도 자존심이 상했지만 프랭클린은 연연해하지 않았습니다. 그는 곧바로 두 번째로 좋은 클럽인 플라이(Fly)에 가입해 활발한 활동을 했습니다. 또한 그는 졸업을 1년 연장하여 하버드에서 최고로 명성 있는 잡지인 「하버드 크림슨」의 편집장이 되었고 학생회장이 되어 포셀리언의 패배를 상쇄시켰습니다. 프랭클린은 패배와 실패가 주는 고통에 집착하지 않고 이를 극복하는 방법을 선택했습니다.

하버드를 다니던 어느 날 프랭클린은 운명의 여인을 만났습니다. 어릴 때 친척 모임에서 만난 기억이 있는 5촌 사이인 엘리나 루스벨트로 그녀는 프랭클린이 존경해 마지않았던 시어도어 루스벨트의 조카였습니다. 엘리나는 외모가 못생겼다는 이유로 유년시절 어머니로부터 사랑을 받지 못했습니다. 많은 상처를 주던 어머니는 그녀가 여덟 살이 되던 해에 갑자기 사망했습니다. 그녀가 유일하게 믿고 따랐던 사람은 아버지였습니다. 하지만 아버지(시어도어 루스벨트의 동생인 엘리엇) 역시 루스벨트가의 여러 남성에게 있는 잦은 질병에 시달리고 있었습니다. 그녀가 열 살이 되던 해에 알코올 중독으로 아버지마저 사망했습니다. 외할머니가 엘리나를 돌보았지만 부모가 없는 엘리나는 몇 년간 미운 오리 새끼 신세였습니다. 열다섯 살이 되던 해에 교육에 많은 관심이

---

11 하버드대학의 배타적인 남성클럽으로 1794년에 설립되었습니다.

있었던 외할머니가 그녀를 런던의 알랜스우드 아카데미로 유학을 보냈습니다. 이곳에서 그녀는 담대하고 현명한 사회운동가 출신의 교사인 마리 소베스트리를 만나 많은 영향을 받았습니다.[12] 후에 엘리나는 "이때만큼 행복한 때가 없었고 태어나서 처음으로 모든 두려움에서 해방되는 신비로움을 경험했다"라고 회상했습니다. 그녀는 비록 3년이라는 그리 길지 않은 유학 시절이었지만 자유사상, 자신감, 독립심을 키우고 미국으로 돌아왔습니다. 귀국 그녀는 후 외할머니 집을 방문하다가 열차에서 프랭클린을 만났습니다.

엘리나는 태어나서 한 번도 따뜻한 사랑을 받아보지 못했습니다. 그런 그녀가 잘생기고 따뜻한 마음을 가진 프랭클린을 만났습니다. 그녀는 프랭클린이 가까운 친척이었지만 마음이 끌리지 않을 수가 없었습니다. 프랭클린 역시 어머니의 지나친 간섭에서 벗어나기를 원했습니다. 그는 태어나서 단 한 번도 어머니의 탯줄을 벗어나 본 적이 없었기 때문이었습니다. 프랭클린 역시 자신과 같이 상류층이지만 굳이 상류층의 기대에 부합하고자 안달하지 않고, 자신만만하고, 생기발랄한 엘리나를 보고 마음을 빼앗겼습니다. 두 사람은 급속도로 가까워졌습니다. 얼마 후 두 사람은 결혼할 것이라고 서로의 가족에게 선언했습니다. 이 선언으로 어머니 사라는 큰 충격을 받았습니다. 고분고분하고 단 한 번도 자신 뜻을 거역한 적이 없는 아들이 독립을 선언한 것이었습니다. 게다가 엘리나는 뉴욕 상류층의 기준으로 볼 때 별로 달갑지 않은 며느릿감이었습니다.

유학을 마치고 온 엘리나는 자유로운 복장에 사회활동을 하는 그야말로 자유분방한 처녀였습니다. 사라는 많은 반대를 했지만 프랭클린과 엘리나의 결혼을 막을 수가 없었습니다. 결혼 후 시어머니 사라는

---

12 마리 소베스트리는 프랑스에서 태어나 영국에서 교편을 잡고 특히 젊은 여성들에게 독립적인 생활을 할 수 있는 용기를 북돋아 준 여성 교육자였습니다. 그녀는 유학을 온 미국 명문가 출신의 엘리나에 특별한 관심을 쏟았고 엘리나가 프랑스어를 할 수 있도록 많은 지도를 했습니다.

엘리나의 일거수일투족을 간섭했습니다. 신혼집, 신혼 방, 가구, 침실, 옷, 그릇 심지어 집안의 사소한 장식품까지 시어머니의 취향대로 꾸며졌습니다. 엘리나가 할 수 있는 일은 단 하나였습니다. 바로 아이를 낳는 일이었습니다. 엘리나는 모두 6명의 아이를 낳았는데 한 명은 유아 때 사망했습니다. 아이를 키우는 일은 시어머니가 고용한 보모가 대부분을 담당했습니다.

엘리나가 시어머니의 감시를 벗어날 수 있었던 때는 프랭클린이 정치를 시작하고 뉴욕주 올버니로 이사를 하면서부터였습니다. 사실 프랭클린의 정치 시작은 프랭클린보다 엘리나의 바람과 도움이 크게 작용했다고 할 수 있습니다. 얼마 후 엘리나는 해군 차관에 임명된 남편을 따라 워싱턴으로 갔습니다. 그녀는 남편이 고위관직에 임명된 사실보다 시어머니의 눈초리를 벗어나 멀리 간다는 것이 좋았습니다. 시어머니의 눈초리에서 벗어난 엘리나는 다시 사회활동을 전개했습니다. 1차 대전이 발발함으로써 엘리나는 무엇인가 더욱 의미 있고 가치 있는 일을 할 수 있으리라 기대했습니다. 엘리나는 해군, 적십자, 병원, 교회 등에서 적극적으로 일했습니다. 처음에는 엘리나가 자원했지만 시간이 지나면서 여러 기관에서 그녀를 초대했습니다.

그런데 전쟁이 끝나가는 1918년 그녀의 표현대로 "세상이 와르르 무너지는 듯한 일"이 일어났습니다. 남편 프랭클린이 해군 차관으로 유럽 전쟁지역을 시찰하고 돌아왔는데 귀국 당시 몹시 아팠기 때문에 들것에 들려서 배에서 내렸습니다. 엘리나는 남편의 가방을 정리하다가 한 뭉치의 편지를 발견했습니다. 편지는 자신이 보낸 것이 아니었습니다. 그것은 남편과 남편 애인의 비밀 연애편지였습니다. 연애 대상은 다름 아닌 자신의 사회비서였던 루시 머스라는 여자였습니다. 머스는 엘리나와 달리 젊고 매력적인 여성이었습니다. 당시 그녀는 단 한 명의 아이도 낳지 않았지만 엘리나는 6명의 아이를 낳은 상태였습니다. 유럽을 가기 전에 프랭클린은 엘리나와 아이들을 별장이 있는 캄포벨로로 보내려 애쓴 적이 있었습니다. 의구심을 드러내는 엘리나를 보고 프랭클린은 "의부증에 걸린 여자"라고 화를 내기도 했습니다. 또 여러 친구와 소풍도 가고 요트를 즐기는 가운데 찍힌 머스의 사진을 프랭클린은 그저 다른 친구 중 한 명이라고 애써 설명했습니다. 엘리나는 남편이 이렇게 행동한 이유를 비로소 알게 되었습니다. 엘리나를 고통스럽게 만든 것은 남편의 연애 대상이 자신도 너무나 잘 알고 있는 사람이었다는 사실이었습니다. 이보다 더한 배반감과 고통을 준 것은 평상시 자신과 잘 지냈던 여러 친구가 루시와 프랭클린의 연애를 도왔다는 사실이었습니다. 어떤 친구는 워싱턴 근교에 있는 자신의 집을 두 사람에게 빌려주기도 했습니다. 심지어 어릴 때부터 못생긴 외모를 놀렸던 자신의 사촌인 엘리스 루스벨트 롱워스는 이 사실을 알고도 말하지 않았습니다.

엘리나는 또다시 외톨이가 된 기분이었습니다. 진짜 고통은 너무나 믿었던 남편의 배반이었습니다. 그녀는 완벽하지는 않지만 자신감과 독립적인 생활을 제공하던 남편이 그것들을 온전히 빼앗아가 버렸다는 생각이 들었습니다. 엘리나는 사랑하던 아버지가 죽었을 때를 생각했습니다. 자신이 사랑하는 사람은 모두 자신을 버리는 것만 같았습니다. 엘리나는 남편에게 즉시 이혼을 요구했습니다. 프랭클린 역시 이에 응했습니다. 하지만 루시는 가톨릭 신자였는데 그녀의 종교는 이혼남과의 결혼을 허용하지 않았습니다. 또 시어머니 사라는 아들에게 아내와 다섯 자녀를 떠난다면 단 한 푼의 유산도 물려주지 않을 것이라 엄포를 놓았습니다. 당시 어머니 사라는 아버지의 적지 않은 재산을 관리하고 있었습니다. 1941년 어머니가 죽으면서 92만 달러가 프랭클린에게 상속되었습니다. 이에 더하여 자신의 정치 조언자 루이스 하우가 정치 세계에서 성장을 거듭하는 프랭클린에게 만약 이혼하게 되면 정치 생명은 끝이라고 경고했습니다.

어쨌든 두 사람은 이혼하지 않았습니다. 형식적으로는 프랭클린이 엘리나에게 다시는 루시를 만나지 않겠다고 맹세했습니다. 그러나 이 맹세는 지켜지지 않았습니다. 1920년에 루시는 부유한 홀아비 윈스롭 러더퍼드와 결혼했습니다. 그러나 그 후에도 두 사람은 은밀히 편지를 주고받았습니다. 심지어 대통령이 된 후에 엘리나가 여행을 갈 때면 루시가 백악관을 은밀히 방문하곤 했습니다. 1945년 프랭클린의 마지막을 지킨 사람은 엘리나가 아닌 바로 루시였습니다. 연애사건 후 이혼은 하지 않았지만 엘리나는 남편의 배신을 용서할 수가 없었습니다. 엘리나가 남편에게 보복할 수 있는 것은 그 후부터 자신의 침실 문을 닫는 것이었습니다. 아들 제임스는 "이 일이 있고 나서 아버지와 어머니는 무장 대치 상태였고 아버지가 돌아가시는 날까지 계속되었습니다"라고 증언했습니다. 엘리나는 종종 큰딸 애나에게 "섹스는 참아야 하는 시련일 뿐이다"라고 말했습니다. 이혼의 위기를 넘긴 프랭클린은 1920년 대통령 선거에서 민주당의 떠오르는 차세대 주자였습니다. 그는 부통령 후보로 시어도어의 길을 따라가고 있었습니다. 하지만 콕스-루스벨트 후보는 공화당의 신예 하딩-쿨리지 후보에게 패배하고 다시 뉴욕으로 돌아왔습니다.

동서고금을 막론하고 여러 부부가 많은 위기를 겪습니다. 다른 사람은 전혀 이해할 수 없는 그들 부부만의 특별한 이유가 있겠지만 그렇다고 이혼이 모든 것을 정당화해 줄 수는 없습니다. 역사에서 '만약'은 무의미하지만 그런데도 만약 이때 프랭클린과 엘리나가 이혼했다면 아마도 프랭클린과 엘리나라는 위대한 두 리더는 우리 인류에게 없었을 것입니다. 다시 한번 실수와 실패는 누구나 합니다. 그것은 대통령이거나 대통령이 될 사람도 마찬가지입니다.

1921년은 프랭클린에게 몹시도 힘든 해였습니다. 물론 선거 패배의 후유증이 원인이기도 했습니다. 그러나 이보다 프랭클린의 심신을 괴롭힌 일이 일어났습니다. 이른바 '뉴포트 스캔들(Newport Scandal)'로 알려진 사건이 폭로되었습니다. 이것은 1919년에 해군장관 대니얼이 유럽을 방문하는 동안 차관이었던 프랭클린이 뉴포트 해군기지에서 일어난 동성애 사건을 은폐시킨 일이었습니다. 5월 언론을 통해 폭로된 스캔들은 걷잡을 수 없이 확대되어 갔습니다. 상원 다수당의 확보와 여당이 된 공화당 중심의 의회가 조사위원회를 꾸렸습니다. 7월 20일 「뉴욕 타임스」가 이 사건을 보도했습니다. 언론의 공격은 민주당 부통령 후보였던 프랭클린에게 맞추어져 있었습니다.

심신이 지칠 대로 지친 프랭클린은 캄포벨로로 휴가를 갔습니다. 8월 10일 오후 수영을 하던 프랭클린은 갑자기 다리에서 아무런 감각을 느끼지 못했습니다. 날씨가 더운 여름인데도 그는 몹시도 추위를 느꼈습니다. 저녁을 일찍 먹고 곧바로 잠을 잤습니다. 다음 날 아침 그는 침대에서 걸어 나오다가 넘어졌습니다. 서른아홉 살의 프랭클린은 다른 사람이나 보조물이 없이는 걸을 수가 없었습니다. 역사가들은 이때 소아마비가 뉴포트 스캔들로 인한 정치적 위기로부터 프랭클린을 구했다고 주장하고 있습니다. 그 후 며칠 동안 프랭클린은 고문을 당하는 것과 같은 심한 고통을 겪었습니다. 심지어 의사까지 그가 죽을 것이라 믿었습니다. 모든 것을 옆에서 지켜본 엘리나는 "남편은 병에 걸렸을 때 정말 두려워했습니다"라고 말했습니다. 프랭클린은 후에 한 친구에게 "나의 절망은 절대적이었어. 나는 항상 나를 하나님의 선택된 도구로 생각했지만 이제 포기를 해야 한다고 믿었어"라고 말했습니다. 소아마비에 걸리고 줄곧 옆에서 대소변을 갈아내면서 두 사람의 관계는 다시 정립되었습니다. 이전의 결혼생활의 위기가 무엇이었든 두 사람은 서로를 다시 보게 만들었습니다. 그녀의 표현대로 "참혹한 시련"은 두 사람을 다시 가깝게 만들었습니다. 전도유망한 스타 정치가 프랭클린의 고통과 비참함은 이루 말할 수가 없었습니다. 프랭클린은 절망했습니다. 하지만 그는 포기하지 않았습니다. 자신이 실패라 여긴 사건으로부터 프랭클린은 다시 일어서는 길을 선택했습니다. 어머니는 모든 것을 접고 하이드파크에서 편히 살자고 아들을 설득했습니다. 다른 사람의 도움 없이는 단 한 발도 걸을 수 없이 하루하루를 지낸다는 것은 참으로 견디기 힘든 고통이었습니다. 육체적으로는 그렇다 하더라도 그토록 사랑했던 직업인 정치를 그만두어야 한다는 정신적 고통에 더욱 괴로웠습니다. 그런데도 그는 포기하지 않았습니다.

프랭클린에게는 최고의 파트너 엘리나가 있었습니다. 프랭클린은 소아마비에 걸리고 나서 처음으로 고통, 허약함, 상실감, 절망감을 느꼈지만 엘리나는 이런 것에 익숙해져 있었습니다. 엘리나는 남편의 고통을 미소로 안아주었습니다. 프랭클린은 다시 걷고야 말겠다는 굳은 결심을 했고 엘리나는 남편을 절망에서 구하는 유일한 길은 남편을 다시 정계로 복귀시키는 일이라 생각했습니다. 두 사람은 정계로 다시 복귀하기로 합의했습니다. 비로소 두 사람은 서로에게 얼마나 의존적인 존재인가를 알았습니다. 불구의 남편을 돌보면서 엘리나는 비로소 버림받았다는 불안 심리에서 완전히 벗어나 진정한 독립적인 인간으로 거듭났습니다. 엘리나는 비로소 자신이 이 세상에서 필요한 존재라는 것을 인식했습니다.[13] 엘리나는 하이드파크로 돌아오라는 시어머니의 주장을 정면으로 거부하고 남편의 정계 복귀를 위해 최선을 다했습니다. 그녀는 남편의 정계 복귀를 위해 뉴욕의 여러 곳을 누비고 다녔습니다. 엘리나는 남편의 "눈"과 "다리"가 되었고 프랭클린은 전략가가 되었습니다. 고통받는 남편에게 엘리나는 다음과 같은 말을 했습니다.

아무도 당신의 동의 없이 당신에게 고통을 가하지 못한답니다.[14]

---

13 Eleanor Roosevelt, *Eleanor Roosevelt: In Her Words: On Women, Politics, Leadership, and Lessons from Life*(New York: Black Dog &Leventhal, 2017), Eleanor Roosevelt, *The Autobiography of Eleanor Roosevelt*(New York: Harper Perennial, 2014).

14 Joseph P. Lash, *Eleanor & Franklin*(New York: W. W. Norton&Company, 2014), 88, 이 말은 후에 고통받는 많은 사람에게 용기를 주는 말로 회자되고 있습니다. 2차 대전 중 아우슈비츠에 감금되어 있었던 유대인 빅터 프랭클도 자신의 책 「죽음의 수용소에서」(서울: 청아출판사, 2005)에서 이 말을 자주 사용하고 있습니다.

프랭클린은 자신을 헌신적으로 돌보는 아내를 다시 보기 시작했습니다. 프랭클린은 비로소 "오늘의 나는 어제의 선택의 결과"라는 사실을 알았습니다. 아들 제임스는 후에 "비로소 아버지는 할머니보다 어머니를 더 존경하게 되었습니다. 아버지는 어머니에게 당신은 '귀한 아내이며 무거운 수고를 가장 용감하게 감당하고 있습니다. 당신은 나의 영웅입니다'라고 말했습니다"라며 이때를 회상했습니다.[15]

처음엔 절망했지만 포기하지 않았습니다. 기자들과 인터뷰를 할 때 프랭클린은 "지금 저는 더는 울고 있을 시간이 없습니다. 이제, 그만합시다. 지금부터 저는 조깅을 해야 하거든요"라는 식의 유머로 대화를 이끌었습니다. 엘리나는 "제가 볼 때 그분의 인생에서 소아마비의 정복만큼 큰 용기를 보여준 것은 없었습니다. 저는 한 번도 그분이 불평하는 것을 들어본 적이 없습니다"라고 회고했습니다.[16] 프랭클린은 아내와 하우의 도움으로 몸을 일으켜 수영과 마사지를 하루에 수십 차례 반복했습니다. 그러나 나을 수 있을 것인지는 불확실했습니다. 프랭클린은 온천이 소아마비에 효과가 있다는 소리에 곧바로 온천욕을 하면서 작은 희망을 품기도 했습니다. 그는 다른 소아마비 환자에게도 도움을 주고 싶어졌습니다. 곧바로 자금을 모으고 웜스프링스 재단을 만들어 병원을 세웠습니다. 프랭클린은 이곳을 자주 방문했고 갈 때마다 환자들과 어울렸습니다.

1924년은 대통령 선거가 있는 해였습니다. 민주당은 알프레드 스미스를 후보로 내세웠습니다. 프랭클린은 뉴욕 전당대회에 나가 스미스를 "행복한 전사"로 지지하면서 설득력 있는 연설로 정치무대에 복귀했습니다. 당시 전당대회장에 있었던 프랜시스 퍼킨스는 다음과 같이 회고했습니다.

---

15   Lash, *Eleanor & Franklin*, 92.

16   Lash, *Eleanor & Franklin*, 102.

전당대회에 참석한 사람들은 프랭클린이 소아마비로 죽은 줄만 알고 있었습니다. 하지만 그는 살아있었고 그곳에 서있었습니다. 매우 건강해 보였습니다. 목소리도 우렁찼습니다. 그저 평범한 사람이라고 생각했던 그 남자가, 우리가 죽었다고 생각했던 그 남자가 멋진 모습을 하고 다시 돌아왔습니다.[17]

프랭클린은 다시 일상으로 돌아와 변호사 생활을 했습니다. 하지만 그는 정치라는 사명과도 같은 직업을 위해 평생 노력했습니다. 1928년에 그는 스미스를 이어 뉴욕주 주지사에 출마했고 연이어 두 번이나 당당히 당선되었습니다. 그가 주지사로 있을 때 나라가 불구가 되었습니다. 온 나라가 사상 유례없는 불경기 상태에서 절망의 나락으로 빠져들고 있었습니다. 국민은 국가에 더 이상 희망을 품지 못했습니다. 국민은 망망대해의 암흑 속에서 좌표도 없이 흔들리고 있었습니다. 이러한 때에 프랭클린 루스벨트가 나타났습니다. 1932년 대통령 선거에서 프랭클린은 뉴딜(New Deal)을 외치며 침몰해 가는 배를 구하는 불굴의 전사로 등장했습니다. 국민은 프랭클린 루스벨트가 장애임에도 불구하고 장애를 장애로 여기지 않고 불굴의 의지와 용기로 인생을 개척하는 모습에 열광했습니다.[18]

1932년 대통령 선거가 한창일 때 미국은 거의 3년 이상 심각한 불경기가 계속되고 있었습니다. 미국 역사상 이토록 심각하고 오래도록 모든 분야에 영향을 끼친 침체는 없었습니다. 미국은 심각한 불구가 되었습니다. 당시의 경제지표는 3년 전에 비교해 그 심각성이 어느 정도인

17 Emily Keller, *Frances Perkins: First Woman Cabinet Member*(New York: Morgan Reynolds Pub, 2006), 87, 퍼킨스는 프랭클린 루스벨트 행정부에서 노동장관을 지내면서 뉴딜정책을 이끌었습니다. 그녀는 미국 최초의 여성 장관이었습니다.

18 「오체불만족」을 아시는지요? 태어날 때부터 팔다리가 없어 오체는 불만족이지만 의지와 용기로 장애를 극복하여 인생을 대만족으로 사는 일본의 오토타케 히로타다의 책입니다. 오토타케는 장애에 대한 일반적인 편견을 정면으로 도전했습니다. 장애인은 단지 육체가 조금 불만스러울 뿐이라고 여기고 야구, 농구, 수영, 달리기 등을 즐겼습니다. 오토타케는 활발한 방송활동과 작가 등으로 활동하면서 수많은 사람에게 희망과 용기와 감동을 주고 있습니다.

지 여실히 보여주고 있습니다. 경기에 직접적인 영향을 진단할 수 있는 도매물가지 수는 1929년에 비해 1930년에 9.6%, 1931년에 17.1%, 1932년에 11.25% 떨어졌습니다. 소비자물가지수 역시 1929년에 비해 1930년에 2.6%, 1931년에 9.2%, 1932년에 10.9% 하락했습니다. 일반적으로 물가의 하락은 소비를 촉진할 수 있는 것으로 여겨지지만 실업률이 높아지고 노동생산성이 하락하는 상황에서 소비는 위축될 수밖에 없었습니다. 물가하락과 소비감소는 기업 생산량의 하락을 자극했습니다. 국민총생산은 1929년에 비해 1930년에 11%, 1931년에 5.4%, 1932년에 다시 11% 하락했습니다. 이는 결국 기업이 파산하게 만들었습니다. 1920년대에 기업의 파산 비율이 평균 1%에 지나지 않던 것이 1930년에서 1932년까지 기업 파산율은 무려 50%나 증가했습니다. 두 기업 중 한 기업은 파산한 것입니다.

이렇게 되자 기업을 담보로, 부동산을 담보로, 또 개인의 봉급을 신용으로 잡고 돈을 빌려준 은행들은 고객으로부터 이자를 받지 못하게 되었습니다. 담보로 잡은 물건이 빌려준 돈보다 가치가 형편없이 낮아졌습니다. 담보로 잡은 물건도 무용지물이었습니다. 헐값에 내놓아도 물건을 살 사람이 없었습니다.[19] 은행이 파산했습니다. 1929년 은행은 총 2만 4천 970개였는데 1932년에 1만 4천 207개로 줄어들었습니다. 국채를 다루는 연방준비은행 소속 은행 중 3천 101개가 파산해 27.5%로 줄어들었고 여러 면에서 취약할 수밖에 없는 독립은행 중 7천 662개가 줄어 45%나 파산했습니다. 은행은 은행대로 파산이라는 쓰디쓴 잔을 마셨고 고객은 고객대로 일생을 번 돈을 한 번에 날리는 시세로 전락했습니다. 실업률은 깊이를 알 수가 없었습니다. 3년간 평균 실업률이 전체 노동인구의 25%를 차지했습니다. 1933년 3월에는 무려

---

19 시대, 장소, 그리고 상황 등에 다소 차이는 있지만 우리나라는 이른바 IMF라는 미국 대공황과 같은 고통을 겪었습니다.

28%를 상회했고 농업 분야를 제외한 실업률은 38%에 이르렀습니다. 네 명 중 한 명은 일자리가 없었습니다. 그나마 일자리를 유지한 나머지 75% 중 ⅓은 임시직이었습니다. 상근 노동자는 50%가 채 되지 않았습니다. 여성들에게 돌아갈 일자리는 거의 없었습니다.

일자리를 가진 노동자들은 임금삭감을 감수하지 않으면 안 되었습니다. 노동통계국은 1931년에 221건의 임금삭감이 있었다고 보고했습니다. 제너럴 일렉트릭사와 유에스스틸사가 각각 11%, 인터네셔널 하베스터사가 15%, 포드사가 25%, 그 외 대부분 회사가 10%에서 25%의 임금삭감을 단행했습니다. 살아있는 회사들도 힘겨운 나날이 지속되었습니다. 유에스스틸사에서 근무했던 에드사 톰슨은 다음과 같이 회상했습니다.

심지어 엔지니어들도 해고되었습니다. 공장의 수위직도 물론이었습니다. 공장에는 더는 일감이 없었습니다. 그들은 완전히 거지 같은 신세가 되었습니다. 공장의 수위 직책은 이제 감독관이 대신했습니다. 그것도 보증이 없었습니다. 절대로 없었습니다.[20]

당시 전체 노동인구의 25%에 달하는 약 1천 600만 명이 실업자가 되었습니다. 시인 스티븐 비넷은 실업자로 떠돌이 노동자가 된 사람들의 곤궁한 모습을 다음과 같이 쓰고 있습니다.

수화물차가 연결된 으슥한 곳과 감옥과 같은 화차를 타고 다니는 사람은, 마치 뜨거운 화차 굴뚝에서 나오는 검은 재와 같이 새까맣게 그을려있네, 도둑과 같이 웅크리고서 거지들의 푸념이 가득하네,
여기에는 수치스러움, 절망에 절망, 그리고 포기, 가능성이 있는 것은 아무

---

20 Alan Dawley, *Struggles for Justice: Social Responsibility and the Liberal State*(Mass.: Harvard Univ. Press, 1991), 351.

것도 없네.[21]

　가난과의 투쟁에서 가난이 완전히 승리하는 것 같았습니다. 1929년
에 비해 1932년에 출생률이 15%나 감소했습니다. 반면 자살률은 3배
나 증가했습니다. 감히 사업을 새롭게 시작하려는 사람이 없었습니다.
인생에서 새로운 그 무엇인가를 시도하고자 하는 사람이 없었습니다.
국가가 불구가 되어갔지만 당시 공화당 정부는 이런 사태를 해결할 비
전도 해결책도 가지고 있지 못했습니다. 대공황이 전 세계적으로 영향
을 주고있는 동안 세계 민주주의와 자본주의가 쇠퇴하고 있었습니다.
해결방안은 두 가지 극단적인 방법론 - 파시즘과 공산주의 - 중 하나라
는 선전들이 공공연했습니다. 독일에서 경제 붕괴는 나치당의 승리와
히틀러의 총통 취임을 이끌었습니다. 이탈리아에서는 무솔리니가 파시
즘이라는 이념을 통해 독재 권력을 장악했습니다. 소련에서는 스탈린
과 공산주의자들이 모든 것을 지배했습니다. "자본주의가 죽어가고 있
습니다"라고 신학자 바인홀드 니부어가 말했습니다. 내부적으로 어떤
개혁을 함으로써 희망이 있을 것이라고 보는 사람은 거의 없었습니다.
당시 미국 공산당(American Communist Party)은 드디어 때가 왔다고 믿
어 의심치 않았습니다. 사회 비평가인 루이스 멈포드는 "이왕 내가 투
표할 바에야 공산주의에 투표할 것입니다"라고 말했습니다. 정치 비평
가인 월터 리프먼은 프랭클린 루스벨트가 취임하기 두 달 전에 그에게
"상황이 너무나 위험한 상태에 있습니다. 당신은 독재 권력을 행사하
는 것 이외에는 어떤 선택의 여지가 없습니다"라고 경고했습니다.[22]
　그런데도 프랭클린은 인류의 보편적인 가치 추구에 근접해 있는 민
주주의의 본질을 절대 포기하지 않았습니다. 그는 정부와 국민과의 관

21　William Leuchtenburg(ed), *The New Deal: A Documentary History*(New York: W. W. Norton, 1968), 3.

22　Doris K. Goodwin, "Franklin D. Roosevelt", *Time*(Dec. 31, 1999): 46–54.

계를 변경시켜 자본과 노동 사이의 세력균형을 재정립하고 산업제도를 보다 인도적인 관점으로 만드는 '뉴딜' 정책을 이끌었습니다. 프랭클린 연구자로 유명한 도리스 굿윈은 프랭클린 루스벨트의 업적에 대해 다음과 같이 말했습니다.

> 프랭클린 루스벨트가 1920년대의 고비 풀린 자유방임주의와 1930년대의 잔인한 독재 권력 사이에서 중립적 입장을 견지한 것은 그의 가장 영구적인 업적입니다.[23]

민주 정부는 자선 행위가 아니라 사회적 의무의 문제로서 고통을 당하고 있는 국민을 도울 책임이 있다고 믿는 그의 신념은 그의 말과 행동을 이끌어주는 도의상의 범위를 제공해 주었습니다. 불구가 되어 허덕이는 나라에 프랭클린 루스벨트가 의사가 되어 나타난 것입니다. 1933년 그는 이른바 '닥터 뉴딜(Doctor New-Deal)'이 되어 대공황의 병세를 정확하게 진단하고, 포기하는 국가와 국민을 치료하기 시작했습니다. 그는 첫 번째 취임사에서 대공황의 공세의 두려움에 떨고 있는 온 나라를 향해 그리고 온 국민을 향해 패배를 거부하라는 메시지를 냈습니다. 1천 883단어로 20분에 걸친 연설은 '두려움 그 자체'라는 불후의 명언을 남겼습니다.

> 이 위대한 국가는 지금까지 견뎌낸 것처럼 견뎌낼 것입니다. 아니 다시 생생하게 살아나 번영할 것입니다. 그러므로 무엇보다 먼저 저는 저의 확고한 믿음을 말하고자 합니다. 우리가 두려워해야만 하는 유일한 것이 있다면 바로 두려움 그 자체입니다. 막연하고 이유도 없고 정당하지도 않은 두려움이야말로 후퇴를 전진으로 바꾸기 위한 노력을 마비시키는 것입니다.[24]

---

23 Goodwin, "Franklin D. Roosevelt",: 46–54.
24 First Inauguration of Franklin D. Roosevelt(March 4, 1933).

프랭클린 루스벨트는 취임식 다음 날 은행 휴일(bank holiday)을 위한 의회 특별회기를 소집하고 3월 9일 은행 휴일을 선포했습니다. 정부 공무원들은 은행의 회계장부를 세세히 검토했습니다. 회계 상태가 좋은 은행은 다시 영업하도록 허락했고 국고에서 자금을 지원해 주었습니다. 그리고 취임 후 100일 동안 프랭클린은 막연하고 이유도 없고 정당하지도 않은 두려움을 없애기 위해 필사적으로 노력했습니다. 그는 연방의회의 특별회기를 요청해 의회의 승인을 받기 위한 수많은 법안을 제출했습니다. 정부지출을 줄이고 균형예산을 이루겠다는 선거공약에도 불구하고 프랭클린 루스벨트는 경기가 후퇴한 상황에서 이른바 "펌프에 마중물을 붓는 식의 경기 부양책"이 경제를 다시 자극하는 최선의 길이라는 것을 알았습니다.

뉴딜정책은 처음에 의도했던 것보다 효과가 나타나지 않았습니다. 1935년 미국은 뉴딜이라는 처방을 했음에도 불구하고 아직도 대공황의 여파에서 벗어나지 못하고 있었습니다. 실직자는 여전했고 거리에는 거지에 가까운 사람들로 넘쳐나고 있었습니다. 사회 여러 곳으로부터 뉴딜도 아무 소용이 없다는 패배의 목소리가 거세졌습니다. 이에 프랭클린은 4월 28일 노변담화를 통해 국민에게 어떤 일이 있어도 패배를 거부하도록 부탁했습니다. 이 말은 내각 인사가 노예해방령 발표를 반대할 때 링컨이 그들을 설득하며 한 말입니다.

국민 여러분, 밧줄의 끝에 도달해서는 매듭을 묶고 매달리십시오.[25]

국가와 국민이 밧줄 끝에 매달려 있는 위기 상황에 놓여 있었습니다. 거기서 손을 놓게 되면 추락해 버립니다. 국가가 전대미문의 위기에 처했지만 프랭클린 루스벨트는 국가와 국민이 손을 놓는 것을 인정하지

---

25 Fireside Chat On the Works Relief Program and Social Security Act(April 28, 1935).

않았습니다. 그 순간에 매듭을 묶어 단단히 매달려 줄 것을 설득했습니다. 첫 번째 임기의 뉴딜은 주로 경기회복과 구호정책에 집중되었습니다. 두 번째 임기에는 대공황과 사회혼란을 근본적으로 치유할 개혁정책에 치중했습니다. 프랭클린은 두 번째 취임사에서 다양한 개혁정책을 예고하며 다음과 같이 말했습니다.

> 우리는 우리의 공공복지 문제들을 천재지변과 같은 운에 맡긴 채 내버려 두기를 거부합니다.[26]

유능한 리더는 중요한 문제가 조류에 따라 무작정 흘러가도록 내버려 두지 않습니다. 프랭클린 루스벨트는 계획을 수립하고 결정하고 결단을 내렸습니다. 그러나 프랭클린의 패배를 인정하지 않는 노력에도 불구하고 유럽에서 전쟁이 발발하기까지 완전한 경기회복은 이루어지지 않았습니다. 하지만 프랭클린 루스벨트의 노력은 국민들에게 두려움과 패배를 멀리하고 다시 할 수 있다는 자신감을 되찾아주었습니다. 뉴딜정책의 성공과 실패 여부를 떠나 프랭클린 루스벨트의 진정한 가치는 그가 격심한 경기침체로 용기와 희망을 잃은 국민들에게 그것을 다시 찾아주었다는 점이었습니다. 어떻게 보면 이것이 진정한 리더십이 아닌가 생각합니다. 단순히 경제를 회복시켜 잘살게 하는 것보다도 말입니다.

1940년에 접어들면서 미국의 민주주의적 생활방식은 첫 번째 위기인 대공황보다 훨씬 가공스럽고 끔찍한 두 번째 위기에 직면했습니다. 독일군이 폴란드, 벨기에, 룩셈부르크, 프랑스 등을 침공하여 유럽에서 나치의 위압에 홀로 투쟁하는 영국만 남겨두고 세계평화를 와해시켰습니다. 이제 나치 독일은 유럽뿐만 아니라 미국에도 위험한 존재였습

---

26 Second inauguration of Franklin D. Roosevelt(January 20, 1937).

니다. 급기야 히틀러는 태평양에 있는 미국의 적인 일본과 연합했습니다. 유럽에서 나치의 발호가 넘쳐나는 가운데 일본 제국주의자들이 아무런 경고도 없이 하와이 진주만을 공습했습니다. 영국만 무너뜨리면 독일의 미국침략은 시간문제였습니다. 이미 독일은 브라질과 아르헨티나 등의 남아메리카에서 군사작전을 개시하고 있었습니다.

그러나 당시 미국의 군사력은 세계 18위에 불과했습니다. 미군의 병력은 50만 명에 불과했습니다. 반면 독일 군대는 600만 명의 정병을 자랑했습니다. 당시 미국의 군사력은 독일, 프랑스, 영국, 이태리, 일본, 중국은 물론이고 폴란드, 스페인, 루마니아보다도 뒤처져있었습니다. 1918년 이후로 세계전쟁과 다른 나라의 일로부터 멀어지는 철저한 고립정책을 펼친 나머지 미국 정부는 물론 기업들도 무기를 만드는 것과는 거리가 멀었습니다. 설상가상으로 미국 정부는 고립주의를 탈피하려는 어떤 시도도 감시의 눈초리로 지켜보고 있었습니다. 그 결과 미국은 현대적인 비행기나 탱크, 전함 등은 거의 생산하지 않고 있었습니다.

이런 암울한 시기에 프랭클린은 세 번째 취임식을 치렀습니다. 많은 사람이 민주주의와 자유가 쇠퇴할 것이라고 비관했습니다. 하지만 프랭클린은 이런 시각을 일축했습니다.

여러분! 국가의 수명은 생존 의지가 얼마나 충만한가에 달려있습니다. 하지만 이것을 의심하는 사람이 있습니다. 민주주의가 불가사의하고 인위적인 운명으로 제한된다고 믿는 사람들이 있습니다. 나아가 전제정치와 노예제도가 미래의 대세가 될 것이며 자유가 쇠퇴해 간다고 믿는 사람들이 있습니다. 하지만 우리 미국인은 이것이 사실이 아님을 알고 있습니다. 8년 전 이 나라가 치명적인 공포에 사로잡혀 얼어버렸을 때도 우리는 이것이 사실이 아님을 증명했습니다. 충격을 받은 것은 사실이지만 우리는 바르고 담대하게 행동했습니다. … 나치가 승리할 것처럼 보이는 지금도 마찬가지일 것입니다.[27]

---

27   Third inauguration of Franklin D. Roosevelt(January 20, 1940).

프랭클린 루스벨트는 다가오는 나치의 위협을 직관적으로 인식했습니다. 그는 미국이 이 전쟁을 피해갈 수 없음을 알고 더는 방관자로 머물러있지 않았습니다. 1941년 1월 여덟 번째 의회에 보내는 연두교서에서 프랭클린은 '무기대여법(Lend-Lease Act)'에 반대하는 세력을 향해 다음과 같이 말했습니다.

최근에 저는 현대 전투의 템포가 얼마나 빠른지 지적한 바가 있습니다. 독재자가 이 전쟁에서 승리한다면 결국 우리에게 물리적인 공격이 닥칠 수밖에 없을 것입니다. … 그래서 저는 우리의 방위에 필수적인 그 나라들이 미국에서 전쟁물자를 구할 수 있게 해주어야 한다고 생각합니다.[28]

이어 프랭클린 루스벨트는 5월에 노변정담을 통해 아직도 대세를 이루고 있는 고립주의자들을 설득했습니다. 그는 무기한 국가비상사태를 선포하여 미국이 전쟁을 준비하지 않으면 안 된다고 역설했습니다. 안전을 위해서는 아무런 행동 없이 소극적인 수용의 자세는 패배일 뿐이라고 역설했습니다.

우리 중에는 자유를 영원히 잃어버리지 않기 위해서 무슨 수를 쓰더라도 평화를 유지해야만 한다고 주장하는 소심한 사람이 있습니다. 그러나 저는 이들에게 이렇게 말합니다. 지금까지 세계 역사상 민주주의를 지키겠다는 의지로 투쟁하여 민주주의를 상실한 나라는 없었습니다. … 우리의 자유는 전쟁에서 살아남는 능력을 보여주었습니다. 하지만 굴복으로는 결코 살아남지 못합니다.[29]

1941년 12월에 아무런 예고도 없이 일본 제국주의자가 진주만을 공

---

28 Franklin D. Roosevelt, "Annual Message to Congress on the State of the Union", (January 6, 1941).

29 Fireside Chat On An Unlimited National Emergency(May 27, 1941).

격한 후에도 프랭클린은 패배를 거부했습니다. 새해 1월 6일에 그는 대통령으로서 아홉 번째로 보내는 의회 연두교서에서 다음과 같이 말했습니다.

> 일본이 진주만을 공격한 것은 우리를 충격과 동요에 빠뜨리기 위함이었습니다. … 하지만 우리는 동요하지 않았습니다. 겁에 질리거나 당황하지 않았습니다. 77대 의회가 바로 이 자리에 모인 것이 그 증거입니다. 이 자리의 조용하고 결연한 분위기는 세계평화를 말살하려고 공모한 그들에게 불길한 징조일 것입니다.[30]

프랭클린 루스벨트는 고립주의가 판을 치는 가운데 국가가 처한 현재의 위협을 직시하고 국가 최고 리더로서 어떤 행동을 해야 하는가를 주지했습니다. 어떠한 우울한 상황에서도 프랭클린은 흔들리지 않았습니다. 그는 잠자고 있는 미국의 민주주의의 전통과 활력이 되살아나면 나치의 위협을 충분히 대처할 수 있다고 확신했습니다. 그는 대공황 대책이 그러했듯이 이 전쟁에서도 정부의 적극적인 행동이 필요하다고 생각했습니다. 다시 한번 이 나라의 자유민주주의 체제를 활력으로 넘치게 한다면 분명 경직된 전체주의 체제를 충분히 앞설 것이라고 굳게 믿었습니다. 인류의 보편적 가치에 어긋나는 전체주의와 군국주의의 확장과 자유의 말살에 맞서 프랭클린은 정부 주도의 경제를 자극하고 사회복지프로그램을 확대하면서도 한편으로 시민의 자유를 더욱 증대시키고 시장경제에 바탕을 둔 자유민주주의 체제를 신봉했습니다. 이와 관련하여 프리드 그린스타인은 최근의 저서에서 다음과 같이 프랭클린 루스벨트를 극찬하고 있습니다.

---

30 Franklin D. Roosevelt, "Annual Message to Congress on the State of the Union", (January 6, 1942).

만약 프랭클린 루스벨트가 없었다면 미국은 전체주의 국가로 전락했을 것입니다. 루스벨트의 최대 업적은 침략적 파쇼체제를 물리치고 자유민주주의라는 미국 체제의 영속성을 이끈 것입니다.[31]

대통령이 되면서 프랭클린 루스벨트는 위기를 극복하기 위해 과감한 정책을 도입해야 했습니다. 그러나 그만큼 실수를 할 수 있는 여지가 많았습니다. 때로는 자신이 했던 약속도 뒤집어야 할 경우도 자주 있었습니다. 하지만 그럴 때마다 그는 아집을 부리거나 권위를 내세워 자신의 실수를 감추고자 하지 않았습니다. 그는 곧바로 실수를 인정하고 새로운 것을 향해 나아갔으며 그것으로 자신의 신념을 포기하거나 대중적인 이미지에 손상을 주지 않았습니다. 1932년 대통령이 되기 전, 피츠버그에서 한 연설은 프랭클린의 실수에 대한 태도를 잘 보여주는 사례입니다. 프랭클린이 잘 나가던 국가가 경기가 침체한 이유는 정부가 균형예산을 이루지 못했기 때문이라 생각했습니다. 선거운동 중에 프랭클린은 유권자들을 향해 정부지출을 삭감해서 균형예산을 이루겠다고 약속했습니다. 그러나 막상 뉴딜정책을 실행하면서 그는 심각한 예산 불균형을 초래하였습니다. 이에 대해 1936년 대통령 선거에서 공화당 중심의 반대파와 여러 언론이 이것을 문제 삼아 그를 심하게 공격했습니다. 이에 프랭클린의 참모들은 그 당시 피츠버그 연설을 단계적으로 부정해 나가자는 전략을 제시했습니다. 그러나 루스벨트는 자신의 약속 불이행에 대해 "정부도 실수할 수 있고 대통령도 잘못을 할수 있습니다"라고 말했습니다. 그리고 그해 민주당 전당대회에서 프랭클린 루스벨트는 다음과 같이 말했습니다.

위대한 단테가 말했듯이 신의 정의는 사소한 잘못으로도 빛이 바래지 않습

---

31   Fred I. Greenstein, *The Presidential Difference: Leadership Style from Roosevelt to Clinton*(New York: Free Press, 2000), 8.

니다. 얼음 같은 무관심 속에서 아무 일도 하지 않는 정부보다는 따뜻한 자비심으로 가끔 잘못하는 정부가 더 낫습니다.[32]

프랭클린의 솔직하고 인간미 넘치는 이 연설에 반대파들과 언론의 공격도 사라졌습니다. 대통령으로서 프랭클린은 대공황을 극복하는 것이 최우선 과제였습니다. 국가의 기본정책을 자유방임에서 '뉴딜'이라는 이름의 국가간섭정책으로 바꾸면서까지 위기를 극복하고자 했습니다. 그는 어쩔 수 없이 대기업을 간섭하고 때로는 그들의 힘을 적대시했습니다. 그러던 그가 2차 대전이 일어나자 자본주의의 위대한 수호자가 된 것과 같이 새로운 친기업적인 정책을 내놓았습니다. 민간기업의 반(反)트러스트법을 완화해주고 기업들의 투자활동을 조처했습니다. 이에 프랭클린의 반대파들은 일관성을 잃은 정책이라 비난했습니다. 하지만 그 결과 미국의 기업들이 다시 번창하여 민주주의를 위협하는 세력을 물리치는 밑바탕이 되었습니다. 또한 역사상 가장 생산적인 민관협조체제를 이룩하여 생산성 향상과 전후의 경제번영을 이룩하게 하는 밑바탕이 되었습니다. 리더로서 정책에 대한 강한 탄력성과 유연성을 유감없이 발휘한 결과입니다.

프랭클린 루스벨트는 우리가 기억할 수 있는 몇 가지를 실수했습니다. 가장 대표적인 경우가 대법관충원계획이었습니다. 연방 대법원 판사들이 수차례에 걸쳐 뉴딜정책(특히 농업 조종법)에 위헌 결정을 내리자 프랭클린은 자신에게 유화적인 판사들로 바꾸기 위해 노골적인 조치를 취했습니다. 하지만 프랭클린은 사법부를 장악하려는 음모라는 여론의 집중포화를 맞고 계획을 철회해야 했습니다. 프랭클린이 자신의 지나친 욕심을 인정한 대표적인 사례였습니다. 기업이든 다른 조직이든 리더가 자신의 잘못을 인정하는 것은 결코 쉬운 일이 아닙니다. 하

---

32 손풍삼 옮김, 「미국 역사상 가장 정직한 대통령 루스벨트」, 21-22.

지만 프랭클린은 소아마비 이후 세상을 너그럽게 보았듯이 정치 분야에서도 큰 포용력을 발휘하고 관용의 자세를 가졌습니다. 전쟁기에 일본계 미국인들을 감금시킨 사건이나 유럽의 유대인 문제에 대해 단호한 대처를 하지 못한 것을 두고도 프랭클린은 수많은 비판을 받았습니다. 프랭클린은 기꺼이 비판의 타당성을 인정했습니다. 프랭클린은 아내와 참모들에게 수시로 다음과 같은 말을 했습니다.

> 저는 말입니다. 제가 매 타석에 나설 때마다 안타를 치리라고는 생각하지 않습니다. 제가 기대하는 것은 타율을 최고로 올리는 것입니다.[33]

프랭클린은 소아마비 이후부터 아집과 권위 의식을 버렸습니다. 경제침체로 고통받는 국민에게 희망과 용기를 주는 것과 세계 민주주의가 위협받는 현실에서 적을 물리치는 것이 자신의 아집과 권위 의식을 지키는 것보다 훨씬 중요했습니다. 이혼 위기를 극복하고 다시 가깝게 지낸 아내 엘리나는 후에 자서전에서 다음과 같이 적었습니다.

> 남편은 무엇을 하겠다고 마음먹으면 늘 최선을 다하는 사람이었습니다. 그는 절대로 후회하는 일로 시간을 보내지 않았습니다. 상황이 뜻대로 되지 않을 때, 그는 늘 새로운 방법을 찾으려고 노력했습니다. 그는 해답이 무엇인지 모르지만 어쨌든 해답이 있을 것이라 생각했습니다. 그리고 해답을 찾을 때까지 최선을 다해야 한다고 말했습니다. 그는 단 한 번도 사람들의 문제 해결 능력을 의심해 본 적이 없습니다.[34]

프랭클린 루스벨트는 정부도 대통령도 누구나 실수를 할 수 있다는 것을 솔직하게 인정했습니다. 루스벨트는 정말 나쁜 것은 실수를 하는

---

33 Roosevelt, *The Autobiography of Eleanor Roosevelt*, 35.

34 Roosevelt, *The Autobiography of Eleanor Roosevelt*, 99.

것이 아니라 그것을 감추거나 인정하지 않는 태도와 실패가 두려워 아무것도 하지 않는 것이라는 점을 잘 알고 있었습니다. 엘리나는 남편의 이러한 태도를 너무나 잘 알고 있었습니다.

프랭클린 루스벨트는 휴식하며 쉴 수 있는 능력을 갖춘 리더였습니다. 쉬는 것이 무슨 능력이냐고 반문할 수 있습니다. 하지만 우리 주위에는 쉬지 못하는 사람들이 너무나 많이 있습니다. 이른바 '일 중독'에 걸려 끊임없이 자신과 다른 사람을 재촉하는 사람들이 많이 있습니다. 이들은 일에 대한 강박관념에 사로잡혀 스스로는 물론 다른 사람들의 에너지를 소진해 버리기 일쑤입니다. 이들에게는 새로운 배움이나 창의력이 있을 수 없습니다. 오로지 눈앞에 보이는 일에만 집중하여 정작 중요한 것을 보지 못하기도 합니다. 프랭클린 루스벨트의 리더십에서 독특한 것은 그가 휴식의 중요성을 알고 쉴 수 있는 능력을 갖추고 있었다는 사실입니다. 그는 쉴 수 있는 능력으로 에너지를 재충전하여 다음 날의 투쟁 - 복잡한 뉴딜정책과 긴박한 2차 대전 - 에 대비할 수 있었던 것입니다. 프랭클린 루스벨트는 휴식을 통해 소아마비로부터, 국가에 불어닥친 대공황이라는 실패로부터, 인류 세계에 불어닥친 전쟁이라는 실패로부터 벗어날 수 있었던 것입니다. 소아마비가 주는 개인적 고통에도, 대공황의 침울함에도, 전쟁의 불리함이 계속되는 암담한 시기에도 루스벨트는 동요하지 않고 침착함을 유지했습니다.

프랭클린이 뉴욕주지사로 있을 때부터 시작한 것으로 알려진 칵테일파티는 특별한 일이 없는 한 거의 매일 밤 열렸습니다. 프랭클린 연구자로 유명한 도리스 굿윈은 이 파티를 "특이한 의식"으로 표현했습니다. 그녀가 이렇게 표현한 데는 이 파티에는 엄격한 규칙이 있었기 때문이었습니다. 그것은 "누구도 심각한 주제인 정치나 전쟁을 토론 대상으로 삼아서는 안 된다"라는 것이었습니다.[35] 대신 파티에 참석한

---

35 Goodwin, "Franklin D. Roosevelt", 46–54.

사람들은 일부러 영화, 스포츠, 일상의 재미있는 이야기, 혹은 이러저러한 회고담 등과 같은 가벼운 주제들을 화재로 삼았습니다. 유일하게 엘리나만이 심각한 주제를 가지고 올 수 있었습니다. 그렇지만 그녀 역시도 심각한 정치문제보다 자신의 관심사인 시민권이나 슬럼가의 정리 정돈과 같은 것을 주로 이야기했습니다.

프랭클린 루스벨트의 트레이드마크로 불리며 국민에게 다가가고 국민과 소통한 '노변정담(fireside chat)'에 대한 아이디어는 바로 이 칵테일파티에서 얻은 것입니다. 프랭클린은 칵테일파티 외에도 다른 여러 가지 휴식을 취했습니다. 여러 참모와 어울려 포커를 치기도 하고 혼자서 카드 패를 떼보기도 했습니다. 대통령이 되어서도 그는 자주 요트를 타고 낚시 여행을 떠나기도 했습니다. 히틀러의 파상공세가 이어지는 가운데 마지막 남은 영국 처칠의 간곡한 지원 부탁이 있었습니다. 하지만 중립 정책에 가로막혀 있는 미국은 꼼짝을 할 수가 없었습니다. 프랭클린은 당장이라도 지원하고 싶었지만 의회의 반대를 무시할 수가 없는 처지였습니다. 그런 상황에서 그는 복잡한 마음을 달래기 위해 카리브해로 낚시 여행을 떠났습니다. 이 낚시 여행에서 그 유명한 '무기대여법'을 창안해 냈습니다.

프랭클린이 휴식을 취할 때 가장 즐겁게 행한 일이 하나 있습니다. 보기에 따라 이것도 일이라면 일이겠지만 프랭클린에게 우표수집과 정리는 일이 아니었습니다. 프랭클린은 우표를 정리하면서 새로운 내일을 준비했습니다. 프랭클린의 우표수집은 어릴 때부터 시작되었습니다. 어머니 사라가 홍콩과 유럽에서 온 외할아버지의 편지에 붙어 있는 이채로운 우표를 수집하면서 시작된 취미였습니다. 어머니의 취미는 자연스럽게 아들에게 전달되었고 대통령이 되어서도 이 취미는 계속되었습니다. 우표수집을 위한 전용 보좌관은 없었지만 새롭고 다양한 우표가 나오면 국무부 직원들이 수시로 대통령에게 보내주었습니다. 4선에 당선되고 전쟁의 종결이 다가오는 1945년 4월 12일에 프랭클린은 웜스프링스에서 휴식을 취하고 있었습니다. 이때에도 프랭클린은 그동안 모은 우표를 정리하고 있었습니다.

프랭클린 루스벨트가 죽고 나서 그가 정리한 우표가 경매에 나왔습니다. 당시 23만 달러가 낙찰가였습니다. 이것을 오늘날의 시세로 환산하면 10배가 넘는다고 합니다. 프랭클린 루스벨트가 한 손에 돋보기안경을 들고 우표를 정리하는 데 몰입해 있는 모습을 본 처칠은 다음과 같이 회고했습니다.

나는 그가 우표를 정리하는 모습을 흥미 있게 지켜보았습니다. 한 장 한 장 제자리에 배열하는 것을 보면 그가 복잡한 정치문제는 깨끗이 잊어버리는 듯했습니다.[36]

그러나 누가 뭐래도 프랭클린이 최고의 휴식으로 삼은 것은 고향 하이드파크에 가서 잠을 자는 것이었습니다. 그는 대통령으로 있는 동안 무려 200번이나 하이드파크를 찾았습니다. 이곳에서 그는 미스터리물이나 모험 영화를 즐겨 보았습니다. 엘리나가 볼거리를 정하면 이에 동의했는데 그들은 영화 '분노의 포도'와 시민권에 대한 다큐멘터리에 많은 흥미가 있었습니다. 이처럼 쉴 수 있는 능력은 프랭클린이 계속해서 에너지를 재충전할 수 있는 근원이 되었습니다. 그는 휴식으로부터 새로운 것을 창안해 냈으며 휴식 후 오는 왕성한 활력으로 막중한 대통령의 직무를 수행하는 데 힘들어하지 않았습니다. 프랑스 사상가 파스칼은 「명상록」에서 다음과 같이 말했습니다.

인생의 모든 불행은 단 한 가지입니다. 고요한 방에 들어앉아 휴식할 줄 모르는 데서 비롯됩니다.

---

36 Christian Graf Von Krockow, *Churchill: Man of the Century*(London: Allison & Busby, 2000), 98.

목표에 집중

　어린 시절 프랭클린 루스벨트의 목표는 교장선생 피버디의 가르침 대로 국가와 사회에 봉사하고 책임지는 사람이 되는 것이었습니다. 프랭클린은 목표를 달성하기 위해서 정치가를 꿈꿨고 또 대통령이 되고자 했습니다. 그에게 대통령직은 국가와 사회를 책임지는 사람이 되기 위한 자리였습니다. 프랭클린이 3선을 넘어 4선에 도전하여 당선된 것에 비판적 시각을 가진 사람들이 많습니다. 그들은 그것이 미국의 전통인 '대통령 3선 금지'라는 묵시적 합의를 무시한 처사라고 주장합니다. 하지만 프랭클린은 '물 한가운데에서는 말을 갈아타지 않는다'라는 원칙으로 3선과 4선의 대통령이 되었습니다.

　루스벨트는 건국 이래 최악의 경제위기를 극복하기 위해 미국의 역사와 전통[37]과는 너무나 다른 뉴딜정책[38]을 시행함으로써 국민에게 희망과 용기를 주었습니다. 또한 그는 자유와 민주주의를 위협하는 전체주의를 상대로 한 전쟁에서 승리함으로써 민주주의 세계가 영원할 수 있도록 해주었습니다. 이는 프랭클린이 대통령이었기 때문이 아니라

---

37 미국은 건국 이후 1920년대 대공황까지 오면서 개인주의, 시장경제, 자유방임주의 등 개인의 성공과 실패를 자연스럽게 받아들였습니다.

38 뉴딜은 한마디로 국가간섭주의로 지금까지의 미국적 역사와 전통과는 전혀 어울리지 않는 이질적인 요소였습니다.

그가 국민과 국가에 봉사하고 책임지는 리더십을 발휘한 결과가 아닌가 생각합니다.

1945년이 되면서 유럽과 아시아의 침략 세력의 발호가 곧 끝난다는 소식이 들려오고 있었습니다. 국정에 심신이 지친 프랭클린은 웜스프링스에서 휴가를 보내고 있었습니다. 그리고 4월 12일 갑자기 사망했습니다. 그의 나이는 예순둘이었습니다. 일반적으로 독재자나 소인배는 자리와 자리가 주는 권력 추구가 목표입니다. 하지만 진정한 리더는 그 자리가 가지고 있는 봉사와 책임이 목표입니다. 프랭클린 루스벨트는 최선을 다해 책임을 진 위대한 리더였습니다.

훌륭한 리더와 그를 따르는 팔로워가 있다고 하더라도 그들이 추구하는 목표가 명료하지 않다면 거기에는 리더십이 작용하지 않습니다. 추구하는 목표가 무엇인지 팔로워가 쉽게 이해하고 리더와 같은 마음으로 목표를 추구할 때 리더십이 작용합니다. 프랭클린 루스벨트는 달성하고자 하는 명확한 목표를 가지고 있었습니다. 대통령으로서 그의 목표는 취임사나 여러 중요한 연설에서 구체화하여 있습니다. 그것은 명료했으며 팔로워와 같이 추구해야 할 공동의 목표였습니다. 대통령이 되었을 때 대공황의 피폐 현상이 3년이나 지속되고 있었습니다. 절망 속에서 피폐한 국민은 자신들을 구원해 줄 리더를 간절히 원하고 있었습니다. 이는 유대인이 메시아를 기다리는 것과 마찬가지였습니다. 두 번의 주지사를 거치면서 프랭클린의 방향은 분명해졌습니다. 그의 눈은 백악관으로 맞추어져 있었습니다. 정확히 말하자면 백악관의 자리보다는 피폐한 국가를 재건하고 절망 속에 빠진 국민에게 희망을 주기 위해 대통령이 되고자 했습니다. 1932년 7월 드디어 민주당은 프랭클린 루스벨트를 대통령 후보로 선출했습니다. 이 소식을 듣고 시카고로 날아간 프랭클린은 만약 자신이 대통령이 된다면 무엇을 할 것인지를 명백히 밝혔습니다. 또한 그 일이 혼자나 소수의 일이 아니라 국민 모두의 일임을 명시했습니다.

저는 여러분과 저 자신에게 맹세컨대 미국 국민을 위해 뉴딜을 시행할 것을 약속합니다. 도시에 살면서 지금 이 대회장에 앉아 있는 모든 분은 제가 왜 농촌을 강조하는지 아실 것이라 믿습니다. 우리나라 국민의 절반인 약 5천만 명 이상이 농업에 의지하고 살고 있습니다. 여러분! 이 5천만 명이 도시에서 생산하는 상품을 사지 못하고 또 사들일 돈이 없다면 도시는 농촌보다 더욱 심각하게 고통받을 것입니다. 따라서 우리는 살아남기 위해서 도시와 농촌, 남부와 북부, 동부와 서부가 모두 상호 의존하는 국가가 돼야 합니다. 저는 이 점을 올해의 투표권자들이 이해하도록 만들 것입니다. 바로 이것이 우리의 목표입니다. 이 나라 어디에 살고 있든 모든 국민이 이 목표를 이해하게 될 것입니다.[39]

프랭클린 루스벨트의 이 말은 바로 전대미문의 경제침체 상태인 대공황을 극복하겠다는 의지였습니다. 그것이 목표였습니다. 11월에 미국 유권자는 프랭클린이 제시한 목표에 부합하여 그를 새 대통령으로 선출했습니다. 대통령이 된 프랭클린은 자신이 무엇을 해야 하는가를 너무나 잘 알고 있었고 이것에 더욱 집중했습니다. 그것은 다른 무엇보다도 피폐한 경제를 하루빨리 회복시키는 일이었습니다. 이를 위해 희망을 잃고 두려움에 떨고 있는 국민이 두려움을 걷어내고 희망과 자신감을 다시 찾도록 해야 했습니다.

오늘은 국가에 헌신하는 날입니다. 우리가 두려워해야 하는 유일한 것이 있다면 바로 두려움 그 자체입니다(*The only thing we have to fear is fear itself*). … 오늘의 위기에서 여러분이 다시 한번 저를 지지해 주실 거라고 저는 확신합니다. 우리는 민주주의라는 본질적 가치의 미래를 믿어 의심치 않습니다. 지금껏 우리 미국 국민은 좌절한 일이 없습니다.[40]

---

39 Acceptance Speech to the 1932 Democratic Convention of Franklin D. Roosevelt(July 2, 1932).
40 First Inauguration of Franklin Roosevelt(March 4, 1933).

수많은 미국인이 이 말을 듣고 나서 잃어버렸던 자신감과 희망이 다시 꿈틀거리는 것을 느꼈습니다. 이에 프랭클린은 직면한 난국을 극복하기 위해 국정운영 전반에 '뉴딜'을 시행할 것이라고 선언했습니다. 뉴딜은 건국 이후 지금까지 '자유방임'이었던 사회 경제체제에서 국가적·정책적 차원의 간섭을 시행하는 것을 말합니다. 프랭클린 루스벨트는 이를 위해 다음과 같이 말했습니다.

> 저는 위기에 대처하기 위해 남아 있는 유일한 수단을 의회에 요구할 것입니다. 즉, 우리가 외적의 침략을 받았을 경우 등의 긴급 사태에서 제게 부여되는 권한과 같은 강력하고도 광범위한 행정권을 요구할 것입니다. 우리는 전국적으로 단결해 따뜻한 용기를 가지고 우리 앞에 가로놓인 고통의 시기에 대처할 것입니다. 우리의 목표는 완전하고 항구적인 국민 생활을 확보하는 데 있습니다.[41]

전쟁과도 같은 긴급 위기상태의 경제 위기를 맞아 완전하고 항구적인 국민 생활을 확보하는 목표를 달성하기 위해 프랭클린은 무엇을 먼저 해야 할 것인가에 우선순위를 잘 알고 있었고 그것을 먼저 할 것이라 말했습니다. 아무리 목표가 훌륭하고 명확하다 하더라도 우선순위에 대한 계획이 없으면 그만큼 목표 달성의 효과가 떨어지기 마련입니다. 위대한 리더는 명확한 목표는 물론 그것을 달성하는 우선순위도 분명하게 정하고 있습니다. 대통령에 당선되자마자 수많은 요구가 프랭클린에게 쏟아져 들어왔습니다. 그중에서도 국제무역 관계를 개선해야 한다는 주장이 가장 많았습니다. 그러나 주식이 곤두박질치고 기업과 은행이 무너지고 수많은 사람이 실업자가 되어 길거리로 내몰리고 있는 현실에서 프랭클린의 우선순위는 분명했습니다. 누가 보아도 경제회복이 최우선이 되어야 했습니다. 프랭클린은 누구보다도 이 점을 잘

---

41 First Inauguration of Franklin Roosevelt(March 4, 1933).

알고 있었습니다.

우리의 일차적인 최대 과업은 국민이 다시 일을 할 수 있도록 하는 것입니다. 우리나라의 국제무역 관계는 매우 중요합니다. 하지만 그것은 시기와 필요성 면에서 튼튼한 국내경제를 수립하는 일보다 부차적인 일입니다. 저는 중요한 것을 먼저 처리하는 현실적인 정책을 선호합니다.[42]

취임 후 얼마의 시간이 지나고 프랭클린은 국민에게 반드시 이 불황을 극복하고 경제를 회복시킬 수 있다는 낙관적 견해를 피력했습니다. 그는 1933년 7월 전국부흥국(National Economic Administration)에 관한 노변정담에서 다음과 같이 말했습니다.

앤드루 잭슨이 사망했을 때 어떤 사람이 물었습니다. "그분이 하늘나라에 갈까요?" 이에 대한 대답은 "본인이 원한다면 갈 것입니다"였습니다. 이제 "미국이 이 불황에서 빠져나갈 수 있는가를 저에게 묻습니다." 저의 대답은 이렇습니다. "그들이 원한다면 그렇게 될 것입니다."[43]

프랭클린 루스벨트는 대공황을 극복하기 위해 최선을 다했습니다. 그는 뉴딜이라는 새로운 방법으로 미국을 이끌었습니다. 하지만 엄청난 노력에도 불구하고 효과는 크지 않았습니다. 4년 후 재선에 나선 프랭클린은 다시 한번 목표가 무엇인지 분명히 밝혔습니다.

저는 오늘 한 정당의 리더로 또 최고위직을 추구하는 사람으로 이곳에 오지 않았습니다. 저는 그동안 수많은 책임을 부여받았고 지금도 부여받고 있

---

[42] First Inauguration of Franklin Roosevelt(March 4, 1933).

[43] Fireside Chat on the National Recovery Administration(July 23, 1933), 이 말은 프랭클린 루스벨트가 소아마비에 걸려 좌절하고 고통을 받고 있을 때 아내 엘리나가 프랭클린에게 자주 해주었던 말이었습니다. "아무도 당신에게 고통을 줄 수 없습니다. 당신이 그 고통을 원할 때만 고통받는 것입니다."

는 사람으로 이곳에 왔습니다. 우리 인류가 겪는 사건에는 신비로운 주기가 있습니다. 어떤 세대에게는 많은 것이 주어집니다. 하지만 또 어떤 세대에게 는 많은 것이 요구됩니다. 미국의 지금 세대는 운명과 마주하고 있습니다.[44]

부여받은 책임을 완수하는 것이 프랭클린 루스벨트의 운명이었습니다. 프랭클린은 국민이 대공황의 두려움에서는 조금이나마 벗어났다고 생각했습니다. 그런데도 경제 상황은 4년 전과 비교해 나아진 것이 별로 없었습니다. 하지만 재선을 위한 선거에서 압도적인 표 차로 다시 당선된 프랭클린은 두 번째 취임사에서 그동안 느슨해진 목표를 다잡 았습니다. 프랭클린은 취임사의 절반 이상을 그동안 얼마나 상태가 좋 아졌는지를 설명하지 않고 아직 얼마나 더 많은 것이 좋아져야 하는지 를 설명하는 데 할애했습니다.

저는 풍부한 지하자원으로 축복받은 거대한 대륙에 있는 위대한 나라를 봅니다. 이 나라의 1억 3천만 명의 국민은 평화롭게 살고 있습니다. 그들은 자신들의 나라를 세계 여러 나라의 좋은 이웃으로 만들고 있습니다. 저는 미국이라는 나라를 봅니다. 우리 미국은 정부의 민주적인 방식으로 얻어낸 부로 국민을 편안하게 만들어줄 수 있는 나라입니다. 미국에서는 생활 수준이 낮은 사람들이 단순한 생계유지를 위해 애쓰지 않아도 됩니다. 하지만 우리의 민주주의에는 도전이 있습니다. 이 나라에서 저는 전체 인구의 상당 부분인 1천만 명에 달하는 시민이 오늘날 가장 낮은 수준의 생필품의 많은 것에서 거부당하고 있는 것을 봅니다. 저는 수백만의 가정이 소득이 너무나 적어 재앙의 장막이 하루하루 그들을 뒤덮고 있는 것을 봅니다. 저는 수백만의 가정이 그들의 운명과 자녀들의 운명이 더 나아질 수 있도록 하는 교육, 여가, 그리고 기회가 거부당하고 있는 것을 봅니다. 저는 수백만의 가정이 농산물과 공산품을 살 수 있는 수단이 없고 가난으로 인해 노동과 생산을 거부당하고

44　Speech before the 1936 Democratic National Convention of Franklin D. Roosevelt(June 27, 1936), 후에 로널드 레이건이 프랭클린 루스벨트의 이 말을 자주 사용했습니다.

있는 것을 봅니다. 저는 국민의 3분의 1이 형편없는 주거 상태와 영양 상태에 있는 것을 봅니다. 하지만 여러분, 제가 여러분에게 그려준 그림은 절망이 아닙니다. 그것은 희망입니다. 국가의 내부에 존재하는 부당함을 보고 이해하는 나라가 그것을 지워버릴 수 있는 계획을 만들어 낼 수 있기 때문입니다.[45]

두 번째 취임사에서 프랭클린이 제시한 목표는 그의 말대로 절망이 아닌 희망이었습니다. 그는 미국의 거대한 자원과 민주적인 생활방식을 택하고 있는 국민은 기어코 현재의 어려움을 극복하고 편안하고 살기 좋은 나라로 다시 성장할 수 있다는 가능성을 제시했습니다. 하지만 두 번의 임기가 끝나갔지만 경제는 바라는 만큼 완전히 회복되지 않았습니다. 10년 전과 같은 절망과 혼란은 덜했지만 아직도 많은 사람은 경제적 어려움에 희생당하고 있었습니다. 이런 분위기에 지금까지 인류가 겪은 그 어떤 어려움보다 더욱 힘든 일이 일어나고 있었습니다. 유럽에서 발호한 나치즘과 파시즘의 전체주의가 민주주의 세계의 평화를 위협했습니다. 몇 년간에 걸친 준비와 무장을 통해 히틀러는 세계를 향해 침략의 마수를 뻗쳐왔습니다. 영국을 제외하고 유럽의 대부분의 나라가 나치에게 유린당했습니다. 하지만 영국은 독일에 비하면 형편없는 군사력을 갖고 있었고 하루하루를 힘겹게 버티고 있었습니다. 독일 공군의 폭격이 연일 계속되고 있는 가운데 이제 영국은 다른 나라의 도움이 없으면 나치의 손에 넘어갈 판국이 되었습니다.

당시 영국을 도울 수 있는 나라는 미국밖에 없었습니다. 하지만 당시 미국은 대외적인 문제에 간섭하지 않는다는 고립주의와 보호무역이 대세였습니다. 원조를 바라고 있는 영국과 처칠의 모습은 처참할 정도였습니다. 프랭클린은 미국이 나서지 않으면 안 된다는 것을 알고 있었습니다. 미국의 전통으로 자리 잡은 3선에 대한 반대와 부담감이 컸

---

45 Second Inauguration of Franklin D. Roosevelt(January 20, 1937).

국민을 행복하게 만든 대통령들

지만 프랭클린 루스벨트는 유럽의 전쟁이 미국에도 위협이 될 수 있다는 분위기 속에서 다시 대통령으로 당선되었습니다. 프랭클린은 영국을 돕고 나아가 민주주의 세계를 지키는 일이 대통령으로서 최고의 목표라는 것을 알고 있었습니다. 고립주의와 보호무역이 대세인 가운데 프랭클린은 미국이 무엇인가를 하지 않으면 안 된다고 생각했고 이에 대한 적절한 논리를 만들었습니다. 세 번째 취임사에서 프랭클린은 다음과 같이 말했습니다.

> 자유와 민주주의라는 미국의 정신이 죽게 된다면 이 나라의 몸과 마음은 계속 존재할 수 있겠지만 우리가 아는 미국은 사라지게 될 것입니다. 우리가 가지고 있는 민주주의 열망은 단순히 최근에 생겨난 일시적인 소망이 아닙니다. 그것은 인류의 역사입니다.[46]

간단하지만 명료한 세 번째 취임사에서 프랭클린은 자유와 민주주의라는 미국의 정신을 강조하고 그것을 지키기 위해 노력할 것을 천명했습니다. 미국의 정신과 민주주의를 지키는 것은 일시적인 소망이 아니라 인류 전체의 역사적 소명과도 같은 것이었고 프랭클린은 그것을 새로운 목표로 삼았습니다. 나치의 유럽침략이 더욱 노골화되고 있던 1941년 5월 27일 무기한 국가비상사태를 선언한 라디오 연설에서 프랭클린 루스벨트는 다음과 같이 말했습니다.

> 지금 우리 앞에 놓인 문제는 군사력입니다. 이것은 우리가 바라는 대로 이루어진다는 희망적인 생각이나 감상주의에 빠져 있도록 허락하지 않습니다. 우리가 직면한 현실은 참으로 어렵고도 힘듭니다. 우리는 유럽에서 시작된 전쟁이 나치의 바람대로 세계를 지배하기 위한 전쟁으로 확대되고 있다는 사실을 알아야 합니다. 히틀러의 최종 목표는 유럽을 지배하는 것이 아닙니다.

---

46 Third Inauguration of Franklin Roosevelt(January 20, 1941).

유럽 정복은 단지 대륙 전체를 지배하려는 최종 목적으로 가는 하나의 단계일 뿐입니다. 지금 나치의 침략을 분쇄하지 않는다면 서반구 또한 나치가 노리는 파멸의 구렁텅이 안으로 들어온다는 것은 자명한 사실입니다.[47]

프랭클린이 고립주의자들을 자극하지 않고 민주세계를 지원할 명분을 찾았습니다. 1941년 9월 미국이 구축함 '그리어(USS Greer)'와 '키어니(USS Kearney)'가 독일 잠수함 U보트(U-boat)의 공격을 받아 침몰하는 사건이 발생했습니다. 프랭클린은 이 사건에서 미국이 전쟁에 나가야 할 정당한 이유를 찾았습니다. 그는 노변정담을 통해 나치의 U보트 공격으로 구축함이 침몰한 것에 대해 다음과 같이 말했습니다.

그것은 법적·도덕적으로 비난받아 마땅한 해적 행위입니다. 그것은 해적 행위의 처음도 끝도 아닙니다. 나치 정부가 미국 국기를 보고도 저지른 극악무도한 행위입니다. 공격은 또 다른 공격을 낳을 것입니다. 우리 미국은 단일 사건 하나를 과장하거나 한 번의 폭력 행위에 큰 화를 내지 않습니다. 하지만 이 사건은 결코 단일 사건이 아닙니다. 침략을 위한 나치의 총 계획 중 일부분이 분명합니다. 이런 사건을 축소하는 것은 정말 어리석은 짓입니다.[48]

프랭클린 루스벨트가 전쟁에 개입하게 된 결정적인 계기를 제공한 1941년 12월 운명의 날이 다가왔습니다. 일본 제국주의자가 아무런 예고도 없이 미국령 하와이의 진주만을 공격했습니다. 프랭클린은 대통령으로서 목표를 명확하게 규정했습니다.

다시 말합니다. 미국은 최종적이고 완전한 승리를 제외한 그 어떤 결과도 받아들일 수 없습니다. 일본에 당한 치욕을 씻어내는 것은 물론이고 만행의

---

47 Fireside Chat on the Unlimited National Emergency(May 27, 1941).
48 Fireside Chat on Maintaining Freedom of the Seas(September 11, 1941).

근원을 확실하게 끝까지 붕괴시켜야 합니다.[49]

프랭클린 루스벨트는 미국을 공격한 일본은 물론 미국에 선전포고한 독일에게도 "이 전쟁을 성공적으로 종결시키기 위해 이 나라의 모든 자원을 동원할 것"을 명시했습니다. 그것은 결코 타협할 수 없는 명확한 목표였습니다. 프랭클린은 목표를 달성하고 난 후 보다 본질적인 목표를 위해 노력해야 함을 알고 있었습니다. 그는 또 다른 노변정담을 통해 승리와 승리 이후의 일에 대해 말했습니다.

우리는 이 전쟁에서 승리 자체가 목표라는 점을 잊지 말아야 합니다. 나아가 우리는 승리가 지속적인 평화와 더 나은 삶을 성취할 수 있는 수단이라는 사실도 잊지 말아야 합니다. 승리를 했다고 해서 우리의 더 큰 목표가 달성된 것은 아닙니다. 전쟁에서의 승리는 더 큰 목표를 달성하는 데 필요한 기회와 가능성을 준 것에 불과합니다. 우리가 큰 대가를 치르고 얻어낸 엄청난 기회를 활용할 수 있는 용기와 비전이 있는지도 두고 봐야 합니다. 우리에게는 중대한 결정을 해야 할 막중한 책임이 있습니다. 다시 한번 말합니다. 이 세대는 운명과 마주하고 있습니다. 우리가 전쟁이라는 과업을 수행해 낸 것과 같은 노력으로 평화라는 과업을 이루어내려면 세계의 정치적 경제적 협력이라는 단단한 기반 위에 평화의 조직들이 굳건히 설 수 있도록 해야만 합니다.[50]

나아가 프랭클린은 훨씬 큰 목표인 세계평화를 위해 필요한 국제적 재건과 재개발이 필요하다는 것을 알았습니다. 프랭클린은 이를 위해 미국이 어떤 역할을 해야 하고 또 다른 전쟁을 방지하는 제도적 장치인 국제연합 창설 문제를 위해 무엇을 해야 하는가를 설명했습니다.

우리가 서 있는 역사의 지점은 장래와 위험이 가득합니다. 세계는 통합과

---

49   Fireside Chat on Declaration of War with Japan(December 9, 1941).
50   Fireside Chat On the State of the Union(January 11, 1944).

폭넓게 공유하는 번영 쪽으로 움직이거나 아니면 불가피하게 서로 경쟁하는 경제 블록으로 뿔뿔이 흩어질 것입니다. 국민 여러분! 우리에게는 보다 통합되고 소통하고 협력하는 세계를 형성하기 위해 우리의 영향력을 발휘할 기회가 있습니다. 우리에게 그러한 힘이 있는 한 우리의 결정 여하에 따라 우리 자손들이 살아갈 삶의 종류가 판가름 나게 될 것입니다.[51]

이것은 목표를 달성하고 나서 보다 큰 목표에 관한 비전제시였습니다. 프랭클린이 살아생전에 제시한 비전의 달성을 보지 못했지만 그가 뿌린 씨앗이 발아하여 전후 세계의 수많은 전면 전쟁의 위협을 완화했습니다.

리더가 추구하는 목표가 명백해야 하는 것은 물론 다른 사람과 공유할 수 있는 공동의 목표여야 하는 것은 리더십의 성공조건 중 하나입니다. 우리가 목표를 공유할 때 그 목표는 성공할 확률이 높아집니다. 반면 권력을 이용해 강제, 위협, 유혹, 매수 등을 통해 목표를 달성하는 것에는 리더십이 작용하지 않습니다. 히틀러의 목표는 일부 독일인들을 제외하고 많은 독일인과 공유된 것이었지만 그의 목표는 영원히 정당화될 수 없는 것이었습니다. 프랭클린의 목표는 미국인의 목표이자 자유와 평화를 사랑하는 세계인의 목표였습니다. 그리고 헌신적인 노력으로 달성한 결과 역시 프랭클린 혼자의 것이 아니라 세계인의 것으로 공유되었습니다. 경제위기를 극복하고자 하는 '뉴딜'이라는 구상과 노력은 인류에게 소중한 경험이 되고 있습니다. 비록 처음 예상했던 결과는 아니었지만, 뉴딜은 수많은 사람의 우려에도 불구하고 시장경제와 민주주의라는 틀 속에서 정부가 적극적인 역할을 할 수 있음을 보여주었습니다. 분배와 성장 중에서 어느 것이 먼저냐는 식의 이념 논쟁보다 어떻게 하면 국민을 고통과 두려움에서 벗어나게 하고 보다 잘살

---

51 Fireside Chat On the State of the Union(January 11, 1944).

기 위한 경제 성장을 이루어내는가가 중요했습니다. 이런 의미에서 프랭클린의 뉴딜은 자유방임과 정부 간섭의 논쟁을 벗어난 실용주의 노선이라 할 수 있습니다.[52] 독재를 목표로 하는 침략 전쟁을 물리친 그의 성과는 자유와 민주주의라는 인류의 소중한 자산을 지켰습니다. 후대 일부 역사가들에 의해 프랭클린은 히틀러의 발호를 보다 적극적으로 대처하지 못한 것과 전쟁하는 동안 일본인을 강제 수용시킨 일 등으로 비판을 받고 있지만 총체적으로 볼 때 자유세계와 민주 세계에 대한 헌신을 고려할 때 이러한 비판은 다소 설득력이 떨어집니다.[53]

공중에 떠 있는 열기구는 계속 열을 주입해 주지 않으면 금방 추락해 버리기 마련입니다. 헬기 등의 비행 물체 역시 프로펠러가 끊임없이 회전해야만 고도를 유지할 수 있습니다. 심리학에는 '피그말리온 효과(Pygmalion Effect, 자기충족적 예언)'라는 말이 있습니다. 이는 타인이 자신에게 기대를 걸면 그에 부합하는 행동을 하려고 노력하게 되는 것을 의미합니다. 프랭클린은 국민에게 끊임없이 목표를 제시했습니다. 두 번째 취임사에서 프랭클린은 국민을 향해 다음과 같은 말로 연설을 시작했습니다. "우리 다시 이야기해 봅시다. 1933년 3월 4일에 우리가 제시했던 비전의 목표에 도달했습니까? 우리가 행복의 계곡을 찾았습니까?" 그는 초창기의 두려움은 상당 부분 줄었지만 아직 만족할 수 있는 단계가 아니라고 말했습니다. 이른바 1차 뉴딜의 초점이 두려움을 해소하고 절박한 경제문제를 해결하는 데 있었다면 2차 뉴딜은 생산되는 부의 재분배를 통한 경제 정의에 있었습니다. 취임사 끝에서 프랭클린

---

52 '파(破)의 지도자'로 알려진 모택동이 죽고 중국을 개혁개방으로 이끈 '입(立)의 지도자'인 덩샤오핑이 권력을 잡았을 때, 중국은 공산주의로 갈 것인가, 자본주의로 갈 것인가를 놓고 심각한 이념 논쟁에 몰입했습니다. 덩샤오핑은 자본주의든 공산주의든 중국 인민이 잘사는 것이 중요하다는 의미로 '흑묘백묘(黑猫白猫)'을 말했습니다.

53 불교 경전에는 다음과 같은 말이 있다고 합니다. "악의 열매가 익기 전에는 악한 사람도 선한 대접을 받을 수 있습니다. 선의 열매가 익기 전에는 선한 사람도 악한 대접을 받을 수 있습니다. 하지만 악의 열매가 완전히 익으면 악한 사람은 반드시 악의 대접을 받고 선의 열매가 완전히 익으면 선한 사람은 반드시 선한 대접을 받습니다."

은 다음과 같은 말을 했습니다.

> 우리의 발전을 평가할 수 있는 기준이 있습니다. 훨씬 많이 가진 사람에게 더 많은 풍요를 주었는가가 아닙니다. 너무나 적게 가진 사람들이 충분히 받았는지가 기준이 되어야 합니다.[54]

유럽에서 전쟁이 일어나고 서반구에도 위협이 다가오는 것을 직감한 프랭클린 루스벨트는 군사력을 확장하는 프로그램을 만들었습니다. 어느 정도의 군사력 확대가 있었지만 프랭클린은 만족하지 않았습니다. 고립주의자들의 경계와 비난에도 불구하고 프랭클린은 전쟁이 일어난 지 1년이 지난 1941년 1월 6일 의회 연설을 통해 이 사실을 보고했습니다.

> 우리 해군과 육군은 지난 한 해 동안 상당한 발전을 이루었습니다. 실질적인 경험이 매일같이 군사력을 증대시키고 그 속도를 높여주고 있습니다. 그러나 오늘의 최선이 내일의 최선일 수는 없습니다. 저는 지금까지 이루어진 발전에 만족하지 못합니다. 이 프로그램을 책임지고 있는 사람은 훈련과 능력 그리고 애국심 면에서 최고 수준입니다. 하지만 이들 역시 지금까지 이루어진 발전에 만족하지 못합니다. 우리 중 그 누구도 일이 완수될 때까지 만족할 수 없습니다.[55]

그 후 프랭클린은 정치권의 고립주의를 설득하고 군비를 확대하는 정책을 펼쳐 전쟁에 능동적으로 대처해 나갔습니다. 프랭클린이 추구한 목표는 두 가지였습니다. 하나는 경제회복이고 다른 하나는 전쟁의 승리였습니다. 전자의 경우는 뉴딜을 통해 달성하고자 했지만 본래의

---

54 Second Inauguration of Franklin Roosevelt(January 20, 1937).

55 State of the Union Address of Franklin D. Roosevelt(January 6, 1945).

국민을 행복하게 만든 대통령들

의도대로 되지 않았습니다. 그러나 유럽에서 전쟁이 발발해 세계대전으로 확대되자 미국 내 산업에 대한 수요가 급증하면서 첫 번째 목표가 달성되었습니다. 후자의 경우는 프랭클린의 리더십 아래 미국이 연합국의 일원으로 추축국을 상대로 타협할 수 없는 완전한 승리를 견인해 냈습니다. 목표를 달성한 후 프랭클린 루스벨트는 추구해야 할 또 다른 목표가 자신에게 다가왔다는 것을 알았습니다. 다시는 이 세계에 경제위기와 세계대전이 없어야 한다는 것이었습니다. 위대한 리더들은 추구하고자 하는 당면과제를 달성하는 데 집중할 뿐 아니라 그 후에 펼쳐질 세계에 대한 이상을 가지고 있습니다. 그들은 미래에 대한 투자를 저버리지 않습니다. 프랭클린 루스벨트는 다시는 인류가 대공황과 같은 경제위기 상황으로 가지 않기 위해 조처했습니다. 1944년 7월에 뉴햄프셔의 브레턴우즈에서 국제회의를 통해 고정 환율제 도입을 통해 환율의 안정을 도모했고 국제통화기금(IMF)을 만들어 부도 위기를 당하는 국가를 지원하며 국제부흥기구(IBRD)를 만들어 각국의 복구와 개발을 돕도록 했습니다. 오늘날 프랭클린의 이러한 노력은 애초 예상했던 그대로는 시행되지 않고 있지만 아직도 세계 여러 나라에서는 프랭클린의 노력에 많은 혜택을 받고 있습니다.

나아가 프랭클린은 다시는 세계대전과 같은 전쟁이 일어나지 않도록 노력했습니다. 그는 세계의 지속적인 평화를 위해 새로운 국제기구를 만들었습니다. 국제연합(UN)이 그것이었습니다. 프랭클린은 제1차 세계대전 후의 우드로 윌슨의 경험으로 어설픈 국제기구는 실패할 수밖에 없음이 학습되어 있었습니다. 1945년 2월 얄타회담을 통해 국제연합의 창설을 분명히 했습니다. 또한 프랭클린은 전쟁 후의 현재 복무 중인 수많은 군인에게 어떻게 감사하고 보답해야 할 것인가를 생각했습니다. 프랭클린은 언젠가 전쟁이 끝날 것이고 전쟁이 끝난 후에 되돌아오는 퇴역군인들을 위해 무엇을 해야만 그들을 다시 시민사회로 통합할 수 있는가 생각했습니다. 그는 퇴역하는 군인들에게 경제적인 도

움은 물론 기술 훈련, 대학 교육, 사업과 영농 대출금 지원 등 다양한
프로그램을 제공했습니다.

오늘날 우리는 아직도 프랭클린의 비전의 리더십 덕을 보고 있습니
다. 아직도 국제통화기금은 세계 경제 위기 때마다 영향력을 행사하고
있습니다. 아직도 국제연합은 세계평화를 위한 노력에 적극적인 개입
을 하고 있습니다. 모두 프랭클린 루스벨트 대통령의 목표와 희망을 품
은 리더십의 결과라 할 수 있습니다.

소통과 협력은 기본

　소통을 통한 협력은 프랭클린 루스벨트의 리더십의 특징 중에서도 가장 돋보입니다. 그의 리더십은 국민의 마음에 감동을 주는 대중적 리더십이라 할 수 있습니다. 교사와 학생 사이에는 일종의 상호신뢰감인 '라포르(rapport)'가 있어야 합니다. 프랭클린 루스벨트는 국민과의 관계에서 아주 밀접한 신뢰감을 형성했습니다.

　남편은 쉰둘, 자신은 스물여섯의 나이에 얻은 프랭클린은 사라에게 삶의 전부와도 같았습니다. 항상 배려와 사랑을 아끼지 않는 부유한 남편이었지만 그는 늘 바쁘고 몸이 아팠습니다. 더는 아기를 가질 수 없었고 남편마저 프랭클린이 열 살이 되던 해에 사망했기 때문에 사라는 외동아들인 프랭클린에게 더욱 집착했습니다. 어린 프랭클린은 무엇이든 어머니의 뜻에 따랐습니다. 머리도 길게 하고 치마도 입었습니다. 후에 프랭클린 루스벨트는 성(性)에 대한 개념이 분명해지면서 어머니가 입혀준 패션이 너무나도 싫었다고 고백했습니다. 하지만 유년기 프랭클린은 어머니를 생각해서 그런 마음을 드러내지 않았습니다. 어느 날 프랭클린은 주일에 교회 가기가 몹시도 싫었습니다. 그는 당연히 교회에 간다고 생각하고 있는 어머니에게 무조건 교회에 가기 싫다고 말하지 않았습니다. 프랭클린은 어떻게 하면 어머니의 기분을 상하지 않게 하면서 자신이 원하는 바를 달성할 수 있는가를 생각했습니다. "어머니 오늘 배가 몹시도 아파요." 프랭클린의 행동을 '위선'이라고 보는 연구자가 많지만 반드시 그렇게 판단할 수만은 없습니다. 나쁜 의도를 가진 행동이었다기보다는 상대의 기분을 배려한 거짓말이었기 때문입니다.

프랭클린 루스벨트가 그로턴과 하버드를 다닐 때였습니다. 사라는 아들에게 너무 자주 편지를 보냈습니다. "어떻게 지내고 있느냐"는 어머니의 근심 어린 질문에 프랭클린의 대답은 한결같았습니다. 그는 다른 학생에게 왕따를 당하고 있었지만 "늘 잘 지내고 있습니다"라는 답장을 보냈습니다. 어머니의 반대가 예상되었던 엘리나와의 결혼에 앞서서도 프랭클린은 어머니를 설득하는 데 최선을 다했습니다. 결혼 후에 엘리나와 어머니가 극심한 고부간의 갈등을 겪고 있을 때도 프랭클린은 어머니와 아내의 입장을 배려했습니다. 그는 힘들어하는 아내를 안정시키려고 노력했고 기득권을 행사하려는 어머니의 마음을 상하지 않게 하려고 고심했습니다.[56]

정치 인생에서 프랭클린 루스벨트는 어머니를 실망하게 하지 않았습니다. 단지 그가 해군차관이었을 때 1차 대전 후 유럽에서 귀국하면서 폭로된 루시 머스와의 불륜 사건으로 어머니를 실망하게 했지만 그 외의 정치 여정에서 단 한 번도 어머니의 기대를 저버리지 않았습니다. 사실 프랭클린은 자신의 불륜으로 엘리나가 이혼을 요구했지만 만약 이혼하면 한 푼도 물려주지 않겠다는 어머니 사라의 엄포로 이혼 생각을 그만두기로 했습니다. 소아마비에 걸린 아들이 정치를 그만두고 고향으로 돌아오기를 간절히 원하는 어머니에게 프랭클린은 자신이 정치를 해야만 하는 이유를 설득했습니다. 후대의 연구자들은 프랭클린이 어머니의 말을 고분고분하게 따른 이유를 두고 너무나 잔인한 해석을 하고 있기도 합니다. 어머니가 가진 경제권 때문에 언제나 뜻을 거

56　결혼 후 상당 기간 프랭클린은 아내와 어머니 사이를 오간 '불쌍한 박쥐' 생활을 해야 했습니다.

역할 수 없었다는 해석입니다. 어머니가 평생 아들의 경제 생황을 돌봐준 것은 사실입니다. 하지만 그게 전부는 아니었습니다. 프랭클린은 누구보다도 어머니를 사랑했고 무엇보다 자신을 향한 어머니의 사랑의 위대함과 무한성을 가슴 깊이 느끼고 있었습니다. 두 사람 사이에는 경제력에 앞서 서로를 배려하는 사랑이 존재했습니다. 비록 아내와 어머니와의 관계는 물론 자신의 불륜 사건 등 여러 갈등도 있었지만 그때마다 프랭클린이 가장 중요하게 생각했던 것은 어머니의 마음이 상하지 않도록 하는 것이었습니다. 프랭클린 루스벨트 대통령이 가진 소통의 리더십의 근원은 아마도 어머니와의 관계에서 찾아야 할 것입니다.

프랭클린은 소아마비를 치료하면서 개인 사유지로 온천이 나오는 웜스프링스를 더욱 세련되게 정비하고 다른 소아마비 환자들과 가족에게 개방했습니다. 웜스프링스에서 루스벨트가 한 행동은 그가 국민의 마음을 사로잡고 상호 간의 신뢰감을 형성한 중요한 경우라 할 수 있습니다. 루스벨트는 자신을 '닥터 루스벨트'라고 부르면서 환자와 많은 시간을 동고동락했습니다. 사실 프랭클린은 소아마비에 걸리기 전까지는 다소 거만했습니다. 하지만 소아마비를 치료하면서부터 완전히 바뀌어갔습니다. 아마도 소아마비에 걸리고 치료하는 과정에서 자신도 다른 사람과 다를 바가 없는 사람이라는 순수한 진리를 발견했기 때문이 아닌가 생각합니다. 어쨌든 프랭클린은 이러한 노력을 통해 일반대중 속으로 깊숙이 파고들었습니다. 프랭클린은 일반대중의 언어로 일반대중과 소통한 대중적 지도자가 되어갔습니다. 20세기 마지막 미국 대통령인 빌 클린턴은 정치를 시작할 때 프랭클린 루스벨트에 대한 추억을 다음과 같이 설명하고 있습니다.

1960년대에 정치 일선에서 처음으로 선거운동을 할 때 저는 방문하는 집의 많은 곳의 벽과 벽난로 위를 우아하게 장식해 놓은 프랭클린 루스벨트의 초상화를 주목하지 않을 수가 없었습니다. 평범한 미국인에게 루스벨트는 위대한 대통령 이상의 인물이자 가족의 일원이었습니다. 할아버지도 똑같은 생각을 하고 있었습니다. 그는 약 50명 정도가 사는 작은 마을 출신이었는데 공부는 단지 초등학교 4학년까지만 다녔고 작은 상점을 운영하고 있었습니다. 그때 할아버지는 루스벨트 대통령이 그와 그의 가족의 미래를 걱정해 주고 돌보아주는 자신의 한 친구라고 믿고 있었습니다. 할아버지는 그것이 당연하다고 믿었습니다. 라디오를 통한 노변정담의 방법으로 수백만의 미국인은 프랭클린 루스벨트를 만났던 것입니다. 이를 통해 루스벨트는 각 가정에서 가족의 일원으로 자리를 차지했고 모든 세대의 마음속에 자리를 잡았습니다.[57]

이처럼 프랭클린 루스벨트는 다름 아닌 미국 국민의 '가족의 일원'이며 '친구'였습니다. 가족과 같은 상호 간의 신뢰감을 형성한 것이야말로 루스벨트의 지도력의 근본이었습니다. 국민을 상대로 완벽한 지도력을 발휘한 것도 아니고 더더욱 포퓰리즘적인 인기에 영합한 것도 아닌 협력으로 소통한 것입니다.

일반적으로 기자회견은 정치가들이 국민과 소통하는 중요한 수단입니다. 대통령이 된 프랭클린 루스벨트 역시 국민에게 다가가는 중요한 수단으로 기자회견을 자주 활용했습니다. 기자회견을 하면 특히 대통령이 참석하는 기자회견은 미리 질문지를 작성하고 어느 신문사 혹은 어느 방송사 기자가 '어떤 질문'을 할 것인가' 등 사전협의를 한 후에 하는 것이 일반적이었습니다. 미국의 역대 대통령 모두는 아니었지만 다수의 대통령은 이런 식으로 기자회견을 진행했습니다. 심지어 기자들과 사전협의를 통한 기자회견 방식은 오늘날에도 이용되고 있습니다. 하지만 프랭클린의 기자회견은 다른 대통령과 좀 달랐습니다.

프랭클린 루스벨트는 첫 번째 기자회견에서 미리 작성해 제출된 질문지에 따라 대답하는 방식을 거부했습니다. 그는 이런 방식을 '생기가 없는 죽은 종이(wooden practice)'라고 말하면서 이런 식의 기자회견

---

57 Bill Clinton, "Captain Courageous", *Time*(December 31, 1999).

은 더는 하지 않겠다고 선언했습니다. 그는 일주일에 두 번씩 기자들을 만나겠다고 약속했습니다. 프랭클린은 약속을 잘 지켰고 대통령으로 재임한 12년 동안 무려 1천 52회에 달하는 기자회견을 했습니다. 미리 작성된 질문지를 거부한 프랭클린은 기자로부터 항상 새롭게 당면한 문제에 관한 질문을 받았습니다. 프랭클린은 기자회견에서 자신이 대답하지 못할 경우를 생각해 여러 참모진을 대동하기도 했습니다. 국민이 궁금해하고 듣고 싶어 하는 대답을 바로바로 하기 위한 배려였습니다. 프랭클린 루스벨트는 딱딱하고 정형적인 분위기를 벗어나 소탈하고 편안한 태도로 기자들과 만났습니다. 새로운 규정과 법률이 필요할 때와 새로운 인사를 발표할 때 왜 이것이 필요한가에 대해 설명했고 때로는 기자들의 별명을 부르면서 그들을 놀리기까지 했습니다. 이는 결국 기자들의 따뜻한 마음을 끌어내 친밀한 관계를 맺는 데 도움이 되었습니다. 재선을 위한 선거운동을 하고 있을 때 기자들의 80%에서 85%는 프랭클린의 재선을 반대했습니다. 그러나 기자들을 대하는 프랭클린의 솔직하고 담백한 태도는 기자들의 마음을 바꾸어놓았습니다. 기자들은 그에 관한 보도 내용으로 신문 지면을 가득 채우고 공정한 보도를 하도록 노력했습니다. 소아마비 때문에 거동이 불편했던 프랭클린 루스벨트는 기자회견 때마다 자신이 자연스럽게 보이도록 세심한 배려를 했습니다. 자신이 움직일 필요가 없도록 기자들을 책상 주변으로 불러 모았습니다. 준비되지 않은 상태에서는 기자들에게 아무것도 알려주지 않으면서 그들로부터 많은 것을 알아내기도 했습니다. 도리스 굿윈은 프랭클린 루스벨트의 기자회견에 대해 다음과 같이 평가하고 있습니다.

루스벨트의 질의응답식 기자회견은 지금까지 사전에 질문을 제출했던 방식과는 전혀 다른 것이었습니다. 기자들은 대통령의 따뜻하고 솔직한 태도를

보고 깊은 감명을 받았습니다.[58]

기자회견에 앞서 루스벨트는 거의 모든 동작에 대해 사람들의 반응을 연구했고 사람의 시선이 자신의 상체에 쏠리도록 연극적인 소도구까지 사용했습니다. 다른 사람의 이목을 끄는 소품인 긴 담배 파이프, 해군 망토, 구깃구깃한 모자 등을 착용한 것뿐만 아니라 높은 코가 강조되도록 턱을 내민 자세로 몸짓을 크게 하는 행동 등은 모두 의도한 행동이었습니다. 이런 방식을 통해 프랭클린은 국민에게 더욱 가까이 다가갈 수 있었습니다. 국민의 목소리를 여과 없이 직접 들을 수 있었기 때문이었습니다. 프랭클린과 같은 소아마비를 겪은 적이 있는 두 학자 워드와 휴 갤러허는 다음과 같이 말했습니다.

> 프랭클린은 소아마비 때문에 다른 사람들의 생각을 조정할 수 있는 능력을 기를 수 있었습니다. 일반적으로 사람들은 프랭클린의 장애를 불편하게 생각했습니다. 그래서 프랭클린은 그들의 관심을 자신이 선호하는 주제로 돌릴 필요가 있었습니다. 또한 프랭클린은 사람을 즐겁게 하고 깊은 인상을 남기고 싶어서 많이 노력했습니다. 이러한 것들은 첨예한 불안 속에서도 끊임없이 평안을 가장해야 했던 프랭클린을 의미합니다.[59]

한마디로 프랭클린은 완벽한 배우였습니다. 보행 보조기구에 의지해 걸을 때도 그는 기분 좋은 듯 미소를 멈추지 않았습니다. 자신에게는 뼈를 깎는 고통의 순간이었지만 국민이 보기에는 즐거운 산책처럼 보였습니다. 이런 식으로 프랭클린은 사람들의 동정심을 존경심으로

---

58 Goodwin, "Franklin D. Roosevelt", *Time*(December 31, 1999), 46–54.

59 Geoffrey C. Ward, *A First-Class Temperament: The Emergence of Franklin Roosevelt*(New York: Harper Perennial, 1989), 651–652; Hugh G. Gallagher, *FDR's Splendid Deception: The Moving Story of Roosevelt's Massive Disability-And the Intense Efforts to Conceal It from the Public*(New York: Vandamere, 1999), 102–103.

바꾸어 놓았습니다. 늘 주변 사람에게 의존했지만 대중 앞에서는 전혀
불편하지 않은 듯 보이려고 애를 썼습니다. 이를 두고 갤러허는 국민과
소통하려는 프랭클린의 '놀라운 기만'이라고 표현했습니다. 프랭클린
은 대중과 만날 때마다 무대 준비에 세심한 관심을 쏟았습니다. 충분한
준비가 되기 전까지는 어떤 카메라도 근처에 오지 못하도록 했습니다.
심지어 프랭클린이 대중과 만나는 곳은 완벽한 조명은 물론 이동을 위
한 레일도 준비돼 있었습니다. 대공황의 여파가 한창일 때 뉴딜정책으
로 혜택을 본 어느 노동자가 프랭클린 루스벨트 대통령을 다음과 같이
회상했습니다.

> 그는 백악관을 차지한 사람으로 우리 공장의 주인을 '개새끼'라고 말하는
> 유일한 사람이었습니다.[60]

프랭클린은 국민의 언어로 그들과 함께하는 리더였습니다. 다른 사
람을 이해하고 그들의 고통을 같이 나누고자 한 그는 어느새 자신도
모르게 그들의 리더로 변화되어 있었습니다. 1944년 6월 5일 연합군
에게 결정적인 승리의 전기를 마련해 준 로마점령 후 대국민을 상대로
한 노변정담을 시작했습니다.

> 어제 1944년 6월 4일 미국과 연합군 군대가 로마를 접수했습니다. 추축국
> 수도 중 하나가 이제 우리 손에 들어왔습니다. 하나는 잡았고 이제 둘 남았습
> 니다.[61]

하나는 이탈리아이고 둘은 독일과 일본이었습니다. 프랭클린은 대
통령으로서, 더 나아가 세계평화를 지키는 수장으로서 화려하고 수사
적인 언어로 승리를 말할 수도 있었습니다. 하지만 그는 아주 평범하고

---

60 James M. Mcpherson, *To the Best of My Ability; The American Presidents*(New York: A
Dorling Kindersley Book, 2000), 224.

61 Fireside Chat on The Fall of Rome(June 5, 1944).

대중적인 일반 국민이 사용하는 언어를 사용했습니다. 이는 국민과의 소통을 위해 그가 선택한 방식이었습니다. 일반적으로 국가의 수장인 대통령이 평범한 국민과 직접 만나기 쉽지 않습니다. 대통령 역시 국민의 목소리를 직접 듣는 일도 그들이 사는 모습을 직접 보는 일도 쉽지 않았습니다. 엘리나와 보좌관들이 국민과 소통을 위해 헌신적으로 노력했지만 프랭클린 루스벨트는 만족할 수가 없었습니다. 결국 그는 당시로서는 아주 효과적인 방법을 찾았습니다. 프랭클린은 당시 막 보급되기 시작했던 라디오에서 대안을 찾았습니다. 텔레비전, 인터넷, SNS 등이 없었던 시대에 라디오는 국민과 공감대를 형성할 수 있는 최고의 수단이었습니다. 프랭클린은 라디오가 모든 사람을 한곳으로 모을 수 있는 친근한 매체라고 생각했습니다. 그래서 라디오 방송을 통해 대통령이 하고자 하는 일과 목표가 무엇인지, 목표를 달성하기 위해 국민은 무엇을 해야 하는지, 이 목표를 달성하고 나면 어떤 세상이 펼쳐지는지에 관한 비전을 효과적으로 알릴 수 있었습니다.

원래 주지사 시절부터 프랭클린 루스벨트는 난롯가에 앉아 정답게 이야기를 나누듯 편안한 분위기로 방송하는 라디오 방송을 시작했습니다. 하지만 그것을 본격적으로 정책에 활용한 것은 대통령 때부터였습니다. 프랭클린은 방송의 효과를 극대화하기 위해 면밀한 검토를 통해 방송 시간을 15분에서 30분 사이로 한정시키고 한 방송에서는 한 가지 핵심 주제만을 다루기로 했습니다. 주제가 너무 많아도 시간이 너무 길거나 혹은 너무 짧으면 효과가 반감된다고 생각했기 때문이었습니다. 또한 가능하면 방송 시간을 일요일 저녁 시간으로 맞춰서 많은 국민이 가족과 함께 보낼 수 있는 시간을 활용했습니다. 대통령에 취임할 당시 대공황으로 미국은 3년 이상을 고통받고 있었기 때문에 국민은 미국의 은행제도에 강한 불신을 하고 있었습니다. 은행의 신용도가 극도로 하락하는 가운데 현금 인출 사태가 대폭 늘어났습니다. 프랭클린은 뉴딜정책을 시행하기에 앞서 파산으로 치닫는 은행제도를 안정시키지 않으면 안 되었습니다. 취임 후 일주일이 지난 3월 12일 프랭클린은 '은행권의 위기'에 관한 첫 번째 라디오 방송을 했습니다. 프랭클린은 '돈을 집안 깊숙이 숨겨 두는 것보다 은행에 저축하는 것이 더욱 안전한 이유'에 대해 단순하고 상세하게 설명했습니다. 방송한 지 얼마 지나지 않아 사람들이 은행에 더 많은 예금을 시작했습니다.

프랭클린은 이것을 시작으로 12년 동안 총 29회의 노변정담을 위한 라디오 방송을 했습니다. 방송을 극도로 자제한 것은 횟수가 너무 많으면 시청률이 떨어질 수 있다는 결과를 고려한 것이었습니다. 마지막 방송은 유럽에서의 전쟁이 막바지에 접어들던 때에 있었습니다. 프랭클린은 1944년 6월 12일 제5회 전시 채권 발행에 관한 노변정담에서 다음과 같이 말했습니다.

아직 많은 사람이 미국에서 전시 채권을 사지도 않았고 또 샀더라도 자신의 능력만큼 사지를 않았습니다. 자신이 어디에 속하는지 스스로 알 것이라 믿습니다. 여러분! 어떤 경우에는 이웃이 이 사실을 알 것입니다.[62]

약간의 협박성이 가미된 목소리였지만 당시 전시 채권은 국민이 사야만 하는 일종의 의무와도 같았습니다. 마지막 방송이 있자마자 많은 전시 채권이 팔려나갔습니다. 프랭클린 루스벨트 대통령을 연구한 한 연구자는 그의 노변정담에 관해 다음과 같이 해석했습니다.

많은 국민이 라디오 방송을 들으면서 마치 자신들과 마주 앉아 이야기를 나누고 있는 것처럼 프랭클린에게 친밀감을 느꼈습니다. 그들은 대통령이 자신들을 신뢰하고 자신들의 고민을 직접 상담해 주는 사람이라고 느꼈습니다.[63]

---

62 Fireside Chat on the Opening the Fifth War Loan Drive(June 12, 1944).
63 곽동훈 옮김, 「시대를 움직인 16인의 리더」, 48-49.

소설가 벨로우는 뜨거운 여름밤에 시카고 거리를 걷다가 프랭클린의 노변정담을 들었던 것을 아래와 같이 회상했습니다.

저는 불이 켜진 창문을 통해 가족들이 라디오를 듣기 위해 부엌 테이블에서 혹은 거실에서 앉아 있는 모습을 볼 수 있었습니다. 느릅나무 아래에서 여러 운전사가 차의 범퍼와 범퍼를 맞대고 주차를 하고서 라디오를 틀어 프랭클린의 이야기에 몰두하고 있었습니다. 그들은 하나같이 차 유리를 아래로 내리고 차 문을 아래로 열어두었습니다. 어디를 가더라도 똑같은 소리가 흘러나왔습니다. 어느 곳을 가더라도 프랭클린의 이야기를 들을 수가 있었습니다.[64]

소아마비로 몸이 불편해 자유롭게 움직일 수 없었지만 라디오를 통해 프랭클린은 국민들의 안방까지 찾아가 그들과 소통했습니다. 라디오에서 나오는 대통령의 진솔한 목소리는 국민에게 약속과 희망의 소리였습니다. 그것은 이 나라와 대통령이 국민의 어려움을 잊지 않고 그들을 위해 무엇인가를 하고 있다는 점을 알려주는 희망 그 자체였습니다. 대통령이 바로 옆자리에서 마치 옆집 아저씨와 같은 목소리로 희망을 이야기할 때 아무리 절망에 빠진 국민이라도 가능성을 기대했을 것이라 생각합니다. 일본 제국의 갑작스러운 하와이 공격은 미국이 건국 이래 처음으로 외국으로부터 받은 공격이었습니다. 국민이 어떻게 해야 할지를 몰라 당황하고 있을 때 일본에 대한 선전포고를 한 프랭클린 루스벨트는 왜 국민이 이 전쟁에 협력해야 하는지를 분명하게 밝혔습니다.

우리는 지금 이 전쟁에 속해 있습니다. 남녀노소 할 것 없이 우리는 모두

---

64 Goodwin, "Franklin D. Roosevelt".

미국 역사상 가장 중대한 과업에 참여하고 있는 파트너입니다.[65]

그때 미국은 태평양 전쟁이 격화되면서 얼핏 보면 사소해 보이지만 사실은 매우 심각한 문제에 처해 있었습니다. 일본이 동남아시아 고무 생산지를 거의 점령하게 되면서 고무 원료를 수입할 수가 없게 된 것입니다. 고무는 모든 무기나 기계류를 만드는 데 필요한 필수적인 원자재였습니다. 고무 원료를 능동적으로 확보할 수 없다는 것은 무기를 생산하지 못한다는 것을 의미했습니다. 프랭클린은 이에 대한 대책을 마련하기 위해 1942년 6월 12일 이른바 '고무 모으기 운동'에 관한 연설을 했습니다.

저는 국민 여러분께 고무에 관해 말하고자 합니다. 고무가 문제입니다. 휘발유가 문제가 아닙니다. 휘발유는 국가의 어떤 특정 분야에만 해당하는 문제입니다. 그러나 고무는 국가 전체의 문제입니다. 국가의 한쪽 끝에서 다른 쪽 끝까지 미시시피 계곡은 물론 동부에도 산유국은 물론 옥수수 생산국, 철강 강국, 그리고 산업 국가에도 문제가 됩니다. 고무가 중요한 이유는 현대전에서는 고무 없이 승리할 수 없기 때문입니다. 또 우리가 정상적으로 공급받고 있는 고무의 92%를 일본이 차단하고 있습니다. 이는 아주 심각한 문제입니다. 만약 우리가 전쟁이 시작되기 전에 고무를 비축해 두지 않았다면, 또 현재 새로운 합성 고무 산업을 추진하고 있지 않았다면, 이 문제는 더욱 심각해졌을 것입니다. 이는 다행스러운 일이긴 하나 합성 고무 산업은 시간이 걸리는 일입니다. 그런데 우리에게는 지금 당장 고무가 필요합니다. 우리는 국민 여러분의 창고, 헛간, 저장실, 차고, 그리고 다락에 어느 만큼의 고무가 있는지 알지 못합니다. 그것을 알 수 있는 유일한 길은 국민 여러분이 직접 그것을 찾아내 계산해 보아야 합니다. 고무라고 여겨지면 가까운 주유소로 가지고 나오십시오. 그러면 우리는 도쿄와 베를린을 공격할 폭격기를 만드는 데 사용할 고무를 충분히 확보하게 될 것입니다. 우리가 적을 쳐부술 수 있는 탱

---

65   김형곤, 「소통이 힘」, 128 재인용.

크를 만드는 데 충분한 고무를 확보하게 될 것입니다. 그러면 이 전쟁에서 승리할 수 있는 충분한 고무를 확보하게 되는 것입니다. 자, 여러분 그 어느 곳에 있는 것이든 고무를 가져오십시오. 그리고 자동차의 이용을 줄여 주십시오. 속도를 줄이거나 운행을 줄여 자동차 타이어의 마모를 줄여 주십시오.[66]

라디오 연설 이후 미국 전역에서 신비할 정도의 기이한 현상이 일어났습니다. 수많은 사람이 고무 조각을 들고 근처 주유소로 모여들었습니다. 기대했던 것보다 훨씬 좋은 결과를 보고 프랭클린 루스벨트 역시 놀랐습니다. 1942년 2월 23일에는 전쟁에 관한 노변정담이 있었습니다. 전쟁을 시작하기 2주일 전인 이날 방송에서 프랭클린은 국민에게 세계 지도를 하나씩 사라고 주문했습니다. 전쟁은 국민이 잘 알지 못하는 장소에서 진행되기 때문에 지도를 같이 보면 국민이 전쟁을 이해하는 데 효과가 있을 것으로 생각했던 것입니다. 많은 국민은 프랭클린의 뜻에 적극적으로 호응했습니다. 2주 동안 판매됐던 지도의 수량이 이전의 3년 동안에 팔린 판매량과 비슷했습니다. 라디오 방송을 통한 국민과의 소통의 진수를 보여준 것은 이른바 빅토리 가든(victory garden)에 관한 내용입니다. 전쟁을 치르는 나라에서 군인들과 국민이 먹을 채소를 능동적으로 확보하기란 그리 쉬운 일이 아니었습니다. 이런 문제가 절박하다는 것을 알고 있었던 프랭클린은 채소를 사는 대신 국민 각자가 크기에 상관없이 각자의 정원을 채소밭으로 활용해 자급자족하면 좋겠다는 아이디어를 내놓았습니다. 프랭클린은 빅토리 가든이 전쟁에 관한 국가의 노력에 실질적인 도움을 줄 것으로 생각했습니다.

저는 올해 모든 국민이 '빅토리 가든' 가꾸기에 참여해 주기를 바라고 있습니다. 작년에 저는 아주 작은 정원까지 도움이 됐다는 사실을 알게 되었습니다. 1943년 소비된 채소의 42%가 빅토리 가든에서 나온 것이라고 합니다. 채

---

66 Franklin Roosevelt Administration: Broadcast to the Nation on Rubber(June 12, 1942).

소는 1944년 동안 전장에서의 수요가 상당히 증가했습니다. 그러므로 우리가 키울 수 있는 것이 무엇이든지 키워서 자급자족해야 합니다. 우리 군대와 연합군들의 식량이 더 많이 필요한 후방의 모든 시민이 빅토리 가든에서 채소를 키운다면 그들에게 도움을 줄 수 있습니다.[67]

프랭클린 루스벨트의 연설을 듣고 많은 미국인은 작은 상자 크기의 공간에도 채소를 심었습니다. 이는 프랭클린 루스벨트 대통령이 국가의 문제는 물론 달성하고자 하는 목표를 국민과 함께 공유하고 소통하고자 하는 노력을 보여주는 것이었습니다.

새로운 대통령이 선출되면 취임 후 100일을 어떻게 보내느냐에 주목하는데, 일반적으로 그 기간의 행태가 새로운 정부의 성패를 가른다고 보기 때문입니다. 그래서 정권이 바뀌면 '취임 후 100일', '허니문 기간' 등의 말이 나오는 것입니다. 이 말은 프랭클린이 대통령이 됐을 때 처음 생긴 용어로 대공황을 극복하기 위해 그가 의회에 제출한 수많은 법이 초당적인 지지를 받은 데서 기인한 말입니다. 프랭클린 루스벨트 대통령은 지금까지 미국 정부가 취해왔던 자유방임적 노선을 바꾸었습니다. 그는 경기회복을 위해 기업에 반독점법 적용을 강화하는 등 그동안 미국 사회에서 익숙하지 않았던 시장경제에 대한 정부의 간섭이라는 이질적 요소들을 도입했습니다. 정부는 기업보다 일자리를 잃은 실업자들 편에 섰습니다. 기업은 일반 노동자들은 물론 어린이와 여성에 대한 노동 규정을 지키도록 강요받았습니다. 따라서 1930년대의 정부와 기업의 관계는 우호적이지 않았습니다. 그러나 전쟁은 이런 상황을 변화시켰습니다. 영국과 연합군은 미국의 무기와 물자를 절실히 원하고 있었습니다. 하지만 수많은 고립주의자는 미국이 어떠한 형태로든 전쟁에 개입하는 것에 강력하게 반대했습니다. 우여곡절 끝에 '무기

---

67 Franklin Roosevelt Administration: Victory Gardens and Shared Sacrifice(January 22, 1945).

대여법'을 생각해 낸 프랭클린은 어떻게 하면 국민의 총체적 에너지를 집약시킬 수 있는가를 고민했습니다.

무기 생산과 물자 생산은 기업인들을 멀리해서는 할 수 없는 일이었습니다. 프랭클린은 기업인들에게 손을 내밀어 새로운 소통과 협력관계를 형성할 것을 요청했습니다. 그리고 의회를 움직여 기업이 공장을 건설하고 투자 비용을 얻을 수 있도록 했고 기업의 반독점법 적용을 면제시켜 주었습니다. 그렇다고 해서 기업과의 소통과 협력관계는 노동자들의 일방적인 희생을 통한 것이 아니었습니다. 프랭클린은 기업이 좀 더 자유롭게 사업을 할 수 있고 정부로부터 도움을 받는 대가로 노동자들에게도 높은 임금, 연장 근무 수당, 특별 상여금, 노조 가입 대상 확대, 누진과세 적용 등을 통해 노동자들의 사기를 높여줄 것을 주장했습니다.

초기에 프랭클린 정부는 '거대 정부'와 '통제 경제'의 상징으로 여겨졌습니다. 하지만 전쟁 후에는 정부와 민간기업의 협조 관계가 역사상 가장 생산적으로 이루어졌습니다. 1943년이 되자 탱크, 항공기, 트럭, 소총 등의 미국이 생산하는 전쟁물자는 추축국과 연합국의 모든 생산량을 능가했습니다. 능력 있는 리더는 달성하고자 하는 목표에 앞서 팔로워의 힘을 결집합니다. 프랭클린 루스벨트 대통령은 강압이 아닌 소통과 협력을 통해 기업은 물론 노동자들과도 뜻을 합쳐 어려운 목표를 달성시켰습니다.

국민을 행복하게 만든 대통령들

솔선수범하는 자세

    물리학에는 중력(重力)의 법칙이 있습니다. 이와 마찬가지로 인간사회에는 논쟁의 여지가 없는 불변의 자연법칙이 있는데 바로 '원칙'이라는 법칙입니다. 리더십 전문가 스티븐 코비는 "원칙은 베틀의 직물처럼 잘 짜여 있어서 문명사회를 이룩했을 뿐만 아니라 오랫동안 지속되고 번영해 온 모든 가정과 사회 조직의 뿌리를 형성하고 있습니다"라고 말했습니다. 이러한 원칙은 어느 한 인간이나 사회가 제멋대로 만들어내는 것이 아닙니다. 그것은 모든 인간관계와 인간 조직에 적용되는 우주의 법칙입니다. 그래서 어느 특정 사람이나 사회 혹은 특정 정치집단이 만든 규칙과는 다른 것입니다. 규칙은 시간과 공간과 사람에 따라 변할 수 있지만, 원칙은 누구에게나 어느 곳이나 어느 시대나 영원불변의 것입니다. 말하자면 친박, 친이, 친노, 친문은 시간과 공간과 사람에 따라 변할 수 있지만 친국(친국민, 친국가)는 영원불변한 것입니다.

    프랭클린 루스벨트는 원칙 중 최고의 가치인 정직으로 국민을 이끌었습니다. 루스벨트가 대통령이 될 무렵 막연하고 끝을 모르는 경제위기로 미국이 불안에 휩싸인 채 3, 4년이 지나고 있었습니다. 지난 정부의 힘겨운 노력에도 불구하고 경제는 계속 곤두박질치고 있었습니다. 정도의 차이는 있겠지만 국민의 대다수가 두려움에 떨고 있을 때 미국에 새로운 리더가 나타났습니다. 프랭클린 루스벨트는 정직의 가치로 국민을 안내했습니다. 취임사 첫 마디에서 프랭클린 루스벨트는 '정직'을 말했습니다. 그는 정직하지 않으면 리더로서 자질이 없으며 국민도 따르지 않는다는 것을 누구보다도 잘 알고 있었습니다.

> 우리 미국 국민은 이 나라의 현재 상황이 요구하는 솔직함과 결단력을 저에게 기대하고 있을 것이 확실합니다. 지금은 온전한 진실을 솔직하고 담대하게 말해야 할 시간입니다. 우리 국민이 곤경에 처했을 때 솔직하고 용기 있는 리더십이 항상 국민의 이해와 지지를 얻었습니다. 이것이 승리의 필수 조건입니다. 오늘의 위기에서 여러분이 다시 한번 리더십에 그러한 지지를 보내주실 것이라고 나는 믿습니다.[68]

어떤 조직의 대다수 리더는 존재하는 위기를 인정하고 싶어 하지 않습니다. 위기를 알리기는커녕 오히려 다른 관심거리로 위기를 감추어 버리기에 급급하기도 합니다. 위기가 알려지면 국민에게 혹은 조직 구성원에게 자신의 지위에 위기를 두려워하기 때문일 것입니다. 하지만 프랭클린 루스벨트는 국민에게 감춤이 없이 현재의 위기를 솔직하게 밝혔습니다. 그리고 어떻게 하면 이 위기를 극복할 것인가를 말했습니다. 그것은 일방적인 리더십이 아니라 상호 간의 믿음 속에서 안내하고 따르는 리더십입니다.

프랭클린 루스벨트의 대통령 취임을 전후로 해서 미국의 은행권은 심각하게 동요하고 있었습니다. 하루에도 수십 개의 은행이 파산하고 기업이 무너졌습니다. 이것은 어느 지역에 특정된 현상이 아닌 국가 전체에서 나타나는 현상이었습니다. 다가오는 심각한 위기에 프랭클린 루스벨트 자신도 당황하지 않을 수 없었습니다. 하지만 위기 속에서 리더

---

68 First Inauguration of Franklin D. Roosevelt(March 4, 1933), 미국 대통령 취임식은 프랭클린 루스벨트 첫 번째 취임까지 전통적으로 선거 다음 해 3월 4일에 취임을 하다가 두 번째 취임식부터는 1월 20일로 변경했습니다. 따라서 프랭클린 루스벨트는 첫 번째 대통령 임기를 약 40여 일 적게 했습니다.

가 당황해서는 안 된다는 것을 프랭클린은 잘 알고 있었습니다. 대통령이 되고 난 후 처음으로 프랭클린은 노변정담을 통해 국민에게 위기를 극복하기 위한 노력을 진솔하게 말했습니다.

저는 은행에 대해 미국 국민에게 몇 마디 할까 합니다. 지금, 이 순간 저는 솔직하지 않을 수 없습니다. 저는 여러분들에게 모든 은행이 다시 문을 열 것이라든가? 혹은 개개인에게 손실이 하나도 없을 것이라는 약속은 하지 못합니다. 하지만 피할 수 있는 손실은 생기지 않을 것임을 약속드립니다. 만약 우리가 아무 조치도 취하지 않고 그대로 두었다면 지금보다 훨씬 더 심각한 피해가 속출했을 것이라 생각합니다.[69]

프랭클린은 은행의 위기를 진솔함으로 극복했습니다. 프랭클린은 이 말에 이어 건전한 은행은 다시 문을 열 것이고 새로운 은행도 개점할 수 있게 할 것이라고 약속했습니다. 그리고 이를 위해 며칠간의 은행 휴일을 시행할 것이라고 선언했습니다. 대통령의 새로운 경제 정책에 많은 사람은 들뜬 분위기였습니다. 하지만 프랭클린은 신중한 자세로 노변정담을 통해 "저는 지나치게 확실한 선언을 하지 않습니다. 지금 우리는 상황이 조금 좋아졌다고 너무 기뻐할 수 없습니다. 저는 우리 국민에게 항상 정직할 것입니다"라고 말했습니다. 대통령의 솔직함에 국민은 현금보다 은행을 다시 믿게 되었습니다. 많은 은행이 파산했지만 대통령의 솔직함은 불신으로 점철된 파산의 도미노를 막았습니다. 그것은 경기회복을 위한 새로운 정책인 '뉴딜'을 시행하는 데 튼튼한 밑바탕이 된 것은 명백한 사실입니다. 이처럼 대통령을 비롯한 모든 리더가 다른 사람을 따르도록 만드는 핵심은 바로 정직과 진솔함입니다. 정직은 사람들의 마음에 호소하고 그 마음이 움직이도록 이끌기 때문입니다.

---

69 Fireside Chat On the Banking Crisis(March 12, 1933).

전쟁의 위기가 고조되었습니다. 독일 히틀러의 나치는 폴란드를 필두로 하여 영국을 제외한 전 유럽대륙을 전체주의의 군황발 아래 굴복시켜 나갔습니다. 이전과 달리 대서양도 더는 미국에 안전장치가 될 수 없었습니다. 그런데도 유럽의 전쟁은 미국과 관련이 없다고 말하고 무관심한 많은 고립주의자로 인해 비록 대통령이라도 전쟁 수행을 위한 어떠한 조치를 마음대로 할 수 없었습니다. 이런 상황에서 흔히 여러 리더는 상황을 지나치게 과장하거나 불안감을 조장하는 이른바 공안정국(公安政局)을 조성해 문제를 해결하곤 합니다. 하지만 프랭클린은 현재 상황을 있는 그대로 알리고 국민이 스스로 판단하게 했습니다. 의회에 보내는 교서에서 프랭클린은 다음과 같이 말했습니다.

첫째, 지금 4개 대륙에서 민주주의의 수호자들이 압제자와 싸우고 있습니다. 이 방어가 실패한다면 미국은 서반구의 모든 인구와 자원보다 몇 배나 많은 4개 대륙의 인구와 자원을 잃게 됩니다. 둘째, 만약 미국이 준비하지 않으면 압제자의 맹렬한 공격을 막을 수가 없습니다. 셋째, 독재자가 구성한 평화에 관용 같은 게 있을 거라고 믿는 것은 참으로 어리석은 일입니다. 넷째, 지금 독재자들이 싸우고 있는 국가를 상대로 승리한다면 미국에도 물리적인 공격이 닥쳐올 수밖에 없습니다. 다섯째, 바다 건너에서 이 나라를 공격하지는 않을 것이라는 이야기가 있지만, 만약 독재자들이 승리하게 되면 반드시 공격이 있을 것입니다.[70]

대통령이 전쟁 상황에 대해 솔직하고 정직하게 이야기를 했는데도 불구하고 미국 내 고립주의자들의 전쟁 반대는 여전했습니다. 그런 와중에 나치의 공격은 더욱 거세졌습니다. 바람 앞에 등불 신세의 영국 상황을 알게 된 프랭클린 루스벨트 대통령은 '제한 없는 국가 비상사태(unlimited national emergency)'를 선언하여 다시 한번 자유세계와 민주

---

70   김형곤, 「소통의 힘」, 142–143 재인용.

주의가 얼마나 위험한가를 있는 그대로 국민에게 알렸습니다.

독일 나치는 스페인과 포르투갈을 점령한 군사력을 갖고 있습니다. 나치의 위협은 프랑스령 북아프리카, 지중해 서쪽, 대서양의 요새 다카르(Dakar), 아조레스 제도(Azores Islands), 카보베르데(Cabo Verde)로 확대되고 있습니다. 나치는 남대서양으로 오가는 항로를 지배할 것입니다. 이미 전쟁이 서반구 가장자리로 접근하고 있습니다. 우리의 집에 매우 가깝게 다가오고 있습니다. 여러분, 지도를 보십시오.[71]

프랭클린은 마치 현장에 있는 것처럼 전쟁의 현황을 보고했습니다. 미국이 전쟁에 개입할 수밖에 없음을 직관한 대통령의 노력에도 불구하고 여전히 고립주의자들은 의견을 굽히지 않고 있었습니다. 미국 고립주의자들에게는 미국이 1차 대전에 참전하고 특별한 이익을 보지 못했다는 판단이 지배적이었습니다. 그런 중에 상황을 변화시키는 일이 발생했습니다. 1941년 12월 7일 추축국이 된 일본이 아무런 예고도 없이 하와이의 진주만을 공격했습니다. 아마도 미국인들 대부분은 2001년 9월 11일 뉴욕과 워싱턴이 테러리스트의 공격을 받았을 때 그들은 60여 년 전의 진주만의 일을 기억했을 것입니다. 프랭클린은 다음 날 일본에 선전포고를 요청하는 의회 연설을 통해 숨기거나 과장이 없이 있는 그대로 표현했습니다.

1941년 12월 7일! 이날은 불명예의 날로 기억될 것입니다. 미합중국은 일본 제국의 해군과 공군에게 고의적인 기습공격을 당했습니다. 어제 하와이섬이 공격을 당함으로써 미국은 해군과 군사력이 심각한 피해를 보았습니다. 너무나 유감스럽게도 미국인의 생명이 희생되었음을 알립니다. 거기에다 샌프란시스코와 호놀룰루 사이의 공해상에서 미국의 전함들이 파괴되었다는

---

71 FDR proclaims an unlimited national emergency(May 27, 1941).

보고가 들어왔습니다. 어제 일본 군대가 말레이반도를 공격하기 시작했습니다. 어젯밤 일본 군대가 홍콩을 공격했습니다. 어젯밤 일본 군대가 괌을 공격했습니다. 어젯밤 일본 군대가 필리핀의 여러 섬을 공격했습니다. 어젯밤 일본 군대가 웨이크섬을 공격했습니다. 그리고 오늘 아침 일본 군대는 미드웨이의 여러 섬을 공격했습니다. 저는 국가 방위를 위해 필요한 모든 조처했습니다. 이 계획적인 침공을 격퇴하는 데 얼마의 시일이 걸릴지 모릅니다. 하지만 미국인들은 정의로운 힘을 모아 완전한 승리를 얻어낼 것입니다.[72]

프랭클린 루스벨트 대통령은 현재의 국가 위기를 있는 그대로 말함으로써 국민이 올바른 판단을 할 수 있도록 했습니다. 전쟁 중에 어떤 리더들은 전세를 과장하거나 축소하는 경우가 종종 있습니다. 하지만 프랭클린은 현재 미국이 어떤 패배를 하고 어떤 위기에 있는가를 솔직하게 있는 그대로 국민에게 알렸습니다. 미국 국민은 프랭클린 루스벨트 대통령의 이러한 솔직함에 더욱 신뢰를 보냈습니다.

프랭클린 루스벨트는 어린 시절부터 매우 활동적이었습니다. 정치를 시작하고 선거에 나설 때도 프랭클린은 지역구 하나하나를 직접 돌아다녔습니다. 민주당 지도부는 물론 어머니마저 실패하기를 바랐던 뉴욕 주의회 상원의원 선거에서 그가 정치 초년생임에도 불구하고 당당히 당선된 것은 프랭클린이 현장 위주의 선거운동을 했기 때문이기도 합니다. 이러한 프랭클린의 현장 감각은 역사상 최악의 경기침체를 능동적으로 극복하게 하는 원동력이었습니다. 소아마비로 현장을 자유롭게 갈 수 없었던 프랭클린 루스벨트는 몸은 비록 백악관에 있었지만, 마음은 늘 국민과 함께 있었습니다. 처음부터 오랫동안 노변정담을 통해 국민에게 다가갔고 여러 보좌관과 퍼스트레이디 엘리나를 현장에 직접 파견하여 현장을 살피도록 했습니다. 그래서 프랭클린 루스벨트 대통령은 백악관에 있으면서도 도시 실업자의 고통, 파산되는 기업과

---

72   Franklin D. Roosevelt declares war on Japan(December 8, 1941).

은행의 어려움, 농촌의 수확하지 못하고 썩어가는 농작물, 그리고 수많은 집 잃은 사람들의 황량함을 보았던 것입니다. 국민의 어려운 현실과 그들의 목소리를 들을 수 있었기에 프랭클린 루스벨트는 뉴딜을 통해 미국이 새롭게 움직이도록 할 수 있었던 것입니다.

1936년 9월 6일 방송한 노변정담은 프랭클린의 현장 중심의 리더십을 단적으로 볼 수 있습니다. 두 번째 임기로 접어들면서 미국의 농촌 지역은 심각한 가뭄에 시달리고 있었습니다. 프랭클린은 아무리 힘들고 어려워도 백악관에서만 앉아 있을 수가 없었습니다. 그는 직접 가뭄에 시달리는 9개 주를 시찰했습니다.

> 저는 농업 현장을 돌아보았습니다. 저는 제일 먼저 가뭄 지역의 상태를 파악한 후 연방정부와 지방 정부가 이 절박한 문제를 얼마나 효과적으로 처리하고 있는지, 그리고 앞으로의 가뭄을 어떻게 대처할 것인지를 살펴봤습니다. 저는 아홉 개 주에서 가뭄의 황폐함을 보았습니다. 또 여러 가족과 이야기를 나누었습니다. 그들은 밀 농사를 망쳤고, 옥수수 농사를 망쳤습니다. 가축을 잃고, 우물물이 말라붙은 상태에서 채소밭을 포기했습니다. 그들은 단 1달러의 현금도 없이 긴 여름을 보냈습니다. 또한 생명을 유지할 음식과 가축에게 먹일 사료 없이 겨울을 보내야 합니다. 그들은 땅에 뿌릴 씨앗도 없이 파종기를 맞아야 합니다. 풀과 사료가 부족해 새끼를 낳는 암컷을 제외하고 모든 가축을 팔 수밖에 없고 심지어 이 암컷조차 겨울을 지내기가 어려운 상황이라 말하는 목장 주인도 있었습니다. 저는 무려 50에이커의 땅에서 소 한 마리도 키울 수 없는 죽은 풀밭을 보았습니다. 뜨거운 태양 아래 타들어 간 밀밭을 저는 잊지 않을 것입니다. 하나의 이삭도 없이 잎이 떨어진 채 성장을 멈춘 옥수수밭을 잊지 않을 것입니다.[73]

프랭클린 루스벨트 대통령은 움직이기에 어려운 몸인데도 불구하고 농업 현장에 나가 상황을 확인했습니다. 국가 최고 리더가 두 눈으

---

[73] Fireside Chat On Farmers and Laborers(September 6, 1936).

로 현장을 보고 확인한 것만큼 분명한 것은 없습니다. 대통령을 현장에서 보는 만큼 국민을 위로해 주는 것도 없습니다. 프랭클린이 어려움을 당하고 있는 사람들을 만나 재앙은 반드시 극복될 것이라는 확신에 찬 말은 그들에게 희망과 용기를 주었습니다.

전쟁에서도 프랭클린 루스벨트 대통령은 현장주의자였습니다. 비록 전투가 일어나는 전장에 나갈 수는 없었지만, 프랭클린은 늘 또 다른 전쟁터에 있었습니다. 그는 세계 지도를 통해 전장의 군인들과 함께 호흡했습니다. 민주주의와 자유세계를 지키기 위해 독재자에 맞서 싸우는 군인은 그곳이 어디든 대통령 프랭클린을 만날 수가 있었습니다. 전쟁이 한창일 때 미국의 광부들이 파업에 들어갔습니다. 프랭클린은 탄광 산업의 중지는 곧 전쟁의 패배로 연결될 수 있다는 사실을 직관했습니다. 위기 상황에서 작은 실패는 곧 큰 희생과 큰 패배로 연결될 수 있는 것을 프랭클린 루스벨트 대통령은 잘 알고 있었습니다. 이에 프랭클린은 노변정담을 통해 탄광업자들을 부드럽게 설득했습니다. 마치 전투가 일어나고 있는 그곳에서 직접 병사를 만나 이야기를 나누는 것과 같은 목소리였습니다.

여러분의 아들이 육군과 해군과 해병대에서 복무하고 있습니다. 바로 이 순간 뉴기니(New Guinea), 알류샨 열도(Aleutian Is.), 과달카날(Guadalcanal), 튀니지(Tunisie), 중국 등에서 전투가 일어나고 있습니다. 또 공해상에서 위협하는 잠수함을 저지하고 군대의 수송선과 보급품을 지키는 병사는 여러분의 아들입니다. 저는 펜실베이니아주 출신의 한 청년을 알고 있습니다. 그는 군인으로 징집되기 전 광부로 일했고 아버지 역시 광부였습니다. 그는 '플라잉 포트리스(Flying Fortress)'를 타고 유럽 상공에서 포격의 임무를 수행하다가 나치의 기관총에 맞아 크게 다쳤습니다. 일리노이 출신의 또 다른 청년은 아버지는 물론 두 형제 모두 광부였습니다. 그는 튀니지에서 나치가 설치해 놓은 지뢰로 인해 차가 폭발할 때 두 동료를 구하다가 크게 다쳤습니다. 이런 전쟁은 계속될 것입니다. 개인의 생각이 어떻든 석탄 생산은 계속될 것입니다. 이런 상황에서 애국심에 불타고 있는 광부들이 작업장과 광산으로 돌아가는 것 이외의 다른 길을 선택할 것이라고 상상도 할 수 없습니다. 내일은 우리의 광산 위로 성조기가 휘날릴 것입니다. 그리고 저는 모든 광부가 그 깃발 아래서 일하고 있기를 희망합니다.[74]

대통령의 현장의 목소리는 파업 중인 광부들은 물론 많은 국민에게 감동을 주었습니다. 프랭클린은 직접 현장에 갈 수 없었지만 프랭클린의 눈과 귀와 그리고 무엇보다 자신들의 최고 리더의 애정과 배려가 그 현장 속에 있었습니다.

리더십의 또 다른 원칙은 낙관적인 태도입니다. 온 국민이 대통령의 입을 바라보고 있는데 대통령의 입에서 비관의 소리가 나오면 국민은 불안해지고 길을 잃게 됩니다. 영국에는 '왕이 길을 잃고 헤매면 백성들이 대가를 치른다'라는 속담이 있습니다. 대통령이 되기 전에 프랭클린 루스벨트는 특히 소아마비에 걸렸을 때 낙관주의의 중요성을 깨달았습니다. 12년 동안 대통령으로 있었던 프랭클린 루스벨트의 리더십 근간에는 항상 낙관주의가 움직이고 있었습니다. 역사상 최악의 대공황이라는 위기의 한가운데에서 프랭클린은 두려워하지 않았습니다. 그는 '두려운 것이 있다면 두려움 그 자체'라고 두려움을 일축하면서 이전부터 어려움을 당했을 때 현명하게 극복했듯이 미국은 다시 일어나 번영할 수 있을 것이라는 확신을 국민들에게 심어주었습니다.

프랭클린 루스벨트 대통령은 미국은 뉴딜을 통해 경제위기를 극복할 것이라 굳게 믿었습니다. 비록 프랭클린의 기대만큼 경제가 회복되지는 않았지만 그는 조금도 비관하지 않았습니다. 소아마비를 극복한 것처럼 대공황의 위기도 극복할 수 있을 것이라 굳게 믿었습니다. 1935년 9월 후버댐이 완성되면서 콜로라도강 하류 지역의 홍수를 방

---

74 Fireside Chat On the Coal Crisis(May 2, 1943).

지하고 관개용수를 원활하게 공급할 수 있게 되었습니다. 또 주변 도시의 전력 및 생활용수를 능동적으로 확보할 수도 있었습니다. 대공황의 그림자가 아직 가시지 않은 상황에서 볼더댐 준공식 연설에서 프랭클린 루스벨트 대통령은 미국의 꿈과 낙관을 이야기했습니다.

10년 전 우리가 모여 있는 이곳은 인적이 전혀 없는 황무지였습니다. 험한 바위벽들이 300m 이상의 높이로 솟아 있었고 음침한 협곡으로 사나운 강물이 넘실거렸습니다. 그랬던 이곳이 지난 수년간의 노력으로 변모됐고 결국 기적이 일어났습니다. 우리가 꿈을 꿀 수 있는 것이라면 우리는 이룰 수 있습니다.[75]

가뭄 지역을 돌아본 프랭클린은 있는 사실을 그대로 국민에게 말하고 다시 말을 이었습니다.

하지만 여러분, 단 한 순간이라도 이 지역의 재앙이 영원히 이어질 것이라고 받아들이지 마십시오. 비록 지금은 절망의 시기를 견디고 있지만, 불굴의 의지를 지닌 우리의 농부와 목장 주, 그들의 아내와 자녀들에게는 갈라진 땅, 이글거리는 태양, 뜨거운 바람, 메뚜기 떼가 영원한 적수로 남아 있지 못할 것입니다. 그들이 이 투쟁에서 승리할 수 있도록 도와주는 것은 우리의 몫입니다.[76]

이처럼 프랭클린 대통령은 낙관주의적 사고를 실천으로 옮겼습니다. 소아마비와 대공황에는 비할 수 없는 더욱 잔인하고 맹렬한 어려움을 낳는 전쟁에서도 프랭클린은 낙관적 사고를 벗어나지 않았습니다. 유럽에서의 전쟁은 미국의 안보에도 직접적인 영향을 주고 있었습니다. 더욱이 일본 제국의 하와이 침공은 위기를 더욱 고조시켰습니다.

75 Franklin D. Roosevelt, Address at the Dedication of Bolder Dam(September 30, 1935).
76 Fireside Chat On Farmers and Laborers(September 6, 1936).

다시 한번 프랭클린은 미국인의 위대한 위기 극복 능력에 호소했습니다. 호소의 근간에는 늘 그랬듯이 낙관주의가 살아 숨 쉬고 있었습니다. 대일본 선전포고한 프랭클린은 국민에게 전쟁에 관해서 이렇게 얘기했습니다.

> 지금까지 나쁜 소식들뿐이었습니다. 앞으로 며칠 동안은 사상자 수가 더 늘어날 것입니다. 우리는 필리핀, 괌, 웨이크섬, 미드웨이 제도에서 적으로부터 심각한 타격을 입었습니다.[77]

그리고 며칠 뒤 "우리의 결합된 노력, 결합된 힘, 결합된 의지로 우리는 전쟁에서 승리할 것이고 평화를 쟁취할 것입니다"라고 낙관적인 태도로 말했습니다. 프랭클린의 낙관주의는 소아마비 극복, 대공황 극복, 전쟁 승리에 이어 그 이후의 세계에도 연결되었습니다. 그는 영구적인 평화를 위해 유엔을 구상하고 추진했습니다. 또 대공황과 같은 경제위기를 막기 위해 브레턴우즈 체제를 만들어 '국제 통화 기금(IMF)'과 같은 새로운 국제적인 기구를 창설했습니다. 나아가 그는 자유와 민주와 복지가 어울려진 살기 좋은 나라를 건설하기 위해 아내 엘리나를 통해 제대 장병, 여성 노동, 어린이 노동, 흑인의 문제를 해결하도록 했습니다. 이러한 프랭클린의 낙관주의는 문제해결의 당위성뿐만 아니라 미래비전의 가능성을 견인했다고 볼 수 있습니다.

---

[77] Franklin D. Roosevelt declares war on Japan(December 8, 1941).

권한을 위임하는 용기

　다른 사람과의 관계의 메커니즘인 리더십에는 리더의 권한은 있어도 권력은 존재하지 않습니다. 리더십은 리더의 봉사이지 지배가 아닙니다. 프랭클린 루스벨트 대통령은 권한과 봉사의 리더였습니다. 어떤 연구자들은 '뉴딜'을 두고 자유와 민주주의를 위협하는 것이라고 비난하기도 합니다. 하지만 프랭클린은 뉴딜을 시행하면서 단 한 번도 의회와 국민의 동의를 구하지 않고 정책을 시행한 적이 없습니다. 어떤 연구자들은 프랭클린을 '전쟁광'이라고 비난하기도 합니다. 하지만 프랭클린 루스벨트가 의회와 미국 국민에게 알리지 않고 전쟁을 한 번이라도 한 적이 있는가요? 프랭클린 루스벨트는 자유세계와 민주주의를 지키기 위해 어쩔 수 없이 전쟁을 마지막으로 선택하지 않았는가요? 일반적으로 뻔한 독재자나 리더를 가장하는 사람들은 국민에게 너무나 많은 언론 기회를 주는 것은 불만과 분쟁을 초래하고 결국은 자신의 권력을 약화한다 생각합니다. 하지만 프랭클린 루스벨트는 모든 것을 국민에게 알리고 그들의 동의를 얻어낸 민주적인 리더였습니다.

　취임 후 100일 동안 그가 제출한 수많은 법안은 뉴딜을 통한 경기회복을 위해 필수 불가결한 것이었고 시급한 것이었습니다. 하지만 프랭클린은 단 한 번도 정당한 절차를 거치지 않은 법안을 시행한 적이 없습니다. 그는 1933년 5월에 뉴딜 정책에 관한 노변정담에서 다음과 같이 말했습니다.

저는 여러분에게 우리가 지금 하는 일은 물론 계획하고 있는 일을 보고하려고 합니다.[78]

프랭클린이 대통령의 통치 행위를 무한 권력으로 생각했다면 아마도 이런 말은 하지 않았을 것입니다. 그는 항상 주권은 국민에게 있고 자신은 그것을 행사하는 대리인이라고 생각한 민주주의자 중의 민주주의자였습니다. 프랭클린 루스벨트 대통령은 12년 동안 "도대체 이 불황에서 언제 빠져나갈 수 있습니까?", "도대체 이 전쟁은 언제 끝날 것 같습니까?"라는 질문을 수도 없이 받았습니다. 그때마다 프랭클린의 대답은 한결같았습니다.

우리가 끝내려고 할 때 전쟁은 끝날 것입니다.[79]

프랭클린 루스벨트는 대통령인 자신이 원하는 것이 아니라 국민이 원할 때 경기는 회복될 것이고, 전쟁 역시 국민이 끝내고자 하면 끝나게 될 것으로 믿었습니다. 진주만 공습 후 마침내 미국은 본격적인 전쟁 준비에 돌입했습니다. 루스벨트는 전쟁 준비를 위한 마음가짐을 의회에 알렸습니다.

우리는 군수물자 생산을 현재의 수준보다 훨씬 더 높여야 합니다. 이 일이 우리 국민 수백만 명의 생활과 직업을 바꾸는 일이 되더라도 말입니다. 하지만 우리의 과제는 너무나 어렵습니다. 전례도 없습니다. 시간도 너무 짧습니다. 우리는 현재 있는 모든 무기 생산 시설을 최대한으로 가동해야 합니다.

---

78 Fireside Chat on Progress During the First Two Months(May 7, 1933).
79 김형곤, 「소통의 힘」, 160 재인용.

그리고 생산 가능한 모든 공장과 도구를 군수물자 생산으로 바꾸어야 합니다. 가장 큰 공장부터 아주 작은 공장까지 또 거대한 자동차 산업부터 마을의 조립 공장까지 완전히 바꾸어야 합니다. 군수물자를 생산하는 근원은 우리가 노동자라고 부르는 사람들의 손과 머리입니다. 이 일을 수행할 수 없다고 그 누구도 말하지 마십시오. 이 일은 반드시 이루어져야 합니다. 그리고 우리가 이 일을 담당하고 있습니다.[80]

프랭클린 루스벨트 대통령은 단 한 번도 '나'를 강조하지 않았습니다. '우리'를 강조함으로써 일의 핵심은 내가 아닌 우리임을 주지시켰습니다. 그는 대공황을 극복하기 위해 프란시스 퍼킨스를 노동장관에 해리 홉킨스를 상무장관에 각각 임명해 자신이 대통령으로 있었던 12년 동안 함께 일을 했습니다. 또 농업 장관에 헨리 월리스를 임명해 뉴딜의 농업 문제를 전적으로 처리하도록 했습니다. 루스벨트는 항상 이들 세 사람의 의견을 존중했고 그들의 판단을 신뢰하고 그들에게 권한을 위임했습니다.

국민을 행복하게 만든 대통령들의 공통적인 특징 중 하나는 자신들보다 더 나은 사람을 찾아 그들에게 권한을 위임했다는 점입니다. 워싱턴과 링컨과 마찬가지로 프랭클린 루스벨트 대통령 역시 자신보다 나은 사람들을 찾아 그들에게 권한을 위임했습니다. 프랭클린은 당을 초월해 재능 있는 사람들을 모았습니다. 거기에는 이전의 정치 라이벌도 포함되어 있었습니다. 처음에는 레이먼드 몰리, 렉스포드 투그웰, 아돌프 벌리 2세 등의 여러 명의 컬럼비아 로스쿨 교수가 참여하여 '브레인 트러스트'를 형성해 로스쿨 시절 낙제생이었던 프랭클린의 선거운동을 도왔습니다. 한 달 후 바질 오코너, 새뮤얼 로젠맨, 휴거 존슨 등이 합류했습니다. 이들은 프랭클린 루스벨트의 핵심 트레이드마크인 '뉴딜'을 입안하고 이를 실행하는 데 중요한 역할을 했습니다. 루스벨트는

---

80   김형곤, 「소통의 힘」, 160~161 재인용.

이들과 다양한 정책 개발과 선거에서 상대 당인 공화당의 공약과 그들의 비난에 대해 허심탄회한 브레인스토밍을 즐겼습니다. 루스벨트의 뛰어난 포커 실력은 그가 이들은 물론 여러 보좌관과 파자마 차림의 격 없는 대화를 하면서 다져진 결과라 할 수 있습니다.

프랭클린 루스벨트는 상대 당 인물들에게 항상 문을 열어두었습니다. 1932년 선거에서 후버 대통령에게 실망한 유능한 공화당 출신의 다수 의원이 프랭클린 루스벨트를 지지했습니다. 네브래스카주의 조지 노리스, 캘리포니아주의 하이람 존슨, 뉴멕시코주의 브론슨 컷팅, 위스콘신의 로버트 라폴레트 2세 등의 연방 상원의원이었습니다. 1936년 루스벨트의 두 번째 임기를 위한 선거에서 공화당은 캔자스의 알프레드 랜던을 후보로 내세웠습니다. 랜던은 뉴딜정책에 대해 "미국의 전통을 무시한 정책"이라고 주장하면서 "연방정부가 주도하는 경기회복 프로그램은 주 정부에게 넘겨줘야 한다"라고 강하게 비판했습니다. 하지만 선거에서 승리한 프랭클린 루스벨트는 패배 후 고향으로 은퇴한 랜던을 찾아가 그에게 페루에서 열리고 있었던 범아메리카 회의 미국 대표단 단장으로 임명했습니다. 세 번째 임기를 위한 선거에서도 프랭클린은 상대 후보인 웬델 윌키를 제2차 세계대전 동안 미국 대표 단장으로 임명해 연합국을 돌아다니면서 전쟁을 조정하도록 부탁했습니다. 윌키 역시 뉴딜에 대해 비판적이었고 특히 프랭클린 루스벨트의 전례 없는 3선 행위를 강하게 거부한 사람이었습니다.

프랭클린 루스벨트 대통령의 내각에는 역대 어느 대통령보다도 상대 공화당 출신의 인물들이 많이 포함되어 있습니다. 프랭클린의 두 번째 임기의 부통령 헨리 윌리스는 전통적으로 공화당 집안의 출신이었습니다. 하지만 프랭클린은 농업 부분에서 탁월한 윌리스의 능력을 높게 사 처음에 농무장관에 임명했고 다음에는 부통령으로도 지명했습니다. 초기 재무장관인 윌리엄 우딘, 3선 때 해군장관 프랭크 녹스, 내무장관 해럴드 이케스 등도 모두 공화당 출신이었습니다. 프랭클린의 내각에는 미국 최초의 여성 장관도 포함되어 있습니다. 프랜시스 퍼킨스는 프랭클린의 임기 내내 노동장관으로 있으면서 대공황과 제2차 세계대전을 극복하는 데 많은 도움을 주었습니다. 프랭클린은 이들 장관을 전적으로 신뢰하고, 권한을 위임했으며, 그들의 서명이 있는 것이면 의심 없이 서명했습니다.

개방과 관용은 벽이나 칸막이를 치우고 나와 다른 생각을 하는 사람을 우리 편으로 만드는 것을 의미합니다. 이것은 리더와 팔로우 사이에 존재하는 칸막이든, 국가와 국가 사이에 존재하는 벽이든, 지역, 계층, 학력, 조직 사이에 존재하는 벽이든 그것을 허문다는 의미입니다. 학연, 지연, 혈연, 이념, 정당에 따라 '근친상간 교배'를 증식하는 것이 아니라 근친이 아닌 다른 사람에게도 공정한 기회를 주어야 한다는 것을 의미합니다. '우리 편'끼리 교배하는 조직, 국가, 사람 사이에서는 진정한 리더십은 작용하지 않습니다. 그런 조직, 그런 국가, 그런 사람은 성공보다 실패할 확률이 훨씬 높습니다.

하지만 프랭클린 루스벨트의 정책의 기본 흐름은 벽이 없는 개방 그 자체였습니다. 명문가 출신의 엄청난 재산을 가진 부모를 둔 프랭클린 루스벨트는 대지주와 대귀족의 운명을 가지고 태어났습니다. 그런데도 프랭클린 루스벨트는 귀족의 운명을 거부했습니다. 그는 초기의 방황을 거쳐 궁극적으로 특권을 가진 귀족 생활을 거부하고 가난하고 소외당한 사람들의 편에 섰습니다. 유년시절 자신의 생활과는 다른 가난한 아이들에게 애타적인 관심을 쏟은 것에서, 공화당 중심의 루스벨트 가문 전통에서 민주당을 선택한 것에서, 그리고 보수적인 귀족의 틀에 얽매이지 않고 자유롭게 생활하는 엘리나를 아내로 맞이한 것에서 프랭클린은 이미 자신이 타고난 운명을 벗어나고 있었습니다.

프랭클린의 젊은 시절 부잣집 외동아들에게 흔히 볼 수 있는 다소 거만하고 피상적인 태도는 마치 운명과도 같은 소아마비로 인하여 흔적도 없이 사라졌습니다. 그 후부터 그는 자신보다 못한 사람들을 돌아보고 다른 사람들과의 관계를 겸손하고 진지한 태도로 바꾸어갔습니다. 뉴딜의 근본은 가진 자나 특권이 있는 자들을 위한 정책이 아니었습니다. 우선은 소외되고 무시당한 사회적 약자들을 위한 정책이었습니다. 적어도 민간기업의 힘을 절대적으로 필요로 하게 되는 2차 세계대전이 발발하기 전까지는 그랬습니다. 프랭클린 루스벨트 대통령은 전쟁이 끝난 후에도 기업과 노동의 균형적인 발전을 위해 온 힘을 다했고, 역사상 최상의 민관협조체제를 형성해 전쟁을 승리로 이끌었습니다. 뉴딜정책을 거치면서 프랭클린 루스벨트 대통령은 링컨 이후 줄곧 공화당을 지지해 왔던 아프리카계 미국인을 민주당을 지지하도록 만들었습니다. 아직 일반적이지 않았지만 사회 곳곳에서 아프리카계 미국인들의 인권문제가 제기될 수가 있었습니다.

대공황으로 추풍낙엽처럼 떨어진 실업자들을 구제하고 피폐한 농민의 생활을 향상시키기 위한 프랭클린 루스벨트 대통령의 노력은 눈물겹기까지 했습니다. 대부분 아내 엘리나의 노력으로 성과를 보았지만, 어린이, 여성, 흑인, 그리고 이민 세력들에 대한 인간적이고 사회 통합적인 정책 역시 프랭클린 루스벨트의 개방적인 정책의 일환이었습니다. 이들은 '뉴딜 연합 세력'을 형성해 미국 사회의 진보세력으로 자리를 잡았습니다. 보수적인 귀족 출신이 진보적인 세력의 수장으로 일을 했던 것입니다. 후대의 역사가들은 이를 두고 '자신이 속한 계급의 배반자'로 프랭클린을 평가하고 있습니다.[81] 다른 모든 것을 고사하더라도 우리는 적절한 현안에 따른 타이밍을 잘 맞춘 수십 번에 걸친 노변정담에서, 또 그 어떤 리더도 따라가지 못하는 무려 1천여 회 이상의 기자회견을 한 것에서, 프랭클린이 얼마나 개방적인 리더인가를 짐작할 수 있습니다.

---

81 H. W. Brands, *Traitor to His Class: The Privileged Life and Radical Presidency of Franklin Delano Roosevelt*(New York: Anchor, 2009).

나치의 공세는 날이 갈수록 심해지고 있었지만, 유럽의 외로운 섬으로 남아 있었던 영국이 쓸 수 있는 카드는 별로 없었습니다. 60대 후반의 처칠 수상은 영국을 구하기 위해 3년 만에 무려 18만 킬로미터나 돌아다녔습니다. 하지만 미국을 제외한 뾰족한 수가 없었던 처칠은 백악관을 자주 방문했습니다. 당시 미국은 고립주의자들의 전쟁 반대로 외국의 전쟁을 도울 수 있는 상황이 아니었습니다. 백악관 2층 내빈용 욕실에서 처칠이 막 목욕을 끝내고 나오는데 프랭클린 루스벨트 대통령이 노크를 하고 들어왔습니다. 벌거벗은 모습을 보고 놀라며 돌아서는 루스벨트를 보고 처칠은 다음과 같이 말했습니다. "보십시오, 각하, 저는 당신에게 숨기는 것이 아무것도 없습니다." 그 후 두 사람은 더욱 친해졌고 프랭클린은 처칠에게 "수상 각하와 같은 시대에 산다는 것은 행복한 일입니다"라고 고백했습니다.

　185㎝의 큰 키와 잘생긴 얼굴은 프랭클린 루스벨트가 가진 또 하나의 장점이었습니다. 턱이 약간 위로 향한 주걱턱 덕분에 그의 입술은 늘 웃는 모양으로 보였습니다. 웃음은 상대방을 편안하게 하는 힘을 가지고 있습니다. 외모가 아니더라도 루스벨트는 항상 웃음 가득한 얼굴을 하고서 상대를 대했습니다. 생기 넘치고 매력적인 외모는 상대를 설득하는 데 큰 힘을 발휘합니다. 우리는 시가를 물고 자신감 넘치는 미소를 짓고 있는 프랭클린의 사진을 어렵지 않게 발견할 수 있습니다.

　프랭클린의 유머는 타고난 듯합니다. 하이드파크의 무한한 사랑과 헌신은 세상은 살만한 가치가 있는 것이며, 즐겁게 사는 것이야말로 삶의 근본이라고 생각하도록 만들었습니다. 이러한 태도는 프랭클린이 그토록 힘들었던 소아마비, 대공황, 제2차 세계대전을 극복하게 하는 데 원동력이 되었음은 두말할 나위도 없습니다. 대통령이 백악관 밖을 자주 나갈 수가 없는 관계로 사람들이 주로 백악관을 찾아왔습니다. 다수의 사람은 보좌관을 통해 대통령을 만났지만, 간혹 백악관 2층을 헤매는 사람들도 더러 있었습니다. 그들은 엘리나를 만나 대통령이 어디에 있는지 물었습니다. 그러면 엘리나는 "아마도 웃음소리가 나는 곳에 계실 것입니다"라고 말하기도 했습니다.

1921년 갑자기 소아마비에 걸린 후 프랭클린 루스벨트는 꾸준한 재활 치료를 받았습니다. 담당 물리치료사는 헬렌 로어였습니다. 그는 다른 여러 운동을 도왔습니다. 그중에서 로어는 주로 따뜻한 온천물에서 프랭클린 루스벨트의 늘어진 다리를 자신의 몸쪽으로 잡아당기는 운동을 도왔습니다. 다리의 근육 강화를 위한 운동이었습니다. 늘 이런 식으로 운동을 하다가 하루는 프랭클린 루스벨트의 보좌관들과 아내와 경호원에게 살짝 윙크했습니다. 조금 후에 평상시처럼 강하게 두 다리를 잡아당기는 로어에게 루스벨트는 아무런 힘을 주지 않았습니다. 어떻게 되었을까요? 로어는 그만 뒤로 나자빠져 물속에 처박혔습니다. 온몸이 젖은 그의 한쪽 귀에 안경이 대롱대롱 걸려 있었습니다. 루스벨트의 장난 어린 재치는 엄숙하고 딱딱한 분위기를 부드럽게 해주었습니다.

한번은 기자들이 대통령에게 몸이 불편해 국정을 수행할 때 더 힘들고 짜증스럽지 않느냐는 다소 사적인 질문을 한 적이 있습니다. 이에 프랭클린 루스벨트는 몸이 불편한 것이 오히려 국정을 수행하는 데 도움이 되고 있다고 말하면서 "당신들도 침대에 2년 동안 누워서 엄지발가락을 움직이려 노력을 하다 보면 다른 일은 모두 쉽게 느껴질 것입니다"라고 말했습니다.

프랭클린 루스벨트가 대통령이 되어 분위기 반전을 위해 자주 사용했던 유머가 있습니다. 바로 신문 1면의 부음 기사에 관한 내용입니다. 공화당의 요새라고 할 수 있는 부자들의 마을인 뉴욕 웨체스터 카운티에 사는 한 시민이 매일 직장을 가기 전에 신문을 사서 1면만 보고 다시 돌려주었습니다. 신문을 파는 소녀는 며칠 후 그 손님의 행동이 너무 궁금해서 왜 1면만 보고 다시 돌려주는 것인지를 물었습니다. 그러자 그 시민은 "나는 부음 기사에만 관심이 있단다"라고 말했습니다. 소년이 부음 기사는 1면이 아니라 24면에 나온다고 반문하자 그 시민은 다시 이렇게 대답했습니다. "아니야 내가 관심 있는 녀석의 부음 기사는 반드시 1면에 실리게 될 거란 말이야." 이 이야기를 듣는 사람은 누구라도 웃음을 참을 수가 없었습니다. 시민의 말에는 그가 루스벨트의 뉴딜정책을 너무나 싫어했고 하루빨리 죽어야 이 정책이 사라질 것이라는 의미가 함축되어 있기 때문입니다. 프랭클린 루스벨트는 이 이야기를 너무나 재미나게 즐겼습니다.

프랭클린 루스벨트만큼 지지 세력과 반대 세력이 분명히 나뉜 대통령은 많지 않습니다. 여야를 막론하고 의회의 강한 지지를 받아 추진해야 하는 뉴딜정책 초기에 이런 일이 있었습니다. 노스다코타주 출신의 공화당 상원의원인 제럴드 나이는 프랭클린 루스벨트를 반대하고 있었습니다. 우연한 기회에 대통령을 만난 나이는 "저는 당신에 대해 사사건건 반대했습니다. 아마도 당신이 제출한 법안의 100%를 반대했을 것입니다"라고 말했습니다. 이 말은 대통령에 대한 조롱이거나 일종의 심술이었습니다. 하지만 프랭클린은 화를 내지 않았습니다. 당황스러웠지만 이내 미소를 지으며 "나이 의원님! 아닙니다. 당신은 저의 법안 가운데 25%밖에 반대하지 못했습니다. 사실 민주당이 제출안 법안 중에는 저도 좋아하지 않는 것들이 많이 있었기 때문입니다"라고 말했습니다.

프랭클린 루스벨트의 기념관에는 그가 앉은 모습과 그 옆에 애견 팔라가 조각되어 있습니다. 주인의 장례식이 거행될 때 풀이 죽어 장례 행렬을 따라가던 팔라가 확성기를 통해 주인의 목소리가 나오자 갑자기 놀라 생기를 되찾아 반응하는 모습에 수많은 미국 시민이 눈시울을 적셨습니다. 팔라와 관련된 유머가 하나 있습니다. 대통령 4선에 도전하는 프랭클린 루스벨트에게 팔라가 연루된 비방이 공화당으로부터 나왔습니다. 프랭클린이 알래스카 알류산 열도에 있는 개를 집으로 데려오기 위해 납세자가 낸 피와 같은 세금 수백만 달러를 낭비했다는 소문이었습니다. 어처구니없는 소문을 조용히 넘기려고 했던 프랭클린 루스벨트는 마음을 바꾸어 공개적으로 경고장을 발표했습니다.

공화당 지도부는 저는 물론 제 아내와 자식들을 공격하는 것으로 만족하지 못하고 있습니다. 이제 그들은 저의 작은 개까지 공격하고 있습니다. 물론 저와 내 가족은 이들의 공격에 대해 크게 화를 내지 않습니다. 하지만 저의 애견 팔라는 우리와 다릅니다. 팔라는 몹시도 분개하고 있습니다. 아시다시피 팔라는 스코틀랜드 종입니다. 평소에는 아주 유순하지만 한번 화가 나면 아무것도 가리지 않습니다. 이제 팔라는 이전의 그 유순했던 개가 아닙니다. 저 역시 저의 개에 대한 중상모략에 대해 항의하고 분개할 권리가 있습니다.[82]

대통령이 경고장을 낸다는 선언에 어떤 특별한 조치나 변명 같은 것이 나올 줄 잔뜩 기대했던 사람들은 웃음을 터뜨리지 않을 수가 없었습니다. 4선을 위한 선거에서 프랭클린 루스벨트는 공화당의 듀이를 상대로 선거인단 432표 대 77표로 압승을 거두어 다시 대통령에 당선되었습니다. 프랭클린 루스벨트는 이러한 유머를 통해 각료와 보좌관들에게 여유를 주었고 그들이 자신의 업무를 스스로 할 수 있도록 했습니다.

---

82 김형곤, 「소통의 힘」,

혁신하는 자신감

남북전쟁 이후 19세기 후반기의 미국 정치는 기업들의 시녀와 같았습니다. 당시에는 기업인들의 막강한 자금이 정치 세계로 흘러 들어갔고 이들의 돈을 받은 정치인은 기업인의 이권에 개입하지 않을 수 없었습니다. 작가 마크 트웨인이 당시를 '도금시대'라고 정의한 것은 이와 같은 이유에서였습니다. 미국의 정치 세계는 지역의 사적이고 이기적인 정치 보스들이 지배하고 있었고 정치를 하고자 하는 사람들은 반드시 이들의 눈에 들어야만 했습니다.[83] 거대한 '침묵의 카르텔'이 정치 세계를 지배하고 있었던 것입니다.

이와 같은 문제는 시어도어 루스벨트 대통령의 혁신주의 노선으로 상당히 시정되기는 했습니다. 하지만 시어도어를 이은 윌리엄 태프트 대통령이 혁신주의 대신 보수주의를 선택하여 시대는 다시 혁신주의 이전의 시대로 돌아가는 형국이 되었습니다. 따라서 프랭클린 루스벨트가 정치를 시작한 1910년에는 여전히 지역 정치 보스들의 힘이 막강했습니다. 원래 루스벨트 집안은 전통적으로 공화당을 지지했지만 당

---

83 특히 19세기 말부터 20세기 초 보스정치는 성행했는데 주요 보스들은 다음과 같습니다. 오하이오주 공화당 의원이자 나중에 대통령이 되는 윌리엄 태프트의 친구인 조지 콕스, 뉴욕 정치계를 주름잡은 태머니홀의 대추장 격인 리처드 보스 크로커 주니어, 네브래스카주 정치 보스 톰 데디슨, 루이지애나주 정치 보스 휴이 피어스 롱, 그리고 뉴욕시와 뉴욕주의 정치를 농락한 정치 보스 윌리엄 매기어 보스 트위드 등입니다.

국민을 행복하게 만든 대통령들

시 정치계에는 혁신의 필요성이 절실한 것으로 생각한 프랭클린 루스벨트는 정치를 시작하면서 민주당을 선택했습니다.

뉴욕주의 민주당은 태머니홀을 중심으로 정치 보스들이 막강한 힘을 발휘하고 있었습니다. 루스벨트 집안이라는 훌륭한 배경을 가진 프랭클린이었지만 이제 막 정치를 시작하게 된 그가 태머니홀의 위력을 의식하지 않기란 쉬운 일이 아니었습니다. 하지만 프랭클린 루스벨트는 관행이 되어 있는 정치 보스에게 고분고분하지 않았습니다. 지역 정치 보스들에 의해 좌지우지됐던 뉴욕 민주당 지도부는 프랭클린을 무시했습니다. 심지어 그들은 프랭클린 루스벨트가 정치활동을 하지 못하도록 낙방 운동에 아들이 정치를 하는 것을 달가워하지 않았던 그의 어머니 사라까지 동원했습니다. 사실 프랭클린 루스벨트의 어머니는 아들이 자신과 함께 남편 제임스가 물려준 재산을 누리면서 조용히 살기를 원했습니다. 그리고 민주당 정치 보스들의 본거지인 태머니홀은 그들의 말을 잘 듣고 고분고분한 후보를 내세워 프랭클린 루스벨트의 낙방을 유도했습니다.

이러한 방해 공작에도 불구하고 프랭클린 루스벨트는 당당히 주 상원의원에 당선되었습니다. 그의 개혁적 정치노선이 혁신주의 시대와 랑데부를 이룬 결과라고 할 수 있습니다. 그 후부터 프랭클린 루스벨트의 정치역정은 혁신 그 자체였습니다. 1912년 선거에서 프랭클린은 혁신적 노선을 채택한 윌슨을 지지했고 그 결과 해군 차관보로 임명되어 제1차 세계대전 동안 미국해군의 강화를 주도했습니다. 1921년 갑자기 걸리게 된 소아마비는 프랭클린 루스벨트의 정치생명을 끝내는 것으로 보였습니다. 하지만 그는 좌절하지 않고 다시 돌아왔습니다. 1929년 뉴욕주 주지사에 취임하면서 프랭클린 루스벨트는 주민들을 향해 다음과 같이 말했습니다.

이제 저는 여러분들을 새로운 곳으로 데려갈 것입니다. 다른 성공한 리더

들이 해왔던 것처럼 말입니다.[84]

이는 새로운 혁신을 위해 일하겠다는 프랭클린 루스벨트의 강한 의지의 표현이었습니다. 프랭클린은 확산일로에 있는 대공황에 대처하기 위해 주 기금을 활용하는 획기적이고 전례 없는 프로그램을 도입하려 했습니다. 하지만 주의회는 주지사의 생각을 강하게 반대했습니다. 프랭클린은 1931년 뉴욕 주의회에 보내는 교서에서 "주(The State)란 무엇인가?"라는 제목으로 주 정부의 존재 이유를 설명했습니다.

> 그것은 상호보호와 행복을 위해 인간이 만들어낸 조직사회를 대표하는 구성체입니다. '주(The State)' 또는 '정부(The Government)'는 상호보호와 원조를 성취하기 위한 조직일 뿐입니다. 원시인들은 아무런 도움 없이 또는 심지어 동료들과 대립하여 살아남으려 애썼으나 오늘날에는 우리 주의 모든 시민이 정부의 보호를 받고 있습니다. 정부는 국민의 주인이 아닙니다. 바로 하인입니다. 우리 정부는 시민이 만든 것입니다. 우리가 존재할 수 있는 것은 시민의 동의가 있었기 때문입니다. 주 정부의 여러 의무 가운데 중요한 하나는 다른 사람의 도움이 없다면 최소한의 생존을 위해 필요한 물건조차 살 수 없는 불행한 시민들을 돕는 일입니다.[85]

이와 같은 생각 속에서 프랭클린 루스벨트는 주지사 임기 동안 각종 개혁법안을 통과시켰습니다. 주 정부가 지원하는 실업 보험, 노동 관계법, 전력 부문의 공공 개발, 주 정부 차원의 구제 본부 설치 등 다양한 분야에서 혁신과 개혁을 추구하는 정책을 시행했습니다. 이러한 정책은 정부의 역할을 완전히 새롭게 혁신하는 것이었고 이것이 바로 '뉴딜(New Deal)'의 서곡이었습니다. 아니 이보다 더한 미국의 물줄기를 바

---

84   Inauguration Address of Governor Franklin D. Roosevelt(January 1, 1929).

85   엘런 액슬로드 지음, 나선숙 옮김, 「불굴의 CEO 루스벨트 두려움은 없다」(서울: 한스미디어, 2005), 171 재인용.

꾸는 위대한 실험의 선구적인 시험대였습니다.

　프랭클린 루스벨트의 혁신적인 실험은 건국 이후 줄곧 자유방임주의와 개인주의 논리에 익숙해 있었던 많은 미국인에게 이질적인 것으로 보였습니다. 이를 두고 어떤 사람들은 프랭클린 루스벨트를 독재자로 비판했습니다. 하지만 프랭클린은 독재자와는 거리가 멀었습니다. 독재자는 국민을 주인으로 여기지 않기 때문에 그들의 의견을 귀 기울여 듣지 않습니다. 독재자는 국민을 돕는 게 아니라 독재 권력을 유지하는 데 국민을 강제 동원합니다. 프랭클린 루스벨트는 신성하고 개혁적인 태도로 국민을 섬겼고 국민을 위해 정치판을 바꾸었습니다. 그는 정치 보스의 방해를 극복했고 혁신적인 생각으로 주 정부의 개념을 바꾸었습니다. 이는 프랭클린 루스벨트의 혁신 정치의 출발을 알리는 첫 번째 실험이었습니다.

　프랭클린 루스벨트는 요트를 즐기고 해군 차관보를 지냈기 때문에 바다에는 익숙했습니다. 하지만 그는 비행기 타는 것을 별로 좋아하지 않았습니다. 이제 막 보급되기 시작한 비행기를 타는 것은 바다의 평온함에 익숙한 프랭클린에게 두려움까진 아니더라도 전혀 다른 모험이었습니다. 특히 프랭클린은 소아마비 때문에 혼자서 거동하기가 어려워지면서 비행기를 타는 것을 더 싫어했습니다. 하지만 프랭클린은 자신의 굴레를 벗어났습니다. 1932년 7월 민주당은 드디어 프랭클린 루스벨트를 대통령 후보로 지명했습니다. 이 소식을 듣자마자 프랭클린은 전당대회가 열리고 있는 시카고로 갔습니다. 그것도 평상시 싫어했던 비행기를 타고 날아갔습니다. 이는 그동안 비행기 타는 것을 불편해했던 프랭클린에게 작은 혁신이었으며 또한 지금까지의 전통을 깬 혁신적인 행동이었습니다.

　미국 대통령 선거전에는 하나의 불문율이 전통으로 남아 있었습니다. 그것은 전당대회에서 지명된 대통령 후보는 당에서 공식적으로 발표하기 전까지 며칠 동안 그 사실을 알고 있더라도 마치 모르는 사람처럼 조용히 있는 것이었습니다. 사실 이것은 미국 정치사에서 하나의 전통으로 자리 잡고 있었습니다. 하지만 올버니에서 이 소식을 들은 프랭클린 루스벨트는 즉시 시카고로 날아감으로써 전통을 깨뜨려버렸습니다. 그는 시카고로 날아가 자신이 왜 이상한 전통을 깨뜨렸는가를 설명하며 다음과 같은 후보지명 수락 연설을 했습니다.

월시 의장님! 민주당 동지 여러분! 저는 바다는 익숙하고 편안하지만, 하늘은 익숙하지 않습니다. 그래서 조금 늦었습니다. (사실 비행기로 날아왔기 때문에 너무 빨랐습니다.) 대통령 후보가 전당대회에 나타나 공식적으로 지명을 수락하는 일은 전례 없고 특별한 일입니다. 지금은 전례에 없었던 특별한 시기입니다. 저는 불합리한 전통을 깨뜨려 제 앞에 놓여 있는 일들을 시작하고자 합니다. 후보자로 지명됐다는 사실을 공식적으로 통지받기까지의 몇 주일 동안 무슨 일이 일어났는지 모르는 척하며 지내야만 한다는 불합리한 전통 말입니다. 동지 여러분! 저는 저의 이 행동이 이번 선거에서 진실의 눈을 감아버리려 하는 어리석음과 위선과 협잡을 피하고 정직하고자 하는 의도의 상징이 되기를 바랍니다. 여러분은 저를 지명했고 저는 그것을 압니다. 명예를 갖고 감사하기 위해 여기에 왔습니다. 저는 제가 불합리한 전통을 깨뜨리는 상징이 되기를 원합니다. 지금부터 어리석은 전통을 깨뜨리는 것을 우리 당의 목표로 삼고자 합니다.[86]

많은 사람이 감동했지만 그렇지 않은 사람도 있었습니다. 프랭클린의 이 행동을 두고 '대통령 병'에 걸린 것이라 수군거리기도 했습니다. 하지만 프랭클린은 이러한 비난에 아랑곳하지 않았습니다. 그것은 문제의 본질이 아니었습니다. 프랭클린에게는 공식적인 통보를 받기 전까지 침묵으로 일관해야 하는 것은 분명 불합리한 전통이자 잘못된 관행이라는 것이 문제의 본질이었습니다.

---

86   FDR's Acceptance Speech to the 1932 Democratic Convention(July 2, 1932).

독립 후 미국은 자유방임적 자유경제 체제를 유지해 왔습니다. 이른바 '보이지 않는 손'에 시장을 맡긴 것이었습니다. 이는 개인의 노력과 개인의 능력에 더욱더 많은 가치를 두는 개인주의 사회인 것입니다. 19세기 말과 20세기 초의 혁신주의는 그동안 이어져온 자유방임주의와 개인주의에 사회적 정의 실현을 위한 개혁의 목소리를 제공했습니다. 하지만 1차 세계대전은 미국 사회를 다시 원상태로 돌려놓았습니다. 1920년대의 미국은 자유방임주의와 개인주의가 극에 달한 시대였습니다. 심지어 쿨리지 대통령은 "미국의 일은 사업이다(*American Business is Business*)"라고까지 말하면서 시장에 대한 정부의 간섭을 철저히 멀리했습니다. 쿨리지를 이은 후버 대통령은 '빈곤에 대한 최후의 승리'를 장담하면서 미국 자본주의의 영원한 승리를 예견하기도 했습니다.

그러나 아무도 예견하지 못했던 갑작스럽고 두렵기까지 한 대공황은 미국의 사업도 최후의 승리도 모두 폭풍 속으로 던져버렸습니다. 주식이 폭락하자, 기업이 파산하고, 은행이 무너졌으며, 실업자가 속출했습니다. 자산 가치가 곤두박질치면서 길거리에는 부랑자들이 늘어났습니다. 농촌에서는 농산물이 썩어갔습니다. 국가가 전대미문의 최악의 위기에 빠져 있을 때 대통령이 된 프랭클린 루스벨트는 '뉴딜'이라는 새로운 정책을 통해 위기를 극복하고 이전의 안정된 국가로의 회복하기 위해 최선을 다했습니다. 뉴딜은 몇 개의 정책을 바꾸는 단순한 것이 아니었습니다. 뉴딜은 미국의 물줄기를 바꾸는 새로운 정책이었습니다. 그것은 혁신주의자인 프랭클린이 갖고 있던 정치적 소신이자 철학이었습니다. 미국발 대공황은 다른 나라에 영향을 주었습니다. 세계의 많은 나라가 보다 직접적이고 빠른 효과가 나타나는 정책을 도입했습니다. 독일의 히틀러와 이탈리아의 무솔리니는 강압적인 독재정치를 실시했고, 러시아의 스탈린은 철저한 전체주의 정치를 시행했습니다.

하지만 프랭클린은 이들과는 전혀 다른 방법의 해결책을 선택했습니다. 프랭클린은 어디까지나 미국의 탄생과 존재 이유인 '민주주의'와 '자유'를 유지할 수 있는 새로운 방법을 모색했습니다. 프랭클린은 이전의 자유방임주의 정책을 바꾸어 국가간섭주의 정책을 도입했습니다. 대통령에 취임하자마자 일시적으로 은행의 문을 닫고 위헌이라는 온갖 비난 속에서도 수많은 법안을 만들어냈습니다. 무엇보다 절망에 빠진 국민이 다시 분주하게 움직일 수 있도록 수많은 일자리를 만들어냈습니다.

정부가 시장에 개입하고 개인의 자유를 규제하는 것에 많은 사람이 반감을 보였습니다. 그것은 독재자들이 하는 짓이라고 비난했습니다. 어떤 사람은 프랭클린을 "공산주의자"라고까지 비난하기도 했습니다. 하지만 프랭클린은 이러한 비난에 시간을 소비하지 않았습니다. 그는 자유와 민주주의의 바탕 하에서 미국이 다시 번영할 수 있도록 만들기 위해 뉴딜이라는 위대한 실험을 추진해 나가는 데 온 마음을 집중했습니다. 우선순위는 뉴딜이라는 실험이 성공하는 것이었습니다. 그는 그래야만 절망에 빠진 국민이 다시 활기를 찾을 수 있다고 믿었습니다. 그에게 쏟아지는 비난은 언제나 다음 문제였습니다.

하지만 뉴딜은 프랭클린 루스벨트 대통령이 의도했던 만큼의 효과를 보이지 못했습니다. 또한 뉴딜을 통해 효과를 얻기까지 많은 시간이 걸렸습니다. 다시 여러 사람이 비난했습니다. 이에 프랭클린 루스벨트는 뉴딜이 어떤 정책인지 이 정책이 과연 강압과 독재에 의한 정책인지를 국민에게 설명했습니다.

지금 우리는 새로운 질서를 다시 짜고 있습니다. 어디까지나 이 일은 미국 헌법의 틀과 정신과 의미 속에서 진행되고 있습니다. 새로운 질서를 향해 가는 길은 상당히 먼 길입니다. 하지만 변화는 오늘날의 질서입니다. 세계 속의 미국은 변화를 위한 욕망을 홀로 갖고 있지 않습니다. 우리는 이미 확인된 자유주의의 전통 속에서 변화를 추구합니다. 우리는 혼란스러운 세계에서 미국

이 처음으로 도입한 대의정부의 공화국 형태에 필요한 모두를 유지하는 상황에서 변화를 추구합니다.[87]

이와 같은 프랭클린 루스벨트가 시행한 뉴딜정책은 미국을 강압과 독재가 지배하는 나라로 바꾸는 것이 아니었습니다. 그것은 미국의 자유주의적 공화국을 지켜내기 위한 새로운 길이었습니다. 프랭클린 루스벨트 대통령의 두 번째 임기가 끝나갈 무렵 유럽은 또다시 심각한 전쟁으로 치닫고 있었습니다. 히틀러와 무솔리니가 단순히 자위적인 차원이 아니라 다른 나라를 침략하기 위한 무장이었습니다. 2차 세계대전이 일어난 것입니다.

이들이 무장하는 동안 영국과 프랑스는 침묵했습니다. 이미 에티오피아, 오스트리아, 체코슬로바키아가 침략자의 손에 넘어간 상태였습니다. 당시 영국 총리 체임벌린은 체코슬로바키아를 점령하는 것을 끝으로 더는 다른 나라를 침략하지 않겠다는 히틀러의 말을 그대로 믿었습니다.[88] 바다 건너 프랭클린 루스벨트는 그 말을 믿을 수가 없었습니다. 그러나 전쟁보다 평화가 최선의 정책이라는 것을 믿었던 프랭클린 루스벨트 대통령은 마지막 희망을 걸고 히틀러와 무솔리니에게 평화를 호소하는 메시지를 전달했습니다.

사건들의 흐름은 전쟁의 위협 속으로 방향을 잡은 것 같습니다. 이러한 위협이 계속된다면 세계의 많은 국가가 파멸의 길로 함께 갈 수밖에 없습니다. 그러면 승리한 나라는 물론 패배한 나라, 심지어 중립국까지 세계의 모든 나라가 고통받게 됩니다. 저는 세계가 필연적으로 그러한 운명의 포로가 될 것이라고 믿지 않습니다.[89]

---

87 President Franklin Delano Roosevelt's Message to Congress Day by Day(January 4, 1935).
88 이 사건을 두고 당시 영국주재 미국대사로 있었던 아버지에게 갔던 존 F. 케네디가 영국을 다녀오고 나서 하버드대학을 졸업하는 논문으로 「왜 영국은 잠자고 있는가?(*Why England slept?*)」을 발표했습니다.
89 President Franklin Delano Roosevelt's Appeals to Hitler for peace(September 27, 1938).

결과적으로 이 메시지는 헛된 노력이 되어버렸지만 두 침략자에게 하나의 경고로 작용했습니다. 얼마 지나지 않아 프랭클린 루스벨트 대통령의 의심은 사실로 드러났습니다. 1939년 9월 1일 히틀러는 폴란드를 전격적으로 침공했습니다. 이제 침략자들의 야욕이 분명해졌습니다. 그들은 프랑스와 영국을 이어 유럽을 점령한 후 대서양을 넘어 궁극적으로 미국까지 공격할 태세였습니다. 프랭클린 루스벨트 대통령은 미국이 더는 중립을 유지할 수는 없음을 직감했습니다. 하지만 당시 미국은 고립주의에 철저히 빠져 있었고 이를 고수하는 중립법을 만들어 두고 있었습니다. 미국은 1935년에 이미 '교전국에 대한 무기와 군수품의 매각 및 수송을 금지하는 법안'을 시작으로 '교전국에 대한 차관 확대 금지 법안', '교전국과의 관계 금지와 강철 등의 전략 물자 판매 금지 법안', 그리고 '미국 국민이 교전국의 배에 타고 여행하는 것을 금지하는 법안'을 차례로 통과시켰습니다. 당시 미국의 정치가들과 지식인들은 미국이 지난 1차 세계대전에 참전하게 된 원인 중 하나가 영국 여객선이 독일의 잠수함 공격으로 침몰했을 때 거기에 타고 있던 미국인들 다수가 사망했기 때문이라는 것을 잘 알고 있었습니다.

전쟁 확대와 위험을 직감한 프랭클린 루스벨트 대통령은 미국이 중립법의 금지조항을 철회해야 한다고 판단했습니다. 9월 21일 의회에 보내는 연설에서 대통령은 "저는 우리 헌법이 존재하는 처음부터 우리에게 매우 효과적이었고, 역사적이었으며, 전통적인 미국 정책에 대한 또 다른 입법을 추구하고자 합니다"라고 말했습니다.[90] 법은 법으로 존재하도록 두고 정책상의 유연성을 활용하고자 한 것입니다.

또한 프랭클린 루스벨트 대통령은 전쟁의 위험이 가속화되는 가운데 평시 선별 징병제를 만들었습니다. 의회 내 고립주의자들이 판을 치고 있었고 어쨌든 미국은 전시가 아니었습니다. 이 평시 선별 징병제는

---

90   FDR Asks Congress to Revise Neutrality Law(Sept. 21, 1939).

미국 역사상 처음으로 시도된 정책으로 매우 혁신적인 조치였습니다.

그 후 프랭클린 루스벨트 대통령의 끈질긴 설득으로 의회는 무기대여법을 통과시켰습니다. 일본 제국의 하와이 침공은 미국을 전쟁으로 완전히 끌고 들어갔습니다. 전쟁은 피할 수 있다면 피해야만 했습니다. 이것이 프랭클린의 근본적인 생각이었습니다. 하지만 피할 수 없는 전쟁은, 자유와 민주주의를 말살하는 침략 전쟁은 반드시 승리로 이끌어야만 했습니다. 프랭클린은 타협할 수 없는 완전한 승리를 위해 자신의 몸과 마음을 바쳤습니다.

많은 사람은 뉴딜정책으로 대공황을 성공적으로 극복했다고 믿고 있습니다. 하지만 이것은 사실과 약간 다릅니다. 뉴딜 정책을 시작하는 1932년의 미국의 실업 인구는 약 1천 300만 명이었습니다. 그러나 히틀러가 폴란드를 침공할 당시에도 미국의 실업 인구는 크게 줄어들지 않았습니다. 1939년에 미국의 실업 인구는 1천 100만 명에 육박했습니다. 이처럼 뉴딜 정책으로 경제가 완전히 회복된 것은 아니었습니다. 적어도 경제적으로 볼 때 뉴딜은 실패작이라고 할 수 있습니다.

그러나 뉴딜을 실시함으로써 얻은 진정한 성과는 다른 곳에서 찾을 수 있습니다. 뉴딜정책은 전쟁으로 미국이 완전 고용을 달성하기까지 미국 국민을 이끌고 간 힘이었습니다. 뉴딜정책은 대공황으로 절망 속에 빠진 국민에게 다시 희망을 주었고, 두려움 속에서도 용기를 가질 수 있게 해주었습니다. 또한 미국은 반드시 다시 번영하게 될 것이라는 낙관주의를 국민에게 심어주었습니다. 이런 의미에서 이것은 더 나은 세상을 만들기 위한 진한 휴머니즘의 발로라고 할 수 있습니다. 많은 보수주의자는 뉴딜정책을 지나치게 급진적이라고 비난합니다. 하지만 뉴딜정책은 급진이 아닙니다. 체제를 바꾸는 것이 급진이라면 프랭클린 루스벨트 대통령의 뉴딜은 자유와 민주주의 체제 속에서 어떻게 하면 이 고귀한 원리를 보존하고 발전시킬 것인가에 관한 새로운 혁신적 구상이었습니다.

어떤 손해를 보더라도 프랭클린 루스벨트의 용기 있는 행동

최악의 위기 속에서 고립주의를 극복한 프랭클린 루스벨트

1933년 1월 30일 히틀러는 독일 총통이 되었습니다. 프랭클린 루스벨트는 이미 지난해 대통령에 당선되었지만 3월 4일이 되어서야 미국 대통령에 취임했습니다. 히틀러는 천년왕국 독일에 새로운 나라 - 제3 제국 - 를 세우겠다고 선언했고 루스벨트는 미국 국민을 위한 새로운 정책 - 뉴딜 - 을 실시하겠다고 선언했습니다.

두 나라뿐만 아니라 세계 여러 나라는 대공황으로 한동안 국내문제에 치중한 나머지 국제문제에 큰 관심을 쓸 겨를이 없었습니다. 미국, 영국, 프랑스 등 연합국이 될 나라들은 민주주의와 수정된 자본주의 시장경제 체제 내에서 고립주의와 블록경제를 통해 위기를 극복하는 방향을 잡았지만, 독일, 이탈리아, 소련, 일본[91] 등은 국가 계획경제 속에서 강력한 전체주의를 형성하여 위기를 극복하고 대외팽창을 위한 기반을 마련했습니다.

특히 히틀러는 1차 세계대전에서 독일이 패배한 것은 공산주의자와 유대인의 배반 때문이라고 비난하며 그들을 쳐부수어야 할 일차적인

---

91 소련을 제외한 이들 나라는 이른바 '추축국'으로 동맹을 맺었습니다. 전쟁 초기에 독일과 소련은 동맹을 맺었으나 히틀러가 이를 무시하고 소련을 침공하자 소련은 연합국의 일원이 되었습니다.

적으로 규정했습니다. 히틀러는 아리안 민족은 모든 다른 민족을 지배할 수 있는 '최고의 인종'이라고 선언했습니다. 그는 나치당을 제외한 모든 당을 해체해 진정한 황제(총통)가 되어 베르사유체제를 무시하고 독일을 다시 재무장시켰습니다. 그는 "오늘의 독일이 내일의 세계"라고 공언하며 침략의 마수를 감추지 않았습니다. 1930년대 중반이 지나면서 세계는 다시 한번 전운이 감돌았습니다. 이탈리아에서는 파시스트 당수인 베니토 무솔리니가 이탈리아 국민에게 민족적 위대함과 군사적 영광의 길을 약속했습니다. 무솔리니는 곧바로 군대를 이끌고 에티오피아 왕국을 점령했습니다. 침략 준비를 했지만, 군사적 행동을 다소 머뭇거렸던 히틀러는 무솔리니의 행동을 보고 독일군을 무장시켜 이웃 국가의 침략을 위해 비무장 지대인 라인란트로 이동시켰습니다. 이듬해 봄에 스페인에서 시민혁명이 일어나자 독일과 이탈리아는 군대와 장비를 보내 민주 스페인 왕국을 전복시키기 위해 반란군을 도왔습니다. 동양에서는 이미 한국과 만주를 지배하고 있었던 일본 제국주의자가 새로운 대동아 공영권을 구상하고 중국과 아시아를 완전히 점령하려는 의도를 드러냈습니다.[92]

그런데도 서구 민주주의 국가 – 영국, 프랑스, 미국 등 – 는 국내문제로 국제문제에 관심을 돌릴 수가 없었습니다. 미국은 국제문제에 관심을 돌릴 여유와 시간이 없다기보다는 1차 세계대전에 관한 좋지 않은 경험으로 인해[93] 외국 국가 간에 벌어지는 어떠한 전쟁도 개입하기를 원하지 않는 불간섭 고립주의가 팽배해 있었습니다. 고립주의자들은 외국에서 전쟁이 일어나면 미국은 중립을 지켜야 한다고 주장했습니다. 전쟁은 남의 일이었고 멀리 있는 일이었습니다. 두 대양에 의해

---

92 손삼풍 옮김, 「루스벨트」, 165–166 재정리.

93 1차 세계대전이 일어나자 당시 윌슨 대통령은 유럽전쟁에 중립을 지킬 것이라 주장했지만 궁극적으로 전쟁에 개입하게 되었습니다. 미국은 비록 승리했지만, 그들이 얻은 것은 사실상 아무것도 없다고 보고 전후 미국은 급속하게 고립주의 속으로 빠져들어 갔습니다.

서 보호받고 있는 미국은 다른 나라의 문제들로부터 안전권에 있었습니다.[94]

1차 세계대전 때 해군 차관보로 국제적인 일에 경험이 있었던 프랭클린 루스벨트는 대통령이 되면서 국내 고립주의 분위기에서 크게 벗어나지 않고 있었습니다. 하지만 시간이 지나면서 루스벨트는 독일, 이탈리아, 일본 등의 파쇼집단이 세계평화에 위험한 존재라는 것을 인식했습니다. 대공황문제로 국제문제를 돌아볼 겨를이 없었던 루스벨트 대통령은 두 번째 임기를 시작하고 나서 세계평화가 위협받고 있음을 알게 되었습니다. 그는 시카고를 방문하여 "세계평화를 위협하는 세력에 대한 점검"의 필요성을 말했습니다.

전쟁 선언도 없이 어떤 종류의 경고나 정당함도 없이 수많은 여성과 어린이를 포함한 민간인들이 폭탄으로 무자비하게 살해되고 있습니다. 이른바 이 평화 시대에 배들이 이유나 예고도 없이 독일 잠수함에 의해 공격당해 침몰하고 있습니다. … 아무런 죄가 없는 사람들과 아무런 죄가 없는 나라가 모든 정의와 인도적인 고려를 무시한 권력과 패권을 위한 탐욕에 잔인하게 희생당하고 있습니다. 만약 이러한 일들이 세계의 다른 지역에서 계속 일어난다면 미국이 이를 피할 수 있을 것이라 믿는 사람은 없을 것이며, 미국이 자비를 기대할 수 있을 것으로 믿는 사람도 없을 것입니다. 나아가 서반구가 공격받지 않고 안정되고 평화롭게 문명을 계속 유지시킬 수 있을 것이라 믿는 사람은 없을 것입니다. … 만약 신체질환에 전염병이 퍼지기 시작하면 지역사회가 질병으로부터 건강을 보호하기 위해 환자를 검역하는 것은 너무나 당연합니다. 평화 정책을 추구하고 전쟁에 개입하는 것을 피하려고 가능한 모든 수단을 채택하는 것이 저의 결심입니다.[95]

이 연설에서 프랭클린 루스벨트가 중립 정책을 포기하거나 직접 외

---

94   미국은 지리적으로 볼 때 2001년 9.11테러 전까지는 그러했습니다.

95   The *Quarantine Speech* was given by U.S. President Franklin D. Roosevelt(October 5, 1937).

국 전쟁에 개입하겠다고 말하지 않았지만 그럴 수 있는 개연성을 내포하자 미국 내 여론이 크게 동요했습니다. 고립주의를 주장하는 의원들은 대통령의 탄핵을 언급하고 외국에 대한 간섭을 중단하고 전쟁으로부터 미국을 보호하기 위한 국민 서명 캠페인을 벌였습니다.

하지만 1938년 3월에 히틀러는 오스트리아를 점령하고 더는 침략이 없을 것이라는 뮌헨회담[96]의 약속을 어기고 6개월 후에 체코슬로바키아를 침공했습니다. 이에 더하여 히틀러는 1938년 11월 9일 밤 나치 군단이 독일과 오스트리아 전역에 걸쳐서 유대인의 가게, 사무실, 교회당들을 쳐부수고 침입하여 불태워버리도록 했습니다. 24시간 만에 백여 명에 가까운 유대인을 죽이고 3만 명을 체포하여 투옥했습니다. 역사는 이를 '수정의 밤(Kristallnacht)'이라고 부릅니다.[97] 이 사건을 보고를 받은 루스벨트는 충격 속에서 "저는 20세기 문명사회에서 이러한 일이 일어날 수 있다고 믿지 않습니다"라고 말했습니다. 1939년 9월 1일 히틀러의 군대가 (영국과 프랑스가 어쨌든 막아보고자 했지만 막지 못한) 폴란드로 진군해 들어갔습니다. 이틀 후 영국과 프랑스가 독일에 선전포고했고 이로써 2차 세계대전이 발발했습니다.

그동안 침묵을 지켰던 프랭클린 루스벨트 대통령은 곧바로 라디오 방송을 통해 전쟁 발발에 관한 대통령의 생각을 연설했습니다.

최근 몇 년 동안 일어난 불행한 사건은 무력이나 무력의 위협에 근거한 것이라 생각합니다. 거대한 전쟁이 발발한 상태에서 미국의 영향력은 인류가

---

96 히틀러는 아리안 민족의 '생활공간'의 논리로 오스트리아를 합병하고, 5월에 체코의 아리안 민족 거주지인 주테넨란트에 대한 야욕을 드러냈습니다. 이에 영국 총리 아서 챔벌레인, 프랑스 총리 에두아르 달라디에, 히틀러, 무솔리니가 만나 독일의 주테텐란트 점령에 동의했습니다. 곧바로 챔블레인은 "명예스러운 평화와 우리 세대의 평화"가 이루어졌다고 선언했습니다.

97 17세 독일계 유대인 청년 헤르셀 그린슈판이 파리 주재 독일 대사관의 3등 서기관이었던 에른스트 폼라트를 암살한 사건을 대상으로 한 보복으로 일어난 사건입니다. 이 용어는 증오와 파괴의 나치가 유리 조각을 길 위에 흩뿌린 데서 유래된 것입니다.

지속 가능한 평화를 유지하는 데 일관성 있게 사용되어야 한다고 생각합니다. 어디서든지 평화가 깨지면 모든 국가의 평화가 위험에 놓이게 됩니다. … 하지만 우리나라는 중립으로 남아 있으려 합니다. 그러나 제 생각대로 중립이어야 하는가를 모든 미국 국민에게 물어야 합니다. 중립을 지키더라도 사실을 알 권리가 있습니다. 중립 국민이라고 하더라도 의식을 닫고 살도록 강요될 수 없기 때문입니다. 저는 전쟁을 경험한 적이 있고 전쟁이 싫다고 한두 번 말한 것이 아닙니다. 저는 미국이 이 전쟁에서 벗어나 있기를 바랍니다.[98]

사실 이때까지만 하더라도 루스벨트 대통령은 미국이 중립상태에 있기를 원했습니다. 하지만 당시 갤럽 여론조사에서 어느 쪽을 지지하느냐의 질문에 미국 국민의 82%가 연합국의 승리를 원했던 것처럼 루스벨트 대통령 역시 연합국이 승리하기를 원했습니다. 그런데도 많은 국민은 미국이 외국 전쟁에 개입해서는 안 된다는 생각을 하고 있었습니다. 의회 역시 1935년에 중립법(Neutrality Act)을 만들어 미국이 다른 나라의 전쟁에 개입하지 못하도록 규정하고 있었습니다. 그러나 1939년 나치가 폴란드를 점령하고 난 후 의회는 루스벨트 대통령의 요구에 따라 중립법의 내용 중 '군대 파견 금지' 조항을 완화했습니다. 이로써 연합군은 그들이 필요한 것은 미국에서 무엇이든 구매할 수 있게 되었습니다. 그들은 총알에서 탱크에 이르기까지 돈만 준다면 미국에서 어떤 군수품이든지 실어나를 수 있게 되었습니다.

프랭클린 루스벨트 대통령은 1940년 의회에 보내는 연두교서에서 미국이 중립 정책을 포기한다고는 말하지 않았지만, 유럽의 전쟁이 미국과 무관하지 않음을 강조했습니다.

'전쟁에 개입하지 않는 것'과 '전쟁이 우리의 일이 아니다'라고 속이는 것 사이에는 분명 큰 차이가 있습니다. 우리는 세계의 모든 작은 국가가 독립을 얻

---

98   The Fireside Chat On the Outbreak of World War II(September 3, 1939).

게 되었을 때 우리 자신의 미래에 대한 효과를 생각해 보아야만 합니다. … 만일 다수의 힘에 의한 지배가 이루어진다면, 미국인의 삶은 물론이고 미래의 세계는 어둡고 위험한 장소가 되고 말 것이 명백합니다. … 그러므로 미국을 포함한 세계가 위험한 시간을 지나고 있다고 인식하면서 보다 큰 이타심 속에서 이 76차 의회가 평온과 관용과 협력적 지혜를 가진 인류애를 발휘해 주며 끝내기를 간절히 원합니다.[99]

지난 폴란드 침략 후 전쟁은 교착상태에 있다가 히틀러는 1940년 봄이 지나면서 다시 침략을 개시했습니다. 독일군대는 4월에 덴마크와 노르웨이를 침공했고, 5월에는 폴란드를 지나 벨기에로 진격했으며, 6월이 되자 프랑스 파리로 휩쓸고 들어갔습니다. 윈스턴 처칠 수상은 프랭클린 루스벨트 대통령에게 긴급 메시지를 보냈습니다.

상황이 급속도로 악화했습니다. 작은 나라들이 성냥개비처럼 하나씩 쓰러져가고 있습니다. 우리는 여기서 공격당하기를 기다리고 있습니다.[100]

유럽 사정이 이렇게 긴박한데도 불구하고 대통령 루스벨트가 할 수 있는 일은 많지 않았습니다. 의회와 국민이 고립주의에서 벗어나려고 하지 않았기 때문이었습니다. 하지만 프랭클린 루스벨트는 많은 국민이 고립주의에 영합하는 행위는 국가와 국민을 위한 것이 아님을 알고 있었습니다. 그는 준비가 되지 않은 상태에서 전쟁이 발발하면 미국인들은 히틀러와 일본 제국주의자와 비교해서 치명적으로 취약한 상태에 놓일 수밖에 없다고 생각했습니다. 그래서 그는 이미 공식적으로 여러 차례에 걸쳐 미국이 유럽전쟁에 개입할 것이라고 직접적으로 말하지 않았지만, 미국은 언젠가 히틀러의 세계정복 야욕을 막아야 할 사명

---

99 FDR's State of the Union 1940(January 3, 1940).
100 손삼풍 옮김, 「루스벨트」, 176 재인용.

이 있다는 점을 암시해 왔습니다. 그러나 그는 고립주의가 팽배한 가운데 이를 무시하고 국가의 방어체계를 재구축하고, 영국에 원조를 증가해 가면 자신은 국민으로부터 지지를 잃게 되고 모든 선거에서 패배할 수도 있으며 아마도 탄핵당할 수도 있다는 것을 알고 있었습니다. 히틀러의 침략이 강화되면서 프랭클린 루스벨트는 개인적인 패배를 넘어 보다 더 근본적인 문제로 국가와 민주주의가 패배할 수 있다는 것을 인식했습니다.

이런 상태에서 프랭클린 루스벨트 대통령은 3선을 결정해야만 했습니다. 미국 대통령은 두 번 이상 연임을 할 수 없는 것이 관행으로 되어 있었기 때문에 프랭클린 루스벨트 역시 당연히 두 번의 임기를 마치고 그만두려고 했습니다. 하지만 이미 보았듯이 세계는 그를 대통령직에서 물러나도록 허락하지 않았습니다. 두 번 이상의 연임 금지는 규정이나 법이 아니라 관행이었기 때문에 본인이 원한다면 다시 출마할 수 있었습니다. 출마에 관한 결정을 내리지 못한 가운데 프랭클린 루스벨트는 친구이자 재무장관이 헨리 모겐소에게 다음과 같이 말했습니다.

유럽 상황이 더 나빠지지만 않는다면 저는 출마하지 않을 것입니다.[101]

하지만 6월 14일 독일군대가 파리로 진격해 들어가자 프랭클린 루스벨트는 아무도 가지 않은 새로운 길(3선)이자 가장 험난한 길(2차 세계대전)을 가기로 했습니다. 하지만 그의 재선 가도를 방해하는 일이 존재했습니다. 그것은 존 F. 케네디의 아버지로 당시 런던주재 미국대사인 조셉 케네디와 관련된 것이었습니다. 물론 이런 문제는 미국 정치와 사회 전반에 강하게 뿌리내린 고립주의 속에서 너무나 자연스럽게 그 고립주의를 극복해야만 하는 데서 비롯된 일들입니다. 만약 고립주의를

---

101   손삼풍 옮김, 「루스벨트」, 176 재인용.

벗어나려는 시도가 자연스럽지 못하거나 대통령이라는 신분을 이용하여 개입주의를 강행하는 것이 밝혀진다면 대통령 당선은커녕 최악의 대통령으로 평가받을 수도 있습니다. 이보다 더 심각한 문제는 자신이 대통령에 당선되지 않으면 결국 공화당 후보로 고립주의자인 웬델 윌키가 당선될 것이고 그러면 민주주의 세계가 전체주의자의 손아귀에 넘어가게 될 수도 있었습니다.

1939년 9월 초 독일군대가 폴란드를 침공하고 곧바로 영국이 독일에 선전포고한 후 (이때는 루스벨트가 3선 도전 생각을 하지 않은 것이 분명합니다.) 루스벨트는 당시 영국의 해군성장관이 된 윈스턴 처칠과 협의하여 '비밀 통신망'을 설치했습니다.[102] 대통령 루스벨트의 움직임은 런던 주재 미국대사인 조셉 케네디에 의해 포착되었고 그의 의심을 불러일으켰습니다.[103] 왜 미국 대통령이 수상도 아닌 영국의 일개 장관에게 그것도 히틀러와 싸우려는 야심으로 악명 높은 사람과 핫라인을 구축했을까? 조셉 케네디는 루스벨트 대통령이 처칠이 수상이 되도록 도울 계획을 세우기 위함이라고 생각했습니다. 그러고 나서 대통령이 유럽전쟁에 말려들 수도 있다고 생각했습니다. 조셉 케네디는 대통령 루스벨트가 자신이 대사로 나와 있는 나라와 핫라인을 설치하는 문제를 왜 자신과 상의하지 않았는가에 몹시도 화가 났습니다. 두 사람 사이에 대서양을 건너는 비밀 의견 교환이 계속되자 케네디는 당시 일기에 이렇게 적었습니다.

---

102 프랭클린 루스벨트는 1차 대전 때 해군성 차관보로 유럽에 가 있는 동안 처칠과 친한 사이가 되었습니다.

103 조셉 케네디는 성공한 아일랜드계 이민으로 막대한 부를 쌓았고 이를 바탕으로 1932년 선거에서 루스벨트를 후원하여 그 대가로 런던주재 미국 대사로 발령받았던 것입니다. 조셉 케네디는 당시 대부분 성공한 미국인들이 그러했듯이 철저한 고립주의자였습니다. 그는 유럽의 전쟁은 그들의 전쟁이지 미국과는 무관하다고 생각했습니다. 만약 유럽의 전쟁에 미국이 개입하게 되면 세 명의 장성한 아들 – 조셉 케네디 2세, 존, 로버트 – 의 생명을 앗아갈 수도 있다고 생각했기 때문에 미국에는 무의미한 전쟁을 막고자 했습니다.

프랭클린 루스벨트가 처칠과 벌이고 있는 일들은 두 사람이 공모했음을 보여줍니다. 대사인 나를 이런 식으로 대우하다니 혐오스럽습니다. … 그는 처칠에게는 전화하고 내게는 연락하지 않습니다. 이런 방식으로 사람의 충성심을 얻을 수는 없습니다. 언젠가 나도 할 말이 있을 것입니다.[104]

잠시 워싱턴으로 돌아온 조셉 케네디는 곧바로 백악관을 방문하여 왜 대통령이 처칠과 가깝게 지내고자 하는지를 물었습니다. 루스벨트는 케네디 대사가 자신과 처칠의 핫라인을 알고 있고 의심을 하고 있다는 것을 알아차리고 자신은 사실 처칠을 별로 좋아하지 않는다고 말했습니다. 그리고 사실 "처칠에게 관심을 기울이는 이유는 그가 영국 총리가 될 것 같아서이고 지금 미리 손을 써두고 싶었기 때문이었다"라고 능청스럽게 말했습니다. 궁색한 변명을 들은 케네디는 자신의 일기에 "대통령이 예전의 번득이는 재치를 보여주지 못했다"라고 기록했습니다. 잠시 후 케네디는 대통령에게 "3선은 어떻게 되는 것입니까? 다시 출마하셔야 합니다"라고 물었습니다. 이에 프랭클린 루스벨트는 다음과 같이 대답했습니다.

조셉, 그럴 수 없습니다. 지쳤어요. 감당하기 어렵습니다. 제게 필요한 것은 1년의 휴식입니다. 당시도 마찬가지입니다. 스스로 충분히 쉬고 있다고 생각하겠지만 폭탄과 전쟁 그리고 그런 것들의 잠재의식이 머릿속에서 맴돌고 있습니다. 우리가 전쟁에 돌입하지 않는 한 출마하지 않을 것입니다. … 만약 그러면 군대를 파견하지 않을 생각입니다. 우리는 그들을 돕겠지만 군수물자를 통해서 돕게 될 것입니다.[105]

케네디는 대통령의 대답을 그대로 믿지 않았지만 별 반응을 보이지 않고 런던으로 돌아갔습니다. 그 후 루스벨트는 FBI를 비롯한 정보기

---

104   정상환 옮김, 「대통령의 리더십」, 241 재인용.
105   정상환 옮김, 「대통령의 리더십」, 242-243 재인용.

관을 통해 주요 인사들의 정보를 캘 수 있는 영장 없는 비밀도청 장치를 설치하도록 했지만 법무장관 로버트 잭슨이 그것은 위법이라고 주장하며 반대했습니다. 하지만 대통령의 명령을 받은 FBI 국장 후버는 이 일을 추진했습니다. 시간이 지나고 법무장관 잭슨도 미국의 적들이 미국인에게 위해를 가하기 위해 미국의 통신시설을 이용하는 것을 법원이 진정 바라지 않을 것이라고 믿는다는 말을 대통령한테 듣고서 이에 서명했습니다. 루스벨트는 비밀도청 장치를 통해 런던에 있는 조셉 케네디 대사의 일거수일투족을 점검할 수 있었습니다. 또한 공화당 후보 윌키 주변에 있는 의원들에게 친독일 인사들이 정치자금을 대고 고립주의를 유지하기를 원한다는 것도 알 수 있었습니다.

1940년 5월 히틀러의 군대가 폴란드로 다시 진군하여 들어가자 처칠이 영국 총리에 당선되었습니다. 적어도 이때까지는 출마하지 않겠다는 루스벨트의 말이 사실일 것으로 생각됩니다. 하지만 6월 독일이 프랑스를 점령한 유럽의 사항은 루스벨트가 3선에 도전하도록 만들었습니다. 3선에 도전하기로 마음을 정할 즈음에 홀로 남게 된 영국 총리 처칠은 미국 대통령 루스벨트에게 다음과 같은 전보를 보냈습니다.

> 영국의 보급로를 보호하고, 독일의 해상 침투를 막기 위해 미국의 40~50척의 낡은 구축함을 요청합니다. 만약 이것이 관철되지 않으면 영국은 완전히 정복되어 나치 세계가 된 유럽을 보게 될 것입니다. … 미래 세계사의 관점에서 지금 당장 일을 해야 한다고 당신에게 진심으로 말하고 싶습니다.[106]

처칠의 절박함을 인식한 루스벨트는 고민에 빠졌습니다. 루스벨트 대통령은 이 문제를 해군 장관과 상의했습니다. 새로 임명된 해군장관 프랭크 녹스는 영국에 무조건적 지원이 아니라 뉴펀들랜드에서 서인

---

106   정상환 옮김, 「대통령의 리더십」, 244 재인용.

도제도까지 펼쳐져 있는 영국 기지 사용권과 교환하는 조건으로 구축함을 제공하자고 제안했습니다. 루스벨트는 이 제안이 정말 좋은 아이디어라고 여겼지만 문제는 타이밍이었습니다. 선거를 앞두고 고립주의자들은 물론 공화당의 윌키는 이 선물이 미국을 전쟁으로 끌고 갈 것이고 만약 히틀러가 이기면 이 전함들은 오히려 미국 배들을 공격하는 데 사용될 것이라고 말할 것이 분명했습니다. 말하자면 선거를 앞둔 마당에 프랭클린 루스벨트는 구축함을 바라는 처칠의 청원은 정치적 위험이 너무나 크다는 것을 알고 있었습니다. 고립주의자들은 구축함을 전쟁 당사국에 파견하는 것 자체가 전쟁행위라고 주장하고 있었습니다. 루스벨트는 몇몇 친구에게 그 문제 때문에 선거에서 패배할지도 모른다고 말했습니다. 하지만 프랭클린 루스벨트는 구축함 문제를 해결하지 않는다면 선거에서 패배하는 것 이상의 심각한 문제가 발생할 수 있다고 직감했습니다. 그래서 루스벨트는 즉시 영국에 구축함을 보내기 위한 일을 착수했습니다. 먼저 조셉 케네디가 구축함 건을 훼방할 수도 있다고 생각하여 워싱턴 주재 영국대사를 불러 기지 사용권과 구축함의 교환 건을 비밀리에 진행하게 했습니다. 하지만 케네디는 이미 그 일에 대해 처칠로부터 들은 바가 있었고 양국 간의 중차대한 일을 하는데 모를 리가 없었습니다. 다시 한번 대통령이 자신을 배제한 것에 격분한 케네디는 일기에 "대통령의 비밀 협상을 언젠가 공개적으로 폭로할 수도 있고, 그런 비밀 협상은 루스벨트가 영국과의 거래를 숨김으로써 국민을 속인다는 비난을 받게 할 것이다. 결국 그는 우리를 전쟁으로 끌어가고 싶어 하는 것이 틀림없다"라고 적었습니다.

루스벨트는 구축함 건을 의회로 보내기 전에 공화당 후보 윌키의 동의를 받아 정치적 논쟁을 배제하고자 했습니다. 하지만 예상했던 대로 윌키는 당연히 반대했습니다. 이에 루스벨트는 구축함 건을 의회에 보내보았자 승산이 없다는 민주당 소속 의원들의 의견을 받아들여 대통령이 의회의 승인 없이도 구축함을 영국으로 보내는 방안을 모색했습니다. 그것은 법무장관 로버트 잭슨의 서면 의견서를 동원하는 길이었습니다. 루스벨트는 의회를 무시했다고 온갖 비난이 난무하겠지만 그들은 무기 대여 자체보다 잭슨의 의견서에 몰입하리라 생각했습니다. 그런데도 루스벨트는 구축함 건이 선거 패배는 물론 탄핵까지 가져올 수 있다고 생각했습니다. 하지만 더는 지체할 수가 없었습니다. 루스벨트는 단호하게 결단을 내렸습니다. 루스벨트는 개인 비서인 그레이스 툴리에게 다음과 같이 말했습니다.

> 의회가 이 문제를 떠들썩하게 들고나오려고 하지만 더 연기하는 것은 아마도 문명의 종식을 의미하게 될 것입니다.[107]

프랭클린 루스벨트는 분명 개인적으로 손해를 볼 수 있는 문제이지만 대의를 위해 그 일을 했습니다. 8월 30일 루스벨트는 행정명령으로 낡기는 했지만 아직은 쓸모가 있는 구축함 50척을 영국에 보내고 대신 캐나다에서 카리브해해안에 이르는 지역에 있는 영국해군과 공군기지의 사용권을 허락했습니다. 9월 3일에 구축함 건을 공개적으로 발표했습니다. 루스벨트는 제퍼슨 대통령이 루이지애나 지역을 획득하면서 상원의 동의를 받느라고 괴로움을 당하지 않았고 이 일(구축함 거래)은 링컨이 탄환을 총구로 넣는 구식 총 쉰 자루와 일곱 자루의 현대식 총의 교환에 버금가는 것이라 국민을 설득했습니다.[108] 대통령의 자세한 설명에 비난이 없지 않았지만 그래도 의회와 유권자들은 대통령의 선택이 옳다고 생각했습니다.

구축함 건을 마무리한 루스벨트는 선거에 전념하며 자신에게 쏟아지는 비난 – 의회와 국민을 속이고 영국과 비밀 협정을 맺어 국민을 전

---

107 손삼풍 옮김, 「루스벨트」, 179 재인용.
108 정상환 옮김, 「대통령의 리더십」, 268–270 재정리.

쟁으로 끌고 가고 있다 – 에 대해 적극적인 방어를 했습니다. 하지만 일찍부터 처칠과 핫라인을 설치하여 그동안의 모든 일을 비밀리에 추진하고 있다는 것을 알고 있는 조셉 케네디는 대통령이 진실을 숨기고 있다고 확신했습니다. 케네디는 대통령이 거짓말을 하고 있다는 것을 알고 있는 유일한 사람으로서 선거가 있기 전에 미국으로 돌아가 진실을 밝힐 것이라 다짐했습니다. 나아가 조셉 케네디는 동료 아일랜드인들이 압제자 영국에 아무런 애정도 없듯이 자신은 위선적인 루스벨트를 몰아내기 위해 2천 500만의 가톨릭 표를 윌키에게 몰아줄 준비가되었다고 말했습니다. 처칠과 루스벨트는 케네디의 상태를 잘 알고 있었고 어떻게 해서라도 영국에 머물게 하고 싶었습니다. 케네디는 자신이 영국 수도에 머물러 있는 것 자체가 영국에 큰 도움이 된다는 처칠과 루스벨트의 말을 뿌리치고 미국으로 향했습니다.

선거가 얼마 남지 않은 10월 27일에 조셉 케네디가 미국에 도착했습니다. 프랭클린 루스벨트는 이 까다로운 아일랜드인이 자신을 만나기 전에 다른 사람을 만나지 못하도록 만반의 조처했습니다. 공항에서 기자들에게 둘러싸였지만 케네디는 대통령을 만나기 전에 아무런 할 말이 없다고 말했습니다. 프랭클린 루스벨트는 조셉 케네디의 비위를 맞추기 위해 케네디의 친구이자 자신의 비서인 미시 르핸드와 몇몇 친구가 함께하도록 배려했습니다. 케네디는 대통령의 의도를 알았습니다. 저녁 식사를 마친 후 핫라인 건과 구축함 거래 건에 대해 너무나 잘 알고 있는 조셉 케네디는 자신을 따돌린 대통령에게 불쑥 말했습니다.

구축함 거래 건에서 저를 배제한 각하의 처사는 정말 나빴습니다.[109]

루스벨트는 모든 것이 국무부 탓이고 자신은 귀중한 내 친구가 이

---

109   정상환 옮김, 「대통령의 리더십」, 279 재인용.

국민을 행복하게 만든 대통령들

런 대접을 받는지 몰랐다고 말했습니다. 그러면서 루스벨트는 조셉 케네디를 설득했습니다. 루스벨트는 조셉 케네디의 큰아들 조셉 케네디 주니어가 민주당 대통령과 부통령 후보자를 위한 연설을 너무나 훌륭하게 잘했다고 칭찬한 것, 이번 선거에서 침묵을 지켜주면 주니어가 1942년 매사추세츠 주지사 선거에 나가도록 지지하겠다는 것, 나아가 부인 로즈에게 남편이 대통령을 떠나서 평생 빈둥거리며 살겠다는 생각을 못 하도록 말릴 것, 그래서 케네디에게 영광스러운 새로운 직책을 줄 수 있다는 것 등을 이야기했습니다. 그뿐만 아니라 어떤 이들은 루스벨트가 미국과 영국의 정보기관에 의해 수집된 당혹스러운 정보를 가지고 케네디를 위협했다고 주장했습니다. 린든 존슨은 루스벨트가 바닥에 붉은 고기를 집어던지면서 케네디에게 "공개적으로 나를 지지하시오. 그렇지 않으면 국민에게 당신이 친독일파 나쁜 놈이라고 폭로하겠소!"라고 했다고 주장했습니다.[110] 하지만 이런 주장은 정확하지 않은 정보이고 모두 추측에 불과한 것들이었습니다. 그날 대통령과 대사 사이에 무슨 이야기가 있었는지 정확하지 않지만, 대통령이 케네디에게 "라디오로 이번 선거에서 나를 지지한다고 연설해줄 것"을 정중히 부탁한 것은 사실입니다. 이에 케네디는 "좋습니다. 그러나 비용은 제가 부담할 것입니다. 원고를 미리 누구에게도 보여주지 않고 제가 하고 싶은 이야기를 할 것입니다"라고 말했습니다.

선거 일주일을 앞두고 조셉 케네디는 예정된 CBS를 통해 지지후보자를 발표했습니다. 연설 내용은 아무도 몰랐습니다. 민주당원은 물론 공화당원도 심지어 아무리 비밀도청 장치를 이용하더라도 프랭클린 루스벨트 대통령도 그 내용을 알 수 없었습니다. 하지만 이 연설은 다가오는 선거의 당락을 결정하는 너무나 중요한 연설이었습니다. 프랭

---

110 정상환 옮김, 「대통령의 리더십」, 279-280 재정리, 이날 만남에서 두 사람 사이에 정확인 어떤 일이 있었는지 알 수 없지만 분명한 것은 대통령에게 실망했던 케네디가 이 만남 이후 루스벨트에 대해 침묵하고 내지 지지하는 견해로 바뀐 것은 사실입니다.

클린 루스벨트는 채널을 CBS라디오에 고정하고 조셉 케네디의 목소리가 흘러나오기를 기다렸습니다.

> 공화당은 루스벨트가 이 나라를 전쟁 속으로 끌고 들어가려 한다고 비난하지만 그런 비난은 거짓입니다.[111]

루스벨트는 케네디의 연설을 듣고 안도했습니다. 자신을 지지한다는 내용이나 가톨릭 표의 지지보다 루스벨트가 알고 싶은 것은 자신과 처칠 사이에 오간 내용을 알고 있는 케네디가 그것을 침묵해 주는 것이었습니다. 선거 결과는 선거인단에서 루스벨트가 449표를 얻고 윌키가 82표를 얻었습니다.

루스벨트는 고립주의가 대세인 미국에서 고립주의를 탈피해야 했습니다. 하지만 공개적으로 그렇게 했다가는 자신의 정치생명이 위험해지는 것은 물론 선거에서 떨어지게 될 수도 있었습니다. 그렇게 되면 미국과 세계의 운명이 위험에 빠질 수 있었기 때문에 루스벨트는 그 일을 비밀리에 할 수밖에 없었습니다. 위기에 빠진 영국을 다시 살리는 계기가 된 구축함 거래를 두고 케네디뿐만 아니라 많은 사람이 사실상 미국을 전쟁으로 끌고 가는 것이라 불평했지만 루스벨트는 은밀히 그 일을 추진하여 반대로 미국을 전쟁에 끌어넣지 않는 최선의 길이라고 설득했습니다. 그래서 프랭클린 루스벨트는 구축함 거래 건과 같은 참으로 인기 없고 위험한 결정들을 오히려 자신에게 유리하게 작용하도록 만들었습니다.

---

111 https://mafia.fandom.com/wiki/Joseph_Kennedy(2019. 3. 26).

국민을 행복하게 만든 대통령들

04

존 F. 케네디

국민을 행복하게 만든 대통령들

"

크게 실패할 용기 있는 자만이
크게 이룰 수 있습니다.

"

배우는 태도

　존 F. 케네디는 모든 것을 갖춘 부유한 집안에서 태어나 하버드를 졸업하고 정치에 뛰어들어 대통령이 된 것으로 알려져 있습니다. 사실 케네디의 부모는 아들이 무엇을 하든 막대한 돈으로 해결할 수 있을 정도의 부자였습니다. 얼핏 보기에 케네디는 부모의 막대한 돈과 돈이 줄 수 있는 사회적 영향력에 힘입어 하버드를 졸업한 뒤 해군에서 복무하고 얼마간 신문기자를 하다가 하원의원과 상원의원을 거쳐서 미국 대통령에 당선된 것으로 볼 수 있습니다. 하지만 아무리 부모의 영향력이 뛰어나다 하더라도 케네디의 노력과 배움이 없었다면 그가 어떻게 미국 대통령이, 그것도 미국인들이 역대 대통령 중 가장 사랑하는 대통령이 될 수 있었겠습니까?

　많은 사람이 그러하겠지만 특히 존 F. 케네디는 집안의 '가풍(家風)'이라 할 수 있는 '독특한 풍토'로부터 살아가는 데 필요한 대부분을 경험하고 배웠습니다. 케네디 집안의 독특한 풍토는 성공을 향한 강한 몸부림 같은 것이었습니다. 하지만 돈만 벌어 누리는 다소 천박한 그런 성공이 아니었습니다. 케네디 집안은 성공을 위해 돈을 벌어야 하고, 그 돈의 힘으로 정치를 하고, 지역과 사회와 국가와 나아가 인류에 이바지해야만 성공이라고 여겼습니다. 케네디 집안에 이러한 풍토가 형성된 것을 이해하기 위해서는 100여 년 전으로 돌아가야 합니다.

케네디의 증조할아버지는 아일랜드의 가난한 농부의 아들이었습니다. 감자기근으로 대표되는 아일랜드의 흉년은 몇 년이나 계속되었고 1848년은 흉년이 절정에 달해 수많은 사람이 굶어 죽어갔습니다. 증조할아버지 패트릭 케네디는 미국으로 향하는 이민에 편성하여 2개월이나 걸리는 미국행 배에 몸을 실었습니다. 패트릭은 매사추세츠 보스턴에 정착했지만 가난하고 더러운 아일랜드 이민자가 뿌리를 내리기에는 너무나 힘들고 어려운 곳이었습니다. 이미 보스턴은 영국계 이민들이 뿌리를 내리고 주인행세를 하고 있었기 때문이었습니다. 고향 아일랜드도 영국의 지배에 신음했는데 이민 온 이곳 미국도 크게 다를 바가 없었습니다.[1] 하지만 패트릭은 가난과 차별을 벗어나기 위해 영국계 이민이 무시하는 막노동을 하면서 돈을 벌었습니다. 패트릭은 가지고 있는 작은 손재주로 위스키 통을 만들어 재산을 늘려갔습니다. 하지만 그토록 힘든 노력에도 불구하고 증조할아버지 패트릭은 가난에서 벗어나지 못하고 어린 자식들과 부인을 남겨두고 세상을 떠났습니다.

케네디의 증조할머니는 작은 문구점을 열어 생계를 꾸렸지만 어려움은 더했고 결국 장남인 패트릭 조셉 케네디(존 F. 케네디의 할아버지)는 이른바 소년가장으로 다니던 초등학교를 그만두고 아버지가 했던 막노동과 위스키 통을 만들어 돈을 벌었습니다. 어느 정도 돈을 모은 패트릭 조셉은 뒷골목에서 술집을 운영하며 많은 돈을 벌어 소중하게 사용했습니다. 패트릭 조셉은 차별받는 아일랜드인의 어려움은 물론 크고 작은 문제를 해결하는 데 돈을 아낌없이 썼습니다.[2] 그렇게 하자 아일랜드계 이민 사회는 패트릭 조셉을 다른 사람과 다르게 보았고 어느

---

1 1992년 론 하워드 감독이 만든 영화 '파 앤드 어웨이(Far and Away)'는 아일랜드 인들이 가난과 어려움을 피해 신대륙으로 이민을 와서 정착하는 내용을 잘 보여주고 있습니다.

2 이른바 돈을 '개같이 벌어 정성같이 쓴' 대표적인 경우였습니다. 많은 사람은 돈을 벌면 돈이 주는 무게에 눌려 함몰되어 버리는 경우가 많았지만 케네디 가문은 그렇지 않았습니다. 케네디 가문은 더욱 큰 성공을 위해 돈을 벌어야 했고 그 돈으로 공부를 하고 정치를 하고 주류세계에서 최고가 되기 위해 노력했습니다.

새 그는 지역사회에 없어서는 안 될 중요한 인물이 되어 있었습니다. 그는 아일랜드 이민사회의 후원으로 주의회 하원의원으로 당선되어 정치가가 되었지만 늘 배우지 못한 것이 한이었습니다. 비록 많은 돈을 벌고 정치가가 되었지만 그것은 어디까지나 개구리가 사는 우물 안과 같은 보스턴 지역사회, 그것도 아일랜드계에만 영향력을 행사하는 한계가 있었습니다. 또한 먼저 이민 온 영국계 이민이 고국 아일랜드에서와 마찬가지로 미국에서도 주인행세를 하며 아일랜드계 이민을 열등민족으로 대하며 무시했습니다. 그래서 패트릭 조셉은 영국계 이민 이상의 부와 명성과 권력을 가졌지만 언제나 한계를 느꼈습니다. 패트릭 조셉은 영국계 이민의 무시와 편견을 극복하고 그들을 이기는 방법이 무엇인지를 생각했습니다. 패트릭 조셉은 돈을 많이 버는 것도 중요하지만, 궁극적으로 그것은 교육을 통해 사회 주류가 되고, 정책을 결정하는 사람이 되어야 한다는 것을 알았습니다. 그것은 영국계 이민이 최고의 엘리트 코스라 여기고 있는 하버드대학을 졸업하고 당당히 그들과 경쟁하여 이기는 길뿐이었습니다. 패트릭 조셉은 비록 자신은 초등학교 중퇴가 전부이지만 온 힘을 다해 아들 조셉 패트릭(존 F. 케네디의 아버지)을 하버드대학에 입학시키겠다는 목표를 세웠습니다.

아버지의 막강한 지원 아래 조셉 패트릭은 보스턴라틴학교를 입학했습니다. 패트릭의 성적은 평균 이하였지만, 야구를 비롯한 운동에는 늘 선두를 놓치지 않았습니다. 그는 학생회장뿐만 아니라 야구팀 주장을 맡아 학교에서 공부만 하는 다른 친구들보다 훨씬 인기를 얻었습니다. 조셉 패트릭은 어렵사리 하버드에 입학했는데 아일랜드계 이민 최초로 하버드에 입학한 경우였습니다. 당시 아일랜드계 이민 대부분은 가톨릭을 믿고 있었고 케네디 집안도 마찬가지였습니다. 하지만 하버드는 주로 영국계 프로테스탄트가 다니는 학교였습니다. 굳이 종교적 인종적 갈등을 무릅쓰고 아버지와 아들이 하버드를 선택한 것은 그들이 어떻게 하면 주류사회에서 성공할 수 있는가를 잘 알고 있었기 때문이었습니다. 하버드에 입학한 조셉 패트릭은 종교적·인종적 편견을 잘 극복하고 영국계 명문자제들과 좋은 관계를 유지했습니다. 그는 하버드의 유명한 남성 클럽인 '해이스티 푸딩 클럽(Hasty Pudding Club)'과 '델타 입실론(Delta Upsilon)'에 회원이 되고 야구팀에서도 활동했습니다. 하지만 패트릭은 엄청난 노력에도 불구하고 하버드 최고의 클럽인 '포설린 클럽(Porcellian Club)'에는 들어갈 수가 없었습니다.[3] 1912년 하버드를 졸업한 패트리 조셉은 아버지가 대주주로 있는 컬럼비아 트러스트 은행에 취직했습니다. 그는 앞으로는 금융이 경제는 물론 사회전반, 나아가 정치계도 좌우할 수 있다고 판단했습니다. 조셉 패트릭은 은행에 입사하자마자 뛰어난 실력을 발휘했고 얼마 지나지 않아 매사추세츠 주 정부 은행 심판관이 되어 활동했습니다. 그러던 중 보스턴의 한 은행이 컬럼비아 트러스트 은행을 인수 합병하려 하자 조셉 패트릭은 이를 잘 방어했습니다. 그는 공로를 인정받아 불과 스물다섯 살에 이 은행의 은행장이 되었습니다. 이 역시 아일랜드인 최초의 쾌거였습니다. 조셉 패트릭은 아일랜드인에 대한 차별과 편견을 극복하기 위해더 많은 돈을 벌어 성공해야 했습니다. 그는 은행장에 만족하지 않고 돈이 될 수 있는 일이면 무엇이든지 투자해 돈을 모았습니다. 조셉 패트릭은 아버지와 같은 주류업을 했고 새롭게 돈이 몰려다니는 주식, 부동산, 경마, 영화 등 1920년 이후 미국 사회에서 이른바 돈벌이가 되는곳마다 투자해 엄청난 부를 획득했습니다.[4]

젊은 나이에 은행장이 된 조셉 패트릭은 둘째 가라면 서러워하는 보스턴의 또 다른 아일랜드계 이민 출신의 명문 집안으로 성장한 존 프

---

3 https://en.wikipedia.org/wiki/Joseph_P._Kennedy_Sr. (2018. 11. 04), 아마도 케네디의 아버지 조셉 패트릭이 겪은 이런 경험이 자식들이 더욱 노력하여 미국 주류사회에 팽배해 있는 편견과 차별을 극복하고 궁극적으로 그들을 이기도록 하는 데 밑바탕이 된 것이 아닌가 생각합니다.

4 Doris K. Goodwin, *The Fitzgeralds and the Kennedys: An American Saga*(New York: St. Martin's Press, 1991), 237–258 재정리.

란시스 피츠제럴드[5]의 딸인 로즈와 결혼했습니다. 케네디 집안보다 훨씬 성공한 로즈의 아버지는 사위 될 사람이 비록 하버드를 졸업하고 은행장이 되었지만 그렇게 마음에 들지 않았습니다. 하지만 조셉 패트릭과 로즈는 만나자마자 서로가 자신들의 운명임을 직감했고 둘 사이는 그 어떤 반대에도 떼어 놓을 수가 없었습니다. 1914년 10월 두 사람은 결혼했고 이듬해 존 F. 케네디의 형인 조셉 패트릭 2세가 태어났고 두 해 후 존 F. 케네디가 태어났습니다.[6]

비록 상당한 재산을 모으고 지역사회에서 어느 정도의 영향력을 행사하고 있었던 조셉 패트릭과 로즈는 그것으로 만족하지 않았습니다. 그들은 그동안 음으로 양으로 경험하고 부모들로부터 직간접적으로 전해 들었던 아일랜드계에 대한 영국계의 차별과 편견을 어떻게 하더라도 이겨내고 그들보다 윗자리에 올라가기를 원했습니다. 그러기 위해서는 더 많은 돈을 벌어야 했고 그 돈은 자신들은 물론 자녀들이 미국 주류사회에서 성공하는 데 사용해야 한다는 것을 알았습니다. 조셉 패트릭은 돈이 되는 것이면 무엇이든지 투자해 엄청난 돈을 벌어 이른바 재테크의 귀재로 이름을 날렸습니다. 심지어 대공황으로 대부분의 미국인이 경제적 고통을 당하고 있는 상황에도 불구하고 그는 더 많은 부를 축적했습니다. 특히 조셉 패트릭은 1933년 그동안 원성이 높았던 '금주법'이 폐지되자 주류업에 투자하여 막대한 부를 축적했습니다. 그

---

5 존 F. 케네디의 외할아버지는 보스턴에서 성공한 기업가로 일찍이 지역 정치가로 명성을 날리고 있었습니다. 그는 보스턴 시장을 두 번이나 지냈고, 시민들은 그를 '사랑스러운 피츠(honey Fitz)'라 불렀습니다. 그는 매사추세츠 주지사에 여러 번 도전했으나 낙방했습니다. 그 후 그는 오늘날 미국 명문 야구팀인 '보스턴 레드삭스(Boston Red Sox)'의 후원자로 사위와 딸의 성공에 나아가 손자 존 F. 케네디가 연방 하원의원이 되는 데 많은 도움을 주었습니다.

6 조셉 패트릭 케네디와 로즈 케네디는 4남 5녀로 총 9명의 자녀를 두었습니다. 1915년에 장남 조셉 패트릭 2세가 태어났고, 1917년에 둘째 존 F. 케네디가 태어났습니다. 이어 1918년에 장녀 로즈메리가 태어났고, 1920년에는 차녀 캐서린 아그네스가 태어났습니다. 1921년에는 3녀 유진 메리가, 1924년에는 4녀 패트릭 헬렌이 태어났고, 1925년에는 3남 로버트 프란시스가 태어났습니다. 이어 1928년에 5녀 진 앤이 태어났고, 1931년에 막내 4남 에드워드 무어가 태어났습니다.

는 프랭클린 루스벨트의 선거 당선을 위해 적극적으로 후원을 함으로써 그 대가로 초대 증권거래위원회(Securities and Exchange Commission) 위원장으로, 그 후 1937년 12월에는 런던주재 영국대사로 임명되었습니다. 조셉 패트릭 케네디는 부와 권력과 영향력을 동시에 가졌지만 이에 만족하지 않았습니다. 그와 아내 로즈는 케네디 집안의 자식들이 미국 최고의 인물이 되기를 원했습니다. 가난을 벗어나 성공하고 나아가 미국 최고의 인물을 만들어내고야 말겠다는 케네디 집안의 가풍은 조셉 패트릭과 로즈에 의해 더욱 세심하게 준비되었습니다. 그것은 가정교육으로부터 시작되었습니다.

어느 것 하나 부족한 것이 없는 가정에서 태어난 존 F. 케네디는 부모의 막대한 후원 아래 성장했습니다. 하지만 존 F. 케네디는 단순히 부잣집 도령으로 성장하지 않았습니다. 그는 케네디 집안의 가풍을 통해, 그리고 자신의 유독 심한 질병의 고통을 통해, 나아가 케네디 집안의 불행을 통해 무엇인가를 배우며 리더로 성장했습니다. 많은 사람에게 가정교육은 배움의 알파와 오메가로 작용하지만 특히 케네디의 경우는 더욱 그러했습니다. 케네디의 아버지는 바쁜 중에도 자식에 관한 관심의 끈을 놓지 않았습니다. 최요찬의 「세계 명문가의 자녀교육」은 존 F. 케네디의 가정교육이 어떠했는지를 잘 보여주고 있습니다. 케네디의 아버지는 자주 전화를 걸어 아이들과 대화를 했습니다. 전화를 받은 아내 로즈는 모든 자녀를 차례로 바꿔주었고 아이들은 아버지와 즐겁게 대화했습니다. 아이들은 경쟁적으로 최근에 일어난 일들을 아버지에게 말하곤 했습니다. 이 때문에 아버지는 아이들과 함께 같은 공간에 있지 않아도 집안에 무슨 일이 있었는지 무엇이 문제인지 알 수 있었습니다.[7] 아버지의 전화는 아이들이 '존재 이유'(자존감)를 느끼게 했을 뿐만 아니라 그들이 무엇인가를 할 수 있다는 용기와 자신감을 가

---

7 최요찬, 「세계 명문가의 자녀교육」, (서울: 예담, 2006), 25–26 재정리.

지게 했으리라 생각합니다. 어릴 적부터 형성된 자존감과 자신감은 케네디가 용기 있는 정치가로 성장하는 데 근본이 된 것은 두말할 나위가 없다고 생각합니다. 후에 케네디가 흑인의 인권문제와 소련과의 복잡한 핵무기 문제를 놓고 자주 전화로 문제해결을 했는데 아마도 이때의 경험이 크게 작용했을 것입니다.

케네디의 아버지는 전화로 할 수 없는 이야기일 경우에는 편지를 썼습니다. 한번은 존 F. 케네디가 중학교에서 말썽을 피운 내용을 교장 선생님으로부터 전해 들은 아버지는 화를 억누르고 아들에게 다음과 같은 편지를 썼습니다.

> 아들아, 나는 잔소리꾼 아버지가 되고 싶지는 않다. 잔소리를 하는 것은 아버지의 본분이 아니라고 생각한다. 내가 보기에 너는 확실히 훌륭한 재능을 많이 가지고 태어났어. 누구보다 뛰어난 능력을 갖춘 네가 재능을 제대로 발휘하지 못한다면 어리석은 노릇이 아닐까? 중고등학생 때 등한시한 기초과목을 나중에 보충한다는 것은 지극히 힘든 일이야. 네가 천재가 아니라도 아버지는 실망하지 않는다. 다만, 훌륭한 판단력과 이해력을 겸비한 시민으로 자라주기를 간절히 바란다.[8]

아버지 조셉 패트릭은 바쁜 일정에도 종종 집에 들렀습니다. 그럴 때마다 패트릭은 아이들은 모아두고 사업과 관련된 일은 물론 당시 유명한 인물들과의 만남과 그들과 함께 간 장소 등의 이야기를 재미나게 해주었습니다. 아버지가 아이들의 이름을 부르며 자기 일에 관해 설명해 줄 때 아이들은 분명 가족의 일원으로 '존재 이유'를 느낄 수 있을 것입니다. 후에 대통령이 된 존 F. 케네디는 "아버지는 세상에서 아이들이 자신에게 가장 소중한 존재라는 것을 우리가 느낄 수 있게 해주

---

8 최요찬, 「세계 명문가의 자녀교육」, 26 재인용.

셨다"라고 말했습니다.[9]

이미 말했듯이 이민 첫 세대부터 케네디 집안은 가난과 편견을 극복하고자 몸부림쳤습니다. 그러기 위해서는 아일랜드인보다 먼저 이민을 와 주인 행세하는 영국인을 반드시 이겨야 했습니다. 자연히 케네디 집안은 이른바 '일등주의'가 집안의 가풍으로 자리 잡았습니다. 존 F. 케네디의 부모가 아이들에게 일등을 해야 한다고 강조했지만 맹목적으로 집착한 것은 아니었습니다. 오히려 케네디 집안은 일등도 중요했지만 최선을 다하는 것이 중요했습니다. 케네디 집안의 아이들이 큰 성공을 거두자 언론들은 앞다투어 그 비결이 무엇인지 보도했습니다. 그들은 케네디 집안이 능력에 따라 힘닿는 데까지 최대한 노력한 것이 기적을 일으킨 원인 중 하나로 보도했습니다. 후에 존 F. 케네디는 "어머니는 자녀들에게 항상 서툴러도 반복해서 최선을 다하면 최고가 될 수 있다고 가르쳤습니다"라고 말했습니다.[10] 그뿐만 아니라 케네디의 부모는 사람마다 재능이 다르므로 아이들 각자의 숨겨진 재능계발에 역점을 두었습니다. 언제나 조셉 케네디는 아이들에게 자신이 가지고 있는 능력의 범위 안에서 최선을 다해달라고 요구했습니다. 어떤 일이든 어중간하게 한다는 건 있을 수 없었습니다. 그것이 달리기든, 미식축구든, 학교에서의 시합이든 간에 아이들은 최선을 다해야 했기 때문에 누구보다도 큰 노력을 기울였습니다.[11] 존 F. 케네디는 집안의 분위기를 잘 알고 있었고 어머니와 아버지의 최선을 다해 자신의 재능을 계발해야 한다는 원칙을 잘 따랐습니다. 사실 존 F. 케네디의 첫 꿈은 교사나 작가가 되는 것이었습니다. 하지만 부모로부터 자신보다 더 많은 사랑을 받는 것 같았고, 늘 당당했으며, 케네디 집안의 가풍에 따라 미국 대

---

9 최요찬, 「세계 명문가의 자녀교육」, 28 재인용.

10 최요찬, 「세계 명문가의 자녀교육」, 28 재인용.

11 최요찬, 「세계 명문가의 자녀교육」, 29 재인용.

통령이 되겠다고 했던 형 조셉이 사고로 죽자 존 F. 케네디는 형의 꿈을 이어받아 미국 대통령이 되겠다는 꿈을 꾸었습니다.

유명한 시인 랄프 왈도 에머슨(Ralph Waldo Emerson)은 "사람은 그들의 어머니가 만든 그대로다"라고 말했습니다. 이는 존 F. 케네디를 두고 하는 말과 같습니다. 「타임(Time)」은 대통령에 당선된 케네디에게 어린 시절 받은 영향에 관해 이야기해 달라고 부탁했습니다. 케네디는 조금도 망설이지 않고 다음과 같이 말했습니다.

> 사람들은 아버지에 관해 많은 이야기를 합니다. 그러나 사람들이 생각하는 것보다 어머니의 공이 더 큽니다. 항상 우리와 함께했던 분은 어머니였습니다. 어머니는 우리에게 책을 읽어주었고 플리머스 부두며 올드노스 교회 등 역사적인 장소에 많이 데려가 주셨습니다. 또한 어머니는 저에게 역사에 대한 흥미를 불어넣어 주셨습니다.[12]

또 다른 인터뷰에서도 존 F. 케네디는 어린 시절 어머니로부터 배운 것을 다음과 같이 말했습니다.

> 대통령이 되기 위한 준비 단계란 없습니다. 다만 제가 남에게 배운 것 중에서 도움이 될 것이 있다면 그것은 모두 어린 시절 어머니가 가르쳐주신 것입니다.[13]

총 9남매의 자녀를 키운 어머니 로즈의 자녀교육법 중 독특한 것은 식탁을 자녀교육의 장으로 활용한 것입니다. 우리가 말하는 일종의 '밥상머리 교육'이었습니다. 케네디 집안의 식사 시간은 단순히 식사만 하는 것이 아니라 인성을 비롯해 자녀들이 앞으로 커가면서 꼭 알아야 할 것들을 훈련하는 자리였습니다. 케네디 집안의 식사 시간은 규정된

---

12   보니 앤젤로 지음, 이미선 옮김, 「대통령을 키운 어머니들」(서울: 나무와 숲, 2001), 222.

13   최요찬, 「세계 명문가의 자녀교육」, 31 재인용.

것은 아니지만, 철저하게 지켜지는 몇 가지 원칙이 있었습니다. 첫째, 모든 아이는 식사 시간을 반드시 지켜야만 했습니다. 식사 시간을 지켜야 할 뿐만 아니라, 음식을 깨작거리거나 노닥거리며 먹어서는 안 되었습니다. 둘째, 케네디 집안의 식사 시간은 모든 식구의 일과를 함께 앉아 점검해 보는 시간이었습니다. 특히 아이들은 저녁 식탁에서 나누는 대화를 통해 세상에서 무슨 일이 일어나고 있는지를 알게 되었습니다. 그 시간이 아버지와 함께하는 시간이면 더욱 흥미 있고 많은 것을 배우게 되는 시간이었습니다. 셋째, 어머니 로즈는 식사 시간을 가족들이 토론을 나누는 자리로 활용했습니다. 로즈는 아이들의 눈에 띄기 쉬운 곳에 게시판을 마련해 두고 신문, 잡지 등에서 좋은 글이 있으면 오려서 붙여두었습니다. 아이들이 읽은 책은 좋은 토론 거리였습니다. 식사 때가 되면 아이들이 읽은 기사와 책을 화제로 삼아 생각을 하고, 질문을 하고, 의견을 말하도록 했습니다. 각자의 의견을 발표하고, 듣고, 생각을 받아들이는 민주적인 정신을 실천한 것입니다.[14] 1960년 대통령 선거를 앞두고 대통령 선거 사상 최초로 도입된 텔레비전 토론회에서 현직 부통령 닉슨을 압도한 것은 그의 잘생긴 외모보다 논리적이고 타당한 말솜씨 덕분이었습니다. 비록 젊고 경험이 부족하지만 노련한 경험을 가진 닉슨보다 훨씬 조리 있는 말솜씨에 미국민이 호응했던 것입니다. 사실 케네디는 자신의 말처럼 세상을 살아가는 데 필요한 많은 것들을 어린 시절 가정교육과 어머니로부터 배웠다고 할 수 있습니다.

케네디의 어머니 로즈는 자녀들이 책을 읽는 것을 무엇보다 중요하게 생각했습니다. 로즈는 아이들이 혼자서 책을 읽게 되면서 호기심을 자극하고 상상의 나래를 펼칠 수 있는 여러 책을 사들였습니다. 그런 책 중에는 「아라비안나이트」, 「토끼 피터」 「보물섬」, 「이더왕과 원탁의 시사」, 「천로역정」, 「피터팬」, 「빨간 여우의 모험」, 「톰 아저씨 오두막집」, 「회색곰의 전기」, 「고대 로마사」 등이 포함되어 있었습니다. 식

---

14 최요찬, 「세계 명문가의 자녀교육」, 31-33 재정리.

탁에서 이루어지는 케네디 집안의 토론에 아이들이 읽은 책은 좋은 토론 거리였습니다. 호기심이 누구보다도 강하고 어린 시절부터 아파서 자주 침대 신세를 져야만 했던 존 F. 케네디는 특히 많은 책을 읽었습니다. 케네디는 일찍부터 위인들의 전기와 역사에 깊은 관심을 가지고 책을 읽었습니다.[15] 케네디는 책을 통해서 세상을 긍정적으로 바라보고 세상의 아픔을 치료하는 것을 배웠다고 할 수 있습니다.

이와 더불어 케네디는 질병이 주는 고통으로부터 많은 것을 배웠습니다. 아이가 태어나면 관례상으로 하는 예방접종 시스템이 완전히 확립되지 못한 상태에서 존 F. 케네디는 기관지염, 수두, 풍진, 홍역, 볼거리, 성홍열, 백일해 등 여러 질병에 시달렸습니다. 어머니 로즈의 극진한 보살핌에 그럭저럭 어린 시절을 보낸 케네디는 코네티컷주의 유명한 사립 고등학교인 초트로즈메리홀(Choate Rosemary Hall)을 다니던 3학년 때인 1934년 6월부터 질병과 싸우는 투병 생활을 시작했습니다. 당시 의학지식으로는 케네디의 병명을 정확히 알 수 없었습니다. 후에 그가 해군장교로 복무할 때 진료기록을 보면 '경련성 대장염'이었습니다. 질병의 원인을 정확히 모르는 상태에서 케네디는 각종 검사와 약물 투여로 고통스러워했습니다. 하지만 케네디는 엄청난 고통을 잘 참아 냈습니다. 치료의 정확한 방법을 몰랐던 당시 의료진이 케네디에게 할 수 있었던 최선의 조치는 알맞은 식이요법과 정서적 스트레스를 경감시키는 것이었습니다. 이와 더불어 의사들은 케네디에게 말에서 추출한 혈청의 피하 삽입 또는 주사 치료를 했습니다. 당시 케네디가 처방을 받은 부신의 추출물은 매우 값비싼 것이었지만 케네디의 부모에게는 큰 문제가 아니었습니다. 그런데 이 약은 대장염 치료에는 효과가 있었지만 다른 심각한 부작용을 초래한다는 것을 당시의 의료진은 알지 못했습니다. 연방 하원의원이 된 1947년에 케네디는 고통으로 입

---

15 보니 앤젤로, 「대통령을 키운 어머니들」, 240.

국민을 행복하게 만든 대통령들

원을 하게 되었는데 이때 자신이 애디슨병(Addison's disease)을 앓고 있다는 진단을 받았습니다. 이 질병은 부신 추출물을 장기간 복용했을 때 부신의 정상 기능을 억제하거나 저하하는 결과를 초래하면서 생기는 질병으로 케네디는 평생 이 질병으로 인한 고통 속에서 살았습니다. 그래서 케네디는 오래전부터 앓고 있었던 경련성 대장염과 더불어 척추가 약화되고 장 염증과 출혈이 반복되는 질병으로 자주 병원 신세를 지고 살았습니다.[16]

병에 대한 확실한 정보가 부족한 가운데 고통이 엄습할 때면 자주 병원 신세를 질 수밖에 없었던 케네디는 항상 죽음에 대한, 그것도 젊은 나이에 죽을 수밖에 없는 두려움 속에서 살았습니다. 그래서 케네디는 대학 생활 때는 물론 군인으로, 기자로, 정치가로 있을 때 죽음의 공포를 잠재우고 자신이 살아 있는 동안 무엇인가 의미 있는 일을 해야 한다는 일종의 강박관념 속에서 살았습니다. 케네디는 살아 있는 동안 인간으로서, 남자로서, 부모의 간절한 소원에 부응하는 아들로서는 물론이고 정치가로서 보다 살기 좋은 국가와 인류사회를 만드는데 자신이 무엇인가를 이루기를 원했습니다. 젊은 시절부터 시작되어 결혼 후에도 또 대통령이 되어서까지도 계속된 케네디의 연성 편력[17]은 당연히 비난받아 마땅하지만 한편으로 이는 언제 다가올지 모르는 죽음에 대한 강박관념에서 벗어나기 위한 것이었는지 모르겠습니다. 그 후 케네디는 모든 면에서 그렇지는 않았지만 정치가로서, 그리고 대통령으로서 분명 자신에게 손해를 입힐 수 있는 결정이었음에도 그것이 국가와 인류를 위해 정의를 실현하는 것이라고 판단될 때 손해를 무릅쓰는 용기를 보여주었습니다. 특히 케네디는 재선에 많은 어려움을 줄 수 있

---

16 케네디의 질병과 그로 인한 고통에 관한 내용은 장준갑, 「존 F. 케네디」(서울: 선인, 2011), 26-34에서 요약 정리했습니다.

17 이에 대한 자세한 내용은 김형곤, 「미국 대통령의 초상」(서울: 선인, 2003), 340-364에 잘 설명되어 있습니다.

음에도 불구하고 자신의 임기 때 격화된 아프리카계 미국인(흑인)의 인권문제를 적극적으로 다루었습니다. 당시 케네디의 주요 지지 세력은 아프리카계 미국인들의 인권을 무시하는 남부 백인들이었는데 케네디의 정책은 그들의 바람과 달랐습니다. 평생 강한 고통을 준 질병은 케네디에게 그가 살아 있는 동안 무엇을 해야 하는가 하는 인생의 본질적인 문제를 던져주었고 나아가 케네디 스스로가 그 문제에 답하는 인생을 살게 했다고 할 수 있습니다. 질병의 경험은 케네디가 세상을 배우는 데 더 없는 스승 역할을 했다고 할 수 있습니다.

케네디가 세상을 배우는 데 또 다른 스승의 역할을 한 것은 가족에게 반복되어 나타난 비극이었습니다. 살펴보았듯이 케네디 집안은 아일랜드 이민 후손으로 처음에는 생존을 위해, 차별과 편견을 없애기 위해, 그리고 사회와 국가발전에 이바지하는 사람이 되기 위해 할아버지, 아버지, 어머니 등의 노력으로 남부럽지 않은 환경을 마련하고 있었습니다. 특히 존 F. 케네디의 아버지 조셉 패트릭은 엄청난 재력을 쌓았을 뿐만 아니라 프랭클린 루스벨트 행정부에서 런던주재 미국대사가 되어 미국 사회 최상층부에 있게 되었습니다. 하지만 부러움의 대상이었던 케네디 집안에는 엄청난 비극이 계속해서 일어났습니다.[18]

첫 번째 비극은 존 F. 케네디의 바로 아래 여동생인 로즈메리의 선천적인 정신장애였습니다. 케네디보다 한 살 아래인 로즈메리는 정확한 원인을 알 수 없는 상태에서 어릴 때부터 발육상태가 비정상적이었습니다. 로즈메리는 다섯 살이 되기까지 혼자 먹지도 못하고 옷도 입지 못했습니다. 또래에 비해 그녀는 언어능력이 현저히 떨어졌습니다. 부모는 물론 다른 형제자매들도 로즈메리에게 특별한 관심과 보살핌을 아끼지 않았습니다. 그런데도 로즈메리는 호전되지 않았고 나이가 들

---

18 케네디 집안의 불행과 그로 인한 고통에 관한 내용은 장준갑, 「존 F. 케네디」, 34-48에서 요약 정리했습니다.

면서 더욱 공격적으로 변했고 심지어 성적인 충동을 일으키기까지 했습니다.[19] 어머니 로즈는 딸이 성적인 봉변을 당하거나 유괴를 당하지 않을까 늘 노심초사했습니다. 아버지 조셉 패트릭은 딸을 치료하기 위해 온갖 수단을 동원했는데, 당시 정신질환자 치료 방법의 하나인 전두엽 일부를 잘라 수술하는 '뇌엽절리술'을 하도록 했습니다. 하지만 수술 후 로즈메리는 전보다 난폭해지면서 상태가 더욱 심각해졌습니다. 조셉은 이 수술을 아내는 물론 다른 가족에게 알리지 않은 상태에서 실시했고 이 일은 로즈에게 두고두고 남편을 원망하게 하는 원인이 되었습니다. 결국 로즈메리는 성콜레타(St. Coletta)수녀원으로 보내졌고 2005년 그녀가 죽기까지 이곳에서 지냈습니다. 로즈메리의 장애, 수술, 그리고 수녀원 생활은 케네디 집안의 큰 고통과 아픔이었습니다. 하지만 존 F. 케네디를 포함한 케네디 집안의 아이들은 집안의 우환을 의연하게 대처해야 한다는 암묵적인 가르침을 배웠습니다. 어떻게 생각하면 존 F. 케네디가 잦은 질병으로 엄청난 고통을 겪었지만, 아픔을 잘 견뎌낸 것은 케네디 집안의 내력이 있었기 때문이 아닌가 생각합니다.

케네디 집안에 두 번째 비극이 다가왔습니다. 집안의 장남으로 아버지 조셉 패트릭과 어머니 로즈는 물론이고 온 집안의 희망의 상징이었던 조셉 패트릭 2세가 사망한 사건입니다. 존 F. 케네디보다 두 살 위인 조셉은 아우와 달리 매우 건강했고 학업성적, 운동, 리더십, 외모 등 어느 것 하나 부족한 것이 없었습니다. 조셉은 자신은 물론 집안의 모든 사람이 장차 미국 대통령이 되어 집안은 물론 국가를 위해 무엇인가를 할 수 있을 것이라 생각했습니다. 그는 1939년 하버드대학을 졸업하고 당시 런던주재 미국대사로 있었던 아버지의 비서로 일을 하여 외교관 혹은 정치가로서 경험도 쌓았습니다. 그 후 조셉은 하버드 로스쿨

---

19 부모는 물론 케네디 집안의 아이들과 대부분 사람은 가능한 로즈메리의 비정상적인 상태를 다른 사람에게 알리지 않으려 노력했습니다. 그들은 집안의 아픔과 약점을 보이지 않으려는 암묵적 결의가 있었고 로즈메리가 발달장애를 앓고 있고 수용시설에서 지내고 있다는 사실은 존 F. 케네디가 1960년 대통령 선거 유세를 할 때 공식적으로 밝혀졌습니다.

을 다녔는데 그런 중에 2차 세계대전이 일어났습니다. 조셉 역시 아버지와 마찬가지로 미국이 유럽의 전쟁에 개입해서는 안 된다는 고립주의적인 입장을 견지했습니다.[20] 하지만 1941년 일본의 태평양 침략에 대한 전운이 감도는 가운데 조셉은 고립주의를 버리고 미국의 승리를 위해 해군 항공대에 자원입대했습니다. 조셉의 자원입대에는 고립주의라는 신념에도 불구하고 미국은 물론 세계평화를 위협하는 전쟁에 참여하지 않는 것이 이유가 무엇이든 비난을 받을 수 있고 장차 정계에 진출하고자 하는 자신의 앞날에 걸림돌이 될 수 있다는 생각이 크게 좌우했습니다. 이런 생각은 아버지 조셉 패트릭의 생각과 일치했습니다. 1941년 6월에 입대하여 1944년 여름까지 조셉은 무려 30차례의 비행을 수행하여 제대를 할 수 있는 자격이 충분했습니다. 또한 조셉은 1944년 6월 6일 연합군의 노르망디 상륙작전에서 공중엄호를 성공적으로 수행하여 제대조건을 달성하고도 남았습니다. 그런데도 조셉은 한사코 제대를 미루고 있었습니다. 조셉이 제대를 미룬 것은 아마도 동생 존 F. 케네디가 지난해 받은 무공훈장에 큰 질투심을 느끼고 잘하면 자신도 동생의 무공훈장 못지않은 보상을 받을 수 있지 않을까 생각했던 까닭인 것 같습니다. 조셉은 남태평양에서 영웅적인 행동으로 무공훈장을 받은 동생이 신문에 실린 것을 보고 그에게 다음과 같은 편지를 썼습니다.

신문의 실린 너의 기사를 읽었다. 아주 훌륭하더구나. 그런데 구축함이 시야에 들어왔을 때 도대체 너는 어디에 있었으며 정확히 무슨 조치를 했고 또 레이더는 도대체 어디에 있었는지 몹시 궁금하구나. … 나도 운이 따른다면 유럽 종군기장을 달고 귀국할 수 있을 것이다.[21]

---

20 이는 조셉 패트릭을 대사로 임명한 당시 대통령이었던 프랭클린 루스벨트의 입장과는 정반대의 관점이었습니다. 이 문제를 놓고 조셉은 대통령과 많은 갈등을 불러일으키기도 했습니다.

21 장준갑, 「존 F. 케네디」, 41-42, 재인용.

하지만 조셉 패트릭은 이 편지를 보내고 이틀이 지난 날 당시로는 너무나 위험한 임무에 자원했습니다. 비록 전쟁은 막바지로 향하고 있었지만 독일에 결정적인 타격을 주기 위한 중요한 군사작전이었습니다. 해군 리버레이더 폭격기에 약 10t의 TNT를 적재하고 영국에서부터 벨기에 해안의 독일군 V-폭탄 기지가 있는 수 마일 근처까지 비행한 다음 나머지는 원격조종에 맡긴 채 낙하산으로 탈출한다는 임무였습니다. 정확히 1944년 8월 12일 오후 6시에 임무를 위해 이륙했으나 그의 비행기는 목표지점에 가지도 못한 채 이륙 후 12분 만에 공중폭발하고 말았습니다. 조셉과 그의 부조종사는 흔적도 없이 산화하고 말았습니다. 조셉의 죽음은 존 F. 케네디에게는 물론 가족 전체에게 크나큰 상실감과 슬픔이었습니다. 케네디는 집안의 희망이었던 형이 사라진 상태에서 아버지와 어머니의 바람은 물론 집안의 모든 것을 자신이 책임져야 한다는 일종의 강박관념 같은 것을 느꼈습니다. 아마도 케네디는 형의 죽음으로부터 비로소 자신이 무엇을 해야 하는가를 절실하게 생각하게 되었던 것 같습니다. 그것은 단순히 형에게 걸었던 아버지와 어머니의 희망을 대신하는 것을 넘어 보다 큰 의미의 일을 해야만 한다는 것이었습니다.

전쟁은 케네디 집안에 또 하나의 비극을 낳게 했습니다. 케네디의 두 번째 여동생인 캐슬린의 영국인 남편 윌리엄 하팅턴 소령이[22] 전쟁 중 벨기에에서 작전을 펼치다 적의 저격병이 쏜 총에 의해 사망하는 사건이 일어났습니다. 이 일은 조셉의 사고가 있은 지 약 한 달 만이었고 결혼 4개월 만에 일어난 일로 케네디 집안에 크나큰 슬픔과 아픔을 주었습니다. 하지만 케네디 집안의 사람들은 아픔이 큰 만큼 그것을 극복하

---

22 캐슬린과 하팅턴은 서로 사랑했지만 쉽게 결혼할 수 없었습니다. 종교적인 문제가 가장 큰 이유였는데 캐슬린은 가톨릭이고 하팅턴은 국교도였기 때문이었습니다. 물론 아일랜드 출신인 케네디 집안이 영국인에게 좋지 않은 감정이 있었을 것으로 보입니다. 하지만 그들은 집안의 반대를 무릅쓰고 전쟁 중인 1944년 5월 어렵사리 결혼에 골인했습니다.

려는 자세 또한 강했습니다. 그들은 전쟁이 참을 수 없을 만큼 큰 아픔과 고통을 주었지만 그런데도 국가와 사회를 위해 극복하지 않으면 안 된다는 것을 잘 알고 있었습니다.

한동안 존 F. 케네디는 '전쟁'이란 그저 관념적이고 평화를 위해 필요한 것이라 생각했습니다. 하지만 자신이 죽을 고비를 넘기고, 전쟁으로 인하여 형이 죽고, 여동생의 남편이 죽는 것을 본 케네디는 더는 전쟁은 낭만적이거나 단순히 평화를 위한 도구라 생각하지 않았습니다. 그는 전쟁이 주는 고통과 비극을 경험하면서 어떠한 명분으로도 전쟁은 정당화될 수 없다는 믿음을 가지게 되었습니다. 대통령이 된 후 '쿠바 위기'에 직면한 케네디가 군부와 정치 주류의 전쟁 불사 여론에서 전쟁이 아닌 다른 방법으로 문제를 해결한 것은 아마도 전쟁에 대한 비극적 경험이 큰 교훈으로 작용했기 때문이 아닌가 생각합니다. 제대를 한 존 F. 케네디는 이제 앞으로 무엇을 하고 살 것인가를 고민했습니다. 처음에는 죽은 형을 대신하여 아버지와 어머니의 바람을 충족시켜야겠다는 단순한 생각을 했습니다. 하지만 시간이 지나면서 케네디는 정치를 해야 한다는 강한 신념을 가지게 되었습니다. 자신이 보기에 정치는 다른 어떤 직업보다 인간들의 고통인 전쟁과 질병과 굶주림 등을 줄이고 없애는 데에 큰 공헌을 할 수 있을 것이라 생각했습니다. 존 F. 케네디는 좋지 않은 건강과 전쟁으로 인한 죽을 고비와 가족의 비극 등을 직접 경험하면서 비로소 자신이 무엇을 해야 하는가를 분명히 알게 되었습니다. 하지만 군을 제대한 1945년 케네디의 나이는 스물여덟 살에 불과했고 스스로는 물론 아버지 역시 정치를 하기에 너무 어리다고 생각했습니다. 그래서 케네디는 우선 기자가 되어 인간사회의 정치 문제를 취재하면서 정치가가 되기 위한 준비를 했습니다.[23]

---

23 1945년 4월에 존 F. 케네디는 아버지의 친구인 윌리엄 랜돌프 허스트가 운영하는 신문사에서 기자로 일을 했습니다.

목표에 집중

  미국 사회에서 성공하고자 하는 강한 신념을 가지고 경제적 부와 사회적 명성을 크게 얻은 아일랜드계 이민의 자손인 존 F. 케네디는 이른바 '금수저'를 물고 태어났습니다. 케네디의 할아버지와 아버지는 부와 명성을 확보하는 것 못지않게 이에 상응하는 사회적 의무를 다하는 것이 궁극적인 성공이라고 생각했습니다. 이를 위해 아버지 조셉과 어머니 로즈는 일찍부터 자식들의 교육에 헌신했으며 나아가 그들이 사회적 책무를 다하도록 노력했습니다.

  하지만 존 F. 케네디는 어린 시절부터 몸이 허약하여 자주 병을 앓았기 때문에 부모의 큰 기대감을 충족시키기에는 턱없이 부족했습니다. 오히려 젊은 나이에 죽지 않을까 하는 강박관념 때문에 케네디는 복잡한 여자관계를 비롯하여 무분별하게 행동했습니다. 그런데도 케네디는 자신이 책임질 수 있는 한도 내에서 생활했고 질병으로 인한 죽을듯한 고통에도 이를 공식적으로 시인하지 않았습니다. 아마도 부모의 큰 기대에 조금이라도 부응하고자 했던 케네디의 의지가 나타난 것이 아닌가 생각합니다. 케네디는 잦은 병치레에도 불구하고 형 조셉 케네디와의 경쟁에서 조금도 밀리고 싶은 마음이 없었습니다. 케네디는 하버드를 졸업하고 런던주재 대사였던 아버지의 비서로 일을 하다가 하버드 로스쿨을 다닌 형의 길을 따라갔습니다. 2차 대전이 일어나자 보수주의자였던 아버지와 같은 신념을 가진 형이 생각을 바꾸어 군에 입대하자 케네디 역시 허약한 체질에도 불구하고 아버지의 영향력을 도움받아 해군에 입대했습니다. 비록 케네디는 집안의 장남이고 모든 관심을 받고 있었던 형과 경쟁을 했지만 그렇다고 형의 영역을 넘어서고자 하는 생각은 없었습니다. 일찍부터 케네디는 작가나 변호사의 삶을 살고자 했습니다. 하지만 운명은 그를 전 세계와 인류 전체에게까지 영향력을 미치는 길을 가도록 했습니다.

전쟁 중에 케네디는 해군장교로 전쟁영웅이 되었고 그런 중에 형 조셉은 동생에 대한 질투심 혹은 영웅심으로 지나친 복무를 고집하다가 비행기사고로 사망했습니다. 갑작스러운 형의 죽음은 부모는 물론 케네디 집안을 아는 모든 사람들의 기대를 존 F. 케네디에게로 쏠리게 했습니다. 케네디는 갑작스러운 환경변화에 적지 않은 당황을 했지만 그런데도 이내 자신이 무엇을 해야 하는가를 이해했습니다. 자신의 운명은 부모가 바라고 아일랜드계 이민들이 바라는 보다 큰 사회적 책무를 다하는 길이라는 것을 알았습니다. 더더욱 집안에 불어 닥친 비극적인 사건들 – 동생 로즈메리의 발육부진으로 인한 비정상적 상태, 전쟁으로 인한 동생 캐슬린 남편의 사망, 형의 죽음 등 – 은 케네디가 자신의 삶을 돌아보도록 만들었습니다.

케네디는 군을 제대하고 일시적으로 신문기자 생활을 했습니다. 하지만 이는 어디까지나 아버지 조셉 주니어의 세세한 지도와 가르침에 크게 영향받은 것이었습니다. 아직 서른이 되지 않은 아들이 정치 세계로 뛰어들기에는 부족함을 느꼈던 아버지가 아들에게 전쟁 후에 긴박하게 돌아가는 국제정치의 현장을 직접 목격하고 후에 정치를 하면 자산이 될 여러 사람을 사귈 수 있는 길을 마련해 주었습니다. 케네디는 3개월이라는 짧은 기자 생활을 하고 난 뒤 곧바로 정치가로서의 길에 뛰어들었습니다. 케네디의 짧은 기자 생활은 아버지의 면밀한 가르침도 한몫했지만 케네디 스스로 선택한 길이기도 합니다. 케네디는 사회

국민을 행복하게 만든 대통령들

적 책무를 다하는 일에 주도적인 사람이 되기 위해서는 신문기자보다 정치가가 되어야 한다는 것을 알고 있었습니다. 후에 케네디는 기자 생활을 그만두고 정치가가 된 기억을 되새기며 다음과 같이 말했습니다.

> 기자는 무슨 일이 일어났는지 '보도'하는 존재이지 어떤 일을 '일어나게' 만들지는 않습니다. … 그것은 참여하는 것이 아닙니다. … 저는 정치가 그리스인들이 행복이라고 정의한 것을 어떻게 충족시키는지 이해했습니다. 즉 주어진 삶의 영역 내에서 최선의 방향으로 당신이 가진 힘을 온전히 사용하는 것입니다.[24]

케네디는 비극적인 전쟁을 막고 평화를 유지하는 직업은 정치가가 가장 적합하다고 생각했던 것입니다. 케네디는 정치를 시작하면서 좋든 싫든 전쟁의 재발을 막기 위해서는 정치에 직접 가담하는 것이 최선의 방책이라고 말했습니다. 이처럼 케네디가 정치가의 길을 가게 된 이유에는 아버지의 기대에 부응하는 것 외에 케네디 스스로가 선택한 동기가 있었던 것입니다. 죽을 고비를 넘긴 경험과 형과 동생의 남편을 죽음으로 몰고 간 전쟁의 상처가 전쟁은 어떠한 이유로도 해서는 안 된다고 인식하도록 만든 것입니다. 케네디는 전쟁을 없애고 평화로운 세계를 건설하는 것을 자신의 인생 목표를 설정했고 이 일을 위해서는 정치가가 되어야 했으며 가장 영향력이 큰 미국의 대통령이 되어야 했습니다.

케네디는 두 번의 하원의원을 지내면서 국제정치나 공산주의 문제 등에 큰 관심을 가지면서 정치가 주는 힘과 매력을 크게 경험했지만 그런데도 그는 일개 하원의원의 한계를 느끼지 않을 수가 없었습니다. 1951년 다시 선거철이 다가오자 케네디는 하원의원보다 훨씬 정치적

---

24 장준갑, 「존 F. 케네디」, 58 재인용.

영향력을 행사할 수 있는 쪽으로 눈을 돌렸습니다. 처음에 케네디는 매사추세츠 주지사를 고려했지만 이는 주의회 의원들의 견제와 지역 유력자의 이권과 요구 등에서 벗어날 수 없다는 것을 인식하고 연방 상원의원으로 방향을 바꾸었습니다. 어린 시절부터 자주 병원 신세를 지고 삶과 죽음의 세계를 오간 뼈아픈 전쟁을 경험한 케네디는 전쟁 없는 평화로운 세계가 얼마나 소중하고 필요한가를 알고 있었습니다. 케네디는 그런 사회를 건설하기 위해 정치가가 되었고 이제 더 큰 힘을 발휘할 수 있는 연방 상원의원이 되고자 했습니다. 하지만 당시 매사추세츠주 현직 상원의원은 관록의 3선 의원인 헨리 캐봇 롯지였습니다. 롯지 가문은 케네디 가문 못지않게 정치적 사회적으로 명성을 날리고 있었습니다. 하지만 두 번의 하원의원을 지내면서 아버지 조셉을 비롯한 케네디를 둘러싼 선거운동원들은 어떻게 해야 케네디가 승리할 수 있는가를 알고 있었습니다. 막대한 자금, 헌신적인 가족, 그리고 아일랜드 이민들과 이들의 영향력을 받은 소수민족 출신 유권자들의 희망찬 선거운동은 관록과 현직의 롯지를 눌렀습니다.[25] 물론 케네디가 현직 3선 의원을 물리친 것은 선거운동에만 힘입은 것은 아니었습니다. 젊고 잘생긴데다 부유한 집안 배경의 명문대학 출신에 전쟁영웅이고 유머와 매력이 넘치는 케네디는 당시 매사추세츠주 유권자들에게 새로운 희망의 상징이 되었습니다. 한 참모는 "이 선거에서 유권자들은 이슈에 흥미가 없었습니다. 케네디가 당선된 것은 인물 덕이었습니다. 누가 보기에도 그는 당시 대중이 찾고 있던 새로운 유형의 정치인이었습니다"라고 회고했습니다.[26] 또 다른 정치인은 당시 유권자들이 얼마나 케네디에게 열광했는지에 대해 다음과 같이 말했습니다.

---

25 총유권자 수 235만 3천 231표 중에서 케네디는 51.5%를 얻었고 로지는 48.5%를 얻었습니다.
26 장준갑, 「존 F. 케네디」, 115-116 재인용.

케네디에게는 무엇인가 특별한 것이 있었습니다. 무엇인지는 잘 모르겠지만 사람들이 그를 믿고 싶어 하게 만들었습니다. 보수든 진보든 모두 케네디가 자신들의 편이라고 주장했습니다. 그들은 케네디가 정말 자신의 편이라고 믿었고 그들의 견해가 케네디의 견해와 같기를 원했습니다.[27]

서른다섯의 나이에 희망과 신뢰의 아이콘으로 연방 상원의원에 당선된 케네디는 개인적이나 주차원의 문제보다 국내문제와 국제문제 특히 대외정책과 국가안보 문제에 많은 에너지를 쏟았습니다. 케네디의 인기는 계속되었고 1956년 대통령 선거를 맞아 케네디의 아버지와 민주당의 일부 세력은 케네디의 대통령 출마를 타진했습니다. 하지만 당시 케네디는 마흔 살도 채 되지 않은 어린 나이였고 현직 대통령인 공화당의 아이젠하워의 지지자들이 너무도 많았습니다. 그런데도 케네디는 민주당 대통령 후보 아들라이 스티븐슨의 러닝메이트가 되기 위해 부통령 후보에 출마했지만 예비선거에서 에스터스 키포버에게 패배했습니다. 하지만 케네디의 패배는 패배가 아니었습니다. 그것은 4년 후 대통령 선거에서 승리하기 위한 엄청난 준비 운동 같은 것이었습니다. 1956년 민주당 대통령 후보를 선출하는 전당대회를 전후하여 케네디는 비로소 전국적인 인물이 될 수 있었던 것입니다. 당시 케네디와 절친한 친분이 있었던 역사가 아서 슐레진저가 케네디에게 다음과 같은 편지를 보냈습니다.

자네는 분명히 전당대회 기간 가장 소득을 많이 얻은 사람으로 부상했네. … 자네의 신중한 처신과 효율적인 행동으로 말미암아 일주일 만에 자네는 전국적인 정치인이 되었네.[28]

---

27 장준갑, 「존 F. 케네디」, 116 재인용.
28 장준갑, 「존 F. 케네디」, 154재인용.

1956년 부통령 후보 패배는 슐레진저의 말대로 케네디에게 가장 많은 소득을 주었습니다. 케네디는 스티븐슨의 선거운동을 하며 전국 24개 주를 돌며 150여 차례에 달하는 연설을 할 수 있었습니다. 케네디는 젊고, 잘생기고, 지성적이며, 통찰력 있고, 유머까지 넘치는 연설로 청중들의 마음을 사로잡았습니다. 부통령 후보 패배는 진정으로 케네디라는 인물을 전국적으로 알릴 수 있는 계기가 되었던 것입니다.

다음 해에 케네디가 자신을 전국적인 인물로 다시 한번 각인시킨 일을 해냈습니다. 케네디가 출판한 「용기 있는 사람들(*Profiles in Courage*)」이라는 책은 단번에 베스트셀러에 올랐고 1957년 퓰리처상을 수상했습니다. 당시 많은 사람들은 미국 역사에서 훌륭한 선배 상원의원 8명의 용기 있는 행동을 설명한 이 책의 내용과 케네디라는 인물을 동격으로 생각했습니다. 비록 어리고 정치 경험이 부족하지만 미국을 바르게 이끌 수 있는 리더라고 생각하게 만들기에 충분했습니다.

그런데도 당시 케네디는 대통령이 되기에는 여러 가지 약점을 가지고 있었습니다. 무엇보다 그는 나이가 너무 어렸고 정치 경험이 많지 않았습니다.[29] 거기에다 케네디 집안은 미국 역사와 전통에서 주류라고 할 수 없는 가톨릭 집안이라는 사실이었습니다. 아직 가톨릭 출신이 미국 대통령이 된 적이 단 한 번도 없었습니다. 케네디가 대통령이 되기 위해서는 이 문제도 극복해야 했습니다. 케네디는 아직 민주당에서 당내 지지 세력을 확보하기에 나이가 너무 어려 당내 지도부의 지지를 확보할 수 있을까 하는 의문이 있었습니다. 또한 무엇보다 가장 고질적인 문제로 케네디의 건강 문제가 있었습니다. 하지만 케네디는 젊고 새로운 희망의 아이콘으로, 가톨릭교도이기 이전에 미국인이라는 주장으로,[30] 건강을 유지하려는 불굴의 의지로, 무엇보다 아버지 조셉의 무

---

29 마흔둘의 나이에 부통령이었던 시어도어 루스벨트는 당시 대통령 매킨리가 암살되어 대통령으로 승계했지만 이는 선거에 의한 것이 아니었습니다.

30 대통령 선거에서 종교문제를 의식한 케네디는 "피할 수 없으면 즐겨라"라는 적극적인 자세로 임했습니

한정한 정치자금의 힘을 얻어 이 모든 약점을 극복하고 1960년 민주당 미국 대통령 후보가 되었습니다.[31] 연방 하원의원과 연방 상원의원 등의 정치 경험은 대통령직으로 가는 중간 간이역이었습니다.

대통령 후보가 된 상태에서 케네디는 정치가로서 하고자 했던 목표를 다시 한번 다짐했습니다. 케네디는 그것을 보다 포괄적이고 보편타당한 목표로 미국인뿐만 아니라 전 세계 시민들이 공유할 수 있는 고무적인 목표로 만들고자 했습니다. 그것은 정치가로서 사회적 의무를 다하는 것으로 궁극적으로는 전쟁 없는 평화로운 세계를 건설하는 것이었습니다. 이를 위해 케네디는 다가오는 대통령 선거에서 이겨야만 했습니다. 케네디는 현 정부에서 8년간이나 부통령을 지낸 상대 대통령 후보인 리처드 닉슨을 인식하고 그동안 미국은 국가적 목표를 상실했다고 확신했습니다. 케네디는 2차 세계대전이 끝나고 미국에 온 물질적 풍요가 미국 사회를 지루하고 생기 없는 사회로 만들었다고 주장했습니다. 나아가 그는 국내외 문제들에 관해 단호히 대처할 도덕적 결의마저 빼앗아갔다는 여러 비평가의 진단에 동의했습니다.[32] 1960년 7월 15일 젊고 잘생긴 케네디의 '새로운 프런티어(New Frontier)'를 개척하자는 후보 수락 연설은 미국인들에게 새로운 희망과 새로운 도전과 새로운 목표를 제공했습니다.

오늘 우리의 관심은 미래와 연계되어 있습니다. 세계는 변하고 있습니다. 구시대는 막을 내리고 있습니다. 더는 낡은 방식은 통하지 않습니다. 해외에서 세력균형이 변하고 있습니다. 현재 새롭고 무시무시하게 가공된 무기가

다. 전국을 돌아다니면서 케네디는 가톨릭교도인 자신과 형이 미국인으로서 국가에 충성하지 않았는가를 물었습니다. 케네디는 유권자들에게 종교는 미국에 대한 충성심을 결정할 수 없음을 말했습니다. 장준갑, 「존 F. 케네디」, 183 재정리.

31 물론 대통령 후보 선정과정에서 린든 존슨 등과 엄청난 소모전을 치렀지만 케네디는 존슨을 부통령 러닝메이트로 지명하여 이 문제를 해결했습니다.

32 장준갑, 「존 F. 케네디」, 189 재정리.

사용되고 있습니다. 세계의 ⅓은 자유롭지만 ⅓은 잔인한 억압에 희생되고 있습니다. 또 다른 ⅓은 가난과 배고픔과 질병에 시달리고 있습니다. 공산주의의 영향력이 아시아에까지 침투해 있고 중동에서는 이미 그 자리를 확보했습니다. 지금은 우리 플로리다해안으로부터 단지 90마일 떨어진 곳에서 공산주의가 곪아가고 있습니다. 세계는 일찍부터 전쟁의 위협에 시달려왔습니다만 지금까지 모든 위협으로부터 생존을 유지해 왔던 인류는 이제 그 손아귀에 일곱 번 이상 지구상의 전 생물을 멸종시킬 수 있는 힘을 갖게 되었습니다. 국내문제도 미래의 변화하는 국면이 똑같이 혁명적입니다. 뉴딜(New Deal)과 페어딜(Fair Deal)은 그 세대에게는 과감한 조처였습니다. 그러나 이제 새로운 세대가 시작되었습니다. 너무나 많은 미국인이 삶의 길과 의지를 잃었고 역사적 목적의식마저 잃어버렸습니다.[33]

케네디는 이처럼 후보 수락 연설 서두에서 국내외 문제의 현실을 진단했습니다. 국외적으로는 '가공할 무기(핵무기)'와 공산주의가 가장 큰 문제였고, 국내적으로는 '목적의식의 상실'이 문제였습니다. 케네디는 이러한 문제를 해결하기 위해 자신이 무엇을 해야만 하는가를 알고 있었고 국민에게 그것을 제시했습니다.

한마디로 지금은 새로운 리더십의 시대입니다. 새로운 난제들과 새로운 도전을 헤쳐나갈 새로운 지도자 말입니다. 저는 오늘 밤 과거에 마지막 '프런티어'였던 서부에 서 있습니다. 우리 뒤로 3천 마일이나 떨어져 있던 땅으로부터 개척자들이 새로운 서부를 건설하기 위해 그들 삶의 안전함과 편안함과 때로는 생명까지도 포기했습니다. 그들은 자신들을 의심의 포로로 만들지 않았으며, 자신의 신분과 처지에도 전혀 구애받지 않았습니다. 그들은 새로운 세계를 강하고 자유로운 곳으로 만들고자 했습니다. 모든 위협과 모든 어려움을 극복하고 국내외에서 위협하는 모든 적을 이기는 모범적인 세계를 만들고자 했습니다. 우리는 오늘 '새로운 프런티어(New Frontier)'의 가장자리에 서 있습니다. 1960년대의 프런티어, 알려지지 않은 기회와 위험의 프런티어, 그

---

33 The Democratic National Convention Acceptance Address of John F. Kennedy(July 13, 1960).

리고 아직 성취되지 않은 희망과 아직 성취되지 않은 위협의 프런티어 말입니다.[34]

국민에게 케네디가 제시한 것은 새로운 난제들과 새로운 도전을 해결해 줄 새로운 개념의 프런티어였습니다. 그것은 기회와 위험, 희망과 위협의 프런티어였습니다. 새로운 프런티어는 조상들이 서부를 건설하기 위해 안전함과 편안함과 때로는 생명까지 포기한 것과 같이 개척해야 할 프런티어였습니다. 이어 케네디는 자신이 제안한 프런티어를 보다 구체적으로 설명했습니다.

제가 말하고 있는 프런티어는 일련의 약속이 아니라 도전입니다. 그것은 제가 미국 국민에게 제공하려고 하는 그 무엇이 아니라 제가 국민에게 요구하려고 하는 총체적인 것입니다. 우리나라처럼 조직되고 통치되는 나라가 계속 지속될 수 있을까요? 이것은 중요한 문제입니다. 우리는 그 도전을 해결할 용기와 의지가 있을까요? 우리는 그 일을 해낼 수 있을까요? 이것이 새로운 프런티어의 핵심이며 우리가 선택하지 않을 수 없는 것입니다. 공적인 이익과 사적인 안락함 사이에서, 국가의 위대함과 국가 쇠락 사이에서 우리가 해야 하는 선택입니다. 모든 인류는 우리의 선택을 기다리고 있습니다. 전 세계는 우리가 어떻게 결정할지를 지켜보고 있습니다. 우리는 그들의 믿음을 저버릴 수 없습니다. 우리는 노력하지 않을 수 없습니다. … 저에게 여러분의 도움과 손과 목소리를 주십시오. 그러면 우리는 지치지 않을 것이고 반드시 승리할 것입니다.[35]

케네디의 대통령 후보 수락 연설은 자신의 선거 승리를 위한 호소를 넘어 수많은 미국인에게 감동으로 다가갔습니다. 그가 제시한 새로운

---

34 The Democratic National Convention Acceptance Address of John F. Kennedy(July 13, 1960), 1960년 7월 15일에 개최된 민주당 전당대회는 마지막 프런티어 지역이었던 캘리포니아주 로스앤젤레스에 있는 메모리얼 경기장에서 개최되었습니다.

35 The Democratic National Convention Acceptance Address of John F. Kennedy(July 13, 1960).

프런티어는 과거 미국의 조상이 했던 것처럼 새로운 도약을 위한 도전이었고 그 도전을 기필코 해결할 것이라는 희망이었습니다.

케네디는 역사상 처음으로 실시된 대통령 후보 텔레비전 토론회에서 공화당 후보인 관록의 닉슨을 압도했습니다. 1960년 9월 26일 텔레비전 토론회 이전까지만 하더라도 지지율은 닉슨이 유리했습니다. 하지만 토론을 지켜본 유권자들은 케네디의 침착하고, 여유롭고, 성실하고, 지적인 대답과 어딘가 불안하고, 초조하고, 단정적인 대답으로 일관하는 닉슨을 비교했습니다. 더더욱 민감한 민권법에 대한 문제나 복잡한 외교문제에서 케네디의 솔직하고 지적인 대답에 유권자들은 감동했습니다. 11월 대통령 선거에서 미국인은 근소한 차이였지만 케네디를 그들의 대통령으로 선출했습니다.

정치를 시작하고 나서부터 단 한 번도 쉬지 않고 줄곧 달려온 케네디는 대통령이 된 후 자신이 왜 정치를 하고자 했는가를 다시 생각했습니다. 그것은 비록 당시 강화된 상태의 냉전을 제거할 수는 없더라도 자신의 신념과 목표인 '전쟁 없는 국제질서를 형성하여 평화로운 세계를 만드는 일'이었습니다. 1961년 1월 20일 거행된 대통령 취임식에서 케네디는 자신이 해야 할 일이 무엇인지 명확히 제시했습니다. 그것은 이미 대통령 후보 수락 연설에서 언급했던 여러 도전을 하나하나 풀어가는 것이었습니다. 이러한 도전을 풀어가는 과정이 바로 새로운 프런티어였습니다.

세계는 이제 많이 달라졌습니다. 인간이 모든 형태의 빈곤과 모든 형태의 인간 생명을 파괴하는 힘을 손에 쥐고 있기 때문입니다. … 우리가 힘을 합친다면 함께 해내지 못할 일이 없습니다. 그러나 우리가 분열된다면 할 수 있는 일이 거의 없습니다. 불화와 분열로는 강력한 도전에 감히 맞설 수 없기 때문입니다.[36]

---

36 First Inauguration of John F. Kennedy(January 22, 1961).

케네디는 취임사 서두에서 '빈곤'과 '인간 생명을 파괴할 수 있는 힘'을 해결해야 할 새로운 프런티어라고 보았습니다. 케네디는 빈곤의 속박을 끊고 전쟁이 아닌 평화를 유지하기 위해 다음과 같은 말을 이어갔습니다.

> 지구의 절반을 차지하고 있는 오두막과 촌락에서 집단적 궁핍과 빈곤의 사슬을 끊으려고 몸부림치는 저 국민에게 우리는 아무리 오랜 기간이 소요되더라도 그들이 자신을 돕는 것을 돕기 위해 최선의 노력을 다할 것을 서약합니다. 그 이유는 공산주의자들이 그 일을 하고 있을 수도 있기 때문이 아니고 우리가 그들의 표를 얻고자 해서도 아닙니다. 단지 그것이 옳은 일이기 때문입니다. 자유 사회가 빈궁한 다수를 도울 수 없다면 부유한 소수도 구할 수 없는 것입니다. … 우리는 우리를 적대하려는 저 국가에 맹세가 아닌 요청을 하고자 합니다. 과학에 따라 고삐가 풀린 어두운 파괴의 힘이 모든 인류를 계획적이건 우발적이건 자멸의 상태로 몰아가기 전에 양측의 평화를 새롭게 추구합시다. … 하지만 크고 강력한 두 국가 중 어느 나라도 현재의 상태에서 마음을 놓을 수 없습니다. 두 나라 모두 현대 무기의 비용에 과중한 부담을 느끼고 있고 무엇보다 치명적인 핵무기의 확산을 두려워하고 있습니다.[37]

케네디는 양측이 서로 자멸하는 핵무기가 동원되는 전쟁이 아니라 평화를 추구할 것을 촉구했습니다. 전쟁이 아닌 평화로운 세계를 만드는 것이 케네디의 궁극적인 목표였고 바로 이것이 그가 정치가가 된 이유였으며 그가 대통령이 된 이유였습니다. 케네디는 이어서 전쟁 없는 평화로운 세계를 만들기 위해 양측(미국과 소련)이 무엇을 해야 하는가를 구체적으로 제시했습니다.

> 그러므로 이제 우리 양측이 우리를 분열시키는 문제로 왈가왈부하기보다는 우리를 단결시키는 문제를 함께 찾아봅시다. 처음으로 양 진영이 군비의

---

37 First Inauguration of John F. Kennedy(January 22, 1961).

사찰과 통제를 위한 진지하고 명확한 방안을 공식화시켜 다른 국가를 파괴할 수 있는 강력한 무기들을 모든 국가의 완벽한 통제를 받도록 합시다. 양측 모두가 과학의 가공할만한 힘 대신에 경이로움을 끌어낼 수 있도록 노력합시다. 함께 별을 탐구하고, 사막을 정복하고, 질병을 퇴치하고, 바다 밑을 개발하고, 나아가 예술과 교역을 장려합시다. … 여러분, 이 역사적인 과업에 동참하지 않으시겠습니까? … 미국 국민 여러분, 조국이 여러분을 위해 무엇을 해줄 것인가를 묻지 말고 여러분이 조국을 위해 무엇을 할 수 있는지 물어보십시오. 세계 국민 여러분, 미국이 여러분을 위해 무엇을 해줄 것인가를 묻지 말고 우리가 함께 인간의 자유를 위해 무엇을 할 수 있는지를 물어보십시오.[38]

케네디는 무려 22분이나 연설한 후보 수락 연설에 비해 단지 4분만을 투자한 취임 연설에서 대통령으로서의 무엇을 할 것인가를 미국 국민과 세계 국민에게 알렸습니다. 위대한 대통령의 조건 중 하나는 대통령이 무엇을 할 것인가를 국민에게 알리고 국민이 제시한 목표를 함께 달성토록 하는 것입니다. 케네디는 취임사에서 빈곤을 없애고, 전쟁을 없애고, 무기와 핵무기의 두려움을 없애고, 평화를 유지하는 것을 자신의 목표라고 말했습니다. 나아가 케네디는 이 목표를 달성하는 데 미국 국민과 세계 국민이 동참해 주라고 요구했습니다.

취임한 지 3개월이 채 되지 않은 1961년 4월 15일 전쟁을 하지 않고 무력 사용을 피하려는 케네디의 목표를 실험이라도 하는 듯한 사건이 발생했습니다. '피그만 침공'으로 알려진 이 사건은 1959년 피델 카스트로가 쿠바를 공산화하면서, 미국을 비롯한 외국자본을 몰수하고, 미국과 외교를 단절하면서부터 시작되었습니다. 플로리다로부터 90마일 밖에 떨어지지 않은 쿠바가 공산화된 것은 미국에 달갑지 않은 것으로 미국으로서는 어떤 행동을 취해야만 했습니다. 아이젠하워 대통령 정권 말기에 미국 CIA는 미국으로 망명한 쿠바인 1천 400여 명을 모아

---

38   Inauguration of John F. Kennedy(January 22, 1961).

그들을 훈련하고 무장시켜 카스트로 정권을 무너뜨리고자 비밀작전을 진행했습니다.[39] 하지만 케네디가 취임하고 얼마 지나지 않아 진행된 이 작전은 완전히 실패로 끝이 났습니다. 무장한 쿠바 망명객들은 피그만으로 상륙은 했지만 카스트로가 파견한 쿠바 정부군에게 완전히 포위되어 약 200명이 살해되었고 살아남은 1천 200명의 포로는 쿠바에 5천 300만 달러에 달하는 의약품과 식량을 제공하고 풀려났습니다. 이 사건을 직면한 CIA와 미국 군부는 대통령 케네디에게 미국 육군 전투부대의 파병을 요청했습니다. 하지만 전쟁은 모든 수단 중 가장 마지막으로 사용하는 것이라는 신념이 강한 케네디는 상황을 직시했고 자신이 CIA와 군부의 시나리오에 말려들었다는 것을 인식했습니다. 케네디는 파병 요청을 단호히 거절했습니다. CIA와 군부는 케네디의 결정이 미국의 위신을 실추시키는 것이라며 미국 지상군 투입을 재차 강요했습니다. 하지만 케네디는 외교 문제와 군사 문제에 관해서는 자신의 신념과 기준에 따라 결정권을 행사할 것이라 다짐하면서 다음과 같이 말했습니다.

> 그들(CIA와 군부)은 저 같은 신임 대통령이 허둥대지도 않고 체면이 구겨지는 것을 개의치 않을 것이라는 사실을 몰랐을 것입니다. 그렇다면 그들은 저를 완전히 잘못 파악했습니다.[40]

케네디는 전쟁보다 자신의 실수를 인정하고 비난을 받는 길을 선택했습니다. 이는 위대한 대통령의 진정한 용기가 아닐 수 없습니다. 대부분 사람은 자신의 실수와 실패를 인정하기보다 이를 덮기에 급급합니다. 하지만 케네디는 피그만 침공 작전을 자신의 실수였음을 인정했

---

39 이 작전에 실패하면 외교적으로 곤란함을 의식하여 아이젠하워는 당시 부통령이었던 닉슨이 주도했습니다. 작전명은 '브루투스'였고 이때 구성된 부대는 '2506여단'으로 불렸습니다.
40 장준갑, 「존 F. 케네디」, 214 재인용.

을 뿐만 아니라 전쟁을 선택하지 않았다는 비난도 순수하게 받아들였습니다. 피그만 침공 사건에 대한 여파가 사그라지기 전인 1961년 여름에 '베를린 위기' 사건이 발생했습니다. 6월 10일부터 소련 공산당 서기장인 니키타 흐루시초프가 미소빈정상회담에서 미국 대통령 케네디에게 서방국가의 서베를린의 자유 통행을 제안할 수 있다고 하는 비망록을 공개하면서 냉전이 시작된 이래로 가장 위험했던 핵무기 대결의 순간이 시작되었습니다. 이는 2차 대전 이후 미국, 소련, 영국, 프랑스는 독일을 분할 통치하면서 베를린도 분할통치하기로 했는데 소련의 통치 아래 있었던 베를린도 서방 국가들의 요구에 따라 분할통치가 되고 있었습니다. 흐루시초프는 비망록에서 베를린을 비무장 지대로 만들어 시 전체를 소련의 통치 아래 두고자 하는 계획을 발표했던 것입니다. 이에 서방 국가들은 강력히 반발했고 케네디는 기자회견을 통해 소련의 주장은 "서방 세계의 평화와 안전에 중대한 위협"이라고 주장하면서 "만약 소련이 핵무기 실험금지 협상을 중단한다면 미국도 자체적인 핵실험으로 대응할 것"이라고 경고했습니다.[41] 또한 케네디는 「뉴스위크」를 통해 "프랑스와 독일에 있는 미군 가족을 철수하고 전투 준비를 위해 핵무기를 사용할 태세를 갖출 것"이라는 내용을 간접적으로 발표했습니다.[42] 이에 흐루시초프는 "소련은 핵전쟁을 할 준비가 되어 있지만 두려움도 있다"라고 말하면서 "왜 2백만 명의 베를린 시민들을 위하여 2억 명 이상의 시민들이 목숨을 잃어야 하는가?"라고 말했습니다.[43] 이는 흐루시초프가 전쟁이 아니라 정치적·외교적 타협을 암시하고 한 말이었습니다.

그런데도 미국 내 군부 세력들은 소련을 상대로 핵무기를 동원한 빠

---

41 장준갑, 「존 F. 케네디」, 216 재정리.
42 장준갑, 「존 F. 케네디」, 217 재정리.
43 장준갑, 「존 F. 케네디」, 217 재정리.

국민을 행복하게 만든 대통령들

른 승부를 내라고 케네디에게 요구했습니다. 하지만 이번에도 케네디는 사태 해결의 핵심이 전쟁이 아니라는 것을 염두에 두고 소련과 진지한 협상을 통해 문제를 해결하고자 했습니다. 물론 케네디는 소련이 자신의 인내심을 확인하려 하면 공격적인 정책을 취하겠다는 의지도 표명했습니다. 케네디는 7월 25일에 베를린 위기에 관한 라디오와 텔레비전 연설을 통해 사태수습을 위한 자신의 계획을 발표했습니다.

> 오늘 밤 우리가 해야 할 첫걸음을 솔직하게 이야기하고 싶습니다. 자유인에 임박한 위협이 서베를린에 있습니다. 그러나 전초기지(서베를린)는 고립된 문제가 아닙니다. 위협은 전 세계적입니다. 우리는 베를린에서 도전에 직면해 있습니다. … 베를린은 동독 일부가 아니라 연합군의 통제하에 있는 별도의 영토입니다. 따라서 우리의 권리는 분명합니다. 권리 이외에 필요에 따라 2백만 명이 넘는 사람들이 그들의 미래를 결정하고 그들의 생활방식을 선택할 기회를 지킬 우리의 임무도 있습니다. 그러므로 서베를린에 관한 우리의 입장과 접근은 소련 정부의 어떠한 행위로도 끝날 수 없습니다. 이미 오래전에 나토의 방위 범위는 서베를린을 엄호하기 위해 확장되었으며 우리는 그 도시에 대한 공격을 우리 모두에 대한 공격으로 간주할 것이라고 말을 했습니다.[44]

방송 서두에서 케네디는 베를린 위기의 책임이 소련에 있음을 상기시키면서 베를린에 대한 미국과 서방국가의 책임을 소홀히 하지 않겠다고 약속했습니다. 케네디는 그러면서 베를린 위기를 해소하는 방안을 제시했습니다.

> 하지만 우리는 싸우고 쉽지 않습니다. … 공산주의자가 서베를린에서 우리의 권리와 그곳 국민에 대한 우리의 약속을 일방적으로 끝낼 준비를 한다

---

44 Report to American People on the Berlin Crisis of John F. Kennedy(July 25, 1961).

면 우리는 권리와 약속을 지킬 준비를 반드시 할 것입니다. 대화가 도움이 된다면 언제든지 대화할 준비가 되어 있습니다. 반대로 우리에게 힘이 사용된다면 우리 또한 힘으로 저항할 준비가 되어 있습니다.[45]

말하자면 케네디는 전쟁은 싫어하지만, 만약 소련이 힘을 동원하면 미국 역시 좌시하지 않을 것이라고 경고했습니다. 이에 흐루시초프는 케네디의 연설은 소련에 대한 공공연한 협박이라 비난하면서 동베를린과 서베를린을 나누는 교차점에 가시철조망과 바리케이드 장벽을 쌓아 동독인들의 탈출을 막도록 조처했습니다.[46] 장벽설치에 대한 미국 내 여론은 물론 서방 세계 지도자들은 케네디 대통령에게 강경 조치를 요구했습니다. 하지만 케네디는 이 시점에서 흐루시초프가 왜 장벽을 선택했는가를 생각하며 다음과 같은 말을 했습니다.

이것은 그가 궁지에서 빠져나오는 방식입니다. 매우 훌륭한 해결책은 아니지만, 장벽이 전쟁보다 훨씬 낫다고 생각합니다.[47]

하지만 케네디의 반응을 유약함으로 해석한 군부와 여론이 들끓는 가운데 흐루시초프는 문제해결을 위한 대화의 의도가 담긴 26페이지에 달하는 편지를 케네디에게 보냈습니다. 그런데도 군부를 중심으로 한 강경 세력들은 소련을 핵전쟁으로 굴복시켜야만 한다고 주장했습니다. 특히 「댈러스 모닝 뉴스(*Dallas Morning News*)」의 발행인인 E. M. 딜리는 대통령을 "믿을 수 없는 사람들의 수장"이라 공격하면서 미국은 소련의 위협을 다룰 줄 아는 "강력한 지도자"를 필요로 한다고 말했습니다. 이에 케네디는 "전쟁은 말하기는 쉬워도 싸우기는 어렵습니

---

45 Report to American People on the Berlin Crisis of John F. Kennedy(July 25, 1961).
46 이 장벽은 곧바로 콘크리트 장벽으로 대체되었습니다.
47 장준갑, 「존 F. 케네디」, 221 재정리.

다. 나도 당신만큼이나 거칩니다. … 외교적인 해결이 실패할 때만이 군사적인 방법이 동원될 것입니다. 또 군사적인 방법이 동원되더라도 재래식 군사력이 먼저 동원되어야 하며 핵전쟁은 최후의 수단입니다" 라고 말했습니다. 케네디는 자칫 핵전쟁으로 진화할 수 있었던 베를린 위기를 아무런 군사적 충돌 없이 해결했습니다. 케네디는 핵전쟁을 원하는 강력 세력들은 물론 유약한 행동이라 비난하는 여론의 공격에도 불구하고 오로지 전쟁을 없애고 평화로운 세계를 건설하는 길을 선택했습니다.

대통령이 되고 나서 비교적 평안한 시기가 계속되었던 1962년 9월에 케네디는 우주개발의 전진기지인 텍사스주를 방문했습니다. 당시 미국은 우주개발 특히 유인 우주선 분야에서 경쟁국인 소련에 뒤져 있는 상태였기 때문에 대통령으로서 케네디는 우주개발 문제에서 무엇인가를 해야 하는 처지였습니다. 케네디는 휴스턴시에 있는 라이스대학 연설에서 자신이 추구하는 또 다른 목표가 무엇인지 국민에게 알렸습니다. 물론 우주개발에 대한 전체적인 밑그림은 이미 취임사에서 언급한 바가 있습니다.

휴스턴이라는 도시, 텍사스라는 주, 미국이라는 나라는 가만히 기다리면서 과거를 회고하고 싶어 하는 사람들이 세운 것이 아닙니다. 이 나라는 앞으로 전진하는 사람들이 정복했으며 우주도 마찬가지입니다. … 모든 위대하고 영예로운 행위에는 반드시 크나큰 어려움이 따르며 이러한 어려움은 책임감 있는 용기로 도전하고 극복해야만 하는 것입니다. 역사가 우리에게 가르쳐주는 교훈이 있다면 그것은 지식과 진보를 찾아 떠나는 인류의 장엄한 모험은 막을 수가 없다는 것입니다. 역사상 가장 위대한 모험이라 할 우주 탐험은 우리가 참여하든 하지 않든 계속될 것입니다. 더욱이 다른 나라를 선도하는 리더의 위치에 서고자 하는 나라가 우주를 향한 경쟁에서 뒤로 물러나 있을 것이라 생각해서는 안 됩니다. 세계의 눈이 우주와 달과 그 너머에 있는 별들을 향하고 있습니다. 우리는 자유와 평화의 깃발이 아닌 정복자의 적대적인 깃발이 그곳에 나부끼는 것을 좌시하지 않을 것입니다. 우리는 지식과 이해의 도구가 아닌 대량파괴 무기가 우주를 가득 채우는 꼴을 보고만 있지 않을 것입니다. … 우리는 세계 최고의탐험 국이 되어야만 합니다.[48]

케네디는 미국이 왜 우주 탐험을 해야만 하는가를 설명했습니다. 조상들이 미국의 역사를 만들어 왔듯이 이제 새로운 도전과 모험의 세계인 우주를 탐험할 것을 선언했습니다. 이어 그는 자신의 목표를 명료하게 제시했습니다.

우리는 달에 가기로 했습니다. 이 일이 쉽기 때문이 아니라 어렵기 때문입니다. 목표는 우리의 에너지와 기술 수준을 정비하고 한도를 측정할 기회가 되기 때문입니다. 이는 우리가 기꺼이 받아들일 도전이고 후일로 미루고 싶지 않은 도전이며 우리는 물론 다른 이들도 성공하고자 하는 도전이기 때문입니다. 우리는 다음 십 년이 시작되기 전까지 달에 가기로 했습니다. … 우리가 지금 소련보다 뒤처져 있는 것은 확실하고 유인 비행은 한동안 따라잡기 힘들 것입니다. 그러나 계속 뒤처져 있을 생각은 없습니다. 10년 안에 따라잡고 추월하려 합니다.[49]

대통령으로서 케네디는 국민에게 구체적인 목표를 제시했습니다. 그것은 10년 안에 달에 가는 것이었습니다. 케네디는 우주개발 기술이 소련에 뒤처져 있음을 솔직하게 말했습니다. 어떤 리더라도 자신의 나라가 경쟁하는 나라에 비해 뒤처져 있다는 사실을 인정하기란 결코 쉬운 일이 아닙니다. 하지만 현실을 바르게 보고 현재에 있는 사실 그대로를 국민에게 바르게 알리는 일은 리더의 위대한 조건 중 하나입니다. 그래서 케네디는 현재 뒤처져 있지만 10년이면 추월할 수 있다는 도전적 목표를 제시했습니다. 케네디가 1962년 국민에게 한 "우리는 달에

---

48 JFK, We choose to go the Moon(September 12, 1962).
49 JFK, We choose to go the Moon(September 12, 1962).

가기로 했습니다"라는 약속은 암살로 인하여 생전에 불가능했지만 그후 7년 만에 이루어졌습니다. 1969년 7월 20일 아폴로 11호를 타고 우주비행사 닐 암스트롱이 달 표면에 착륙하여 "역사상 가장 의미 있는 한 걸음"을 걸었습니다.

전쟁은 없었지만 사실상 전쟁 이상의 팽팽한 시간이 계속되고 있었던 시기에 대통령이 되었던 케네디에게 다시 한번 위기가 찾아왔습니다. 1961년 여름 베를린 위기를 간신히 넘긴 미국과 소련의 긴장 상태는 일 년이 조금 지난 1962년 10월 '쿠바 미사일 위기'가 발생하면서 인류 역사상 가장 위험한 극단적 상태로 고조되었습니다. 다시 한번 케네디의 전쟁 회피와 평화 보존이라는 목표를 실험하는 사건이 발생하게 되었던 것입니다. 이 위기는 소련이 핵탄두를 장착한 미사일 기지를 플로리다에서 단지 90마일 떨어진 곳에 설치하는 것을 알게 된 10월 16일부터 극단적 위기를 넘겼던 10월 28일까지 긴박했던 13일간 계속되었습니다.[50] 소련의 급작스러운 조치에 위기의식과 분노를 느꼈던 케네디의 군사 참모들은 즉각적인 선제공격을 주문했습니다. 하지만 대통령 케네디는 선제공격은 "궁극적인 실패"가 될 것이 분명하다고 말하면서 "해상봉쇄"나 "정치적 혹은 외교적 해결책"을 모색해 보라고 말하며 참모들의 요구를 거절했습니다. 특히 공군 참모총장이었던 커티스 리메이는 "대통령의 정책은 1938년 독일에 대한 영국의 유화정책과 같다"라고 말하면서 무차별 공격을 요구했습니다. 하지만 케네디는 세계시민의 목숨을 담보로 하는 전쟁은 어떠한 이유에서라도 피하고 싶었습니다. 참모들의 끈질긴 공격 요구에도 불구하고 케네디는 미사일 위기를 정치적 혹은 외교적으로 해결하는 길을 선택했습니다. 10월 22일 위기가 고조된 가운데 케네디는 방송을 통해 이유 여하를 막론하고 흐루시초프에게 이 행위는 "의도적인 도발이며 현상을 부당하

---

50   2001년 영화 'D-13(Thirteen Days)'은 쿠바 미사일 위기를 현실적으로 다루었습니다.

게 변경하는 것으로서 미국은 절대 수용할 수 없는 조치"임을 선언하고 즉각 미사일을 해체하여 철수시킬 것을 공개적으로 요구하면서 동시에 미 해군에게 쿠바로 들어가는 모든 소련 선박의 봉쇄를 명령했습니다.[51]

소련이 강력한 반발을 예상하면서도 미국 바로 아래 미사일 기지를 만든 이유가 있었습니다. 후에 흐루시초프는 "우리는 피그만 침공이 오직 시작에 불과할 뿐이며 미국인들이 쿠바를 언젠가 가만 놔두지 않을 것이라는 점은 매우 확실합니다. 미국의 또 다른 침공 위협으로부터 쿠바를 보호하기 위해 미국이 알아차리지 못하는 사이에 핵탄두를 장착한 미사일을 설치하고자 했습니다"라고 말했습니다. 나아가 흐루시초프는 "미국이 소련을 겨냥하여 설치한 터키의 미국 미사일 기지에 대한 대응책"이라고 말했습니다. 말하자면 쿠바에 대한 미국의 군사적 도발을 저지하고 터키에 설치된 미국 미사일 기지에 상응하는 조치였던 것입니다.[52]

사실상 역전 노장 흐루시초프에게 케네디는 애송이로 보였을 것입니다. 하지만 지난 베를린 위기 때와 같이 이번에도 침착함을 잃지 않고 냉정한 선택을 하는 것을 본 흐루시초프는 케네디의 봉쇄정책에 동의했습니다. 흐루시초프는 케네디에게 만일 미국인 쿠바를 침공하지 않는다고 약속한다면 쿠바에서 미사일 기지를 철수하겠다는 비밀편지를 보내왔습니다. 또 다른 편지에서 흐루시초프는 미국이 터키로부터 핵미사일을 철수할 것을 약속하면 소련도 터키를 침공하지 않겠다는 약속을 할 것이라는 내용이 있었습니다. 이에 케네디 역시 비밀편지를 보내 흐루시초프의 첫 번째 제안에는 동의했지만, 두 번째 제안에 아무런 언급을 하지 않았습니다. 이는 케네디가 군부와 강경정책을 요구하

---

51 JFK, Radio and Television Report to the American People on the Soviet Arms Buildup in Cuba(October 22, 1962), 장준갑, 「존 F. 케네디」, 235 재정리.

52 장준갑, 「존 F. 케네디」, 235 재정리.

는 참모들의 격렬한 반대를 의식한 조치였습니다. 그런데도 케네디는 어떠한 경우라도 전쟁을 피하고 싶었고 평화를 유지하고 싶었습니다. 케네디는 동생 로버트를 비밀특사로 임명하여 소련대사에게 지금 당장은 아니더라도 미국이 터키에서 미사일을 철수할 것이라고 구두 약속을 했습니다. 이에 흐루시초프는 동의를 했고 사건이 발생하고 긴박한 13일이 지난 10월 28일 인류 역사상 가장 긴박했던 위기가 끝이 났습니다.[53] 어쩌면 3차 세계대전이 일어나고 온 인류에게 끔찍한 핵전쟁이 발생할 수 있었던 위기를 케네디의 '어떠한 경우라도 전쟁은 하지 않는다'는 핵심적인 목표실천으로 극복할 수 있었습니다.

케네디의 '전쟁 반대'와 '세계평화'에 대한 노력은 여기에 그치지 않았습니다. 그는 쿠바 미사일 위기 이후 소련과 더 좋은 관계를 유지하기를 원했습니다. 케네디는 1963년 6월 10일 아메리칸대학 졸업식에 참여하여 냉전을 끝내고 세계평화를 갈구하며 다음과 같이 말했습니다.

제가 생각하는 평화란 어떤 것일까요? 우리가 추구하는 평화는 어떤 것일까요? 그것은 미국의 전쟁 무기가 세계에 강제하는 '미국의 지배에 의한 평화'가 아닙니다. 그것은 죽음의 평화도 아니며 노예적인 안정도 아닙니다. 제가 말하는 평화는 순수한 평화, 지구상에서 살아가는 것을 보람 있게 해주는 평화, 세계 인류와 국가들이 성장하고 또 그 자녀들을 위한 보다 좋은 삶을 바라고 건설할 수 있게 해주는 평화, 그것은 단순히 미국인을 위한 평화가 아니라 모든 사람을 위한 평화이고 우리 시대의 평화만이 아니라 모든 시대를 위한 평화입니다.[54]

다소 선언적이고 웅변적인 문체로 시작된 연설이지만 케네디가 얼마나 세계평화를 갈망하고 있는지를 잘 알 수 있는 문장입니다. 이어

---

53 장준갑, 「존 F. 케네디」, 240-248 재정리.

54 JFK, "A Strategy of Peace" Speech at American University(June 10, 1963).

케네디는 자칫 잘못하면 일어날 수 있는 핵전쟁의 위험이 얼마나 무서운가를 설명했습니다.

> 제가 평화에 관해 이야기하는 것은 전쟁이 새로운 양상을 띠었기 때문입니다. 핵무기 하나가 2차 대전 중 연합군의 전 공군이 사용했던 폭발력의 거의 10배의 위력을 가진 시대에는 전면전이란 무의미합니다. 핵 교전으로 생기는 치명적인 독이 바람과 물과 흙과 씨앗에 의해 지구 곳곳으로 그리고 아직 태어나지 않은 세대에게로 운반되는 시대에는 전면전이란 무의미합니다. 그러므로 저는 합리적인 인간의 합리적 목적으로써의 평화를 이야기하는 것입니다. … 우리는 끈기 있게 평화를 추구해야 합니다. 평화란 반드시 불가능한 것도 아니며 전쟁이란 피할 수 없는 것도 아닙니다.[55]

이어서 케네디는 미국과 소련이 왜 핵무기를 동원한 전쟁을 하지 말아야 하는지를 명확하게 설명했습니다.

> 우리 두 나라 국민이 공통으로 가지고 있는 여러 가지 특징 중에서 가장 강한 특성은 우리가 서로 전쟁을 싫어하고 있다는 사실입니다. 세계 주요 강대국 중 우리 두 나라가 서로 간에 전쟁을 한 일이 없다는 것은 어떻게 보면 별나기까지 한 일입니다. 전쟁 사상 어느 나라도 소련이 2차 세계대전 중에 입은 만큼의 큰 손해를 입은 일은 없습니다. 이 전쟁에서 목숨을 잃은 자는 적어도 2천만 명이 넘습니다. 무수한 집과 농장이 소각되거나 약탈당했습니다. 공업기반의 ⅔를 포함하여 전 국토의 ⅓이 황무지가 되었습니다. 미국으로 따지자면 시카고 동편의 국토가 황폐화된 것과 마찬가지입니다. 오늘날 전면전이 다시 일어난다면 어쨌든 우리 두 나라가 주도적이 될 것입니다. 세계 최강의 두 나라가 황폐화의 가장 큰 위험을 안고 있다는 것은 반어적이면서도 정확한 사실입니다. 만약 전쟁이 일어난다면 처음 24시간 이내에 우리가 건설해 놓은 모든 것은 물론 우리가 일해 온 모든 것이 파괴되고 말 것입니다.[56]

---

55   JFK, "A Strategy of Peace" Speech at American University(June 10, 1963).

56   JFK, "A Strategy of Peace" Speech at American University(June 10, 1963).

그리고 마지막으로 케네디는 대통령으로서 소련을 향해 아니 전 세계를 향해 전쟁하지 말고 평화를 위해 전심전력할 것을 약속했습니다.

우리 미국의 무기는 비도발적이고, 주의 깊게 통제되고, 핵 억지(抑止)를 위해 고안되었고, 선택적으로 사용할 수 있습니다. 우리의 군사력은 평화를 다짐하는 것이며 자제의 기강이 마련되어 있습니다. 우리의 외교관은 불필요한 자극과 공연한 적대적 언사를 삼가도록 훈련받고 있습니다. 우리는 우리의 경계를 소홀히 하지 않고서도 긴장 완화를 추구할 수 있기 때문입니다. 세계가 다 아는 바와 같은 미국은 결코 전쟁을 일으키지 않을 것입니다. 우리는 전쟁을 원치 않습니다. 지금, 이 순간 우리는 전쟁이 있을 것이라 예상하지 않습니다. 현세대의 미국인은 이미 전쟁과 증오의 억압을 지겹도록 경험했습니다. 그러나 다른 나라가 전쟁을 원한다면 우리도 거기에 대응할 태세를 갖출 것입니다. 우리는 그것을 막기 위해 경계를 소홀히 하지 않을 것입니다. 하지만 우리는 약자는 안전하고 강자는 의로운 평화의 세계를 건설하기 위해 우리의 역할을 다하겠습니다. 우리는 그 일 앞에 무력하지 않을 것이며 성공을 절대로 포기하지 않을 것입니다. 우리는 자신감을 가지고 두려워하지 않으면서 전멸의 전략이 아닌 평화의 전략을 향해 계속 노력할 것입니다.[57]

베를린 위기와 쿠바 미사일 위기에서 케네디는 소련과의 핵전쟁을 피하는 것이 우선이었습니다. 국내외 강경파의 끊임없는 강경정책의 요구에도 불구하고 케네디는 전쟁은 인류가 선택할 마지막 카드임을 단 한 번도 포기하지 않았습니다. 그래서 케네디는 어떻게 하더라도 소련과 관계를 개선하여 무모한 핵전쟁의 위협을 누그러뜨리고 평화를 유지하고자 했습니다. 케네디는 그런 중에 흐루시초프의 베를린 장벽 설치와 터키에 설치되어 있는 미사일 기지를 철수하는 정책을 펴게 되었습니다. 이에 케네디의 정책으로 인하여 외로운 섬이 되어 있는 서베를린 시민이 혹시 소련이 공격하지 않을까 하는 두려움을 느끼게 되었

---

57   JFK, "A Strategy of Peace" Speech at American University(June 10, 1963).

습니다. 냉엄한 냉전의 한가운데서 극단의 공포와 불안에 떨고 있는 베를린 시민들을 위로하고 안정을 주기 위해 케네디는 서베를린으로 날아갔습니다. 당시 미국 대통령 케네디의 연설을 듣기 위해 서베를린 시민 80% 이상이 광장에 모였습니다. 베를린 시민들은 너무나 간단하지만, 자신들의 불안과 공포를 한 방에 없애주는 케네디의 연설에 감동했습니다.

'저는 베를린 시민입니다(Ich bin ein Berliner).' … 2천 년 전 세계시민에서 가장 큰 자랑거리는 '저는 로마시민입니다(civis Romanus sum)'였습니다. 하지만 오늘날 자유세계에서 가장 큰 자랑거리는 '저는 베를린 시민입니다'가 되었습니다. … 세상에는 공산주의와 민주주의 사이에 큰 문제가 무엇인지 모르는 사람이 있습니다. 세상에는 공산주의가 미래의 물결이라고 말하는 사람도 있습니다. 세상에는 유럽과 또 다른 곳에서 공산주의와 함께 일할 수 있다고 말하는 사람도 있습니다. 심지어 세상에는 공산주의가 악의 제도이기는 하지만 경제성장을 가능하게 한다고 말하는 사람도 있습니다. 그들 모두를 베를린에 와보라고 하십시오.[58]

케네디는 불안에 떨고 있는 베를린 시민에게 자신도 베를린 시민임을 강조하여 그들을 안심시키고 그들이 불안하게 된 이유가 무엇인지를 명확하게 지적했습니다. 이어서 케네디는 긴박한 핵전쟁의 위협을 피하려고 흐루시초프의 장벽설치를 인정했지만 '장벽'은 자유와 민주주의와 역사와 인류에 반하는 것임을 역설했습니다.

자유는 얻기 어렵고 민주주의도 완벽한 것은 아닙니다. 그래도 우리는 높은 담을 쌓아 사람들을 그 안에 가둔 채 담 밖으로 벗어나지 못하도록 막은 적은 없습니다. 저는 미국인을 대신해 말씀드리고 싶습니다. 비록 미국인은 대

---

58 JFK, Ich been ein Berliner(June 26, 1963).

서양 반대편에 멀리 떨어져 있지만, 여러분과 멀리 떨어진 곳에 살고 있지만, 그 먼 곳에서나 지난 18년간의 역사를 여러분과 공유해 온 것을 자랑스럽게 생각하고 있습니다. 18년간 포위되어 있었음에도 여전히 활력과 힘이 넘치는 곳, 희망과 의지가 넘실대는 곳은 서베를린뿐이지 그에 필적하는 마을이나 도시를 저는 알지 못합니다. 베를린 장벽이 공산주의의 실패를 전 세계 앞에 가장 뚜렷하고 생생히 보여주고 있지만 우리는 이것으로 만족할 수 없습니다. 시장님이 말했듯이 가족을 떨어뜨려 놓고 남편과 아내를 형제자매를 떼어 놓으며 함께하고 싶은 사람을 갈라놓은 것은 역사에 반할뿐더러 인류에 반하는 범죄입니다.[59]

케네디는 베를린 시민에게 언젠가 이 장벽이 무너지고 자유가 찾아올 것이라는 비전을 제시했습니다. 그날이 되면 베를린 시민은 자유의 최전방에 있었다는 사실에 매우 기뻐할 것이라고 말했습니다.

눈을 들고 오늘의 위험을 넘어 내일의 희망을 바라보십시오. 베를린시나 독일을 넘어 세계 전역에 자유가 퍼지는 날을 바라보십시오. 베를린 장벽을 넘어 정의와 함께 찾아오는 날, 너와 나를 넘어 인류가 함께하는 날을 바라보십시오. 자유는 나누어질 수 없습니다. 그래서 이 세상에 노예가 단 한 명이라도 있는 한 인류는 자유롭지 못합니다. 모든 사람이 자유를 얻는 날, 이 도시가 하나가 되고, 이 나라가 하나가 되며, 위대한 유럽대륙이 하나가 되어, 평화롭고 희망찬 세계를 마주하는 날, 그날을 기대해 봅시다. 마침내 그날이 오면 서베를린 시민은 자신이 20년 가까이 자유의 최전방에 있었다는 사실을 겸허히 기뻐하게 될 것입니다.[60]

케네디의 예언은 약 30년 후 레이건과 고르바초프에 의해 달성되었습니다. 2차 대전에서 직접 전쟁의 참상을 경험한 케네디는 전쟁 없는

---

59 JFK, Ich been ein Berliner(June 26, 1963).

60 JFK, Ich been ein Berliner(June 26, 1963).

평화로운 세상을 건설하기 위해 정치에 뛰어들었고, 이 일을 가장 능동적이고 효율적으로 하기 위해 대통령이 되었습니다. 케네디는 정치가로, 대통령으로 이 일 – 전쟁을 막고 평화를 유지하는 일 – 을 하는 데 많은 약점이 없지 않았습니다. 케네디는 살아 있는 동안 줄곧 나이가 너무 어리고, 그만큼 정치적 경험이 부족하다는 비판, 미국에서 소수 세력의 종교인 가톨릭교도라는 점, 무엇보다 어린 시절부터 괴롭힌 허약한 체질로 인한 건강 문제가 심각했습니다. 그런데도 이런 문제는 케네디가 전쟁을 피하고 평화를 이루는 일에 아무런 방해도 되지 못했습니다. 대통령에 취임하자마자 터진 피그만침공사건은 물론 베를린 장벽 위기와 쿠바 미사일 위기는 자칫 평화로운 세상을 구축하는 케네디의 목표를 망가뜨릴 수가 있었습니다. 하지만 케네디는 누구보다도 냉정함을 유지하며 위기의 순간에 대통령이 어떤 길을 선택하는 것이 미국 국민과 세계 시민들에게 좋을 것인가를 알았고 그것을 실천했습니다.

소통과 협력은 기본

워싱턴과 링컨 같은 위대한 미국 대통령과 달리 케네디가 대통령이 될 때는 공화당과 민주당이 철저하게 구분되어 있었습니다. 남북전쟁 이후부터 미국의 정치 세계는 어느 정당의 대통령이 당선되면 모든 각료는 집권 여당의 인사들로 채워지기 마련이었습니다. 단지 소통의 달인으로 알려진 프랭클린 루스벨트 행정부 때는 경제의 기본 틀을 바꾸면서 공화당 출신인 윌리엄 우딘을 재무장관으로 기용했고, 2차 세계대전이 일어나자 헨리 스팀슨을 국방장관에, 프랭크 녹스를 해군장관에 임명하는 등 공화당 인사를 기용하여 행정부의 주요 자리에 당을 초월한 인사를 했습니다. 그러나 대부분 대통령은 집권 여당의 인사들로 주요 인사를 채웠습니다.

하지만 케네디는 민주당 출신의 인사들만으로 주요 공직을 채울 수가 없었습니다. 우선 케네디는 너무 젊었고 그만큼 정치적 경험이 많지 않아 국정 전반에 걸쳐 누가 적임자인지를 속속들이 알고 있지 못했다는 점이 중요한 이유였습니다. 물론 케네디에게도 테드 소렌슨을 비롯하여 상원의원 때부터 보좌관으로 활동한 최측근 인사들이 있었지만 이들에게 전문분야의 국정을 맡길 수는 없는 노릇이었습니다. 그러나 케네디가 당을 초월하여 협력적 국정 체제를 꾸려나간 것은 자신이 나이가 너무 젊어 민주당 내 사람이 부족하다는 이유보다 훨씬 고귀한 이유였습니다. 그것은 케네디가 정치를 하고 대통령이 되고자 했던 이유와도 연결됩니다. 2차 세계대전 동안 자신의 건강문제로 인한 고통스러운 경험과 가족의 비극을 경험한 케네디는 정치를 하면서 다시는 인류 세계에 전쟁이 없는 평화로운 세계가 되기를 바랐고 그 일을 하는데 자신이 일조할 수 있으리라 생각했습니다.

대통령이 된 케네디는 당리당략보다 국익을 앞세우고 개인의 이득보다 공적인 이득을 앞세우는 일을 본격적으로 할 수 있는 처지가 되었습니다. 케네디는 국정을 운영하기에 너무 젊어 경험 많은 인사들의 조언이 절대적으로 필요하다고 주장하는 상대 정당의 비호의적인 바람에 순응한 것이 아니라 어떻게 하면 보다 성공적으로 국정을 이끌 것인가에 관심을 집중했습니다. 그래서 케네디는 대통령에 당선되자마자 지난 정권과의 단절이 아니라 연속선상에서 국정을 운영할 것이라고 말했습니다. 케네디는 당선된 다음 날 민주당 인사들과 친인척들과 함께 만찬을 했습니다. 냉전의 위기가 고조되고 있었던 때라 만찬에 참석한 많은 사람들은 국가안보와 관련된 두 수장인 CIA와 FBI 국장을 거론하며 참신한 사고방식을 가진 새로운 국장이 필요하다고 말했습니다. 케네디는 만찬 자리에서 아무 말도 하지 않았지만 다음 날 아침 지난밤 케네디와 함께 만찬을 했던 민주당 인사들을 깜짝 놀라게 했습니다. 케네디는 기존 CIA와 FBI의 수장인 앨런 덜레스[61]와 J. 에드거 후버[62]를 그대로 유임시켜 두 기관을 계속 통솔하게 될 것이라고 발표했

---

61 덜레스는 변호사이자 외교관 출신으로 냉전 초기부터 CIA에서 일했고 아이젠하워와 케네디 대통령 때 CIA 국장을 역임했습니다. 미국 최장수 CIA 국장이자 CIA의 아버지로 불렸습니다. 그는 린든 존슨 행정부에서 국무장관을 역임했습니다.

62 에드거 후버는 1924년부터 1972년까지 총 8명의 대통령 시기 동안 미국 FBI 국장직을 역임했습니다. 후버는 오랫동안 권력의 핵심부에 있으면서 때로는 국가를 위해 때로는 개인을 위해 권력을 남용하기도 했습니다. 마피아, 여성, 동성애, 도청, 협박 등 좋지 않은 여러 단어가 후버와 연관되어 있습니다. 1972년 그가 사망했을 때 당시 대통령이었던 닉슨은 "거인 중 하나"로 불렀고, 그의 시신은 워싱턴 국회 묘지에 인정되었습니다.

습니다.[63] 이 발표에 민주당 인사는 물론이고 심지어 공화당 인사까지 놀라움을 나타냈습니다. 그러면서 그들은 역시 젊은 대통령 당선인이 인물난을 겪고 있으며 심지어 자신의 사생활에 관한 약점 때문에 그들을 그대로 임명할 수밖에 없었다고 수군거렸습니다. 하지만 이와 관련하여 케네디 연구가로 유명한 로버트 댈럭은 다음과 같이 다른 시각으로 바라보았습니다.

> 사실 케네디는 민주당 사람에게 분명히 주지시키고 싶은 바가 있었습니다. 그리고 그 같은 인사 결정 조치를 통해 그는 자신이 어느 당파의 신세도 지지 않을 것이며, 국민과 자신이 이끌 행정부에 가장 유익한 방안을 겨냥해 독자적 결정을 내릴 것이라고 통고하고 있었던 셈입니다.[64]

CIA와 FBI 국장을 자신의 의지대로 인사를 한 후 곧바로 케네디는 특별한 주선을 통해 자신이 근소한 표 차로 이긴 리처드 닉슨과 만났습니다. 이는 케네디가 다시 한번 협력과 소통의 리더십을 발휘하여 당파를 초월한 대통령직 수행을 하겠다는 의지의 실천이었습니다. 사실 이 만남은 국내외적으로 케네디가 국내 경쟁을 초월하는 통 큰 정치인이라는 인상을 주었습니다. 당시 「뉴욕 타임스(*New York Times*)」는 다음과 같이 보도를 했습니다.

> 비록 닉슨에게까지 공식 역할을 제안하는 일은 없겠지만 차기 집권 행정부에서 공화당 인사가 건설적으로 이바지할 수 있는 여지를 배제하지 않겠다는 케네디의 결의는 확고합니다.[65]

---

63 Arthur Schlesinger, Jr. A *Thousand Days: John F. Kennedy in the White House*(Boston: Houghton Miff;in, 1965), 125.

64 Robert Dallek, 정조능 옮김, 「케네디 평전(*An Unfinished Life*)」(파주: 푸른숲, 2007), 537–538.

65 정조능 옮김, 「케네디 평전」, 538 재인용.

케네디가 닉슨을 만나고 곧바로 아이젠하워를 만났습니다. 닉슨도 닉슨이지만 현직 대통령인 아이젠하워와의 만남은 정권인수과정이 남아 있다는 점에서 대단히 중요했습니다. 하지만 당시에는 최연소 대통령 당선인과 최고령 대통령 사이가 그렇게 좋지 않은 상태에 있었습니다. 케네디는 아이젠하워를 "좀스러운 영감탱이", "일흔 살 구닥다리 노인네" 등으로 불렀고 아이젠하워 역시 케네디를 "새파랗게 어린놈", "그 시건방진 애송이 놈" 등으로 불렀습니다.[66] 그러나 서로 간에 이러한 생각은 어디까지나 케네디가 대통령에 당선되기 전의 시각이었습니다. 이제 대통령에 당선된 케네디는 현직 대통령으로부터 국정운영에 관한 많은 것을 인수해야만 하는 처지이었습니다. 그만큼 케네디는 아이젠하워와의 만남을 학수고대했습니다. 선거가 끝나고 한 달이 될 무렵 12월 6일 케네디는 드디어 고대하던 아이젠하워와 만났습니다. 아이젠하워와 만남이 결정되자 케네디는 다음과 같이 말했습니다.

> 나는 E(아이젠하워)를 몹시 만나고 싶었습니다. 국민 대중에게 조화롭게 정권이 교체되고 있다는 안도감을 주는데, 그리고 결과적으로 우리의 장악력을 강화하는 데 확실히 도움이 될 것이기 때문입니다.[67]

케네디와 아이젠하워의 만남은 그 자체가 그동안 서로 간의 불편한 관계를 무색하게 만들었습니다. 적어도 현직 대통령과 차기 대통령 당선인의 만남은 사적인 감정보다 이성적인 판단이 우선되어야 한다는 생각이 두 사람 모두의 생각이었던 것 같습니다. 케네디는 주로 듣고 아이젠하워가 만남을 주도해 가는 식으로 한 시간 이상이나 진행되었습니다. 특히 케네디는 아이젠하워로부터 외교·안보와 관련한 문제에

---

66 정조능 옮김, 「케네디 평전」, 538–539 재인용.
67 정조능 옮김, 「케네디 평전」, 540 재인용.

대해 듣고자 했고 이에 아이젠하워 역시 자신이 제시한 8가지 현안 중 7가지[68]를 외교·안보와 관련된 문제에 관해 설명했습니다. 당시 냉전이 심화하고 있는 가운데 소련과 핵무기 경쟁은 가장 심각한 외교·안보 문제였고, 여타 제3세계 국가의 문제 역시 미국의 세계적 위상과 관련하여 중요한 문제였습니다. 이 만남 이후 두 사람은 서로에게 가진 이전의 생각을 달리했습니다. 만남 후 아이젠하워는 케네디에 대해 "진지하고 성실한 자세로 정보를 얻으려 애쓰는 사람"이라 말하면서 "그동안 나는 이 젊은 친구에 관해 그릇된 말을 전해 듣고 잘못 생각하고 있었소이다. 그는 내가 여태껏 만나본 사람 중 가장 유능하고 가장 총명한 축에 드는 사람이오"라는 소감을 밝혔습니다.[69] 케네디 역시 아이젠하워의 여유로움과 현안에 관한 식견에 감탄했습니다. 케네디와 아이젠하워는 당선 10주 후 다시 만나 현안에 대한 우선순위를 논의했습니다. 현직 대통령은 차기 대통령이 국정운영을 생판 새롭게 하지 않고 기존의 방향을 성실히 수용하는 태도에 케네디를 든든하게 보았습니다. 차기 대통령 역시 가장 민감한 문제이자 현안인 핵전쟁 발발 문제를 이야기하는 현직 대통령의 태연자약한 모습에 감탄했습니다. 아마도 이때의 경험은 케네디가 후에 소련과 핵무기 전쟁 문제를 다루는 데 있어 긴장하거나 당황하지 않고 평상심을 유지하는 데 적지 않은 도움을 주었던 것 같습니다.

케네디의 협력적 리더십은 자신의 행정부에서 일할 고위인사를 선발하는 과정에서 잘 나타나 있습니다. 케네디는 인사를 하는 데 있어 자신은 민주당에 속해 있지만, 어느 당이나 정파에 흔들리지 않고 국익

---

68 아이젠하워가 설명한 외교·안보 문제는 북대서양조약기구 핵무기 공유문제, 라오스 사태, 콩고 사태, 알제리 사태, 군축과 핵실험 금지 협상 문제, 쿠바와 중남미 사태, 미국의 국제수지 문제였습니다. 국내문제는 균형예산의 필요성에 관한 문제 단 한 문제에 지나지 않았습니다. 이는 당시 케네디가 외교·안보 문제에 얼마나 지대한 관심이 있었는지를 설명해 주는 것이라 하겠습니다.

69 정조능 옮김, 「케네디 평전」, 541.

에 도움이 되는 것에 초점을 맞추었습니다. 애당초부터 케네디 정부는 조직이나 구조보다 그 속에서 일할 사람을 선발하는 데 관심을 두었습니다. 케네디는 백악관에서 자신과 함께 일할 보좌진(비서진)을 꾸리는 데는 큰 어려움이 없었습니다. 케네디는 "자신이 진두지휘하며 진격 명령을 내리는 참모총장 역"을 맡으면서 그동안 정치를 하면서 알아온 사람으로 구성하여 별문제가 없었습니다. 정치를 시작하면서부터 케네디는 테드 소렌슨, 미하엘 오브라이언, 케네스 오도넬, 데이비드 파워스, 피에르 샐리저, 맥조지 번디 등과 오랜 기간 함께 일을 해왔습니다. 이들은 모두 백악관 대통령 집무실 가까이에 있는 사무실을 사용하면서 공식적인 사전 연락 없이도 언제든 케네디를 만날 수 있었습니다. 이는 케네디가 자신의 보좌진과 얼마나 협력하고 소통하는지를 잘 보여주는 것이라 하겠습니다. 로버트 댈럭은 소렌슨의 말을 인용해 당시 상황을 다음과 같이 설명했습니다.

대통령을 만나기는 정말 일도 아니었습니다. 오도넬이나 샐리저, 그리고 대개는 국가안보 담당 대통령 특별 보좌관이던 맥조지 번디며, 나나, 오브라이언 등이 하루에도 몇 차례 대통령 집무실을 들락날락했습니다. 케네디 보좌진의 구성원은 각자 고유의 책임을 맡고 있었습니다. 이를테면 오브라이언은 입법부 교섭 및 연락 담당이었고 오도넬은 면담 및 사전 약속 담당 비서관이었으며, 파워스는 수족과도 같은 정부 담당 비서관, 샐리저는 공보 담당 비서관, 소렌슨은 공약 및 정책 담당 특별 보좌관이었습니다. 하지만 (이들은 자신의) 직책에 구애받으며 움직이는 사람은 아무도 없었습니다. 누구라 할 것도 없이 모두가 무슨 일이든 닥치는 대로 가리지 않고 제 일처럼 발 벗고 나섰습니다.[70]

말하자면 케네디는 자신의 보좌관에게 백악관을 완전히 개방함으로

---

70 정조능 옮김, 「케네디 평전」, 549.

써 그들의 협력을 철저하게 끌어냈습니다. 그것도 보좌관 나름의 각자의 고유 업무가 있었음에도 그들은 어떤 문제가 발생했을 때 마치 자기 일처럼 참모총장 격인 대통령 케네디를 중심으로 문제를 해결해 갔습니다. 케네디의 협력적 리더십은 그가 주요 내각 각료들을 인사하는 과정에서 잘 나타나고 있습니다. 대부분 대통령도 마찬가지이지만 케네디는 여러 내각 중 외교·안보 문제를 다루는 국무장관, 국방장관, 나라 살림을 다루는 재무장관, 복잡한 국내문제에 대한 법률적 판단을 최종적으로 결정하는 법무장관 등을 가장 중요하게 생각했습니다. 하지만 대통령에 당선된 직후부터 케네디는 자신이 가장 잘할 수 있고 또 그동안 정치를 하면서 가장 많은 경험을 한 외교문제에 대해서는 스스로 진두지휘가 가능하다고 생각했습니다. 따라서 국무장관은 자신의 의중을 충실히 따라 줄 인물이면 좋을 것으로 생각했습니다. 그러나 국내 경제문제와 국가 안보문제를 직접 다루는 재무장관과 국방장관은 중도성향의 공화당 인사들로 채우기를 원했습니다. 너무 젊고 국정 경험이 적다는 평가를 받는 케네디는 경제성장과 국방 강화를 위해 곤혹스러운 결정을 내릴 수밖에 없는 경우 민주당 인사들보다 공화당 인사가 훨씬 효과적으로 방패막이 될 수 있을 뿐만 아니라 국익에도 도움이 될 것으로 생각했습니다.

케네디는 재무장관에 노동계와 중산층을 대변하는 민주당 출신의 인사를 생각해 보았으나 산적해 있는 국내 경제문제에 능동적으로 대처하기 위해서는 금융계와 재계의 다양한 경험을 가진 공화당 인사가 더 나을 것이라 생각했습니다. 케네디는 처음에 뉴욕 은행업계에서 다년간 중추 역할을 해오고 국방차관과 국방장관직을 역임한 공화당 인사로 로버트 러벳을 염두에 두었습니다. 하지만 러벳은 출혈성 위궤양으로 일을 할 수가 없었습니다. 케네디는 그 대안으로 오랫동안 금융회사를 운영해 왔고 뉴저지주 공화당 위원장을 역임한 C. 더글러스 딜른과 접촉했습니다. 아이젠하워 대통령 때 국무장관이었던 딜른은 케네디로부터 재무장관 제의를 받고 아이젠하워 대통령에게 어떻게 할 것인가를 물었습니다. 처음에 아이젠하워는 제의를 받아들이지 말라고 충고했지만 이내 마음을 바꾸어 케네디로부터 자유재량을 보장한다는 약조를 반드시 서면으로 확보해 두어야 한다고 훈계했습니다. 딜른의 생각을 알게 된 케네디는 딜른에게 "그의 건의나 충고 없이 경제에 영향을 미치는 일은 추호도 하지 않겠다"라고 말했습니다. 그러나 케네디는 "대통령 휘하의 각료와 협약 관계를 맺을 수 없는 노릇이라며 어떤 식이라도 서면 약속을 해줄 수 없다"라고 주장했습니다. 결국 딜른과 케네디는 서로의 생각을 존중했고 딜른이 재무장관으로 확정되었습니다. 대통령이 장관을 인선할 때 장관의 자유 재량권을 보장한다는 것은 참으로 어려운 일이었지만 케네디는 자신보다 국정운영을 우선순위에 두었습니다.

재무장관을 확정한 케네디는 국방장관 인선에 몰두했습니다. 당시는 냉전의 심화와 더불어 시기적으로 소련이 미국의 장래에 더없이 심각한 위협으로 대두되고 있었습니다. 이 같은 상황에서 당파성과 당리당략은 상대적으로 중요하게 여겨지지 않았습니다. 외교문제는 총사령관처럼 자신이 주도하지만 국방문제는 자칫 실수라도 하면 곧바로 무거운 정치적 부담이 될 수 있으므로 여야를 막론하고 능력 있는 인물을 선정하는 것이 너무나 중요했습니다. 더더욱 선거 과정에서 스스로 공격무기로 사용했던 아이젠하워 정부의 미소 간의 '미사일 갭의 문제'가 이제 본인의 문제로 대두된 마당에 국방장관의 자리는 너무나 중요했습니다. 케네디는 처음부터 국방장관 자리에 2차 세계대전 중에 공군 장교로 복무하면서 공군의 군사력 증강에 큰 공을 세우고 포드 자동차 회사의 사장을 하고 있었던 로버트 맥나마라를 염두에 두고 있었습니다.[71] 맥나마라는 공화당에 속해 있지만, 중도적인 성향이 강한 인

---

71 맥나마라는 당시 포드자동차 회사 사장직을 성공적으로 역임하고 있었기 때문에 미국 자동차노조를

물이었기 때문에 케네디가 인사를 해도 별문제가 없는 것으로 여겨졌습니다. 하지만 케네디와 맥나마라는 당시까지 만난 적이 한 번도 없었습니다. 그러나 케네디는 여동생 유니스의 남편인 사전트 슈라이버를 통해 맥나마라에게 전화를 걸어 재무 혹은 국방장관을 제의했습니다. 당시는 딜른이 재무장관에 확정되지 않은 상태였습니다. 제의를 받은 맥나마라는 재무장관직은 황당한 일이고 자격도 미달이라고 말했습니다. 하지만 국방장관은 관심이 있었기 때문에 케네디와 만나게 되었습니다. 첫 만남에서 맥나마라가 자신의 자격 미달을 운운하자 케네디는 대통령이나 국방장관 학교가 따로 있지 않다고 말했습니다. 첫 만남에서 두 사람은 서로에게 호의를 가졌기 때문에 두 번째 만남이 이루어졌고 맥나마라는 딜른과 같이 케네디에게 국방부를 소신껏 꾸리게 해 달라는 조건부 승인을 요청했습니다. 케네디는 이를 기꺼이 승인하고 맥나마라를 국방장관으로 임명했습니다.

이제 핵심 정부 조직에서 국무장관과 법무장관이 남아 있었습니다. 케네디는 처음에 영원한 민주당원인 아들라이 스티븐슨을 국무장관으로 생각했지만, 그동안 몇 차례에 걸친 민주당 대통령 후보였고 UN 창설에 깊숙이 관여한 경험 등 외교 분야에 전문가였기 때문에 자신이 가장 잘할 수 있는 외교 분야에서 어떤 주요한 역할을 할 수 없지 않을까 염려했습니다. 결국 케네디는 스티븐슨을 외교의 제2선 자리인 UN 대사로 생각했습니다. 케네디가 다음으로 생각한 인물이 연방 상원의 외교위원회 위원장인 윌리엄 풀브라이트였습니다. 케네디는 상원의원

비롯한 노동계에서도 호의적으로 보고 있었고 하버드를 졸업한 인재로 많은 사람으로부터 호평을 받고 있었습니다. 맥나마라는 케네디 행정부와 존슨 행정부 내내 국방장관을 지내면서 월남전에 깊숙이 관여하게 되고 퇴임 후 "펜타곤 보고서"라는 월남전의 실상 내용을 다룬 보고서를 집필한 바가 있습니다. 닉슨 대통령 때 이 보고서가 「뉴욕 타임스」와 「워싱턴 포스트」에 노출되어 나왔고 닉슨은 백악관의 정보 체제에 대해 분노한 사건과 연계되어 있습니다. 닉슨은 재선을 앞두고 이 사건을 계기로 측근을 비롯한 여러 사람을 불신하는 이유가 되었습니다. 따라서 이 사건은 궁극적으로 그를 대통령직 자리에서 물러나게 만든 '워커 게이트 사건'과도 적지 않은 관련성이 있다고 생각합니다.

시절 풀브라이트와 잘 알고 지낸 경험으로 그의 경륜과 식견을 높이 사고 있었습니다. 하지만 풀브라이트는 남부 아칸소주를 지역구로 두고서 인종차별에 관한 수많은 표결에서 차별 철폐 반대표를 주도했고 연방대법원의 학교 인종차별 철폐 반대에 앞장선 인물로 아프리카계 미국인은 물론 영향력 있는 유대인 사회에서도 극도로 싫어하는 인물이었습니다.[72] 결국 케네디는 당시 록펠러 재단의 이사장을 지내고 있었던 딘 러스크를 염두에 두고 접촉했습니다. 러스크는 케네디가 외교 분야에서 궁극적으로 바라는 인물이었습니다. 그동안 러스크는 모든 일에 있어 스스로 치고 나가 일을 처리하기보다는 얼굴 없이 뒷바라지에 충실한 인물이었기 때문에 외교 분야에 있어서 케네디의 생각 – 우리 외교의 주요 정책을 결정하는 사람은 오직 대통령 한 사람이어야 합니다 – 에 적합한 인물이었습니다. 사실 러스크를 접촉했을 때 그는 딜른과 맥나마라와 같은 조건을 단 하나도 걸지 않았고 대통령의 결정에 감사했을 분이었습니다.

케네디는 짧은 기간(약 3년) 대통령직에 있으면서 자신이 정치를 시작하고 대통령이 된 궁극적인 목표 – 전쟁이 없는 평화로운 세계를 만드는 일 –를 달성하는 일에 전심전력을 다했습니다. 사실 이 분야는 케네디가 자장 잘할 수 있는 부분이기도 했고 그래서 국무장관 자리는 자신이 주도하고 장관은 동의할 수 있는 정도의 인물로 선정했습니다. 케네디는 대통령에 취임하자마자 쿠바사건은 물론 베를린 위기 등 외교·안보 문제가 심각한 상태의 연속이었습니다. 대통령 선거전을 치르면서 자신이 제기한 문제인 소련과의 미사일 갭에 대한 문제가 도로 자신의 문제로 되돌아온 시점에서 케네디는 자신의 목표를 달성하기 위한 무엇인가를 해야 했습니다. 당시 케네디는 1차 세계대전 후 평화

---

72 풀브라이트는 인종차별주의자로 아프리카계 미국인들과 유대인들로부터 많은 비난을 받았지만 매카시즘과 미국의 베트남 전쟁 참전 반대를 이끌기도 했습니다. 그는 1974년 상원의원을 물러나면서 전 재산을 통틀어 그 유명한 풀브라이트 펠로우십(풀브라이트 장학금)재단을 만들었습니다.

주의자 윌슨 대통령이 구상한 국제연맹이 왜 실패했는가를 누구보다도 잘 알고 있었습니다. 「문명의 대가」, 「빈곤의 종말」, 「세계통합」 등의 저서를 낸 유명한 경제학자 제프리 삭스는 케네디의 아메리칸대학 졸업식 연설인 "평화의 전략"이라는 연설을 분석한 「존 F. 케네디의 위대한 협상(*To Move the World*)」이라는 책에서 케네디가 세계평화를 이끌면서 자신은 윌슨 대통령의 전철을 밟지 않기 위해 노력한 점을 다음과 같이 설명하고 있습니다.

> 여론을 그의 편으로 규합하는 과정에서 케네디는 50년 전에 있었던 처절한 외교정책의 실패를 민감하게 의식했습니다. 우드로 윌슨 대통령은 1919년 국제연맹의 대의에 일반대중과 미국 상원의 지지를 얻지 못해 낭패를 겪었습니다. 그리하여 케네디는 일반대중에게 헛된 약속이 아니라, 냉정한 현실로 호소했습니다. 또 달콤한 향기가 아니라 책임지는 언변으로 평화정책의 높은 위험성에 대하여 이해를 구하고 나섰습니다. 그는 고통스럽고 정치적으로 위험해도 직언을 해야 한다는 처칠의 교훈을 그대로 따랐습니다. 케네디는 평화가 민주주의 그 자체의 승리가 되도록 국민에게 직접 호소했습니다.[73]

케네디는 윌슨이 실패는 바로 설득과 협력으로 소통하지 못했기 때문이라는 것을 알고 있었습니다. 그래서 케네디는 1963년 6월 10일 아메리칸대학 연설을 통해 세계평화를 위한 대원칙을 제시하고 나서부터 9월 20일 유엔에서 연설을 통해 전 세계적으로 공식적인 인정을 얻기까지 세심하고 면밀한 준비와 실천을 동반했습니다. 케네디의 전략은 설득과 소통의 리더십 구현 바로 그것이었습니다. 연설 후 케네디는 유럽 여행을 통해 그들과 소통했고 그다음 미국 국민과 소통했고 미국 의회를 설득했습니다. 케네디는 세계평화를 위한 마지막 퍼즐을 유엔에서 이루어냈습니다.

---

73   Jeffrey D. Sacha, 이종인 옮김, 「존 F. 케네디의 위대한 협상(*To Move the World*)」(파주: 21세기북스, 2014), 90-91.

케네디는 연설을 통해 "우리가 추구하는 평화는 '미국의 지배에 의한 평화'가 아니라 순수한 평화이며, 모든 사람을 위한 평화, 우리 시대의 평화만이 아니라, 모든 시대를 위한 평화"임을 강조했습니다. 그리고 케네디는 국내외의 반응을 기다렸습니다. 당시 미국에서 가장 영향력 있는 「워싱턴 포스터」와 「뉴욕 타임스」는 주로 사실에 근거하여 신중한 반응을 보였습니다. 하지만 당시 가장 영향력 있는 정치 평론가인 월터 리프먼은 케네디 연설에 대해 다음과 같은 강한 지지를 나타냈습니다.

우리 미국과 저쪽 서쪽은 철의 장막보다 더 높이 의심의 두꺼운 안개를 들어 올렸습니다. … 대통령의 연설은 대화 이상의 의미를 지닙니다. 동서 관계의 기상도를 개선하기 위한 현명하고도 날카로운 조치입니다.[74]

케네디의 연설에 대한 외국의 반응은 거의 모두 긍정적이고 칭찬 일색이었습니다. 영국의 「타임스(*Times*)」는 다음과 같은 반응을 내놓았습니다.

케네디는 상대방의 이해관계를 존중하고, 정직하게 차이점을 인정하고, 낯선 제도를 작은 나라들에 일방적으로 강요하는 것을 자제하자고 강조했습니다.[75]

또한 영국 하원의원인 리처드 크로스맨은 「가디언(*Guardian*)」에 "지난 여러 해 동안에 나온 것 중에서 가장 중요한 미국의 정책 선언"

---

74 Walter Lippmann, "Let Live or Don't Live", *Boston Globe*(June 13, 1963), 18, 이종인 옮김, 「존 F. 케네디의 위대한 협상」, 152 재인용.

75 "The President's Lead", *The Times*(June 11, 1963), 이종인 옮김, 「존 F. 케네디의 위대한 협상」, 154 재인용.

이라는 글을 기고했습니다.[76] 무엇보다 소련의 반응이 긍정적이었습니다. 케네디의 특별 보좌관이자 역사가인 슐레진저는 소련 서기장 흐루시초프를 만나고 나서 다음과 같이 썼습니다.

> 윌슨은 흐루시초프가 '평화 연설'에 깊은 감명을 받았다는 것을 알았습니다. 또 핵실험 금지 조약을 아주 열린 마음으로 편안하게 대한다는 것을 발견했습니다. '평화 연설'은 루스벨트 이래 미국 대통령이 내놓은 연설 중 가장 위대한 것이라고 말했습니다.[77]

케네디는 국내외 언론은 물론 당사국인 소련의 반응이 긍정적인 것에 고무되었지만 핵심 동맹의 좀 더 강한 지지를 확보하기 위해 유럽으로 갔습니다. 6월 23일부터 7월 2일까지 진행된 케네디의 유럽 여행은 케네디의 인생은 물론 인류 역사에서 가장 중요한 평화를 위한 여행이 되었습니다. 케네디의 이 여행은 세계시민으로부터 자신의 평화 구상에 대한 승인을 얻기 위한 것으로 케네디의 소통과 협력의 리더십의 본질을 보여준 것입니다. 케네디의 유럽 여행은 50년 전의 윌슨의 유럽 여행 이상의 호응과 환영이 뒤따랐습니다. 특히 케네디가 분단과 냉전의 상징인 베를린에 가서 서방 세계의 최고 수장인 미국의 대통령이 "저는 베를린 시민입니다"라고 외쳤을 때 독일인의 반응은 가히 상상을 초월했습니다. 케네디의 목소리를 들은 사람은 황홀경에 빠졌고 케네디는 흥분했습니다. 케네디는 독일 국민의 성원을 크게 얻었다는 확신을 했습니다. 케네디는 쉬지 않고 여정을 몰아 아일랜드와 영국을 돌아 이탈리아를 방문하면서 자신의 평화구상을 설득력 있게 호소했습니다. 케네디는 일정을 마치고 나폴리에 있는 나토사령부를 방문

---

76 Richard H. Crossman, "Philosophy of Peace", *The Guardian*(June 14, 1963).

77 Arthur Schlesinger, Jr. *A Thousand Days*, 904, 이종인 옮김, 「존 F. 케네디의 위대한 협상」, 155-156 재인용.

하여 다음과 같은 아메리카대학에서의 '평화 연설'과 같은 의미의 말로 자신의 유럽 여행을 결산했습니다.

우리 군사력의 목적은 평화입니다. 우리 파트너십의 목적은 평화입니다. 따라서 핵실험을 끝내고 핵확산을 반대하는 우리의 협상은 방어에 대한 우리의 관심과 완벽하게 일치합니다. 이런 것들은 평화라는 단일 전략 부분입니다. 우리는 전쟁이 불가피하다고 생각하지 않습니다. 협상이 원래부터 바람직하지 않다고 보지도 않습니다. 무기 경쟁을 끝내는 것이 모두에게 이익이 된다고 보며, 우리가 아무에게도 피해를 주지 않고, 그런 목적으로 나아갈 수 있다고 믿습니다. 전쟁을 예방하기 위한 준비는 물론 평화를 달성하기 위한 협상에서 서방은 일치단결되어 있습니다. 거짓된 긴장 완화를 이룩하기 위해 한 동맹이 다른 동맹의 이익을 희생시키는 일은 없을 것입니다. 그러나 우리가 협상을 위해 무장하는 것과 마찬가지로 평화의 가능성을 먼저 검토하지 않고 어떤 노선이나 제안을 무조건 거부하거나 거절하는 일은 없을 것입니다.[78]

케네디의 세계평화를 위한 일관된 노력은 소련의 서기장 흐루시초프를 감동시켰습니다. 유럽 여행을 마치고 워싱턴으로 돌아오는 비행기에서 흐루시초프가 대기 중에서 핵실험을 금지하는 조약에 찬성했다는 무전이 들어왔습니다. 당시 케네디가 미국 내 군부와 강경파들로 인하여 평화 행보를 자유롭게 하지 못하고 있는 것과 마찬가지로 흐루시초프도 소련 내 강경파들로 인하여 케네디와 마찬가지였습니다. 그런데도 흐루시초프는 케네디의 평화를 위한 소통, 설득, 협력의 노력에 동의를 보냈던 것입니다. 케네디는 자신의 평화 연설과 유럽 여행의 효과가 작용하고 있음을 직감했습니다. 핵실험 금지를 위한 소련과의 조약은 그동안 세세한 문제로 약간의 밀고 당김은 있었지만 '핵실험을 하

78   John F. Kennedy, "Remarks in Napoles at NATO Headquarters"(July 2, 1963), 이종인 옮김, 「존 F. 케네디의 위대한 협상」, 171 재인용.

지 않는다'라는 대원칙은 변함이 없었습니다. 7월 초부터 시작된 미국, 영국, 소련의 3국 대표의 협상은 7월 25일에 완성되었고 8월 5일에 공식 서명이 이루어지기로 합의했습니다. 두 가지 목적과 조약 네 가지를 수록한 문서였습니다. 제프리 삭스는 다음과 같이 요약 정리했습니다.

> 하나는 '전반적이고 온전한 군축 합의를 가능한 한 이른 시일 내에 달성한다'이고, 다른 하나는 '앞으로 항구적으로 핵무기의 실험용 폭발을 중단한다'입니다. 조약의 제1조는 관계국들에서 대기, 외계, 수중에서의 핵실험을 금지한다는 것입니다. 제2조는 수정을 허용한다는 것이고, 제3조는 조약을 모든 국가에 공개하여 서명에 참여할 수 있게 하며 3개국의 비준이 끝난 후에 효력을 발휘하게 된다고 선언했습니다. 제4조는 조약 탈퇴권을 인정했습니다.[79]

조약이 체결되었다는 소식을 들었을 때 케네디는 너무나 기뻐했습니다. 모스크바 핵 협상에 참석한 에이드리언 피셔는 당시 케네디의 반응을 다음과 같이 술회했습니다.

> 케네디는 이것이 소련과의 관계에서 첫 시작에 지나지 않는다고 생각했습니다. 그는 이렇게 느꼈습니다. '이제 이것을 얻었으니 좀 더 큰 문제를 계속해서 풀어나갑시다.' 폭넓게 말해서 당시 그의 접근 방법은 이런 것이었습니다. '우리는 여기서 그치지 맙시다. 이건 첫걸음이에요. 좀 더 큰 문제를 풀어나갑시다.'[80]

이제 일반 국민과 상원의 동의를 어떻게 얻는가가 남았습니다. 케네디는 다시 한번 윌슨의 사례를 기억하고 그와 같이 되지 않는 방법을 생각했습니다. 케네디는 모든 것을 소통하고 그들의 협력을 구하는 길

---

79 이종인 옮김, 「존 F. 케네디의 위대한 협상」, 178.
80 Adrian S. Fisher, recorded interview by Frank Sieverts(May 13, 1964), 이종인 옮김, 「존 F. 케네디의 위대한 협상」, 179 재인용.

이 유일한 방법이라는 것을 알고 있었고 곧바로 실천에 옮겼습니다. 케네디는 7월 25일 소련과의 합의가 결정되자 바로 텔레비전 앞에 서서 대국민 연설을 했습니다. 케네디는 "국민 여러분 안녕하십니까? 오늘 밤 희망이 가득 찬 마음으로 여러분에게 말씀드리겠습니다. 18년 전에 핵무기가 등장하면서 전쟁뿐만 아니라 세상의 진행 방향을 바꾸어놓았습니다"로 시작한 대국민 연설은 친밀과 설득력으로 국민의 마음을 파고들었습니다. 케네디는 국민에게 지난 평화선언으로부터 유럽 여행에서 일어난 일과 그 결과에 대해 상세하게 설명했습니다. 그리고 "이제 그 첫걸음을 떼어놓읍시다. … 그 길이 천 리 길 아니 그 이상의 여행이라도 우리가 이 땅에서 그리고 이 시간에 첫걸음을 떼었다는 것을 역사에 기록하도록 합시다"라는 감동적인 말로 국민을 감동하게 했습니다. 이제 정말 50년 전 윌슨이 실패한 길을 가지 않기 위해 상원의 동의를 어떻게 얻어내느냐 하는 문제만 남아 있었습니다. 이를 위해 케네디는 문제의 핵심을 다시 한번 검토했습니다. 케네디는 먼저 독일 등 유럽 동맹국들을 고려했습니다. 만약 이들이 세계평화의 대열에서 이탈한다면 상원의 동의를 얻기가 어렵게 되리라는 것이 분명했습니다. 다음으로 고려해야 할 대상은 미국 군부 내 고위 장군들, 상원 내에 있는 골수 반대자들, 지도자급 핵물리학자, 그리고 일반 국민 순이었습니다. 케네디는 직접 만나거나 전화로 이들이 대열에서 진열을 정비할 수 있도록 세심한 배려를 했습니다. 케네디는 8월 8일이 되어 모든 준비를 마쳤습니다. 케네디는 8월 8일에 소련과 협상한 핵무기 감축과 평화협상 조약을 상원의 조언과 동의를 구하며 의회에 제출했습니다. 케네디로부터 조약 동의 안건이 상정되자 8월 12일부터 상원 해외관계위원회가 심의에 들어갔습니다.

상원이 조약을 심의하는 동안 케네디는 다시 움직였습니다. 합참의 장군들과 전직 대통령 아이젠하워를 찾아가 다시 협력해 달라고 요청했습니다. 나아가 케네디는 상원 양당 대표들에게 최대한의 경의를 표

국민을 행복하게 만든 대통령들

하며 자신이 제출한 조약안이 무조건 통과될 수 있도록 도와달라고 요청했습니다. 9월 11일 케네디는 상원과 하원 그리고 일반 국민에게 조건 없고 단순명료한 확약을 약속해 줄 것을 호소했습니다. 9월 24일 상원 본회의에서 최종표결이 이루어졌습니다. 80대 19의 압도적 찬성이었습니다. 케네디는 상원의 동의에 무한 감사를 표하고 이것은 양당을 초월하여 역사적인 성공이라 자평했습니다.[81] 케네디는 상원의 최종표결에 앞서 9월 20일 유엔에서 연설을 통해 전 세계로부터 세계평화에 대한 자신의 구상이 승인을 받기를 원했습니다.

저는 지금 대기, 외계, 수중에서의 핵실험을 금지하는 미국, 영국, 소련 3국의 조약을 말하고 있습니다. 이미 100여 개 나라가 서명에 참여했습니다. 방사성 낙진의 공포로부터 해방된 것을 고맙게 여기는 전 세계 사람들이 이 조약을 칭송하고 있습니다. … 하지만 세상은 아직도 어둠에서 벗어나지 못했습니다. 오늘 우리는 비교적 평온한 순간에 솟구치는 희망의 분위기 속에서 만나고 있습니다. 제가 오늘 여기에 나온 것은 위기의 표시가 아니라 자신감의 표시입니다. … 그러나 인간의 조건을 개선하기 위한 노력은 소수를 위한 과제가 아닙니다. 그것은 단독으로 행동하든, 집단으로 행동하든, 또는 유엔에 들어와서 행동하든, 모든 나라의 과제입니다. 질병과 전염병, 약탈과 오염, 자연재해, 어린아이의 기아 등은 모든 나라의 적이기 때문입니다. 땅과 바다와 하늘은 모든 나라의 관심사입니다. 과학과 기술과 교육은 모든 나라의 우군이 될 수 있습니다. … 그러나 우리의 모든 희망을 양피지와 종이에만 맡겨두지 맙시다. 모든 사람의 정신과 마음에 평화를 사랑하는 마음, 평화를 원하는 욕망, 평화를 위해 일하려는 의욕을 심도록 합시다. 저는 우리가 그렇게 할 수 있다고 믿습니다. 인간의 운명과 관련한 문제가 인간의 능력 저 너머에 있는 것이 아니라고 믿습니다.[82]

81　당시 제88차 의회의 연방 상원의 수 중 민주당이 66명이었고 공화당이 33명이었습니다. 상원의 수는 민주당이 많았지만 몇몇 남부 출신 민주당 의원 중 평화조약을 반대했다는 것을 고려할 때 케네디의 이 날 승리는 양당을 초월한 압도적인 승리라고 할 수 있습니다.

82　John F. Kennedy, "Address to the UN General Assembly"(September 20, 1963).

케네디는 자신이 정치가가 되고 대통령이 되고자 했던 목표를 달성했습니다. 전쟁이 없는 평화로운 세상을 건설하는 것이 케네디의 목표였습니다. 따라서 그에게 핵무기는 가장 위험한 존재였습니다. 만약 핵전쟁이 터진다면 그것은 미국과 소련의 문제가 아니라 인류 전체의 문제였고 가장 최악의 시나리오였던 것입니다. 케네디는 핵무기의 또 다른 종주국인 소련과 협상을 통해 핵무기 생산과 사용의 금지 조약을 체결하는 것이야말로 지상 최고의 과제였습니다. 이 일을 위해 케네디는 아메리칸대학에서 '평화 연설'을 통해 세계평화에 대한 큰 그림을 구상하여 유럽 동맹국들, 미국 국민, 미국 상원, 전 세계 시민들로부터 동의를 끌어냈습니다. 케네디는 윌슨과 같이 단순 구호에 그친 것이 아니라 다른 사람들에 대한 협력과 소통을 통해 자신의 구상에 생명력을 불어넣었던 것입니다.

국민을 행복하게 만든 대통령들

솔선수범하는 자세

케네디 대통령을 폄(貶)하고자 하는 사람은 케네디는 자신의 의지에 따라 주도적인 삶을 살아간 것이 아니라 아버지 조셉과 어머니 로즈의 바람과 욕구를 충실히 실천한 인물 정도로 이야기하고 있습니다. 사실 케네디는 하버드를 가고, 2차 대전에 해군장교로 입대하고, 잠깐의 기자생활을 하고, 하원의원과 상원의원이 되고, 궁극적으로 대통령이 되는 인생의 변곡점마다 아버지의 영향력은 절대적이었습니다. 특히 아버지 조셉의 성실한 조언과 무한한 자금은 케네디가 정치가로서 성공적인 길을 가도록 하는 데 가장 중요한 배경이었던 것은 사실입니다. 하지만 부모라면 케네디의 부모와 같지 않을 사람이 어디 있을 수 있을까요? 하지만 케네디의 부모는 다른 부모들과 비교해 훨씬 그 정도가 강하고 심한 것은 사실입니다.

아는 바와 같이 케네디의 조상은 아일랜드계 미국 이민이었습니다. 감자기근으로 고통이 심한 아일랜드의 어려운 환경을 떠나 보스턴으로 온 케네디의 조상은 어떻게 하든지 신대륙에서 성공해야만 했습니다. 아니 성공이라기보다는 생존을 위한 투쟁적 삶을 살아야 했습니다. 케네디의 조상은 보스턴 부둣가에서 막노동을 마다하지 않고 생존을 위해 돈을 벌었습니다. 그런데 케네디의 증조할아버지는 1850년을 전후하여 매사추세츠주 인근에서 대대적으로 유행하였던 콜레라에 걸려 사망하고 말았습니다. 그 후 할아버지 패트릭 조셉 케네디는 막노동을 하고 술집을 경영하여 많은 돈을 벌고 지역의 주 하원의원과 상원의원을 지내면서 보스턴의 주류세력으로 성장했습니다. 패트릭 조셉은 아들에 대한 투자를 아끼지 않았고 아들 조셉 패트릭(존 F. 케네디의 아버지)은 하버드를 거쳐 은행업, 조선업, 주류업, 증권업 등에서 막대한 돈을 벌었습니다. 조셉 패트릭은 프랭클린 루스벨트 대통령의 당선에 이바지한 대가로 영국주재 미국대사로 임명되면서 정치계에서도 영향력을 행사할 수 있게 되었습니다.

케네디 집안은 처음에는 생존을 위한 노력을 하고, 생존이 보장된 후에는 지역사회와 국가를 위해 노력하는 많은 사람의 일반적인 삶의 패턴을 살았습니다. 하지만 그런 중에 케네디 집안은 최고의 노력으로 최고의 지위를 확보하고, 최고의 영향력으로 사회와 국가에 이바지하는 것을 가장 큰 명예로 여겼습니다. 특히 케네디의 아버지 조셉은 미국 대사직을 지내고 엄청난 돈을 벌어 정치적·경제적으로 남부럽지 않은 지위를 확보하고 영향력을 행사할 수 있었지만, 미국 최고 권력을 향한 야망을 억누를 수가 없었습니다. 조셉은 자신의 야망을 자녀들을 통해서 달성하고자 했습니다. 조셉과 로즈는 자녀들에게 동등한 기회를 부여했지만 그런데도 희망의 방향은 큰아들 조셉 주니어에게 맞추어져 있었습니다.

조셉 주니어는 부모의 기대에 부응하여 미국 최고 권력으로 다가가는 길을 착실하게 준비하고 있었습니다. 정치활동을 하는 데 들어갈 막대한 자금은 이미 아버지 조셉의 재산만으로도 충분했습니다. 조셉 주니어는 동생 존 F. 케네디와 보이지 않는 경쟁을 하면서도 장남이 누릴 수 있는 혜택(부모는 물론 케네디 집안의 모든 사람과 그들과 관계 있는 주위 사람의 무한 사랑과 기대를 온몸으로 받는)을 받고 있었습니다. 자연적으로 조셉 주니어는 어린 시절부터 성적은 물론 모든 면에서 두각을 드러내며 성장했습니다. 그는 하버드를 다니다가 2차 대전이 일어나자 군 복무를 결정하고 군에 입대하여 유럽 전선으로 갔습니다. 오늘날도 마찬가지이지만 미래에 그 당시 미국 사회는 국가 지도자가 되고, 그것도 국가 최고 지도자가 되고자 하는 사람은 국방의 의무를 필수조건으로 수행해야만 한다는 생각이 일반적이었습니다. 그런 중에 조셉 주니어는 동생 존 F. 케네디가 자원해서 군 목부를 하게 되고 생각지도 않은 전쟁영웅으로 우뚝 서게 되는 결과를 접하게 되면서 자신도 동생과 같이 영웅이 되기를 간절히 바랐습니다. 그 바람이 너무 심해 조셉 주니어는 제대 자격이 충분한데도 불구하고 고집스레 맡은 임무에서 비행기 사고로 사망했습니다.

그 무렵 고질병이 더해져 군을 제대한 존 F. 케네디는 형이 죽은 뒤 당시 상황을 "완전히 노출되어 차마 감당하기 힘든" 심정이었다고 밝히고 있습니다. 형의 죽음은 존 F. 케네디에게 전체 케네디 가문을 상대로 무한 책임을 져야 하는 부담으로 다가왔습니다. 가문 전체가 아버지 조셉이 세운 사회적, 국가적 위신과 명예를 드높이기를 열망했습니다. 말하자면 가문 전체가 공직 중에 최고의 자리를 노리던 형의 꿈을 이제 동생이 이루어 내기를 열망했던 것입니다. 이런 분위기 속에서 군을 제대하고 아직 자신의 미래에 대해 구체적인 계획이 없었던 존 F. 케네디는 너무나 자연스럽게 정치가가 되는 길을 선택합니다. 이를 두고 많은 사람은 아버지의 큰 뜻을 받들고 형이 못다 이룬 꿈을 대신 이루기 위해 케네디가 정치를 선택했다고 하지만 이는 케네디의 진면목을 알지 못한 단순한 판단으로 생각됩니다. 케네디 연구로 유명한 로버트 댈럭은 존 F. 케네디가 얼마나 자기 주도적이고 솔선수범하는 사람인가를 다음과 같이 말하고 있습니다.

누구의 간섭도 아랑곳하지 않는다는 자부심을 가진 사람, 권위에 맞서 이의를 제기하고 사회문제와 개인적 규범에서 독자적 결론을 내리는 것을 자의식의 한 근거로 삼은 사람, 존 F. 케네디는 그런 유형이었습니다. 따라서 형의 정체성, 형의 인생을 대신 떠맡는다는 것은 존 F. 케네디 스스로 자신의 진가를 발휘하는 것이 아니라고 생각했습니다.[83]

말하자면 존 F. 케네디가 군대를 제대하기까지 자신의 미래인생에 대해 뚜렷한 결정을 하지 않은 것이지, 형과 아버지의 소원을 풀어주기 위해 자신의 의사와는 달리 정치라는 것을 선택했다는 주장은 설득력이 떨어지는 것으로 여겨집니다. 어린 시절부터 오로지 정치가 주제가 된 집안의 분위기 속에서 성장한 존 F. 케네디에게 아버지의 바람과 형이 가는 길 - 정치 - 은 너무나 자연스럽고 몸에 스며든 것이라 여겨집니다. 유년 시절부터 존 F. 케네디와 오랜 친구였던 빌링스는 정치야말로 잭(존 F. 케네디의 애칭)의 천직이라고 믿었습니다. 세월이 많이 흐른 뒤 빌링스는 인터뷰에서 다음과 같이 말했습니다.

조셉 주니어가 죽지 않았다면 존 F. 케네디는 정치에 뛰어드는 일은 결코 없었을 거라고 말하는 사람이 많습니다. 나는 절대 그렇게 생각하지 않습니다. 어떤 짓으로도 존 F. 케네디를 정치에서 떼어놓을 수는 없었을 것입니다. 내가 생각에는 그 안에 그런 끼가 있었습니다. 누가 뭐라 해도 어쨌든 그 끼는 저절로 터져 나왔을 겁니다. … 나는 그의 능력과 소질, 관심과 배경을 알고 있기에 이렇게 확신합니다. 설사 조셉 주니어 같은 형이 세 명 있었다 하더라도 존 F. 케네디는 정치에 뛰어들었을 것이라고(말입니다.).[84]

1945년 존 F. 케네디가 영국에 있는 여동생 캐슬린의 친구이자 유명한 작가이자 경제학자인 바버라 워드와 잠시 함께 지낸 적이 있었습니다. 워드는 그때 본 존 F. 케네디에 대해 이렇게 회상했습니다.

---

83 정조능 옮김, 「케네디 평전」, 226-227.
84 정조능 옮김, 「케네디 평전」, 228 재인용.

어떤 압력이 있었느냐? 어떤 영향력이 작용하고 있었느냐? 누가 무엇을 지지했느냐? 등등 온갖 질문을 던지더라고요. 누구라도 단박에 이 풋내기 해군 대위가 속속들이 정치에 배여 있다고 알아챌 수 있었을 거예요. … 인상은 참 앳돼 보였는데, 그래도 뜻밖에 자기 눈에 보이는 정치적 상황에는 남달리 해박하고 조예가 깊었어요.[85]

존 F. 케네디 자신도 자신이 정치를 하게 된 이유와 대통령이 되고자 한 이유에 대해 어릴 때부터 온몸으로 보고 배운 정치 권력이 가지는 힘과 매력에 이끌렸기 때문이라고 말했습니다. 그는 1960년 대통령에 도전하면서 선거를 앞두고 다음과 같이 말했습니다.

전쟁이냐, 평화냐, 번영이냐, 침체냐를 결정하는 책임이 정치 권력에 있기 때문입니다. 세상만사가 이제 정치 권력이 무슨 결정을 내리느냐에 달려 있습니다. 그렇기에 만약 여러분에게 관심이 있다면, 여러분이 참여하고 싶다면, 노동문제가 되었던, 인도 사태나 미국 농업의 미래가 되었던, 그런 사회적 쟁점 사안에 대해 불끈한다면 제가 보기에 그 같은 행동으로 옮길 기회는 바로 정치에 있는 것 같습니다.[86]

말하자면 존 F. 케네디가 정치를 하고 대통령이 되고자 한 이유는 가문 사람의 강력한 관심과 막대한 자금력의 바탕 아래 정치가 인간사회의 문제점을 가장 효과적으로 해결해 줄 수 있다는 개인적 소신의 발로라고 할 수 있습니다. 다시 말해 케네디가 정치를 한 것은 아버지나 형의 소원을 풀어주기 위한 것이 아니라 자기가 주도적으로 인생을 살아가는 데 가장 적합한 직업이 정치라고 확신했기 때문이었습니다. 케네디가 정치를 직업으로 선택하고 나서부터 그는 더욱 주도적으로 인생을 개척해 나갔습니다. 1960년 그가 대통령에 출마하려는 이유를

---

85 정조능 옮김, 「케네디 평전」, 228 재인용.
86 정조능 옮김, 「케네디 평전」, 228-229 재인용.

"일개 입법자의 생활은 최고 통치권자의 생활보다 만족스러울 수가 없습니다"라고 말했습니다. 케네디는 상원의원, 하원의원들이 어떤 사안에 2년 동안 열심히 매달려서 만든 법안을 대통령은 펜촉 한번 놀려서 하루아침에 제쳐버릴 수 있다고 보았습니다. 그는 실효성 있는 리더십이란 무릇 최고 리더에게서 생겨나기 마련이라고 믿었습니다. 대통령은 어느 상원의원도 언감생심 넘볼 수 없을 만큼 좋은 여건과 기회가 보장되어 있다는 것을 알고 있었습니다. 그래서 그는 대통령이 되는 길을 주도적으로 선택했습니다.

이미 밝힌 바처럼 대통령 선거에 임하면서 존 F. 케네디는 원천적으로 몇 가지 약점을 가지고 있었습니다. 나이가 너무 적어 경험이 부족하다는 것, 여성 편력, 그리고 가톨릭교도라는 점입니다. 나이 문제와 여성 편력 문제는 그런저런 적당한 이유로 해결할 수 있었지만 종교 문제는 그리 단순한 것이 아니었습니다. 케네디가 가톨릭 신자라는 것은 비록 후보 경선 과정에서 종교와 애국심은 분리되어 있음을 많은 유권자에게 어필했지만 본선 과정에서 그 문제는 공화당 소속 프로테스탄트들의 강력한 도구로 작용하고 있었습니다. 케네디는 부모는 물론 참모를 비롯한 여러 사람의 반대에도 불구하고 직접 종교문제를 해결하기로 마음먹었습니다. 케네디는 텔레비전으로 방송되는 무려 300명에 달하는 프로테스탄트 교회 목사들과 토론을 벌이는 방식을 선택했습니다. 케네디는 이럴 때일수록 침착하고, 진솔하고, 있는 그대로를 보여주는 것이 최선의 무기라는 것을 알고 있었습니다. 케네디는 적대적인 프로테스탄트 목사와 공화당 반대파 앞에서 침착하지만 단호하게 있는 그대로 자신의 종교에 대해 말했습니다.

저는 정교분리를 철저하게 확보한 나라인 미국을 믿습니다. 저는 대통령의 종교관은 … 어디까지나 개인적인 문제라고 믿습니다. … 저는 가톨릭의 대통령 후보가 아니라 민주당의 대통령 후보입니다. 단지 저는 공교롭게도 가톨릭 신자일 뿐입니다. 저는 교회를 대변하지 않습니다. 교회도 저를 대변하지 않습니다. 만일 저의 직책 때문에 혹시라도 제 양심을 저버리거나 국가 이익을 저버릴 수밖에 없는 상황이 온다면, 저는 그 직책에서 물러날 것입니다.[87]

많은 사람이 케네디의 최대 약점이라고 생각했던 종교 문제를 너무나 신중하고 단호한 태도로 대처하는 것을 보고 놀라지 않을 수가 없었습니다. 이후부터 종교 문제는 케네디를 괴롭히지 않았습니다. 케네디의 솔직한 있는 그대로의 주도적인 태도에서 얻은 효과라 할 수 있습니다.

대통령에 취임하면서 케네디는 마음속으로든 공개적 발언으로든 자신은 국내보다는 대외정책에 훨씬 큰 관심이 있다고 밝혔습니다. 케네디는 국내문제는 자칫하면 국론분열을 가져올 수 있지만 국외 문제는 국민적 일치 화합의 분위기를 가져올 수 있다고 생각했습니다. 하지만 국내문제를 그냥 내버려 둘 수만은 없었습니다. 케네디는 국내문제는 가능한 참모와 의원들이 자신의 바람을 알아 이루어주기를 바랐습니다. 하지만 연방하원이 걸림돌이었습니다. 당시 하원 의석 분포는 민주당이 262석, 공화당이 173석으로 민주당이 89석 우세했습니다. 문제는 민주당 의원들의 성향이었습니다. 민주당 의원 중 101석이 남북전쟁 이전 시기 남부로 분류된 지역의 출신들로 그동안 민주당의 성향인 개혁조치에 반대하는 태도를 고수하고 있었습니다. 이들 대다수가 국내문제에 있어 보수 성향의 공화당 진영에 동조할 게 확실해 보였습니다. 사실 하원에서 법안의 표결처리를 위해 해당 법안을 본회의 의안으로 상정할 것이냐 말 것이냐를 결정하는 것은 운영위원회 몫이었습니다. 그런데 버지니아주 민주당 하원의원인 하워드 스미스와 미시시

---

87 장준갑, 「존 F. 케네디」, 197 재인용.

피주 민주당 하원의원인 윌리엄 콜머 등 보수 성향의 두 의원이 주동이 되어 12명의 하원 운영위원회를 좌지우지하고 있었습니다. 14년이나 의회 경험을 가진 케네디는 하원의장인 샘 레이번과 함께 운영위원회를 15인으로 개편하고 나머지를 진보성향의 민주당 의원으로 채우기로 했습니다. 안건이 발의되고 1월 25일 기자회견에서 대통령이 정쟁의 한복판에 들어오는 것이 대통령 본연의 임무라고 생각하느냐는 질문을 받았습니다. 케네디는 레이번의 개편안을 전적으로 지지한다고 말하고 자신은 하원 본연의 책무를 침해하는 일이 결코 없을 것이라고 대답했습니다. 기대감 속에서 대통령이 취임한 지 얼마 되지 않은 시기에 11일간의 대치 정국이 계속되었습니다. 그러나 표결 결과는 217대 212로 케네디가 승리했습니다. 국내문제를 주도적으로 풀어가기 위한 케네디의 절묘한 포석이었습니다.

3월에 케네디의 여론담당 비서관인 루 해리스의 보고에 따르면 대통령 지지율이 무려 92%에 달했고 공신력 있는 갤럽 조사는 72%의 지지율을 나타낸다고 조사 결과를 발표했습니다. 케네디의 보좌관은 대통령의 지지율이 이렇게 높은 것은 "수동적으로 아무것도 하지 않는 정부(아이젠하워의 공화당 정부)가 물러나고 이제 능동적으로 무언가를 하는 정부(케네디의 민주당 정부)가 들어섰다는 단순한 사실이 계기가 되었다"라고 풀이했습니다. 하지만 케네디는 자신의 아이디어와 자신의 주도로 시작된 주간 정례기자회견 덕분에 차별성이 드러난 것으로 생각했습니다. 대통령에 취임하고 난 후 케네디는 장관들과 참모들에게 주간에 정례적으로 기자회견을 열어 그것이 라디오와 텔레비전으로 생중계되도록 할 것이라고 발표했습니다. 하지만 이는 미국 역사상 처음이고 생중계 방송에 관한 불안감으로 여러 장관과 참모는 대통령의 생각에 반대했습니다. 사실 생중계 중에 어쩌다 무심코 튀어나온 경솔한 발언이 중대한 결과를 초래할 수도 있었던 것입니다. 하지만 케네디는 참모들의 반응을 지나친 기우로 생각했습니다. 생중계는 지나치게 두

국민을 행복하게 만든 대통령들

려워할 바가 아니며 이를 통해 대통령이 일반대중과 직접적인 의사전달 통로를 마련할 수 있으면 사소한 실언의 위험쯤이야 감수할 만하다고 확신했습니다.[88] 역사가 슐레진저는 케네디의 정례기자회견이 "항상 유쾌하고 때로는 흥미진진하고 보도진과 텔레비전 시청자들이 즐기는 특급 쇼 프로그램이었습니다"라고 말했습니다.[89]

존 F. 케네디가 정치가로 대통령으로 가장 주도적으로 이끈 부분은 외교 분야였습니다. 케네디는 1차 세계대전을 탐독했고 2차 세계대전에는 직접 가담하여 왜 이 전쟁이 일어나게 되었는가를 세밀하게 연구했습니다. 그 후 형의 전사와 자신의 군 생활에 이어 강력한 핵폭탄으로 전쟁이 종결되는 것을 통해 케네디는 전쟁의 잔혹함을 온몸으로 보고 느꼈습니다. 전쟁은 끝났지만 전쟁 후 시작된 냉전은 더 무섭고 가공할만한 새로운 전쟁을 잉태하고 있다는 것을 케네디는 누구보다도 잘 알고 있었습니다. 케네디가 정치를 시작하면서부터 줄곧 세상을 사로잡은 문제는 어떻게 하면 새로운 전쟁 – 3차 세계대전 – 을 피할 수 있는지였습니다. 전쟁은 끝났지만 무기 경쟁, 오산, 실수, 기회주의 등의 양차 대전을 일으킨 다양한 요인들은 여전히 작동되고 있어 또 다른 전쟁이 일어날 것 같은 일촉즉발의 순간이 계속되고 있었습니다.

하지만 케네디가 정치를 시작하면서부터의 상황은 이전의 전쟁 양상과는 완전히 다른 어쩌면 인류를 멸망의 상태로 가져갈 수도 있다는 최악의 상태가 다가와 있었습니다. 이런 상황에서 명민한 역사가이기도 한 케네디는 자신이 무엇을 해야만 하는가를 잘 알고 있었습니다. 그것은 어떻게 하더라도 세계평화를 유지하고 전쟁을 피하는 것이었습니다. 케네디는 우드로 윌슨의 평화 유지전략이 왜 실패했는가를 알

---

88   Theodore Sorensen, *Kennedy*(New York: Bantam Books, 1966), 361–365.
89   Schlesinger, Jr., *A thousand Days*, 717.

고 있었고, 영국의 네빌 체임벌린이 주창한 유화책[90] - 히틀러의 비위를 맞추는 - 이 히틀러가 전쟁 욕구를 부추기게 된 치명적인 오산이라는 것을 너무나 잘 알고 있었습니다. 아는 바와 같이 케네디는 영국을 여행하고 난 후 집필한 저서 「영국은 왜 잠자고 있는가?」[91]를 출간하여 전쟁 발발의 전후 관계를 잘 알고 있었습니다. 또한 케네디는 당시 영국주재 미국대사였던 아버지 조셉이 유화책을 주창하여 결국 정치적으로 재기불능 상태가 된 것 역시 잘 알고 있었습니다.

케네디는 대통령이 되면서 국가의 운명, 아니 인류의 운명이 자신과 소련의 서기장 흐루시초프에게 달려 있다는 것을 직감했습니다. 핵폭탄과 수소폭탄으로 무장한 두 강대국이 언제 발발할지 모르는 냉전의 상태에서 케네디는 지난 역사적 교훈을 알고 있었지만 전쟁을 피하고 평화를 유지하기 위해 자신이 무엇을 해야 하는가? - 소련과 핵무기 경쟁을 어떻게 억제해야 하는가? 힘의 우위에 서서 협상을 위해 미국의 무기를 증강해야 하는가? 흐루시초프의 비위를 맞추어야 하는가? 아니면 강경한 자세를 취해야 하는가? 등 - 복잡한 갈등 속에서 현재의 긴급한 도전을 해결하지 않으면 안 되었습니다. 더더욱 냉전이 심화하는 가운데 소련과 미국의 정치가는 서로에게 신뢰를 구축하는 발걸음을 내딛지 못하고 있었습니다. 신뢰를 운운하다가 미국은 물론 소련 역시 자국의 강경파로부터 지독한 비난에 휩싸일 것이 분명했습니다. 강경파는 상대방이 협약 같은 것을 지키는 나라가 아니라고 몰아붙였습니다. 어떤 정치가가 협상을 이야기하면 곧바로 그런 유화책이 2차 세계대전을 일으켰다고 하는 비난에 직면했습니다.

이런 상황에서 케네디는 미국과 소련은 후에 두 학자가 밝힌 잔인한 딜레마에 빠져 있음을 알았습니다. (두 학자는 케네디가 죽은 후 한 참 후에

---

90   Neville Chamberlain, "Peace for Our Time"(September 30, 1938).

91   John F. Kennedy, *Why England Slept*(New York: W. Funk, 1940).

이 이론을 내놓았습니다) 하나는 '죄수의 딜레마'와 다른 하나는 '안보의 딜레마'였습니다. 제프리 삭스는 두 딜레마를 다음과 같이 인용하고 있습니다.

죄수의 딜레마는 장기적인 신뢰나 구속력 있는 협약이 없다면, 국가 간 경쟁 논리에 따라 양측은 반드시 무장하게 된다는 것입니다. 미국은 무장할 것인가, 아니면 무장해제를 할 것인가? 소련이 무장한다면, 미국은 군사력이 뒤처지는 상황을 피하려고 무장을 하지 않을 수 없습니다. 소련이 무장해제를 한다면, 미국은 군사적·정치적 우위를 얻을 것이고, 소련은 약자의 입장에 서게 됩니다. 따라서 무장은 지배적인 전략입니다. 상대가 어떻게 나오든 무장이 가장 좋은 방안인 셈입니다. 이런 논리는 소련에도 그대로 적용되므로 미소는 지속해서 군비를 강화하게 됩니다. 군비축소를 위한 구속력 있는 협약이 양측에 분명 혜택을 주는 데도 말입니다.[92]

유명한 정치 이론가 로버트 가비즈가 주장한 안보의 딜레마는 죄수의 딜레마가 가져오는 필연적 결과입니다.

안보 딜레마는 한쪽의 방어 조치는 종종 상대방에게 공격 조치로 인식되면서 시작됩니다. 구체적으로 설명하면, 미국이 소련의 재래식 무기에 의한 유럽 침략을 막아내기 위해 핵무기 보유량을 증강하면, 소련을 다르게 해석한다는 것입니다. 즉 미국이 유럽을 지키기 위한 방어적 조치가 아니라 소련 본토를 선제공격하기 위해 핵무기를 증강한다고 보는 것입니다. 반대로 소련이 미국의 핵무기 보유고를 따라잡기 위해 핵을 증강하면 미국 역시 자신을 공격하는 조치로 인식한다는 것입니다. 이 경우 미국의 강경파는 이런 주장을 들고나옵니다.[93]

---

92 Stephen J. Majeski, "Arms Races as Iterated Prisoner's Dilemma Games", *Mathematical Social Sciences* 7, no. 3(June 3, 1984), 253–266, 이종인 옮김, 「위대한 협상」, 25–26 재인용.

93 Robert Jervis, "Cooperation Under the Security Dilemma", *World Politics* 30, no. 2(1978), 167–214, 이종인 옮김, 「위대한 협상」, 26 재인용.

2차 세계대전 이후부터 지금까지 상호신뢰가 없는 상태에서 죄수 딜 레마와 안보 딜레마가 교차하는 가운데 미소 양국은 가공할 정도로 핵 무기 증강을 계속해 왔습니다. 이런 상태에서 대통령이 된 케네디는 무 엇을 해야만 했을까요? 케네디는 미국의 정치, 아니 세계의 정치를 결 정할 수 있는 미국 대통령으로서 '평화유지'가 지상 최대의 과제라는 것을 인식했습니다. 케네디는 취임사에서 자기 주도의 평화원칙 4가지 를 천명하고 그것에 근거해서 취임 후 터져나오기 시작한 국가안보 문 제들 - 피그만 사건, 빈 정상회담, 베를린 장벽 사건, 라오스와 베트남 에서의 국지전, 쿠바 미사일 위기 - 을 다루었습니다. 케네디는 이러한 문제를 해결하면서 종래 평화 4원칙에 더하여 평화 2원칙을 더하게 됩 니다. 제프리 삭스는 케네디의 평화 6대 가본 원칙을 잘 설명하고 있습 니다.

첫 번째 원칙은 무기 경쟁은 죄수의 딜레마라는 것입니다. 1950년대 1960년대 초에 이르기까지 미소 양국은 과도한 무기 경쟁을 벌였고 핵 무기를 지나치게 집착하여 대규모 과잉살상력을 갖추었다는 것입니다. 죄수 딜레마의 숨겨진 뜻은 (상호 간의 대규모 과잉살상력을 갖추었지만) 협 력을 하면 서로가 커다란 소득을 올릴 수 있다는 것입니다. 말하자면 평화는 양측 모두가 추구할 만한 가치가 있다는 것입니다. 양측이 협력 하면 상호 혜택이 엄청나게 크다는 것입니다.

두 번째 원칙은 고비용일 뿐만 아니라 본질에서 불안정한 것이 무기 경쟁이라는 것입니다. 많은 핵 전략가들이 제안한 '공포의 안정적 균 형'은 순진하기 짝이 없는 생각이라는 것입니다. 급속한 무기 경쟁은 급속한 위험일 뿐만 아니라 우발적이고 의도되지 않은 결과들을 일으 킬 수 있다는 것입니다. 이것은 피그만 사건과 쿠바 미사일 위기 같은 참사들에서 잘 설명될 수 있는 것입니다.

세 번째 원칙은 평화는 하나의 과정으로 차근차근 신뢰를 구축해나 가야 한다는 것입니다. 케네디는 어느 한쪽의 움직임은 다른 쪽의 움직임을 끌어낸다는 것을 알았습니다. 불신 수위가 높은 상황은 일련의 신뢰 구축 과정이 있어야 합니다. 케네디는 성공은 한 번에 한 걸음씩 나아간다고 강조했습니다. 따라서 바로 지금 그 첫걸음을 떼어놓는 것이 지도자들의 책임이라는 것입니다.

네 번째 원칙은 평화는 쌍방의 근본적 이해사항을 옹호하는 방식으로 추진되어야 한다는 것입니다. 케네디는 평화는 유화가 아니라 협력을 통해 성취되어야 하며, 상호 간의 입장을 균형 있게 잡는 것이 성숙한 정치라고 판단했습니다. 케네디는 대통령 취임 초기에 경험이 별로 없었습니다. 장군들의 말을 무시하지 못했고 우파의 비난이 두려워 소련의 정당한 관심사와 이해사항을 수용하지 못했습니다. 하지만 케네디는 결국 흐루시초프의 말을 경청하기 시작했습니다. 그 속에서 케네디는 균형점을 발견했습니다.

다섯 번째 원칙은 상대방의 의견을 경청하는 것이 무척 중요하다는 것입니다. 특히 정확한 의사소통이 어려운 상황을 생각하면 더욱 그러합니다. 케네디가 흐루시초프와 장기적인 서신교환을 한 것은 쿠바 미사일 위기를 비롯한 여러 문제를 해결하는 데 결정적인 도움이 되었습니다. 이에 의해 양측은 어떤 것이 상호 거래에서 가장 중요한 것인지 분별할 수 있게 되었습니다. 소음과 선전과 공개적 혼란 등은 미소 관계에서 불가피한 부분들입니다. 케네디와 흐루시초프가 미디어의 응시와 왜곡에서 벗어난 그들만의 개인적 의사소통이 가치 있다는 것을 알았고 그렇게 수행했습니다.

여섯 번째 원칙은 집권 2년 동안에 헤쳐나온 무수한 위기들로부터 얻은 교훈이었습니다. 이 원칙은 다른 모든 것의 핵심이 되는 사항으로 오로지 강력하고 활기찬 대통령의 리더십만이 평화를 가져올 수 있다는 것입니다.[94]

---

94   이종인 옮김, 「위대한 협상」, 76-86.

케네디가 위기를 해결하기 위해 6대 원칙을 수행할 때 가장 큰 장애가 되는 것이 자국의 강경파라는 것을 알았습니다. 이는 소련의 흐루시초프도 마찬가지라는 것을 알게 되면서 소련의 관심사의 본질을 이해하고 공감하게 되었습니다. 세계평화를 달성하기 위해서는 대통령이 주도적으로 상대 당사국인 소련을 상대해야 할 뿐만 아니라 유럽의 동맹국, 군부와 정치 엘리트, 미국 국민, 나아가 전 세계 시민들을 직접 상대해야 한다는 것을 알았습니다. 대통령 취임 2년을 지내고 1963년이 되면서 케네디는 세계평화를 위한 대장정의 길을 내디뎠습니다. 케네디는 6월 10일 아메리칸대학 졸업식 연설에서 자기 주도의 여섯 가지 평화원칙을 가지고 '세계평화'를 위한 비전을 제시하였으며 이 비전을 달성하기 위해 유럽 동맹국의 설득, 소련과 대화, 국내 의원들과 국민에 대한 설명, 그리고 유엔에서의 세계평화에 대한 당위성 설명 등을 소화했고 궁극적으로 소련과의 핵실험 금지 조약을 이루어 냈습니다.

국민을 행복하게 만든 대통령들

권한을 위임하는 용기

리더는 의사결정을 하는 사람입니다. 리더의 업무는 의사결정입니다. 존 F. 케네디는 사람들에게 "통치란 선택의 연속입니다"라는 말을 자주 했습니다. 케네디는 누구보다도 대통령은 의사결정을 하는 사람이고 의사결정이 직업인 사람이라고 생각했습니다. 케네디는 1960년 대통령 선거가 한창 진행 중일 때 "대통령직이란 무엇이라 생각하는가?" 하는 기자들의 질문에 다음과 같이 말했습니다.

> 대통령은 의사를 결정하는 사람이라고 생각합니다. 만약 대통령이 움직이지 않는다면, 혹은 대통령 일행이 발전에 역행한다면, 국가는 발전이 없을 것입니다. 또 진보도 없을 것입니다. 지금 이 나라는 1960년대에 멈춰 있을 겨를이 없습니다. 우리를 둘러싼 모든 세계가 움직이고 있기 때문입니다.[95]

케네디는 미국 역대 대통령 중 국가가 전쟁과 어려움에 부닥쳐 있을 때 대통령을 지낸 워싱턴, 링컨, 윌슨, 프랭클린 루스벨트를 존경해 마지 않았습니다. 케네디는 이들과 같이 위대한 대통령이 되고자 했지만 그가 대통령이 된 1960년대는 전쟁과 대공황과 같은 직접적인 어려

---

95 John Barnes, 김명철 옮김, 「케네디 리더십(*John F. Kennedy on Leadership*)」(서울: 마젤란, 2006), 228 재인용.

움의 시대가 아니었습니다. 하지만 케네디는 1960년대를 역대 그 어느 시대보다 어렵고 위험한 시대라고 판단했습니다. 케네디는 자신이 존경하는 대통령들은 전쟁이 있었지만 그것은 우주에서 미국이라는 작은 범위 내에서 일어난 것에 불과했다고 보았습니다. 하지만 1960년대의 다가온 위협은 온 우주와 인류 전체에 미칠 수 있는 어려움이 팽배한 시대라 여겼습니다. 물론 프랭클린 루스벨트 대통령 때는 본인도 참전한 세계대전이 있었지만 이것은 어디까지나 재래식 무기로 벌어지는 전투가 그 지역에 국한되어 위협하는 것에 불과하다고 생각했습니다.

사실상 2차 세계대전을 종결시킨 1945년의 원자핵 최초 사용 이후 미국과 소련을 중심으로 하는 핵 개발 경쟁은 1960년대 초경에 절정에 다다르고 있었습니다. 그동안 전쟁은 없었지만 전쟁보다 더한 '냉전'이 지속되어 1960년대 초의 미국 정치는 물론 사회문화 전반에 걸친 핵심 주제는 핵과 핵전쟁이었습니다. 당시 미국은 물론 유럽의 주요 도시와 심지어 소련의 주요 도시까지도 공습에 대비한 훈련을 정기적으로 시행하고 있었습니다. 학교에서는 학생들이 첫 번째 섬광이 비쳤을 때 책상 밑으로 들어가 머리를 숙이는 훈련도 했습니다. 일반대중에게 가장 큰 영향을 미치는 할리우드는 연일 핵전쟁과 관련된 영화를 양산했습니다. 할리우드는 대표적인 영화로 1959년 작 '더 비치', '세계, 섬광, 그리고 악마', 1962년 작 '패닉 인 더 이어 제로' 등 대중의 불안한 심리를 담아 이른바 '핵전쟁의 악몽'을 연이어 생산했습니다.[96] 여기에 더해 존 F. 케네디는 대통령 선거에서 승리하기 위해 자신의 주 전공 분야인 외교·안보에서 상대 닉슨 후보를 누르기 위해 '미사일 격차'를 주장하여 미국 국민의 핵전쟁에 대한 두려움을 더하게 만들었습니다.[97]

---

[96] 김명철 옮김, 「케네디 리더십」, 179.

[97] 존 F. 케네디는 대통령에 당선되고 나서 선거운동 때 주장한 '미사일 격차'가 잘못되고 맹목적임을 확인했습니다. 선거 당시에는 8년 동안이나 부통령으로 있었던 상대 후보인 닉슨의 책임을 부각하기 위해 이 문제를 말했지만 이제 대통령에 당선된 케네디는 자신의 문제가 되었습니다.

더더욱 대통령이 된 후 얼마 지나지 않은 1961년 6월에 소련의 흐루시초프와 빈 정상회담에서 시작된 베를린 위기 때 케네디는 마치 전투하듯 차려입은 합동참모본부의 장군들로부터 국가의 운명이 걸린 전쟁계획을 보고받았습니다.

소련 및 중공(중국)에 있는 3천 7백 곳 이상의 목표물이 확인되었습니다. 대통령의 재가만 떨어진다면 3천 발 이상의 미국 핵무기들이 이 목표물을 파괴하게 될 것입니다. 대통령의 명령만 있으면 한시라도 1천 5백 개 이상의 미사일과 폭탄들을 15분 이내에 발사할 수 있으며 B-52 장거리 폭격기의 50%는 항시 공중에 떠서 날씨와 상관없이 발진할 태세를 갖추고 있습니다. 추가로 1천 7백 대의 비행기들이 6시간 안에 동원될 수 있는 준비를 마쳐놓고 있습니다.[98]

이 보고를 받은 케네디는 대통령, 바로 자신의 의사결정이 얼마나 중요한가를 뼈저리게 느꼈습니다. 전쟁이 터지면 핵전쟁으로 발전할 것이고 핵전쟁은 당사국인 미국과 소련만의 문제가 아니라는 것을 케네디는 느꼈습니다. 자신의 결정으로 무시무시한 핵전쟁이 일어날 수 있다는 보고를 들은 케네디는 등에서 식은땀이 났습니다. 하지만 케네디는 "우리가 왜 중국의 목표물을 쳐야 하는가"를 물었습니다. 이에 합동참모본부 의장인 라이만 렘니체르 장군은 "그렇게 계획되어 있기 때문입니다"라고 너무나 태연하게 대답했습니다.[99] 겉으로는 평화스럽지만 1960년대에 대통령이 된 케네디는 누구보다도 할 일이 많고 그 일이 더욱 중대하다고 생각했고 그런 상황에서 자신의 의사결정이 너무나 중요하다고 여겼습니다.

케네디가 대통령의 의사결정이 중요하다고 여기게 된 이유는 핵전

---

98 김명철 옮김, 「케네디 리더십」, 177.
99 김명철 옮김, 「케네디 리더십」, 177.

쟁이 있을 수 있는 1960년대의 시대적 상황 때문이기도 하지만 여기에 더하여 케네디의 인생 여적과도 깊은 관련이 있다고 생각됩니다. 이미 설명했듯이 존 F. 케네디는 어릴 때부터 에디슨병과 척추병을 앓아 죽을 고비를 넘긴 것이 한두 번이 아니었습니다. 정치를 시작하고 하원의원, 상원의원, 그리고 최고의 자리인 대통령이 되었지만 자신을 괴롭혀 온 질병으로부터 케네디는 완전히 자유롭지 못했습니다. 노출되지 않고 최근에 밝혀졌지만 대통령직을 수행하면서 케네디는 여전히 질병으로부터 고통받고 있었고 치료를 받고 있었습니다. 역사와 외교 분야에서 특별한 재능을 발휘했지만 케네디는 공부에 큰 관심이 없었습니다. 존 F. 케네디는 앞으로 자신이 하고 싶은 일(직업)에 대해서 말한 적은 없지만 주변 사람들, 특히 아버지와 어머니는 아들이 작가나 신문기자 정도가 되리라 생각했습니다. 하지만 운명은 존 F. 케네디를 평범한 직업인으로 남아 있도록 가만두지 않았습니다. 2차 세계대전이 터졌고 미국은 오랜 '불간섭 정책'을 관두고 전쟁의 운명을 좌우하는 처지가 되었습니다. 그런 상황에서 케네디 집안의 장남 조셉 케네디 2세가 군대에 갔습니다. 존 F. 케네디가 사실상은 군 복무를 할 수 있을 만큼의 건강 상태가 아니었지만 그런데도 그가 형과의 경쟁심에서 군을 입대한 것은 아니지만 어릴 때부터 케네디 집안의 남다른 경쟁교육은 그의 입대를 자극하는 하나의 원인이 되었다고 판단됩니다.

전쟁터에서 죽을 고비를 넘기고 형이 사망하고 누이의 남편이 사망하는 끔찍한 경험을 한 존 F. 케네디는 제대 후 아직 서른이 되지 않았지만 세상을 바라보는 우주관의 변화를 겪었습니다. 케네디는 전쟁을 더는 낭만적인 것으로 보지 않았고 자신의 미래에 대한 삶을 진지하게 고민했습니다. 이런 상황에서 존 F. 케네디는 집안의 장남 역할을 해야만 하는 처지가 되었고 자신도 그 역할을 거부하지 않았습니다. 거기에는 케네디 집안의 간절한 바람도 있었지만, 자신도 그 역할의 주인공이 되는 것을 기꺼이 받아들였습니다. 케네디는 정치가가 되어 그것도 미국 아니 세계 최고의 결정권을 행사할 수 있는 미국 대통령이 되어 전쟁의 위협을 없애고 세계평화를 이루는 일을 하고자 했습니다.

이처럼 1960년대의 시대적 상황과 케네디 개인의 인생 경험은 케네디가 최고결정권자(대통령)의 임무에 집착하도록 만들었습니다. 존 F. 케네디는 이 책에서 함께 서술하고 있는 성공한 미국 대통령 중에서 누구보다도 자신의 의사결정을 중요하게 여겼습니다. 케네디에게서는 워싱턴, 링컨, 프랭클린 루스벨트가 보여준 순수한 권한위임을 찾아보기가 쉽지 않습니다. 사실 케네디의 수많은 연설에서 권한을 위임한다는 말은 거의 찾아보기 힘듭니다. 하지만 케네디가 권한위임을 잘하지 못했다고 해서 그가 '권한'이 아니라 '권력'을 행사했다는 의미는 아닙니다. 케네디는 역대 성공한 미국 대통령들 못지않게 철저한 민주주의자이며 프로세스와 국민의 뜻을 중요하게 생각한 대통령으로 헌법과 질서에 어긋나는 정책을 펼치지 않았습니다.

케네디의 리더십을 분석한 존 바네스는 케네디 리더십의 특징을 여러 가지로 분석하면서 그중에서 특히 "의사결정의 최종책임은 당신에게 있다"라는 부분을 강조하고 있습니다.[100] 케네디는 미국 대통령들 최초로 이른바 '보좌관'으로 통칭하는 참모 그룹을 대거 백악관의 권력 아니 권한 구조 속으로 데리고 대통령직을 수행했습니다. 성공한 역대 대통령들은 대통령이 되고 난 후 자신을 도와 국정을 함께 운영할 내각 인사를 구성했지만 케네디는 자신이 연방 하원의원에 출마하는 정치를 시작하면서부터 함께 해온 여러 사람을 '보좌관'이라는 이름으로 구성해 도움을 받았습니다. 케네디는 보좌관들의 도움을 통해 다양한 의견을 수렴하고 최종결정은 자신이 했습니다. 그가 의원이었을 때나 대통령이었을 때도 마찬가지로 케네디는 결정을 위한 과정에서 보좌관들뿐만 아니라 내각의 인사들 혹은 장군들과 각 분야의 전문가의 의

---

100   김명철 옮김, 「케네디 리더십」, 225–252.

견과 도움을 받았지만 마지막 결정은 언제나 주인공인 자신의 몫이었습니다. 케네디는 정치란 의사결정과정이고 정치가란 의사결정을 하는 사람이라고 생각했습니다. 케네디는 정치가로서 대통령으로서 최종 의사결정을 즐겼고 이를 당연하게 생각했습니다. 케네디는 전쟁을 없애고 세계평화를 유지하기 위해 최고 결정권자가 되고자 했고 최고 결정권자가 되었을 때 그 일을 위해 수많은 사람의 도움을 받아 마지막 의사를 결정했습니다. 그리고 그는 결과에 따른 책임 역시 자신의 몫이라고 생각했습니다. 따라서 케네디의 권한위임은 워싱턴이나 링컨의 경우처럼 내각 인사나 장군들에게 의사 결정권을 전적으로 맡기는 것이 아니라 보좌관과 내각 인사의 의견을 충분히 수렴하되 마지막 의사결정은 자신이 하는 방식이었습니다. 위대한 대통령들의 권한위임 방법이 약간의 차이는 있는 것으로 보이지만 궁극적으로 이들의 정책이 개인적이고 당파적인 권력을 행사한 것이 아니라는 점에서 닮아 있다고 할 수 있습니다.

케네디가 의사를 결정하는 과정에서 철저하게 민주적 절차를 준수했는지는 다음 두 가지에서 확인할 수 있습니다. 하나는 이미 살펴보았듯이 대통령으로서 핵전쟁의 위협을 없애고자 소련의 흐루시초프와 평화 체제를 구축하는 과정에서 케네디는 민주적 절차에 따라 일을 진행했습니다. 케네디는 우선 미국 국민에게(아니 세계 시민에게) 평화 체제에 관한 큰 구상을 발표하고, 이를 실천하기 위해 유럽을 여행하면서 왜 이 일을 해야만 하는가에 대한 당위성을 설명하고 유럽인의 동의를 받아냈습니다. 이어 케네디는 소련과 물밑 접촉을 하는 가운데 미국 내 의원과 국민에게 자신의 구상에 대한 협력을 다시 한번 부탁하고 유엔에서 연설을 통해 세계시민의 동의를 구했습니다.

다른 하나는 아프리카계 미국인(흑인)에 대한 케네디의 태도 변화입니다. 처음에 케네디는 흑인들의 민권문제에 별 관심이 없었습니다. 민권문제와 관련하여 그가 바랐던 것은 그저 아무 일 없이 현상이 유지되는 것이었습니다. 그래서 처음부터 케네디는 1960년 선거에서 자신에게 많은 표를 몰아준 남부 주들이 몹시도 싫어하는 흑인들의 민권문제에 관해 관심을 표명하지 않았습니다. 케네디는 국내문제 대부분은 대통령의 주요 일이 아니라고 생각했으므로 민권문제는 대통령인 자신보다 보좌관이나 내각에서 처리할 수 있다고 여겼습니다. 심지어 케네디는 소련이 정치적으로 혹은 외교적으로 민권운동을 악용할 수 있다고 생각했습니다. 하지만 시간이 지나면서 민권운동이 격화되고 여러 흑인이 사망하는 사건이 발생하자 케네디는 더는 침묵하거나 모호한 견해를 밝히지 않았습니다. 케네디는 비록 자신의 전문분야는 아니었지만, 민권운동을 세세하게 들여다보았고 단순히 관련 있는 장관이나 주지사에게 위임하여 해결할 수 있는 문제가 아니라는 것을 알게되었습니다. 1963년 여름이 시작되면서 케네디는 흑인의 민권문제를 정치적이나 외교적인 일이 아니라 도덕적인 문제로 다루었습니다. 케네디는 민권문제를 도덕적으로 다룬다면 남부 주에서 반발이 일어날 것이 분명하고 내년에 있을 대통령 선거에서 절대적으로 불리하게 작용할 것을 너무나 잘 알고 있었습니다. 손해를 볼 것이 분명하지만 케네디는 민권문제에 대한 정의로운 목소리를 냈습니다. 존 F. 케네디의 진정한 용기라 여겨집니다.

존 F. 케네디는 대통령으로서 의사결정을 할 때 하나의 기준을 가지고 있었습니다. 그것은 에이브러햄 링컨이 한 말로 다음과 같은 것이었습니다.

> 무엇을 수용하고 무엇을 거부할 것인지를 결정하는 것은 어떤 것이 악한 것인지 구별하는 것이 아니라 어떤 것이 더욱 악한 것인지 결정하는 것입니다. … 특히 정부 정책에는 선과 악이 함께 맞물려 있어 구분할 수 없는 경우가 대부분입니다.[101]

---

101 김명철 옮김, 「케네디 리더십」, 230~231 재인용.

말하자면 케네디는 어떤 의사결정을 할 때 선과 악을 구분하는 것이 아니라 국가와 국민에게 덜 악한 것을 선택하기 위해 보좌관들과 내각 인사로부터 도움을 받고 최종선택을 하고자 했습니다. 케네디는 '국가와 국민에게 덜 악한 것을 선택하기 위해' 자신 이외의 보좌관이나 내각의 최고 수장을 두지 않았습니다. 케네디는 어떤 보좌관이나 내각의 인물도 대통령 본연의 일을 대신할 수 없다고 보았습니다. 케네디는 대통령만이 최종 의사 결정권을 가지고 있다고 생각했습니다. 그러나 케네디는 자신이 의사결정을 하기 전에 백악관으로 데리고 온 여러 보좌관과 당파를 초월한 내각 인사의 충분한 도움을 받았습니다. 케네디는 보좌관들과 내각 인사의 도움을 받은 후 국가와 국민 나아가 세계 인류를 위해 덜 악한 것이라고 여겨지는 것을 선택했습니다.

　　케네디는 소렌슨이나 오브라이언 같은 참모 보좌관으로부터 어떤 사안에 대한 의사를 결정하기에 앞서 많은 도움을 받았습니다. 백악관 대통령의 집무실은 항상 열려 있었고 참모들은 누구나 열린 문을 통해 대통령과 자유롭게 만날 수가 있었습니다. 케네디의 참모진은 약속하지 않고도 대통령을 자유롭게 만날 수 있었습니다. 케네디는 모든 참모를 모아두고 대규모 회의를 하지 않았습니다.[102] 케네디는 사안에 따른 적절한 개인과 상대하거나 아니면 소규모 회의를 통해 자신의 의사결정에 가까이 다가갔습니다. 케네디는 백악관 집무실을 찾은 보좌관들과 솔직하게 커뮤니케이션을 하기 위해 애를 썼습니다. 사실 대통령이 되기 전에는 자연스럽고 솔직하고 허물이 없는 의견을 내놓던 사람들도 대통령 집무실에 오게 되면 주눅이 들었지만 케네디는 가능한 그들과 솔직한 이야기를 나누고자 했습니다. 케네디는 보좌관이 긴 보고서나 공식적인 서류를 가지고 이야기하지 못하도록 했습니다. 대신 짧은

102　케네디는 내각 전체와 보좌관 전체가 모이는 확대 회의는 거의 하지 않았습니다. 케네디는 이런 회의야말로 시간 낭비라고 생각했습니다. 케네디는 내각 인사에게 "왜 체신장관이 회의에 앉아 라오스문제에 관한 토론을 들어야 합니까?"라고 반문했습니다.

메모나 전화 아니면 얼굴과 얼굴을 마주하고 이야기하는 방식을 취하 도록 했습니다. 이런 과정을 통해 케네디는 어떤 것을 선택해야만 국가 와 국민과 인류를 위한 선택인가를 고민했습니다. 무엇을 선택해야만 덜 악한 것이 될 수 있는가 고민했습니다.

그런데도 케네디는 대통령에 취임하고 얼마 지나지 않은 1961년 4월 초에 신중하지 못한 선택을 했습니다. 4월 4일 케네디는 훗날 이른바 '피그만 사건'으로 알려진 쿠바침공계획을 논의하기 위해 국무장관 딘 러스크, 국방장관 맥나마라, CIA 국장 덜레스를 비롯하여 몇몇 참모들 이 참여하는 회의를 열었습니다. 이 계획은 아이젠하워 정부 때 입안 된 것이었고 막 대통령에 당선된 케네디는 미국과 가까운 곳에 공산주 의 정권이 들어선 것을 몹시도 싫어했습니다. 신임 대통령으로서 케네 디는 참모들의 큰 반대가 없는 회의를 통해 부지불식간에 침공계획을 승인했습니다. 결국 쿠바 망명자들의 쿠바 침공이 실행되었고 결과는 비참하게 실패로 끝이 났습니다. 치욕적인 대가를 치른 케네디는 "내 가 어쩌다 그런 어리석은 계획을 추진했을까?"라고 한탄했지만 돌이 킬 수가 없었습니다. 역사가 아서 슐레진저 2세는 당시 비밀작전회의 를 다음과 같이 표현했습니다.

참모들은 그 계획을 의심하였지만 자칫 '온건파'라는 딱지가 붙는 것을 두 려워했고 또 감히 동료들의 시선을 거스를 수 없었기 때문에 그런 의심을 적 극적으로 개진하지 않았습니다. … 만약 단 한 명의 참모라도 반대했다면 케 네디가 그 계획을 취소했을 것이라 확신합니다.[103]

존 F. 케네디는 피그만사건을 통해 철저한 패배를 경험한 이후 대통

103 김성희, "이제 민주정치의 참모를 생각할 때", 「프레시안」(2019, 2.21), 김성희 정치발전소 상임이 사는 케네디의 쿠바침공계획을 캐스 선스타인(Cass R. Sunstein)의 명제 '근친상간적 증폭(Incestuous amplification)'이라는 개념으로 '같은 편 사람들끼리 같은 의견만 서로 강화해 결국 판단 착오에 이르게 되 는 현상'이라 설명했습니다.

령의 의사결정이 얼마나 중요한가를 다시 생각했습니다. 그 후 케네디는 연속적으로 일어난 베를린 위기, 쿠바 미사일 위기, 흑인 민권문제, 세계평화구상 등의 문제를 해결하는 데 더욱 신중했습니다. 케네디는 어떻게 하면 대통령이 국가와 국민과 세계시민을 위해 덜 악한 선택을 할 것인지 신중하게 고민했습니다. 케네디의 신중함이 그를 성공한 대통령이자 국민을 행복하게 만든 대통령으로 만든 것이 아닌가 생각합니다.

국민을 행복하게 만든 대통령들

혁신하는 자신감

마흔세 살에 역대 최연소 대통령이 된 존 F. 케네디는 그 자체가 혁신이라 할 수 있습니다. 케네디가 대통령에 출마할 것이라 선언했을 때 수많은 사람이 그는 너무 젊고 정치적 경험이 부족하고 가톨릭 신자이며 여성문제가 복잡하다고 내세워 대통령에 당선될 수 없을 것이라 예단했습니다. 하지만 케네디는 이런 문제는 자신이 대통령이 되고 대통령으로서 업무를 수행하는 데 큰 문제가 되지 않을 것으로 생각했습니다. 케네디는 연방 하원의원과 상원의원을 지내면서 나름대로 특별한 분야에서(외교 안보 분야) 풍부한 정치 경험을 쌓았다고 생각했습니다. 또한 어린 나이에도 전쟁영웅으로서 퇴역군인의 신분을 가졌으므로 미국 대통령이 되는 데 필요한 자격을 갖추었다고 생각했습니다. 가톨릭 신자라는 점은 종교는 미국에 대한 충성심을 결정하지 않는다는 확고한 신념으로 문제를 잠재워버렸습니다. 여성 편력 문제는 대부분 케네디가 죽은 이후에 폭로된 것들이었고 간간이 흘러나오는 것 역시 큰 문제가 되지 않았습니다. 모든 문제를 극복하고 미국 민주당 대통령 후보로 확정되었을 때 케네디는 확실한 혁신의 아이콘을 내놓았습니다.

지금 세계는 변하고 있습니다. 구시대는 막을 내리고 있습니다. 낡은 방식은 통하지 않습니다. … 오늘 우리는 새로운 프런티어의 가장자리에 서 있습

니다. … 내가 말하고 있는 프런티어는 약속이 아니라 일련의 도전입니다.[104]

케네디가 대통령에 도전하던 1959년과 1960년의 미국은 겉으로 보기에는 평화, 번영, 안정이 보장되는 것처럼 보였습니다. 하지만 조금만 껍질을 벗기고 안을 들여다보면 누구든지 겉으로는 분열과 대립이 강화되어가고 국내적으로는 불화와 반목이 심화하여 가고 있음을 확인할 수 있습니다.

가장 중요한 것으로 2차 세계대전 이후 '냉전'의 골이 더욱 깊어져 가고 있었습니다. 얄타회담에서 프랭클린 루스벨트의 미국의 핵 독점에 대한 속내의 자부심은 불과 몇 년이 지난 1949년에 산산이 조각이 나버렸고, 또 다른 4년 후에는 소련이 수소폭탄을 완성해 미국의 핵 능력을 능가하는 수준이 되었습니다. 또한 핵무기로 무장한 냉전의 당사국끼리 대리전 성격이 된 한국전쟁에서 미국인이 무려 3만 3천 명이나 사망했습니다. 스탈린을 뒤이어 소련의 수장이 된 흐루시초프는 "소련이 서방을 생매장할 것"이며 미국 부통령이던 닉슨에게 "당신의 손자는 공산주의 체제에서 살게 될 것이요"라는 등의 허풍을 떠들었습니다.[105] 시간이 지나면서 흐루시초프의 허풍을 뒷받침해 주는 일이 일어났습니다. 소련이 미국을 앞서 지구궤도 인구 위성을 성공적으로 발사해서 미국뿐만 아니라 전 세계를 놀라게 했습니다. 1950년대를 보내면서 미국이 대외적으로 신경을 곤두세워야 하는 것은 소련뿐만이 아니었습니다. 엄청난 무역 시장이었던 중국이 1949년에 공산화되었고, 미국 바로 밑에 있는 쿠바 역시 공산화가 되었습니다. 여기에 더하여 오랫동안 아시아와 아프리카의 영국과 프랑스의 식민지였던 19개국이 독립하여 유엔에서 투표권을 행사했습니다. 문제는 이들 국가가 미국

---

104   JFK, Acceptance Speech(July 15, 1960).

105   김명철 옮김, 「케네디 리더십」, 27.

중심의 자유시장경제보다 통제적인 사회주의 경제체제를 더욱 옹호하고 있었다는 점이었습니다. 이런 상황 속에서 전쟁의 잔혹함을 몸소 경험했던 케네디는 세계평화에 대한 필요성을 누구보다도 강하게 느끼고 있었습니다.

대내적으로는 1세기 전 링컨이 노예해방을 선언하고 연방헌법에서 차별을 금지했지만 "분리하되 평등하면 된다(separate but equal)"라는 연방대법원 판결[106] 이후 아프리카계 미국인들에 대한 차별은 여전했습니다. 흑인의 민권투쟁은 두 전쟁을 지내면서 겉으로 드러나지 않았지만 잠재적 힘은 차곡차곡 적재되고 있었습니다. 1954년이 되자 연방대법원은 인종에 따른 분리는 "본질적으로 불평등하다(inherently unequal)"라는 판결[107]을 내려 흑인들의 민권운동의 새로운 장이 열리게 되었습니다. 흑인들은 미국 사회 곳곳에 만연해 있는 인종분리정책에 도전했습니다. 흑인들의 도전은 학교, 버스, 기차, 주유소 등에서 차별정책에 도전하여 대법원판결을 시험했습니다. 분열과 대립이 계속되는 가운데 케네디는 개인적으로 흑인들을 동정하고 있지만 남부 백인들의 표를 의식하지 않을 수 없었습니다.

케네디가 대통령이 되면서 말한 "새로운 프런티어"는 바로 이 두 가지 문제 - 전쟁이 아닌 평화로운 세상을 만들고, 평등한 사회를 만들기 위한 문제 - 를 해결하기 위한 혁신적인 생각이자 도전이었습니다.

케네디는 어린 시절부터 기존 규칙, 권위, 관행 등에 도전하고 이를 깨트리는 것을 두려워하지 않았습니다. 케네디가 엘리트 기숙학교 초트에 다닐 때의 일이었습니다. 이 학교의 학교장인 조지 세인트 존은 매우 엄격하여 규칙과 규제를 앞세웠습니다. 세인트 존은 학업 성적뿐만 아니라 운동과 생활의 모든 면에서 모범적인 모습을 보여주고 있는

---

106   Plessy v. Ferguson(1896).

107   Brown v. Board of Education of Topeka(1954).

조셉 케네디 주니어를 항상 동생과 비교하여 평가했습니다. 형과 비교해 성적도 운동도 별로이고 규칙도 잘 따르지 않는 존 F. 케네디는 세인트 존이 볼 때 별 쓸모가 없었습니다. 어느 날 교장선생은 존 F. 케네디를 포함한 몇 명의 학생을 '망나니'로 칭하고 학교 규칙을 따르지 않으면 추방하겠다고 말했습니다. 이에 존 F. 케네디는 망나니로 지명된 몇 명 학생들을 모아 '망나니 클럽'이라 부르고 교장이 싫어하는 행동을 계속했습니다. 화가 난 교장은 주모자가 존 F. 케네디라고 생각하고 당시 워싱턴 증권거래위원회 위원장인 아버지 조셉 케네디 주니어를 불러 아들의 행동을 비난했습니다. 세인트 존은 존 F. 케네디를 큰아들과 비교하면서 이 두 아이가 같은 집안에서 태어났다는 것을 믿기 어렵다고 말했습니다. 아버지 조셉이 교장선생에게 어떤 영향력을 행사했는지 모르지만 존 F. 케네디는 조트에서 퇴학을 당하지 않았습니다. 이때의 경험으로 존 F. 케네디는 "권위에 도전하기를 두려워하지 않고 위협에 따르지 않는 태도"를 배웠습니다.[108]

정치를 시작하면서 존 F. 케네디는 기존의 정치인들이 추구한 길을 거부했습니다. 정치가가 되고자 하는 사람들의 일반적인 길은 해당 지역구에서 기초적인 일부터 하며 열의와 충성을 보여 겨우 당으로부터 인정을 받아 시 위원회나 주의회 후보로 지명받는 것이었습니다. 하지만 겨우 스물여덟 살에 불과했던 케네디는 기존방식을 거부하고 자신만의 방법을 채택했습니다. 우선 존 F. 케네디는 당 조직에 의존하는 대신 자신만의 조직을 구성하여 유권자들을 직접 만났습니다. 케네디가 선택한 지역구 역시 돈 많은 상류계층에서 유리한 지역구가 아니라 전통적으로 노동자 계층이 많은 매사추세츠주 11번 지역구였습니다. 케네디가 11번 지역구를 선택한 이유는 그곳의 유권자들 대부분이 자신과 같은 전쟁 참전용사라는 점이 크게 작용했습니다.

---

108 김명철 옮김, 「케네디 리더십」, 46.

직접 거리로 나간 케네디는 11번 지역구의 모든 지역의 집회장, 공장, 선술집, 부두 등 그동안 정치인들이 다소 외면했던 곳을 찾아다니며 "저는 존 F. 케네디입니다. 저는 하원에 출마했습니다"라고 하며 자신을 홍보했습니다. 건강이 좋지 않은 상태에서 나이가 어리고 기존 정치세력의 반대가 극심했음에도[109] 불구하고 존 F. 케네디는 케네디와 피츠제럴드라는 가문의 후광, 매력적인 외모, 임기응변 등으로 유권자들을 직접 만났습니다. 케네디는 유권자를 상대로 일방적인 연설을 하는 기존의 방식을 버리고 자신의 연설은 짧게 하고 그들과 질의응답을 하는 방식을 선택했습니다. 케네디의 연설방식은 대중을 상대로 일방적으로 유창하게 외치는 연설과는 확연히 달랐습니다. 나아가 케네디는 대중을 상대로 하는 연설보다 유권자 개개인과 접촉하는 것이 훨씬 효과적이라 생각했습니다. 시간이 허락하는 한 많은 행사에 참석했고 그때마다 유권자들과 소통했습니다. 때로는 그저 평범한 이웃집을 빌려 하우스 파티를 열어 유권자들과 직접 만나 악수를 하고 담소를 나누었습니다.[110] 평생 가더라도 손을 잡아 보기는커녕 얼굴도 제대로 보지 못했던 지역의 유권자는 케네디에게서 기존 정치인과 다른 무엇을 느꼈습니다.

존 F. 케네디를 유능한 정치가로 만들기 위해 온 힘을 쏟은 것은 비단 아버지 조셉뿐만이 아니었습니다. 케네디가의 여성들이 중심이 된 공식적인 다과회는 케네디가 선거운동에 도입한 또 하나의 새로운 방식이었습니다. 어머니와 누이들은 상층여성들은 물론 부두 노동자와 트럭 노동자의 부인들까지 거의 모든 여성 유권자를 공식적인 다과회

109　케네디가 하원에 출마한다고 선언했을 때 민주당 관계자들이나 민주당 출신 공무원과 관리들은 단 한 명도 케네디를 지지하지 않았습니다. 지역의 경찰서와 소방서 등 여러 공공기관은 케네디에게 선거유세를 할 수 있는 시간과 장소를 배려해 주지 않았습니다. 그뿐만 아니라 아버지 조셉이 소유한 지역 언론을 제외하고 모든 언론은 케네디를 긍정적으로 평가하지 않았습니다.

110　아버지 조셉의 막강한 재산으로 선거운동의 예산은 넉넉했습니다. 파티의 음식은 최고급이었고 장소 제공 대가는 100달러로 당시 근로자 임금의 2주 치에 해당했습니다.

에 수시로 초대했습니다. 초대된 여성 유권자들은 한껏 차려입고 흰 장갑을 끼고 유명한 케네디 가문의 여성들과 어울려 담소하는 것을 큰 영광으로 생각했습니다. 그래서 다과회에 참석했던 여성 유권자 중 다수가 스스로 자원봉사자가 되어 활동하기를 원했습니다. 1952년 케네디가 헨리 로지를 상대로 연방 상원의원에 도전하여 승리했을 때도 하원의원이 승리할 때와 같은 방법을 사용했습니다. 든든했던 지역구에서 풋내기 주자인 케네디에게 왜 패배했는가를 묻자 로지는 "그 빌어먹을 다과회 때문에 졌습니다"라고 퉁명스럽게 말했습니다.[111] 이러한 선거운동 방식은 1960년 대통령 선거 때에도 이용되었습니다.

선거운동에서 케네디는 기성 정치인들과 다르게 누구보다도 일찍 시작했고 성실했으며 부지런했습니다. 케네디가 공직에 나서기 전에는 다소 게을러 새벽 일찍 일어난다는 것은 생각도 할 수 없었습니다. 특히 만성적인 척추병과 애디슨병으로 인하여 아침마다 침대 신세를 져야만 했습니다. 하지만 선거운동을 시작하자마자 그는 매일 아침 일찍 일어났고 저녁 늦은 시간까지 일했습니다. 케네디의 성실함은 의원에 출마했을 때뿐만 아니라 대통령 선거에 임해서도 마찬가지였습니다. 케네디는 시간이 허락하는 한 마을과 도시를 방문하여 사람들과 악수하고 연설했습니다.

존 F. 케네디가 선거와 정치를 하면서 새롭게 도입한 시스템이 있습니다. 그것은 존 바네스가 "정치적 셰르파"라고 말한 것인데 케네디는 산악인들이 히말라야의 산을 등정할 때 셰르파를 고용하여 도움을 받듯이 그 지역 정치 셰르파를 고용하여 선거뿐만 아니라 정치 생활 내내 도움을 받았습니다.[112] 제일가는 셰르파는 아버지 조셉의 사촌인 조 케인으로 보스턴에서 정치가로 잔뼈가 굵었던 그는 존 F. 케네디를 정

---

111   김명철 옮김, 「케네디 리더십」, 52.
112   김명철 옮김, 「케네디 리더십」, 56.

치 세계로 인도한 사람이었습니다. 얼마 후 케인은 공군 장교 출신의 데이비드 파워스를 합류시켰습니다. 케인은 불굴의 에너지로 케네디의 모든 선거를 챙겼을 뿐만 아니라 대통령 특별 보좌관으로 일을 했습니다. 이즈음 케네디의 동생인 로버트 케네디의 친구 케네스 오도넬도 정치 셰르파로 합류했습니다. 오도넬은 선거와 그 후 정치에서 케네디의 모든 의전을 보좌하는 역할을 했습니다. 1946년 첫 선거가 서툴 수밖에 없는 케네디를 승리로 이끈 것은 이들 셰르파의 정치적 조언 – 현장은 물론 평범한 사람들의 집을 일일이 찾아다니며 신분과 직업에 구애받지 않고 모든 유권자와 대화하는 – 때문이었습니다. 이들을 뒤이어 오브라이언, 샐린저, 그리고 소렌슨 등의 정치 전문 셰르파들이 케네디 캠프에 합류했습니다. 그들은 케네디가 상원의원이 되고 나아가 대통령이 되는 데 결정적인 영향을 주었을 뿐만 아니라 케네디가 대통령으로 성공의 길을 갈 수 있도록 보좌해 주었습니다. 오늘날 대통령들은 보좌관이나 비서관 시스템이 일반화되고 또 비대해져 있지만 이런 시스템은 케네디가 처음이었습니다.

이외에도 존 F. 케네디는 기존 정치인들이 생각지도 못한 여러 가지 방법을 선거에 활용했습니다. 할리우드 영화산업에도 관여했던 아버지 조셉의 도움으로 존 F. 케네디는 각종 언론을 적극적으로 활용했습니다. 케네디는 PT -109함 정의 함장으로 전쟁에서 죽을 고비를 넘긴 이야기를 가장 유명한 잡지 중 하나인 「리더스 다이제스트」에 대서특필했습니다. 또한 대중적인 영향력이 있는 「룩」과 「라이프」라는 잡지는 케네디의 프로필뿐만 아니라 시시콜콜한 내용 – 옷 등의 외모, 머리 스타일, 말솜씨, 유권자를 만나는 태도 등 – 까지 자주 보도했습니다. 경쟁자들이 케네디의 여론몰이를 부자 아버지의 음덕이라 말했지만 케네디를 정치 스타로 만드는 데 언론의 영향력은 대단했습니다.

지금까지 미국 역사에서 가톨릭 신자가 대통령에 당선된 적은 없었습니다. 하지만 아일랜드 이민의 후손으로 가톨릭 신자였던 케네디는 종교가 애국심을 결정하지 못한다는 생각으로 가톨릭 신자도 미국 대통령이 될 수 있다고 생각했습니다. 거의 모든 사람이 미국 대통령은 당연히 프로테스탄트 신자만이 될 수 있다고 생각한 것에 반해 케네디는 다르게 생각했습니다.

"새로운 프런티어"를 외치면서 대통령이 된 존 F. 케네디는 대통령으로서 두 가지 면에서 기존의 대통령들이 하지 못한 일을 해냈습니다. 그것은 단순한 변화가 아니라 미국과 세계가 더 나은 세상으로 발전해가는 데 필요한 혁신적인 생각을 실천에 옮긴 것이었습니다.

하나는 세계평화에 관한 일이었습니다. 2차 세계대전 이후 미국과 소련이 핵무기를 통해 서로가 상대방보다 우위에 있음을 경쟁했습니다. 당시 거의 모든 정치가(미국은 미국대로 소련은 소련대로)는 경쟁에서 이기는 것에 집착했습니다. 특히 중국의 공산화, 예측하지 못한 소련의 미국보다 더욱 강력한 핵무기 개발, 미국을 앞지른 우주개발, 미국과 인접한 카리브해지역과 동남아를 비롯한 세계 여러 지역의 공산화가 진행되는 가운데 미국 내 강경 군부 세력은 젊고 경험이 부족한 새로운 대통령에게 더욱 강력한 군사 정책을 요구했습니다. 하지만 케네디는 전쟁의 실상을 누구보다도 잘 알고 있었습니다. 케네디는 전쟁이 주는 비극을 몸소 경험하기도 했습니다. 정치가가 되고, 상원·하원 의원이 되고, 궁극적으로 미국의 대통령이 된 시점에 세계는 핵무기로 무장하여 지난 전쟁과는 비교도 할 수 없는 비극으로 인류를 파멸로 끌고 갈 수 있음을 케네디는 직감했습니다. 그런데도 세계는 막무가내식 경쟁 속에서 냉전으로 치닫고 있었고, 실제로 3차 세계대전이 일어날 수 있는 위협, 그것도 핵무기가 동원된 인류파멸의 길로 치달을 수 있는 위협이 있었습니다.

분열과 대립과 위협이 남아 있는 상태에서 대통령이 된 존 F. 케네디는 서로가 상대를 이기는 길을 선택한 것이 아니라 상대를 인정하고 공존하는 길을 선택했습니다. 그것이 대통령으로서 해야 할 일이라고 생각했습니다. 케네디는 핵무기를 사용한 전쟁은 이기든 지든 인류를 파멸의 길로 이끄는 길임을 너무나 잘 알고 있었습니다. 대통령에 취임한 지 얼마 지나지 않은 시점에 발생한 피그만 침공, 베를린 장벽 위기, 쿠바 미사일 위기의 이면에는 항상 전쟁 발발과 핵무기 사용의 위기가 존재했습니다. 사건이 일어날 때마다 군사적 해결이 아니라 대화를 통한 외교로 해결하고자 하는 대통령을 향해 강경파의 비난과 비웃음이 쏟아졌지만 케네디는 국가를 전쟁의 화염으로, 인류를 핵무기의 비극으로 끌고 가는 것보다 자신이 비난받고 비웃음을 사는 길이 더 낫다고 생각했습니다. 케네디는 문제해결을 위해 모든 선택지를 사용한 후 마지막으로 전쟁을 선택해야 할 것으로 알고 있었습니다. 1962년 10월 쿠바 미사일 위기를 슬기롭게 극복한 케네디는 소련과 더 좋은 관계를 유지하고 핵전쟁의 위협을 줄이기 위해 고심했습니다. 그의 고심은 1963년 6월 10일 아메리칸대학 졸업식 축하 연설에서 구체화되어 나타났습니다.

세계평화란 지역사회의 평화와 같은 것이기 때문에 모든 사람이 모든 이웃을 사랑할 필요는 없습니다. 그저 모든 사람이 서로 간의 분쟁을 공정하고 평화로운 방법으로 해결하도록 하고 서로의 관용 속에 함께 살아가는 것만을 필요로 합니다. 우리가 지난 역사를 통해 알 수 있듯이 국가 간의 적대관계란 개인 간의 적대관계와 마찬가지로 영원히 지속되는 것이 아닙니다. 아무리 좋고 싫음이 정해져서 영원히 계속될 것처럼 보일지라도 세월이 흐르면 국가 간의 관계와 이웃 간의 관계는 놀랍게 변화해 갈 것입니다. 그러므로 우리는 끈기 있게 평화를 추구해야 합니다.[113]

당시 많은 사람이 냉전이라는 경쟁과 대립만 생각했을 때 존 F. 케네디는 냉전의 종식을 생각했습니다. 케네디는 적어도 서로를 인정하고

---

113 JFK, "A Strategy of Peace", Speech at American University(June 10, 1963).

평화를 유지하는 데탕트(긴장완화)를 생각하고 이를 위해 노력했습니다. 이미 살펴보았듯이 이후 케네디는 세계평화 구상을 실현하기 위해 건강의 위협에도 불구하고 빡빡한 유럽 여행을 소화했으며 미국과 유엔에서 연설했습니다. 케네디의 세계평화를 위한 헌신적 노력은 소련의 백전노장 흐루시초프를 설득했고 결국 핵무기 감축과 평화협상을 이끌었습니다. 냉전 속에서 전쟁이 아니라 평화를 달성할 수 있다는 케네디의 혁신적 생각이 실현된 것입니다.

다른 하나는 아프리카계 미국인(흑인)들의 민권에 관한 것입니다. 링컨의 노예해방선언 이후 100년이 지났지만 흑인에 대한 사회적 차별은 그대로였습니다. 연방대법원의 분리 정책이 위헌임을 판결했음에도 남부를 중심으로 흑인에 대한 분리 관행은 여전했습니다. 케네디는 어릴 적부터 흑인들의 처지를 동정했습니다. 부잣집 도령으로 자랐지만 미국 사회에 만연했던 '아일랜드인 금지'나 '가톨릭 신자들에 대한 편견'을 경험한 적이 있는 존 F. 케네디는 차별받는 사람들의 처지에 동병상련의 감정을 품었습니다. 대통령 출마를 선언하고 나서 케네디는 흑인에 대한 차별정책으로 이른바 '제3세계 국가'로 급부상하고 있는 아시아와 아프리카의 여러 국가가 미국에 좋지 않은 이미지를 가지지 않을까 염려했습니다. 또한 허풍 떨기를 좋아하는 소련의 흐루시초프가 유엔을 비롯한 국제사회에서 미국의 인종차별문제를 크게 부각할 것이라고 생각했습니다.[114]

아무튼 대통령 출마를 선언하고 나서 케네디는 마틴 루터 킹 목사를 사적으로 만나 인종차별에 대한 자신의 의견을 말했습니다. 케네디는 급기야 후보지명 약 한 달 전에 흑인의 민권운동을 다루면서 날이 갈수록 힘이 막강해지는 전미유색인지위향상협회(NAACP) 총회에서 자

---

114 국내문제보다 외교·안보 문제에 더 많은 관심과 전문 지식을 가지고 있었던 존 F. 케네디는 이 문제를 국제적인 외교문제로 보았습니다.

국민을 행복하게 만든 대통령들

신이 대통령이 되면 인종차별문제를 백악관 차원으로 다룰 것이라 말했습니다.

저는 저의 견해가 분명하기를 원합니다. 저는 우리 당이 시민권을 포함한 모든 문제를 용기와 솔직함으로 말하기를 원합니다. 저는 기복적인 원칙을 타협하고 싶지 않습니다. 저는 기본적인 논쟁으로부터 피하고 싶지 않습니다. 저는 이 나라 어느 곳에 사는 어떤 미국인이라도 2급 시민으로 취급받기를 원하지 않습니다. … 우리는 이 나라의 한 부분(남부를 지칭)에서 시민권의 거부에 대한 우려를 표명하고 있습니다. 이 나라의 다른 지역에 있는 클럽과 교회와 여러 이웃에게서 발견되는 미묘한 차이는 있지만 우리는 결국 똑같은 사악한 형태의 차별을 간과하지 않을 것입니다. 우리의 임무는 어떤 사람도 인종차별로 고통을 당하지 않는 사회라는 미국의 비전을 우리나라 모든 곳의 현실로 바꾸는 일입니다. 이는 모든 미국인은 공공 생활의 모든 면 - 투표소, 학교, 일, 주택, 점심 카운트를 포함한 모든 편리 시설 - 에 평등한 접근을 보장받아야 한다는 것을 의미합니다. … 백악관의 도덕적 권위는 책임을 인식하는 모든 인종과 모든 지역의 사람에게 지도력과 영감을 고취해야만 합니다. 그리고 백악관의 막대한 법적 권한은 모든 헌법적 권리의 시행, 투표권의 보호, 학교의 인종차별 철폐에 대한 요구의 완성, 그리고 정부 자체에 있는 차별 - 공공 계약, 모든 연방 주책 프로그램 등 - 을 끝내기 위해 사용되어야만 합니다.[115]

케네디는 선거운동 기간 내내 흑인을 동정했고 그들의 권익을 위해 힘을 썼습니다. 하지만 케네디의 노력은 흑인의 권익을 옹호하는 다른 사람에 비해 조금 더 강도가 높은 것에 불과했습니다. 말하자면 말의 잔치로 그치는 면이 없지 않았는데 선거를 얼마 앞두고 케네디가 행동할 수밖에 없었던 일이 일어났습니다. 1960년 10월 19일 마틴 루터 킹

---

115 Remarks of Senator John F. Kennedy at NAACP Rally, Los Angeles, California(July 10, 1960).

목사가 구속되는 일이 일어났습니다.[116] 이는 선거를 앞두고 케네디의 흑인에 대한 태도를 가늠하는 잣대가 되었습니다. 킹은 곧바로 시 구치소에서 조지아주 주립 교도소로 이감되었습니다. 킹의 아내 코레타 스콧은 당시 임신 5개월째였고 남편이 죽을지도 모른다는 공포에 휩싸여 있었습니다. 그녀는 민권운동 변호사로 남편과 친하게 지내면서 케네디 캠프에서 선거를 돕고 있었던 해리스 워퍼드에게 전화를 걸어 남편 킹의 석방을 주선해 달라고 요구했습니다. 워퍼드는 같은 민권운동을 했던 케네디가인 사전트 슈라이버에게 전화를 걸어 케네디의 격려와 지원을 부탁했습니다. 하지만 남부의 표를 의식하지 않을 수 없었던 케네디 캠프의 주요 인물들 - 오도넬, 셀리저, 소렌슨, 오브라이언, 로버트 케네디 등 - 은 중요한 시점에 문제에 관여하는 것은 바람직하지 않다고 생각을 했습니다. 이에 슈라이버는 은밀히 케네디를 직접 만나 킹의 아내와 통화해 달라고 간곡히 부탁했습니다. 케네디는 정치적 계산을 하지 않은 것은 아니지만 즉시 킹의 아내에게 전화를 걸어 힘이 닿는 대로 남편을 돕겠다고 말했습니다. 곧 이 사실을 확인한 로버트 케네디는 판세가 오락가락하는 남부에서의 표를 걱정해 화를 냈지만 개인적으로는 킹의 징역형의 부당성에 분노하고 있었습니다. 로버트는 킹을 재판한 판사에게 전화를 걸어 킹의 석방을 요구했습니다. 로버트의 전화로 킹은 곧바로 석방되었습니다.[117] 그 후에도 케네디 형제는 킹에게 자주 전화를 걸었습니다. 그 결과 케네디는 흑인 유권자들에게서 우위를 점할 수 있었고 박빙이었던 델라웨어, 일리노이, 미시간, 뉴저지, 사우스캐롤라이나에서 승리를 견인할 수 있었습니다.

그런 중에 대통령 선거는 치러졌고 케네디는 근소한 차이로 닉슨을

---

116 킹은 조지아주 애틀랜타의 백화점에 있는 식당에서 인종차별 철폐를 위한 항의 시위를 하다가 구속되어 4개월의 중노동 징역형을 선고를 받았습니다. 킹이 몇 달 전 대수롭지 않은 교통사고로 집행유예를 받은 상태에서 법을 다시 위반하여 가중처벌을 받았습니다.

117 Harris Wofford, *The Kennedys and Kings*(New York: Farrar, Straus & Giroux, 1980), 13-26 요약.

이겼습니다. 이제 대통령이 된 케네디는 남부 민주당 의원은 물론 남부 백인우월주의자를 인식할 수밖에 없었습니다. 케네디는 취임사에서 인권문제를 두루뭉실하게 말했습니다.

이 나라가 언제나 전념해 왔고 또 오늘 우리가 국내에 그리고 전 세계에 걸쳐서 전념하고 있는 인권이 서서히 말살되어 가는 것을 그대로 지켜보거나 방치하지 않을 것입니다.[118]

케네디는 킹 목사를 취임식에 초청도 하지 않았을 뿐만 아니라 3월 6일 법무장관 로버트 케네디가 주최한 민권운동가들과의 회동에도 초청하지 못했습니다. 대통령에 취임하고 나서 사실상 정치적 부담을 느끼면서 케네디는 거의 3년 이상 이 문제(흑인 민권문제)에 관해 명확하게 태도 표명을 하지 않고 있었습니다. 케네디는 공공주택에 대한 차별을 서명 한 번으로 끝내겠다는 약속도 미루기만 했습니다.[119] 이렇게 되자 케네디는 "어쩌다가 내가 펜 놀림 한 번을 약속했더란 말인가"라고 투덜거리기도 했습니다.[120] 킹 목사는 인권문제에 대해 침묵하고 미루기만 하는 케네디를 향해 "새 행정부는 아무리 과감하게 덤벼든다 해도 기껏해야 인종차별 철폐에 생색이나 내는 뻔한 수준에 그칠 것입니다"라고 예측했습니다. 또한 인종평등회의의 창설 회원인 베이어드 러스틴은 "케네디는 분명 우리가 모처럼 맞이한 가장 영리한 정치인"이라고 비난했습니다. 나아가 그는 케네디의 흑인에 대한 태도를 다음과 같이 평가했습니다.

우리가 케네디에게서 득을 본 게 있다면 그것은 모두 객관적 상황과 정치

---

118 Inauguration of John F. Kennedy(January 20, 1961).
119 화가 난 흑인들은 수백 자루의 펜을 우편으로 대통령에게 발송하는 무언의 항의를 했습니다.
120 Wofford, *The Kennedys and Kings*, 169–170.

적 필요에서 우러나왔을 뿐입니다. 그것은 결코 존 F. 케네디의 진심에서 비롯된 것이 아닙니다. 그는 일종의 '반응 기계'였던 것입니다.[121]

이와 같은 평가에 불편함을 느낀 케네디는 대통령 취임 이후부터 10월까지 '민권의 진척 경과에 관한 개요'를 발표했습니다. 주요 내용에는 그동안 대통령으로 예전의 어느 기관보다 막강한 집행 권한을 보유한 '고용기회평등위원회'를 설치했다는 점, 이 위원회의 설득과 권유로 50대 정부도급업체의 절반가량이 흑인 종업원을 고용했다는 점, 또 연말까지 50대 도급업체 전체가 '차별철폐 조처' 시책에 참여한다는 점, 그동안 탁월한 흑인 50명 이상이 정책 입안을 담당하는 행정부 고위직에 고용된 점, 법무부는 투표권과 관련해 12건의 소송을 이미 제기해 놓은 상태이고 적절한 모든 방법을 동원해 흑인 유권자들을 선거인으로 등록하고 투표하려는 노력을 뒷받침하겠다는 약속, 또 행정부 차원에서 남부 전역에 걸쳐 학교 인종차별 철폐를 관철하기 위해 법적 조치를 취하고 있다는 점, 그리고 행정부 차원에서 향후 1년 이내에 국내 전역 주(州)간 버스와 열차와 항공편에서 인종차별과 여타 방식의 차별을 종식하겠다는 의지 등이 포함되어 있었습니다.[122]

그런데도 케네디는 민권운동 지지자로부터 완전하게 지지를 받지 못하고 있었습니다. 그런 중에 민권운동가들이 주간 교통수단에서 인종차별을 철폐하겠다는 실험에 나섰습니다. 5월 초 인종평등회의 소속 회원 흑인과 백인으로 구성된 13명이 워싱턴 D.C.에서 그레이하운드 버스와 트레일웨이 버스를 타고 뉴올리언스로 향했습니다. 하지만 앨라배마에서 백인우월주의 집단인 KKK단이 주동하여 이 프리덤 라이드(Freedom Ride)의 버스를 불태우는 등 일련의 폭력 사태가 발생했습

---

121 정능조 옮김, 「케네디 평전」, 746 재인용.

122 정능조 옮김, 「케네디 평전」, 749~750 재인용.

국민을 행복하게 만든 대통령들

니다. 케네디는 이들을 보호하기 위해 앨라배마 주지사 존 패터슨에게 전화를 걸었지만 통화가 되지 않았습니다. 법무장관 로버트 케네디가 연방군을 파견할 수밖에 없다고 경고했습니다. 결국 연방 보안관 50명이 투입되었고 사건은 마무리되었습니다. 1962년 9월에 흑인 인권문제에 대한 케네디의 결단을 요구하는 또 다른 사건이 발생했습니다. 제임스 메러디스라는 흑인 참전용사가 미시시피대학에 등록하겠다는 의사를 밝혔습니다. 하지만 그때까지 단 한 명의 흑인도 미시시피대학의 입학을 허용하지 않았던 상태에서 메러디스의 등록은 거부될 것이 뻔했습니다. 케네디는 주지사 로스 바넷에게 전화를 걸어 입학을 허용한 연방법원의 판결에 따라주기를 바란다고 말했습니다. 하지만 메러디스가 교문에 도착했을 때 폭력은 불가피했고(2명이 죽고 다수가 상처를 입었습니다.) 연방경찰이 도착하고 난 뒤에야 사태가 안정되었습니다. 이듬해 6월 이웃 앨라배마주에서도 2명의 흑인 학생을 앨라배마대학에 등록하겠다고 선언했습니다. 지난 선거에서 새롭게 당선된 주지사 조지 월리스는 극단적 인종차별주의자로 흑인이 대학에 등록하지 못하도록 대학 문을 막겠다고 말했습니다. 케네디는 월리스에게 흑인 학생의 입학을 부탁했지만 그는 대학 캠퍼스에서 평화를 확립하기 위한 어떠한 보장도 할 수 없다고 말했습니다. 케네디는 입학식 날인 6월 11일 아침에 보좌관들에게 "이 사람에게 숙이고 갈 수는 없습니다"라고 말하고 주 방위군을 연방정부의 지휘 아래 있도록 조처했습니다. 만약 주 방위군이 말을 듣지 않으면 연방 군대를 파견할 준비를 했습니다. 이에 월리스는 대학 건물 앞에서 연방 권력이 남용되고 있다고 비난한 뒤 사라졌습니다. 그런 와중에 킹 목사는 남부 전역에서 더 많은 시위를 벌였으며 수백 명의 흑인이 경찰들의 공격을 받고 쓰러져 갔습니다. 비비안 멜론과 제임스 후드라는 학생이 등록을 마쳤습니다. 그날 저녁 케네디는 이제야말로 인권과 관련하여 무엇인가를 말해야 할 때라고 생각했습니다. 케네디는 지금까지 그 어떤 대통령도 말하지 않았던 혁신적인 양심의 목소리로 흑인들의 인권에 대해 말했습니다.

우리나라는 다양한 국적과 배경을 가진 사람에 의해 건국되었습니다. 모든 사람이 평등하게 창조되었으며 우리나라는 어떤 사람의 인권이 위협받을 때 다른 모든 사람의 인권 역시 억제된다는 원칙을 밑바탕에 두고 있습니다. … 오늘날 우리는 자유를 원하는 모든 사람의 권리를 보호하고 촉구하기 위해 전 세계적으로 투쟁하고 있습니다. 베트남이나 서베를린에 가는 미국인은 백인만이 아닙니다. 그러므로 미국 학생은 피부색에 상관없이 자신들이 선택한 공립학교에 공권력의 보호 없이도 갈 수 있어야 합니다. … 그런데도 흑인은 충분히 교육 기회를 받지 못하고 있으며 … 만약 어떤 미국인이 피부색이 검다는 이유로 대중음식점에서 점심을 먹을 수 없거나, 자신의 자녀를 최고의 공립학교에 보낼 수 없거나, 자신을 대표해 줄 공직자에게 투표할 수 없다면, 간단히 말해 우리가 모두 원하는 충만하고 자유로운 삶을 즐길 수 없다면, 우리 중 누가 그들의 처지에 있을 때 그런 대접을 받고 싶어 하겠습니까? … 저는 이제 더 광범위한 연방 민권법 제정을 요구합니다. 투표권은 물론 호텔, 음식점, 극장, 상점, 학교 등 공공장소를 누구나 평등하게 이용할 수 있도록 보장하는 그런 법 말입니다.[123]

‘피부색을 구별하지 않는’ 사회를 요구한 존 F. 케네디의 혁신적인 발언은 그동안 그를 의심했던 킹 목사를 비롯한 흑인 대다수를 감동하게 했습니다. 불행히도 그의 죽음으로 그가 제안한 민권법은 후임자 린든 존슨에 의해 법안으로 만들어졌지만 그들이 진정 듣고 싶었던 목소리를 들려준 사람은 존 F. 케네디였던 것입니다. 그 후부터 오늘날까지 대부분의 흑인 집과 사무실에는 마틴 루터 킹과 존 F. 케네디의 초상화가 나란히 전시되어 있습니다. 존 F. 케네디는 혁신적 사고와 행동으로 약 1천 일의 백악관 생활을 통해 로버트 댈럭이 말하는 "불화와 반목이

123　Civil Rights Speech by John F, Kennedy(June 11, 1963).

덜한 나라, 분열과 대립이 덜한 세계의 꿈"을 선연히 불어넣어[124] 미국
국민과 세계시민을 행복하게 만든 인물이었습니다.

124 정능조 옮김, 「케네디 평전」, 1306.

어떤 손해를 보더라도 케네디의 용기 있는 행동

진정한 흑백통합을 이루고자 노력한 양심의 케네디

이른바 '와스프(WASP, White Anglo Saxon Protestant)'는 미국 사회의 주류를 의미합니다. 존 F. 케네디는 백인이기는 하지만 앵글로 색슨도 아니고 프로테스탄트도 아니었습니다. 케네디의 조상은 아일랜드인으로 가톨릭 신도였습니다. 그 때문에 케네디의 조상은 미국에 이민을 오고 난 후 흑인(아프리카계 미국인)들에 대한 차별 못지않은 차별적 대우를 받았습니다. 그래서 케네디 조상들은 어떻게 해서라도 경제적·사회적으로 성공하여 차별을 극복하고 주류사회의 일원이 되고자 했습니다. 노력의 결과 케네디의 할아버지와 아버지는 많은 사람이 부러워할 정도의 성공을 거두었습니다. 특히 케네디의 아버지 조셉 케네디는 하버드대학을 졸업하고 은행업, 증권, 주식, 부동산 등 다양한 사업을 통해 막대한 부를 쌓았고 프랭클린 루스벨트 대통령 때는 영국주재 미국대사까지 지냈습니다. 존 F. 케네디는 아버지의 막강한 재산과 정치적 영향력 아래 성장하면서 그가 아일랜드 후손이라고 해도 할아버지와 아버지가 겪은 만큼의 주류사회 차별대우를 잘 경험하지 못했습니다. 유복한 백인 뉴잉글랜드 출신으로 어쩌면 당연한 일인지 모르겠습니다. 그런데도 존 F. 케네디는 미국 사회에 존재하고 있었던 아일랜드인과 가톨릭교도에 대한 은근한 차별을 느끼지 않을 수가 없었습니다.

성장하면서 이러한 차별을 느낀 존 F. 케네디는 자신들보다 훨씬 큰 차별을 받는 흑인에게 일종의 동병상련의 감정 - 차별적 관행의 부담함 - 을 가지고 있었습니다. 케네디는 차별받는 흑인에 대한 사회의 부당함을 인식했지만 적극적으로 그것을 고쳐나가고자 하는 생각을 하지 않았습니다. 단지 케네디는 흑인을 차별을 하지 않고 한 인간으로 대우를 하는 정도였습니다.[125]

하지만 정치를 시작하고 표를 계산하기 시작하면서부터 케네디는 흑인차별에 무감각하거나 투표에 유리한 방향으로 행동했습니다. 케네디가 1946년 하원의원 선거를 할 때 시종 중 한 명인 흑인 조지 테일러가 선거운동을 위해 모집한 흑인 여자들이 케네디의 어머니와 누이가 주최하는 오찬 모임에 제외된 것을 알고 항의했습니다. 케네디는 조지가 사소한 문제에 너무 예민하다고 나무랐는데 이 일로 조지 테일러는 케네디를 떠났습니다. 그때 케네디는 조지를 잡지 않았습니다. 케네디가 정치를 시작하고 나서부터 최측근으로 가깝게 지낸 시어도어 소렌슨은 케네디는 흑인들의 민권문제에 대해 별로 중요하게 생각하지 않았다고 말했습니다. 연방 상원의원으로 케네디는 1956년 대통령에 도전하고자 했지만 당의 분위기는 민주당의 인기 있는 주자 애들라이 스티븐슨에게 밀릴 수밖에 없었습니다. 결국 그는 스티븐슨의 러닝메이트가 되기 위해 노력하면서 남부 백인들의 환심을 사고자 했습니다. 케네디는 민권문제를 애써 회피하면서 남부 백인의 표를 계산했습니다. 당시 케네디의 상대 후보는 에스테스 케파우버였는데 그는 남부 백인들이 제출한 흑백통합정책에 반대하는 이른바 '남부 선언'[126]에 서명을

---

125 케네디는 흑인 시종 조지 토머스(George Thomas)와 평생 친구처럼 지냈습니다. 또한 하버드에서 케네디는 다른 백인 친구들과 마찬가지로 폴 데이비스(Fall Davis)라는 흑인 친구와 매우 친하게 지냈습니다.
126 "우리는 헌법과 헌법에 어긋나는 미국과 국민에게 유보된 권리에 대한 대법원의 침해를 비판합니다. 우리는 합법적인 방법으로 강제 통합에 저항할 의도가 있다고 선언한 주들의 동기를 높이 평가합니다." Southern Declaration on Integration(March 12, 1956).

거부함으로써 백인 남부 대표단을 격분시켰습니다. 전당대회장의 분위기에 고조되어 케네디는 남부 백인들의 지지를 기대하면서 공개적으로 공립학교의 흑백 분리를 철폐한 1954년 대법원의 기념비적 판결을 부정했습니다. '브라운 대 교육위원회' 판결에 관한 질문을 받자 케네디는 그것은 단순히 '법'이고 상원의원으로서 자신은 아무런 관련이 없다고 말했습니다. 러닝메이트는 스티븐슨이 지지한 케파우버에게 아슬아슬하게 넘어갔습니다. 그러나 케네디는 남부 백인의 표는 거의 독식하다시피 했는데 이를 두고 그는 한 친구에게 "내 남은 생애 동안 남부노래를 부르게 될 것입니다"라고 말했습니다.[127] 그 후 1959년 대통령 출마를 고려하기까지 케네디는 남부 백인들의 표를 의식하며 그들이 원하는 방향으로 상원의원 활동을 전개했습니다. 한번은 케네디가 조지타운에 있는 자신의 집에 앨라배마주의 극단적 분리주의자 주지사인 존 패터슨을 초대하여 아침을 대접하는 일이 있었습니다. 이를 알게 된 흑인 지도자들은 케네디가 패터슨의 지지를 얻기 위해 얼마나 많은 돈을 썼는지를 의심했습니다. 이 일이 있고 난 뒤 당시 메이저리그 흑인 야구선수로 유명한 재키 로빈슨은 뉴욕의 연회장에서 케네디를 보고 악수는커녕 사진 찍기도 거부했습니다.[128]

이랬던 존 F. 케네디가 1959년 대통령 출마를 고려하면서 민권문제에 관해 자신의 어조를 바꾸었습니다. 그도 그럴 것이 1958년 중간선거에서 민주당이 상원과 하원은 물론이고 주지사 선거 역시 압도적으로 승리하고[129] 또 민주당의 중심이 남부에서 북부로 옮기도록 만들었

---

127 정상환 옮김, 「대통령의 리더십」, 359 재정리.

128 정상환 옮김, 「대통령의 리더십」, 361 재정리, 존 F. 케네디는 1957년 연방 상원에서 민권법안에 대해 심의할 때 관심을 두지 않았습니다.

129 연방 하원의원 선거에서 아이젠하워의 공화당은 그동안 다수당을 누리다가 49석을 한꺼번에 잃었습니다. 이 선거로 민주당은 전체 437석에서 219석을 얻어 다수당이 되었습니다. 연방 상원의원 선거에서는 민주당이 65석 공화당이 35석이 되었습니다. 주지사 선거에서도 민주당이 6개 주에서 승리하고 공화당은 5개 주에서 패배했습니다.

습니다. 거기에다 상원 다수당의 지도자이자 남부 주인 텍사스 출신의 린든 존슨이 그동안 심장발작으로 고통을 받다가 회복되어[130] 남부 백인을 대통령 선거의 주요 기반으로 삼고자 했습니다. 이에 저널리스트로 존 F. 케네디의 여론조사를 담당하고 있었던 루이스 해리스는 대통령 출마를 고려하는 케네디에게 "새로운 정치 구도에서 옛 남부와 연대는 죽음의 키스일 수 있습니다"라고 경고했습니다.[131] 결국 존 F. 케네디는 남부 백인들로부터 편향적 지지를 위한 구애를 포기하고 당시 흑인 민권운동의 상징으로 떠오른 목사 마틴 루터 킹 주니어를 만나자고 했습니다. 하지만 킹 목사는 케네디의 변신을 믿지 않았고 아무런 대답도 하지 않았습니다. 1960년 선거운동이 시작되면서 존 F. 케네디는 여러 연설을 통해 학교나 싸구려 잡화점, 간이식당 등에서 흑백통합 보장을 요구하는 자유주의자로 변해갔습니다. 민주당 내 자유주의자들의 지지를 받고 있었던 애들라이 스티븐슨과 허버트 험프리 등은 존 F. 케네디의 변신을 흑인들의 표를 얻기 위한 단순한 정치적 행동에 불과하다고 비난했습니다. 당시 케네디의 선거를 돕고 있던 흑인들은 "대부분의 흑인 유권자들이 당신의 진정성을 의심하고 있다"라고 말했습니다. 또 선거 매니저이자 아우인 로버트 케네디는 흑인들의 마음을 돌릴 수 있는 몇 가지 일을 주선했습니다. 우선 케네디는 미시간주 흑인 지도자들을 존 패터슨을 대접했던 바로 그곳에 초대해 후하게 대접했습니다. 또한 케네디가 지난번 만남에서 악수를 거부했던 재키 로빈슨을 만나기 위해 맨해튼에 있는 그의 아파트를 찾아갔지만 이번에도 마찬가지였습니다. 선거를 앞두고 흑인사회의 마음을 돌릴 수 있는 핵심 카드이자 마지막 카드는 역시 얼마 전 만나자고 제안했지만 거절했던 마틴 루터 킹 주니어를 만나는 것이었습니다. 킹은 처음에 케네디의

---

130 존슨은 하루에 60개비 이상의 담배를 피운 골초였습니다. 1955년부터 자주 심장병을 앓으면서 한동안 담배를 끊었지만 그 후 부통령과 대통령 시절에도 다시 담배를 피웠습니다.

131 정상환 옮김, 「대통령의 리더십」, 361 재인용.

제안을 거절했지만 친구들의 설득으로 케네디의 아파트에서 만나기로 했습니다. 두 사람의 만남에 구체적으로 어떤 말이 오갔는지 알 수 없지만 케네디가 킹에게 자신이 "민권문제의 도덕적 중요성에 대해 이해가 느렸다"라고 말한 것은 분명합니다. 케네디를 만나고 난 후 킹은 "대통령으로서 케네디는 의심의 여지 없이 옳은 일을 할 것이라 믿는다"라고 말했습니다.[132] 존 F. 케네디는 민주당 대통령 후보를 결정하는 민주당 전당대회에서 수많은 약속을 담은 당의 강령[133]을 승인하고 남부 백인들이 아니라 자유주의자들의 지지를 받기를 원한다고 말했습니다.

하지만 케네디는 대통령 후보가 되고 나서 남부 백인들의 지지를 주요 기반으로 삼고 있는 린든 존슨을 러닝메이트로 선택했습니다. 이를 두고 흑인들과 민주당 자유주의자들이 화를 냈지만 로버트 케네디가 "형을 믿어달라! 우리가 누구를 상대로 선거를 하는지 생각해 주십시오. 흑인들뿐만이 아니지 않습니까?"라고 형을 대변했습니다. 공화당 후보 리처드 닉슨과 박빙의 선거전을 벌이고 있었던 1960년 10월에 킹 목사가 조지아주에서 교도소에 투옥되는 일이 일어났습니다. 이미 앞장에서 언급했듯이 케네디는 킹의 석방을 위해 킹의 아내 스콧과 주지사 밴디버와 담당 판사에게 전화를 걸어 킹의 석방을 도왔습니다. 이 전화에 대해 케네디의 보좌관들은 걱정했지만 오히려 그것은 기대하지 않았던 큰 효과를 가져다주었습니다. 줄곧 공화당의 닉슨을 지지했던 킹 목사의 아버지 킹 시니어가 다음과 같이 공개 발언을 하고 지지

---

132 정상환 옮김, 「대통령의 리더십」, 363 재인용.

133 민주당은 정치, 경제, 사회, 문화, 외교, 국방, 그리고 민권법과 기타 여러 국정에 관련된 강령을 발표했습니다. 특히 민권법과 관련된 강령의 핵심은 다음과 같습니다. - 투표, 교육, 정의 운영 또는 점심 카운터의 차별이 한 분야의 쟁점이라면 주택 및 고용 차별은 다른 곳에서 의문을 제기할 수 있습니다. 나아가 최근 이 나라의 많은 지역에서 시민권을 위한 평화로운 시위는 우리 모두에게 오래전부터 헌법을 보장하는 신호가 되었습니다. 투표소, 학교 교실, 일자리, 주택 및 공공시설을 포함하여 모든 미국인이 공동체 생활의 모든 영역에 동등하게 접근할 수 있는 시간이 되었습니다.

를 케네디에게로 바꾸었습니다.

> 며느리의 눈에서 눈물을 마르게 한 사람에게 가방 가득 표를 몰아주겠습니다.[134]

그러는 동안 닉슨은 침묵했습니다. 케네디의 선거 참모들은 이를 이용하여 "노 코멘트 닉슨 대 따뜻한 마음의 상원의원 케네디 후보(No Comment Nixon Versus a Candidate with a Heart, Senator Kennedy)"[135]라는 홍보문구로 흑인 유권자들에게 접근했고 존 F. 케네디는 닉슨을 상대로 승리했습니다.

존 F. 케네디는 자신의 대통령 당선 이유에 대해 여러 가지가 있다고 보았지만 흑인 유권자의 절대적인 지지가 주효했다고 생각했습니다. 케네디는 자신이 대통령으로 있는 동안 지난 공약에서와 선거운동 기간에 약속했던 흑백통합을 이루고자 하는 마음을 먹고 있었습니다. 하지만 대통령의 자리는 흑백통합 문제보다 더욱 시급한 문제들을 처리하도록 만들었습니다. 피그만 침공 문제, 베를린 위기 문제, 소련과의 핵 경쟁 문제, 쿠바 미사일 사건 등 연이은 외교 군사적 문제는 케네디가 킹과 흑인사회에 약속한 민권법 처리를 우선순위에서 밀리도록 했습니다.

새 대통령이 흑백통합을 위해 무엇인가를 해주기를 기다리던 킹과 흑인사회는 선거가 끝난 지 몇 개월이 지났지만 아무런 조치가 없는 케네디에 대해 행동을 요구하는 포문을 열었습니다. 킹은 다음과 같이 말했습니다.

---

134 정상환 옮김, 「대통령의 리더십」, 366 재인용.

135 http://www.ontheissues.org/Archive/Kennedy_Nixon_Rivalry_Civil_Rights.htm(2019.3.29).

지난 대선 국면에서 내가 케네디를 지지했을 당시 나는 케네디가 머리도 있고, 수완도 있으며, 도덕적 열정까지 겸비하고 있어서 우리가 고대해 오던 리더십을 발휘하고 역대 어느 대통령도 하지 못한 일을 해낼 것이라 생각했습니다. … 그런데 그가 대통령으로 일하는 모습을 유심히 지켜본 지금 그가 분명 이해도 빠르고 정치 수완도 있다는 확신은 들지만 도덕적 열정은 사라져 버리지 않았나 싶습니다.[136]

킹만이 아니었습니다. 이미 언급한 인종평등회의 창설 회원인 베이어드 러스틴을 비롯하여 학생회비 폭력 공조위원회의 제임스 포먼도 흑백통합에 대한 케네디의 방조를 더는 참지 않았습니다. 포먼은 "대통령은 확실한 의지도 없이 민권 분야에서 약삭빠른 말주변에 겉과 속이 다른 인물"이라고 말했습니다. 나아가 흑인 민권운동가 제임스 파머, 제프 에이로니, 프레더릭 레너드 등 13명의 백인과 흑인으로 시작된 '프리덤 라이더'가 버스 이용의 흑백차별을 위헌이라고 판시한 연방대법원의 결정을 시행하여 민권문제에 대해 대통령이 움직이도록 위기를 조장했습니다.[137] 프리덤 라이더들은 행동했고 남부의 백인 차별주의자들은 버스를 불태우고 사망자가 속출하는 등 격렬하게 이들을 막았습니다. 우여곡절 끝에 존 F. 케네디와 법무장관 로버트의 노력으로 사태가 진정되었습니다.

시간이 흘러도 흑인이 바라는 대통령의 행동은 나오지 않았습니다. 1962년 2월 케네디 대통령은 백악관에서 열린 한 세미나에 참석한 링컨 연구로 유명한 역사가 데이비드 로널드에게 역사책에서 위대한 대통령으로 기록되려면 어떻게 해야 하는지를 물었습니다. 이에 로널드

---

136   정조능 옮김, 「케네디 평전」, 745 재인용.
137   민권운동가로 구성된 프리덤 라이더들은 버스 이용의 흑백차별을 위헌으로 판시한 대법원의 결정 – '모건 대 버지니아(Morgan v. Virginia, 1946)'와 '보인턴 대 버지니아(Boynton v. Virginia, 1960)' – 을 시험하고자 했습니다. 당시 남부 주들은 대법원판결을 무시하고 연방정부는 이를 관리 감독하지 않았습니다. 프리덤 라이더들은 1961년 5월 4일에 워싱턴에서 출발하여 5월 17일에 뉴올리언스에 도착할 예정이었습니다.

는 "어떤 손해를 보더라도 용기 있는 행동이 필요하다"라고 말했습니다. 이때 케네디는 스스로 「용기 있는 사람들」을 집필하여 많은 사람에게 용기와 희망을 주었는데 정작 대통령으로서 지금은 그러지 못한 것에 대해 생각하지 않을 수가 없었습니다. 케네디는 옆에 있는 민권문제 보좌관인 해리스 워프드에게 다음과 같이 말했습니다.

> 시간이 걸리겠지. 그러나 틀림없이 모든 것을 할 생각이네. 자네는 보게 될 걸세. 때가 되면 모두 할 생각이야.[138]

1962년 여름 흑인 참전용사 제임스 메러디스를 미시시피대학에 입학할 수 있도록 하라는 연방대법원 판결이 내려졌습니다. 하지만 주지사 바넷과 백인 분리주의자들은 대법원판결을 무시하고 메러디스의 입학을 극렬하게 반대했습니다. 수많은 폭력이 발생하는 가운데 연방군대가 파견되고 나서 메러디스의 입학이 이루어졌습니다. 백인우월주의 폭도들이 메러디스에게 심한 욕을 하는 가운데 바넷 주지사는 미시시피주의 깃발을 조기로 달도록 했습니다.

링컨이 노예해방을 선언한 100주년이 되는 새해가 밝아도 대통령 케네디는 흑백통합에 관한 명백한 목소리와 조치를 내놓지 않고 있었습니다. 고작 민권문제가 발생하면 그것에 대한 대책으로 백인 분리주의자들의 부당함을 시정하는 수준에 그치고 있었습니다. 하지만 케네디는 적어도 수사적인 면에서는 흑백통합에 관한 용기와 행동을 예견하는 대담함을 표현했습니다. 의회에 보낸 연두교서에서 존 F. 케네디는 다음과 같이 말했습니다.

> 세상에서 가장 힘 있는 권리, 투표할 권리를 … 어떤 시민이든 인종이나 피

---

138 정상환 옮김, 「대통령의 리더십」, 377 재인용.

부색을 이유로 권리를 누리지 못하는 일은 없어야 합니다. ⋯ 노예해방 100주년째 되는 올해, 투표할 의사가 있는 사람이면 누구든 항상 투표할 수 있도록 해야 합니다. 이제 인종과 종교에 따른 차별을 끝장내야만 합니다.[139]

마틴 루터 킹 목사는 케네디의 말을 믿고 대통령에게 "흑백 분리를 불법화하는 두 번째 노예해방선언"을 해달라고 부탁했습니다. 하지만 케네디는 또다시 침묵했습니다. 킹은 그 침묵을 더는 보고 있을 수만은 없었습니다. 킹은 행동을 하지만 모든 투쟁을 무저항 운동으로 전개해야 한다고 생각했습니다. 자칫 머뭇거리다가 폭력적인 말콤 엑스와 그의 블랙 무슬림이 민권운동의 주도권을 가져갈 수 있다고 생각했습니다. 킹은 케네디 대통령은 비롯한 정부 지도자들에게 압력을 가하고 무저항 민권운동을 유지하기 위해 '인종차별의 철옹성'과 같은 도시 앨라배마주 버밍햄[140]을 골라 흑백차별 금지 행진을 시작했습니다. 킹은 이곳에서 인종 평등의 첫발을 내딛게 되면 다른 곳에 적지 않은 영향을 줄 수 있을 것이라 생각했습니다. 킹은 4월 초에 버밍햄에 도착하여 그를 따르는 시위대 50명과 도로에서 행진했습니다. 하지만 '항소(Bull)'라 불리는 시경 국장 유진 코너는 경찰을 동원해 킹을 감옥으로 끌고 갔습니다. 두려움 속에서 아내 코레타가 대통령에게 전화했고 케네디는 FBI를 시켜 킹이 무사하고 감옥에 있는 남편에게 전화하도록 해주었습니다. 케네디는 감옥에 있는 킹에게 매트리스와 베개를 주도록 조치했습니다. 킹은 8일 동안 감옥에 있으면서 신문조각과 화장실 휴지를 이용하여 유명한 에세이 「버밍햄 감옥으로부터의 편지(Letter from Birmingham Jail)」을 썼습니다. 여기에서 킹은 시민권 운동의 도덕적 목

139　John F. Kenney's State of the Union Message(January 14, 1963).

140　버밍햄의 손꼽히는 회사인 테네시 석탄 철강 철도회사는 노동자가 총 1천 200명인데 그 중 흑인 사무직은 고작 8명에 불과했습니다. 버밍햄 대다수의 흑인 남성은 육체노동자, 흑인 여성은 가정부였습니다. 또한 이른바 시청 공무원과 경찰직, 소장직 등에는 단 한 명의 흑인도 일하지 않았습니다.

소리가 필요함을 역설했고 '기다리라'라는 말은 '절대 안 돼'라는 의미임을 설명했습니다. 보석으로 석방된 후 킹은 다시 시위대를 조직하여 행진했습니다. 이번에는 청소년들이 많았는데 불 코너는 소방호스를 동원해 시위대를 향해 물을 뿌렸고 끈을 푼 셰퍼드가 시위대의 바지를 찢고 살을 물어뜯도록 했습니다. 다음 날 아침 대부분 신문 일면에 "셰퍼드가 한 흑인 청년의 배를 향해 송곳니를 드러낸 끔찍한 사진"이 실렸습니다.[141]

케네디는 소련과의 핵무기 감축 협상을 앞둔 시점에 발생한 이 끔찍한 사진을 소련이 이용하지나 않을까 걱정했습니다. 케네디는 이제 손해를 보더라도 태도와 행동을 분명히 해야 할 때라고 생각했습니다. 버밍햄의 시위와 불 코너의 대치가 계속되고 있는 가운데 법무장관 로버트의 보좌관 버케 마셜이 타협을 모색했고 킹은 시위를 멈추었습니다. 그런 중에 6월 10일 대치 중이었던 두 명의 흑인 학생(비비안 멜론과 제임스 후드)이 케네디의 두 형제의 도움으로 앨라배마대학에 입학을 할 수 있었습니다. 그리고 이제 존 F. 케네디가 응답할 차례였습니다.

우리나라는 다양한 국적과 배경을 가진 사람에 의해 건국되었습니다. 모든 사람이 평등하게 창조되었으며 우리나라는 어떤 사람의 인권이 위협받을 때 다른 모든 사람의 인권 역시 억제된다는 원칙을 밑바탕에 두고 있습니다. … 오늘날 우리는 자유를 원하는 모든 사람의 권리를 보호하고 촉구하기 위해 전 세계적으로 투쟁하고 있습니다. 베트남이나 서베를린에 가는 미국인은 백인만이 아닙니다. 그러므로 미국 학생은 피부색에 상관없이 자신들이 선택한 공립학교에 공권력의 보호 없이도 갈 수 있어야 합니다. … 그런데도 흑인은 충분히 교육 기회를 받지 못하고 있으며 … 만약 어떤 미국인이 피부색이 검다는 이유로 대중음식점에서 점심을 먹을 수 없거나, 자신의 자녀를 최고의 공립학교에 보낼 수 없거나, 자신을 대표해 줄 공직자에게 투표할 수 없다

---

141   *The New York Times*(May 4, 1963).

면, 간단히 말해 우리가 모두 원하는 충만하고 자유로운 삶을 즐길 수 없다면, 우리 중 누가 그들의 처지에 있을 때 그렇게 대접받고 싶어 하겠습니까? … 나는 이제보다 광범위한 연방 민권법 제정을 요구합니다. 투표권은 물론 호텔 음식점 극장 상점 학교 등 공공장소를 누구나 평등하게 이용할 수 있도록 보장하는 그런 법 말입니다….[142] (인용 문구 앞 장과 중복)

존 F. 케네디의 연설에 흑인들은 그가 변했음을 인식했습니다. 흑인들은 하나같이 "내가 미국인이라는 것과 당신이 나의 대통령이라는 것을 다시금 자랑스럽게 만들었습니다"라고 외쳤습니다. 킹도 감동했습니다.

저는 민권운동에 도덕적 이슈가 포함되어 있음을 보게 된 새로운 케네디가 그들을 위해서 용감하게 기꺼이 일어서는 것을 보고 기쁨에 넘쳤습니다. 나는 케네디의 '영혼 찾기'가 버밍햄 시위에서 촉발된 것이라는 점에 자부심을 느끼고 있습니다. 마침내 대통령은 흑백 분리가 도덕적으로 틀렸다는 것을 충분히 이해한 것 같았습니다.[143]

케네디는 세계평화 구상 연설인 아메리칸대학에서 연설(6월 10일) 하루 뒤에 이 연설을 했습니다. 소련과의 핵무기 감축을 논의하러 유럽여행을 떠나야 하는 시점에 평상시 같으면 시민권 연설을 뒤로 미루었을 것입니다. 하지만 이제 케네디는 시민권에 대한 자신의 분명한 목소리가 핵무기 감축 협상만큼 중요하다고 생각했습니다. 케네디는 자신의 목소리가 남부 백인들의 지지로부터 영원히 멀어진다는 것도 알고 있었습니다. 재선을 앞둔 케네디는 어떤 대가를 치르든 간에 그것을 해야만 한다고 생각하고 용기 있게 행동했습니다.

---

142 Civil Rights Speech by John F, Kennedy(June 11, 1963).

143 정상환 옮김, 「대통령의 리더십」, 408 재인용.

국민을 행복하게 만든 대통령들

05

로널드 레이건

국민을 행복하게 만든 대통령들

66

어려움은 따르겠지만 가장 복잡한 문제는
단순한 해결법이 있기 마련이다.

99

배우는 태도

존 F. 케네디가 부족함이 하나 없는 집안에서 가정교육 세례를 받았다면 로널드 레이건은 풍족함이 하나 없는 집안에서 가정교육 세례를 받았습니다. 하지만 레이건에게도 부족함이 없는 것이 하나 있었는데 그것은 어머니 넬의 무한 사랑과 긍정적 가치관이었습니다.[1] 레이건의 어머니 넬은 1883년 일리노이주 풀턴이라는 곳에서 독실한 프로테스탄트 집안에서 태어났습니다. 넬의 부모에 관해서는 알려진 바가 많지 않으나 넬의 어머니는 보나 나은 생활을 위해 가난한 영국 생활을 청산하고 미국으로 건너온 많은 사람 중 한 사람이었습니다. 그녀는 미국 중서부에서 하녀로 일을 하면서 교회 생활에 충실했습니다. 넬의 아버지는 스코틀랜드 이민 후세로 비교적 가정에 충실하지 못했던 가장이었던 것 같습니다. 아버지는 넬이 어릴 때 집을 나갔다가 넬이 성장하여 아일랜드계 이민 후세로 독실하게 가톨릭을 신봉한 존 에드워드 레이건(잭)과 결혼할 즈음 집으로 돌아왔습니다. 넬은 아버지의 돌봄이 없었지만 어렵사리 초등학교를 마쳤습니다.

같은 마을에서 같은 해 태어난 잭(로널드 레이건의 아버지)은 어릴 때

---

1 이하 아래 내용은 김형곤, "로널드 레이건의 리더십 형성 배경-어머니 넬의 낙관적 가치관과 교육을 중심으로-", 「전북사학」 제32호(전북사학회: 2008, 4): 181-203의 내용을 수정 보완한 내용입니다.

아버지를 잃고 고모에 의해 성장하면서 초등학교를 몇 년 다니고 말았습니다. 아버지 잭은 어린 시절을 몹시 가난하게 지냈지만 가톨릭 신앙을 철저히 받아들여 사람은 모두 평등하다는 신념과 도전정신, 성실한 노력으로 운명을 극복할 수 있다는 긍정적인 생활 태도, 꿈과 희망을 품고 근면하게 생활하면 누구나 성공할 수 있다는 자신감을 마음속에 언제나 가지고 살았습니다.[2] 잭은 구두 판매원으로 시작하여 장차 큰 도시에서 구두가게를 여는 것이 꿈이었습니다. 하지만 잭은 사업이 신통치 않아 자주 알코올에 의존했습니다. 그는 스물두 살이 되던 해에 모자가게에서 모자를 판매하고 있었던 넬을 만나 결혼했습니다. 넬은 남편 될 사람이 비록 신통치 않았지만 꿈과 희망을 품고 살면 운명을 개척할 수 있다는 그럴싸한 이야기를 곧잘 하는 잭을 사랑하게 되었습니다.

5년 후에 큰아들 닐 문 레이건이 태어났고 1911년에 로널드 레이건이 태어났습니다. 어머니 넬은 결혼 전이나 후나 가난하기는 마찬가지였으나 어릴 때부터 충실히 교회 활동을 하면서 다른 사람을 배려하고 세상을 긍정적으로 바라보는 여인이 되어 있었습니다. 넬은 배우가 되어 이웃과 사회에 무엇인가 이바지하는 사람이 되기를 원했습니다. 그녀는 교회 주일학교 교사를 하면서 아이들에게 자신이 이루지 못한 연극을 가르치는 일을 무척이나 좋아했습니다. 후에 레이건이 배우가 된 데에 어머니가 가르쳐 준 연극이 밑바탕이 된 것은 자명한 사실입니다.

한참 후에 정치에 입문하면서 부모에 대해 이야기를 해달라는 기자들에게 레이건은 다음과 같이 말했습니다.

　　아버지는 가톨릭, 어머니는 프로테스탄트를 믿었습니다. 아버지는 세상에

---

2 김윤중, 「위대한 대통령 로널드 레이건 평전」(경기도 고양시: 더로드, 2016), 17, 후에 레이건은 "비록 아버지가 사업에 실패하고 알코올에 의존하는 생활을 했지만, 아버지가 가지고 있었던 긍정적인 생활 태도인 이러한 면들 – 인간의 평등성, 꿈, 희망, 신념, 도전, 긍정적 태도 – 을 배웠습니다"라고 말했습니다.

부정적으로 저항했지만 어머니는 긍정적이었고 사랑으로 세상을 포용했습니다. 아버지는 아일랜드인이고 어머니는 스코틀랜드인이었습니다. 아버지는 자주 천박한 모습이었지만 어머니는 항상 그런 남편은 물론 온 가족의 품위를 높이기 위해 노력했습니다. 어머니는 아버지가 일주일 내내 술을 마시고 방황하는 이유를 이해하지 못했고 아버지 역시 어머니의 고상한 문화 활동을 이해하지 못했습니다. 그런데도 그들은 서로를 잘 견뎌냈습니다.[3]

레이건의 말처럼 잭과 넬은 너무나 달랐지만 그들이 이혼하지 않고 살 수 있었던 것은 서로의 다름을 인정하고 자신의 것을 강요하지 않았기 때문이 아닌가 생각합니다. 가톨릭 교리에 따라 결혼을 하고 가톨릭 교리대로 살겠다고 맹세했지만 그녀는 프로테스탄트 식으로 살았고 자식들도 프로테스탄트 식으로 키웠습니다. 하지만 잭은 이를 문제 삼지 않았습니다. 넬 역시 잭이 무능한 남편이고 자주 알코올 중독에 빠져 있었지만 이것을 불만으로 생각하지 않았습니다. 오히려 그녀는 남편의 무능과 알코올 중독을 낙관적으로 살고자 하는 자신의 사랑과 희생으로 대했습니다. 하지만 남편의 무능과 알코올 중독은 넬의 가정을 더욱 어렵게 만들었습니다. 나름대로 잭은 가족을 부양하기 위해 열심히 신발을 팔았지만 생각과 달리 벌이가 신통치 않았습니다. 그럴수록 잭은 알코올에 의존했고 그 때문에 집안은 늘 불안했습니다. 나이가 들어가면서 레이건은 아버지 잭의 알코올 중독으로 인한 집안 분위기를 선명하게 기억했습니다. 한밤중에 아버지와 어머니가 심하게 다툰 일은 물론 집안 전체를 둘러싼 침울한 분위기는 레이건으로 하여금 죽어도 이런 분위기를 만들지 않으리라 생각하게 했습니다. 레이건이 정치를 시작하면서 1965년에 쓴 자서전에서 알코올에 찌든 아버지에 대한 기억을 슬픔과 연민으로 설명했습니다.

---

3 이미선 옮김, 「대통령을 키운 어머니들」, 540 재인용.

아마도 11살 때였을 것입니다. 제가 집에 돌아왔을 때 아버지가 현관에 쓰러져 있었습니다. 저를 도와 아버지를 어떻게 할 수 있는 사람이 아무도 없었습니다. 아버지는 만취한 상태로 아무런 의식도 없었습니다. 저는 이런 아버지를 못 본 척하고 방으로 들어가고 싶었습니다. 저는 아버지에 대한 고통으로 스스로가 너무나 비참해 보였습니다. 저는 아버지를 부축하기 위해 팔을 잡았습니다. 팔은 마치 십자가에 못 박힌 것처럼 뻣뻣했고 머리는 내린 눈에 완전히 젖어 있었습니다. 순간 저는 아버지에 대한 어떤 미움도 느끼지 못했습니다. 저는 겨우 아버지를 안으로 끌고 들어와 침대에 눕혔습니다.[4]

오늘날 심리학자들은 물론 여러 학자들은 부모의 싸움이 아이에게 치명적인 상처를 주어 세상을 부정적으로 보게 한다는 것에 동의하고 있습니다. 하지만 레이건은 아버지의 알코올 중독과 그로 인한 잦은 가정 불화에도 불구하고 세상을 낙관적으로 살아간 어머니의 무한한 사랑의 세례를 받아 세상을 밝은 눈으로 바라볼 수 있었습니다. 자서전에서 레이건은 아버지에 대한 어머니의 태도와 가르침에 관해 다음과 같이 말했습니다.

저의 어머니는 너무나 자주 악마와도 같은 술과 싸우는 아버지 때문에 발생하는 슬픔에도 불구하고 형과 저에게 '알코올 중독은 엄연한 병이기 때문에 아버지를 사랑해 주어야 한다. … 아버지를 비난하지 말고 아버지가 우리를 혼란스럽게 만들어도 술을 마시지 않았을 때 아버지는 얼마나 친절하고 자상한 성품을 가진 사람인가를 기억해라'라고 말씀하셨습니다.[5]

넬은 언제나 다른 사람의 장점만을 보는 온화한 여성이었습니다. 아버지의 실직과 알코올 중독, 이로 인한 아버지의 혼란스러운 행동에도 불구하고, 항상 폭넓은 이해심과 사랑으로 가정의 소중함을 지켜나간

---

4   이미선 옮김, 「대통령을 키운 어머니들」, 535 재인용.
5   이미선 옮김, 「대통령을 키운 어머니들」, 534 재인용.

어머니 넬에게서 레이건은 특유한 낙관주의를 배웠습니다. 1985년 대통령에 재선된 레이건은 라디오 연설을 통해 어머니에 대해 다음과 같이 말했습니다.

저의 어머니는 정말 대단한 분이었습니다. 강하면서도 항상 부드러웠으며 다른 사람을 위해 헌신했습니다. 저는 어머니가 불평하는 것을 단 한 번도 들어본 적이 없습니다. 형과 저에게 좋은 가치관을 심어주기 바빴습니다. 어머니는 제 인생에 가장 큰 영향을 준 분입니다.[6]

레이건의 아버지 잭은 더 나은 기회를 잡기 위해 일리노이주의 여러 도시를 돌아다녔지만 늘 신통치 않았습니다. 부모가 무려 10번 이상을 이사를 했기 때문에 주위 환경도 자주 바뀌고 친구들도 바뀌었지만 변하지 않는 것이 하나 있었습니다. 그것은 어머니 넬이었습니다. 어떤 도시, 어떤 집, 어떤 환경에서건 그곳에서 아무리 힘들고 짧은 기간을 머물러 있어도 어머니는 언제나 따뜻하고 안전한 보금자리를 마련해 주었습니다. 우여곡절 끝에 아버지 잭은 딕슨시에 소규모이지만 자신의 패션 신발가게를 열었습니다. 어느 정도 형편이 나아졌지만 이는 오래 지속되지 못했습니다. 1929년 불어닥친 대공황은 수많은 실업자를 양산했고 결국 잭의 가게도 문을 닫을 수밖에 없었습니다. 잭은 다시 떠돌이 외판원으로 전락했고 얼마 후에는 딕슨에서 200마일이나 떨어진 스프링필드에 있는 신발가게의 매니저로 일을 하게 되었습니다. 하지만 대공황의 골은 더욱 깊어졌고 결국 1931년 크리스마스이브에 그 가게마저 문을 닫게 되자 다시 실직자가 되었습니다. 고통의 실직 상태에서 잭은 골수 민주당원으로 프랭클린 루스벨트 대통령이 당선되

---

6 최병구, 「레이건의 리더십」(서울: 김&정, 2007), 20 재인용, 「워싱턴 포스터」 기자로 레이건의 전기를 쓴 루 캐넌은 "만약 넬이 없었다면 우리는 지금 로널드 레이건이 누구인지 모를 것입니다"라고 말했습니다. Lou Cannon, *Ronald Reagon, A Life in Politics*(New York: Public Affairs, 2004), 36.

는 데 적지 않은 도움을 주었습니다. 덕분에 잭은 딕슨 시청에서 복지 과 과장으로 임명되어 일을 할 수 있었고 가장으로서의 위신을 조금이 나마 세울 수가 있었습니다. 이 때문에 잭은 자식도 당연히 민주당원이 되어야 한다고 생각했습니다.

레이건의 집안이 얼마나 어려웠나를 잘 설명해 주는 이야기가 하나 있습니다. 매주 토요일이면 넬은 큰아들 닐에게 10센트를 주어 정육점 에 심부름을 보냈습니다. 닐은 정육점으로 달려가 사골과 간을 사왔습 니다. 물론 정육점 주인에게는 집에 있는 멋진 페르시안 고양이에게 줄 것이라 말했습니다. 하지만 고양이는 변명에 불과하고 사골과 간은 잭, 넬, 닐, 그리고 레이건의 몫이었습니다. 후에 닐은 레이건의 전기 작가 루 캐넌에게 다음과 같은 이야기를 해주었습니다.

언제나 우리 집의 일요일 특별식은 간 튀김이었습니다. 우리는 사골국을 일주일 내내 먹었습니다. 어머니는 냄비에 들어 있는 사골국에다 감자와 당 근을 넣고 어떨 때는 물을 더 넣었습니다. 우리는 그것을 돌아오는 토요일까 지 먹기도 했습니다. … 어머니는 종종 간 고기에 오트밀을 넣어 양을 늘렸는 데 그럴 때마다 그레이비소스를 넣어 오트밀을 감추곤 했습니다.[7]

이러한 궁핍에도 불구하고 어머니 넬은 가난을 불행으로 생각하거 나 견딜 수 없는 어려움으로 보지 않았습니다. 넬은 항상 모든 것에는 목적이 있으며 결국 최선의 상태가 될 것이라 믿었습니다. 레이건은 어 머니의 마음은 우주만큼이나 넓었다고 회상했습니다.

어린 시절부터 저는 '하나님은 모든 사람의 계획을 세우고 있다'라는 믿음 속에서 살았습니다. 저는 겉으로는 틀리고 잘못된 것으로 보이는 어떤 사람 의 운명도 하나님은 반드시 계획을 세우고 있다고 믿어왔습니다. 저의 어머

---

7 Cannon, *Ronald Reagon*, 87.

니는 불그레한 갈색 머리에 비록 작은 체구를 가졌지만 우주 끝까지라도 갈 수 있는 낙관적인 마음을 가지고 있었습니다. 어머니는 "모든 인생에는 우연이란 없단다. 어떤 일에도 반드시 목적이 있기 마련이란다"라고 말씀하시면서 "아무리 절망적인 일이라도 그 일은 반드시 하나님이 계획한 일부이다. 그래서 어떤 일 때문에 좌절해서는 안 된다. 잠시 생각하며 그것을 극복해라. 그러면 결국 좋은 일이 생길 것이다. 궁극적으로 이 일이 없었다면 이토록 좋은 일이 생기지 않았을 것이라 생각하게 된다"라고 저를 일깨워 주었습니다.[8]

레이건의 어린 시절을 연구한 앤 에드워즈는 "당시에 대부분의 아이들이 가난했지만 닐과 더치(레이건의 애칭)는 결코 초라해 보이지 않았습니다. 그들은 옷을 늘 깨끗하게 입고 다녔습니다"라고 말하는 레이건 친구의 말을 인용했습니다. 어머니 넬의 긍정적 가치관의 결과라는 것을 알 수 있는 대목입니다. 일반적으로 미국 대통령의 어머니에 관한 자료는 많이 있지만 레이건 어머니의 경우는 그렇지 않습니다. 넬에 관한 자료는 적다기보다 거의 없다고 해도 과언이 아닙니다. 가난으로 인해 여러 번의 이사를 하는 동안 그녀가 편지나 여타 자료들을 따로 보관할 여력이 없었기 때문일 것입니다. 또한 무엇보다도 어머니 넬은 아들이 정치를 시작하기 전인 1962년에 사망하여 그녀에 관한 언론의 어떤 인터뷰나 특집기사도 남아 있지 않았기 때문일 것입니다. 하지만 1950년 어느 날 레이건의 팬클럽 모임에 참석한 넬과 돈독한 관계가 된 로레인 와그너는 레이건의 어머니를 이해하는 데 많은 도움을 줍니다. 로레인 와그너는 레이건이 배우였던 시절 레이건의 열렬한 팬이었습니다. 사실 넬은 배우가 되고 싶어 했고 자신의 꿈을 실현하게 해준 아들의 팬은 곧 자신의 팬이라 생각했습니다. 넬은 와그너와 자주 만나 대회를 하고 종종 편지도 주고받았습니다. 와그너는 넬에 관해 "그녀

---

8   John P. Diggins, *Ronlad Reagon: Fate, Freedom, and the Making of History*(W. W. Norton and Company, Inc. 2007), 57–58.

는 참으로 놀랄 만큼 합리적이고, 온화하고, 친절하고, 품위 있는 사람이었습니다"라고 회상했습니다.[9] 넬은 지난 세월을 가난하게 살았었다고 일부러 말하지 않았지만 그렇다고 군이 숨기지도 않았습니다. 넬이 와그녀에게 보낸 편지를 보면 그녀가 얼마나 낙관적인 가치관을 가졌는지를 쉽게 알 수 있습니다.

절망하지 말아요. 절망은 우리가 할 일이 아니랍니다. 우리가 할 일은 밝은 새로운 날이 오는 것을 하나님께 감사하는 일입니다. 이 밝은 날이 우리가 사는 마지막 날인 것처럼 하나님이 보시기에 참으로 좋게 사는 것입니다. 우리가 이런 인생을 살아간다면 죽음과 같은 고통이 오더라도 결코 두려워할 필요가 없답니다.[10]

가난과 남편의 무능은 결혼한 여성들이 결혼생활과 자녀교육을 성공적으로 이끄는 데 많은 어려움을 주는 것이 일반적입니다. 하지만 넬은 가난과 남편의 무능을 비관하지 않았습니다. 그녀는 어려움은 지나가는 폭풍우에 불과하고 곧 먹구름이 사라질 것이라 믿었습니다. 그녀는 어려움에도 반드시 이유가 있고 언젠가는 좋은 일이 있을 것이라고 낙관적으로 생각했습니다. 이러한 그녀의 낙관주의가 레이건의 가치관 형성에 근본이 되었을 것입니다. 레이건의 배움의 근원은 바로 어머니였으며 그녀의 낙관적 사고와 행동이었습니다.

레이건은 정치를 시작하기 전에 다양한 경험을 했습니다. 고등학생과 대학생 때 레이건은 풋볼선수, 연극반원, 학생회장, 구조대원으로 활동했습니다. 학교를 마치고는 아나운서, 영화배우, 군인, 노조 대표, 텔레비전 사회자 등을 경험했습니다. 얼핏 보기에 이런 경험들은 정치와는 별 관계가 없는 것으로 여겨집니다. 하지만 레이건에게는 어떤 일

---

9   이미선 옮김, 「대통령을 키운 어머니들」, 520 재인용.
10   이미선 옮김, 「대통령을 키운 어머니들」, 520 재인용.

을 하든 변하지 않는 원칙이 있었습니다. 그것은 늘 준비하여 주어진 기회를 놓치지 않으며 최선을 다해 일을 하여 다른 사람을 즐겁게 해주는 것이었습니다. 또한 건실한 태도로 현재의 어려움을 극복하면 언젠가는 성공하는 날이 반드시 온다는 낙관적인 믿음이었습니다. 레이건이 평생 가지고 살아간 원칙의 근저에는 언제나 어머니 넬의 가르침이 있었습니다. 이러한 원칙은 선출직 정치가로서 성공할 수밖에 없는 조건이라는 것을 알 수 있습니다. 기회를 잡고, 최선을 다하고, 낙관적인 태도로 표를 가지고 있는 유권자들을 즐겁게 해주는 것입니다. 두 번의 주지사 당선과 두 번에 연이은 대통령 당선은 레이건의 원칙에 유권자들도 동의한 것입니다.

어머니 넬은 긍정을 넘어 반드시 좋은 결과가 있을 것이라는 낙관적인 가치관을 가지고 아이들을 가르쳤습니다. 그녀는 가정교육이 모든 교육과 배움의 기본이라 생각하고 아이들을 가르치는 데 최선을 다했습니다. 넬은 가난 때문에 초등학교를 겨우 마쳤지만 이런 현실에 실망하지 않았습니다. 그녀는 항상 마음만은 더욱 높고 고상한 것을 추구한다는 생각 속에서 그렇게 생활했습니다. 그녀에게는 늘 책이 있고, 시와 음악이 있고, 온몸으로 사랑하는 연극이 있었습니다. 남편은 아내를 이해하지 못했지만 그녀는 이것들을 통해 낙관적인 밝은 미래를 설계했습니다. 그녀가 설계한 밝은 미래 중 가장 중요한 부분은 자식들의 안정이 보장되고 성공한 생활을 보장받는 일이었습니다.

이 일을 위해 어머니는 아주 어릴 때부터 자식들에게, 특히 레이건에게 독서의 중요성을 일러 주었습니다. 선(善)은 반드시 승리한다는 레이건의 낙관주의에는 어머니의 독서교육이 큰 역할을 했습니다. 넬이 글을 읽으면 어린 레이건이 그 글을 따라 손가락으로 가리켰습니다. 어머니의 세심한 보살핌으로 비교적 어린 나이에 읽기를 터득한 레이건은 또래의 누구보다도 많은 책을 읽었습니다. 레이건의 책을 읽는 능력은 종종 아버지는 물론 주위 사람들을 놀라게 만들기도 했습니다. 어린 시절 레이건이 가장 좋아한 책은 「아서왕」과 「원탁의 기사」였습니다. 보니 엔젤로는 어머니 넬과 레이건의 독서에 관한 내용을 비교적 상세하게 설명하고 있습니다.

레이건은 닥치는 대로 책을 읽었습니다. 하지만 레이건은 카이사르와 하니발과 같은 역사적 인물보다는 에드가 버로스의 「타잔」, 「정글북」, 작가 잭 런던의 「야성의 부름」, 「강철 군화」, 「버닝 데이라이트」 등의 모험심 강한 작품들을 읽었습니다. 그리고 레이건은 마크 트웨인의 작품인 「톰 소여의 모험」, 「허클베리 핀의 모험」 등을 너무나 좋아했습니다. 어린 시절 어머니가 레이건에게 읽어주었던 책들과 그가 읽었던 책들에는 한 가지 공통점이 있습니다. 한참 후에 레이건은 그것을 "선은 악을 물리치고 반드시 승리한다는 불변의 믿음"이라고 불렀습니다. 넬은 독서를 통해 아이들이 문제를 더욱 폭넓고 전체적으로 바라볼 수 있도록 해주었습니다. 또한 실제로 이 세상에는 선과 악이라는 강력한 두 세력이 서로 맞서고 있고 영웅은 수동적으로 방관하지 않고 옳은 일을 위해 싸워야 하며 옳지 않은 일에 대항해야 한다는 믿음을 심어주었습니다. 레이건은 다양한 독서를 통해 당시만 하더라도 새로운 분야였던 공상과학 소설, 로켓과 우주여행, 외계인 등 우주에 관해 흥미를 가졌고 상상력을 발휘할 수 있었습니다.[11]

독서가 주는 힘은 후에 레이건이 배우가 되어 출연한 영화에서 선이 악을 물리칠 때 선의 상황을 대변하는 역할을 담당했습니다. 또한 대통령이 되어 당시 아무도 상상할 수 없었던 '냉전 종식'을 위한 방안으로 이른바 '별들의 전쟁(Star Wars)'을 구상할 수 있었던 것입니다. 어머니 넬에게 아들 레이건이 독서를 한다는 것은 단순한 글 읽기 이상의 무엇이 있었습니다: 그것은 넬이 가난으로 경험할 수 없었던 것들을 아들만큼은 경험할 수 있도록 하는데 가장 기본이 되는 작업이었습니다. 아들이 누구보다도 성공하기를 원했던 넬은 비록 다른 부잣집 아이들과

11　이미선 옮김, 「대통령을 키운 어머니들」, 531-532 재인용.

같이 개인 교사를 들일 수 없었지만 주어진 환경에서 아들이 올바르게 성장할 수 있도록 최선을 다했습니다. 그녀는 레이건이 좋아하는 책은 물론 자신이 생각하기에 아들에게 도움이 될 만한 것으로 여겨지는 책을 빌려주었습니다. 하지만 책을 빌릴 수 없을 때는 바느질을 더 많이 하여 책을 사주기도 했습니다. 결국 레이건 가족은 도시와 비교해 문화적 혜택이 상대적으로 열악했던 가난한 시골에 살면서도 그 상태에서 결코 머물러 있지 않았습니다.

오랫동안 우리나라의 외교관 생활을 한 최병구 님은 자신의 책 「한 권의 책이 인생을 바꾼다」라는 제목에서 레이건의 독서에 관한 매우 흥미로운 내용을 다루고 있습니다. 레이건이 열한 살 때였습니다. 하루는 어머니가 레이건에게 책 한 권을 건네주었습니다. 헤럴드 벨 라이트가 쓴 「우델의 인쇄공(*That Printer of Udell's*)」이라는 소설이었습니다. 사실 이 소설은 레이건이 읽기에 좀 어려운 책이었습니다. 그런데도 레이건은 단숨에 읽었습니다. 이 소설을 쓴 라이트는 레이건과 마찬가지로 미국 중서부에서 태어났습니다. 그의 아버지도 레이건의 아버지와 마찬가지로 술주정뱅이였습니다. 집안이 가난해 이 마을 저 마을 옮겨 다니며 살았던 것도 비슷했습니다. 라이트는 성장해서 목사가 되었습니다. 이 소설의 줄거리는 대강 이렇습니다.

주인공 딕의 아버지는 술고래입니다. 술을 마시고 들어와 독실한 크리스천인 부인을 괴롭히곤 합니다. 곤드레만드레 술에 취해 뻗어 있는 남편 앞에서 딕의 어머니는 숨을 거둡니다. 어린 딕은 참담한 현실을 견디지 못하고 집을 나와 유랑생활을 했습니다. 그러나 아무도 그를 써주지 않았습니다. 갈 곳이 없는 딕은 늘 혼자서 외로운 시간을 보냈습니다. 유일하게 마음의 위로를 받을 수 있는 곳은 하나님을 만날 수 있는 교회였고 딕의 어머니는 생전에 '교회는 마음의 위로와 안정을 주는 곳'이라고 말하곤 했습니다. 다행히 딕은 교회에서 조지 우델이라는 사람을 만났습니다. 인쇄업자인 우델은 딕을 고용했습니다. 이때부터 딕은 꿈을 가지게 되었습니다. 딕은 인쇄공으로 일하면서

국민을 행복하게 만든 대통령들

꿈을 키웠습니다. 하나님을 향한 믿음 안에서 결국 딕은 꿈을 현실로 만들었습니다. 딕은 연방 의회 의원이 되어 워싱턴 정계로 진출했습니다.

레이건은 이 책을 읽자마자 어머니에게 "어머니, 저도 딕과 같은 사람 되고 싶어요. 세례를 받게 해주세요"라고 말했습니다. 그리고 며칠 후 세례를 받았습니다.

제가 당시 세례를 받은 것은 성경뿐만 아니라 어머니가 건네준 소설 「우델의 인쇄공」에서 감명을 받은 결과였습니다. 그 책은 제 인생의 방향을 바꾸었습니다. 그리고 믿음을 행동으로 실천하는 크리스천이 되도록 만들었습니다.

레이건은 대통령 재임 때 「우델의 인쇄공」을 떠올리며 라이트의 며느리에게 편지를 썼습니다.

「우델의 인쇄공」은 성경 다음으로 제 인생 항로를 바꾸어놓은 책입니다. 라이트는 저에게 지금, 이 순간 애써 걸어가고 있는 이 길을 가도록 했습니다. 저는 언제까지나 그에게 감사할 것입니다.[12]

어머니 넬이 레이건에게 왜 이 책을 읽도록 했는지 명확히 밝혀진 것은 없지만 아마도 자신도 소설 속 주인공과 같은 느낌이었을 것이고 마치 자신의 이야기를 하고 있다는 느낌이 들었기 때문이었을 것입니다. 어머니의 의도가 무엇이었든 우리는 이 책을 읽은 레이건이 소설 속 주인공인 딕을 역할모델로 삼고 그와 같이 되기 위해 최선을 다했음을 알 수 있습니다. 어렵사리 대학을 졸업하고 레이건은 언제나 딕과 같이 새로운 일을 찾아 나섰고 일이 왔을 때 최선을 다하는 삶을 살았습니다. 처음부터 레이건이 정치를 하리라 생각했는지 확실치 않지

---

12   최병구, 「레이건의 리더십」, 20-22.

만 어릴 때 읽은 「우델의 인쇄공」의 주인공이 열심히 산 결과 훌륭한 정치가가 된 것이 레이건에게 깊은 감명을 준 것은 사실입니다. 레이건은 어릴 때부터 책을 읽는 것이 습관이 되어 학교에 다닐 때는 물론이고 그 후 아나운서, 영화배우, 텔레비전 사회자, 주지사, 대통령이 되면서도 늘 책을 가까이했습니다. 책을 가까이한 레이건은 언제나 어떤 일을 하던 최선을 다했고 항상 준비되어 있는 사람이었습니다.

「우델의 인쇄공」이 레이건에게 어떻게 살 것인가 하는 보다 본질적인 문제에 큰 지표를 주었다면 그가 영화배우협회 회장과 텔레비전 사회자였을 때는 물론 주지사와 대통령으로 있을 때 가장 큰 영향을 준 책이 있습니다. 또한 이 책은 그가 과거 민주당에서 공화당으로 정치 성향을 바꾸게 한 원인을 제공하기도 했습니다. 무엇보다도 이 책은 후에 그가 대통령으로 있으면서 주요 목표로 삼은 이른바 '냉전 종식'에 논리적 근거를 제공해 주었습니다. 바로 휘태커 챔버스의 「증인(Witness)」이라는 책입니다.[13] 레이건은 이 책을 2차 세계대전이 끝나고 미국에서 공산주의 활동에 대한 반공 운동이 한창일 때 그가 영화배우협회의 회장으로 있으면서 읽었습니다. 이 책이 레이건에게 얼마나 많은 영향을 주었는지에 대해 최병구 님은 다음과 같이 쓰고 있습니다.

챔버스는 1901년 필라델피아에서 태어나 컬럼비아대학을 다니며 공산주의에 심취해 1925년에는 미국공산당에 가입하기도 했고 1932년부터는 소련 정보기관(KGB)을 위해 5년 가까이 스파이 활동을 하기도 했습니다. 그러나 그는 결국 공산주의에 환멸을 느껴 자신의 과거를 털어놓고 공산주의를 대항해 싸우는 편에 서게 되었습니다. 그는 1940년부터 1948년까지 시사주간지 「타임」에 글을 쓰면서 선임편집장까지 지냈으며 1952년에는 자서전 격인 「증

---

13 Whittaker Chambers, *Witness*(New York: Regnery History, 2014 reprint edition)입니다. 이 책이 레이건에게 얼마나 많은 영향을 주었나 하는 내용의 연구서도 있습니다. L. Alan Snyder, *The Witness and the President*(Amazon Digital Services LLC, 2017).

인」을 써서 인기도서 작가로 명성을 날렸습니다.[14]

레이건은 800쪽이 넘는 이 책을 읽고 또 읽었습니다. 거의 외우다시 피 할 정도였습니다. 아마도 어릴 때부터 키워온 책을 읽는 습관 때문에 이 책을 읽기에 그리 어렵지 않았을 것으로 보입니다. 나중에 주지사, 대통령이 되어 연설문을 쓸 때도 이 책을 자주 인용했습니다. 이 책은 그 당시 민주당을 지지했던 레이건을 공화당 지지자로 바꿀 만큼 레이건의 정치관 형성에 심대한 영향을 미쳤습니다. 이 책을 보면 레이건이 왜 공산주의와 싸워 이기는 것이 하나님께서 주신 사명이라고 생각하게 되었는지 이해할 수 있습니다. 챔버스는 이 책에서 이렇게 썼습니다.

> 저는 우리 시대 모든 악이 공산주의에 들어 있는 것을 봅니다. … 공산주의는 절대 악입니다(*Communism is absolutely evil*). 공산주의자들이 가지고 있는 비전은 하나님을 배척한 인간의 비전입니다.[15]

사실 레이건은 이 책을 읽기 5년 전인 1947년부터 확고한 반공주의자였습니다. 그 계기는 이렇습니다. 레이건은 1945년 병역의무를 마치고 할리우드로 돌아와 배우 일을 계속했지만 영화배우로서 명성을 크게 날리지는 못했습니다. 아내 제인 와이먼과 결혼생활도 점점 어려워지는 상황이었습니다. 그런 가운데 1947년에 그는 영화배우협회 회장을 맡았습니다. 그즈음 레이건은 점점 더 정치적인 의식이 강해지기 시작했습니다. 당시 할리우드는 좌파 집단주의가 판을 치는 분위기였습니다. 레이건은 그 당시 할리우드에서 널리 알려진 연사였습니다. 하루는 비버리 크리스천 교회 초청으로 파시즘의 위험성에 관한 강연을 하

---

14 최병구, 「레이건의 리더십」, 23-24.
15 최병구, 「레이건의 리더십」, 59.

게 되었습니다. 강연이 끝난 후 클라이하우어라는 목사가 레이건에게 다가와 "파시즘 못지않게 위험한 먹구름이 몰려오고 있습니다. 그것은 소련 공산주의입니다"'라고 하면서 "강연할 때 공산주의의 위험성에 관해서도 언급하는 것이 좋겠다"라고 말했습니다. 이때부터 레이건은 공산주의 문제를 심각하게 생각했습니다. 그리고 공산주의에 맞서 싸워야겠다는 마음을 굳힙니다. 그 후 레이건은 1989년 대통령직을 떠날 때까지 40년 넘게 공산주의와 싸웁니다. 공산주의를 이기기 위해 일생을 바친 것이나 다름이 없습니다. 클라이하우어 목사의 말이 레이건에게 오묘하게 역사한 것이었습니다.

공산주의와의 투쟁은 처음부터 험난했습니다. 레이건은 클라이하우어 목사를 만나고 얼마 지나지 않아 한 시민단체의 초청으로 연설을 하게 되었습니다. 그때 클라이하우어 목사 말대로 공산주의의 위험성에 관해 간략히 언급했습니다. 참석자들은 냉담한 반응을 보였습니다. 모두가 레이건의 주장에 시큰둥했습니다. 공산주의가 벌써 깊숙이 침투해 있었던 것이었습니다. 그뿐만이 아니었습니다. 하루는 해변에서 촬영하던 중에 전화를 받았습니다. 협박 전화였습니다. 계속해서 공산주의에 대해 부정적인 태도를 보이면 얼굴에 염산을 뿌리겠다는 협박이었습니다. 레이건이 공산주의에 맞서 싸우는 긴 장정은 이렇게 시작되었습니다. 공산주의에 대항하는 것과 같은 맥락에서 레이건에게는 또 다른 사명이 있었습니다. 그것은 핵전쟁을 막는 것이었습니다. 레이건은 대통령이 되기 전부터 미국과 소련이 가지고 있는 핵무기를 하루속히 없애야 한다고 생각했습니다. 1981년 3월 30일 저격범의 총에 맞아 거의 죽음 직전까지 갔다가 살아난 다음부터는 그런 생각이 더욱 강해졌습니다. 하나님이 자신을 구한 것은 특별한 목적이 있기 때문이라고 확신하게 되었습니다. 레이건은 그로부터 1989년 1월 20일 이임할 때까지 핵전쟁을 예방하고 핵무기를 제거하는 일에 전력투구했습니다. 공산주의를 소멸시키고 핵무기를 제거하는 것이 하나님이 주신

국민을 행복하게 만든 대통령들

큰 사명이라고 생각한 것입니다. 이처럼 독서는 레이건의 일생을 좌우하게 한 가장 중요한 배움의 수단이었습니다.

가난한 환경에서 자란 많은 사람들은 배움의 길을 자포자기했지만 넬은 포기하지 않았습니다. 그녀는 현재의 환경에서 아들에게 제공해 줄 수 있는 배움과 성장의 길을 찾았습니다. 그녀는 여러 지역을 순회하면서 열리는 차우타우콰 학습 과정을 잘 활용했습니다.[16] 넬은 이 학습 과정이 돌아올 때면 모든 일을 뒤로 미루고 레이건을 데리고 참석했습니다. 이 과정은 레이건에게 성장할 기회를 제공해 주었을 뿐만 아니라 넬에게도 어려운 환경을 탈피하는 수단이 되어주었습니다.

어릴 때부터 어머니로부터 긍정적으로 생각하고 행동하는 태도를 배운 레이건은 고등학생이 되자 자신도 모르게 어머니의 태도를 스스로 실천했습니다. 레이건은 어머니가 그토록 하고 싶어 했던 연극을 했습니다. 넬은 비록 작은 시골 무대이고 관객은 많이 없지만 아들이 연극을 하는 것을 무척이나 좋아했습니다. 자신의 소망이 아들에게 전달된 것이었습니다. 연극뿐이 아니었습니다. 레이건은 고등학교 풋볼선수로도 활동했고 YMCA 밴드부로도 활동했습니다. 일리노이딕슨고등학교에서 레이건의 평균 성적은 B0를 넘지 못했습니다. 가정형편이 어려워서 레이건은 아르바이트하는 데 많은 시간을 보냈습니다. 후에 레이건은 가장 어려운 최악의 아르바이트로 "무더운 여름에 화차에 가득 실려 있는 엄청난 감자 상자에서 썩은 감자를 골라내는 일"이라고 회상했습니다.[17] 그는 열네 살에 이미 건축기초공사장에서 땅을 파는 일

---

16 목사인 마틴 로이드 존스가 시작한 이 학습 과정은 처음에 단순히 주일학교 교사를 돕는 목적으로 시작했습니다. 당연히 이 과정의 내용과 성격은 아주 성경적이고 복음적이었습니다. 그러나 시간이 지나면서 교육과정의 내용이 문학, 지역문화, 드라마, 연극, 연주회 같은 문화교육으로 확대되었습니다. 이 과정은 아이들뿐만 아니라 학부모도 참석할 수 있어서 문화와 교육의 혜택을 볼 수 없었던 사람들에게는 매우 유익한 프로그램이었습니다.

17 Ronald Reagon, *Where's the Rest Me? The Ronald Reagon Story*(New York: Duell, Sloan, and Pearce, 1965), 15. 1965년에 레이건이 본격적으로 정치를 시작하면서 이 자서전을 썼습니다.

을 하여 시간당 35센트를 벌었습니다. 얼마 후에는 시간당 25센트를 받고 부두 노동자로 일을 하기도 했습니다. 1926년부터 1933년까지 대학을 다닌 후 한동안 레이건은 록강에서 생명 구조원으로 활동하면서 학비와 생활비를 벌었습니다. 아르바이트로 번 돈은 많지는 않았지만 레이건은 어머니의 어려운 살림을 보조했습니다. 집에서는 토끼와 비둘기를 키워 시장에 팔기도 했습니다. 레이건은 거의 매일 오후 간식과 일주일에 10센트의 수당을 받고 지역의 노인 부부를 방문하여 말벗 봉사를 하기도 했습니다. 그런데도 레이건은 학교생활을 가장 즐겼습니다. 후에 레이건은 자신의 인생에서 "학교에서 배웠던 시절이 가장 행복했던 시절"이라고 회상했습니다.[18] 레이건이 고등학교 대표로 쓴 졸업앨범의 표제 - 인생이란 멋지고 달콤한 노래와 같다. 자, 그러니 그 음악을 시작하자. - 는 어머니 넬을 닮은 레이건의 낙관주의를 볼 수 있습니다.

자신은 고등교육을 받지 못했지만 어머니 넬에게 고등교육은 자식들이 반드시 실현해야 하는 꿈이었습니다. 그녀에게 대학은 성공으로 가는 열쇠와 같은 것이었습니다. 그만큼 넬은 아들이 대학생이 되기를 간절히 원했습니다. 하지만 가정형편이 어려운 레이건 집안에서 대학 학비를 댄다는 것은 쉬운 일이 아니었습니다. 하지만 넬과 레이건은 대학 입학 여부를 결정하는 데도 낙관적인 생각으로 임했습니다. 고등학교에 다니면서 모은 돈과 어머니의 알뜰한 노력은 풍족하지는 않았지만 대학 학비를 낼 수가 있었습니다. 레이건은 비록 아이비리그는 아니지만 종교재단이 운영하는 일리노이주의 유레카대학에 입학했습니다. 물론 레이건은 학교 풋볼 선수연극부원, 학생 잡지 「페가수스(Pegasus)」 편집장, 학생회 활동 등으로 일부 장학금을 받아 학비에 충당했습니다. 하지만 다양한 활동에도 불구하고 대학 학비와 생활비를 충당하는 데

---

18 Reagon, *Where's the Rest Me?*, 15–27 요약정리.

는 많은 돈이 모자랐습니다. 이를 위해 레이건은 학교 식당 접시 닦기, 여학생 기숙사 경비원, 수영코치 겸 구조원 아르바이트로 돈을 벌었습니다.

이에 비해 아버지 잭과 형 닐은 대학 공부에 부정적이었습니다. 아버지는 아들들이 일찌감치 일자리를 잡고 돈 벌기를 원했습니다. 형 닐은 가난 때문에 애초부터 대학을 생각하지도 않았습니다.[19] 대학을 포기한 닐은 근처 시멘트 공장에 취직했습니다. 그러나 일 년 뒤 레이건의 노력으로 형 닐도 유레카대학에 입학할 수가 있었습니다. 레이건은 거의 반강제적으로 형 닐을 대학생으로 만들었습니다. 레이건은 닐의 입학 서류, 등록금, 아르바이트 자리, 장학금 신청 등 형의 대학 생활을 위한 기반을 조성해 주었습니다.[20]

두 아들이 대학생이 되었다는 것은 어머니 넬에게 가장 큰 기쁨이자 행복이었습니다. 비록 성적장학금은 아니었지만 어쨌든 아들이 대학생이 되어 장학금을 받는다는 사실은 자신의 꿈을 실현하는 것과 같았습니다. 레이건은 대통령이 된 후 대학성적을 공개했는데 사회 경제학을 전공한 레이건의 평균 성적은 C 정도였습니다. 그는 "아마도 나의 평균 성적은 간신히 대학 졸업 자격을 인정받을 수 있는 정도의 C에 가깝습니다"라고 말했습니다.[21] 아들이 대학생이 되었다는 사실은 그녀에게 현실은 어렵지만 언젠가는 좋은 일이 오리라는 미래에 대한 희망의 빛이 한층 선명하게 보이는 순간이었습니다. 어머니 넬은 배운다는 것

---

19 대학뿐만 아니라 닐은 고등학교 졸업식과 댄스파티에 입고 갈 턱시도를 살 수 없다는 것을 잘 알고 있었기 때문에 졸업식에도 참석하지 않겠다고 말했습니다. 큰아들의 갑작스러운 선언에 자신의 무능 때문에 대체로 집안일에 무관심했던 아버지가 어떻게 했는지는 모르지만 턱시도도 한 벌을 닐에게 구해 주었습니다. 후에 부자가 된 닐은 이 일에 대해 아버지 잭에게 깊은 감사를 표했습니다.

20 후에 닐은 캘리포니아에 있는 큰 광고회사인 란초 산타페(Rancho Santa Fe) 회사의 간부가 되어 큰 성공을 거두었습니다. 레이건이 영화배우로 다소 인기가 식었을 때 그를 GE에 소개해 준 사람이 바로 닐이었습니다.

21 Ronald Reagon, *Vital Speechs of the Day* (June 1, 1982), 482.

에 큰 의미를 두지 않았던 아이들의 아버지와는 달랐습니다. 그녀에게
아들이 글을 읽고 학교에 다니고 대학생이 되었다는 것은 미래에 대한
낙관주의가 실현되어가는 것이었습니다.

어머니의 가정교육과 더불어 헌신적인 봉사활동도 레이건에게 수없
는 배움의 기회를 제공해 주었습니다. 어린 시절부터 교회 생활에 익
숙했던 어머니는 성장하면서부터 다른 사람을 돕는 것이 자연스러운
일이었습니다. 어린 시절부터 레이건은 어머니의 봉사활동을 보고 다
소 의아하게 생각하기도 했습니다. 언제나 그랬던 것처럼 어머니는 재
봉 일을 하면서 무능하고 알코올 중독이었던 아버지를 도왔습니다. 그
러면서도 어머니는 아무런 불평을 하지 않았습니다. 불평은커녕 오히
려 다른 사람에게 도움을 주었습니다. 어린 레이건은 가난하여 먹을 것
조차 풍족하지 않았던 자기 집에서 낯선 남자를 자주 보았습니다. 그는
다름 아닌 감옥에서 임시출옥한 죄수로 어머니의 봉사활동에 힘입어
사회적응 훈련을 하는 사람이었습니다. 죄수에게까지 가능성의 기회를
주고자 한 그녀에게 남편의 알코올과 무능은 아무런 문제가 되지 않았
습니다.

어머니 넬은 자신의 도움이 필요한 사람에게는 어떻게 하든 도움을
주었습니다. 그녀 자신도 가진 재산이 별로 없었지만 자신보다 덜 가진
사람들에게 그것을 나누어주었습니다. 후에 레이건은 마음을 열고 관
용을 실천한 어머니를 두고 "타고난 성인"이라고 말했습니다.[22] 이처럼
자신보다 어려운 사람을 돕는 어머니의 봉사활동은 레이건의 가치관
형성에 직접적인 영향을 주었습니다. 이와 관련하여 보니 엔젤로는 다
음과 같은 예리한 분석을 하고 있습니다.

---

22 Reagon, *Where's the Rest Me?*, 44, 어머니 넬의 봉사는 교회에서 더욱더 활동적이었습니다. 주일학
교 교사로 또 교회 선교회 회장으로 그녀의 자선적인 봉사활동은 늘 다른 사람의 모범이 되었습니다. 그녀는
해마다 크리스마스 때가 되면 가난한 사람들에게 줄 선물을 500개씩 포장했습니다. 그녀는 정기적으로 결
핵환자 요양소를 방문하여 격려하고 자주 연극적인 말투로 책을 읽어 주었습니다. 또한 매주 그녀는 교도소
를 방문하여 수감자들에게 어머니 같은 따뜻한 손길과 사과 한 개와 성경 말씀을 전해주었습니다.

그것은 어린 레이건이 자신이 최하층이 아니라는 사실을 깨닫게 해주었습니다. 또한 그것은 자신도 다른 사람을 도울 수 있다고 자부할 수 있게 해주었습니다.[23]

그래서 레이건은 정부나 다른 사람의 도움보다 누구든지 자신을 다스려 노력한다면 언젠가 성공할 수 있다는 낙관적인 생각을 가질 수 있었습니다. 대통령 취임사에서 레이건은 모든 국민을 향해 "우리 중에 누구도 자신을 다스릴 수 없다면 누가 다른 사람을 다스릴 수 있겠습니까?"[24]라는 질문을 던졌습니다. 레이건이 정치를 하기 훨씬 전에 어머니 넬은 자신의 성경에 다음과 같은 글을 적어두고 아들이 자연스럽게 그것을 보도록 했습니다.

아들아. 너는 하나님이 너를 쓸 수 있을 만큼 큰 그릇이 되어야 한다. 너는 너무 작은 그릇이 되어서는 안 된다.[25]

레이건은 어머니의 바람대로 큰 그릇이 되었습니다. 그는 대통령이 되어 미국과 세상을 변화시키기 위해 경제회복과 냉전 종식이라는 위대한 목표를 달성했습니다. 레이건이 이러한 목표를 달성할 수 있었던 근본적인 배경에는 무엇보다 그의 어머니의 가정교육과 봉사활동에 있다는 것을 알 수 있습니다. 가난했지만 누구나 열심히 노력하면 반드시 쓰일 곳이 있다는 어머니의 낙관적 사고는 레이건을 끊임없이 노력하게 하였고 자신의 인생을 스스로 개척하게 했습니다. 그래서 레이건은 독서와 다양한 경험을 통해 자신을 키워나갔습니다.

---

23 이미선 옮김, 「대통령을 키운 어머니들」, 546 재인용.

24 Ronald Reagon, *The Inaugural Address*(January 20, 1981).

25 이미선 옮김, 「대통령을 키운 어머니들」, 546 재인용.

목표에 집중

　어떤 리더, 어떤 대통령이 최고의 리더이자 최고의 대통령일까요? 여러 조건이 있겠지만 최고의 리더와 대통령은 팔로워와 국민에게 이루고자 하는 목표와 비전을 명확하게 제시하는 사람입니다. 바로 따르는 사람들을 설득하여 자신과 함께 그 목표를 달성하도록 하는 사람입니다. 비록 현실은 어렵지만 자기와 함께하면 무엇이든지 할 수 있다는 확신을 주는 리더, 따르는 사람들이 열심히 일하고 올바른 길을 갈 때 반드시 그 대가가 돌아올 것이며 언젠가는 승리할 수 있다는 흔들리지 않은 낙관주의를 마음속에 심어주는 리더와 대통령을 사람들은 간절히 바랍니다. 미국 제40대 대통령 로널드 레이건은 바로 그런 리더이며 그런 대통령입니다.

　레이건은 대통령이 되면서 두 가지 비전과 목표를 제시했습니다. 하나는 국민이 자유를 누리면서 경제적으로 번영해 가는 미국을 만드는 것이었습니다. 다른 하나는 전쟁이 없는 보다 자유롭고 평화로운 세상을 만드는 것이었습니다. 레이건은 두 가지 비전을 달성하기 위해 이에 상응하는 두 가지의 명확한 목표를 제시했습니다. '경제부흥'과 '세계평화'였습니다. 레이건은 경제부흥을 위해 이에 방해가 되는 미국 정부를 직접적으로 혁신해 나갔습니다. 레이건은 세계평화를 위해 가장 위협적인 존재인 소련을 이기는 정책을 펼쳐나갔습니다. 레이건은 국민에게 명확한 비전과 목표를 제시하고 자신과 함께 노력하면 반드시 승리할 것이라는 낙관적인 생각을 가지고 환희의 트럼펫을 불며 힘차게 전진해 나갔습니다.

1970년대 말 미국이 미래에 대한 회의와 혼돈에 빠져 있을 때[26] 레이건이 힘차게 분 트럼펫은 미국 국민이 가장 듣고 싶은 소리였습니다. 레이건은 잠시 주춤거리고 있지만 미국 국민이 자신이 부는 트럼펫을 따라 행진한다면 다시 최고의 자리에 오를 수 있다는 확신을 심어주었습니다. 그는 자신과 미국에 대한 놀랄 만한 확신으로 국민의 마음속에 환희의 낙관주의를 심어주었습니다.

레이건은 경제번영을 위해 공룡과도 같은 정부에 도전했습니다. 취임사에서 레이건은 "정부가 문제입니다"라고 과감하게 말했습니다. 그것도 정부 간섭이 가장 큰 문제라 생각했습니다. 그래서 정부 간섭을 줄이고 가능한 개인과 기업에 자유로운 활동 영역을 확대하고자 했습니다. 레이건은 가능한 정부 규제를 없애면서, 세금을 인하하고, 정부지출을 삭감하고, 이자율을 내리고, 일자리를 확대하고, 관료주의를 축소해 나갔습니다. 그 결과 시간이 다소 걸리기는 했지만 궁극적으로 레이건은 실업률을 줄였고 인플레이션을 낮추었습니다. 그는 그동안 국민이 정부에 너무 많이 의존하도록 만들었고 정부 또한 너무 많은 것을 간섭함으로써 타락했음을 지적했습니다. 그는 대통령이 되면서 "우리 중에 어느 사람도 자신을 다스릴 수 없다면 누가 다른 사람을 다스릴 수 있겠습니까?"라는 질문을 던졌습니다.[27] 그는 국민이 자신을 다스릴 수 있을 때 경제부흥이 이루어질 수 있다는 것을 확신했습니다. 그는 "개천에서 용이 나올 수 있다"라는 말을 부인하지 않았습니다. 그

---

26 1970년대 미국은 내우외환이 겹친 시기였습니다. 경기침체, 월남전 패배, 그리고 닉슨의 워터게이트 사건은 미국 국민 대다수가 패배 의식을 느끼도록 만들었습니다. 거기에다가 '뉴딜' 이후 계속해서 팽창되어 온 재정 확대 정책으로 인하여 1970년대 말은 심각한 인플레이션을 겪고 있었습니다.

27 First Inauguration of Ronald Reagon(January 20, 1981).

러나 레이건은 그 용이 다른 사람의 무한정한 도움을 받거나 투쟁을 통해서가 아니라 자신의 노력으로 나와야 한다고 생각했습니다.

하지만 레이건이 그토록 원했지만 만족할 만큼의 성과를 거두지 못한 경제정책이 있었습니다. 바로 균형예산을 실현하고자 했던 것입니다. 레이건은 균형예산을 실현하기 위해 방대해져 있는 연방 예산을 삭감하고자 했지만 진보주의자와 언론이 노골적으로 반대했습니다. 또한 이 연방 예산 삭감은 레이건이 국방비 예산을 증가시킨 정책과 맞지 않았습니다. 사실 레이건의 우선순위는 균형예산보다 경제 활성화에 있었습니다. 레이건은 자신이 원하는 만큼의 균형예산을 실현하게 하지 못했지만 작은 정부를 실현하여 레이건 이후 미국이 오랫동안 전대미문의 경제적 번영을 누리는 데 이바지했습니다.

한편 레이건은 세계평화를 실현하기 위해 소련에 대항했습니다. 냉전 이후 진행된 데탕트[28]에 대해 레이건은 기존 사람들이 말하는 두 나라 간의 '평화의 공존'이 아니라 '소련이 자기 목적을 달성하기 위해 이용한 일방통로'로 보았습니다. 나아가 레이건은 현재의 소련은 반드시 없어져야 할 "악의 제국(Evil Empire)"이라고 선언했습니다. 이에 소련의 지도부는 물론이고 미국 내 진보주의자, 언론, 나아가 대통령 선거에서 상대자였던 지미 카터는 레이건을 "냉혹한 냉전주의자", "전쟁광" 등으로 비난했지만 레이건은 자신이 추구하는 길이 옳다고 확신했습니다. 그래서 그는 소련의 위협에 대한 해답은 데탕트의 유지가 아니라 그 상태를 버리고 소련을 이겨야 한다고 생각했습니다. 레이건은 더 평화로운 세상을 만들기 위해서는 핵무기가 발명된 이래로 경쟁적으로 지루하게 계속된 냉전과 데탕트의 반복을 끝내야 할 때라고 생각

---

28 2차 세계대전 이후 소련과 미국은 실제로 전쟁은 없었지만 전쟁 이상의 냉엄한 상황이 오랫동안 진행되었습니다. 대체로 트루먼과 아이젠하워 대통령까지는 두 나라가 무한 경쟁을 하는 냉전체제였지만 케네디, 존슨, 닉슨, 포드, 카터까지는 서로를 인정하는 긴장 완화 이른바 '데탕트' 시대로 인정되고 있습니다.

했습니다. 그의 핵심 조치는 전략방어계획(Strategic Defense Initiative), 즉 날아오는 적의 미사일을 우주공간에서 낚아채도록 하는 방어시스템 구축이었습니다. 레이건은 이미 경제적 어려움에 고통받고 있는 소련의 지도부에게 막대한 자금이 들어가는 이 계획을 알려줌으로써 냉전이든 데탕트든 그것은 이길 수 없는 경쟁에 도전하는 무모한 행위라는 것을 인식시켜 주고자 했습니다. 레이건은 이를 통해 '악의 제국'이 몰락할 것으로 확신했습니다. 그리고 그의 확신은 몇 년 후에 사실로 입증되었습니다. 누가 뭐래도 동서 냉전의 상징인 베를린 장벽이 무너지고 소련과 중국으로 대변되었던 공산주의가 몰락한 것은 레이건의 '평화로운 세상 만들기'라는 비전의 결과였습니다.

국민은 대통령이 현재의 문제를 정확히 진단하고 이를 해결하는 방안을 분명히 제시하기를 원하고 있습니다. 이는 대통령의 위대함에 가장 중요한 요건이기도 합니다. 레이건이야말로 1980년대의 미국이 처한 문제를 정확히 진단했고 이를 해결하는 방안을 분명히 제시했습니다. 레이건에게 1980년대는 '국가 일신의 시기(the era of national renewal)'였습니다. 레이건은 경제적 번영과 평화로운 세상을 만들어 미국과 미국 국민에게 다시 과거의 영광을 돌려주고자 했습니다. 그는 이것은 정부의 방향을 바꾸고 위대한 미국을 부활시켜야만 가능하다고 보았고 그렇게 실천했습니다. 그것은 진보적이고 급진적인 방향이 아니라 전통적이고 보수적인 방향이었습니다. 그것은 집단보다 개인의 자유를 더욱 중시하고, 정부 간섭보다 자유방임을 강조하고, 분배에 앞서 성장을 주도하는 방향이었습니다. 레이건은 이러한 목표를 이루고 비전을 달성할 수 있다는 낙관적 신뢰감을 미국 국민 마음에 새겨주면서 환희의 트럼펫을 힘차게 불고 나갔습니다.

정치가로서 레이건이 이루고자 한 목표는 그가 본격적으로 정치를 시작하면서 구체적으로 드러났습니다. 1964년 10월 27일은 레이건의 인생에서 하나의 분수령이 되었습니다.[29] 이날 그는 현직 대통령 민주당의 린든 존슨을 상대로 공화당 대통령 후보인 배리 골드워터의 선거운동을 하면서 선거자금 모금을 위한 지지 연설을 유창하게 해냈습니다. 레이건은 자신이 왜 이 자리에서 연설하게 되었는지를 먼저 밝혔습니다.

저는 제 인생 대부분을 민주당원으로 보냈습니다. 하지만 저는 최근에 다른 길을 따르는 것이 적합하다고 생각했습니다. 이 선거운동의 한쪽 편(민주당)은 이번 선거의 핵심문제는 평화와 번영을 유지하는 것이라고 우리에게 말하고 있습니다. 그런 주장은 그동안 "그보다 더 좋은 수가 없다"라는 말로 사용됐습니다. 하지만 저는 이 번영은 우리가 미래를 위한 우리의 희망을 근거로 할 수 있는 어떤 것이 아니라는 불편한 생각이 듭니다. 역사상 그 어떤 나라도 국가 수입의 ⅓에 달하는 세금부담에서 살아남은 나라는 없습니다. 현재 이 나라에서 버는 모든 1달러 중 37센트는 세금징수원의 것입니다. 또한 우리 정부는 정부가 거두어들이는 것보다 매일 1천 7백만 달러를 더 많이 쓰고 있습니다. 그래서 우리는 지난 34년 중 무려 28년을 균형예산을 맞추지 못하고 있습니다. 덕분에 지난 12개월 동안 우리는 우리의 빚을 3배로 올렸습니다. 현재 우리나라의 국가부채는 세계 모든 나라의 합쳐진 부채보다 한 배 반이나 더 큽니다.

우리가 지키고 있는 평화에 대해 말하자면 저는 우리 중에 누가 남편이나 아들이 남베트남에서 죽은 아내와 어머니에게 다가가 그들에게 이처럼 무기한으로 유지되는 것이 평화인지 물어볼 수 있을지 진정 걱정스럽습니다. 그들은 평화를 어떻게 이해할까요? 그들은 우리가 단지 평화 속에 남겨지기를 원하는 것을 의미할까요? 단언컨대 한 사람의 미국인이 우리 나머지를 위해

---

29 레이건은 대학을 졸업하고 일자리를 잡은 상황에서 당시 대통령으로 인기가 높았던 프랭클린 루스벨트에게 환호하면서 원래 민주당을 지지해 왔습니다. 하지만 영화배우 조합을 하고 이어 제너럴 일렉트릭에서 일을 하면서 레이건은 생각은 조금씩 변해갔습니다. 레이건은 어린 시절부터 '하늘은 스스로 돕는 자를 돕는다'라는 말을 철칙으로 믿고 살아왔습니다. 하지만 민주당이 집권한 오랜 기간 사람들은 자신을 돕기보다 지나치게 정부의 도움에 의존하고 있다고 생각했습니다. 더불어 2차 대전 이후 지속된 냉전과 데탕트에 의한 평화는 진정한 평화가 아니라 몹시도 불편한 평화로 그것의 역학관계가 변화되어야만 한다고 생각했습니다.

세계의 어떤 곳에서 죽어가는 동안은 진정한 평화란 없습니다. 현재 우리는 땅과 하늘에서 지금까지 인류가 직면한 가장 위험한 적과 전쟁 중입니다. 만약 우리가 이 전쟁에서 진다면 만약 그렇게 되어 우리의 자유의 길을 잃어버린다면 역사는 대부분을 잃어버린 사람들이 그 일을 막기 위해 최소한의 일밖에 하지 않았다는 참으로 놀라운 사실을 기록할 것입니다. 지금 저는 건국의 아버지들에 의해 우리에게 의도되었던 자유의 깊은 뜻을 알고 있는지 우리 스스로 물어볼 때라고 생각합니다.[30]

레이건은 지지 연설에서 당시 미국이 안고 있는 문제점을 명확하게 지적하고 있습니다. 말하자면 경제적 번영은 진정한 번영이 아니라는 것과 안보적 평화는 진정한 평화가 아니라는 점입니다. 레이건은 처음부터 '경제번영'과 '평화달성'이라는 두 축에서 정치를 시작했습니다. 이 두 축은 레이건이 그 후 주지사와 대통령으로 달성하고자 하는 핵심적인 목표였습니다. 레이건은 그동안 미국은 거대정부를 형성하여 개인의 자유를 크게 축소했으며, 세계 공산주의가 부상하는 데 아무 일도 하지 않았다고 경고했습니다. 이 연설에서 레이건은 미국 정부의 규모를 줄이고 미국인과 미국기업들에 대한 세금부담을 줄여야만 한다고 주장했습니다. 이를 통해 그는 미국의 경제를 부흥시키겠다고 약속했습니다. 나아가 지나치게 과대평가되고 있는 공산주의를 무찔러 해체하겠다고 단언했습니다. 레이건은 "여러분과 저는 운명적으로 만났습니다. 우리는 우리 자손들을 위해 지구상에서 인간의 마지막이자 가장 좋은 희망을 유지하느냐 혹은 1천 년이 넘는 암흑의 세계로 첫발을 내딛느냐를 결정해야 합니다"[31]라는 인상적인 말로 연설을 마무리했습니다.

골드워터는 패배했지만 레이건의 연설은 대단히 성공적이었습니다.

---

30 Ronald Reagan – A Time for Choosing (October 27, 1964).
31 Ronald Reagan – A Time for Choosing (October 27, 1964).

레이건의 연설은 정치가로서는 무명에 가까운 영화배우 출신을 일약 스타로 만들어주었습니다. 무엇보다 그동안 패배 의식에 사로잡혀 있었던 공화당은 레이건이 던진 두 가지 목표에 그들이 무엇을 해야 하는가 하는 방향을 잡을 수가 있었습니다. 곧 캘리포니아주의 공화당원들은 레이건에게 다음 주지사에 출마해 줄 것을 간청했습니다. 레이건은 여러 번의 고사를 했지만 결국 출마하여 당선되었고[32] 두 번에 걸쳐 주지사직을 성공적으로 수행했습니다. 물론 주지사를 하는 동안 레이건은 '경제부흥'과 '평화달성'이라는 일관된 목소리를 내었습니다. 주지사에 당선되었을 때 어느 기자가 레이건에게 "주지사로서 우선순위가 무엇이냐"라고 물었습니다. 이에 레이건은 "저는 잘 모릅니다. 저는 주지사가 되어본 적이 없습니다"라고 유머 있게 답했습니다. 하지만 레이건은 자신의 할 일이 무엇인지 정확히 알고 있었고 이미 그가 정치를 시작하면서부터 외친 내용을 곧바로 실천하고자 했습니다. 레이건은 세금을 인하하기를 원했습니다. 하지만 세금 인하 정책을 펼치기에는 여러 가지 어려움이 도사리고 있었습니다. 전 주지사(팻 브라운)의 주 정부 주도의 자금이 들어가는 각종 프로그램은 레이건 주 정부에 지급해야 할 막대한 청구서를 남겨두었습니다. 또 캘리포니아주의 늘어나는 인구는 주 정부의 비용을 증대시켰습니다. 여기에 더하여 민주당이 우위를 점하고 있는 주의회는 레이건의 세금 인하와 정부지출을 축소하고자 하는 정책을 반대했습니다. 또한 레이건은 주 정부의 고용인원을 동결하고 각 부처의 예산을 10%씩 삭감하는 조처를 했지만 그가 바라는 대로 되지는 않았습니다. 그런데도 많은 유권자는 레이건이

---

32 1966년 캘리포니아 주지사 선거는 1962년 주지사 선거에서 리처드 닉슨을 물리친 민주당의 팻 브라운과 공화당의 로널드 레이건의 대결이었습니다. 브라운은 레이건을 정치적 경험이 전혀 없는 한물간 영화배우로 우익극단주의자라고 매도했습니다. 이에 레이건은 자신은 정치의 아웃사이드는 맞지만 캘리포니아의 복잡한 문제들을 해결하기 위해서는 직업정치가가 아니라 자신과 같은 평범한 시민이 필요하다고 응수했습니다. 레이건의 압도적인 승리였습니다.

자신들의 이익을 위해 노력하고 있다고 생각했고 그 결과 주지사에 재선되었습니다.[33]

레이건은 두 번째 주 시사를 지내면서도 한결같은 보수주의 정책을 폈습니다. 세금을 줄이고 주 정부지출을 축소하는 정책을 폈습니다. 특히 레이건은 뉴딜 이후 그동안 확대되어 온 복지혜택을 줄이고자 했습니다. 그렇다고 해서 레이건이 반드시 복지혜택을 보아야만 하는 대상의 몫을 줄이고자 한 것이 아니라 야심 없이 의존적인 삶을 사는 사람들을 대상으로 했습니다. 그래서 레이건은 1971년 캘리포니아의 복지개혁 법안을 만들어 복지혜택을 받을 수 있는 사람들의 자격조건을 엄격히 강화했습니다. 레이건은 1972년에 대통령 출마를 고려했으나 당시 현직 대통령이었던 닉슨으로 인하여 기회가 오지 않았습니다. 워터게이트 사건으로 대통령을 사임한 닉슨을 대신하여 당신 부통령이었던 제럴드 포드가 대통령에 승격된 상태에서 1976년 선거에서 레이건은 공화당 대통령 후보 경선에 도전장을 냈습니다. 후보 경선에서 레이건은 포드가 외교문제에 있어 온건주의자로 공산주의자들에게 휘둘리고 있으며, 국내문제에 있어서는 거대정부를 상대로 강하게 싸우지도 않았다고 공격했습니다. 레이건은 유권자에게 소련을 상대로 단호한 정책을 취할 것이며, 연방정부의 지출을 줄이고, 세금을 인하하고, 나아가 균형예산을 이루겠다고 약속했습니다. 하지만 현직 대통령의 벽은 높았고 결국 레이건은 4년을 더 기다려야만 했습니다. 1976년 선거에서 포드는 민주당의 신예 지미 카터에게 패배했습니다. 레이건은 1980년에 예순아홉의 나이에 미국 역사상 최고령 대통령 후보로 도전을 했습니다. 정치가로서 레이건이 이루고자 했던 일은 대통령 선거운동을 하면서 더욱 구체적으로 다듬어졌습니다.

공화당 대통령 후보로 지명된 지 4주가 지난 8월 18일 레이건은 시

---

33 김형곤, 「로널드 레이건: 가장 미국적인 대통령」(파주시: 살림, 2007), 45-46.

카고에서 개최된 해외 전쟁 참전자 회의에 참석해 카터의 대외정책을 비판했습니다. 그는 카터 정부의 대외정책은 유화적이고 애매하고 모호한 정책이라고 공격했습니다. 레이건은 미국이 너무 오랫동안 "몽유병을 앓고 있다", "이제 그 몽유병에서 깨어날 때"라며 카터 행정부를 공격했습니다. 평화를 준비하는 자들에 의해서 전쟁의 참혹상이 주장되고 있지만, 사실은 전쟁에 대비하는 사람이 평화를 얻는다고 주장했습니다. 그는 평화는 기원이나 나약함으로 얻을 수 없으며 방어 능력을 유지할 때만이 가능성이 있다고 주장했습니다. 카터 행정부 아래에서는 최소한의 미국의 방위력조차 소멸하고 있다고 비판했습니다. 그래서 레이건은 국방력을 강화하여 다른 나라가 평화를 깨뜨릴 생각도 못 하게 하겠다고 선언했습니다. 이것은 힘의 우위를 의미하는 것으로 다른 어떤 것도 의미가 없다고 못 박았습니다.[34] 나아가 레이건은 강력한 국방력은 절대로 전쟁을 유발하지 않으며 제국주의자들의 야심은 끝이 없어서 유약함이 전쟁을 불러온다고 주장했습니다. 레이건은 민주당의 데탕트 정책도 비판했습니다. 그는 데탕트는 양측이 똑같이 긴장을 완화하는 긍정적인 행동을 취할 때만 의미를 갖는 것인데 소련이 군사력 증강에 노력하는 상황에서 아무런 의미가 없다고 주장했습니다. 따라서 레이건은 평화를 유지하는 최고의 방법은 상대방이 전쟁에서 이길 수 없다는 확신이 들게 하는 것이라며 국방력 증강을 주장했습니다.[35]

이어서 레이건은 카터의 경제정책을 비판하고 자신의 새로운 경제정책을 주장했습니다. 현재 미국은 심각한 인플레이션을 겪고 있고 1980년 1분기만 하더라도 18%에 달한다고 밝혔습니다. 카터 행정부는 4년 연속 적자예산을 기록하고 있으며 대출이자는 남북전쟁 이후 가장

---

34 김남균, 「로널드 레이건」(서울: 선인, 2011), 144-145.

35 김남균, 「로널드 레이건」, 145-146.

높은 20%를 기록했다고 밝혔습니다. 레이건은 이러한 불경기에도 불구하고 카터는 30%의 세금을 더 거두어들였다고 꼬집었습니다. 세금이 증대되는 것은 정부지출이 많기 때문이라는 것은 너무나 자명한 사실이었습니다. 레이건은 경제부흥이라는 자신의 목표를 이루기 위해 8가지 항목으로 나누어 설명했습니다.

- 정부지출 증대의 비율을 합리적이고 신중한 수준에 묶어둔다.
- 개인소득세의 비율을 줄이고 사업체의 감가 삼각비를 체계적인 방법으로 증진시키고 또 단순화함으로써 사업, 예금, 투자, 그리고 생산성에 대한 인센티브를 제공한다.
- 경제에 영향을 미치는 규제를 심사하여 경제를 활성화하는 방향으로 바꾸거나 혹은 폐지한다.
- 안정되고 예측 가능한 경제정책을 수립한다.
- 미국산 제품의 외국 수출을 증진한다.
- 미국 산업을 부흥시킨다.
- 미국경제를 성장시킬 수 있고 우리의 삶의 수준이 높아질 수 있는 에너지 정책을 채택한다.
- 매달 바뀌지 않는 지속적인 국가경제정책을 취함으로써 신뢰감을 회복한다.[36]

　　레이건의 경제정책은 정부지출 통제, 예산 절감, 세금 인하, 정부 규제 철폐, 그리고 균형예산 등으로 요약할 수 있습니다. 이에 카터는 세금을 인하하면서 균형예산을 이루겠다는 주장은 '주술경제'라고 꼬집었지만 레이건의 주장은 미국인들에게 어필되었고 그는 카터를 누르고 압도적 지지로 대통령에 당선되었습니다.[37] 레이건은 취임사에서 그

36　Televised Campaign Address, A Vital Economy: Jobs, Growth, and Progress for Americans(October 24, 1980), 김남균, 「로널드 레이건」, 152 재인용.

37　공화당 대통령 경선 과정에서 경쟁자였던 부시가 레이건의 경제정책을 '주술경제'라고 비판했습니다.

동안 주장한 바이지만 무엇이 문제인지 먼저 지적했습니다.

미국은 크나큰 경제적 어려움에 직면해 있습니다. 우리는 이 나라 역사상 가장 길고 가장 최악의 인플레이션으로 고통을 받고 있습니다. 그것은 우리의 경제결정권을 왜곡시킵니다. 그것은 우리의 절약을 불구로 만듭니다. 그것은 살기 위해 노력하는 청년들뿐만 아니라 중장년층들을 동시에 부수어버립니다. 그것은 수백만 명의 삶을 위협해서 산산이 파괴해 버립니다. … 일을 하는 사람들은 열심히 노력하여 얻은 결과물(돈)을 오히려 벌주는 것과 같은 세금 제도에 의해 노동에 대한 공정한 대가를 거부당하고 있습니다. 그래서 우리가 완전한 생산성을 유지하지 못하도록 하고 있습니다. 우리는 현재의 일시적인 편리를 위해 우리의 미래와 자녀의 미래를 담보로 하여 수십 년 동안 적자에 적자를 쌓았습니다. … 현재의 위기 상황에서 정부는 문제의 해결책이 아닙니다. 바로 정부가 문제입니다.[38]

이어 레이건은 대통령으로서 자신이 무엇을 하고자 하는지 명확한 목표를 제시했습니다.

연방정부의 크기와 영향을 줄이고, 연방정부에 부여된 권한과 주와 국민에게 존속된 권한들을 잘 구분하겠다는 것이 제가 하고자 하는 것입니다. 우리가 모두 연방정부가 주를 만들어낸 것이 아니라는 사실을 기억해야 합니다. 주들이 연방정부를 창조해 냈던 것입니다.[39]

경제부흥과 관련된 목표와 더불어 레이건은 외교적으로 군사적으로 어떤 목표를 가지고 있는가도 분명히 밝혔습니다.

자유의 적들과 잠재적인 적들에 대해 말하자면 그들은 평화가 미국 국민의

---

38 First Inauguration of Ronald Reagon(January 20, 1981).
39 First Inauguration of Ronald Reagon(January 20, 1981).

국민을 행복하게 만든 대통령들

가장 고귀한 열망이라는 것을 알게 될 것입니다. 우리는 평화를 위해 협상하고 그것을 위해 희생할 것입니다. 그러나 우리는 현재는 물론 미래에도 굴복하지 않을 것입니다. … 행동이 우리의 국가안보를 보존하는 데 요구될 때 우리는 행동할 것입니다. 우리는 우위를 확보할 충분한 힘을 유지할 것입니다. 그렇게 되면 우리가 결코 그 힘을 사용하지 않는 것이 최고의 방법이라는 것을 알게 될 것입니다. … 저는 맹세합니다. 미국은 이 전쟁에서 이겨야만 합니다. 그러므로 저는 일할 것이고, 저는 절약할 것이고, 저는 희생할 것이며, 저는 견뎌 낼 것입니다. 그리고 저는 즐겁게 싸울 것입니다.[40]

이미 살펴보았듯이 대통령으로서 레이건의 목표는 '경제부흥'과 '평화달성'이었습니다. 뉴딜 이후 커진 거대정부는 국민이 국가에 더욱 의존하게 했다는 것이 레이건의 생각이었습니다. 레이건은 의존하는 국민의 수가 많으면 많을수록 국가가 더 많은 예산을 쓰게 되고 늘어난 예산을 맞추기 위해 더 많은 세금을 거두게 되어 궁극적으로 개인과 기업의 자유로운 경제활동을 방해한다고 생각했습니다. 이는 또한 거대한 재정적자를 낳게 하는 원인이 된다고 보았습니다. 또 늘어난 통화는 인플레이션을 불러왔고 물가를 불안정하게 만들었다고 생각했습니다. 결국 레이건은 거대정부가 미국이 안고 있는 경제적 어려움의 핵심이라 여겼습니다. 그래서 레이건은 거대정부를 작은 정부로 만들고자 했고 그렇게 되도록 노력했습니다. 간섭보다 자유에, 집단보다 개인에, 분배보다 성장에, 의존보다 자치에 집중했습니다. 이것은 레이건이 어머니와 아버지로부터 배운 가치였고 나아가 미국의 전통적 가치와 일치하는 것이었습니다. 레이건은 이것이 미국과 미국인이 추구해야 할 생활방식이라 생각했습니다. 그는 이렇게 하면 번영하는 미국이 다시 오리라 확신했습니다. 번영하는 미국이 바로 레이건이 제시한 목표였습니다.

---

40 First Inauguration of Ronald Reagon(January 20, 1981).

경제부흥을 위한 레이건의 경제정책의 성과는 집권기 초기에는 아니었지만 첫 번째 임기 후반부로 가면서 구체적으로 나타나기 시작했습니다. 높은 경제성장이 지속되었습니다. 1981년부터 1989년까지 실질국내총생산(GDP)의 연평균 성장률이 3.2%로 1974년부터 1981년까지의 2.8%와 1989년부터 1995년까지의 2.1%보다 훨씬 높은 비율로 성장했습니다. 이 3.2%는 카터 행정부의 영향을 받고 있었던 1981년과 1982년이 포함된 비율로 만약 이 시기를 뺀다면 레이건 집권기 경제 성장률은 3.8%에 달했습니다. 이는 여러 면에서 레이건의 경제정책으로 인하여 개인과 기업이 마음껏 경제활동을 한 결과였습니다. 또 경제성과로 나타난 것은 인플레이션 비율 하락 및 이자율 하락입니다. 1981년 레이건이 카터로부터 물려받은 경제 실상 중 최악의 것은 3년간 지속된 두 자리 숫자의 인플레이션이었습니다. 1980년에 소비자물가지수(CPI)는 무려 13.5%까지 상승했습니다. 그러나 꾸준한 통화 긴축정책으로 레이건 집권 2기에 들어서 인플레이션이 거의 두 배 이상 하락하여 6.2%가 되고 임기 마지막 해인 1988년에는 4.1%로 안정되었습니다. 또한 1981년에 무려 189.0%에 달하던 은행 금리 역시 레이건 집권 이후 점점 완화되어 1987년에는 8.7%까지 하락했습니다.

레이건의 주도한 경제정책은 미국경제의 전반적인 생산성을 증가시켰습니다. 실질임금이 상승함에 따라 시간당 노동생산성이 상승했습니다. 사실 레이건 이전의 30년 동안은 연평균 0.3%로 미국의 생산성 향상에 있어 제자리이거나 거의 장기하락 경향에 있었습니다. 그러나 레이건이 집권하고 나서부터 정부의 법인세 인하 등에 힘입어 연평균 생산성 향상은 1.5%에 달했습니다. 생산성 향상은 중산층 가정의 수입도 전반적으로 증가시켜 주었습니다. 1981년에 미국 중산층 가정의 연평균 수입은 3만 7천8백68달러였던 것이 1989년에는 4만 2천49달러로 무려 4천 달러나 증가했습니다.

정부지출을 줄이고, 세금을 줄이고, 경제활동에서 전반적인 자유를 추진한 레이건의 경제정책은 미국의 고용률을 증가시켰고, 그만큼 실업률을 하락시켰습니다. 레이건이 집권한 1981년부터 1989년까지 미국은 총 1천7백만 개의 새로운 일자리를 만들어냈습니다. 이는 해마다 200만 개의 새로운 일자리가 생겨났음을 의미했습니다. 고용률에 있어 레이건 이후 연평균 증가율이 단지 1.2%에 비해 레이건 집권기는 1.7%의 증가를 이루었습니다. 고용률이 증가함에 따라 상대적으로 실업률이 하락했습니다. 1981년 레이건이 집권할 당시 미국 실업률은 7.6%에 달했고 그 후 1981년에서 1982년까지의 실업률은 무려 9.7%에 달했습니다. 그러나 그 후부터 실업률은 점점 하락하여 레이건이 대통령을 마칠 때는 5.5%로 안정되었습니다. 이는 개인과 기업에 대한 세금 인하 정책으로 경기부양이 이루어지고 그것이 고용증대로 연결되었음을 의미했습니다.

이처럼 레이건의 경제정책은 거의 모든 면에서 성과를 거두었지만 그가 약속한 균형예산은 달성하지 못했습니다. 1981년 예산 부족액은 1987년 달러를 기준으로 할 때 1천10억 달러로 GDP의 1.7%에 달했고, 1983년에는 무려 2천3백60억 달러로 GDP의 6.3%에 달했습니다. 그러나 전반적으로 레이건 집권기에 예산 부족액은 점점 줄어들어 1989년에는 1천4백10억 달러로 GDP의 2.9%로 다시 줄어들었습니다. 균형예산을 이루고자 했던 레이건은 두 가지 면에서 딜레마에 빠지지 않을 수가 없었습니다. 먼저 악의 제국으로 칭한 소련과의 군비경쟁으로 막대한 국방비 지출이 균형예산을 맞추는 데 적지 않은 어려움을 주었습니다. 그러나 보다 큰 문제는 레이건이 사회복지 분야의 일부를 제외하고 그동안 민주당 중심의 의회가 만들어놓은 거대한 연방 예산 규모를 마음대로 삭감할 수 없었다는 데 이유가 있었습니다. 레이건이 연방 예산을 줄이려고 하면 의회와 언론은 아무것도 모르는 부르주아의 처신이라고 비난했습니다. 예산 삭감을 위해 노력하지 않으면 그들은 레이건이 무책임하고 약속을 어겼다고 비난했습니다. 이러한 상황에서 아무리 낙관적인 대통령이라도 질 수밖에 없었던 것입니다. 그래서 시간이 지나면서 레이건은 예산문제에 관해 큰 관심을 가지지 않았습니다. 사실 균형예산은 레이건이 대통령으로 달성하고자 한 목표의 우선순위에서 아래에 있었던 것이었습니다. 레이건은 약속했던 균형예산은 달성하지 못했지만 다양한 정책을 통해 경제부흥을 이끌고자 노력했고 그 목표를 달성했습니다. 그 결과 레이건은 월남전이라는 경기 호재에 있었던 케네디-존슨 행정부 이후 평화기에 가장 오랫동안 경제팽창이 지속되었습니다.

이미 언급했듯이 레이건의 또 다른 목표는 '평화달성'이었습니다. 레이건은 냉전 이후 데탕트 시대를 지내면서 지금까지의 군사 외교정책은 실패작이라고 단언했습니다. 그래서 그는 국가 위신이 추락한 원인에도 정부가 있음을 진단했습니다. 레이건은 미국이 그동안 냉전과 데탕트 시대를 지내면서 소련을 비롯한 적에게 너무나 유약하게 대처했다고 주장했습니다. 정부가 냉전이든 데탕트든 소련을 너무 지나치게 큰 적으로 생각하고 많은 것을 양보한 것으로 보았습니다. 그 결과 전혀 생산적이지 않은 화해를 위해 너무나 많은 것을 희생시켰다고 생각했습니다. 레이건은 이것이 베트남의 치욕, 소련의 아프가니스탄 침공, 과 이란의 인질 사건 등을 가져오게 한 원인으로 보았습니다. 그래서 레이건은 강한 정부를 만들고자 했고 정부의 모든 예산을 줄였음에도 불구하고 국방예산만은 증대하여 국방을 튼튼히 하고자 했고 그렇게 실천했습니다. 그는 이것을 통해 실추된 미국의 영광을 다시 찾고자 했습니다. 강한 힘을 통해 국가의 위신과 자존심을 회복시켜 "세계평화"를 달성하는 것이 레이건이 추구한 또 하나의 목표였습니다.

레이건은 이 목표를 달성하기 위해서는 미국은 강한 힘이 있어야 하고 강한 힘이 있어야만 평화로운 세상이 보장될 수 있을 것으로 생각했습니다. 힘을 통해서만 가장 큰 장애물인 소련을 제거할 수 있으리라 생각했습니다. 레이건은 그동안 케네디와 닉슨 등의 전임 대통령과 키신저 등의 국무장관들의 데탕트 정책은 문제를 해결하는 것과는 전혀 다른 방향으로 흘러갔다고 보았습니다. 레이건은 이 정책은 소련과 미국이 핵무기라는 매개체를 바탕으로 상호 간의 취약점에서 나온 정책으로 근본적인 약점을 가진 것으로 생각했습니다. 레이건이 보기에 이 정책은 군사력뿐만 아니라 도덕적으로도 두 세력을 똑같은 체제로 만들어 결국은 그 상태가 굳어지는 것이었습니다. 이렇게 되면 미국은 적의 존재의 적법성을 인정하는 꼴이 되고, 세계평화에 대한 도덕적 우월성을 주장할 수 없게 되는 것이었습니다. 따라서 레이건은 소련 지도자뿐만 아니라 세계의 많은 사람에게 충격을 준 한 유명한 연설에서 미국은 "선의 나라"이고 소련은 "악의 제국"이라고 부르는데 조금도 주저하지 않았습니다. 레이건 대통령은 1983년 3월 8일 플로리다주 올랜도에서 열린 전국 복음주의자 협회(Central Evangelicals Association of the Evangelicals)에서 연설을 했습니다. 이 연설은 공산주의를 "현대 사회에서의 악의 초점"이라고 불렀습니다. 이는 곧 "악의 제국" 연설로 알려지게 되었습니다.

따라서 저는 여러분에게 미국을 군사적으로 도덕적으로 열세의 자리에 놓은 사람에게 강한 반대를 하도록 요구합니다. 핵무기를 동결하자는 제안에 대해서도 저는 여러분에게 자존심을 유지해야 한다는 유혹, 태평스럽게도 여러분을 무엇보다 위에 놓으려는 유혹, 양쪽이 모두 잘못이 있다고 처리해버리고자 하는 유혹, 또 엄연한 역사적 사실과 "악의 제국(evil empire)"의 침략적인 충동을 무시하려는 유혹, 나아가 무기 경쟁을 단순한 오해라 부르고 그래서 옳음과 잘못의 투쟁에서 또 선과 악의 투쟁에서 여러분들을 벗어나게 하려는 유혹을 경계할 것을 요구합니다.[41]

처음에 레이건의 "악의 제국" 연설은 외교적으로 일종의 말싸움에

---

41 Ronald Reagan's Evil Empire Speech(March 8.1983).

지나지 않는다는 시각이었습니다. 하지만 시간이 지나면서 레이건의 이 발언은 거대한 힘으로 작용했습니다. 소련이 해체된 후 미국과 러시아가 군축 회담을 하고 있을 때 한 러시아 장군이 술에 취해 미국 대표단에 "당신들은 소련이 왜 해체되었는지 아십니까? 라고 물었는데 미국 대표들이 어리둥절해지자 러시아 장군이 이렇게 말했습니다.

그 망할 놈의 "악의 제국" 연설 때문이었습니다. 소련은 실제로 "악의 제국"이란 말입니다.[42]

레이건은 그동안 소련이 너무 과대 포장되었다고 생각했습니다. 그래서 경제력에 바탕을 둔 막강한 군사력 증강은 소련의 과대포장을 벗길 수 있는 길이라 생각했습니다. 레이건은 데탕트는 상호 간의 동등한 힘의 세력균형에서 유지 가능한 것이므로 이 균형을 깨고 소련이 따라오지 못할 만큼의 군사력을 강화하는 것이 소련의 위협을 물리치고 미국이 유리한 조건에서 협상을 주도할 수 있는 길이라 믿었습니다. 그래서 그는 적지 않은 반대에도 불구하고 집권 하는 동안 2조 3천 억 달러에 달하는 국방예산을 쏟아부었습니다.

정치 세계에 뛰어들면서부터 레이건은 공산주의는 소멸하여야 할 세력으로 보았습니다. 대통령이 되면서 레이건은 1979년 12월 소련의 아프가니스탄 침공을 강하게 비난하고 아프가니스탄을 원조하기 시작했습니다. 이를 통해 그는 소련이 "악의 제국을 유지하는 대가"를 톡톡히 치르는 정책을 펼쳐나갔습니다. 계속해서 그는 공산주의를 반대하여 유럽에 중성자 핵무기를 배치했습니다. 레이건이 취한 핵심 조치는 막대한 자금이 들어가는 전략방위계획으로 알려진 미사일 방어프로그램이었습니다. 이는 비판적인 시각에서 공상과학영화 중의 하나인 '스

42 최병구, 「레이건의 리더십」, 107-108 재인용.

타워즈(Star Wars)'에서 명칭을 가져온 바로 그것입니다. 이것이 허구이든 허구가 아니든 간에 이는 소련의 지도자들과 장군들이 더는 미국과 경쟁할 수 없는 것으로 보이게 했습니다. 그 결과는 실로 대단한 것이었습니다. 소련 지도자들은 분노와 불안이 뒤섞인 반응을 보였지만 그들은 분명히 변하기 시작했습니다. 말하자면 레이건의 구상대로 미국과의 경쟁을 포기하는 길을 선택했던 것입니다. 소련지도부의 변화를 감지한 레이건은 처음에 소련과의 정상회담을 거절했지만 이제 능숙한 외교관으로 변신하여 소련 최고 지도자인 미하엘 고르바초프를 4번이나 만나 회담했습니다. 이 회담은 사실상 공산주의 붕괴의 서막이었습니다. 레이건은 1987년 6월에 25년 전 케네디가 서베를린으로 날아가 장벽으로 막힌 베를린 시민들을 향해 "저는 베를린 시민입니다"라는 발언으로 시민들의 불안을 달래준 바로 그곳 베를린으로 날아갔습니다.

브란덴부르크 문 앞에 서면 누구나 국가를 초월하여 독일인이 됩니다. 우리가 모두 상처를 돌아보아야 하는 베를린 시민이 됩니다. 오늘 저는 이렇게 말씀드리고자 합니다. 이 문이 닫혀있는 한, 이 상처의 상징인 장벽이 계속 서있는 한, 해결되지 않은 것은 독일의 문제만이 아니며 전 인류의 자유의 문제입니다. 그러나 저는 한탄하기 위해 이 자리에 온 것은 아닙니다. 저는 베를린에서 희망의 메시지를 발견하고 있으며, 이 장벽의 그림자 속에서조차도 승리의 메시지를 발견하고 있습니다. … 소련이 할 수 있는 행동 중에 자유와 평화를 극적으로 증진하는 확실한 증거가 될 수 있는 행동이 있습니다. 고르바초프 서기장님! 평화를 원한다면, 소련과 동유럽의 번영을 원한다면, 자유화를 원한다면, 이 문으로 오십시오! 고르바초프 선생! 이 문을 여시오! 고르바초프 선생! 이 장벽을 허물어버리시오![43]

---

43   Ronald Reagan's Tear down this Wall(June 12.1987).

레이건이 "장벽을 허물어버려라"라는 놀라운 요구를 했을 때 다른 사람에게는 공허한 희망이었지만 레이건에게는 그렇지 않았습니다. 비록 그가 현직에 있을 때는 아니었지만 레이건의 목표는 달성되었습니다. '평화달성'을 향한 레이건의 목표는 달성되었습니다. 베를린 장벽이 무너지고, 소련도 해체되고, 더는 냉전도 데탕트도 무의미하게 되었습니다. 하지만 유일한 분단국인 남한과 북한은 여전히 냉전과 데탕트를 오가고 있습니다. 비극이 아닐 수가 없습니다.

국민을 행복하게 만든 대통령들

소통과 협력은 기본

　로널드 레이건의 별명은 '위대한 소통자(the Great Communicator)'입니다. 레이건이 이 별명을 얻은 이유가 무엇일까요? 단순히 말을 잘하고 연설을 잘했기 때문일까요? 레이건은 역대 미국 대통령 그 누구보다도 다른 사람과의 관계를 '소통'과 '협력'이란 가치체계 속에서 유지했습니다. 레이건은 어떻게 해야 리더십이 작용하는지를 잘 알고 있었습니다. 그는 이른바 리더십의 3요소(리더, 팔로우, 목표)를 자신의 정치생활은 물론 자신의 인생 전체에 적용한 위대한 리더였습니다. 레이건은 리더로서 다른 사람과 소통과 협력의 상호작용을 통해 '경제번영'과 '냉전 종식'이라는 두 가지 목표를 달성했습니다.

　레이건은 미국 국민으로부터 가장 인기 있고 가장 사랑받는 대통령 중의 한 사람입니다. 레이건에게는 닉슨과 같은 경외심이나 어두움과 초조함이 없었습니다. 그에게는 카터와 같은 근엄함과 냉랭함이 없었습니다. 레이건에게는 신선하지만 현학적인 케네디와 같은 모습도 없습니다. 미국 국민은 레이건에게서 마음씨 좋은 옆집 아저씨의 모습을 보았습니다. 사람들은 레이건에게서 언제나 따뜻하고, 친절하고, 개방적이고, 유쾌하고, 낙천적인 모습을 연상했습니다. 사실 이런 형용사들이 늘 레이건을 따라다녔습니다. 더더욱 레이건은 홍조를 띤 얼굴에서, 떡 벌어진 가슴에서, 온화하고 설득력 있는 말솜씨에서, 그리고 그의 실재 성격에서 그러했습니다.

레이건은 연극배우가 꿈이었던 어머니 넬에게서 어린 시절부터 다른 사람들을 즐겁게 하고 설득하는 방법을 몸소 배웠습니다. 레이건은 어머니로부터 '컵에 물이 항상 반 이상 남아 있다'라고 보는 긍정적인 사고방식을 터득했습니다. 그는 일어나는 모든 일에는 반드시 이유가 있다고 보고 다른 사람의 입장을 고려하여 말하는 방법을 터득했습니다. 항상 어떤 일을 하든 자신 이외의 다른 사람에게 도움이 되는 일을 하고자 했던 레이건은 대학을 졸업하면서 방송국 아나운서와 영화배우 생활을 하면서 자연적으로 직업적인 대중 연설가로 성장했습니다. 특히 제너럴일렉트릭에서 직접 대중들을 만난 경험은 레이건이 연설의 성숙도를 더할 수 있게 해주었습니다.

레이건은 사람들로부터 '위대한 소통자'라는 별명을 얻었습니다. 레이건은 기자나 대중이나 그 대상이 누구든지 연설을 할 때 재미있는 이야기를 하듯이 말했습니다. 레이건은 단순한 일화라도 현실적이고 보편적인 것으로 만들어 사용했습니다. 그는 단순히 외우기보다는 자신만의 언어로 만들어 사용했습니다. 레이건은 기억을 돕기 위해 간단한 메모지를 작성하여 순간순간 훔쳐보는 기술도 배웠습니다. 많은 사람은 레이건이 프랭클린 루스벨트 이상의 명연설가라는 평가에 동의하고 있습니다. 사실 레이건은 젊은 시절 방송 일을 하면서 존경했던 루스벨트 연설을 따라 적으며 뛰어난 연설비결을 연구했습니다. 어느 순간 레이건은 프랭클린 루스벨트의 비결을 알아냈습니다. 레이건은 그 비결을 실제 방송과 그 후에 정치연설을 하거나 다른 사람과의 대화에서 그대로 사용했습니다. 레이건은 루스벨트의 연설비결을 다음과 같이 정리했습니다.

첫째, 딱딱하게 말하지 않습니다. 문장을 확인하고 나서 고개를 들고 방금 읽었던 문장을 마치 대화하듯이 말했습니다. 둘째, 절대로 고개를 숙이고 원고를 읽지 않습니다. 연설을 듣거나 대화를 하는 사람에게 시선을 주지 않고 작성된 글만을 읽어 내려가는 것은 설득이 아니라 말을 내지르는 것이기 때문에 반드시 고개를 들고 상대방을 응시하며 말했습니다. 셋째, 보고, 멈추고, 말했습니다. 메모지를 내려다보고 무슨 글귀가 있는지 살펴보고 고개를 들고 몇 초 동안 말을 멈추고, 그 글을 자신만의 언어로 말했습니다. 넷째, 많은 연습을 했습니다. 레이건은 루스벨트의 비결과 또 다른 명연설가인 처칠의 비결을 파악하여 연설에 앞서 많은 연습을 했습니다. 다섯째, 상대의 의표를 찌르는 촌철살인의 기법을 사용했습니다. 상대가 전혀 예상하지 못했던 말을 함으로써 그 효과를 배가시켰습니다. 레이건은 카터와 텔레비전 토론회에서 "국민 여러분! 지금의 생활이 4년 전보다 더 나아졌습니까?"라는 말로 분위기를 압도했습니다. 고르바초프와의 대화에서 "고르바초프 선생님! 여기에 와서 이 장벽을 허물어버리시오"라는 말로 냉전을 허물어버렸습니다.

레이건은 연설하던 대화를 하던 마치 옆 사람과 재미있는 이야기를 하듯이 했습니다. 그래서 레이건은 역대 미국 대통령 중 그 누구보다도 언론과 공조를 잘 이루면서 국정을 이끌었습니다.[44] 기자를 상대하는 태도에서 레이건은 전직 대통령과 달랐습니다. 닉슨은 끝없는 의구심을 가지고 기자들을 상대했습니다. 카터는 근엄하고 냉랭한 태도로 기자들을 상대했습니다. 하지만 레이건은 근본적으로 기자들을 존경으로

---

44 물론 레이건은 대통령 취임 초기에 '경제번영'의 목표를 달성하기 위한 방법으로 연방정부의 예산을 삭감하는 정책의 도입 문제를 두고 기자회견을 하다 어려움을 당한 적이 있습니다. 예산 삭감에 대한 기자들의 집요한 질문에 지치고 약간의 짜증이 난 레이건은 마이크가 꺼진 줄 알고 가볍게 "개새끼(Son of Bitch)"라는 욕을 했습니다. 하지만 마이크는 켜져 있는 상태였고 레이건의 욕은 모든 사람이 들을 수가 있었습니다. 잠시 소란이 있고 기자회견이 중단되었고 그사이 기자들은 인근 티셔츠 가게로 몰려가 모두 똑같은 하얀 티셔츠를 사서 입고 등에다 "SOB(Sons of the Basement, 지하실의 아이들)"라는 문구를 찍어 대통령에게 무언의 항의를 했습니다. 이에 레이건은 자신도 같은 종류의 티셔츠를 구해 입고 자신의 등에 "SOB"라고 썼습니다. 하지만 레이건의 "SOB"는 "예산을 절약해주세요(Save Our Budget)"라는 뜻이었습니다. 불만으로 가득했던 기자들은 레이건의 재치와 임기응변에 웃지 않을 수가 없었고 서먹서먹한 분위기는 모두 해소되었습니다.

상대했습니다. 레이건은 프랭클린 루스벨트만큼은 아니지만 20세기 그 어떤 대통령보다 자주 그리고 정기적으로 기자간담회를 열었고, 기자들의 질문에 성심껏 솔직하게 대답했습니다. 또한 레이건은 가자 간담회에 늘 참모들을 동반해 기자들이 참모들에게도 직접 질문할 수 있도록 해주었습니다. 같은 민주당 소속이었던 카터 대통령에게서 실망을 금치 못했던 하원의장 토머스 필립 오닐은 "레이건은 프랭클린 루스벨트 이래 케네디보다 대중매체를 훨씬 잘 다루었습니다"라고 고백했습니다. 또한 1984년에 「워싱턴 포스터」의 편집총국장인 벤저민 브레들리는 "신문사에 입사한 이래 레이건에 대해 우리는 어느 대통령보다 호의적이었습니다"라고 고백하고 있습니다.[45] 말하자면 레이건은 기자를 적으로 생각한 것이 아니라 다른 사람과 소통하고 협력하는 동지로 대했습니다.

레이건의 협력적인 소통과 리더십은 의회와의 관계에서도 그대로 확인할 수 있습니다. 카터는 재임 기간 의회 담당 비서관과 딱 두 번만 접촉했습니다. 그것도 직접적으로 만나는 접촉이 아니라 편지를 통한 접촉이었습니다. 한번은 백악관에서 당신과 함께 일하게 되어 기쁘다는 편지였습니다. 다른 하나는 임기가 끝나갈 무렵에 백악관에서 지금까지 함께 일해주어 감사한다는 편지였습니다.[46] 레이건 전기 작가로 유명한 루 캐넌의 글은 레이건이 의회와 어떤 협력을 했는가를 바로 보여주고 있습니다.

레이건은 1980년 선거에서 승리한 후에 저에게 이런 말을 했습니다. "주지사 시절에 얻은 교훈 가운데 대통령직을 수행하는 데 필요한 것으로 가장 가치 있는 것은 입법부와 협력이 공직을 성공적으로 수행할 수 있게 한다는 것입니다."레이건은 취임 후 첫 100일 동안 49회의 만남을 통해 총 497명의 의

---

45 김형곤, 「로널드 레이건」, 80 재인용.
46 김형곤, 「로널드 레이건」, 80.

원을 만났습니다. 그 때문에 의원 중에는 카터 정권 4년간 받았던 것 이상의 대접을 레이건 정권 4개월 동안에 다 받았다고 말했을 정도였습니다.[47]

레이건은 의원들에게도 기자들과 마찬가지로 존경과 품격으로 상대했습니다. 레이건에게는 닉슨과 같이 내 편과 네 편이 없었습니다. 그는 카터처럼 냉랭하지 않았습니다. 레이건은 누구에게나 부드럽고 친절했습니다. "같은 당에 소속되어 있지 않더라도 대통령이 당신에게 친절하면 당신 역시 친절하지 않겠습니까?" 레이건과 많은 점에서 다른 민주당의 테드 케네디가 한 말입니다. 그는 믿음과 품격과 존경으로 자신을 대하는 레이건을 너무나 좋아했습니다.

레이건은 상대방과 대화를 할 때 상대를 편하게 해주는 능력도 갖추고 있었습니다. 그것은 레이건이 다른 사람과의 관계를 성공적으로 이끌기 위해서 자주 사용하는 방법이었습니다. 레이건은 시기와 장소에 적합한 부드러운 유머를 잘 구사했고 그것이 다른 사람들의 마음을 얻는 데 매우 큰 효과를 발휘한다는 것을 알고 있었습니다. 한번은 레이건 대통령이 재무 담당 보좌관인 존 로저스와 백악관 집무실에 단둘이 있게 되었습니다. 아무리 친한 사이라도 대통령과 단둘이 있게 된 로저스는 긴장했습니다. 이를 확인한 레이건은 갑자기 벽에 걸려 있는 '조지 워싱턴의 주머니에 손을 넣은 모습의 초상화'를 가리키며 "워싱턴 대통령이 손으로 무엇을 하고 있다고 생각하십니까?"라고 로저스에게 물었습니다. 로저스가 잘 모른다고 말하자 레이건은 웃으며 "저는 그가 가려운 곳을 긁고 있다고 생각합니다"하고 말했습니다. 서로 웃게 되었고 로저스의 긴장감은 사라져버렸습니다.

레이건에 관한 가장 많이 알려진 유머는 그가 총격을 받고 난 후에 일어난 일입니다. 총상을 입고 병원으로 이송된 레이건은 간호사들이

---

47   김형곤, 「로널드 레이건」, 80-81 재인용.

흐르는 피를 지혈하기 위해 자신의 몸에 손을 대자 "우리 낸시에게 허락받았나요?"하고 농담을 던졌습니다. 대통령이 피격을 당해 생사를 오가는 상황인데 얼마나 혼란스러웠겠습니까? 그 와중에도 레이건은 상황에 적합한 유머를 구사했습니다. 소식을 듣고 도착한 아내 낸시에게 레이건은 "총에 맞고도 죽지 않는 것은 정말 기분 좋은 일이야!", "여보 내가 고개 숙이는 것을 깜박했어", "여보 그 친구가 내 새 양복에 구멍을 냈는데 그 친구 아버지가 부자이니 내 양복 하나 사주라고 하시오" 등의 농담을 던졌습니다. 너무나 놀라고 당황했지만, 낸시 역시 웃지 않을 수가 없었습니다. 준비를 마치고 막 수술을 하려는 의사들과 간호사들을 보며 레이건은 "당신들 모두 공화당원이지요?"라고 말하면서 윙크를 날렸습니다. 레이건의 유머는 거기에서 그치지 않았습니다. 수술 후 참모들이 레이건의 병실을 방문하면서 대통령이 부재중인데도 백악관이 기름을 칠한 것처럼 잘 돌아간다고 말을 하자 레이건은 "그런 소리를 내가 좋아할 줄 알았군요?"라고 말했습니다. 병실은 폭소가 터지지 않을 수가 없었습니다. 총을 맞은 지 13일에 퇴원한 레이건이 건강한 모습으로 의회에 나타나자 모든 의원이 "영웅", "철의 사나이" 등을 외치면서 우레와 같은 박수로 환영했습니다. 박수 소리가 잦아들자 레이건은 마이크 앞에 다가서며 "여러분! 앙코르는 바라지 않겠지요?"라는 말로 대답했습니다. 미국 의회 역사상 가장 높고 우렁찬 박수 소리와 웃음소리가 울려 퍼지는 순간이었습니다.[48]

레이건의 협력적인 소통의 리더십은 그의 집권기 내내 연방하원에서 상대 당인 민주당이 다수당을 차지하고[49] 있었음에도 의회를 잘 설

---

48 김형곤, 「로널드 레이건」, 81–83.

49 세금문제와 예산문제는 연방하원의 일입니다. 97차 의회 구성(1981년 1월-1983년 1월)은 하원에서 민주당이 54.1%로 244명을 차지하고 있었고, 공화당은 191명으로 43, 9%를 차지하고 있었습니다. 심지어 98차 의회(1983년 1월-1985년 1월)는 하원 민주당이 62.5%로 272명을 차지하고 있었고, 공화당은 163명으로 37.5%를 차지하고 있었습니다. 또한 99차 의회(1985년 1월 - 1987년 1월)는 민주당이 253명으로 58.2%를 차지하고 있었고, 공화당은 182명으로 48.1%를 차지하고 있었습니다. 레이건의 마지막 집권기 의회인 100

국민을 행복하게 만든 대통령들

득하여 자신이 이루고자 한 목표(경제번영, 세계평화)를 달성했다는 점에서 확인할 수 있습니다. 특히 그동안 정권은 민주당과 공화당이 오고 갔지만 대체로 프랭클린 루스벨트 대통령이 구축해 놓은 이른바 뉴딜 체제(경제와 복지의 뉴딜 체제)를 유지하고 있었습니다. 그러나 줄곧 감세 정책과 예산 삭감을 주장하며 "정부가 문제"라고 외쳐온 레이건이 대통령에 당선되자 민주당은 새 대통령이 기존의 뉴딜 체제를 파괴할 것이라 생각했습니다. 특히 하원의장인 민주당의 토머스 오닐을 비롯한 다수의 민주당원은 레이건의 정책이 복지의 기본 틀을 완전히 파괴하여 빈곤층을 곤궁 상태로 몰고 갈 것이라 주장하면서 감세와 예산 삭감을 적극적으로 반대했습니다. 하지만 레이건은 자신만의 특출한 소통의 리더십과 협력적 리더십을 발휘하여 민주당의 반대 벽을 넘어섰습니다.

레이건은 대통령에 취임한 후 얼마 지나지 않은 1981년 2월 18일 의회를 방문해 상원·하원 합동 연설을 했습니다. 신임 대통령 레이건은 왜 세금을 줄이고 예산을 삭감해야 하는가? 왜 정부지출을 축소하여 긴축재정을 해야만 하는가? 를 자세히 설명했습니다. 또한 레이건은 당시 많은 사람이 일반적으로 이해하고 있었던 경제 논리를 뒤집고, '경제를 살리기 위해서는 재정지출을 늘리는 것이 아니라 오히려 축소해야만 한다'라고 주장했습니다. 이에 다수당을 차지하고 있었던 민주당 의원들은 레이건의 경제정책을 강하게 반대했습니다. 민주당은 하원의장인 오닐을 중심으로 레이건 정부의 복지예산 삭감에 대한 깊은 우려를 표명했습니다. 하지만 레이건은 장애인과 노인 등 필요한 복지예산은 줄이지 않겠다고 약속했습니다. 다만 한 사람이 수십 명의 이름으로 복지비를 타는 복지비 부정행위를 개혁할 것이라 주장했습니다.

차 의회도 99차 의회와 비슷한 의회 구성이 이루어졌습니다. 하원에서 단지 공화당이 1명만 더 확보했을 뿐이었습니다.

그런데도 연방 하원은 레이건의 경제 개혁정책을 비판했습니다.

이에 레이건은 자신이 하고자 하는 개혁은 대통령 개인을 위한 개혁도, 공화당만을 위한 개혁도 아니라 미국인 모두를 위한 개혁으로 생각해 달라고 설득했습니다. 의회 방문 다음 날인 2월 19일 아침 레이건은 자신의 경제보좌관들과 기자들을 백악관으로 불러 조찬 간담회를 했습니다. 간담회에 참석한 인물은 재무장관 로널드 리건과 예산처장 데이빗 스톡맨이 중심이었습니다. 격이 없는 자유로운 질문에 리건은 "레이건의 경제개혁은 창의적이고 새롭고 과거와의 단절"을 위해 필요한 것이라 설명했습니다. 또한 스톡맨은 "대통령의 개혁안은 바로 국가가 시급하게 필요한 정책"이라고 강조했습니다. 그들은 만약 대통령의 경제개혁안이 실행된다면 인플레이션은 반으로 줄어들 것이고, 모든 납세자의 세금이 줄 것이며, 또 수백만 개의 새로운 일자리가 생겨날 것이라 말했습니다. 보좌관들의 설명을 가만히 듣고 있던 레이건 대통령은 기자들을 향해 자신이 캘리포니아 주지사 시절에 경험했던 복지정책의 대수술에 관해 설명하면서 연방정부 역시 비슷한 처지라고 말했습니다.[50]

레이건은 자신의 경제개혁안을 의회에서 통과시키기 위해서는 반대하는 의원과 소통하는 길밖에 없다는 것을 잘 알고 있었습니다. 레이건은 3월 16일 상원과 하원의 여성 의원들 모두를 백악관으로 초대해 점심을 같이했습니다. 레이건 대통령은 부드럽고 확신에 찬 목소리로 감세정책을 통한 정부 재정지출 축소 문제를 설명했습니다. 여성 의원들은 예산이 축소되면 사회적 약자인 여자들과 어린이가 손해를 입을 것이라 주장했습니다. 하지만 레이건은 왜 정부지출을 줄여야 하는지를 설명하면서 국가 경제는 정부보다 민간이 주도해야 한다는 것을 열정

---

50 레이건은 주지사 시절 한 달에 4만 명씩 복지비를 새로 신청하여 엄청난 재정 부담이 되었다고 말했습니다. 또한 마찬가지로 시카고의 한 여인이 127개의 다른 이름으로 복지비를 탄 사례와 캘리포니아에서 큰 저택을 가진 여인이 복지비 30만 달러를 불법으로 받은 내용을 설명했습니다.

적으로 설명했습니다.

다음 날 3월 17일 레이건은 스스로 경제정책이 아니라 '경제회복정책'이라 불러주기를 원했던 내용을 가지고 직접 의회를 방문했습니다. 대통령이 법안 통과를 바라면서 직접 의회를 방문해서 의회 지도자들과 국정을 논의한다는 것은 파격 그 자체였습니다. 레이건은 의회에서 공화당 지도부와 만나 자신의 정책이 얼마나 중요한지 왜 법안으로 통과되어야 하는지 상세하게 설명했습니다. 레이건은 자신의 경제개혁법안 통과를 위해서는 반드시 의회의 협조가 필요했고 그러한 상황에서 대통령으로서의 권위 같은 것은 무의미했습니다. 하지만 개혁법안의 의회 통과를 위해서 대통령이 정작 공을 들여야 할 대상은 그것을 반대하는 민주당 의원들이었고, 그중에서 민주당을 이끄는 하원의장 토머스 오닐[51]이었습니다. 오닐은 레이건의 경제정책에 대해 거대한 산과 같은 존재로 민주당 내 반대 여론을 주도하고 있었습니다.

레이건은 오닐을 설득하기 위해 곧바로 그 부부를 백악관으로 초청했습니다. 퍼스트레이디 낸시가 백악관을 새로 단장하고 난 후 만들어진 오닐 부부를 초청한 것은 그만큼의 의도를 가진 조치였습니다. 예상대로 오닐부부는 낸시의 심미안을 크게 칭찬했습니다. 두 부부는 화기애애한 분위기 속에서 함께 식사했습니다. 레이건과 오닐은 모두 아일랜드계 후손이었기 때문에 아일랜드 전통과 역사에 대해 이야기를 주고받으며 마치 오랜 친구와 같은 시간을 보냈습니다. 레이건은 오닐과 매우 친해졌다고 생각했습니다. 그래서 레이건은 자신이 제출한 개혁안에 관해 오닐이 지지는 못하더라도 극단적인 반대는 하지 않을 것이라 기대했습니다. 하지만 다음 날 주요 일간지에는 오닐이 레이건의 개

---

51 오닐은 매사추세츠주 출신 민주당 인사로 오랫동안 연방 하원의원을 지내왔습니다. 오닐은 백발이어서 레이건보다 나이가 더 들어 보이지만 실상 레이건이 한 살 위였습니다. 레이건은 대통령이 되기까지 오닐을 만난 적이 없었고 취임식 때 그를 처음 보았습니다. 오닐 또한 레이건을 텔레비전을 통해서만 보았지 실제로는 만난 적이 없었습니다. 김윤중, 「위대한 대통령 로널드 레이건 평전」(고양: 더로드, 2016), 191-197 재정리.

혁안을 비난하는 내용이 대문짝만하게 실렸습니다. 화도 나고 배반감을 느낀 레이건은 오닐에게 직접 전화를 걸어 따져 물었습니다. 이런 문제를 대통령이 직접 전화를 걸어 따진다는 것은 어디엔가 품격이 맞지 않을 수도 있었습니다. 하지만 레이건은 그런 품격에 연연하지 않았고 오닐에게 자신의 솔직한 마음을 표현했습니다. 이에 오닐은 "이봐요, 대통령! 그런 것이 바로 정치 아니요? 6시 이후에는 우리는 서로 친구가 될 수 있소. 하지만 6시 전까지는 정치를 해야 하는 것이 아니오?"라고 말했습니다. 레이건은 오닐의 말에 당황했지만 이내 그의 주장을 인정했습니다. 그 후 레이건이 오닐을 만날 때면 "이봐요, 하원의장! 내 시계를 고쳤소. 지금 6시요!"라고 농담을 건넸습니다.[52] 그 후 두 사람은 둘도 없는 친구가 되었습니다.

레이건은 3월 30일 총상을 입고 병원에서 큰 수술을 받은 후 13일째인 4월 11일에 퇴원했습니다. 일흔의 나이에 치명적인 총상을 입은 대통령에 대해 여야를 막론하고 그의 건강을 염려하고 무사히 돌아온 그를 환영했지만, 민주당을 중심으로 대통령이 제안한 경제개혁에 대해서는 여전히 강한 대치 상태에 있었습니다. 당시 다수당을 차지하고 있는 민주당은 오닐 의장을 중심으로 똘똘 뭉쳐 레이건의 개혁안을 반대하고 있었습니다. 하지만 레이건은 역대 어떤 대통령보다 국민의 지지를 받고 있었고 선거운동 기간에 국민이 자신의 경제개혁을 찬성한 유리한 면이 있었습니다.

레이건은 누구보다도 '취임 후 100일'이라는 무언의 진리를 잘 알고 있었고 그래서 그는 초조해졌습니다. 퇴원한 지 5일밖에 안 되어 아직 정상적인 생활을 하기에 너무나 힘든 상태에서 레이건은 재무장관 리건을 시켜 자신의 경제개혁안, 특히 감세정책에 대해 발표하도록 했습니다. 이에 리건은 4월 15일 각종 언론 기자, 편집인, 방송국의 국장을

---

52 김윤중, 「위대한 대통령 로널드 레이건 평전」, 197-198 재정리.

백악관으로 초대해 대통령의 감세안을 자세하게 발표했습니다. 리건은 현재 미국인 납세자들은 매년 세금이 증가하여 소득의 25%로 지나치게 너무 많은 소득세를 납부하고 있고 이 추세대로 가면 1984년에는 소득의 무려 32%를 내야만 한다고 주장했습니다. 하지만 만약 레이건의 개혁안이 통과되면 23%로 줄어들 것이고 감세액의 ¾은 중산층으로 돌아갈 것이라 주장했습니다. 나아가 그는 국민들이 힘들게 번 돈을 정부의 이름으로 빼앗는 것은 정의롭지 못한 일이라 주장했습니다. 레이건은 세금만 많이 거두어 모든 국가 문제를 해결하려는 것은 참으로 낡은 생각이라고 비판해 왔던 것입니다. 그래서 레이건은 취임사의 일성으로 "정부가 문제"라고 말했던 것입니다. 레이건은 수입을 소득자 개인과 기업에 맡겨 그들이 자유롭고 즐겁게 투자하고 생산하는 경제 활동이 가능할 때 경제는 다시 살아난다는 강한 신념을 가지고 있었습니다.[53]

다음 날인 4월 16일 레이건은 연방 공무원을 대상으로 예산 사용에 대한 설문조사를 실시하도록 했습니다. 응답한 공무원 중 17%가 연방 예산을 낭비한 경험이 있고 11%가 복지비 수령자 중 부적격자가 받고 있다는 사실을 알고 있다고 응답했습니다. 또한 9%는 연방 예산 중 10만 달러 이상의 사업이 잘못 운용되고 있다는 사실을 알고 있다고 대답했습니다. 여기서 우리가 관심을 가져야만 하는 것은 설문조사에 관한 결과가 연방 예산 낭비가 심각한 수준이라는 사실을 확인하는 것 못지않게 레이건이 국민과 소통하면서 문제를 풀어가고자 하는 노력을 얼마나 세심한지를 알아야만 하는 것입니다. 레이건은 설문조사 후 곧바로 연방정부 각 부처에 예산 낭비에 대한 신고용 전화를 설치했습니다. 레이건은 정부 스스로 예산을 줄이면서 국민에게서 공감대를 형성하고자 노력했습니다.

---

53 김윤중, 「위대한 대통령 로널드 레이건 평전」, 211-212 재정리.

4월 28일 자신의 경제개혁을 설명하기 위해 다시 의회를 찾아가 상원·하원 합동 연설을 했습니다. 레이건이 다시 의회를 찾은 이유는 국정운영은 여야를 막론하고, 소통하고, 협력을 통해야만 한다는 원칙을 가지고 이를 실천하기 위함이었습니다. 레이건은 다시 한번 왜 경제개혁을 해야 하는지, 자신 개혁의 핵심이 무엇인지, 개혁하면 어떤 결과가 올 것인지, 확신에 찬 목소리로 세세하게 설명했습니다. 총상을 극복했지만, 아직 완전히 회복되지 못한 모습이었지만 밝고 확신에 찬 대통령의 목소리는 진정성이 묻어나 있었습니다. 드디어 연방 하원에서 레이건의 개혁안에 대한 찬성의 목소리가 나왔습니다. 텍사스주 출신의 민주당 하원의원 필 그램과 오하이오주 출신의 공화당 하원의원 델라타는 공동으로 레이건의 경제개혁안을 토대로 그램-레타 예산동의안을 제출했습니다.[54] 이 동의안이 발의되자 오닐 의장과 강경한 몇몇 민주당 의원이 반대했지만 그램-레타 동의안은 대세로 받아들여졌습니다. 하지만 오닐과 민주당원들은 여전히 반대의 목소리를 낮추지 않았습니다. 그러나 이제 레이건은 경제적 위기에 빠진 미국을 구하려는 영웅이고, 트집을 잡는 민주당은 매도되는 여론이 조성되기 시작했습니다. 레이건은 서부에서 나타난 정의의 사나이고, 민주당은 착한 마을 사람들로부터 부당한 세금을 뜯는 악당처럼 비치기 시작했습니다. 이렇게 되자 국민 여론은 완전히 대통령 편이 되었습니다. 반대하고 있었던 오닐 의장은 전국으로부터 약 5만 통 이상의 항의 편지와 수많은 협박 전화는 물론 공항이나 거리에서 "대통령을 괴롭히지 말라"는 항의를 받기도 했습니다.[55] 레이건은 국민의 반응과 의회 내의 변화된 분위기를 감지하고 조금 더 노력하면 자신의 경제개혁법안 통과가 이루어질 수 있다고 확신했습니다.

---

54 그램은 민주당 출신이었지만 이내 공화당으로 당적으로 바꾸고 레이건의 경제개혁에 많은 도움을 주었습니다.

55 김윤중, 「위대한 대통령 로널드 레이건 평전」, 214-215 재정리.

이어서 레이건은 의원들과 진솔하게 소통하여 그들의 마음을 움직이고 나아가 의회와 다른 사람과 소통과 협력하는 방안을 마련했습니다. 그것은 개혁법안 통과에 필요한 관계자들과 영향력을 행사할 수 있는 사람들을 백악관으로 초청하여 그들과 허심탄회하게 대화하는 것이었습니다. 레이건이 대학을 졸업할 당시 미국은 대공황 속에서 허덕이고 있었습니다. 새로 당선된 프랭클린 루스벨트 대통령이 자신의 경제개혁정책인 뉴딜을 입법화하면서 여야를 막론하고 다양한 인사들을 백악관으로 초대하여 현안을 풀어간 것을 기억했습니다. 당시 루스벨트는 의원들에게 별명을 부르기도 하고 그들과 백악관 수영장에서 함께 수영하기도 했습니다. 그뿐만 아니라 루스벨트는 핫도그와 와인으로 의원들에게 친근하게 다가갔습니다. 레이건은 일부러 석양이 비치는 시간대에 인사들을 초청하여 아내 낸시와 함께 직접 스테이크를 굽고 그들과 붉은 와인으로 건배를 했습니다. 석양에 비춰지는 붉은색 와인은 백악관에 초청된 여러 사람을 감동하게 했습니다. 하지만 그들이 감동한 것은 석양에 비친 붉은색 와인이 아니라 권위를 벗어던지고 진솔한 마음을 보여주며 소통하려는 대통령의 태도에 감동한 것이 아닌가 생각합니다.

5월 11일 레이건 대통령은 연방 하원의원 모두를 백악관으로 초대했습니다. 이날 백악관의 비서진과 장관들도 함께한 식사 자리에서 레이건은 다시 한번 감세안을 통과시켜 달라고 정중히 부탁했습니다. 연이어 5월 14일에는 연방 상원의원들 모두를 백악관으로 초대해 그들과 즐겁게 식사했습니다. 이어 레이건은 한동안 전열을 정비하고 나서 6월 11일에 경제개혁에 관심이 많은 사업가를 백악관에 초대했습니다. 레이건은 그들에게 개혁의 당위성을 설명하면서 분배보다는 전체 파이를 키우는 것이 중요하다는 점을 강조했습니다. 레이건은 자신의 개혁안에 대한 더 많은 국민적 지지를 확보할 생각으로 6월 19일 기자들을 백악관으로 초대했습니다. 즐겁게 식사하면서 기자들은 레이건에게

"아직 강하게 반대를 하는 하원의장, 오늘은 할 말이 없느냐"라는 질문을 했습니다. 이에 레이건은 행운을 빈다고 말했고 기자들은 폭소를 터뜨렸습니다. 사실 레이건은 그토록 많은 공을 들였지만, 여전히 산처럼 버티고 있는 오닐에 대해 별로 좋지 않은 생각을 하고 있었지만, 기자회견 내내 레이건은 오닐을 비난하거나 깎아내리는 말을 단 한마디도 하지 않았습니다. 6월 23일 레이건은 이번에는 민주당 소속 의원들만 백악관에 초대해 조찬을 함께했습니다. 여기에서 레이건은 초당적으로 준비된 그램-라타 예산동의안을 지지해 달라고 부탁했습니다. 같은 날 저녁에는 공화당 소속 의원들 모두를 백악관으로 초청해 그들과 함께 저녁을 하면서 개혁안 통과를 부탁했습니다. 취임한 지 100일을 훨씬 넘어서는 7월이 되자 레이건의 마음은 초조했지만 자신의 목적달성을 위해 조금도 흔들리지 않았습니다. 레이건은 7월 18일에 하원의원들 대부분이 자신의 지역구의 복지비가 삭감되는 것을 염려하고 있다는 것을 잘 알고서 이에 대한 어느 정도의 양보를 할 것이라는 내용을 담은 서신을 의회 지도자들에게 보냈습니다. 7월 22일에 레이건은 이제 워싱턴 이외 지역의 신문기자와 방송 기자들을 백악관으로 초대해 오찬을 함께했습니다. 다음 날 23일에는 주의회 지도자와 주 정부 주요 관리를 백악관으로 초대해서 식사하면서 그들에게 감세안과 연방지출 삭감의 중요성을 설명했습니다. 주 정부 인사들과 주의회 지도자들은 연방지출의 삭감은 주 정부에 대한 지원이 줄어드는 것이 아닌가 하는 걱정에 레이건은 만약 자신의 개혁안 통과되면 그동안 연방정부의 권한을 주 정부에 대폭 이관하는 결과를 가져올 것이라 설명했습니다. 최후 승리를 위해 레이건은 다시 연방하원을 방문하여 당부했습니다. 레이건은 그동안의 협력적 소통을 통해 자신의 개혁안이 의회를 통과할 것이라는 확신을 두고 7월 27일 마지막으로 국민에게 직접 호소했습니다. 레이건은 이른 아침부터 여러 의원을 만나고 직접 전화를 걸어 당부했습니다. 그날 저녁 8시 레이건은 백악관 집무실 텔레비전 카메라

국민을 행복하게 만든 대통령들

앞에 서서 감세안이 통과되어 연방정부의 규모가 줄고 정부 규제가 줄어들게 되면 국가는 경제부흥을 가져올 것이고 국민은 더 많은 자유를 누릴 수 있다고 설명했습니다. 레이건은 대통령으로서 할 수 있는 모든 협력과 소통의 종류를 다 동원했습니다. 기자회견, 의회 방문 연설, 백악관 초청, 기자간담회 등 레이건은 소통을 통한 협력적 리더십을 실천했습니다.

7월 29일 운명의 날이 왔고 드디어 개혁안 통과되었습니다. 상원은 찬성 89표, 반대 11표, 하원은 찬성 238표, 반대 195표, 이를테면 압도적인 표 차로 레이건의 경제개혁안이 의회를 통과했습니다. 그동안 줄곧 반대를 했던 오닐 하원의장은 레이건 대통령에게 전화를 걸어 개혁안 통과를 축하해 주었습니다.[56]

레이건은 자신의 또 다른 목표인 냉전 승리를 통한 세계평화를 달성하는 과정에서도 협력과 소통의 리더십을 그대로 발휘했습니다. 레이건은 영화배우 시절 배우 조합 조합장을 하면서 공산주의를 접하고 그 실체가 무엇인지 알게 되었습니다. 특히 매카시즘과 1950년대를 보내면서 공산주의가 이른바 '혁명'이라는 이름으로 말만 앞세우고 근면과 성실을 통한 재화 생산과는 거리가 멀다는 것을 확인했습니다. 이는 레이건이 지금까지 살아왔고 앞으로도 살아갈 인생 여정의 가치관 - 하늘은 스스로 돕는 자를 돕는다 - 과는 너무나 동떨어진 것이었습니다. 레이건은 GE의 아나운서를 하면서 이러한 생각은 더욱 굳어졌고, 1960년대 초에 스스로 민주당을 버리고 공화당을 선택했습니다. 1964년 처음으로 정치에 발을 내디딜 때 즈음 레이건은 이른바 우파적인 인물로 변해 있었습니다. 국내적으로는 경제를 발전시키고 국외적으로는 미국의 영광을 다시 살리는 것이 정치가로의 할 일이라 생각했습니다. 레이건에게 경제발전을 저해하는 요인은 뉴딜 이후 확대되어 간 정

---

56 김윤중, 「위대한 대통령 로널드 레이건 평전」, 224.

부지출이었습니다. 그에게 미국의 영광을 다시 살리는 데 저해 요인은 소련이었습니다. 레이건은 달성해야만 하는 뚜렷한 목표가 있었을 뿐만 아니라 어떻게 해야만 목표를 달성할 수 있는가도 알고 있었고 이를 하나하나 실천에 옮겼습니다. 레이건은 어떻게 해야만 미국이 소련과의 냉전에서 승리할 수 있는가를 잘 알고 있었습니다.

1967년 5월 캘리포니아 주지사로 취임한 지 5개월이 지난 당시 베트남전쟁을 반대 데모하던 학생들에게 다음과 같은 말로 설명했습니다.

> 미국이 소련과 영사조약을 체결한 당시 소련에 반대급부로 요구한 것들이 있습니다. 그러나 소련은 영사조약을 명시적으로 위반하면서 베를린 장벽을 설치했습니다. 이 장벽이 사라진다면 훌륭한 일이 될 것입니다.[57]

레이건은 이미 20년 후의 일을 예상하고 있었습니다. 당시 아무도 철옹성과 같은 베를린 장벽이 무너질 것이라고 예상하지 못했고 또 비록 주지사이지만 이제 정치를 시작한 노정객의 말을 귀담아들은 사람이 없었습니다. 그 후 레이건은 계속해서 베를린 장벽은 결코 정의롭지 못하고 비난받아 마땅한 일이라고 주장했습니다. 레이건은 두 번에 걸친 캘리포니아주 주지사를 마치고, 1976년 미국 대통령 선거전에 뛰어들었으나 당시 현직인 리처드 포드 대통령에게 패배했습니다. 얼마 후 닉슨 행정부 때 미국 외교·안보 문제의 전문가인 리처드 알렌이 뉴저지주 주지사 선거에 나서기로 하면서 선배 주지사로부터 정치적 조원을 받기 위해 레이건을 찾았습니다. 이때 레이건은 알렌에게 자신이 가지고 있는 소련에 관한 생각을 다음과 같이 말했습니다.

> 내가 생각하는 소련에 관한 미국의 정책은 단순합니다. 개중에는 너무 단

---

57 최병구, 「레이건의 리더십」, 98 재인용.

순한 이야기라고 말하는 사람도 있을 것입니다. 그것은 바로 우리가 이기고 그들이 져야 한다는 것입니다.[58]

냉전과 데탕트 구도가 팽팽하게 유지되고 있는 시점에 주요 정당의 대통령 후보였던 사람이 이런 말을 하는 것에 외교전문가인 알렌은 놀라지 않을 수가 없었습니다. 하지만 레이건의 생각과 주장은 너무나 명확했고 확신에 차 있었습니다. 그 후 알렌은 주지사 출마를 포기하고 레이건 캠프에 합류했으며 레이건 집권기 충실한 외교 안보 보좌관이 되었습니다. 1980년 여름 다시 대통령에 도전한 레이건은 전당대회에 앞서 기자들로부터 질문을 받았습니다. "당신은 왜 대통령이 되기를 원합니까?" 이에 레이건은 조금도 망설이지 않고 "냉전을 끝내기 위해서입니다. 무엇인가 그런 길이 있어야 합니다. 그리고 지금은 바로 그런 일을 시작해야 할 때입니다"라고 말했습니다. 당시 유력한 대통령 후보가 이런 말을 하는 것은 잘 유지되고 있었던 데탕트의 분위기를 깨트릴 수 있었기 때문에 많은 기자가 이것을 우려했습니다. 하지만 레이건은 "걱정하지 마세요. 소련사람들은 우리와 경쟁이 안 됩니다. 내가 대통령이 되면 그들이 자진해서 협상 테이블로 나올 수 있도록 만들 것입니다"라고 말했습니다. 대통령이 되고 나서 유럽을 방문하여 영국 의회에서 레이건은 작심한 듯 소련을 종주국으로 하는 공산주의에 대해 직격탄을 날렸습니다.

내가 지금 보여주는 것은 장기적 안목에서 본 계획이고 희망입니다. 자유와 민주주의의 행진을 말하는 것입니다. 이 자유와 민주주의를 행한 행진은 마르크스레닌주의를 역사의 잿더미(ash heap of history)로 남겨놓을 것입니다. 자유를 질식시키고 표현의 자유에 재갈을 물린 폭정은 역사의 잿더미로 남겨

58 최병구, 「레이건의 리더십」, 99 재인용.

놓았듯이 말입니다.[59]

그 후에도 레이건은 냉전과 데탕트 구도를 없애고 미국이 승리하는 방법을 구체화해 나갔습니다. 레이건은 수차례에 걸쳐 소련을 "악의 제국"이라 비난하고, 이 악의 제국을 사라지게 하려고 미국 국방예산을 대폭 확대해 나갔습니다. 그러는 과정에서 레이건은 소련 지도자들과 소통을 통해 냉전을 없애고, 서로의 눈치를 보는 데탕트체제를 파괴하고자 했습니다. 그동안 레이건은 수차례에 걸쳐 소련 지도부와 회담을 하고자 했으나 브레즈네프, 안드로포프, 체르넨코를 잇는 소련 최고 지도자가 연속해서 사망하여 기회를 잡지 못했습니다. 1985년 레이건이 두 번째 취임을 마친 3월 초에 체르넨코가 사망하고 새로운 소련 최고 지도자 고르바초프가 등장했습니다. 레이건은 모든 외교채널을 동원하여 소련의 고르바초프와 스위스 제네바와 아이슬란드의 레이캬비크에서 연속적으로 만났습니다. 회담을 통해 레이건은 고르바초프에게 "우리 두 사람이 인류를 위해 또 다른 세계대전을 막아야만 합니다"라고 말하면서 전략핵무기 감축에 합의했습니다. 이즈음 레이건은 소련을 이길 확실한 방법을 구상했습니다. '별들의 전쟁'이라 칭하고 있는 전략방위구상(SDI)이 그것인데 여기에 들어가는 예산만 하더라도 소련 전체 예산의 수십 배가 더 많다는 것을 대내외적으로 공개했습니다. 레이건은 힘의 우위를 통해 냉전을 없애고 평화로운 세상을 만들고자 한 자신의 평소 계획을 작동시켰습니다. 뒤이어 1987년 6월 레이건은 냉전의 상징인 베를린 장벽의 브란덴부르크 문을 배경으로 소련 지도자 고르바초프에게 "소련과 동유럽이 번영을 추구하고 자유화를 추구한다면 이 문으로 오시오. 고르바초프 서기장! 이 문을 여시오. 이 벽을 허무시오"라는 강한 메시지를 전 세계를 향해 던졌습니다. 그 후 시

---

59 최병구, 「레이건의 리더십」, 103 재인용.

간이 나면 레이건은 "문을 열고 벽을 허물어라"라는 요구를 했습니다. 뒤이어 1987년과 1988년에 레이건과 고르바초프는 워싱턴과 모스크바를 상호방문하면서 서로 간에 평화를 향한 신뢰를 더욱 쌓아갔고 마침내 냉전 종식의 모든 준비를 완료했습니다. 1989년 11월 9일 당시 레이건은 대통령직에서 물러났지만, 동독은 이날 시민들에게 서독 여행을 자유롭게 허락했습니다. 장벽이 무너지면서 이날은 인류에게 대단히 의미 있는 날이 되었습니다. 2차 세계대전 이후 얄타 체제로 유지되었던 냉전과 데탕트의 시대가 끝나는 날이었습니다. 이날은 72년 전 볼셰비키 혁명으로 탄생한 공산주의가 종말을 고하는 날이었습니다.[60]

레이건이 "위대한 소통자"로 불리는 것은 그가 일을 하는 데 있어 일방적이지 않고 다른 사람과 소통하고 협력하는 것을 근본으로 삼았기 때문입니다. 레이건은 의원들과 끊임없는 소통을 통해 자신의 경제개혁안을 통과시켰으며 고르바초프와 끊임없는 소통을 통해 냉전을 종식하고 평화로운 세상을 끌어냈습니다.

60   최병구, 「레이건의 리더십」, 103-115 재정리.

솔선수범하는 자세

레이건만큼 인생을 주도적으로 살아 간 사람은 많지 않습니다. 레이건은 가난했지만 조금도 그것을 부끄러워하거나 숨기지 않았습니다. 레이건은 일생을 살면서 가난은 어떤 투쟁이나 도움으로 해결할 것이 아니라 주도적인 노력으로 스스로 해결되어야 한다고 보았습니다. 레이건의 주도적인 삶은 어릴 때부터 형성된 하나의 가치구조와도 같은 것이었습니다. 어머니는 레이건을 자상하고, 도덕적이며, 낙관적인 성격을 가진 사람으로 키웠습니다. 레이건의 어머니는 비록 가난하고 어려웠지만 절대로 다른 사람에게 의존하거나 신세를 지는 방법을 선택하지 않았습니다. 그녀는 레이건에게 근면하고, 검소하고, 그리고 자족적이고, 도덕적인 생활을 하도록 가르쳤습니다. 그런 생활을 하면 그 사람은 언젠가 사회와 국가 그리고 인류를 위해 필요한 사람이 될 것이라는 낙관적인 생각을 가지도록 했습니다. 어머니는 레이건에게 몸소 가난은 투쟁이나 도움으로 해결할 수 있는 것이 아니라 자신의 노력으로 해결해야 한다는 것을 보여주었습니다. 말하자면 레이건의 어머니는 아들에게 미국의 전통적 가치관[61]을 가르쳤고 레이건은 일생을

---

61   일반적으로 '미국의 전통적 가치'는 다음 세 가지로 설명할 수 있습니다. 첫째, 개인주의로 개인의 자유와 개인의 자기실현을 최고의 목표로 삼는 것이고 둘째, 프로테스탄티즘 윤리로 개인의 영적 구원과 개인의 직업적 성공에 관련된 것으로 근면, 자조, 검소, 절제, 도덕적 생활 등을 강조한 것이며 셋째, 자유방임주의로

통해 그 가치를 실현하는 데 헌신했습니다.

어릴 때부터 어머니에게 주도적인 생활방식을 배운 레이건은 언제 어디서 무엇을 하든 미리 준비하고 또 준비했습니다. 철저한 준비는 레이건에게 강한 자신감을 심어주었습니다. 레이건의 부모는 가난하여 아들을 고등학교와 대학교에 다니게 할 수가 없었습니다. 하지만 일찍이 자기 주도적인 사람을 터득한 레이건은 문제를 스스로 해결했습니다. 그는 학교 풋볼선수, 연극반 활동, 학생회 회장, 학교 식당 등에서의 아르바이트 활동, 그리고 오랫동안 인명구조요원으로 일하면서 스스로 문제를 해결했습니다. 레이건은 이러한 일들을 조금도 힘들어하거나 귀찮게 여기지 않았습니다. 오히려 레이건은 이것을 즐거움과 자신의 미래에 대한 희망으로 받아들였습니다.

주도적인 삶을 살아가는 만큼 레이건은 언제나 자신이 무엇을 해야 하는지를 알고 있었고 이에 대해 준비를 하고 있었습니다. 하지만 레이건이 대학을 졸업할 당시에는 대공황이 한창이었던 때라 대학을 졸업했다고 해서 직업을 가질 기회가 쉽게 주어지지 않았습니다. 그런데도 레이건은 일자리를 구하기 위해 준비하고 또 준비했습니다. 철저한 준비는 레이건이 인생을 자기 주도적으로 살아갈 수 있게 해주었습니다.

레이건은 대학을 졸업한 후 무척이나 어려웠지만 결국 그토록 되고 싶었던 아나운서가 되었습니다. 충실하게 아나운서 생활을 하고 있던 레이건은 우연한 기회에 영화배우가 되는 기회를 가질 수 있었습니다. 레이건은 어느새 영화배우가 될 수 있는 준비도 이미 하고 있었습니다. 레이건의 어머니는 연극을 너무나 좋아했고 어린 레이건은 어머니를 따라다니며 연극이 무엇인지 스스로 알아낼 수 있었습니다. 고등학교와 대학을 다니면서 레이건은 연극반 활동을 통해 배우의 기본자

개인이 자유롭게 자기실현을 하도록 정부가 간섭하지 말자는 것입니다.

질을 배웠습니다. 무엇보다 잘생긴 외모는 레이건이 영화배우가 되는 데 한층 더 많은 도움을 주었습니다. 레이건이 배우로 일류는 아니었지만 그래도 상당한 인기를 누리게 된 것은 그의 외모 때문이 아니라 연기에 임하는 성실한 태도 때문이었습니다. 레이건은 연기를 앞두고 대사를 외우고 또 외웠습니다. 연극이건 영화건 연기를 한다는 것은 준비하지 않으면 아무것도 되지 않는다는 것을 레이건은 너무나 잘 알고 이를 실천했습니다. 후에 정치를 하면서 레이건은 연기를 할 때 경험했던 준비하는 태도를 그대로 적용했습니다. 레이건은 영화에 출연하면서 대부분 정의의 편에 서서 착하고 성실한 미국 중산층의 인물상을 잘 표현했습니다. 즉 레이건은 영화배우를 하면서 검소하고, 근면한 자가 성공을 하는 것이고, 선한 자가 악당을 물리치고 반드시 승리한다는 미국의 전통적 가치관을 주로 연기했습니다. 물론 배우에게 악한 역을 줄 것인지 선한 역을 줄 것인지는 영화감독이 결정하는 것이었지만 대부분 감독은 레이건에게 선한 역할을 맡도록 했습니다. 아마도 레이건의 외모는 물론 전체적으로 풍기는 인상이 그러했기 때문이 아닌가 생각합니다.

일류 배우는 아니었지만 그런데도 대중적으로 많이 알려진 레이건은 자연스럽게 영화배우 조합회장이 될 수 있었고 GE 회사소속 아나운서가 될 수가 있었습니다. 여기에다 GE의 막대한 자금은 회사소속 아나운서인 레이건이 고정적으로 전국 방송에 출연할 기회를 제공해 주었습니다. 이미 이전에도 독서와 다양한 경험을 통해 많은 것을 배우고 자기 계발을 소홀히 하지 않았지만 GE 아나운서를 하면서 레이건은 더더욱 큰 노력을 통해 미래를 준비했습니다. 이러한 준비를 통해 1964년 대통령 선거에서 자신에게 주어진 공화당 대통령 후보 골드워터를 지지하는 연설에서 레이건은 자신의 능력을 한껏 표현했습니다. 공화당은 이 선거에서 민주당의 존슨 후보에게 패배했지만, 레이건이라는 걸출한 인물을 얻을 수 있었습니다. 레이건의 목소리는 미국의 전통적 생활방식과 전통적 가치관을 그대로 반영하고 있었습니다. 레이건은 골드워터의 지지 연설의 내용은 그 후 주지사와 대통령 때에도 그대로 반영되었습니다.

레이건은 먼저 정부 규모를 축소하고, 세금을 줄이며, 규제를 푸는 것에 집중했습니다. 레이건은 정부 사업을 효율적으로 집행하기 위하여 적합한 규모로 행정부처를 축소하겠다고 선언하고 나섰습니다. 또한 주 정부 부처 간의 효율적인 통합과 협력을 통하여 더욱 효율적인 주 정책을 집행할 것도 선언했습니다. 여러 어려움이 도사리고 있었지만, 세금 인하 정책을 펴겠다고 선언했습니다. 또한 레이건은 주지사로서 와츠지구 등에서 일어난 흑인폭동, 버클리 대학교 학생들의 캠퍼스 내 정치활동 자유화를 위한 시위, 베트남전에 대한 과격한 반대 시위, 늘어나는 마약문제 등에 단호한 조처를 했습니다. 이를 통해 레이건은 법과 질서를 회복하였고 국가와 사회를 정치적 혼란에서 벗어나게 하여 미국의 전통적 가치가 존중받도록 캘리포니아주를 강력하게 이끌어나갔습니다. 결과적으로 많은 캘리포니아 주민들은 레이건이 그들을 위해 열심히 노력하고 있다고 확신하게 되었습니다. 이러한 확신은 레이건이 대통령이 되는 데 결정적인 역할을 한 것은 당연했습니다.

대통령으로서 레이건은 경기가 침체하고 인플레이션으로 고통을 받는 현실의 원인으로 과세의 부담과 정부의 방만한 지출에 따른 고질적인 적자 예산을 지목했습니다. 레이건은 미국의 문제는 다른 곳에 있는 것이 아니라 바로 연방정부 자체에 있다고 강조했습니다. 즉 미국의 어려운 경제를 해결하기 위해서는 연방정부 규모의 축소와 연방정부의 업무를 각 주와 지방 정부에 이관해야 한다고 밝혔습니다. 레이건은 미국이 안고 있는 경제적 어려움의 핵심이 거대정부에 있다고 생각한 것이었습니다. 뉴딜 이후 몇십 년간 비대해진 거대정부는 국민이 국가에 더욱 의존하게 했다는 것이 레이건의 생각이었습니다. 레이건은 거대정부가 거대한 재정적자를 낳아서 경제가 침체했다고 생각했습니다. 레이건은 거대정부를 작은 정부로 만들고자 했고 그렇게 실천해 나갔습니다. 레이건은 간섭보다는 자유에, 분배보다는 성장에, 집단보다는 개인에, 의존보다는 자치에 집중하기로 했습니다. 나아가 레이건은 국가 위신의 추락 원인에도 나약한 정부가 있다고 지적했습니다. 그는 미국이 그동안 냉전과 데탕트 시대를 지내면서 소련을 비롯한 적에게 너무나 유약하게 대처했다고 생각했습니다. 레이건은 나약한 정부가 냉전이든 데탕트이든 소련을 너무 지나치게 큰 적으로 생각했다고 지적했습니다. 그 결과 미국은 그동안 전혀 생산적이지 않은 데탕트를 위해 너무나 많은 것을 희생시켰다고 주장했습니다. 레이건은 이것이 베트남전의 패배와 굴욕적인 이란 인질 사건을 초래하게 한 원인으로 보았습니다. 그래서 레이건은 정부의 모든 예산을 줄이더라도 국방예산만은 증액하여 강한 정부를 강화해 더욱 강한 정부로 만들겠다고 천명했습니다. 그리하여 강한 정부를 통해 국가의 위신과 자존심을 회복하여 잃어버린 국가의 영광을 다시 찾겠다는 것이 레이건이 제시한 또 하나의 비전이었습니다.[62]

골드워터 지지 연설 이후 레이건은 정치가와 같은 공인에게는 연설의 중요성을 너무나 잘 인식했습니다. 그 후부터 레이건은 각종 대담, 토론, 연설 등에 쓸 수 있도록 100장 정도의 인덱스 카드를 갖고 다녔습니다. 인덱스 카드에는 339개의 명문장이 깨알같이 쓰여 있었습니다. 아리스토텔레스, 링컨, 시어도어 루스벨트, 프랭클린 루스벨트, 레닌, 스탈린, 액튼 경, 제임스 매디슨, 공자, 키케로 등의 명언들이었습니다. 레이건은 이 명언들을 적절하게 사용했습니다. 1984년 대통령 선거 텔레비전 토론 때였습니다. 질문자가 레이건에게 미국 역사상 최고령 대통령 후보인데, 대통령 직무를 잘 수행할 수 있겠느냐 물었습니다. 레이건은 인덱스 카드에 적혀 있는 키케로의 말을 찾아 이렇게 대답했습니다.

젊은이들이 저지른 실수를 만회해 줄 수 있는 어른들이 없었더라면 어느 나라도 존속하지 못했을 것입니다.[63]

---

62 김윤중, 「위대한 대통령 로널드 레이건 평전」, 103-104, 105, 162.
63 최병구, 「레이건의 리더십」, 40 재인용, 당시 민주당 후보 먼데일은 50대 중반의 나이였습니다. 사실상 먼데일도 적은 나이가 아니었지만, 레이건이 볼 때 젊은이로 보였습니다. 레이건은 상대가 나이 많음을 문제

또한 레이건의 주도적 솔선수범 사례를 볼 수 있는 사례가 있습니다. 1980년 대통령 선거 때의 일이었습니다. 레이건은 예비선거에서 조지 H. W. 부시를 누르고 공화당 후보가 되어 현직 대통령인 지미 카터와 겨루었습니다. 선거전에서 카터는 레이건을 '전쟁광 카우보이(warmon-gering cowboy)'라고 부르면서 공격했습니다. 레이건은 유명한 참모들의 도움을 받아 가며 전력투구했습니다. 그는 이 과정에서 완벽한 준비와 연습이 무엇보다도 중요하다고 생각했습니다. 준비를 얼마나 잘하느냐가 승패를 좌우한다고 생각한 것입니다. 그래서 레이건은 카터와의 텔레비전 토론을 앞두고 실전을 방불케 하는 연습을 했습니다. 하루전에는 모의 토론회를 하기도 했습니다. 모의 토론회에서 미시간주 연방 하원의원으로 후에 레이건 행정부에서 예산국장을 지낸 데이비드 스토크먼이 카터 역할을 맡았습니다. 토론이 어찌나 진지했는지 레이건은 진짜 토론으로 착각해 언성을 높이기도 했습니다. 그렇게 몇 차례 연습을 통해 레이건은 단점을 고침으로써 자신 있게 실전에 임할 수 있었습니다. 11월 4일 선거 결과는 레이건의 압승이었습니다.

이미 살펴보았듯이 대통령이 되고 나서 레이건은 '경제회복'의 목표를 달성하기 위해 세금 인하와 재정지출 축소를 중심으로 하는 경제개혁안이 의회를 통과하도록 하는 데 주도적인 노력을 했습니다. 레이건은 수십 번에 걸친 기자회견, 백악관 초청, 개인적인 면담, 대국민 설득 작업, 텔레비전 방송 등을 통해 민주당 우위의 의회 구성에도 불구하고 개혁안을 통과시켰습니다.

또한 레이건은 냉전 종식을 위한 대장정에서도 주도적인 끈을 놓지 않았습니다. 레이건은 1985년 11월 제네바에서 개최된 미소 정상회담 때도 레이건의 준비는 철저했습니다. 대통령이 된 레이건은 소련과의 정상회담을 무척 기대했습니다. 고르바초프라는 쉰네 쉰네 살의 새로

삼자 로마 공화정 말기 키케로가 한 말을 적절하게 활용했습니다.

운 지도자와 같게 되는 의미 있는 회담이었기 때문이었습니다. 회담에 앞서 레이건은 치밀하게 준비했습니다. 정상회담 날짜가 정해지자 매주 한두 번씩 소련 전문가들과 오찬을 하며 분야별로 기초를 다졌습니다. 10쪽 분량으로 준비된 24개 토픽을 꼼꼼히 공부했습니다. 마치 입시를 앞둔 학생과도 같았습니다. 또한 레이건은 CIA와 국무부, 국가안보 회의(NSC)가 준비한 자료도 빠짐없이 읽었습니다.

레이건은 소련의 역사와 문화에 관한 자료들도 보았습니다. 당시 러시아 역사와 문화에 대해 최고의 전문가들을 초빙해 러시아인들의 사고방식도 배웠습니다. 심지어 레이건은 당시 워터게이트 사건으로 대통령직에서 물러나 많은 사람이 만나기를 꺼렸던 닉슨 전 대통령도 만나 소련 지도부를 다루어본 그의 경험에 대해 조언을 구했습니다. 레이건은 정상회담 하루 전날에는 모의 회담을 했습니다. 실제 상황을 상정한 총 연습이었습니다. 러시아어를 원주민 수준으로 구사하는 NSC의 잭 매틀럭[64]이 고르바초프 역을 맡았습니다. 모의 회담에서 레이건은 대단한 연기력을 보여주었습니다. 레이건은 정상회담이 열리기 사흘 전에 제네바에 도착했습니다. 시차 적응 등을 위해서였습니다. 그러나 레이건은 사흘 내내 잠을 제대로 이루지 못했습니다. 레이건이 고르바초프와의 회담을 그만큼 중요하게 생각했다는 것을 알 수 있습니다. 레이건은 정상회담 전날 잠자리에 들기 전에 다음과 같은 일기를 썼습니다.

주님, 이제 저의 준비가 완벽한 것이 되게 해주십시오.[65]

레이건의 솔선수범의 진수를 볼 수 있는 것은 그가 미국 국민에게

---

64 잭 매틀럭은 역사가이자 러시아어 전문가로 체코슬로바키아 미국대사를 지냈고 레이건이 대통령에 당선되고 난 후 레이건의 특별보좌관을 지냈으며 후에 소련주재 미국대사를 역임했습니다.

65 최병구, 「레이건의 리더십」, 41 재인용.

자신의 병인 알츠하이머를 알리는 장면입니다. 레이건의 알츠하이머 증세는 그가 대통령에서 물러난 뒤 3, 4년이 지난 시기에 나타나기 시작했습니다. 1991년 레이건의 80회 생일파티에서 러시아의 보리스 옐친에 대한 기억에서 혼선을 나타냈고 같은 해 연말 레이건 기념도서관 완공 기념식 만찬장에서 레이건은 영국의 전 총리인 대처를 두 번이나 소개하는 혼란을 빚었습니다. 레이건은 자신이 치매에 걸린 것을 확인하고 이 병이 더 깊어지기 전에 국민에게 알리는 쉽지 않은 결단을 내렸습니다.

레이건의 영원한 참모인 마이클 디버는 이미 레이건이 외부 사람들과 만남을 중지한 지 오래된 2000년 8월에 낸시를 만났습니다. 정말 오랜만에 디버를 만난 낸시는 대통령의 근황에 관한 질문에 줄곧 난색을 보이며 어렵사리 말을 했습니다.

아 정말, 그는 총도 맞았고 암도 두 번이나 걸렸고 또 승마 사고도 겪었는데 … 그게 그 병을 시작하게 했어요.[66]

낸시는 1994년 남편이 알츠하이머라는 진단을 받고 난 후 처음에는 남편의 병을 부정했지만 결국은 받아들였습니다. 그 후부터 낸시는 남편을 다른 사람에게 맡기지 않았습니다. 그녀는 남편에 대한 사랑으로 그가 죽을 때까지 스스로 무거운 짐을 떠안았습니다. 디버는 낸시로부터 그때 레이건이 작성한 마지막 편지를 얻었습니다. 레이건은 자신에게 닥쳐온 이 병의 혹독함을 미리 알고 1994년 11월 5일 더는 기억이 사라지기 전에 다음과 같은 글을 공개했습니다.

사랑하는 미국 국민 여러분.
저는 최근 제가 알츠하이머병에 시달리는 수백만 명의 미국인들 중 한 명

---

66   김형곤, 「로널드 레이건」, 88 재인용.

이라는 사실을 통보받았습니다. 이 사실을 들었을 때 낸시와 저는 우리가 개별적 시민으로서 이 사실을 개인적인 일로 덮어 두어야 하는지 아니면 대중들에게 알려야 할지 결정해야 했습니다.

...

불행히도 알츠하이머병이 진행될수록 환자의 가족들은 자주 큰 짐을 짊어지게 됩니다. 저는 딱 한 가지 이러한 힘든 경험으로부터 낸시를 벗어나게 할 수 있는 방법이 있으면 하는 바람입니다. 그 시간이 오면 저는 여러분의 도움으로 낸시가 그것을 믿음과 용기로 마주할 수 있다고 믿어 의심치 않습니다.

끝으로 저는 여러분의 대통령으로 있을 수 있는 큰 영광을 준 당신, 미국인들에게 감사하고 싶습니다. 하나님이 집으로 저를 부르시면 그게 언제가 되었든 간에 저는 미국을 향한 큰 사람과 나라의 미래를 위한 영원한 희망을 지닌 채 떠날 것입니다. 저는 이제 제 삶의 석양으로 저를 안내할 마지막 여정을 시작합니다. 미국에는 언제나 밝은 새벽이 앞에 있으리라는 것을 저는 확신합니다. 친구들이여, 고맙습니다. 신의 은총이 당신들과 함께하기를.[67]

레이건이 자신의 병을 주도적으로 공개함으로써 미국은 물론 전 세계적으로 알츠하이머병에 관한 관심이 커졌으며 치료법에 대한 연구가 활발하게 진행되었습니다.

---

67 Ronald Reagan's Letter to the American People About His Alzheimer's Diagnosis.

권한을 위임하는 용기

주지사 8년, 대통령 8년, 총 16년 동안 이른바 최고 권력의 자리에 있으면서 레이건은 단 한 번도 그 자리가 주는 권력을 사용하지 않았습니다. 레이건 역시 위대한 대통령 링컨과 워싱턴과 같이 잠시 그 자리를 맡고 있을 뿐이지 영원히 자신의 자리가 아니라고 생각했습니다. 레이건은 캘리포니아 주지사 8년을 마치고 자신의 업적을 기록으로 정리하면서 모든 것에 "나" 대신 "우리"라는 주어를 사용했습니다. 이를 본 많은 사람이 왜 "우리"라는 주어를 썼는지 질문을 했습니다. 이 질문에 레이건은 다음과 같이 대답했습니다.

주지사직을 수행할 때 많은 사람이 저를 도왔습니다. 그러니 저의 재임 기간 어떤 업적이 있었다고 하면 그것은 제가 성취한 것이 아니고 우리가 성취한 것입니다.[68]

반면 조지아주 주지사를 지낸 바 있는 지미 카터는 자신의 주지사 재임 기간 업적을 이야기할 때마다 "우리"가 아니라 "나"를 사용했습니다. 레이건은 취임사에서도 대부분 우리라는 단어를 주어로 사용했

---

68   최병규, 「레이건의 리더십」, 144 재인용.

습니다. 레이건은 "존경하는 동료 시민 여러분, 엄숙하고 중대한 행사이지만 그런데도 우리나라의 역사에 너무나 보편적인 일입니다. … 우리는 이 나라 역사상 가장 길고 가장 최악으로 지속된 인플레이션으로 고통받고 있습니다."로 시작된 1차 취임사는 거의 모든 문장의 주어를 우리, 우리나라, 우리 국민, 우리 정부를 주어로 사용했습니다. 취임사 마지막에서도 레이건은 줄곧 우리를 사용하고 있습니다.

오늘날 우리가 직면하고 있는 위기는 마틴 트렙토우[69]와 수천 명의 다른 사람이 요구받았던 그런 희생을 우리에게 요구하지 않습니다. 그러나 우리의 최선의 노력과 위대한 업적을 수행할 수 있는 우리의 능력을 믿고자 하는 우리의 의지는 물론 하나님의 도우심으로 우리가 함께 우리에게 당면하고 있는 문제들을 해결할 수 있고, 해결하고자 하는 의지가 필요합니다. 어쨌든 우리가 그것을 믿어야 하지 않을까요? 우리는 미국인입니다.[70]

두 번째 취임사에서도 레이건은 "우리"를 주어로 시작하고 끝을 맺습니다. 1989년 1월 11일 퇴임을 앞두고 레이건은 다음과 같은 고별 연설을 했습니다.

우리는 우리의 역할을 다했습니다. 국민 여러분, 우리가 해냈습니다. 우리는 시간만을 표시하는 제자리걸음을 한 것이 아니라 우리는 다른 것을 만들어냈습니다. 우리는 이 도시(미국)를 더욱 강하게 더욱 자유롭게 더욱 나은 상태로 만들었습니다.[71]

---

69 마틴 트렙토우는 위스콘신주 가난한 농부의 아들로 태어나 아이오와주의 작은 마을에서 이발사로 일하다가 1917년 1차 세계대전에 미국이 참전하자 프랑스 전선에 투입되어 임무 중에 사망했습니다. 후에 그의 옷에서 발견된 쪽지에 다음과 같은 글이 적혀 있었습니다. "미국은 이 전쟁에서 이겨야만 합니다. 그러므로 저는 싸울 것이고, 구할 것이고, 희생할 것이고, 견뎌낼 것입니다. 그리고 이 전체 전투의 문제가 자신에게 달린 것처럼 저는 즐겁게 싸울 것이고 최선을 다할 것입니다."

70 First Inauguration of Ronald Reagon(January 20, 1981).

71 Ronald Reagon's Farewell Address(January 11.1989).

레이건은 카터와 대통령직을 두고 경쟁할 때 "4년 전보다 나아진 것이 무엇이 있는지"에 관해 물었습니다. 이제 레이건은 8년의 대통령직을 마치고 다시 살아난 미국경제와 더 높아진 국제적 위신을 확인했습니다. 대부분 사람은 자신의 업적으로 돌리기에 십상이지만 레이건은 자신이 한 일이 아니라 국민이 한 일임을 강조하고 국민에게 공이 돌아가야 한다고 말했습니다. 대통령직에서 퇴임하고 한참이 지난 후 베를린 장벽이 무너지고, 소련이 해체되고, 나아가 냉전이 종식되는 역사적 사건이 지속되었습니다. 누구나 알다시피 냉전 종식의 진정한 공은 레이건에게 있었습니다. 하지만 레이건은 공산주의의 종주국인 소련을 해체하고 냉전을 종식하는 일은 자신이 아니라 고르바초프의 업적이라고 말했습니다.

이처럼 자신을 내세우지 않는 레이건의 겸손 리더십은 어릴 때부터 가지게 된 것이었습니다. 레이건은 풍족한 어린 시절을 보내지 못했지만, 어머니와 아버지로부터 깊은 사랑을 받고 성장했습니다. 레이건이 받은 사랑은 부모와 자식 간의 순수한 사랑도 있었지만, 그 밑바탕에는 하나님을 믿는 깊은 신앙이 자리하고 있었습니다. 어머니 넬은 어린 레이건에게 세상의 모든 일은 하나님의 뜻이 내재해 있다고 가르쳤습니다. 레이건은 어릴 때부터 성별, 나이, 직업, 사회적 지위 등과 관계없이 모든 사람은 하나님 앞에 동등하다고 배웠습니다. 레이건은 이러한 배움으로부터 얻은 믿음을 죽을 때까지 지키고 살았습니다. 영화배우로 일할 때, 아나운서로 일할 때, 주지사로 있을 때는 물론이고, 대통령으로 일할 때도 레이건은 모든 사람을 고귀한 인격체를 가진 존재로 대했습니다. 레이건은 자신의 처지가 달라졌다고 해서 다른 사람을 대하는 태도를 바꾸는 그런 부류의 사람이 아니었습니다.

말하자면 레이건은 뛰어난 공감 능력을 갖춘 사람이라고 할 수 있습니다. 레이건은 "내가 좋아하는 것은 다른 사람도 좋아하고, 내가 싫어하는 것은 다른 사람도 싫어한다"라는 너무나 단순한 진리를 평생을 실천하고 살았습니다. 이 진리는 너무나 단순하므로 많은 사람은 그렇게 중요하게 여기지 않고 살아가고 있지만, 레이건은 살아가면서 이 단순한 진리만큼 중요한 것은 없다고 생각했습니다. 그래서 레이건과 함께 일을 했던 사람들은 그에게서 다른 사람에게서 느끼지 못한 점을 느꼈습니다. 많은 사람은 레이건이 언제 어디서나 상대방에게 친절하고, 정중하고, 배려하고, 존중했다고 말했습니다. 레이건은 아무리 지위가 낮은 사람이라도 그들을 인정해주고 존중했습니다. 자신이 만나는 다른 사람을 인정하고, 존중하는 태도는 영화배우이건, 아나운서이건, 주지사이건, 대통령이건 일관적인 태도였습니다.

레이건은 일생을 통해 시간을 잘 지켰습니다. 일국의 대통령이 사람들을 만나거나 행사에 참석할 때 조금 늦어도 이해될 수 있는 것으로 생각할 수 있지만 레이건은 지나칠 정도로 시간을 잘 지켰습니다. 레이건 대통령의 비서실장을 역임한 로널드 리건은 "레이건 대통령이 약속 시간을 변경하거나 미리 계획된 일정이나 약속을 취소한 적이 거의 없다"라고 회고했습니다. 약속 시간을 준수하는 것은 상대방에 대한 배려라 할 수 있습니다. 레이건은 상대방을 기다리게 만드는 것은 그들의 자존심을 상하게 만드는 일이라 여겼습니다.

레이건 대통령은 백악관 집무실 책상 위에 다음과 같은 말을 새겨 놓았습니다.

> 누구에게 공(功)이 돌아가느냐에 구애를 받지 않으면 인간이 할 수 있는 일 혹은 성취할 수 있는 일에 한계가 없습니다.[72]

레이건은 이 문구를 생활신조로 삼았습니다. 그래서 그런지 몰라도 레이건은 베를린 장벽이 무너지고, 공산주의가 역사의 뒤안길로 사라

---

72   최병규, 「레이건의 리더십」, 147 재인용.

지게 한 주역 중의 주역이었음에도, 그것을 자기가 성취한 업적이라고 말한 적이 없습니다. 레이건의 측근으로 국가안보보좌관이었다가 내무장관을 지낸 윌리엄 클라크 2세는 2001년 8월에 다음과 같이 회고했습니다.

하루는 레이건과 함께 있는데 일행 중 한 사람이 베를린 장벽의 붕괴를 축하한다고 했습니다. 그러자 레이건은 "아닙니다. 장벽을 허문 것은 제가 아닙니다. 그것은 하나님의 계획 일부였고, 팀워크의 결과였습니다"라고 말했습니다. 레이건의 제1의 금언(金言)은 '우리가 어떤 일을 할 때 누구의 공(功)으로 돌아가느냐에 관심을 두지 않으면 무슨 일이든 성취할 수 있다'라는 것이었습니다. 그는 그저 하나님의 뜻에 절대적인 믿음을 갖고 있었습니다. 그는 하나님께서 갖고 계신 여러 도구의 하나로서 존재한다고 생각했습니다. 그는 그것을 팀워크라고 불렀습니다. 레이건은 자신을 "악의 제국에 대항하는 십자군 운동을 이끌도록 하나님에 의해 선택받은 사람"이라는 식으로 생각했을 사람이 아닙니다. 레이건은 놀라울 만큼 겸손한 사람이었습니다. 겸손 그 자체였습니다. 그에게는 어떠한 자만심도 있을 수 없었습니다.[73]

레이건의 또 다른 측근으로 역시 국가안보보좌관으로 일을 했던 리처드 알렌 역시 2001년 11월에 클라크 2세가 한 말과 비슷한 말을 하고 있습니다.

저는 레이건이 자신을 하나님에 의해 소련을 무찌르도록 선택받은 사람으로 믿었다고는 생각하지 않습니다. 레이건이 믿은 것은 미국이 선택받은 나라라는 것이었습니다. 그가 자신의 대통령 재임 시절과 그 이후를 회고한다면 아마도 "우리 팀이 하나님의 목적을 성취했습니다. 우리는 하나님께서 갖고 계신 계획 일부였습니다"라고 말할 것입니다. 저는 단지 팀장이었을 뿐입니다. 사람들이 만약 그것을 저의 업적으로 돌린다면 저는 "하나님의 섭리에

---

73 최병규, 「레이건의 리더십」, 148 재인용 재정리.

따라 저의 팀이 한 일"이라고 말하겠습니다. 당신이 어떤 일을 성취했다고 하면 그것은 당신을 통해 역사하시는 하나님으로부터 오는 것입니다. 당신의 권력이나 힘으로 오는 것이 아닙니다. 저는 역사에서 어떤 위치를 차지할 것인가에 별로 관심이 없었습니다. 저는 옳은 것을 생각하고 그것을 실행에 옮기기 위해 애썼을 뿐입니다. 저는 제 임기 동안은 세상 사람들이 누리는 자유의 영역을 넓히고자 애썼을 뿐입니다.[74]

이처럼 다른 사람이 레이건을 바라보는 시각은 한결같았습니다. 레이건은 언제나 겸손하고 자신을 자랑하지 않았습니다.

자유롭고 격식을 따지지 않는 레이건이 대통령으로 있을 때 고집스러울 만큼 집착하는 것이 하나 있었습니다. 레이건은 대통령으로 재직하던 8년 동안 백악관 집무실에 있을 때는 단 한 번도 상의를 벗지 않았습니다. 어떻게 생각하면 고지식한 것으로 치부할 수 있겠지만 이는 레이건이 대통령이라는 자리는 존경과 경외의 대상이라는 생각 때문이었습니다. 레이건은 대통령 자리는 어떤 사람에게도 귀속된 것이 아니라고 생각했습니다. 그것은 오로지 국민의 기관으로 국민에게 귀속되어 있다고 생각했습니다. 레이건에게는 그야말로 '친레이건' 같은 것이 없었습니다. 대통령이 된 사람은 단지 정해진 기간 국민을 대신해서 일하다가 임기가 다 되면 물러가는 사람에 불과하다고 생각했습니다. 이렇게 생각했기 때문에 레이건은 백악관 집무실을 상의도 벗을 수 없을 정도로 엄숙한 곳이었습니다.

언제나 편안한 인상을 주는 레이건도 긴장된 모습을 보이는 때가 있었습니다. 그것은 여론조사 참모가 여론조사 결과를 보고할 때였습니다. 레이건은 지지율이 높아졌다는 보고를 들으면 표정이 금방 환해지고 활력이 넘쳤습니다. 반대로 지지율이 떨어졌을 때는 걱정스러운 모습이었습니다. 그만큼 레이건은 국민이 자기를 어떻게 평가하는지에

---

74 최병규, 「레이건의 리더십」, 148-149 재인용 재정리.

예민했습니다. 마치 종이 주인의 눈치를 살피는 격이었습니다. 바로 이런 것이 레이건이 주지사였지만, 나아가 대통령이었지만, 그가 공직자로서 '권한'을 행사하는 방식이었습니다.

레이건의 권한위임의 리더십은 그가 정치를 시작하면서부터 시작되었습니다. 본인은 큰 그림과 원칙을 제시해 주고, 세부적인 일을 참모나 장관들이 처리하도록 권한을 위임했습니다. 레이건은 1964년 골드워터 지지 연설 이후 본격적인 정치를 시작했지만, 현실정치에 대해서는 아는 것이 거의 없었습니다. 캘리포니아주 공화당원의 적극적인 후원과 지지에도 불구하고 레이건은 주지사 선거에 나설 의도가 없었습니다. 하지만 캘리포니아주 공화당원 중 로스앤젤레스에서 성공한 사업가이자 자동차 판매회사의 사장인 홈스 터틀의 적극적인 지도로 레이건을 주지사로 만들기 위해 노력했습니다.[75] 터틀은 여러 선거 전문가와 더불어 에드윈 미즈와 마이클 디버와 같은 참모들을 레이건 캠프에 동참하게 했습니다. 레이건은 이들 참모의 의견을 전적으로 수용했고 이들에 의해서 레이건의 정치철학인 세금 인하, 정부 역할 축소, 사회복지 기금 축소 등이 더욱 구체적으로 세련되어 갔습니다. 주지사 선거는 현직 브라운 주지사의 레이건에 대한 무시와 캘리포니아주의 현실 문제 - 와트 지구 폭동과 여러 대학에서의 베트남전쟁 반대 시위 등 - 에 능동적인 대처를 하지 못해 레이건의 압도적인 승리로 끝이 났습니다. 주지사로 레이건은 자신의 정치철학을 충실하게 시행해 갔지만 복지비용 축소는 적지 않은 반대에 부딪혔습니다. 복지비용이란 늘리기는 쉬워도 줄이기란 너무나 어렵고 그만큼 결정권자(주지사, 대통령)의 인기도가 하락하기 마련입니다. 하지만 레이건은 확대만 되어가던 정부지출의 주요 원인이 복지비용 확대라고 생각하고 복지개혁 법안을

---

75 터틀은 1966년 레이건이 주지사 선거에 출마하도록 독려했을 뿐만 아니라 자신의 막강한 자금은 물론 선거자금을 모금하는 역할을 했습니다. 그는 레이건의 비공식 키친 캐비넷의 리더였으며 레이건이 대통령 선거와 대통령직 수행 때도 많은 도움을 주었습니다.

만들어 복지혜택을 줄이고자 했습니다. 그러나 당시 캘리포니아주는 프랭클린 루스벨트 때부터 '뉴딜정책'과 존슨 행정부 때 '빈곤에 대한 전쟁'으로 주 정부의 복지비용은 한없이 늘어나고 있었습니다. 또한 베트남 전쟁 등으로 캘리포니아주의 복지비용은 급격하게 늘어나고 있었고 1971년에 이르러서는 복지비용 청구자가 한 달에 4만 명씩 늘어가고 있었습니다. 그만큼 복지비용을 줄이고자 하는 레이건의 혁신정책은 많은 반대에 부딪혔습니다. 특히 여러 사람으로부터 복지비용 삭감으로 근로 능력이 없는 노인과 장애인의 복지 상태가 어려워질 것으로 비난받았습니다. 이에 레이건은 사회복지 분야에서 경험이 없지만, 캘리포니아주 공공사업국 부국장인 로버트 칼슨을 사회복지국장으로 임명하여 일을 추진시켰습니다. 이때 레이건이 칼슨에게 두 가지 지침을 제시했습니다.

> 첫째, 일할 능력이 있는데 일하지 않고 복지비만 받는 사람들에게 주는 복지비는 삭감하십시오. 둘째, 근로 자격이 있는 사람에게 주는 복지비는 없애십시오. 그러나 근로 능력이 없는 사람에게 주는 복지비는 손대지 마십시오.[76]

복지혁신 정책의 결과는 엄청났습니다. 3년 뒤인 1974년 캘리포니아주의 복지비 수혜자 수가 무려 85만 명이나 줄었고 가족 복지비 수혜자 수도 30만 명으로 줄었습니다. 레이건은 이러한 결과를 만들어 낸 칼슨을 대대적으로 칭찬했고 자신의 복지정책을 입안하고 실행하는 일을 전적으로 칼슨에게 권한위임을 했습니다.

대통령이 되어서도 레이건은 주지사 때부터 생사고락을 함께해온 에드윈 미즈, 마이클 디버, 로버트 칼슨 등의 보좌관과 조지 부시 부통

---

76 김윤중, 「위대한 대통령 로널드 레이건 평전」, 106 재인용.

령의 참모였던 제임스 베이커를 비서실장으로 임명하여 중요한 정책 결정이 아니라면 대부분 참모 선에서 문제를 해결하도록 했습니다. 레이건은 알렉산더 헤이그를 국무장관으로, 로널드 리건을 재무장관으로, 캐스퍼 와인버그를 국방장관으로 임명하여, 자신의 주요 정책목표인 경제개혁과 국방정책을 추진하도록 했습니다. 레이건은 주지사 때와 마찬가지로 세금을 인하하고, 정부지출을 줄이고, 개인의 경제활동을 최대한 보장하는 방향으로 경제정책의 핵심만 제공했습니다. 그리고 세부적인 것은 리건 재무장관이 이른바 총대를 메고 일을 추진하도록 권한을 위임했습니다. 우리는 레이건의 경제정책이 이른바 '레이거노믹스'라는 이름으로 초기에 어려움이 없지 않았으나, 궁극적으로 대대적인 성공을 거두었음을 이미 알고 있습니다. 또한 레이건은 와이버그와 헤이그의 쌍두마차를 최대한 활용하여 공산주의 종주국인 소련과의 냉전 경쟁을 종식했습니다. 레이건은 16년 동안 공직에 있으면서 중요한 정책 결정이 아니면 각료에게 권한을 위임해서 국정이 스스로 굴러가도록 했습니다. 레이건은 참모들을 비롯한 여러 사람에게 다음과 같은 말을 자주 했습니다.

> 당신이 찾은 최고의 사람들이 당신 주위둘러싸게 하십시오. 그리고 그들에게 권한을 위임하십시오. 당신이 정하고 결정한 정책이 시행되고 있는 한 그들을 간섭하지 마십시오.[77]

그래서 레이건의 별명은 '위대한 소통가'이자 '위대한 위임자'이기도 합니다.

---

[77] https://www.brainyquote.com/quotes/ronald_reagan_130693(2019. 02. 26).

혁신하는 자신감

기자들이 레이건에게 "당신은 왜 대통령이 되기를 원했습니까?"라고 물었습니다. 레이건은 "세상을 변화시키고 싶었기 때문"이라고 대답했습니다. 레이건은 정말 세상을 변화시켰습니다. 제시한 두 가지 목표에서 그는 미국과 세계를 혁신적으로 변화시켰습니다. 하나는 보수적인 가치로 침체한 미국경제를 다시 살린 것이고 다른 하나는 힘의 논리로 냉전을 무너뜨리고 평화로운 세상으로 만든 것입니다.

두 가지 모두 레이건이 대통령이 될 즈음에 많은 사람이 생각하지 못한 혁신적인 생각이었습니다. 하지만 레이건은 한편으로는 보수적인 가치로 미국경제를 살리고 다른 한편으로는 힘의 논리로 냉전을 무너뜨릴 수 있다고 확신했습니다. 레이건의 이런 확신은 이미 오래전부터 잘 준비되고 다듬어져 왔습니다. 레이건은 1964년 공화당 대통령 후보인 골드워터를 지지하는 연설을 하면서 정치가로서의 발을 내디뎠습니다. 1960년대는 케네디와 존슨으로 이어지는 정치적 진보주의가 전성기였던 시대로 이른바 '위대한 사회'가 시작되고 있었습니다. 당시는 냉전으로 경쟁이 심화하고 있었고 존 F. 케네디의 노력으로 데탕트를 끌어내고 있었습니다. 바로 그때 레이건은 인기 있는 진보주의가 아니라 당시만 하더라도 너무나 고리타분한 것으로 여겨지는 보수주의로 돌아섰습니다. 젊은 시절 레이건은 프랭클린 루스벨트의 열렬한 지지자였고 당연히 민주당에 투표했습니다. 그런데 정치를 시작하면서 레이건은 진보주의를 버리고 보수주의를 선택함으로써 시대적 흐름에 역행했습니다. 레이건은 그때까지 누구도 문제로 삼지 않았던 '뉴딜 진보주의'를 거부하고 연방정부가 작아져야만 한다고 주장했습니다. 레이건은 미국인과 미국기업에 대한 과중한 세금을 줄여 미국경제를 부흥시키겠다고 말했습니다. 또한 레이건은 냉전과 데탕트를 오가는 세계는 결코 평화로울 수 없음을 지적하고 공산주의와 핵무기는 궁극적으로 사라져야 한다고 말했습니다. 레이건의 이런 변신은 정치가로서 출세하기 위한 것도 아니었고 영향력을 확대하기 위한 것도 아니었습니다. 단지 레이건은 보수주의가 옳다고 생각했고 보수주의가 미국을 발전시키고 세계평화를 가져올 수 있다고 생각했습니다. 그래서 레이건은 민주당을 탈당하고 공화당에 입당했습니다.

레이건은 어머니로부터 근면과 성실과 정당함을 배우고 자랐습니다. 원하는 바를 위해 꾸준히 노력하면 반드시 이루어진다는 낙관도 배웠습니다. 레이건은 일생을 통해 현재의 어려움은 반드시 하나님의 목적이 있기 때문이고 언젠가는 그 어려움이 해결될 것이라는 낙관주의 속에서 살았습니다. 레이건은 일생을 통해 노력과 준비를 통해 얻는 것의 소중함과 정당성을 너무나 중요하게 생각했습니다. 대공황을 대처하는 프랭클린 루스벨트의 노력과 연설에 일시적으로 민주당에 소속되어 있었지만 본질에서 레이건은 민주당 체질이 아니었습니다. 레이건은 '노력한 것만큼 대가를 받는다'라는 너무나 단순한 시장경제원리가 존중될 때 생산성과 창의성이 높아져 국가와 개인이 발전한다고 생각했습니다. 그래서 레이건은 국가와 정부가 중심이 되어 개인의 생활을 간섭하는 체제를 바꾸어야 한다고 생각했습니다. 대통령이 되면서 비대해진 연방정부를 보고 "바로 정부가 문제"라고 선언하며 작은 정부로 돌아갈 것을 주문했습니다. 레이건은 노력하지 않고 다른 사람들이 만들어놓은 재화를 탐내는 것을 가만히 보고 있지 않았습니다. 그래서 레이건은 대통령이 되고 난 뒤 얼마 있지 않아 발생한 항공관제탑 종사자들의 데모에 강하게 대처해 복귀하지 않은 노동자들을 모두 해고해 버렸습니다. 그래서 레이건은 주지사 시절뿐만 아니라 대통령으로서도 반드시 받을 자격이 있는 사람만 받을 수 있도록 사회복지기금을 개혁했습니다.

레이건은 평생 변화를 추구했고 그 변화를 위해 준비하고 또 준비하며 생활했습니다. 레이건은 마치 자신이 다음에는 무엇을 해야 하는지를 잘 아는 것처럼 생활했습니다. 아마도 어릴 때부터 보고 자라 익숙해져 있는 것으로 '노력하면 반드시 그 대가가 돌아온다'는 낙관적인 사고와 생활방식 때문이었으리라 생각합니다. 많은 사람은 분명 익숙한 일을 하다가 낯선 일을 찾아야 하면 어려움과 두려움을 느끼지만 레이건에서는 그런 모습을 거의 찾아볼 수 없었습니다. 레이건은 어렵게 대학을 마치고 일자리를 찾아나섰습니다. 레이건은 당시 막 붐이 불기 시작했던 라디오 방송국 아나운서가 되고 싶었습니다. 처음에는 임시직이었다가 얼마 후 정식 아나운서가 되었습니다. 그 후 영화배우가 되고 군인이 되고 다시 영화배우가 되고 GE의 홍보대변인이 되고 주지사가 되고 대통령이 되는 고비마다 그에게 큰 변화를 가져오는 새로운 길이 찾아왔지만 레이건은 기쁘게 그 변화를 수용하고 새로운 일을 해갔습니다.

대공황의 어려움 속에서 레이건의 아버지는 프랭클린 루스벨트의 뉴딜정책으로부터 적지 않은 도움을 받았습니다. 이런 인연으로 레이건은 거의 맹목적으로 민주당을 지지했고 민주당원으로 생활했습니다. 하지만 시간이 지나면서 레이건에게 민주당의 노선은 그것도 정부가 국민 개개인의 생활의 모든 면을 책임지려고 하는 뉴딜 자유주의적 정책은 어디엔가 맞지 않은 옷을 입은 느낌을 주었습니다. 어릴 때부터 들어온 "하늘은 스스로 돕는 자를 돕는다"라는 너무나 평범한 사실을 당연하게 받아들이고 있었던 레이건은 영화배우 조합장과 GE의 홍보

　　　　　　　국민을 행복하게 만든 대통령들

대변인으로 활동하면서 스스로가 민주당 노선과는 맞지 않는다고 확신했습니다. 그래서 1950년대에 레이건은 민주당 소속이었지만 사실상은 공화당의 아이젠하워-닉슨을 지지했습니다. 1960년 선거에서 당선될 것으로 예상되었던 공화당의 닉슨이 케네디-존슨에게 패배함으로써 1950년대에 다소 주춤했던 민주당의 뉴딜 자유주의 정책이 부활하고 있었습니다. 연방정부는 물론 주 정부에서도 정부 주도의 복지정책이 확대되어 갔습니다. 케네디의 '새로운 프런티어' 정책과 존슨이 내세운 '위대한 사회'는 연방정부가 중심이 된 정책으로 '빈곤에 대한 무조건의 전쟁' 선포였습니다. 레이건은 이제 자신이 변화 아니 혁신을 해야 할 때라 생각했습니다. 오랫동안 몸담았던 민주당이 더는 자신이 머무를 수 있는 정당이 아니라는 것을 확신하고 민주당을 떠나 공화당에 입당했습니다.[78]

당시 공화당은 1960년 선거에서 믿었던 닉슨의 패배와 1962년 캘리포니아 주지사 선거 패배 이후 사실상 구심점을 잃어가고 있었습니다. 그런 와중에 현직 대통령으로 대단한 인기를 누리고 있었던 존 F. 케네디가 암살당하자 공화당은 다가오는 1964년 선거에서 부활의 희망을 걸었습니다. 1964년 공화당의 가장 유력한 대통령 후보는 누가 뭐래도 닉슨이었지만 닉슨은 불출마를 선언했습니다. 그러자 공화당은 1960년 선거에서 닉슨을 적극적으로 도왔던 애리조나주 상원의원 배리 골드워터와 뉴욕 주지사 넬슨 록펠러가 대표주자로 뛰어올랐습니다.

골드워터는 19세기 초 폴란드에서 이민 온 유대인으로 애리조나주에서 백화점 사업으로 큰돈을 번 사업가의 아들이었습니다. 아버지의

---

78 1960년 대통령 선거가 다가오자 케네디의 아버지 조셉은 당시 GE의 홍보대변인으로 텔레비전에서 상당한 인기를 누리고 있었던 레이건(당시 레이건은 8년 동안 GE에서 활동하면서 회사가 사들인 일요일 저녁 방송프로그램에 출연하면서 적지 않은 인기를 누리고 있었습니다)을 직접 찾아가 적지 않은 돈을 약속하면서 케네디를 지지해 달라고 요청했습니다. 하지만 레이건은 이미 변해버린 자신의 정치적 소신을 바꿀 수가 없었습니다.

막강한 후원으로 골드워터는 1952년에 연방 상원의원이 되어 뉴딜의 그늘에서 완전히 벗어나지 못한 아이젠하워 정부의 어정쩡한 외교 노선과 경제정책을 비판하면서 공화당의 한 희망으로 떠올랐습니다.[79] 특히 그는 1958년 상원의원에 다시 당선되고 얼마 후 자신의 정치적 소신을 담아 출간한 저서 「어느 보수주의자의 양심(*The Concience of a Conservative*)」[80]가 무려 350만부나 팔려나가면서 인기가 상한가를 쳤습니다. 그가 정치를 시작하면서부터 그러했지만 골드식수는 여기에서 연방정부의 방만한 예산과 비대한 권한에 반대했고 그로 인한 정부의 지나친 규제와 과세에도 강한 반대를 했습니다. 또한 골드식수는 소련을 중심으로 하는 공산주의 세력을 인정하는 것에 반대하여 철저한 반공 노선을 주장하여 공화당 보수 강경파로 우뚝 섰습니다. 이즘은 레이건은 GE의 홍보대변인으로 전국을 돌아다니면서 보수주의 가치의 소중함을 몸소 느끼고 있었습니다. 당시 레이건은 베스트셀러였던 골드워터의 책을 읽고 그의 정치이념에 완전히 매료되어 버렸습니다. 레이건은 케네디-존슨의 방만한 복지정책과 소련에 끌려다니기만 하는 외교정책을 끝낼 수 있는 사람은 골드워터 뿐이라고 확신했습니다.[81] 레이건은 골드워터를 당선시킬 수만 있다면 무엇이든지 할 수 있다고 생각했습니다. GE를 그만두고 골드워터를 돕기 위해 캘리포니아주 공화당 골드워터 지원본부 공동의장이 되었습니다.

대통령 후보를 선정하는 문제를 앞두고 공화당 내 골드워터에 강한 도전장을 던진 사람은 1960년 선거에서 닉슨과 경쟁했던 뉴욕주 주지사인 넬슨 록펠러였습니다. 그는 전설적인 부자인 존 록펠러의 손자로

---

79 골드워터는 아이젠하워 행정부를 '뉴딜정책의 구멍가게'라 비난했습니다.

80 Barry Goldwater, *The Conscience of a Conservative*(New York: Martino Fine Books, 2011), 이 책은 1960년에 출판되었습니다.

81 레이건은 프랭클린 루스벨트의 연설에서 연설하는 법을 배웠고 골드워터로부터 다소 막연했던 자신의 보수주의적 경제관과 외교안보관을 확립했습니다.

그의 최대무기는 막대한 자금력이었습니다. 어릴 때부터 부족함이 없었던 록펠러는 공화당에 속해 있었지만 여러 부분에서 민주당의 노선을 찬성하고 있었습니다. 특히 복지, 주거, 환경, 시민권, 교육 등에서 자유주의적이고 심지어 진보주의적인 가치를 표출했습니다. 강경파인 골드워터는 온건파인 록펠러에게 "동부 온건주의자들이 공화당을 민주당의 아류로 만들면서 당의 정체성을 훼손하고 있다"라고 비판했습니다.[82] 그런데도 가공할 정도의 자금력을 자랑하고 있었던 록펠러는 호락호락한 후보가 아니었습니다. 하지만 예비선거가 한창일 때 록펠러에게 여성문제가 불거져 나왔습니다. 록펠러는 첫 부인 메리와 이혼하고 자신보다 열다섯 살이나 적은 마가렛 머피와 재혼했는데 결혼한 지 얼마 지나지 않아 아이가 태어났습니다. 유력한 미국 대통령 후보가 혼전 부정행위를 저질렀다는 추문이 뒤따랐고 이런 상황에서 골드워터는 록펠러를 쉽게 물리칠 수 있었습니다. 공화당은 록펠러를 이기고 대통령 후보를 확정하는 전당대회를 캘리포니아주 샌프란시스코에서 개최했습니다. 바로 레이건이 골드워터 지원본부 공동의장으로 활동하던 캘리포니아주였습니다.

공화당 전당대회는 골드워터를 대통령 후보로 확정하는 관례로 치러졌지만 전당대회 내내 강경파와 온건파의 극단적인 대립이 난립했습니다. 강경파는 온건파를 '민주당의 아류'로 비판했지만, 온건파는 강경파를 '극단적 호전주의자'라 비판했습니다. 온건파는 분당을 생각했지만 분당보다 골드워터를 지지하지 않기로 했습니다. 그런 중에 골드워터는 대통령 후보 지명 수락 연설에서 다음과 같이 연설했습니다.

자유를 방어하기 위한 극단주의는 악이 아니며, 정의를 추구하는 데 온건

---

82 김윤중 지음, 「위대한 대통령 로널드 레이건 평전」, 73 재인용.

한 것은 미덕이 아닙니다.[83]

골드워터의 연설은 공화당 내 지지 후보의 낙선으로 위축된 온건파를 완전히 궁지로 몰아넣는 결과를 낳아 당내 단합을 크게 훼손시켰습니다. 골드워터는 당내 단합을 끌어내지 못한 것과 더불어 전 대통령인 아이젠하워의 지지도 얻지 못했습니다. 골드워터는 처음부터 출발이 신통치 않았지만 레이건은 대통령 후보를 성심성의로 도왔습니다. 골드워터의 정치철학이 너무나 좋았기 때문이었습니다. 본선에 들어서자마자 골드워터는 자신의 정치적 철학에 따라 현직 대통령으로 민주당 후보가 된 존슨에 대해 4가지를 집중적으로 공격했습니다. 첫째, 민주당의 정책적 핵심 기반이 되는 뉴딜 진보주의 정책, 둘째, 방대해지는 복지정책, 셋째, 소련에 끌려다니는 타협의 외교, 마지막으로 1964년의 민권법이었습니다.[84] 작은 정부를 실현하고 감세를 추진하고 힘에 의한 외교정책을 통해 베트남에 핵폭탄을 사용할 수 있어야 한다고 주장한 골드워터의 말은 상대 민주당의 공격과도 같이 호전적이었지만 미국 보수주의자들의 결집을 끌어내고 있었습니다. 하지만 존슨은 현직 대통령의 프레임과 아직 생명력이 살아 있는 시대정신으로 뉴딜 진보주의의 입각한 복지정책과 강력한 민권정책 추진으로 대통령 당선이 확실시되고 있었습니다. 특히 존슨은 여전히 인기가 살아 있는 케네디의 정책인 민권정책 추진을 위해 미네소타주 상원의원 휴버트 험프리를 부통령 후보로 지명하고 민권법을 서둘러 통과시키자 흑인 유권자들의 표를 획득할 수 있었습니다. 패배가 예상되었지만 레이건은 골드워터의 정치철학에 다시 한번 감동하고 자신의 보수주의적 철학의 기본을 철저하게 다듬었습니다. 그리고 본격적으로 골드워터를 지지하

---

83 Goldwater's 1964 Acceptance Speech(July 16, 1964).

84 흑인 유권자들은 전통적으로 공화당을 지지하고 있었지만 케네디-존슨을 잇는 민주당의 친 민권정책으로 공화당을 떠나 민주당을 지지하게 되었습니다.

는 연설을 하기 시작했습니다. 중저음의 바리톤 목소리를 가지고 오랫동안 다듬어진 연설 솜씨로 레이건은 민주당이 미국을 사회주의로 이끌어가고 있고, 정부가 너무 과도하게 팽창하고 비대해져 국민 개개인의 생활을 지나치게 간섭하고 있다고 주장했습니다. 레이건의 지지 연설에 골드워터의 인기가 상승하자 민주당은 골드워터를 극단적 보수주의자이자 호전적인 전쟁광으로 몰아세웠습니다. 동시에 존슨은 케네디의 선거 전략으로부터 배운 방법을 사용했는데 선거광고 '데이지 소녀(Daisy Girl)'를 통해 만약 골드워터가 당선되면 '핵전쟁이 일어날 수도 있다'라는 인상을 유권자들에게 강하게 심어주었습니다.

데이지 꽃잎을 떼며 10까지 수를 세는 천진난만한 어린 소녀의 10과 핵폭탄을 쏘기 위해 10부터 거꾸로 수를 세는 목소리가 굵은 남자의 1이 겹치면서 핵이 터지는 장면을 연출한 선거광고였습니다.[85]

선거광고의 효과는 실로 컸습니다. 미국 국민은 아직 핵전쟁을 경험해 보지 않았지만 케네디가 그토록 달성하고자 한 핵전쟁을 막고 세계 평화를 이룩하고자 노력한 것을 아직 잊지 않고 있었습니다. 소련과의 핵전쟁이 일어날 수도 있다는 민주당의 집요한 주장은 골드워터를 완전히 코너로 몰아갔습니다. 골드워터의 패배가 확실했지만 레이건은 선거를 얼마 앞두고 전국적으로 방송되는 NBC 텔레비전과 라디오에서 "선택의 시간(A Time for Choosing)"이라는 제목으로 지지 연설했습니다.

레이건의 지지 연설은 전체적인 면에서 골드워터의 정치철학을 기반으로 하고 있지만 몇 가지 점에서 확연히 달랐습니다. 우선 레이건은 민감한 민권법에 대해서는 말하지 않았습니다. 또한 복지정책에서 골

---

85 "Daisy Girl" Rare 1964 Lyndon Johnson Political Advertisement(September 7, 1964), 김윤중 지음, 「위대한 대통령 로널드 레이건 평전」, 77 재인용.

드워터와 달리 정확한 증거와 원칙을 제공했습니다. 복지비용을 받지 않아도 되는 사람을 구체적으로 들면서 노인과 장애인 등의 절대적으로 복지비용을 받아야 할 사람들의 복지비는 오히려 더 높여야 한다고 주장했습니다. 더불어 레이건은 골드워터의 주장과 같이 국내적으로는 작고 효율적인 정부, 감세정책, 국민 개개인의 자유 확대를 주장했고 국외적으로는 힘에 바탕을 둔 강력한 외교를 주장했습니다. 연설 이후 레이건은 일약 새로운 정치 스타로 부상했습니다. 주요 선거에서 공화당의 연이은 패배에 의기소침했던 공화당 지도부에게 레이건의 등장은 암흑의 망망대해에 등대를 만난 경우와 같았습니다.

그 후 레이건은 한결같은 보수적인 가치로 캘리포니아주 주지사가 되고 대통령이 되었습니다. 레이건은 보수적인 가치야말로 미국적인 정통이고 미국적인 가치라고 생각했습니다. 레이건은 이를 통해 위축되어가던 미국경제에 다시 생기를 불어넣었습니다. 레이건은 이를 통해 냉전과 데탕트를 오가는 절름발이와 같은 세계평화를 힘의 외교를 통해 진정한 세계평화를 이루었습니다. 세금을 줄이는데 경제가 번영한다는 것을 부두교와 같다고 비판했지만 레이건의 생각은 달랐습니다. 세금을 줄여 개인과 기업에 자유로운 경제활동을 보장하면 그만큼 경제가 활성화되고 결과적으로 더 많은 세금이 거두어져 국가가 번영하다는 혁신적인 생각이었습니다. 누구도 소련과 핵무기 경쟁체제를 벗어나는 것을 생각하지 않았지만 레이건은 베를린 장벽을 무너뜨리면 냉전이 종결될 수 있다고 확신했습니다. 레이건의 아무도 생각하지 않았던 말 - 고르바초프 선생! 이 문을 여시오! 고르바초프 선생! 이 장벽을 허물어버리시오![86] - 은 혁신 중의 혁신이었습니다. 그것은 세계의 운명을 바꾼 혁신이었습니다.

---

86 Ronald Reagan's Tear down this Wall(June 12.1987).

어떤 손해를 보더라도 레이건의 용기 있는 행동

로널드 레이건의 꿈과 행동, "자유를 방어하기 위한 강한 힘은 악이 아닙니다."

오랫동안 민주당원이었던 레이건이 공화당원으로 당적을 옮기게 된 계기는 여러 가지가 있습니다. 먼저 그가 공화당 대통령 후보였던 골드워터의 책 「어느 보수주의자의 양심」을 읽고 깊게 감명받았기 때문입니다. 그동안 다소 혼란스러웠던 레이건은 골드워터가 말하는 두 가지 측면 – 하나는 뉴딜 자유주의자들에 의해 정부가 너무 방대하게 되었기 때문에 세금과 복지비용을 줄여 작은 정부를 만들어 내야 한다는 것, 다른 하나는 외교정책에 있어 미국은 너무나 온건 노선을 추구해서 소련에 끌려다니기 때문에 힘에 의한 강경 외교가 필요하다는 것 – 에서 더욱 명확하게 자신의 정치이념을 확립하게 되었습니다. 1964년 대통령 선거를 전후하여 공화당으로 당적을 바꾸고 나서부터 레이건은 평생을 건실한 공화당원으로 확고한 보수주의자로 살았습니다.[87]

이미 살펴본 바와 같이 캘리포니아 주지사로 그리고 두 번에 걸친 대통령으로 레이건은 정부예산을 삭감하고, 세금을 인하하고, 복지비

---

[87] 레이건은 골드워터가 대통령 후보가 되자 그를 지지하는 연설로 정치활동을 전개했습니다. 레이건은 골드워터가 후보지명 수락 연설에서 말한 "자유를 방어하기 위한 극단주의는 악이 아니며 … 정의를 추구하기 위한 온건주의는 미덕이 아닙니다"라는 말에 깊은 감명을 받았습니다.

용을 줄이는 작은 정부를 추구했습니다. 초기에는 그 효과가 크지 않아 비판을 받았지만 궁극적으로 레이건의 경제정책 - 레이거노믹스 - 은 인플레이션을 줄이고, 일자리를 늘리는 결과를 가져오게 했습니다. 대외정책에도 레이건은 골드워터의 정치이념을 수용·발전시켰습니다. 대통령이 되기 이전에도 한결같았지만, 대통령이 되고 난 후 특히 레이건은 얄타회담 이후 소련의 간악한 지도자들 - 스탈린, 흐루시초프, 브레즈네프, 안드로포프, 체르넨코 - 의 속임수에 넘어가 미국이 소련에 너무나 유약하게 대처하였고 그 결과 냉정과 데탕트의 희생자가 되었다고 주장했습니다. 레이건은 대통령이 되기 전에 일어난 국제적인 사건들 - 베트남전쟁에서의 패배, 소련의 아프가니스탄 침공, 그리고 이란 인질 사건 등 - 은 모두 그동안의 미국 대통령들이 소련에 강력하게 대처하지 못한 결과 미국의 국제적 위신이 추락한 것이라 주장했습니다. 1980년 대통령에 출마하면서 레이건은 미국이 강한 힘이 있어야만 국제적 위신을 다시 세우고 가장 큰 적인 소련을 굴복시켜 안정되고 평화로운 세상을 만들 수 있을 것이라 주장했습니다.

대통령 선거전을 시작하면서 레이건의 이런 주장에 대해 상대 후보이자 현직 대통령 지미 카터는 "레이건은 우리나라를 전쟁으로 끌고 갈 것이다"라고 소리 높여 외쳤습니다. 사실 처음 선거전에 뛰어들 때는 인플레이션과 높은 실업률 등의 원인으로 레이건이 카터를 30%나 앞선 지지율을 보였으나 종국에 가서는 레이건이 핵폭탄 버튼을 누를 것이라는 카터의 주장으로 지지율이 거의 비슷하게 되었습니다. 이러한 지지율의 변화에 아내 낸시와 레이건의 참모들은 자신들의 보스가 결코 전쟁 도발자가 아니라고 강변했습니다. 하지만 정작 레이건은 카터의 공격에 조금도 흔들리지 않았습니다. 그는 민주당의 케네디와 존슨이 소련에 대한 지나친 양보로 미국의 핵 우위를 갉아먹어 결국 후세대로 하여금 항복이냐 죽음이냐 하는 냉엄한 선택을 강요받도록 했다고 주장했습니다. 나아가 레이건은 같은 공화당의 닉슨과 포드와 그들의 국무장관인 헨리 키신저가 소련에 너무나 유화적이어서 미국을 소련 다음가는 나라로 만들었다고 주장했습니다. 대통령 선거 초기인 1979년 12월에 소련이 아프가니스탄을 침공하는 일이 일어나자 카터는 시종일관 소련을 강력히 비판하는 레이건의 주장을 어느 정도 인정했습니다.

하지만 대통령 선거 막바지에 이르러 카터는 레이건의 대소 강경노선에 대한 포문을 다시 열었습니다. 1980년 10월 28일 선거를 며칠 앞두고 처음이자 마지막인 텔레비전 토론회에서 카터는 "무기 경쟁을 계속하겠다는 레이건의 과격한 의도는 트루먼 이래 모든 대통령의 외교정책을 위반하는 것"이라고 주장했습니다. 나아가 카터는 자신의 열세 살이 된 딸 에이미가 이번 선거에서 가장 중요한 이슈는 '핵무기'라고 말했다고 주장했습니다. 이 말에 관중석에서 여러 사람이 웃었지만 카터는 일부러 유권자들에게 이 말을 해서 1964년의 선거전을 기억하게 했던 것으로 보입니다. 당시 극단적 보수주의자인 공화당 대통령 후보 골드워터가 현직 대통령 존슨을 치고 나오자 존슨 측은 이른바 '데이지 소녀'라는 텔레비전 광고를 내보냈습니다. 에이미는 데이지를 많이 닮았고 데이지가 숫자를 세는 동안 수소폭탄이 터지는 광고 장면을 다시 생각나게 해서 레이건을 공격하고자 했던 것입니다. 하지만 카터의 이런 공격에 레이건은 조금도 당황하지 않고 카메라를 똑바로 보면서 "저는 평생 4번의 전쟁을 겪었고 여러 아들을 둔 아버지입니다. 저는 결코 폭탄을 투하하는 사람이 아닙니다"라고 주장했습니다. 레이건은 "자신은 결코 군사력을 함부로 사용하지 않을 것이고, 모든 방법이 실패로 돌아간 다음에 최후 수단으로 군사력을 사용할 것"이라고 주장하면서 그것도 "미국의 국가안보와 관련이 있을 때만 군사력을 사용할 것"이라 주장했습니다.[88]

---

88 Carter and Reagon 1980 Presidential Debate(October 28, 1980).

    카터는 레이건의 군사적 강경노선으로 인한 핵전쟁의 위험을 지적했음에도 불구하고 유권자들은 서툰 토론 솜씨와 이란 인질 구출 작전 실패 등으로 레이건을 대통령으로 선출했습니다. 이제 대통령이 된 레이건은 자신의 꿈과 목표를 행동으로 실천할 수가 있었습니다. 하지만 이번에는 공화당 내 보수주의자가 레이건의 강경노선에 대해 간섭했습니다. 특히 리처드 닉슨은 그동안 레이건의 강경노선을 탐탁지 않게 여기며 외교와 안보문제에 주제넘게 나섰습니다. 사실 주지사 때 레이건은 종종 닉슨 대통령에게 전화를 걸어 닉슨 행정부의 데탕트 외교정책에 대해 염려했습니다.[89] 특히 1971년에 미국의 절대적인 영향력 아래 있었던 UN이 공산주의 국가인 중공(중국)을 안전보장이사회 상임이사국으로 받아들이는 대신에 중화민국(타이완)을 추방하자[90] 레이건은 몹시도 화를 내며 닉슨에게 제발 그 인민재판에서 빠져나오라고 간청했습니다. 레이건은 "그러면 그 건달들(소련과 중공 공산주의)에게 메시지를 주게 될 것입니다"라고 주장했습니다. 레이건의 주장은 진심에서 우러나온 말이었습니다. 하지만 닉슨은 레이건의 주장이 터무니없는 것으로 생각하고 "분명히 그럴 것입니다"라고 말하면서 무시해버렸습니다. 그것으로 끝이었습니다. 이 일로 인하여 닉슨은 레이건을 극단적 우익 시골뜨기에 지나지 않는다고 생각했고 자주 측근들에게 "그 전직 배우의 옆에 있기가 불편합니다"라고 말했습니다. 닉슨은 1976년 공화당 대통령 후보 경선에도 은밀히 관여하여 자신을 사면해 준 포드 대통령이 레이건을 누르기를 원했습니다. 닉슨은 포드 대통령의 비서실장인 딕 체니에게 "레이건은 심각하게 고려해서는 안 될 경량급에 지

---

89 닉슨은 정치를 시작하면서 철저한 반공주의자로 출발했습니다. 하지만 대통령이 되면서 닉슨은 소련과의 강경한 냉전 상태를 버리고 온건한 데탕트 정책을 선호했습니다. 닉슨은 반공주의자임에도 불구하고 공산국가인 소련과 중국과 잘 지낸 이른바 '핑퐁외교'를 시행했습니다.

90 애당초 미국, 영국, 프랑스, 소련, 중화민국이 5개 상임이사국이었는데 1971년 유엔 총회결의 제2728호의 결의로 중화민국 대신 중국 인민공화국(중공, 중국)이 상임이사국이 되었습니다. 또한 1991년 소련의 붕괴로 러시아가 소련을 대신했습니다.

국민을 행복하게 만든 대통령들

나지 않습니다"라고 말했습니다.[91]

하지만 레이건이 대통령에 당선된 상태에서 닉슨은 레이건의 외교 정책에 관여하여 지난 워터게이트 사건으로 추방당한 자신의 불명예를 씻어보고자 했습니다. 닉슨은 1980년 러시아 혁명 63주년 기념행사가 열리는 워싱턴에 있는 소련 대사관에 나타났습니다. 닉슨은 소련대사인 아나톨리 도브리닌에게 접근하여 자신이 새 대통령 당선인과 친밀한 유대관계가 있다고 자랑했습니다. 그러면서 닉슨은 "레이건도 자신과 마찬가지로 반공주의자이기는 하지만 동시에 실용주의자이기 때문에 크레믈린에 손을 내밀 필요성을 느낄 것"이라고 말했습니다. 주제넘게도 닉슨은 스스로 레이건 행정부의 대소련 중재자로 나서면서 자신을 통해야만 레이건과 협력을 할 수 있다고 은근히 암시했습니다. 그러면서 닉슨은 레이건 행정부의 외교수장에 워터게이트 사건 때 자신의 비서실장으로 데탕트 정책을 주도한 알렉산더 헤이그를 추천했습니다.[92] 닉슨은 다각도의 로비를 통해 결국 헤이그를 레이건 행정부의 국무장관에 발탁되도록 했습니다. 외교뿐만 아니라 안보 전반에 걸친 문제를 담당하는 수장을 자신의 사람으로 만든 닉슨은 서투르고 초보적인 레이건이 자신의 말을 적극적으로 수용할 것이라 믿었습니다. 그래서 닉슨은 때로는 헤이그를 통해 때로는 자신이 직접 나서서 레이건의 외교 노선을 관리하겠다고 나섰습니다. 닉슨은 레이건이 결국 강경노선을 버리고 자신처럼 데탕트 정책을 펼칠 것이라 믿었습니다.

그러나 레이건은 닉슨이 생각하는 것처럼 그렇게 경량급도 아니었습니다. 레이건은 정치를 시작하면서부터 생각했던 '냉전과 데탕트의

---

91 정상환 옮김, 「대통령의 리더십」, 427 재정리, 당시 닉슨은 워터게이트 사건으로 대통령직에서 사임하고 바로 자신의 부통령이자 후임 대통령인 포드에 의해 사임을 받은 상태에 있었습니다. 일반 사람들이면 자숙하고 조용히 지내는 것이 상식이었지만 위선적인 닉슨은 그렇지 못했습니다.

92 정상환 옮김, 「대통령의 리더십」, 428 재정리, 닉슨은 헤이그를 국무장관에 추천하면서 "헤이그는 내가 알았던 가장 능력 있고 강하며 야심 있는 사람입니다. 그는 위대한 국무장관이 될 것입니다"라고 칭찬했습니다.

무용론'을 굳게 믿으며 이를 행동으로 옮길 준비를 했습니다. 레이건은 이른바 데탕트는 '핵 억제 이론(nuclear deterrence)'에 기반을 둔 것으로 미국과 소련이 핵 공격 및 방어 능력 면에서 팽팽한 균형을 이루고 있는 상태에서 작용한다고 믿었습니다. 그래서 레이건은 데탕트는 결국 자칫 잘못하여 어느 쪽이든 핵 공격을 가하면 공격한 쪽도 반드시 똑같은 손해를 입어 양측 모두 확실한 파괴를 가져오게 만드는 이른바 '미친(MAD, Mutual Assured Destruction)' 이론이라 생각했습니다. 레이건은 그동안 소련이 주도하고 미국이 끌려다닌 이러한 데탕트 정책이 냉전을 더욱 고착화했다고 확신했습니다. 레이건은 냉전을 종식하기 위해서는 데탕트를 그만두어야 한다고 생각했습니다. 1981년 1월 레이건은 취임 첫 기자회견에서 데탕트에 대한 견해를 다음과 같이 피력했습니다.

> 이때까지 데탕트는 소련이 그 목표를 추구하는 일방통행로였습니다. … 저는 언제나 소련과 협상할 준비가 되어 있지만 그들은 범죄를 저지르고, 거짓말하며, 세계적인 공산주의 국가를 추구합니다. … 그래서 이 냉전에서 우리가 이기고, 그들이 지는 것이 제 생각입니다.[93]

이미 예견된 것이지만 닉슨이 추천한 새 행정부의 국무장관에 임명된 헤이그는 레이건의 외교정책을 강하게 비판했습니다. 그는 레이건의 기자회견을 "비외교적인 표현으로 가득하다"라고 주장했습니다. 장관에 임명된 지 1년이 지난 시점에 헤이그는 레이건 행정부의 외교정책은 명백하지도 않고 일관적이지도 않다고 비판하고 장관직을 사임했습니다. 그리고 그는 2년 후 자신의 저서 「경고: 현실주의, 레이건과

---

93 President Reagan: First Press Conference(January 29, 1981), 레이건은 대통령이 되자마자 워싱턴 주재 소련대사인 도브리닌이 백악관에 정치 없이 출입하는 것을 금지했습니다. 소련은 여러 경로를 통해 레이건에게 항의했고 레이건은 "아마도 그들에게 메시지가 전달되었을 것입니다"라고 대답했습니다.

외교정책(*Caveat: Realism Reagon and Foreign Policy*)」에서 레이건 행정부의 외교진용은 아마추어 외교관들이 주류를 이루고 있다고 경고했습니다. 하지만 레이건은 닉슨은 물론 헤이그와 여러 언론의 비판에도 불구하고 냉전과 데탕트에 대한 자신의 소신을 굽히지 않았습니다. 레이건 대통령의 소련에 대한 새로운 관계 정립이 이루지 않을 수가 없었고 그것은 다음과 같이 요약할 수 있습니다.

첫째, 소련과 공존을 받아들일 수 없다고 주장했습니다. 레이건은 공산주의자들은 인류역사상 최악의 인권유린 집단이고, 소비에트 정권은 정통성이 없는 정권인데 어떻게 소련을 미국과 대등한 나라로 취급할 수 있느냐고 생각했습니다.

둘째, 소련이 존중하는 것은 오로지 힘이므로 소련을 믿을 수 없다고 주장했습니다. 레이건은 냉전 역사에서 소련은 미국과 약속을 쉽게 위반하고 심지어는 속이기까지 했다고 주장했습니다.

셋째, 핵무기에 의한 인류 종말의 역사는 상상 속에서만 가능한 것이 아니라 현실 속에서도 얼마든지 가능하다고 보았습니다. 레이건은 '상호 간의 확실한 파괴' 이론에 미국과 미국 국민과 나아가 인류의 안전을 맡긴다는 것은 참으로 무책임한 일이기 때문에 그것은 내가 들어본 것 중 가장 정신 나간 소리에 불과한 것이라 주장했습니다.

넷째, 데탕트는 유화정책에 불과하고 그것은 진정한 평화를 달성하는 데 실패했다고 주장했습니다.[94]

취임한 지 70일이 지나는 시점에 레이건은 정신 이상자가 쏜 총에 의해 거의 죽음 직전까지 갔습니다. 죽음으로부터 살아난 레이건은 하나님이 자신을 특별한 일을 하도록 살려두었다고 믿었습니다. 레이건은 그 특별한 일이 핵무기를 줄여 전쟁의 위험을 없애고 진정한 세계 평화를 이루는 것이라 생각했습니다. 레이건은 소련 지도자인 브레즈

---

94 최병구, 「레이건의 리더십」, 74-77.

네프와 핵무기 없는 세상을 만들기 위해 진정으로 회담하기를 원했습니다. 하지만 브레즈네프는 레이건의 강경외교를 강하게 비판하면서 회담 제의를 거절했습니다.

1982년 여름이 되면서 레이건은 연방 예산은 줄이면서도 국방비 예산은 증대하여 힘에 의한 외교를 통해 소련의 핵 위험에 도전하려 했습니다. 하지만 국내는 물론 해외에서도 데탕트를 무시한 레이건의 강경외교에 우려를 나타내고 강하게 반대했습니다. 그해 6월 뉴욕 맨해튼에서 100만 명이 넘는 인파가 모여 '핵무기 반대'와 '동결'을 외쳤습니다. 「뉴욕 타임스」는 이 시위를 "미국 역사상 최대의 정치 시위"로 보도했습니다.[95] 그러나 레이건은 이에 신경 쓰지 않고 자신의 정책을 계속 추진하고자 했습니다. 결국 레이건의 강경노선으로 인해 그해 11월에 있었던 중간선거에서 공화당이 패배했습니다. 공화당은 상원과 하원, 그리고 주지사 선거에서 모두 민주당 후보에게 패배하는 결과를 가져왔고 레이건의 지지율 역시 41%로 떨어졌습니다. 누구보다도 여론조사에 민감했던 레이건은 선거 결과에도 불구하고 자신의 의지를 꺾지 않았습니다. 핵무기 동결 운동에 대해서 레이건은 자신도 핵전쟁을 바라지 않으며 실질적이고 증명 가능한 감축 협상 이후에 동결할 것이라고 말했습니다.

그런 가운데 1982년 11월 11일 목요일 늦은 밤에 레이건은 브레즈네프가 사망했다는 소식에 잠에서 깨어났습니다. 새로운 국무장관 조지 슐츠[96]가 전화로 이 소식을 전하면서 대통령이 직접 대규모 조문단을 데리고 가서 새로운 소련 지도자인 유리 안드로포프와 대화를 시작하라고 조언했습니다. 하지만 레이건의 생각은 달랐습니다. 레이건은

---

95 *New York Times*(June 13, 1982).

96 슐츠는 국무장관에 임명된 후 전임 헤이그와 달리 철저하리만큼 레이건의 외교 노선에 발맞추어 핵무기 감축과 소련 개방, 나아가 동유럽 개방 등을 이끌어 냉전 종식의 밑그림을 그리는 데 이바지했습니다. 그는 1920년 12월생으로 가장 장수한 역대 장관입니다. 슐츠는 2021년 2월 6일 사망했습니다.

적대적이었던 브레즈네프에게 그런 경의는 '위선적'이라 생각하고 부시 부통령이 가는 것이 좋을 것 같다고 말했습니다. 그 대신 레이건은 워싱턴의 소련 대사관에서 조문했습니다. 그 후 해가 바뀌고 레이건은 소련대사 도브리닌을 백악관으로 불러 정식으로 인사를 나누며 "소련 사람들이 나를 미친 전쟁 선동가로 치부하겠지만 내가 기꺼이 협상할 준비가 되어 있다는 사실을 안드로포프가 이해해주기를 원한다"라고 말했습니다. 그러나 아무런 진전이 없었습니다. 3월 8일 레이건은 플로리다에서 소련을 "악의 제국"이라 칭하고 소련을 압박했습니다. 그리고 얼마 후 3월 23일 레이건은 그동안 과학자들과 수많은 논의 끝에 결론 내린 이른바 '전략방위구상'을 발표했습니다.[97] 레이건은 이것은 소련의 미사일이 미국에 도달하기 전에 중간에서 낚아채 파괴할 수 있는 기술로 이를 개발하기 위해 약 170조 달러가 들어간다고 발표했습니다.

> 만약 과학자들이 미사일 방어용 방패 물을 만들 수 있다면 내가 증오하던 핵무기를 쓸모없는 것으로 만들고 핵무기로 무장한 외국의 미친놈으로부터 미국인들을 보호하게 될 것입니다.[98]

계획이 발표되자 그 사실을 모르고 있었던 국무장관 슐츠와 국방장관 와이버그까지 놀라지 않을 수가 없었습니다. 슐츠는 처음에 대통령의 생각을 '미친 짓'이라고 말했지만 이내 레이건의 생각에 동의했습니다. 하지만 수많은 비판가는 SDI를 '별들의 전쟁'이라 조롱하면서 막대한 비용이 들어가고 효과가 없는 '경망스러운 계획'이라 비판했습니다. 물론 가장 큰 충격을 받은 측은 소련이었습니다. 오랫동안 수련 정보기

---

[97] 레이건의 생각은 단순했습니다. 화살을 막기 위해 방패가 만들어졌듯이 미사일을 방어하기 위한 시스템도 가능한 것이 아닌가 하는 상상력에서 출발했습니다.

[98] President Reagon's SDI Speech(march 23, 1983).

관인 KGB의 수장이었던 안드로포프는 미국의 과학기술이 소련을 능가하고 있어서 레이건의 SDI 계획은 헛소리가 아니라는 것을 알았습니다. 안드로포프는 유럽과 태평양에서 미국의 군사훈련이 강화되고 있는 것을 확인하고 레이건이 전 세계를 위험에 몰아넣고 있다고 경고했습니다. 또한 그는 미국의 기습공격에 대비하여 전 세계적으로 조기경보체제를 강화했습니다. 소련의 반응에 국무장관 슐츠가 지금은 어느 때보다 소련 최고 지도자와 만나는 것이 필요하다고 말하자 레이건은 안드로포프를 워싱턴으로 초대하기로 했습니다. 하지만 9월 1일 소련 전투기가 대한항공 007기를 격추해 승객과 승무원 269명 전원이 사망하는 사건이 발생했습니다. 레이건은 "대한항공 참사는 소련이 세계를 상대로 도발한 것"이라 비난했습니다. 이에 안드로포프는 "격추된 비행기는 미국의 스파이 비행기"라고 반박했습니다. 결국 소련과 미국 사이에서 오갔던 정상회담 개최 논의는 교착상태에 빠지게 되었습니다.

1983년 연말이 다가오고 레이건의 재선 문제가 제기되자 낸시는 보좌관에게 남편의 재선에 무엇이 가장 큰 걸림돌인지를 물었습니다. 보좌관들은 하나같이 "커지는 소련과의 전쟁에 대한 두려움"이라고 말했습니다. 이에 누구보다도 레이건 부부와 가깝게 지내고 있는 비서관 마이클 디버와 낸시는 레이건을 설득하여 미국과 소련의 역사의 전환점을 예고하는 텔레비전 연설을 하기로 했습니다. 레이건은 그해 크리스마스 전에 연설하기로 했지만 낸시의 조언[99]으로 1984년 1월 16일에 다음과 같이 말했습니다.

그동안 미국은 많은 발전을 이루었습니다. 소련은 계속해서 미국이 약화하기를 기대해 왔기 때문에, 미국이 핵전쟁의 위험을 증가시키고 있다고 비난해 왔습니다. 그러나 실제로는 크레믈린이 미국의 힘을 과소평가하거나 우

---

99 퍼스트레이디 낸시는 1981년 레이건 암살사건 이후 점성술에 의존하면서 남편의 일정을 관리했습니다.

리의 단호함에 의문을 가질 수 없게 되어 세상은 더욱 안전해졌습니다. 그렇습니다. 우리는 지금 안전합니다. 그러나 우리의 회복된 억지력으로 '세상이 더욱 안전하게 되었다고 말하는 것은 그것이 아주 안전하다'라고 말하는 것이 아닙니다. 지금도 우리는 세계의 많은 지역에서 비극적인 갈등을 목격하고 있습니다. … 억지력은 평화를 유지하고 우리의 삶의 방식을 보호하는 데 필수적이지만 억지력은 소련에 대한 우리의 정책의 시작과 끝이 아닙니다. 우리는 가능한 진지하고 건설적인 대화로 소련을 관여시켜야 합니다. 세계의 곤경에 처한 지역에서 평화를 증진하고, 무기의 수준을 줄이고, 건설적인 협력 관계를 구축하는 데 도움이 될 대화 말입니다.

이제 이전의 적들은 우리의 가장 건실한 친구 중 하나입니다. 우리는 소련 지도자들이 우리의 도전에 어떻게 대응할 것인지 예측할 수 없습니다. 그렇지만 양 국가의 국민은 모든 인류에게 핵전쟁의 위험을 없애겠다는 꿈을 공유하고 있습니다. 이것은 불가능한 꿈은 아닙니다. 위험을 제거하는 것이 우리 모두에게 중요한 관심사이기 때문입니다. 우리 두 나라는 서로 싸운 적이 없습니다. 또 우리가 싸울 이유도 없습니다. 사실 우리는 제2차 세계대전에서 공동의 적과 싸웠습니다. 오늘날 우리의 공통된 적들은 빈곤, 질병, 그리고 무엇보다 전쟁입니다. … 사람들은 두려움과 전쟁이 없는 세상에서 자녀를 키우고 싶어 합니다. 소련 정부가 평화를 원한다면 평화가 있을 것입니다. 우리는 함께 평화를 강화할 수 있습니다. 우리는 함께 무기의 수준을 낮출 수 있습니다. 우리는 세상 모든 곳에 모든 사람의 꿈과 희망을 이루도록 하는데 어떤 일을 할 수 있다는 것을 알 수 있습니다. 이제 시작하겠습니다.[100]

이번 연설에서 레이건은 의도적으로 '악의 제국'과 같은 소련사람들을 기분 나쁘게 하는 말은 하지 않았습니다. 그런데도 소련의 반응은 냉담했습니다. 안드로포프는 레이건에게 다음과 같은 편지를 보냈습니다.

대통령님! 우리 솔직해집시다. 아무 일도 없었던 것처럼 보이게 할 방법은 전혀 없습니다. 긴장이 위험할 정도로 고조되었습니다.[101]

소련이 아직은 레이건과 대화할 용의가 없음을 나타낸 말이었습니다. 레이건은 소련이 다가오는 선거에서 강경한 자신이 떨어지고 보다 유순한 사람이 대통령이 되기를 기대하며 시간을 끄는 것으로 여겨졌습니다. 그런데 얼마 지나지 않은 2월 9일에 안드로포프가 갑자기 사망했습니다. 이번에도 국무장관 슐츠가 대통령에게 장례식 참석을 건의했습니다. 하지만 레이건은 "저는 그 멍청이에게 경의를 표할 생각이 없습니다"라고 잘라 말했습니다. 그리고 레이건은 부통령 부시를 보내 새로운 서기장 콘스탄틴 체르넨코에게 두 나라 정상이 만나 협상할 수 있다는 것을 알려주라고 말했습니다. 하지만 체르넨코 역시 묵묵부답이었습니다. 아니 체르넨코가 대답을 하지 않았다기보다 그가 몸이 너무 불편하여 말조차 할 수 없는 상태에 있었습니다.

선거가 다가오고 있고 민주당 대통령 후보로 확정된 월터 먼데일은 선거운동에서 유권자들에게 "대통령의 스타워즈 계획은 냉전을 하늘로 확대한 것"이라고 광고했습니다.[102] 하지만 먼데일의 지지율은 좀처럼 상승하지 않자 이번에는 레이건이 허버트 후버 대통령 이후 소련의 상대방을 만나지 않은 유일한 대통령이라고 비난했습니다. 이에 레이건의 참모들은 체르넨코를 만날 수 없어서 약 27년 동안이나 소련의 외무장관을 지내고 있는 안드레이 그레미코를 백악관으로 초대하기로 했습니다. 선거를 한 달 남짓 앞둔 9월 28일에 레이건은 그로미코를 백악관에서 만났습니다. 아직 더위가 채가시지 않은 날씨인데도 불구하고 레이건은 백악관 대통령 직무실 벽난로 앞에서 그로미코와 대화하

101 정상환 옮김, 「대통령의 리더십」, 448 재인용.
102 Walter Mondale TV Ad: "Arms Control".

는 사진을 내보냈습니다.[103] 텔레비전 토론회에서 먼데일은 레이건이 토론회에서 말을 더듬거리자 "대통령이 되기에는 너무 늙었다고 생각하지 않으냐"라고 질문했습니다. 이에 레이건은 '그러는 당시도 적은 나이가 아닙니다'와 같은 직설적인 공격으로 대응한 것이 아니라 조금도 당황하지 않고 "이번 선거에서 정치적 목적을 위해 상대의 나이 어림과 무경험을 이용하지 않을 것"이라고 대답했습니다. 후에 먼데일은 "레이건의 촌철살인과 같은 순발력 있는 농담 때문에 선거에서 질 수밖에 없었다"라고 고백했습니다.

재선에 성공한 레이건은 이제야말로 자신이 꿈꾸었던 진정한 세계 평화를 위한 길을 모색할 수 있으리라 생각했습니다. 레이건은 소련과 정상 간의 대화할 기회가 언제라도 빨리 오기를 기대했지만 체르넨코가 살아 있는 동안 어렵다는 것을 알았습니다. 레이건은 너무나 추운 날씨 때문에 의회에서 간단한 취임식을 마쳤습니다. 새로운 정국 구상을 하는 중에 1월 28일 야심 차게 추진하던 우주왕복선 '챌린저호'가 발사 1분 만에 폭발하는 사고가 발생했습니다. 그날 밤 레이건은 "우리는 우주 계획을 숨기지 않습니다. 우리는 비밀을 가지려 하지도 않고 그 어떠한 것도 숨기지 않습니다. 우리는 모든 일을 공개합니다. 그것이 자유의 방식이고 우리는 잠시만이라도 그것을 바꾸지 않을 것입니다. 우리는 우주 탐험을 계속할 것입니다"라는 내용으로 희생자에 대한 추도와 대국민 위로 방송을 했습니다. 소련과 새로운 대화를 모색하던 중 3월 10일 최고 지도자 체르넨코가 사망했습니다. 소련에는 '크레플린의 황태자'로 불리는 쉰세 살의 마하엘 고르바초프가 새로운 지도자가 되었습니다. 레이건은 고르바초프가 지금까지 다른 소련 지도자

103　Ronald Reagan And The Soviet Foreign Minister Andrei Gromyko(September 8, 1984), 그레미코는 낸시 레이건의 영향력을 알고 있었고 만찬장에서 낸시에게 다가가 매일 밤 대통령에게 '평화'라고 속삭여달라고 요청하자, 낸시는 "그러시어요. 지금은 당신의 귀에도 속삭이겠습니다. 평화!"라고 말했습니다. 정상환 옮김, 「대통령의 리더십」, 450-451.

와 다른 사람이라고 말한 부통령 부시와 영국 총리 대처의 말에 레이건은 그와의 협상을 크게 기대했습니다. 곧바로 레이건은 슐츠에게 소련과 정상회담을 추진하도록 지시했습니다. 고르바초프는 아무런 조건도 제시하지 않고 중립국인 스위스 제네바에서 만나기로 동의했습니다.

레이건은 평소 자신의 인생 여정에서 그러했듯이 고르바초프와의 협상 준비를 철저하게 준비했습니다. 그는 '소련 101'이라는 특별 프로그램에서 소련과 고르바초프를 주제로 공부했습니다.[104] 제네바로 떠나기 전 레이건은 특별 프로그램에 참여한 사람으로부터 고르바초프를 만날 때 특기인 연기 기술을 잘 활용하라는 조언을 받았습니다. 1985년 11월 레이건은 그토록 고대했던 소련 최고 지도자와의 정상회담을 했습니다. 레이건은 거창한 의전 같은 것보다 효율을 더욱 높이했는데 고르바초프도 자신과 같은 생각이라는 것을 매우 기뻐했습니다. 두 정상은 호숫가를 걷기도 하고 편안한 곳에서 격식이 없이 만나 대화를 했습니다.

레이건은 고르바초프의 눈을 들여다보면서 "핵무기를 줄이든가, 아니면 새로운 무기를 경쟁해도 좋습니다. 만약 후자라면 저는 소련이 이기게 내버려둘 리가 없습니다"라고 말했습니다. 레이건의 협박과도 같은 단도직입적인 말에 고르바초프는 비서에게 "내가 거친 친구를 만났어. 공룡을 만났어!"라고 말했습니다. 몇 번의 농담이 오갔고 고르바초프는 레이건이 예견한 대로 SDI 문제를 꺼내면서 "소련의 과학자들은 어떤 방패도 뚫을 것이라고 말합니다. 소련은 당신의 방패를 부수기 위해 힘을 쏟을 것입니다"라고 말했습니다. 이에 레이건은 "미국인들이

---

104 레이건은 당시 유행하던 소련 풍자 조크를 하나 배웠습니다. 어느 러시아 사람이 여비서에게 옷을 벗으라고 지시했습니다. 그녀는 그에게 섹스를 원한다면 문을 닫는 것이 좋겠다고 말했습니다. 그러자 보스가 여비서에게 고르바초프의 금주 캠페인을 언급하면서 "안 돼, 우리가 술 마신다고 생각할 거야!"라고 말했습니다.

소련의 미사일이 우리나라의 모든 것을 날려버리지 못하도록 요구하고 있습니다"라고 응수했습니다. 다음 날 SDI 계획의 폐기를 주장하는 고르바초프에게 레이건은 "먼저 양쪽의 핵무기를 각각 반으로 줄이고 나서 SDI를 배치할지 결정할 수 있을 것"이라고 말했습니다. 이에 고르바초프는 자신을 얼간이로 취급하지 말라고 요구했습니다. 첫 회담은 그것으로 끝이었습니다. 두 정상은 한 번은 워싱턴에서 또 한 번은 모스크바에서 다시 만나자고 약속했습니다. 회담을 마치고 의회에서 결과를 보고했을 때 의원들의 박수와 환호가 그칠 줄을 몰랐습니다. 레이건은 저격당한 후 돌아왔을 때보다 더 큰 환호와 박수였다고 기록했습니다.

　1986년이 되고 워싱턴에서 개최하기로 한 정상회담이 소련의 체르노빌에서 일어난 원전사고와 뒤처리 문제로 계속 미루어지고 있었습니다. 사고의 심각성을 알게 된 레이건은 고르바초프에게 "미국의 전문가를 보내주겠다"라는 진심 어린 제안을 했습니다. 하지만 고르바초프는 그것이 미국의 기술적 우위를 자랑하려는 계략이라고 분개했습니다. 모든 정보계통을 가동한 슐츠는 대통령에게 "소련이 점점 방어적으로 움츠리고 있습니다"라고 보고했습니다. 가을이 되자 고르바초프가 워싱턴에서 만나기 전에 개인적이고 솔직한 대화를 원한다는 연락을 보내왔습니다. 10월 9일 아이슬란드의 레이캬비크에서 열린 미니 정상회담에서 고르바초프는 레이건이 생각한 이상의 것을 제안했습니다. 고르바초프는 양국의 전략핵무기를 절반으로 줄이고 유럽에서 중거리 미사일을 모두 철수하자는 레이건의 제안을 받아들이고 SDI는 실험실 밖에서는 어떠한 연구나 실험을 하지 않기를 원한다고 말했습니다. 이에 레이건은 고르바초프의 제안은 대단히 고무적이지만 SDI의 의미를 무시하고 있다고 말했습니다. SDI 문제를 두고 옥신각신했지만 두 정상은 1992년까지 핵무기를 반으로 줄이고 1997년까지 나머지도 없애는 방안을 신중히 검토하기로 합의했습니다. 문제는 SDI였습니다.

고르바초프는 계속해서 미국의 반 미사일 연구(SDI)는 연구실 안에서만 국한해야 한다고 고집했습니다. 하지만 레이건은 포기하지 않았고 고르바초프는 헤어지는 그 순간까지 SDI를 포기하지 않으면 모든 것을 잊어야만 할 것이라고 말했습니다. 미국으로 돌아오는 공군 1호기에서 레이건은 고르바초프가 왜 그토록 SDI에 목매는가를 의심했습니다. 레이건은 그것을 지난 체르노빌 원전 사고 이후 슐츠가 말한 것과 같은 선상에서 이해했습니다. 레이건은 소련은 우리가 SDI를 개발하는 비용을 도저히 따라 올 수 없다는 결론을 내렸습니다. 1호기에 있던 레이건의 참모들은 "각하는 소련을 패배시켰으며 냉전을 승리로 이끌었습니다"라고 말했습니다. 새해가 되자 이번에는 레이건에게 문제(이란-콘트라사건)가 생겨 회담이 늦어지고 있었습니다. 6월 베를린을 방문하면서 레이건은 고르바초프가 이 추한 담을 허물라고 요구할 것이라고 말했습니다. 보좌관들은 그 요구가 소련 지도자를 화나게 할 것이라고 말했지만 레이건을 '악의 제국'을 말할 때와 같이 말했습니다.

고르바초프 님! 이 벽을 무너뜨리십시오!

고르바초프는 레이건의 말에 아무런 토도 달지 않았습니다. 12월 8일 워싱턴에서 열린 정상회담에서 고르바초프는 중거리 핵전략조약(Intermediate-Range Nuclear Forces Treaty)에 서명했습니다. 그리고 조용히 레이건에게 미국의 반미사일 연구 프로그램을 따라가려면 소련의 경제가 거덜 날 것이라고 고백했습니다. 레이건의 생각과 행동이 냉전을 해체하고 세계평화를 이루도록 한 순간이었습니다. 1988년 5월 레이건은 모스크바를 방문하여 열렬한 환영을 받았습니다. 그리고 2년이 지난 1989년 11월 고르바초프는 이미 레이건은 퇴임했지만 레이건의 베를린 장벽에서 한 말에 화답했습니다. 공산국가를 대표하는 지도자

고르바초프의 묵인 아래 동독은 그 벽을 허물었습니다.[105] 로널드 레이건은 냉전과 데탕트를 오가는 국제정세는 무의미하다고 생각했습니다. 레이건은 힘의 논리에 입각한다면 무조건 미국이 승리하고 소련이 패배하는 길을 간다고 확신했습니다. 모두가 호전주의자로 비난하고 냉전 종식은 불가능하다고 말했지만 레이건은 그 길을 추구했습니다. 그리고 그 꿈을 이루었습니다.

---

105 정상환 옮김, 「대통령의 리더십」, 454–484 재정리.

나오면서

정말 이런 대통령들이 있을까? 생각했습니다. 그래서 처음에 이 책의 제목을 "대통령이 성공하면 국민은 행복해집니다"라는 조건부의 제목을 달았습니다. 하지만 글을 써가면서 제목을 바꾸지 않을 수가 없었습니다. 제가 선정한 다섯 명의 미국 대통령들은 이미 그 시대의 그들의 국민뿐만 아니라 오늘날에도 아니 미래에도 또 그들 국민뿐만 아니라 세계 모든 국민을 행복하게 만들어주었다고 생각되었기 때문입니다.

조지 워싱턴은 건국의 아버지로 누릴 수 있는 황제의 자리와 종신대통령을 거절하고 인류 최초로 피와 쿠데타가 아닌 평화로운 정권교체를 인류에게 선물했습니다. 워싱턴은 많은 사람의 반대에도 불구하고 중립을 지켜야만 신생국 미국이 존립할 수 있음을 본능적으로 알고 있었습니다.

에이브러햄 링컨은 대통령이 되기보다 먼저 정의로운 사람이 되기를 원했습니다. 링컨의 정의는 연방을 유지하고 노예제도를 폐지하는 것이었습니다. 링컨은 전쟁을 해서라도 연방을 지켜야만 했고 더불어 노예제도를 없애야만 했습니다. 노예제도의 존폐문제를 두고 공화당 급진파뿐만 아니라 남부 백인이 제시하는 각기 다른 해결책에도 불구하고 링컨은 무엇이 정의로운 일인가를 고민하고 실천했습니다.

프랭클린 루스벨트는 대공황으로 절망에 빠진 미국 국민에게 희망과 자신감이라는 선물을 나누어주었습니다. 지금까지의 미국적 전통인 '자유방임'을 버리고 '국가간섭'이라는 이질적인 방법을 도입해 국민을 다시 움직이도록 만들었습니다. 루스벨트는 만연해 있는 고립주의를 극복하도록 해서 나치의 침략으로 절망에 빠져 있던 세계시민에서 다시 민주주의와 자유를 선물했습니다.

존 F. 케네디는 2차 대전 이후 소련과의 핵무기 경쟁으로 치닫고 있는 세계평화의 위험에 데탕트라는 공존의 길을 모색함으로써 냉전의 위기를 극복시켰습니다. 케네디는 재선을 앞두고 남부 백인들의 지지가 절대적으로 필요했지만 흑인들에 대한 차별을 당연시하는 그들과 공존할 수 없음을 알았습니다. 케네디는 정치적으로 개인적 손해가 분명함에도 가장 광범위하고 완벽한 흑백차별을 금지하는 민권법을 준비했습니다.

로널드 레이건은 "정부가 커지면 국민의 자유는 작아진다"라는 것을 본능적으로 알고 있었습니다. 레이건은 예산을 줄이고, 세금을 인하하고, 정부 간섭을 줄여 개인에게 가능한 많은 자유를 허용할 때 경제가 살아난다는 것을 알고 그렇게 실천했습니다. 레이건은 그동안의 냉전과 데탕트에 대한 정책은 미국과 소련이 지금 그대로의 상태를 고착화하는 것이지 절대로 세계평화를 담보해 주지 못한다는 것을 알았습니다. 그래서 레이건은 오로지 강한 힘만이 이 문제를 해결할 것이라 믿고 SDI를 고집스레 추진해 냉전을 승리로 이끌었습니다.

"행복이 무엇입니까?"

100세를 훨씬 넘긴 철학자 김형석 교수는 이 질문에 다음과 같이 말합니다.

나이가 드니까 나 자신과 내 소유를 위해 살았던 것은 다 없어집니다. 남을 위해 살았던 것만이 보람으로 남습니다. 사랑하는 사람을 위해 함께 고생하는 것! 사랑이 있는 고생이 행복이랍니다. 행복이란 나로 인하여 다른 사람이 조금 더 즐겁고 조금 더 나은 삶을 사는 데 도움이 되는 것을 보는 것이랍니다.

다섯 명의 미국 대통령들은 그들로 인하여 국민이 나아가 세계시민이 조금 더 즐겁고 조금 더 나은 삶을 사는 데 도움을 준 사람들입니다. 이들로 인하여 미국 국민은 물론 세계시민이 행복하게 되었습니다. 미국 국민과 세계시민은 이들의 평화로운 정권교체에서, 노예해방이라는 정의 실천에서, 국가간섭이라는 방법도 자유와 민주주의라는 틀 속에서, 정치적으로 손해를 볼 수 있는 가능성이 농후한데도 불구하고 흑백차별을 금지하는 광범위한 민권 법을 만드는 용기에서, 그리고 작은 정부를 지향하고 냉전에서 승리를 끌어낸 긍정에서 행복을 느꼈습니다. 그리고 다른 사람들을 행복하게 만들어 준 그들 역시 영원히 행복한 사람이 아닌가 생각합니다.

저는 마크 로버트 풀릴 교수가 쓴 「역사를 바꾼 50인의 위대한 리더십(*Leadership: Fifty Great Leaders and the Worlds they Made*)」에서 '국민을 행복하게 만든 대통령들'의 비결을 다른 방향에서 언급하고자 합니다. 마크 풀릴은 성공한 리더들은 3가지의 성공비결을 가지고 있다고 단언합니다.[106] 하나는 평정심입니다. 리더는 어떤 경우에서도 분노하거나 지나치게 감정을 드러내서는 안 된다고 주장합니다. 리더가 분노하면 더는 그 옆에 바른말을 해주는 사람이 오지 않는다는 것입니다. 역사를 통해 보면 분노하는 리더에게는 오로지 간신배들만 들끓고 있다는 사실을 확인할 수 있습니다. 다른 하나는 목표와 관련된 것입니다. 리더는 팔로워와 목표를 공유하고 그 결과 또한 공유해야 한다는 것입니다. 리더는 앞에 있는 목표가 정당한 것이라면 풀릴은 "보다 큰

---

[106] Mark Robert Polelle, 김수진 옮김, 「역사를 바꾼 50인의 위대한 리더십(*Leadership: Fifty Great Leaders and the Worlds they Made*)」(서울: 말·글 빛냄, 2008).

악마를 물리치기 위해 악마와도 거래를 해야 한다"라고 주장하고 있습니다. 마지막으로 팔로워와의 관계를 언급합니다. 성공하는 리더는 항상 독창적인 조언을 해주는 사람을 옆에 두었다는 사실입니다.

성공한 미국 대통령의 성공비결은 풀릴이 밝히고 있는 3가지 요인을 충족하고 있습니다. 그들은 평정심을 유지했으며, 목표를 공유하고, 언제나 독창적 조언을 하는 사람들을 가까이했습니다.

저는 대통령은 더는 자연인으로서의 개인도, 한 정당이나 한 지역이나 한 진영만을 대표하는 사람도 아니라고 생각합니다. 당선되는 순간부터 물러나는 시간까지 대통령은 전체 국민과 국가를 대표하는 사람입니다. 그래서 대통령은 때로는 개인에게 또 때로는 자신이 속한 정당에 손해를 끼치는 것이라도 그것이 국민과 국가에 이익이 되는 것이라면 그 일을 해야만 하는 '용기'와 그 일을 하지 말아야 하는 '결단'이 필요합니다. 대통령이 개인적 이익, 자신이 속한 정당만의 이익, 자신을 대통령으로 만들어 준 이익집단과 자기 진영만의 이익, 나아가 어느 특정 지역만의 이익을 위해 평정심을 잃을 때 국민과 국가는 불행해지는 것입니다.

저는 대통령은 자신의 이익과 자신이 속한 정당의 이익만을 위한 일을 해서는 안 된다고 생각합니다. 대통령이 하는 일은 오로지 국가를 위한 것이어야만 합니다. 그래서 대통령은 국민에게 충분히 설명하고, 교육하고, 설득해서 그 목표를 국민과 공유할 수 있도록 해야 합니다. 대통령이 추구하는 목표가 다수의 국민과 공유되고 그것을 위해 최선을 다할 때 성공과 실패 여부를 떠나 국민은 행복할 것입니다. 국민 개개인은 그 일이 국가의 일이자 곧 자기 일로 여기기 때문입니다.

저는 대통령은 자신보다 현명한 사람을 모아 그들로부터 자신과 다른 독창적인 조언을 듣는 용기가 있어야 한다고 생각합니다. 대통령이라고 해서 완벽할 수가 없습니다. 물론 현명한 사람이라고 모아둔 사람들도 역시 완벽할 수는 없습니다. 그러나 자신과 다른 독창적인 조언을 들을 때 실패와 실수를 줄이고 완벽에 가까워 질 수 있습니다. 자신과 다른 독창적인 조언을 들을 때 대부분의 실패한 대통령들에게서 공통으로 나타나는 특징인 "근친상간적 증폭(incestuous amplification)"의 피해를 줄일 수 있는 것입니다. 말하자면 같은 편(정당), 같은 진영 사람들끼리 같은 의견만 서로 강화해 결국 판단 착오에 이르게 되는 오판을 줄일 수 있는 것입니다. "위기의 시대에 국민의 목소리는 하나님의 목소리와 버금간다"라는 에이브러햄 링컨의 말은 "그래도 지구는 돈다"라는 말과 같다고 생각합니다.

 정말! 다음 대통령은 단순한 '통령'이 아닌,

'국민을 행복하게 만드는 대(大)통령'이라 확신합니다.

![참고문헌 아이콘] **참고문헌**

〈1차 사료〉

- "Daisy Girl" Rare 1964 Lyndon Johnson Political Advertisement, September 7, 1964.
- 1980 Ronald Reagan/Jimmy Carter Presidential Debate, October 28, 1980.
- A Time for Choosing of Ronald Reagan, October 17, 1964.
- Acceptance Speech to the 1932 Democratic Convention of Franklin D. Roosevelt, July 2, 1932.
- Address form the Massachusetts General Court, March 28, 1776.
- Address from the New York Provincial Congress, June 26, 1775.
- Address on the Cuban Crisis of John F. Kennedy, October 22, 1962.
- Address to Congress Requesting a Declaration of War with Japan, December 8, 1941.
- Address to the Continental Congress, June 16, 1775.
- Address to the Greater Houston Ministerial Association of John F. Kennedy, September 12, 1960.
- Benjamin Franklin to Silas Deane, August 27 1775.
- Brown v. Board of Education of Topeka, 1954.
- Brown v. Board of Education of Topeka, May 17, 1954.
- Civil Rights Speech by John F, Kennedy, June 11, 1963.
- Congressional Globe, 36th Congress, 2nd sess., 46, 1001, 1225-1232.
- Eliphalet Dyer to Jonathan Trumbull, Sr., June 16, 1775.
- Executive Order 9066, February 19, 1942.
- Fireside Chat on An Unlimited National Emergency, May 27, 1941.
- Fireside Chat on Arsenal of Democracy, December 19, 1940.
- Fireside Chat on Declaration of War with Japan, December 9, 1941.
- Fireside Chat on Maintaining Freedom of the Seas, September 11, 1941.
- Fireside Chat on the Bank Crisis, March 12, 1933.
- Fireside Chat on The Fall of Rome, June 5, 1944.
- Fireside Chat on the National Recovery Administration, July 23, 1933.
- Fireside Chat on the Opening the Fifth War Loan Drive, June 12, 1944.
- Fireside Chat on the State of the Union, January 11, 1944.

- Fireside Chat on the State of the Union, January 11, 1944.
- Fireside Chat on the Works Relief Program and Social Security Act, April 28, 1935.
- First Inauguration of Abraham Lincoln, March 4, 1861.
- First Inauguration of Franklin Roosevelt, March 4, 1933.
- First Inauguration of Ronald Reagan, January 20, 1981.
- Fisher Ames' Speech on the Treaty with Great Britain, April 28, 1796.
- Four Freedoms by Franklin D. Roosevelt, January 6, 1941.
- Franklin Roosevelt Administration: Broadcast to the Nation on Rubber, June 12, 1942.
- Franklin Roosevelt Administration: Victory Gardens and Shared Sacrifice, January 22, 1945.
- General orders, March 11, 1783.
- George Washington to Boucher, January 2, 1771.
- George Washington to Boucher, July 9, 1771.
- George Washington to Francis Fauquier, August 5, 1758.
- George Washington to Francis Halkett, August 2, 1758.
- George Washington to George Washington Parke Custis, December 19, 1796.
- George Washington to John Augustine Washington, May 28, 1755.
- George Washington to John Hancock, September 5, 1776.
- George Washington to John Robinson, September 1, 1758.
- George Washington to L. Nocola, May 22, 1782.
- George Washington to R. H. Harrison, November, 18, 1781.
- George Washington to Robert Gary and Company, May 28, 1762.
- George Washington to the Officers of the Virginia Regiment, January 10, 1759.
- George Washington to the President of Congress, August 20, 1780.
- Gettysburg Address of Abraham Lincoln, November 19, 1863.
- I have a Dream of Martin L. King. Jr, August 28, 1963.
- Inauguration of John F. Kennedy, January 22, 1961.
- JFK, "A Strategy of Peace" Speech at American University, June 10, 1963.
- JFK, "Address to the UN General Assembly", September 20, 1963.
- JFK, Ich been ein Berliner, June 26, 1963.
- JFK, Radio and Television Report to the American People on the Soviet Arms Buildup in Cuba, October 22, 1962.
- JFK, We choose to go the Moon, September 12, 1962.
- John Adams to Elbridge Gerry, June 18, 1775.

- John Adams to George Washington, January 3, 1776.
- L Nicola to George Washington, May 22, 1782.
- L Nicola to George Washington, May 23, 24, 28, 1782.
- Landen Carter to George Washington, May 9, 1776.
- Landon Carter to George Washington, October 7, 1755.
- Last Will and Testament of George Washington. July 9, 1799.
- Lee, Harry, *Funeral Oration on the Death of George Washington*, December 28, 1799.
- Lincoln to Greeley, August 22, 1862.
- Lincoln to James C. Conkling, August 26, 1863.
- Lincoln's House Divided Speech, June 16, 1858.
- Ode of Napoleon by Lord Byron.
- Paine, Thomas, Common Sense, January 31, 1776.
- Plessy v. Ferguson, 1896.
- President Ronald Reagon's Address to the Nation and Other Countries On United States-Soviet Relations, January 16, 1984.
- Quarantine Speech by U.S. President Franklin D. Roosevelt, October 5, 1937.
- Reagan, Ronald, A Time for Choosing, October 27, 1964.
- Reagon, Ronlad, Vital Speechs of the Day, June 1, 1982.
- Report to American People on the Berlin Crisis by John F. Kennedy, July 25, 1961.
- Report to the American People on Civil Rights by John F. Kennedy, June 11, 1963.
- Richmond Enquirer, November 25, 1859.
- Ronald Reagan Address Accepting the Presidential Nomination at the Republican National Convention in Dallas. August 24, 1984.
- Ronald Reagan Address Before a Joint Session of the Congress on the State of the Union, January 25, 1984.
- Ronald Reagan Address to the Explosion of the Space Shuttle Challenger, January 28, 1986.
- Ronald Reagan Address to the Nation on the Iran Arms and Contra Aid Controversy, March 4, 1987.
- Ronald Reagan And The Soviet Foreign Minister Andrei Gromyko, September 8, 1984.
- Ronald Reagan Speech on the 40th Anniversary of D-Day, June 6, 1984.
- Ronald Reagan's Evil Empire Speech, March 8, 1983.
- Ronald Reagan's Famous "Tear Down This Wall" Speech, June 12, 1987.

- Ronald Reagan's Letter to the American People About His Alzheimer's Diagnosis, November 5, 1994.
- Ronald Reagon's Farewell Address, January 11, 1989.
- Roosevelt, Franklin D, "Annual Message to Congress on the State of the Union" January 6, 1941.
- Roosevelt, Franklin D, "Annual Message to Congress on the State of the Union" January 6, 1942
- Roosevelt, Franklin D, Address at the Dedication of Bolder Dam, September 30, 1935.
- Sacramento Union, March 9, 1861.
- Second Inauguration of Abraham Lincoln, March 4, 1865.
- Second Inauguration of Franklin Roosevelt, January 20, 1937.
- Silas Deana to Elizabeth Deane, June 16, 1775
- Southern Declaration on Integration, March 12, 1956.
- Speech before the 1936 Democratic National Convention of Franklin D. Roosevelt, June 27, 1936.
- State of the Union Address of Franklin D. Roosevelt, January 6, 1945.
- Televised Campaign Address, A Vital Economy: Jobs, Growth, and Progress for Americans by Ronald Reagon, October 24, 1980.
- The Democratic National Convention Acceptance Address of John F. Kennedy, July 13, 1960.
- The Emancipation Proclamation of Abraham Lincoln, January 1, 1863.
- The Gettysburg Address of Abraham Lincoln, November 19, 1863.
- The House Divided Speech, June 16. 1858.
- The Inauguration of John F. Kennedy, January 20, 1961.
- The ten percent plan, formally the Proclamation of Amnesty and Reconstruction, December 8, 1863.
- The Wade-Davis Bill, July 2, 1864.
- The War With Mexico: Speech in the United States House of Representatives by Abraham Lincoln, January 12, 1848.
- Third inauguration of Franklin D. Roosevelt, January 20, 1940.
- Thomas Jefferson to Dr. Walter Jones, January 2, 1814.
- Tobias Lear. The Diary Account of George Washington's Last Days, December 14, 1799.
- William Fairfax to George Washington, May 13-14, 1756.

〈2차 사료〉

- "American Notes Hollywood." 「Time」, September 9, 1985.

- Abbot, W. W. et al. eds., *The Papers of George Washington: Colonial Series*. 10 vols, Charlottesville: University Press of Virginia, 1983-1995.

- Adams, Henry, ed., *The Education of Henry Adams*, New York: Oxford Univ. Press, 1999,

- American Daily Advertiser, 1796, 9, 19.

- American Daily Advertiser, September 9, 1796.

- Anthony, Carl S, *American First Families*, New York: Touchstone Books, 2000.

- Atlantic Charter, August 14, 1941.

- Beschloss, Michael, 정상환 옮김, 「대통령의 리더십(*Presidential Courage*)」, 서울: 넥스서 BIZ, 2016.

- Bailey, Thomas A, *Presidential Greatness: The Image and the Man from George Washington to the President*, New York: Appleton-Century, 1962.

- Barnes, John, 김명철 옮김, 「케네디 리더십(*John F. Kennedy on Leadership*)」, 서울: 마젤란, 2006.

- Basler, Roy P. ed., *The Collected Works of Abraham Lincoln*, 1-8, New Brunswick, N.J.: Rutgers University Press, 1953.

- Beale, Howard K. ed., *Diary of Gideon Welles: Secretary of the Navy Under Lincoln and Johnson*, New York: W. W. Norton, 1960.

- Blanchard, Ken, 조제천 옮김, 「칭찬은 고래도 춤추게 한다(*Whale Done!: The Power of Positive Relationships*)」, 서울: 21세기 북스, 2003.

- Blum, John M, *Years of Discord*, New York: Norton, 1991.

- Bolden, Morton, ed., *America's Ten Greatest Presidents*, Chicago: Rand McNally, 1961.

- Boller, Paul F. Jr., *Presidential Campaign*, New York: Oxford University Press, 1984.

- Boller, Paul F, *Presidential Anecdotes*, New York: Oxford University Press, 1981.

- Boyd, Julian P. ed., *The Papers of Jefferson*, Princeton: Princeton University Press, 1958.

- Boynton, Edward C. ed., *General Orders of George Washington Issued at Newburgh on the Hudson, 1782-1783*, New York: Harbor Hill Books, 1973.

- Breen, T. H., "Horses and Gentlemen: The Cultural Significance of Gambling among the Gentry of Virginia" *The William and Mary Quarterly*, Vol.34, No.2, April 1977.

- Breen, T. H, *Tobacco Culture*. New Jersey: Princeton University Press, 1987.
- Brookheiser, Richard,, *Founding Father, Rediscovering George Washington*, New York: Simon and Schuster Inc., 1996.
- Brooks, Charles, "Memoir of John Brooks, Governer of Massachusetts" *New England Historical and Genealogical Register*, vol. XIX, no.3, July 1865.
- Burian, A Ward, *George Washington's Legacy of Leadership*, New York: Mogan James Publishing, 2007.
- Burns, James M. *Leadership*, New York: Harper & Row, 1979.
- Burns, James M. *The Crosswinds of Freedom*, New York: Knopf, 1989.
- Burns, James. M. *Packing the Court: The Rise of Judicial Power and the Coming Crisis of the Supreme Court*, New York: Penguin Books, 2009.
- Cannon, Lou, *Ronald Reagon, A Life in Politics*, New York: Public Affairs, 2004.
- Carbone, Gerald M, *Washington*, New York: Palgrave Macmillan, 2010.
- Carnegie, Dail, 임정재 옮김, 「링컨, 당신을 존경합니다(*The Unknown Lincoln*)」 서울: 함께하는 책, 2003.
- Carpenter, Francis B, *Six Months at the White House with Abraham Lincoln*. Lincoln: University of Nebraske Press, 1995.
- Carso, Brian F, "Whom Can We Trust Now?": *The Meaning of Treason in the United States, from the Revolution Through the Civil War*, Lanham, MD: Lexington Books, 2006.
- Chambers, Whittaker, *Witness*. New York: Regnery History, 2014.
- Chernow, Ron, *Washington: A Life*, New York: Penguin Books, 2010.
- Clemens, John. and Douglas, Mayer, 김민홍 편역, 「고전에서 배우는 리더십(*The Classic Touch*)」
- Clinton, Bill, "Captain Courageous" *Time*, December 31, 1999.
- Collins, Jim, 이무열 옮김, 「좋은 기업을 넘어 … 위대한 기업으로(*Good to Great*)」 경기: 김영사, 2005.
- Corvey, Stephen R, 김경섭, 김원석 옮김, 「성공하는 사람들의 7가지 습관(*The 7 Habits of Highly Effective People*)」 서울: 김영사, 1994.
- Corvey, Stephen R, 김경섭, 박창규 옮김, 「원칙중심의 리더십(*Principle-centered Leadership*)」 서울: 김영사, 2001.
- Crackel, Theodore J. ed., *The Papers of George Washington Digital Edition*, Charlesottsville: University of Virginia Press, 2008.

- Criswold, Mac, *Washington's Gardens at Mount Vernon*, New York: Houghton Mifflin, 1999.
- Crossman, Richard H, "Philosophy of Peace" *The Guardian*, June 14, 1963.
- Cunliffe, Marcus, "The Two Georges: The President and The King" *American Studies International*, 24.
- Cushing, Stanley E, *The George Washington Library Collection*, Boston: The Boston Athenaeum, 1997.
- Dallek, Robert, 정조능 옮김, 「케네디 평전(*An Unfinished Life*)」, 파주: 푸른숲, 2007.
- Dallek, Robert, *An Unfinished Life: John F. Kennedy, 1917-1963*, New York: Little, Brown and Company, 2003.
- Dawley, Alan, *Struggles for Justice: Social Responsibility and the Liberal State*, Mass.: Harvard Univ. Press, 1991.
- Dennett, Tyler. ed., *The Diaries and Letters of John Hay*, New York: Dodd, Mead & Company, 1939.
- Diggins, John P, *Ronlad Reagon: Fate, Freedom, and the Making of History*, W. W. Norton and Company, Inc., 2007.
- Doherty, Kieran, *John F. Kennedy*, New York: Children's Press, 2005.
- Doherty, Kieran, *Ronald Reagon*, New York: Children's Press, 2005.
- Donald, David H, *Lincoln*, London: Jonathan Cape, 1995.
- Donald, David H, *Lincoln's Herndon: A Biography*, New York: Da Capo Press, 1989.
- Eaton, Clement, *A History of the Old South: The Emergence of a Reluctant Nation*, 3rd ed., New York: Macmillan Publishing Co., 1975.
- Evans, Thomas W, *The Education of Ronald Reagan: The General Electric Years and the Untold Story of His Conversion to Conservatism*, New York: Columbia University Press, 2008.
- Faber, Charles B. and Faber, Richard B, 김형곤 옮김, 「대통령의 성적표(*The American Presidents Ranked by Performance*)」, 서울: 혜안, 2002.
- Fehrenbacher, Don E, "Lincoln's Wartime Leadership: The First Hundred Days" *Journal of the Abraham Lincoln Association*, 9, 1987.
- Feinberg, Barbata S, *Franklin D. Roosevelt*, New York: Chlidren's Press, 2005, 92.
- Fenster, Julie M, *FDR's Shadow: Louis Howe, The Force That Shaped Franklin and Eleanor Roosevelt*, New York: Palgrave MacMillan, 2009.
- Finer, Herman, *The Presidency: Crises and Regeneration*, Chicago: University of Chicago Press, 1960.

- Fischer, David H, *Washington's Crossing*, New York: Oxford University Press, 2004.
- Fitzpatrick, John C. ed., *The Writings of George Washington from the Original Manuscript Source, 1745-1799*, Washington, D. C.: United States Government Printing Office, 1931-1944.
- Flexner, James T, *George Washington, The Indispensable Man*, New York: Little, Brown and Co., 1974.
- Ford, Paul L, *The True George Washington*, New York: IndyPublish, 2004.
- Ford, Worthington C, "Prefatory Notes to the Inventory of the Contents of Mount Verson 1810" in Eugene Prussing, *The Estate of George Washington, Deceased*. Boston: Little, Brown, and Company, 1927.
- Ford, Worthington C. *et al.*, eds., *Journals of the Continental Congress, 1774-1789*, Washington, D.C: U.S. Government Printing Office, 1904-1937.
- Freedman, Russell, 손풍삼 옮김, 「미국 역사상 가장 정직한 대통령 루스벨트(*Franklin Delano Roosevelt*)」, 서울: 고려원, 1992.
- Freeman, Douglas S, *George Washington: A Biography*, New York: Charles Scribner's Sons, 1948.
- Gallagher, Hugh G, *FDR's Splendid Deception: The Moving Story of Roosevelt's Massive Disability-And the Intense Efforts to Conceal It from the Public*, New York: Vandamere, 1999.
- Gallagher, Hugh G, *FDR's Splendid Deception: The Moving Story of Roosevelt's Massive Disability-And the Intense Efforts to Conceal It from the Public*, New York: Vandamere, 1999.
- Goldwater, Barry, *The Conscience of a Conservative*, New York: Martino Fine Books, 2011.
- Goodwin, Doris K, "Franklin D. Roosevelt" *Time* Dec ember 31, 1999.
- Goodwin, Doris K, *Team of Rivals; The Political Genius of Abraham Lincoln*, New York: Simon and Schuster Paperbacks, 2005.
- Goodwin, Doris K, *The Fitzgeralds and the Kennedys: An American Saga*, New York: St. Martin's Press, 1991,
- Graham, Otis L. Jr. and Wander, Megan R, *Franklin D. Roosevelt, His Life and Times*, New York: Da Capo Press, 1985.
- Grant, James, *John Adams: Party of One*, New York: Farrar, Straus and Giroux, 2005.
- Greene, Jack P, "The Growth of Political Stability: An Interpretation of Political Development in the Anglo-American Colonies, 1660-1760" in Parker, John, and Urness,

Carol. eds., *The American Revolution: A Heritage of Change*, Minneapolis: Associates of the James Ford Bell Library, 1975.

- Greenstein, Fred I, *The Presidential Difference: Leadership Style from Roosevelt to Clinton*, New York: Free Press, 2000.
- Hakim, Joy, *A History of US: War, Peace and all that Jazz*, New York: Oxford University Press, 1995.
- Hart, Liddell, *Sherman: Soldier, Realist, American*, New York: Da Capo Press, 1993.
- Helm, Katherine, *The True Story of Mary, Wife Of Lincoln*, New York: Harpers and Brothers, Publishers, 1928.
- Herndon, William H. & Weik, Jesse W, *Herndon's Life of Lincoln: The History and Personal Recollections of Abraham Lincoln*, New York: Da Capo Press, 1983.
- Herndon, William, *Herndon's Lincoln: The True Story of a Great Life*, New York: CreateSpace Independent Publishing Platform, 2014.
- Hertz, Emanuel. ed., *The Hidden Lincoln: From the Letters and Papers of William H, Herndon*. New York: Viking Press, 1938.
- Hertz, Emmanuel, *Lincoln Talks: A Biography in Anecdote*, New York: Random House Value Publishing, 1987.
- Hilberg, Raul, 김학이 옮김, 「홀로코스트, 유럽 유대인의 파괴(*The Destruction of the European Jews*)」 1,2, 서울: 개마고원, 2008.
- Hoover, Herbert, *Memoirs of Herbert Hoover*, vol. 2, New York: Maxmillan, 1952.
- Irving, Washington, *The Life of George Washington*, 5 vols, New York: G.P.Putnam & Co, 1855-1859.
- Isaac, Amanda C, *Take Note! George Washington the Reader*, Mount Vernon: Mount Vernon Ladies' Association, 2013.
- Isaac, Rhys, *The Transformation of Virginia, 1740-1790*, Chapel Hill: The University of North Carolina Press, 2012.
- Jervis, Robert, "Cooperation Under the Security Dilemma" *World Politics*, 30, no.2, 1978.
- Keller, Emily, *Frances Perkins: First Woman Cabinet Member*, New York: Morgan Reynolds Pub, 2006.
- Kennedy, Alexander, *FDR: Nothing to Fear*, New York: CreateSpace Independent Puishing Platform, 2016.
- Kennedy, David, *Freedom From Fear: The American People in Depression and War, 1929-1945*, New York: Oxford University Press, 1999.

- Kennedy, John F, *Why England Slept*, New York: W. Funk, 1940.
- Kent, Zachary, *George Washington*, Chicago: Children Press, 1986.
- Kohn, Richard H, "The Inside History of Newburgh Conspiracy: America and the Coup d'Etat" *The William and Mary Quarterly*, Vol 27, No.2. April, 1970.
- Kohn, Richard H, "The Inside History of Newburgh Conspiracy: America and the Coup d'Etat" *The William and Mary Quarterly*, Vol 27, No.2, April, 1970.
- Krockow, Christian Graf Von, *Churchill: Man of the Century*, London: Allison & Busby, 2000,
- Lamon, Ward H, *Recollection of Abraham Lincoln: 1847-1865*, Chicago: A. C. McClurg, 1895.
- Lash, Joseph P, *Eleanor & Franklin*, New York: W. W. Norton &Company, 2014.
- Lathern, Edward, *Meet Calvin Coolidge*, Brattleboro: Greene Press, 1960.
- Lee, Blain, 장성민 옮김, 「지도력의 원칙(*The Power Principle*)」 서울: 김영사, 1999.
- Lees, James C. and Spignesi, Stephan, *George Washington's Leadership Lessons*, New Jersey: John Woley and Sons, Inc., 2007.
- Leuchtenburg, William. ed., *The New Deal: A Documentary History*, New York: W. W. Norton, 1968.
- Longmore, Paul K, *The Invention of George Washington*, Berkeley: University of California Press, 1998.
- Lossing, Benson J, *Memoirs of Washington by His Adopted Son George Washington Parke Custis*, New York: Union Publishing House, 1959.
- Majeski, Stephen J, "Arms Races as Iterated Prisoner's Dilemma Games" *Mathematical Social Sciences* 7, no.3, June 3, 1984.
- Manchester, William, *Disturber of the Peace*, New York: Harper, 1951.
- Maranell, Gary M, "The Evaluation of Presidents: An Extension of the Schlesinger Polls" *Journal of American History* 57, June, 1970.
- Marshall, John, *The Life of George Washington*, New York: Liberty Fund, 2000.
- Marton, Kati, 이창식 옮김, 「숨은 권력자, 퍼스트레이디(*Hidden Power: Presidential Marriages That Shaped Our History*)」 서울: 이마고, 2002.
- Maxwell, John, 강주헌 옮김, 「리더십 골드(*Leadership Gold*)」 서울: 다산북스, 2009.
- Maxwell, John, 양병무 옮김, 「성공한 사람들의 태도(*Attitude 101*)」 경기: 청우, 2003.
- Maxwell, John, 이진원 옮김, 「오늘을 사는 원칙(*Today Matters*)」 서울: 청림출판, 2004.
- Maxwell, John, 조영희 옮김, 「나의 성공지도(*Your Road Map for Success*)」 서울: 청림출판, 2006.

- Maxwell, John, 조영희 옮김, 「생각의 법칙 10+1(*Thinking for a Change*)」, 서울: 청림출판, 2003.
- Maxwell, John, 조용만 옮김, 「인간관계의 원칙 101(*Relationship 101*)」, 경기: 청우, 2004.
- Maxwell, John, 채천석 옮김, 「리더십 101(*Leadership 101*)」, 경기: 청우, 2003.
- Maxwell, John, 채천석 옮김, 「리더십의 21가지 불변의 법칙(*The 21 irrefutable laws of leadership : follow them and people will*)」, 경기: 청우, 1999.
- McClure, Alexander, *Abraham Lincoln and Men of War-times: Some Personal Recollections of War and Politics During the Lincoln Administration*, New York: Times Publishing Company, 1895.
- McCormack, Mark H, 구은영 옮김, 「하버드 MBA에서도 가르쳐주지 않는 것들(*What they don't teach you in Harvard Business School*)」, 서울: 길벗, 1999.
- McDonough, James, *William Tecumseh Sherman: In the Service of My Country: A Life*, New York: W. W. Norton and Company, 2017.
- McPherson, James M, *Abraham Lincoln and the Second American Revolution*, New York: Oxford University Press, 1991.
- McPherson, James M, *The War that Forges a Nation: Why the Civil War Still Matters*, New York: Oxford University Press, 2017.
- Mcpherson, James M, *To the Best of My Ability; The American Presidents*, New York: A Dorling Kindersley Book, 2000.
- Miers, Earl S. ed., *Lincoln Day by Day*, Washington: U.S. Government Publication, 1969.
- Miller, Nathan, 김형곤 옮김. 「이런 대통령 뽑지 맙시다 - 미국 최악의 대통령 10인(*Star-Spangled Men: America's Ten Worst Presidents*)」, 서울: 혜안, 2002.
- Morgan, Wayne, *From Hays to McKinley*, Syracuse: Syracuse University Press, 1969.
- Morison, Samuel E, "The Young Man Washington" in *By Land and by Sea*, New York: Random House, 1953.
- Morrison, Jeffery H, *The Political Philosophy of George Washington*, Baltimore: The Johns Hopkins University Press, 2009.
- Murray Robert K. and Blessing, Tim H, *Greatness in the White House: Rating the Presidents Washington through Carter*, University Park: Pennsylvania State University Press, 1988.
- Murray, Robert K. and Blessing, Tim H, "The Presidential Performance Study: A Progress Report" *The Journal of American History* 70, December, 1983.

- Murrell, Ken. and Meredith, Mimi, 김기뿜 옮김, 「권한위임의 기술(*Empowering Employee*)」, 서울: 지식공작소, 2004.
- Neal, Steve, "Our Best and Worst Presidents" *Chicago Tribune Magazine*, January 10, 1982.
- Neely, Mark E. Jr, *The Abraham Lincoln Encyclopedia*, New York: McGraw-Hill, 1981.
- Nevin, John, *Salmon P. Chase, A Biography*, New York: Oxford University Press, 1995.
- Nevins, Allen, *Ordeal of the Union*, New York: Scribner's, 1947.
- Nevins, Allen, *The Emergence of Lincoln*, New York: Scribner's, 1950.
- Niemcewicz, Julian Ursyn, *Under their Vine and Fig Tree: Travels through America in 1797-1799, 1805*, trans. and ed. Metchie J. Budka. Elizabeth, NJ: Grassmann Publishing Company, 1965.
- Oates, Stephen B, *With Malice None: The Life of Abraham Lincoln*, New York: Harper & Row, 1977.
- O'Brien, Conor C, *The Long Affair; Thomas Jefferson and The French Revolution*, 1785-1800, Chicago: The University of Chicago Press, 1996.
- O'Connell, Robert L, *Fierce Patriot: The Tangled Lives of William Tecumseh Sherman*, Random House Trade Paperbacks, 2015.
- Otfinoski, Steven, *Abraham Lincoln*, New York: Children's Press, 2004.
- Paine, Thomas, "The Crisis" in Kuklick, Bruce. ed., *Thomas Paine Political Writings*, Cambridge: Cambridge University Press, 1989.
- Philips, Donald T, *Lincoln on Leadership: Executive Strategies for Tough Times*, New York: Warner Books, Inc., 1993.
- Piecuch, Jim, "Washington and the Specter of Cromell" in *George Washington: Foundation of Presidential Leadership and Character*, ed. Ethan Fishman, and William D. Pederson, and Mark J. Rozell. Westport, Connectcut: Praeger, 2001.
- Polelle, Mark Robert, 김수진 옮김, 「역사를 바꾼 50인의 위대한 리더십(*Leadership: Fifty Great Leaders and the Worlds they Made*)」, 서울: 말·글 빛냄, 2008.
- Porter, David, "American Historian Rate Our Presidents" in William Pederson and Ann M. McLaurin. ed., *The Rating Game in American Politics*, New York: Irvington Publishers, 1987.
- Reagon, Ronald, *Where's the Rest Me? The Ronald Reagon Story*, New York: Duell, Sloan, and Pearce, 1965.
- Rees, James C, *George Washington's Leadership Lessons*, New Jersey: John Wiley and Sons, Inc., 2007.

- Rejai, Mostafa and Phillips, Kay, "The Young Washington: An Interpretive Essay" in *George Washington: Foundation of Presidential Leadership and Character*, ed. Ethan Fishman, William D. Pederson, and Mark J. Rozell, Westport, Connectcut: Praeger, 2001.

- Rhodehamel, John. ed., *The American Revolution: Writings from the War of Independence*, New York: Library of America, 2001.

- Riccio, Barry D, "The U.S. Presidency and the Ratings Game" *The Historian*, 52, August 1990.

- Richards, Dave, *Swords in Their Hands: George Washington and the Newburgh Conspiracy*, New York: Pisgah press, 2014.

- Ridings, William J. Jr. and McIver, Stuart B, 김형곤 옮김, 「위대한 대통령 끔찍한 대통령, *Rating the Presidents*)」, 서울: 한언, 2000.

- Robert, John B. II, 김형곤 옮김, 「위대한 퍼스트레이디 끔찍한 퍼스트레이디(*Rating the First Ladies: The Women Who Influenced the Presidency*)」, 서울: 선인, 2005.

- Rodes, James F, *History of the Civil war, 1861-1865*, New York: Independently Published, 2016.

- Roosevelt, Eleanor, *Eleanor Roosevelt: In Her Words: On Women, Politics, Leadership, and Lessons from Life*, New York: Black Dog &Leventhal, 2017.

- Roosevelt, Eleanor, *The Autobiography of Eleanor Roosevelt*, New York: Harper Perennial, 2014.

- Rossiter, Clinton, *The American Presidency*, New York: New American Library, 1960.

- Rugoff, Milton, *America's Gilded Age*, New York: Holt, 1989.

- Russel, Francis, *The President Makers*, Boston: Little, Brown, 1976.

- Russel, Francis, *The Shadow of Blooming Grove*, New York: MaGraw-Hill, 1968.

- Sacha, Jeffrey D, 이종인 옮김, 「존 F. 케네디의 위대한 협상(*To Move the World*)」, 파주: 21세기북스, 2014.

- Sandburg, Carl, *Abraham Lincoln: The Prairie Years and The War Years*, New York: Harvest Book, 2002.

- Sandburg, Carl, *Abraham Lincoln: The Prairie Years and War Year*, New York: Harvest Book, 2002.

- Schlesinger, Arthur M. Jr, "The Ultimate Approval Rating" *New York Times Magazine*, December 15, 1996.

- Schlesinger, Arthur M. Sr., "Historian Rate U.S Presidents" *Life*. November 1, 1948.

- Schlesinger, Arthur M. Sr., "Our Presidents: A Rating by 75 Historians" *New York Times Magazine* July 29, 1962.
- Schlesinger, Arthur. Jr, *A Thousand Days: John F. Kennedy in the White House*, Boston: Houghton Miff; in, 1965.
- Scott, William, *Lessons in Elocution*, New York: Andesite Press, 2015.
- Shogan, Robert, *The Double-Edged Sword; How Character Makes and Ruin Presidents, from Washington to Clinton*, Colorado: Westview Press, 1999.
- Smith, Hedrick, *The Power Game*, New York: Random House, 1988.
- Smith, Jean E, *FDR*, New York: Random House, 2008.
- Smith, Paul B. and Gawalt, Garard W. and Gephart, Ronald M. eds., *Letters of Delegates to Congress, 1774-1789*, Washington, D. C.: United States Government Printing, 1976.
- Snyder, L. Alan, *The Witness and the President*, Amazon Digital Services LLC, 2017.
- Sokolsky, Eric, *Our Seven Greatest Presidents*, New York: Exposition Press, 1964.
- Solomon, Burt, *FDR v. The Constitution: The Court-Packing Fight and the Triumph of Democracy*, New York: Walker Books, 2010.
- Sorensen, Theodore. *Kennedy*, New York: Bantam Books, 1966.
- Stampp, Kenneth, *America in 1867*, New York: Oxford University Press, 1990.
- Sullivan, Mark, *Our Times*, vol. 6, New York: Scribner's, 1926-1935.
- Taranto, James. ed., *Presidential Leadership: Rating the Best and the Worst in the White House*, New York: Free Press, 2004.
- Thomas, Benjamin B, *Abraham Lincoln*, New York: Alfred A. Knopf, 1952.
- Trefousse, Hans, *Andrew Johnson*, New York: Norton, 1989.
- Wall, Cecil, "George Washington: Country Gentleman" *Agricultural History*. 43, 1969.
- Wallace, Chris, 정성묵 옮김, 「대통령의 위기(*Character: Profiles in Presidential Courage*)」 서울: 이가서, 2005.
- Ward, Geoffrey C, *A First-Class Temperament: The Emergence of Franklin Roosevelt*, New York: Harper Perennial, 1989.
- Washington, George, *Papers of George Washington, Colonial Series*, ed., W. W. Abbot, Dorothy Twohig, et al. Charlottesville: University of Virginia Press, 1995.
- Weems, Mason L, *The Life of Washington*, New York: Routledge, 2015.
- Welch, Jack, 김주현 옮김, 「위대한 승리(*Winning*)」 서울: 청림출판, 2005.
- White, Theodore H, *The Making of the President* 1960, New York: Harper Perennial, 2009.
- Williams, T. Harry, *Lincoln and His Generals*, New York: Alfred A. Knopf, 1952,

국민을 행복하게 만든 대통령들

- Wills, Garry, 곽동훈 옮김, 「시대를 움직인 16인의 리더(*Certain trumpets : the call of leaders*)」 서울: 작가정신, 1999.
- Wofford, Harris, *The Kennedys and Kings*, New York: Farrar, Straus & Giroux, 1980.
- Wood, Gordon S, *Radicalism of American Revolution*, New York: Vintage, 1993,
- Wright, Louis B, *The Cultural Life of the American Colonies 1607-1763*, New York: Harper and Row, 1962.
- Wyatt-Brown, Bertram, *Southern Honor: Ethics and Behavior in the Old South*, New York: Oxford University Press, 2007.
- Yager, Edward M, *Ronald Reagan's Journey: Democrat to Republican*, New York: Rowman & Littlefield, 2006.
- Zagarri, Rosemarie. ed., *David Humphreys' "Life of General Washington" with George Washington's "Remarks"* Athens: University of Georgia Press, 1991.
- Zall, Paul Z, *Abe Lincoln Laughing*, Berkeley: University of California, 1982.
- 김남균, 「로널드 레이건」 서울: 선인, 2011.
- 김무곤, 「NQ로 살아라」 경기 파주: 김영사, 2003.
- 김윤중, 「위대한 대통령 로널드 레이건 평전」 고양: 더로드, 2016.
- 김진희, 「프랭클린 루스벨트; 제32대 대통령」 서울: 선인, 2012.
- 김형곤, "그랜트 정부의 게이트에 관한 소고", 「서양사학연구」, 제6집, 한국서양문화사학회, 2002. 6.
  _____, "남북전쟁의 원인 제공자: 대통령 프랭클린 피어스", 「세계역사와 문화연구」 제57집, 2020. 12.
  _____, "닉슨 대통령의 개인적 성격과 워터게이트", 「중앙사론」, 제21집, 2005. 6.
  _____, "델라웨어 도강작전에 나타난 조지 워싱턴 장군의 리더십", 「서양사학연구」, 제28집, 2013. 6.
  _____, "독립전쟁기 뉴버그 쿠데타 음모미수사건과 조지 워싱턴", 「서양사학연구」, 제36집, 2015. 9.
  _____, "로널드 레이건의 리더십 형성배경-어머니 넬의 낙관적 가치관과 교육을 중심으로-", 「전북사학」 제32호, 전북사학회: 2008. 4.
  _____, "링컨 대통령의 리더십의 실체", 「미국사연구」, 제 25집, 2007. 5.
  _____, "링컨, 세종에게 한 수 배우다", 「세계역사와 문화연구」, 제52집, 2019. 9.
  _____, "엘리나 루스벨트의 리더십 형성배경에 관한 하나의 해석", 「역사와 실학」, 제 40집, 2009. 10.
  _____, "워렌 하딩 대통령의 최악의 평가의 당위성 고찰", 「동서사학」, 제6,7합집, 2000. 9.
  _____, "조지 워싱턴 대통령의 공공(公共) 리더십 - 제임스 매디슨, 협력적 조언자에서 당파(黨派)의 원조로 -", 「역사와 실학」, 제72집, 2020. 9.

_____, "조지 워싱턴의 꿈의 실현을 위한 준비된 리더십", 「미국사연구」 제37집, 2013. 5.

_____, "조지 워싱턴의 리더십의원천", 「서양역사와 문화연구」 제43집, 2017. 06.

_____, "조지 워싱턴의 성장과정에 관한 해석적 논의", 「서양사학연구」 제 22집, 2010. 06.

_____, "조지 워싱턴의 창조적 리더십(사업가)", 「서양사학연구」 제32집, 2014. 9.

_____, "지미 카터 대통령의 지도력에 관한 소고", 「중앙사론」 제18집, 2003. 12.

_____, "캘빈 쿨리지의 평가에 대한 당위성", 「서양사학연구」 제3집, 1999. 2.

_____, 「나는 세렌디퍼다」 서울: 한언, 2010.

_____, 「나를 깨우는 위대한 여행」 서울: 매경, 2006.

_____, 「대통령의 퇴임 이후」 파주: 살림, 2008.

_____, 「미국 남북전쟁-링컨 리더십의 본질」 파주: 살림, 2016.

_____, 「미국 대통령의 초상」 서울: 선인, 2003.

_____, 「미국 독립전쟁」 파주: 살림, 2016.

_____, 「미국의 역사를 훔친 영화의 인문학」 서울: 홍문각, 2015.

_____, 「벤저민 해리슨, 국민을 불행하게 만든 대통령들」 서울: 한올, 2021.

_____, 「소통의 힘」 파주: 살림, 2010.

_____, 「신대륙의 역사를 훔친 영화의 인문학」 서울: 홍문각, 2015.

_____, 「영화로 읽는 서양의 역사」 서울: 새문사, 2008.

_____, 「원칙의 힘」 파주: 살림, 2007.

_____, 「정직의 힘」 서울: 새문사, 2012.

_____, 「조지 워싱턴」 파주: 살림, 2009.

_____, 「프랭클린 피어스, 국민을 불행하게 만든 대통령들」 서울: 한올, 2021.

• 신동원, 「삼성의 팀 리더십」 서울: 한국경제신문, 2005.

• 오긍 지음, 김원중 옮김, 「정관정요」 서울: 현암사, 2003.

• 이민규, 「1%만 바꿔도 인생이 달라진다」 서울: 더난출판, 2003.

• 이증수, 「전략적 리더십」 서울: 시그마인사이트컴, 2005.

• 장준갑, 「존 F. 케네디」 서울: 선인, 2011.

• 정형근 옮김, 「미국의 역사를 창조한 대통령 조지 워싱턴」 서울: 고려원, 1994.

• 최병구, 「레이건의 리더십」 서울: 김&정, 2007.

• 황혜성, "남북전쟁기 링컨 대통령의 리더쉽", 「미국사연구」 제17집, 2003.

어떤 손해를 보더라도 용기 있는 행동으로

국민을 행복하게 만든 대통령들

초판 1쇄 인쇄 2021년 11월 10일
초판 1쇄 발행 2021년 11월 15일

저　　자　김형곤
펴 낸 이　임순재
펴 낸 곳　**(주)한올출판사**
등　　록　제11-403호
주　　소　서울시 마포구 모래내로 83(성산동, 한올빌딩 3층)
전　　화　(02)376-4298(대표)
팩　　스　(02)302-8073
홈페이지　www.hanol.co.kr
e - 메 일　hanol@hanol.co.kr
I S B N　**979-11-6647-152-0**

국 민 을 행 복 하 게 만 든 대 통 령 들